중국언론, 신보(申報)에 그려진
한국근현대사

중국언론, 신보(申報)에 그려진 한국근현대사

대한민국임시정부 옛청사 관리처편
석원화 · 심민화 · 패민강 엮음 / 김승일 옮김

역사공간

머리말

한중 양국이 상호 노력하는 가운데 상해에 있는 대한민국임시정부 옛청사가 전람관으로 바뀐 지도 어느새 13년이라는 세월이 흘렀다. 그동안 100여 만을 상회하는 한국인이 이곳을 다녀갔다고 하는 점에서 볼 때, 이곳은 한중 우호의 진원지임과 동시에 21세기 한중 양국의 협력을 증거하는 가교로서의 작용을 충분히 하고 있는 곳이라 할 수 있다. 그것은 단순한 인적교류의 중심지로서가 아니라, 양국 국민의 내면에 스며있는 민족정신과 상호 협조 정신 등을 보존해 두고 있는 창고와 같은 역할을 하는 곳으로, 미래 양국의 화합과 협력을 위한 교육의 장으로 그 기능을 할 수 있는 곳이라는 점이다.

이러한 교육의 장으로서의 활용가치를 더욱 높여주기 위해 상해 대한민국임시정부 옛청사 관리처에서는 그동안 꾸준히 한국독립운동 관계 학술대회를 개최해 왔고, 또한 임시정부 및 한국독립운동과 관련된 책자들을 여러 권 출간했다. 그 중에서 특기할만한 것으로 『《신보》: 대한민국임시정부 관련기사 선집 (1910-1946)』이라는 자료집을 출간했다는 사실이다. 자료집의 출간은 일반적인 책을 출간하는 의미와는 다른, 학문적 발전에 이바지하는데 큰 공헌을 하는 그런 책을 말한다. 그런 자료집을 이번에 다시 그 후속편으로써 『중국언론, 신보(申報)에 그려진 한국근현대사』를 출간하게 되었다.

이 책은 《신보》 중에서 이전에 출간한 임시정부 관계기사를 제외한 전체 한국기사를 총망라하여 번역 출판한 자료집이다. 따라서 중국적 시각에서 일제의 한국에 대한 통치방법과 야욕, 해방 후 한국정치의 흐름과 한반도를 둘러싼 유럽 열강들의 치열한 이권쟁탈을 심도 있게 잘 보여주고 있다.

이러한 점은 그동안 우리가 등한시 해오던 주변국가에서의 우리에 대한 시각을 객관적으로 확인할 수 있게 해준다는 점에서 아주 중요한 시사성을 보여준다고 할 수 있다. 동시에 향후 우리의 문제를 우리의 시각이나 입장에서만 보지 말라는 충고도 해주고 있는 것이다.

다시 말해서 이제부터는 우리의 문제라고 주관적으로만 보지 말고, 주변 국가에서 얼마나 우리를 신중하게 주시하고 있고, 우리의 환경 변화에 따라 그들이 어떻게 대처해 가고 있는 지를 다시 한 번 되돌아 볼 수 있는 교훈으로 삼아야 한다는 것이다.

그런 점에서 이책은 단순히 과거 우리의 역사에 대한 주변국의 흥미와 관심을 보여주는 것이 아니라, 자신들이 자구적으로 시국을 헤쳐나가는 본보기로서 우리를 보아왔다는, 국제사회에서 철저한 자기생존을 위한 시금석으로서의 가치를 지니고 있다.

《신보》는 1872년 4월 30일(청나라 동치(同治)11년 3월 23일) 상해에서 창간되어 1949년 5월 27일에 폐간된 근대 중국의 신문으로, 구중국에서 가장 오랜 기간 동안 출간되었던 신문이다. 따라서 중국근대의 사회·역사적 상황을 반영한 《백과전서》라고 불릴만큼 사료로서의 가치가 높이 평가되고 있는 신문이다.

본서에 수록된 내용은 1910년부터 1949년 5월까지 무려 39년 동안 한국관계 기사를 선정해 놓은 것이다. 《신보》에 반영된 한국관련 역사자료는 아주 풍부하며, 취급한 내용도 그 범위가 아주 넓다. 따라서 이 내용 속에는 보도·소식·논설·사설·논문 및 이와 관련된 모든 문서를 지면의 장단에 구애 없이 모두 실어 번역하였다. 때문에 당시 중국신문들의 한반도 문제에 대한 동향을 엿볼 수 있으며, 또한 중국어를 공부하는 사람들에게도 신문기사의 읽는 방법을 제공해 준다는 점에서 이 책의 가치를 대변할 수 있을 것이다.

끝으로 이 책을 출간하는데 많은 심혈을 기울여 주신 상해 노만구 외사판공실 임직원 및 상해임시정부구지관리처 임직원 여러분께 진심으로 감사드리며, 또한 이 책을 구성 편집하는데 있어서 도움을 주신 상해화동사범대학 사준미교수에게도 감사를 드리는 바이다.

2004. 6
김 승 일

차 례

머리말

1910년 한국수상 이완용사건(1월 2일) ● 27 / 한국인 암살사건 관련 소식(1월 7일) ● 27 / 미국인의 한일합병 언급(1월 14일) ● 27 / 암살사건과의 연좌설(1. 14) ● 28 / 한국통감분서(分署) 소실(1월 21일) ● 28 / 한국인의 한국수상 증오(1월 23일) ● 28 / 한국인 또 다시 한일합병 주장(2월 1일) ● 28 / 한국 소란사건에 대한 최근 소식(2월 2일) ● 29 / 한국 자객 판결에 대한 최근 소식(2월 3일) ● 29 / 한국 소란에 대한 최근 소식(2월 3일) ● 29 / 한국국민의 내무대신에 대한 공갈 편지(2월 4일) ● 30 / 한국 국채의 총액(2월 4일) ● 30 / 이토 히로부미 암살사건에 관한 최근 소식(2월 13일) ● 30 / 수감된 한국인 죄수들의 소요(2월 15, 26일) ● 31 / 한국인 신창해 헤이그 평화회의에 참석해 모국공소(2월 26일) ● 31 / 한국수상의 상처 이미 완치(2월 17일) ● 31 / 이토 살해사건에 대한 상세한 소식(속편)(2월 20일) ● 31 / 안중근 상소 안하기로(2월 20일) ● 34 / 일한합병 문제의 최근 통신(2월 26일) ● 34 / 한국 당수의 음모(3월 2일) ● 34 / 한국인과 헌병의 결투(3월 8일) ● 35 / 한국인들의 구휼정신(3월 8일) ● 35 / 한일합방과 관련한 한국인의 대응(3월 8일) ● 35 / 안중근의 사형집행(3월 28일) ● 36 / 안중근의 유언(3월 29일) ● 36 / 한국의 최근 사태(4월 1일) ● 36 / 일본정부 한국 겸병 결정(4월 8일) ● 36 / 한국 남아 또 처형(5월 20일) ● 37 / 한국 당인 설 자리 없다(6월 8일) ● 37 / 일본의 한국 겸병 징조(7월 12일) ● 39 / 일러협약과 일한합방 등의 내용 포함(7월 29일) ● 40 / 귀화 한국인들의 동태(7월 30일) ● 40 / 일한합병 문제에 대한 최근 소식(8월 20일) ● 41 / 데라우치 통감 일한합방조약 공포일 결정(8월 25일) ● 41 / 애통하다! 일한합방 조약(8월 27일) ● 41 / 일한합방에

대한 영국신문의 평론(8월 28일)● 42 / 일한합방 조약의 내용에 관한 속편(8월 29일)●
43 / 조선 화족령의 신 규정(8월 29일)● 44 / 일본 한국합병 칙령 발표(8월 30일)● 44
/ 일본 외무대신 한일합방에 관한 선언 발표(8월 31일)● 44 / 일한합병조약과 선
언서(8월 31일)● 45 / 일본신문 한일합방 문제 보도(8월 31일)● 46 / 포항 반일 한국
인 폭동(8월 31일)● 47 / 가련한 망국의 학생들(9월 1일)● 47 / 한국 멸망 후 무효조
약 리스트(9월 1일)● 47 / 일본황제의 한국합병에 대한 조서(9월 4일)● 48 / 한국황
제 합병 조서 선포(9월 4일)● 49 / 한국황족 예우에 대한 일본황제의 조서(9월 4일)●
50 / 조선총독 시정강령 신설(9월 4일)● 50 / 한국 망국민의 호적 조사(9월 4일)● 51
/ 한 귀족이 일한합방 문제를 섭정왕에게 진언(9월 5일)● 52 / 일러협약과 일한합
방은 동3성과 관련(9월 7일)● 52 / 일한합방 후 한국태자의 처지(9월 9일)● 52 / 일
본의 한국에 대한 침략 야욕(9월 13일)● 54 / 섭정왕 한일합방은 한국인 자체의 문
제임을 지적(9월 18일)● 54 / 일한합병에 관해 문의한 황태후(9월 23일)● 54 / 일본
화족에 귀속된 한국인 수(10월 10일)● 55 / 봉천성의 한국교민(10월 29일)● 55 / 한국
교포들의 우환(11월 4일)● 55 / 일본의 한국합병 후 접경지역의 동태(11월 4일)● 56 /
동독 석제군 조선주재 중국총영사에게 비밀전보 전송(11월 30일)● 56 / 망국의 군
왕도 감격의 눈물을 흘릴 수 있는가?(12월 2일)● 56 / 망국학생 조사(12월 9일)● 57 /
직예총독 진섭룡의 상주문(12월 29일)● 57 /

1911년   길림 연길부 남쪽 변경 조선 한국인 월경해 토지 개간(1월 11일)●
60 / 일한합병 후 동3성에 거주하는 일본인들의 안하무인적
인 행동(1월 18일)● 60 / 장춘 영안문 밖에서 일본인과 한국인 충돌(1월 19일)● 61 /
일본수상 행정방침 선포(1월 24일)● 61 / 한국의 옛신하 자결(2월 2일)● 12 / 조선총
독의 암살소문(2월 3일)● 62 / 비참한 망국의 언론계(2월 9일)● 62 / 아편에 중독된
망국민들(2월 9일)● 63 / 망국 군왕 일본으로 상경하여 일본천황 알현(3월 5일)● 63 /
원한을 풀지 못한 한국인의 비극(3월 12일)● 63 / 망국민들의 한풀이 방법(3월 14일)●
63 / 조선의 암살사건 미국인이 밀고(3월 17일)● 64 / 조선총독 암살사건 심리종

료(3월 21일) ● 64 / 조선총독 암살사건(속편)(3월 24일) ● 64 / 한국인이 일본영사관을 공격하려 한다는 소문(3월 31일) ● 65 / 중·일간 한국인 국적가입 문제 교섭(4월 13일) ● 65 / 아아! 망국의 관원이여!(4월 21일) ● 65 / 아아! 망국의 국민이여!(4월 21일) ● 66 / 일본의 한국합방 거의 종결(4월 23일) ● 66 / 조선총독 군사 관장 예정(5월 6일) ● 67 / 망국 군주의 말로(6월 18일) ● 67 / 한국합방을 둘러싼 영국인과 일본의 관계(6월 22일) ● 67 / 일본군 사단 한국 주둔 준비(7월 6일) ● 68 / 조선 북부의 조선인들(7월 12일) ● 68 / 관동의 행정 조선과 합병(8월 23일) ● 69 / 일본, 조선 신교육령 반포(9월 13일) ● 69 /

1912년

조선 기독교인의 데라우치총독 암살시도(2월 28일) ● 72 / 조선총독 모해사건(6월 14일) ● 72 / 구속된 국사범 123명에 대한 법정 심문(6월 29일) ● 73 / 조선총독 모살사건에 대한 공개심판(7월 2일) ● 73 / 조선총독 모살사건 심리, 이미 10여일(7월 13일) ● 73 / 조선총독 모살사건 법정심리 재심 미정(7월 20일) ● 74 / 하얼빈 가츠라 다로 모살 한국인 용의자 구속(7월 21일) ● 74 / 데라우치총독 모살사건 속편(8월 3일) ● 74 / 서울 조선총독 모살사건 재심 개정(8월 16일) ● 74 / 서울 조선총독 암살사건에 123명 연루(8월 25일) ● 75 / 조선총독 암살사건 재심 개시(8월 27일) ● 75 / 조선총독 모살사건에 대한 구형(8월 29일) ● 75 / 조선총독 암살사건 심리시, 괴상한 일 발생(8월 31일) ● 76 / 조선총독 암살사건 심판 종결(9월 5일) ● 76 / 고 한국폐위왕의 동생, 어제 병사(9월 10일) ● 76 / 일본 조선에 군대 2개 사단 증파(10월 1일) ● 76 / 조선총독 암살사건에 대해 서로 다르게 평론한 일본신문(10월 2일) ● 77 / 한국인 조선총독 암살사건 재판 비합법적설 부인한 일본신문(10월 6일) ● 77 / 조선총독 암살사건 재심 개시(10월 26일) ● 78 / 일본 내각회의에서 조선 주둔군 증병문제 토의(11월 24일) ● 78 / 조선총독 암살사건 재심(12월 2일) ● 78 / 조선총독 암살사건 관련 피고측의 범죄 승인(12월 22일) ● 79 / 조선총독 암살사건 재심 명년 정월 9일에 다시 시작(12월 31일) ● 79

1913년 조선총독 암살사건 최근 판결 공포(1월 2일) • 80 / 영길리 등 6명 6년 구형(3월 21일) • 80 / 조선총독 암살사건 제2차 판결의 최후 상소(4월 21일) • 80 / 복심법원에서 총독암살사건 재심(5월 26일) • 81 / 서울 총독암살사건 주범에게 징역 6년형 선고(7월 16일) • 81 / 많은 한국인 만주로 이주(11월 12일) • 81 / 일본 내각 조선에 2개 사단 증파 잠시 연장(12월 4일) • 81 / 만선실업연합회의 야심(12월 11일) • 81 /

1914년 연길 한국교포 폭동사건(1월 20일) • 84 / 데라우치 암살사건 수괴 영길리, 병으로 사망(1월 21일) • 85 / 한국인 귀화를 비준(2월 7일) • 85

1915년 한국인의 학문탐구 부자유(4월 16일) • 86 / 연길의 한국인 교육(11월 23일) • 87 / 재만 한국인 발전에 관한 보도(11월 30일) • 88

1916년 일본과 러시아의 신조약과 선만 총독(7월 22일) • 90 / 일본신문의 만선 통일설(7월 27일) • 91

1917년 연길의 교육(3월 18일) • 93 / 추밀원회의 만선철도 통일안 결정(7월 27일) • 94 / 만선행정통일 관계 칙령(8월 1일) • 95 / 훈춘교섭에 대한 항의(9월 22일) • 96 / 훈춘교섭 근황(10월 15일) • 97 / 봉천성 한민족 근황(11월 12일) • 98

1919년   고려폭동 오늘 전면 진압(3월 10일) • 99 / 외교적으로 한국인 예방(3월 11일) • 99 / 뿌리 깊은 고려의 독립과 자결운동(3월 12일) • 100 / 길림총독 한국독립운동 처리방안에 대한 지시 요구(3월 15일) • 100 / 봉천과 길림에서 일본인 도와 한국인 압박(3월 24일) • 101 / 조선여학생의 호소(3월 25일) • 103 / 동북으로부터의 단신(3월 26일) • 104 / 블라디보스토크 한국인 독립선언서 배포(3월 27일) • 105 / 한국인 폭동 방비 중의 일본인의 월권현상(4월 1일) • 105 / 길림 독군 한국교민들의 서울 습격을 제지(4월 1일) • 105 / 한국인 대응책 지시(4월 9일) • 105 / 북경에서의 한국인 체포 문제(4월 17일) • 105 / 연길 한국인 사망사건에 대한 교섭(4월 18일) • 105 / 조선폭동을 진압한 일본당국의 처리에 대한 외국의 평론(4월 18일) • 107 / 훈춘 일본경찰 한국인들의 국기다는 일 간섭(4월 21일) • 108 / 일본인과 한국인들 만몽으로 이민(4월 25일) • 108 / 높아가는 한국인들의 자결 목소리(4월 30일) • 110 / 일본 신임 조선총독 암살 실패(9월 8일) • 111 / 한국 예술인단체 상해 도착(9월 19일) • 112 / 봉천 시내의 폭탄사건(9월 21일) • 112 / 봉천 폭탄 폭발사건(속편)(9월 22일) • 115 / 봉천 폭발사건 제3편(9월 23일) • 118 / 연길 한국인 2차 독립 밀모(9월 24일) • 119 / 한국교민 결사대 조직(9월 27일) • 119 / 한국인 비밀회의에 대한 정탐 명령(9월 30일) • 120 / 한국교민의 용정촌 공격 계획(10월 10일) • 120 / 동삼성에 이민 온 한국인 근황(11월 3일) • 120

1920년   훈춘서 한국인 당파와 러시아인 당파의 결탁건 조사(3월 8일) • 124 / 정부는 한국인 당파를 방비토록 길림독군에 지령 하달(3월12일) • 124 / 한인의 홍혈단(3월 15일) • 125 / 연길·훈춘 한국인 독립기념식 거행 단행(3월 15일) • 125 / 한국인들의 광복열(3월 31일) • 126 / 동부 한국인 당인들의 활동(4월 15일) • 128 / 러시아 한국인 노동단체 레닌 생일에 축하문을 보냄(4월 29일) • 12 / 만주의 한국인과 일본관리(5월 9일) • 134 / 한국인에 대한 일본인의 감상(5월 26일) • 137 / 한국인에 대한 봉천과 길림의 조사방법(5월 31일) • 138 / 한국인 이친왕 암살 미수(6월 11일) • 140 / 길림성 화룡 거주 한국인들의 소요(7월 1일) • 141 /

조선 자치설(8월 1일) ● 141 / 러시아인과 한국인의 소송사건(8월 7일) ● 142 / 미국 의원에게 보낸 한인 청원서를 보도한 미국신문(8월 9일) ● 142 / 영국인 조선독립 운동을 동정(8월 15일) ● 143 / 조선당인들의 새로운 운동(8월 18일) ● 143 / 만주 경내의 한국인과 일본인의 충돌(8월 19일) ● 144 / 일본과 한국의 최근 상황(8월 20일) ● 144 / 동3성의 한국 교포문제(8월 22일) ● 145 / 중국관청에서 한국인 당인을 취조(8월 28일) ● 147 / 일본인 월경 한국인 체포(8월 31일) ● 149 / 도쿄 만국성기학교 대회에 한국인 불참(9월 13일) ● 150 / 훈춘 화적떼 사건과 관련하여 한국당인과 과격파 중점 조사(10월 11일) ● 151 / 한국인들의 항일기(10월 15일) ● 153 / 훈춘사건은 한국인들의 반일행위(10월 18일) ● 154 / 재일 한국인의 폭탄사건(10월 29일) ● 155 / 훈춘사건 당사자 중 한국인은 없었다(10월 29일) ● 156 / 화적무리와 한국인 당파에 대한 토벌 진상(10월 30일) ● 157 / 한국당과 화적무리(11월 5일) ● 160 / 일본군의 훈춘 진입은 한국당인에 대한 주의를 대변(11월 12일) ● 160 / 일본군, 만주에서 한국인을 체포 학살(11월 28일) ● 161 / 일본·러시아·한국의 최근 사태(12월 7일) ● 162 / 일본의 자아 변호에 대한 미국신문의 논평(12월 8일) ● 163 / 한국통치에 대한 일본의 정책변화(12월 8일) ● 165 / 일본과 한국의 최근 사태(12월 8일) ● 167 / 일본군이 한국인을 살육한 보고서(12월 9일) ● 168 / 일본인이 한국인을 참살한 보고서(계속) ● 170 / 일본인과 한국인 간의 전쟁(12월 10일) ● 172 / 일본군의 한국인 포로(12월 12일) ● 173 / 간도전쟁(12월 19일) ● 173 / 간도사건에 관한 미국신문의 평론(12월 2일) ● 174 / 연변일대 일본군 철수에 대한 보고(12월 27일) ● 176 / 훈춘부근 한국당파와 화적무리의 활동(12월 28일) ● 178 / 훈춘 한국인 이미 30만 이상(12월 31일) ● 178 /

1921년

일본경찰 한국인 거주지에 주재(1월 26일) ● 179 / 일본경찰이 또 중국국적으로 이적한 한국인을 체포(2월 12일) ● 179 / 연변에서 한글 적기보를 발견(2월 28일) ● 181 / 일본영사관 한국인에 대한 태도 변화(3월 16일) ● 182 / 동북3성 한국인 거류민회 문제(5월 3일) ● 184 / 연변의 개간농민과 한국인 단체(5월 6일) ● 187 / 일본인 월경하여 한국인을 수색(5월 17일) ● 189 / 일본, 불량 한국인 처리해 줄 것 제출(5월 19일) ● 190 / 연변의 한국당과 일본경찰(6월 9일) ● 190 / 연변의 한국단체와 일본의 통신문제(6월 12일) ● 193 / 연길 훈춘의 일본 연락원이 일본경찰에 한국인 체포 지시(7월 21일) ● 196 / 연변 한국인 단체에 대한 수사와 일본경찰의 행동(10월 7일) ● 196 / 중국과 한국간의 교섭에 관한 통신(10월 11일) ● 198 / 한국인 독립운동 단원들의 투옥(11월 11일) ● 198 / 연변 한국인에 대한 엄중한 단속방법(12월 19일) ● 200

1922년

한국공산당에 관한 일본 신문의 보도(1월 9일) ● 202 / 서방 신 203 / 장춘 일본영사관과 이영일 체포건 교섭(3월 26일) ● 204 / 한국인들 중국국적 입적 요구(4월 23일) ● 206 / 일본경찰이 한국인을 체포한 사건에 대한 교섭(5월 28일) ● 206 / 한국인 자객 김익상에 대한 최근의 통신(6월 4일) ● 211 / 갈릴레이로에서 암살사건 발생(9월 29일) ● 212

1923년

한국의 기독교 근황(1월 17일) ● 213 / 중한 어학강습소 문예의 밤 소집키로(2월 3일) ● 213 / 30만 연변 개척민 국적이탈 청원(2월 27일) ● 214 / 연변 조선개척민 국적이탈 운동(3월 4일) ● 214 / 상업계 총연합회 귀화한국인을 인도하는 것에 대해 건의(4월 11일) ● 215 / 한국인과 예수교(5월 5일) ● 216 / 경찰청에서 한국인 죄인 3명 인도(6월 3일) ● 216 / 일본영사관 한국인 절도범 정기 심사(6월 25일) ● 217 / 일본영사관 한국인 강탈죄 법정심리 실기(6월 26일) ● 217 / 한국인 모살미수사건 계속 심리(9월 23일) ● 218 / 일본거주 한국인 반역 밀모 발견(10월 27일) ● 219 / 중국인과 한국·러시아인의 음모(11월 5일) ● 211 / 조선총독부 만몽회의 소집(11월 28일) ● 224

1924년 일본황궁 밖에서 폭탄사건 발생(1월 7일) • 226 / 프랑스조계지 경찰서 한국기관 수사 불확실(1월 12일) • 227 / 가정 일신회에서 조선여사 초청강연(3월 2일) • 228 / 가정 일신회 어제 회의 실기(3월 3일) • 228 / 동북3성의 일본경찰 월경하여 사람을 체포한 사건(4월 24일) • 229 / 북만 한국교포 8천명 이상(8월 14일) • 232 / 봉천과 일본 비밀조약체결에 대한 소식(8월 14일) • 232 / 길림성 한국교포 엄격히 체포(12월 24일) • 233

1925년 아시아민족대동맹 참석자 중 중·한·일 인사 포함(8월 6일) • 234 / 화기애애 한 아시아회의(8월 22일) • 235 / 내년 4월 상해서 아시아회의 소집(8월 26일) • 239 / 아시아회민족대동맹 선언(8월 26일) • 241

1926년 조선교육시찰단 상해 정기방문(1월 27일) • 244 / 한국인 관공서를 폭격(2월 8일) • 244 / 오늘 조선교육시찰단 상해 도착(2월 25일) • 245 / 조선교육시찰단 상해 시찰(2월 27일) • 245 / 한국교포 어제 3.1운동 기념식 거행(3월 2일) • 2452 / 일본에서 발생한 한국인 사건(3월 26일) • 246 / 전 조선황제 붕어(4월 7일) • 246 / 작고한 국왕에 대한 한국인들의 애도(5월 1일) • 246 / 한국경찰 일본인을 사살(5월 1일) • 247 / 전 한국황제 6월 10일 국장(5월 11일) • 247 / 조선 전 황제 국장 거행(6월 10일) • 247 / 조선 전 황제 국장 상황(6월 11일) • 248 / 어제 한국황제 영구, 능에 도착할 때 소란 발생(6월 12일) • 248 / 한국황제 국장시 계엄발포(6월 17일) • 248 / 한국학생 아시아민족에게 한국대표로의 참석 거부 발표 선언(8월 1일) • 250 / 중국과 한국의 두 단체 아시아민족대회 반대(8월 3일) • 251 / 한국 청년동맹회 아시아회의 반대(8월 3일) • 253 / 일본신문의 아시아회의에 대한 평론(8월 7일) • 254 / 아시아민족회의 실기(8월 8일) • 254 / 조선총독에게 폭탄 투척(8월 17일) • 257 / 조선총독 암살사건 무근(8월 18일) • 257 / 봉천 한국교포 17

만 3천여 명(11월 27일) ● 257 / 3개월 동안 길림과 봉천의 조선이민 몇만 세대로 증가(12월 19일) ● 257

1927년
조선공산당 사건 예심 종결(4월 3일) ● 258 / 조선 이왕 상해 경유 유럽 방문(5월 28일) ● 259 / 일본인이 이왕을 보호(5월 29일) ● 259 / 중일 양국, 한국인 단속에 대한 협정 체결(9월 20일) ● 259 / 하얼빈 조선인회 습격 실기(10월 17일) ● 260

1928년
조선공산당 조동우 체포(2월 2일) ● 263 / 조선공산당 각기 처형(2월 14일) ● 263 / 북만에 이주하는 한국인 점점 증가(3월 6일) ● 264 / 한국인의 국적 이적 및 안치 문제(4월 17일) ● 264 / 한국기자 수도 참관(10월 12일) ● 267 / 한민족 독립운동 급격히 활발(10월 29일) ● 268

1929년
한국공산당의 반일운동(6월 13일) ● 270 / 한국인 블라디보스토크에서 의용대 조직(9월 21일) ● 270 / 태평양회의 폐막 일본이 동의해야 조선이 참가(11월 10일) ● 271 / 서울학생 사상 악화 이미 500여 명 검거(12월 4일) ● 271 / 일본 동경의 한국인 밀모 발각(12월 27일) ● 272 / 한국독립운동(12월 29일) ● 272

1930년
한국 학생운동 재기 천여 명 학생 구속(1월 16일) ● 274 / 한국 학생운동 확대(1월 18일) ● 274 / 한국학생 애국운동(2월 5일) ● 275

/ 한국민중의 구국운동(2월 5일) ● 275   / 한민족 독립운동의 진상(2월 7일) ● 277   / 한국총독 한국통치방침 선포(2월 16일) ● 281   / 하북성 국민당 당부 조선구국운동 원조(2월 17일) ● 282   / 한국인들의 반일운동 더욱 격렬(2월 12일, 18일) ● 282   / 6도구 열차에서 한국인 총격사건 발생(2월 19일) ● 283   / 동3성 한국교민 조사(2월 21일) ● 284   / 일본경찰 하얼빈서 한국인 체포(2월 15일) ● 284   / 한국인 문제에 대한 일본의 주장과 조선인의 귀화 권한(4월 30일) ● 286   / 조선공산당 시위(5월 3일) ● 288   / 연길 한국인 투탄 방화(6월 2일) ● 288   / 연길 한국인 길림에서 폭동(6월 4일) ● 289   / 간도 일본경찰 한국인 총격 살해(6월 13일) ● 290   / 조선민중폭동(7월 23일) ● 290   / 한국인 중국에 귀화(7월 29일) ● 290   / 일본당국이 연변의 경영방식 새로 조사(8월 27일) ● 291   / 길림성 한국공산당 처리법 반포(9월 12일) ● 293   / 일본경찰 한국인 대량 체포(9월 14일) ● 294   / 길림성 한국인 호구 조사(9월 21일) ● 294   / 한국학생운동 사건 종결(9월 24일) ● 294   / 길림성 한국공산당 엄격 방비, 동시에 한국인이 중국 경내에서 사건을 일으키지 말 것을 경고(10월 2일) ● 295   / 연길의 일본경찰이 구실을 대어 용정촌에 진입(10월 12일) ● 299   / 연변에서 중일경찰의 충돌(10월 9일, 16일) ● 300   / 조선공산당 공개심판 개시(11월 26일) ● 302   / 연변 경찰 증원 요청(11월 28일) ● 302   / 안동 한국인을 단합시켜 세관 분관을 분쇄(12월 7일) ● 304   / 연변에서 조선공산당 활동 창궐(12월1일, 7일) ● 304   / 연변지역 조선공산당 창궐(11월 13일) ● 308   / 한국공산당 사건의 시말(12월 28일) ● 310

1931년

일본의 연변경영을 위한 신계획서(1월 13일) ● 312   / 한국공산당 일본경찰 살해(1월 26일) ● 315   / 한국혁명단 영도자 체포(2월 1일) ● 315   / 한국혁명단 또 다시 두 명 체포(2월 2일) ● 315   / 한국인의 동북지역 이민 상황(2월 2일) ● 315   / 길림성 한국인의 활동(2월 15일) ● 318   / 연변의 일본경찰 중국국적 한국인 체포(2월 19일) ● 319   / 일본, 조선에 증병 구실은 과격파 방비이나 다른 목적을 위해(5월 27일) ● 321   / 만선통일정책(6월 21일) ● 321   / 길림성 조선공산당 적극 숙청(6월 27일, 7월 5일) ● 322   / 만보산사건 관련 일본인과 한국인에 대한 경고 및 국내인에 대한 충고(7월 9일) ● 324 / 만보산사건과 관련하여 일본인과 한국인에게 고하는 충고문 및 국내인에 대한 권고(속편)(7월 11일) ● 331 / 우가키 총독 조선통치에 관한 성명 발표(1월 11일) ● 338 / 상해거주 한국대표 왕외교부장 면회(7월 12일) ● 338 / 하얼빈 거주 한국인 학대받은 사실 없다고 성명(7월 13일) ● 340 / 흑룡강 한국교포 중국배척은 비문명이라고 지적(7월 13일) ● 340 / 길림성 정부 한국인의 입국을 제한(7월 14일) ● 341 / 왕외교부장 한국사건에 관해 두 번이나 지시(7월 15일) ● 341 / 하북성 당국 한국인에 고하는 글 발표(7월 15일) ● 343 / 한국인 폭동 이후 약소민족 단결을 추진(7월 16일) ● 344 / 중국에 대한 길림 한국교민의 입장(7월15일)(7월 22일) ● 346 / 한민족 동북지역 이민연구(7월 23일) ● 349 / 한국특파원 김호연 북평에 도착(8월 13일) ● 393 / 만보산사건의 선결적인 문제는 한국인을 출국시키는 일(9월 1일) ● 393 / 한국 철퇴단 영수 하얼빈에서 일본경찰에 체포(11월 2일) ● 393 / 장경혜 한국공산당 범인 석방 윤허(11월 2일) ● 394 / 한국인 반일자금 모집(11월 3일) ● 394

1932년

한국지사 일본천황 저격 미수(1월 9일) ● 395 / 중국체류 한국교포가 중국국민에게 바치는 글(1월 11일) ● 397 / 조선감독부 한국인 동북이민 대규모 계획 작성(4월 14일) ● 397 / 길회로 한국인 비밀리에 폭탄 매장(4월 21일) ● 398 / 일본은 한국인을 이용하여 갑북을 식민화(4월 27일) ● 398 / 한국 구국단 연길서 도강 조선국경 진공(6월 26일) ● 399 / 조선신한회원 조선독립운동 밀모(6월 28일) ● 399 / 압록강 강교 폭발하려던 한국혁명당 판결(6월 29일) ● 400 / 조선공산당의 활동(7월 8일) ● 400 / 대련 일본경찰서 한국결사대 검거(7월 17일) ● 400 / 조선의 적색공포(8월 14일) ● 401

1933년

조선총독부 금년 봄 이민계획 발표(1월 25일) ● 403 / 일본 한국공산당 대거 체포(2월 5일) ● 403 / 남경에 체류하고 있는 한국인 급증(4월 20일) ● 403 / 한국인 전기 고사포 발명(4월 28일) ● 404 / 조선공산당 사건 피고 78명 유죄판결(4월 29일) ● 406 / 한국독립당 천진 일본 조계지에 폭탄 투척(5월 4일) ● 406 / 한국독립운동 방식을 변경(5월 6일) ● 406 / 한국독립군 활동 경과 보고(7월 25일) ● 407 / 한국인 망국기념일 폭탄투척으로 분노 표시(8월 3일) ● 409 / 일본과 한국 이민 2백 명 동북으로 출발(9월 10일) ● 409 / 일본인 광동에서 한국인 연행(10월 16일) ● 409 / 한국공산당 사건 피고 22명 사형 판결(12월 22일) ● 410 /

1934년   의군 한국변경을 기습(1월 24일) ● 411 / 한국인의 파괴 계획(4월 17일) ● 411 / 남만일대 일본과 조선인 급증(4월 21일) ● 412 / 판교자 한국이민과 중국농민 충돌(6월 24일) ● 413 / 일본과 한국 무협인 몽골에 밀입국 유세(7월 18일) ● 416 / 일본당국 한국독립당 김구 수배(9월 25일) ● 416 / 공산당 일면파를 습격(10월 20일) ● 416 / 일본당국 동북에 조선인 통제기관 설립준비(11월 20일) ● 417 / 일본경찰 한국독립당 체포(12월 8일) ● 417

1935년   의군 한국 경내 습격 일본경비대 2명 사망(2월 15일) ● 419 / 조선 동북지역 이민자 이용 성 당국 개간계획 착안(2월16일) ● 419 / 한국인 23명 부의 및 일본·만주국 문무요인 암살시도(3월 31일) ● 420 / 북영로 연선 일본·한국인 조사(4월 22일) ● 420 / 의군 한국 경내 일본경비대 습격 여러 명 살상(4월 23일) ● 421 / 조선국총독 일본육군상과 연합 소탕문제 협의(7월 12일) ● 421 / 일본 한국농민 동북으로 이민 계획(9월 17일) ● 422 /

1936년   조선총독 만주 농업구 개발에 조선 농민 대규모 이민계획(3월 21일) ● 423 / 조선혁명당군 또 일본경찰과 충돌(3월 27일) ● 425

/ 동북의 조선인 세력 점차 팽창(4월 12일) • 425 / 한국 농민 또 2천명 동북지역으로 이민(4월 21일) • 427 / 한국독립당 김씨 체포(5월 10일) • 427 / 조선공산당 18명 사형(7월 24일) • 427 / 조선혁명청년 귀국 대거 밀모(8월 25일) • 427 / 천진 일본경찰서 한국독립당 수사(8월 27일) • 428 / 군열차 기습당해 20여 명 죽고 60여 명 부상(9월 15일) • 428

1937년 중일 충돌 심각 조선 전시상태 선포(7월 22일) • 429 / 조선·대만 유구열도 동포들이여 하루 빨리 깨어나 독립해방을 쟁취하자(9월 17일) • 429 / 중한 의군 이가역 습격(10월 30일) • 431 / 적군 조선과 대만에서 군인 모집 상해로 파견(11월 7일) • 431 / 연해주 한국인 핍박 강제 이주(11월 29일) • 431

1938년 한국적 포로 조선혁명 협조한다고 피로(4월 9일) • 432 / 남경의 일본군 내란 발동, 조선군 전체 무기 해제(8월 17일) • 433 / 조선 병사 7천여 명 전쟁 혐오, 귀향 요구하다 충돌 발생(8월 30일) • 433

1939년 고려인민동맹 중국항전 승리 축하(1월 10일) • 434 / 조선지사 독립운동 수령 여러 명 체포(1월 18일) • 435 / 대만, 조선인에 대한 일본의 압박(2월 8일) • 435 / 광주 일본군 중 한국적 병사 반란(2월 13일) • 436 / 광주 조선군 폭동(2월 14일) • 437 / 한국적과 대만적 병사 학대 참지못해 불산서 반란 • 437

1940년 한국인 피격사건 조사 중(2월 3일) • 439 / 조선의용대 귀양서 사천으로 출발(4월 12일) • 439 / 한국청년 군 위로운동에 열성(6

월 19일) ● 439 / 조선의용대 귀양에서 사천으로 출발(9월 10일) ● 440 / 조선의용대 귀양에 도착(9월 13일) ● 440 / 조선기독교도 대량 검거(9월 23일) ● 440

1941년

동아 피압박민족 일치단결하여 중국 작전에 참가(2월 3일) ● 441 / 일본 조선국경선에 군사집결(9월 17일) ● 442

1945년

한국 통일위원회 맥아더에게 전보를 보내 축하와 협력 표시(8월 26일) ● 444 / 일본군 조선 화려궁에서 투항서에 조인(9월 11일) ● 445 / 맥아더총부에서 조선군정장관을 임명(9월 13일) ● 446 / 김구, 한국의 현재 현상 혼란하다고 기자에게 피로(12월 13일) ● 446 / 한국주둔 미군사령관 포고문 발표(12월 18일) ● 447 / 조선문제 의사일정의 납입(12월 24일) ● 447 / 한국교포에 구제품 발급(12월 25일) ● 447 / 미국과 소련, 한국문제 상의(12월 28일) ● 448 / 영국 · 미국 · 소련 외교부장관 우리나라와 함께 일본과 한국을 관리하기로 결의(12월 28일) ● 449 / 한국 연합신탁 찬성과 반대 두 의견으로 갈라져(12월 29일) ● 449 / 3국 외교부 장관조선신탁관리 전문 공포(12월 29일) ● 450 우리나라 정부 대변인 3강회의의 한국신탁관리 결정은 한국독립에 유리하다고 언급(12월 30일) ● 451 / 중경 중국인 3국 외교부 장관회의 각항 협의 환영(12월 30일) ● 451 / 한국인 신탁 통치 반대(12월 30일) ● 452 / 한국 군중 분노 신탁통치 반대(12월 31일) ● 453

1946년

한국 신탁통치에 대해 강경히 항의(1월 1일) ● 454 / 한국인 수만 명 신탁통치 반대시위행진 단행(1월 2일) ● 454 / 한국인 신탁통치반대 어제 시위운동 진행(1월 5일) ● 454 / 한국인 또 신탁통치 반대시위행진 거행(1월 15일) ● 455 / 한국학생 신탁통치반대 시위행진 진행(1월 20일) ● 455 /

조선문제 3강회의 경과(1월 26일) ● 456 / 조선 5년 신탁제도는 미국의 건의(1월 27일) ● 456 / 조선 정치무대에서 신비한 인물인 김이채는 게릴라전을 영도하며 15년간 항일에 종사(1월 28일) ● 457 / 남한 정치 지도자회의 거행(2월 15일) ● 458 / 일본거류 한국인 새 조직 신탁통치 강렬히 반대(2월 17일) ● 458 / 한국 민주위원회 주석 이승만 사직(3월 19일) ● 459 / 신탁통치 반대한 한국학생 체포(4월 4일) ● 459 / 남한 정치단체 연합기구 성립(7월 3일) ● 459 / 미국 조선정부 단독건립 계획(7월 7일) ● 459 / 미국 한국공산당의 정권장악 반대(9월 1일) ● 460 / 명년 3월 한국 자치정부 성립(11월 3일) ● 460 / 한국인 유엔에 남북으로 분획되는 것에 반대호소(11월 3일) ● 461 / 남한대표 장 주석에게 편지를 보내와 유엔에서 정의 수호해 줄 것을 청원(11월 4일) ● 461 / 한국대표 기자간담회에서 중한 친목의 중요성 강조(11월 8일) ● 462 / 이승만 미국방문 조선독립 호소 ● 463 / 조선인 시위행진 진행 일본경찰과 충돌(12월 21일) ● 463

1947년

한국인 신탁통치반대 내일 대시위 진행(1월 17일) ● 465 / 서울 주재 우리나라 총영사 유어만 오늘 부임(2월 5일) ● 466 / 3월 1일 한국 남부 단독정부 성립(2월 26일) ● 466 / 이승만 한국남방 무장실행 주장(2월 26일) ● 467 / 한국독립기념일 국내외 신탁반대 독립요구(3월 2일) ● 468 / 한국독립기념 경축 좌우익 충돌 발생(3월 3일) ● 469 / 한국임시정부 수일내 성립(3월 5일) ● 469 / 한국임시정부 성립 미군사령 하지 반대 표시(3월 6일) ● 469 / 김구 인민들에게 정부법령에 복종할 것을 요청(3월 6일) ● 471 / 이승만 미국서 독립 호소(3월 6일) ● 471 / 중국주재 한국대표 독립자유 호소(3월 7일) ● 472 / 전국 일심단결하여 목표실현 추구(3월 7일) ● 472 / 한국의 국정 여전히 긴장 이승만 태도 아주 조심(3월 10일) ● 472 / 미국은 한국에서의 미소간의 정세를 변화시킬 의향으로 한국임시정부 설립을 준비(3월 22일) ● 473 / 한국 정국 새로운 변수 서재필박사 미국서 귀국(3월 24일) ● 474 / 한국 서재필 귀국 성대한 환영 준비(4월 2일) ● 475 / 이승만 어제 항공편으로 상해 도착, 귀국 후 정부조직 의향 피로 ● 475 / 한국은 마땅히 독립을 획득해야 한다(4월 10일) ● 478 / 이승만 어제 밤 남경에서 장주석 회견 후 다시 상해 도착 ● 483 / 항주에서 한국의 영도자 이승만이 장주석 부부 회견(4월 13일) ● 485 / 이승만과 장주석 회견, 한국인민을 대표하여 경의 표시(4월 14일) ● 485 / 맥아더 한국정부성립을 찬성(4월 14일) ● 486 장주석 다과회를 마련 이승만 박사를 초대(4월 14일) ● 488 / 이승만 입법원장 손과 방문(4월 14일) ● 488 / 외교부 조선 문제에 대한 우리나라 입장 성명으로 발표하기로(4월 15일) ● 488 / 이승만박사 우리나라 조야와 작별(4월 15일) ● 489 / 조선국정 밝은 전망이 보인다 (사설)(4월 15일) ● 489 / 이승만 상해로 귀환(4월 16일) ● 493 / 왕외교부장 마샬에게 한국에 대한 우리 정부의 입장 통보(4월 17일) ● 493 / 미국의 극동정책(4월 21일) ● 494/ 이승만 서울로 귀환(4월 23일) ● 495 / 이승만 독립정부설립 제의(4월 28일) ● 495 / 김구 한국임시정부 준비는 부당하다고 레이치가 성명 발표(5월 13일) ● 496 / 김구 임시입법의회 직무 사직(5월 21일) ● 497 / 한국임시정부 조직방법 김구 · 이승만 의견일치(5월 23일) ● 497 / 김구 · 이승만 연명으로 성명 발표(5월 23일) ● 498 / 이승만 미국과의 비밀협정설 부인(5월 26일) ● 499 / 한국 좌익단체 곧 입장 표명 김구와 이승만 여전히 두 가지 견지(5월 28일) ● 499 / 중국체류 한국인 신탁반대에 대해 이승만과 김구 지지 표명(5월 29일) ● 500 / 남한 60여 중간적 단체 한국통 501 / 미국 한국공산당에 대하여 관용정책, 이승만 불만 표시 ● 501 / 남한당 미국과 협상의사 표시(6월 21일) ● 502 / 한국독립당 분열, 혁신파 안재홍 등 제명(6월 22일) ● 503 / 한국 북부 정당서 요구 제출(6월 22일) ● 503 / 서재필 이 주일 내에 한국에 귀국(6월 22일) ● 503 / 미국 고위당국자 김구 언행에 불만(6월 24일) ● 504 / 한국 어제 신탁관리 반대시위발생(6월 24일) ● 504 / 남한회의 어제 끝나 4백여 정당과 사회단체 협상에 참가 ● 504 / 남한 신탁관리 반대자 체포하기로(6월 28일) ● 505 / 서재필 한국 귀국, 김구 · 이승만과 회견(7월 3일) ● 506 / 서울 서재필 귀국 성대하게 환영(7월 8일) ● 506 / 미 · 소 혼합위원회 한국참가 사회단체 결정(7월 13일) ● 506 / 서울 서재필 귀국 성대하게 환영(7월 13일) ● 507 / 조선 13도 인민 미국과 협력의향 표시(7월 19일) ● 507 / 한국정당 영도자 피살(7월 20일) ● 508 / 한국북부 신탁반대 시위자 체포(7월 23일) ● 508 / 위더마이어 중국방문 중 중국주재 한국임시정부 대표단 단장 박순 방문(7월 23일) ● 509 / 하지중장, 여운형의 죽음에 애도 표시(7월 24일) ●513 / 후버의 한국질책에 대해 이승만 불만 표시(7월 25일) ●513 / 연합국 한국 특파원 소련 질책(7월 25일) ●513 / 한국정당의 폭동 가능성에 대해 미군당국 방비대책 준비(7월 26일) ●514 / 한국 좌파영수 암살한 흉수 체포 ●514 / 남한 민중대회 소집(7월 28일) ●515 / 남한공산당 혁명의도, 서울시민 극도 불안(7월 31일) ●515 / 바이란소장 성명발표 한국의 신탁반대운동에 대해 해석(8월 10일) ●516 / 남한 한중문화협회 새 인선 결정 협회실무 개진(8월 11일) ●517 / 한국인민 신탁관리 반대(8월 13일) ●517 / 소련이 남한에서 정부 조직을 피력(8월 17일) ●518 / 백일하에 들어 난 한국공산당의 야심(8월 22일) ●519 / 반세헌: 서울회의 전망(8월 22일) ●519 / 소련의 아시아 통치계획(미국기자의 보도)(8월 23일) ●523 / 4강 회의 한국정체 토의, 우리정부 참석(8월 31일) ●524 / 한국임시정부 수립 미국 구체의견 제출(8월 31일) ●524 / 우리나라 조선문제 토론에 참석(9월 2일) ●525 / 위더마이어 특사 한국서 도쿄로 떠날 때, 한국인들의 성의에 감사하는 성명 발표(9월 4일) ●527 / 한국임시정부 건립문제 미국이 유엔에 제출하여 토론키로(9월 9일) ●529 / 미국 조선문제 정식으로 유엔에 제출(9월 19일) ●529 / 남한 정당활동 제한, 집회유행 비준해야 가능(9월 21일) ●531 / 남한 대동청년단 어제 성립 이승만·김구 정·부총재에 부임(9월 22일) ●531 / 우리나라 대표 미국건의 찬성이유 천명, 한국의 독립주장은 보류(9월 23일) ●531 / 한국 정치적 독립추진상황 유엔이 감시(9월 29일) ●532 / 이승만 소련군 즉시 철수 요구, 미군은 남한에 주둔 요구(10월 1일) ●534 / 조선 중간파 정당 민족자주연맹 조직(10월 2일) ●534 / 중한무역 회복문제(사설)(10월 4일) ●535 / 조선문제에 대한 미국의 새로운 건의 중국과 영국 원칙상 찬성(10월 13일) ●539 / 왕외교부장 한국독립해야 한다고 성명발표(10월 21일) ●540 / 남한 중간파 정당 민주독립당 조직(10월 21일) ●541 / 남한 좌파활동 체포(10월 23일) ●541 / 북한민주전선 미소정부에 각서를(10월 25일) ●542 / 고육균 유엔대회에서 연설, 조선을 신속히 독립시키자(10월 30일) ●542 / 조선문제의 진상(11월 1일) ●544 / 유엔대회에서 조선문제에 대한 미국의 수정안 통과, 우리나라 대표 미국입장 지지(11월 2일) ●544 / 우리나라, 한국문제에서 미·소 군대 동시철수 동의(11월 2일) ●545 / 한국 경내 주둔군 철수조치 우리 정부 발언권 있음 성명(11월 6일) ●546 / 조선독립 의안 전문(11월 7일) ●548 / 장정불 우리나라 입장 재천명,

조선은 조속히 독립해야(11월 15일) ● 549 / 연합국 조선독립의안에 관한 9개 국 위원단 성립 통과(11월 16일) ● 549 / 조선의 교착상태(11월 17일) ● 551 / 우환이 끝이 지 않는 조선 문제(사설)(11월 20일) ● 554

1948년

유엔위원회 한국영도자 의견 경청(1월 27일) ● 559 / 남한 단독 선거 김구 반대 표시(1월 28일) ● 560 / 한국인 선거의견 진술(1월 29일) ● 560 / 이승만 담화발표, 한국 북한공산당 대응 작전무기 획득 요망(1월 30일) ● 561 / 한국 세 영도자 매농과 회견(2월 13일) ● 561 / 남한 파업폭동 천여 명 체포(2월 13일) ● 562 / 남한공산당 총파업 선동(2월 14일) ● 562 / 남한 두 영도자 남북한 회의 건의(2월 15일) ● 563 / 한국독립 주장 관련 우리나라 외교부 성명발표(2월 18일) ● 563 / 외교부 사장 담화발표, 협정위반하고 건립한 정부는 고려하지 않기로(2월 19일) ● 564 / 주중 한국대표 남한서 신속히 정부를 건립할 것을 연합국에 촉구(2월 25일) ● 564 / 장정불 소회의서 우리나라는 미소합작을 기대한다고 선포(2월 26일) ● 565 / 소회의 결의 통과 남한선거 진행키로 결정(2월 28일) ● 566 / 김구와 이승만의 의견 불일치(2월28일) ● 567 / 김규식의장 사표 한국분열 반대(2월 29일) ● 567 / 서울 도쿄 3·1절 성대하게 기념(3월 2일) ● 568 / 서울 학생시위 충돌 발생(3월 3일) ● 568 / 남한 각 당파 단독선거 반대(3월 29일) ● 568 / 한국 남북의 통일이냐 분단이냐 관건적인 시각(사설)(4월 7일) ● 569 / 김구·김규식 북한방문 회의사항 토의(4월 10일) ● 573 / 김구 남북한 연석회의 참석 결정(4월 20일) ● 574 / 김구 이미 평양도착 연석회의 참석, 김규식은 오늘 내로 출발(4월 21일) ● 574 / 미국측 평양회의 결속 후 한국통일정부 설치예측(4월 22일) ● 575 / 호세택 북평에서 한국의 남북통일문제에 대해 담화발표(4월 24일) ● 576 / 남북한 연석회의문 발표, 남북통일 호소(4월 26일) ● 577 / 호세택 조선 전반 정세에 대해 분석(5월 3일) ● 577 / 남한 선거기간 박두 막후경쟁 치열(5월 5일) ● 578 / 김구·김규식 북한결의 옹호(5월 7일) ● 579 / 조선의 위험한 정세를 주시하자(사설)(5월 7일) ● 579 / 폭동·

방화 · 암살 등 분위기 속에서 남한 첫 보통선거 진행(5월 10일) ● 583 / 평양 재차 회의거행, 남한대표 출석요청(5월 11일) ● 585 / 보통선거 이승만이 제1회 의회를 장악할 것으로 예상(5월 15일) ● 586 / 남한 보편선거 이후의 조선 정국(사설)(5월 19일) ● 586 / 김구 은퇴설 항간에 유전(5월 20일) ● 590 / 이승만 미군의 계속 주둔 요망(5월 21일) ● 590 / 김구 은퇴소식 확실(5월 22일) ● 590 / 조선국회 개막, 헌법제정 민주정부 조직(6월 1일) ● 591 / 하지, 한국의회에 세 가지 건의하자 이승만 분노 표시(6월 3일) ● 593 / 남한 각 정당 통일운동 추진(5월 6일) ● 594 / 한국 '대한민국' 으로 개명, 헌법초안 통과(7월 6일) ● 594 / 남북한 정당대표 평양에서 회의 거행, 남한 단독정부 반대를 성명(7월 10일) ● 595 / 북한 보통선거 규정, 유엔과 미국에 도전(7월 12일) ● 595 / 강권정치와 한국의 비극(사설)(7월 17일) ● 596 / 남한 국민의 회 선거 진행, 이승만 대통령에 당선(7월 21일) ● 600 / 한국독립통일의 서광 - 이승만박사 초대대통령 당선 축하(사설)(7월 22일) ● 601 / 북한 단독정부성립 김구 등 반대 표시(7월 22일) ● 605 / 이범석장군 한국총리 당선(8월 3일) ● 605 / 우리나라 정부 한국정부 승인 유어만을 외교대표로 파견(8월 13일) ● 606 / 한국 공화국 정식 성립, 서울 오늘 성대한 의식 거행(8월 15일) ● 607 / 동아의 신기상(사설)(8월 16일) ● 608 / 40년간 분투결과 자유를 획득한 한국정부 독립 선고(8월 18일) ● 611 / 우리나라 대표 유어만의 축사(8월 16일) ● 612 / 남경 한국교포 경축대회 진행(8월 16일) ● 613 / 북한의회 오늘 대통령 선거(8월 27일) ● 613 / 한국대사 조병옥 먼저 중국 방문(8월 30일) ● 614 / 한국 대표단 파견 9일 중국방문(9월 5일) ● 614 / 김일성 북한 초대 내각수상으로 당선(9월 10일) ● 615 / 한국대표 항공편으로 상해 도착, 어제 밤 장개석 총통 회견 경의 표시 ● 616 / 조특사의 담화(9월 12일) ● 616 / 한국사절단 상해 출발(9월 18일) ● 617 / 소련 북한 점령군 10월 중순부터 철수, 명년 초 전부 철수(9월 20일) ● 618 / 왕세걸 외교부장 한국 대표단 초대(9월 26일) ● 618 / 소련 북한 승인 쌍방 수교각서 교환(10월 14일) ● 618 / 남한 중국과 미국에 영사관 설립(10월 15일) ● 619 / 남한을 통해 본 아시아의 위기(사설)(10월 23일) ● 619 / 김구 반란에 참가하지 않았다고 성명 발표(10월 25일) ● 623 / 정항범박사 주중 한국대사로 임명(10월 26일) ● 623 / 중국 유엔대회서 미군 장기간 남한 주둔 건의할 예정

(10월 28일) ● 623 / 김구 남북한 재선을 유엔에 호소(10월 28일) ● 624 / 주중한국대사 상업조약 체결 차 중국 방문(11월 22일) ● 625 / 장정불 유엔정치위원회에서 한국문제 토론시 한국대표 참가 제의(11월 25일) ● 625 / 주중 한국대사 이달 말에 중국 도착(11월 27일) ● 626 / 한국정부 미군의 계속 주둔을 우리나라 대표가 유엔대회에 제의 요청(11월 28일) ● 626 / 연합국대회 한국문제 토론, 우리나라대표 한국대표의 의견청취 건의(12월 7일) ● 627 / 중국·미국·오스트레일리아 3국 대한민국을 승인할 것을 유엔에 요구(12월 7일) ● 628 / 중국·미국·오스트레일리아 3국 유엔에 남한정부 승인 추진 건의(12월 8일) ● 629 / 장정불, 한국통일의 완성을 유엔에 호소(12월 9일) ● 630 / 중국·미국·오스트레일리아의 제안 다수 국가가 지지(12월 9일) ● 631 / 남한 온화파 사회당 조성(12월 12일) ● 631 / 제3차 유엔대회 폐막, 중국·미국·오스트레일리아에서 제의한 한국문제 건의 통과(12월 14일) ● 632

1949년   중국과 미국 정식으로 한국 승인(1월 5일) ● 634 / 연합국 안보리 북한의 입회신청 거절할 것을 고려(2월 8일) ● 635 / 한국 주일·주중대사 변동(3월 3일) ● 635 / 중국과 미국, 한국의 아시아 경제회 가입 건의(3월 9일) ● 636 / 이승만 태평양동맹 체결 찬성(3월 24일) ● 636 / 북한 각 단체 평화대회 옹호(3월 25일) ● 636 / 남한 외교부장 태평양 공약 체결(5월 17일) ● 637 / 전 한국 민주단체 연합전선 조직할 듯(5월 26일) ● 637

1910년

한국수상 이완용 사건

조선내각 총리대신 이완용이 자객에 의해 피해를 입은 상세한 상황에 대해서는 앞에서 이미 보도한 바와 같다. 전하는 말에 의하면 피해를 입기 전에 이씨는 이미 공소됐고, 경성 공소원(公訴院)에서는 소환장을 보내 두 시간을 심문했다고 한다.(●●●● 1월 2일)

한국인 암살사건 관련 소식

24일 도쿄 통신: 서울 통신에 의하면 한국수상 이완용이 자객에게 암살당할 뻔 한 것은 이토 히로부미공작이 피살된 것과 관련이 있다고 한다.(●●●● 1월 7일)

미국인의 한일합병 언급

22일 뉴욕 통신: 헐버트씨가 며칠 전 한국에서 입국했다. 그는 일한합병정책은 포츠머드조약을 위배한 것이며, 한국인들이 모두 반대하고 있다고 피로했다. 일본이 삼한 반도를 반드시 자국판도에 편입시킨다면 소란이 일어날 것이라고 예고했다. 이번에 그가 서울에서 대련으로 오는 모든 노정은 일본인들이 보호했다. 한국인 몇명은 자신들에게 불리하다고 여기고, 그가 간첩이라는 유언비어를 대외로 퍼뜨리고 있다고 한다.(●●●●1월 14일)

암살사건과의 연좌설

초2일 도쿄 통신: 부산의 한국인 12명이 한국수상 암살사건에 연좌되어 이미 체포, 수감되었다.(●●●● 1월 14일)

한국통감분서(分署) 소실

초9일 도쿄 통신: 한국통감대신의 도쿄 분서가 소실됐다.(●●●●1월 21일)

한국인의 한국수상 증오

한 일간지 일본 도쿄 통신 전재: 한국인 3명이 이달 초 시모노세키(下關)에 도착한 후, 초사흘 날에는 도쿄로 상경하여 대한병원 총리 기쿠치(菊池) 의학박사를 암살하려 했다. 한국수상 이완용은 그와 친한 벗인데, 이완용이 부상을 입은 다음 기쿠치 박사의 치료를 받아 재생했기 때문이라고 한다. 기쿠치박사는 한국의 서울에서 귀국하였는데 그를 암살하는 것으로 이완용에 대한 증오심을 풀려고 한 것이라 볼 수 있다.(●●●● 1월 23일)

한국인 또 다시 한일합병 주장

20일 도쿄 통신: 한국통감대신이 기용한 각 관원과 한국 학사 사대부들이 회의를 열고 일한합방을 주장했다. 그러한 그들의 기세는 매우 컸다.(●●●● 2월 1일)

한국 소란사건에 대한 최근 소식

21일 도쿄 통신: 한국 부산성 남부에는 아직도 소란이 그치지 않고 있고, 그러는 가운데 일본인 12명이 살해되었다. 소란을 일으킨 도발자들의 기세가 아직은 우세를 점하고 있다고 한다.(●●●●2월 2일)

한국 자객 판결에 대한 최근 소식

일본 히라오카(平岡) 고등법원 원장은 이미 도쿄로 돌아갔다. 그는 떠날 때 한국의 자객 안중근사건을 언급했는데, 지난 달 도코로시 에지(所志會知) 정무장의 말과는 약간의 차이가 있었다.

그는 지금 구속하고 있는 사람은 7명 밖에 되지 않으며, 앞으로 심리를 하게 되면 혹 억울한 사람이 있을 수도 있다고 했으며, 얼마 전 안중근 동생이 일본 관청의 허가를 받고 신과 양말 등을 구치소 내로 반입하도록 해주었다고 소개하면서, 안중근에 대한 감정을 드러냈다. 그는 이 사건의 서류는 중·일·한 3국의 문자로 작성하였기에, 매우 복잡하다고도 했다. 그 중에서 고도(小東)가 제공한 증거가 가장 유력하며, 앞으로 이를 근거로 심사에 착수할 것이고, 동시에 이 사건의 공개심판 시일도 그다지 멀지 않다고 말했다.(●●●● 2월 3일)

한국 소란에 대한 최근 소식

22일 도쿄 통신: 부산 남부의 폭동은 모금을 반대하는 가운데 야기된 것으로, 우정국과 기타 사무소 등 세 곳이 소실됐다. 이밖에도 일본상점 두 곳과 일본관원 및 상인 8명이 살해됐으며, 고려 순경 1명이 살해됐다. 소란자 중 10명이 사망했으며, 많은 사람들이 부상당했다.(●●●●2월 3일)

한국국민의 내무대신에 대해 공갈 편지

한국 내무대신 민군근(閔君近)이 편지 한 통을 받았는데, 편지는 수상 이완용을 사형에 처하고, 정부 내무를 개혁하지 않거나, 이재명(李載明)을 계속 고위직에 둔다면, 즉시 내무대신의 목을 자르는 징벌을 가할 것이라는 내용이었다고 한다.(●●●● 2월 4일)

한국 국채의 총액

한국 신문 보도: 한국이 부담할 국채의 총액수는 일본돈으로 환산해 4,397만원이다. 그 중 100만원은 이미 만기가 되어 6월말 이전에 지불해야 하며, 해마다 내야 할 이자만 해도 1,895,830원이다.(●●●● 2월 4일)

이토 히로부미 암살사건에 관한 최근 소식

12월 28일 도쿄 통신: 대련에서는 이토공작을 암살한 사건에 대해 이미 심리하기 시작했다. 피고 안중근은 이미 이달 초에 이곳으로 이송됐다.

29일 통신: 이토공작 암살사건의 재심 여부는 3일 결정되게 된다. 다른 한 신문에서 2월 2일 대련의 통신을 받아 보도한 바에 따르면, 이토공작을 살해한 사건은 이미 정식으로 심리를 진행하고 있고, 방청을 위한 입장권이 300장이나 발부됐다고 한다. 주심겸 재판장은 요베(問部)이고 국가의 공소인은 미즈구치(水口)라고 한다. 피고의 변호사는 일본인 미즈노(水野)와 한국인 안봉산(安鳳山)이 맡았는데, 안씨는 이전에 프랑스 경내에 있는 한국 학율회(學律會) 재판소에서 관청 소송인으로 있었는데, 지금은 서울에서 변호사로 활동하고 있다고 한다. 최근 스페인·영국·러시아 등 변호사들이 안중근의 변호를 담당하겠다는 요청서를 낸 바 있다. 그러나 일본측에서는 이를 모두 거절했다고 한다.(●●●● 2월 13일)

수감된 한국인 죄수들의 소요

이달 초 이튿날 도쿄 통신: 한국 남부 경함성(鏡咸城)에 수감된 99명의 죄인들이 탈옥을 단행하여, 간수 4명이 부상을 입었고, 죄인 중 1명이 사망했으며, 14명이 부상을 입었다고 한다.(●●●● 2월 15일)

한국인 신창해 헤이그 평화회의에 참석해 모국 공소

한국인 신창해(新昌海)가 간도로부터 헤이그 평화회의에 참석하여 모국(某國)를 공소했다.(●●●● 2월 26일)

한국수상의 상처 이미 완치

초6일 도쿄 통신: 한국수상 이완용의 상처가 이미 완치되었다고 한다.(●●●● 2월 17일)

이토 살해사건에 대한 상세한 소식(속편)

이토를 살해한 사건에 대하여 초3일 날 제5차 심리가 진행되었다. 피고 변호사 렌다(鎌田)씨와 미즈노(水野)씨가 법정에서 의견을 진술했다. 렌다는 이 사건에 관련된 유동하(柳東夏)와 조도선(曹道先)은 내막을 전혀 모르는 사람이며, 그들은 자객에 이용당한 사람이기에 가볍게 징벌해야 한다고 주장했다. 미즈노군은 중점적으로 안중근의 배일사상에 대한 질책을 반박했다. 그러한 주장은 당시 일본 애국당의 견해와 같은 주장이고, 안중근이 이토를 살해한 것은 일·한조약 체결이 근본 원인이라고 지적하고는, 그 때문에 안중근이 저지른 죄는 용서할 수 없지만, 그 원래의 이유가 있는 이상 그에게 사형을 내리는 것은 지나친 처분이라는 견해를 피력했다. 변호사들의 진술은 오후 3시 30분에 끝났다. 법정에서는 잠시 심리를 중단하고 다음 월요일에 다시 심리한다고 선포했다. 죄인들의 공술은 아래와 같다.

유동하 자신은 이토나 일본에 대해 모욕적인 언사를 한 적이 없는 사람이라고 공술했다. 검찰원은 그에게 1년 반의 유기형을 구형했다. 유동하는 이러한 구형에 불복했다. 조도선은 나에게 그 어떤 죄명을 씌우든 이것은 내가 우둔하기 때문에 인한 것이지, 내가 사악하다는 것을 뜻하는 것은 아니라고 공술했다.

우연준(禹連俊)은 내가 안중근이 이토를 살해하는 것을 도와준 것은 일·한 양국 간의 장애물을 제거하기 위한 것이지, 한국의 독립을 도모하고자 한 것은 아니며, 내가 바라는 것은 한국동포들도 일본인들과 같은 대우를 받아내려 하기 위한 것이라고 피력했다.

안중근은 내가 이토를 살해한 것은 완전히 오해이며, 일·한이 서로 대치되어 있는 정책에 대하여 참을 수가 없었고, 이토가 죽지 않는 한 일본의 정책이 조금도 너그러워지지 않을 것이라고 생각했기 때문이며, 사람들은 이토를 세계적인 위인이라고 하는데, 내가 보기에 그는 한낱 흉악한 비적이나 다름없다고 했다. 그리고는 일본천황은 총명하고 영명한 분이기 때문에 이토가 죽었다는 통신을 듣고는 반드시 기뻐했을 것이며, 지금 이토가 죽었으니 우환을 제거한 것이기에, 나는 금후 일·한 양국이 서로 화목하게 지내며 동아의 평화를 지켜내기를 바란다고 하면서, "한국독립만세" 이것이 나의 개인적인 소원이라고 진술했다.

5일 판사가 안중근에게 사형을 선고했고, 우연준에게는 3년 유기도형, 조도선과 유동하에게는 각각 1년 반의 유기도형을 언도했다.

코베(神戶)일보 소식: 본 시의 더레스변호사는 어제 여순에서 안중근 등에 대한 심판을 방청하고 상해로 돌아와서는, 최근 며칠간 안중근 등에 대한 심리 상황 등에 대해 아래와 같이 소개했다.

이 사건은 지난 12월 28일 법정심리를 개시한 후 연이어 심리를 진행했으며, 4월 3일에는 다시 재심을 진행했다. 심리는 오후 4시 30분부터 각 범죄인의 죄를 기록하였고, 일요일에 이에 대한 판결을 내릴 것이라고 했다. 이것은 일본 형법 199조에 따라 여순 지방재판소에서 심리하기로 했다. 이 재판소는 관동(關東)영토권 규정에 따라 설치한 것인데, 일본에서 최신 통과한 법률에 근거하여 만주영사 등이 자주 사건심리에 참여하고 있다. 원래는 외무성 대신이 제기하여 이 사건은 재판소에서 심리하기로 했던 것이다. 일본의 정상적인 관례에 따르면 먼저 재판소에서 독립적으로 각 범죄인의 공술을 수렴한 다음 예심에 따라 심문을 진행하는 것이다. 그러나 이 사건은 처음에 러시아 관원이 조사한 다음 일본관원에 이송했다. 따라서 질문에 참가한 사람은 아주 많으며, 이들이 제공한 증명서는 모두 법정에서 선독됐다. 안씨는 법정에서 조씨와 유씨 두 사람은 자기의 심부름꾼에 지나지 않기 때문에 그들에 대해서는 경하게 처벌해야 한다고 역설했지만, 여러 죄수들은 사실을 제대로 고백하지 않았다. 다만 안씨만이 장편의 주장을 펼쳤는데, 그는 이토가 한국황제에 충성하지 않았으며, 일본천황에도 충성하지 않았다는 사실을 간파했다. 나흘째 되는 날 검찰원의 진술시간이 되었다. 토요일(즉 초사 흘날)의 심리는 피고 변호사들의 진술시간이었다. 렌다는 이 사건은 일본법률에 따라 죄를 정하면 안된다는 이유를 주장했다. 그리고 조씨와 유씨는 공모자이긴 하지만 의식적으로 참여한 것은 아니라고 주장했다. 미즈노씨는 안씨의 죄를 경하게 처분하여 줄 것을 웅변적으로 대변했다. 이들의 진술이 끝난 다음 재판관이 피고들에게 할 말이 있는가 하고 묻자, 안씨는 즉석에서 청산유수같은 언변으로 정치적인 연설을 했고, 그의 연설을 들은 방청자들은 감동하였다. 회보(匯報)를 번역함.(●●●● 2월 20일)

안중근 상소 안하기로

초9일 도쿄 통신: 안중근은 사형판결에 대해 상소하지 않았으며, 기타 3명도 언도된 바에 따라 법의 심판을 받기로 했다고 한다.(●●●● 2월 20일)

일한합병문제의 최근 통신

15일 도쿄 통신: 도쿄의 각 신문에서 보도한 바에 따르면, 한국인들이 일본정부에 올린 일한합병 청원서는 일본정부에 의해 거절되지 않았다. 일본정부에서는 이 일을 조속하면서도 적당히 처리하겠다고 했다.(●●●● 2월 26일)

한국 당수의 음모

한국 의병당 수괴(首魁) 이범윤(李范允)이 일전에 이미 수하 당인을 의란구(依蘭溝) 용암평(龍岩坪) 중촌(中村)과 러시아 각 변경지역에 파견하여 군수물자를 운반케 했으며, 한국 경내의 종성(鍾城)에서 거사하려고 했다. 그러나 일본영사관에서 이 정보를 사전에 입수하여, 오(吳) 독판(督辦)에 공문을 보내 그들을 체포하고 해산시키도록 했다. 이 당의 당인들은 최근 동지들을 훈춘(琿春) 부근과 러시아 망해봉(望海峰) 등지에 집중하여 대오를 정돈한 다음, 한국 경동(慶同)·청진((淸津) 등지로 출발하여 마지막 결투를 진행하려 한다는 소문이 전해지고 있다.

또한 이 당이 이번에 구입한 무기는 모두 유럽에서 운반하여 온 것이라고 전해지고 있다. 이 정보의 정확성 여부에 대해서는 밀정들이 탐지하고 있는 중이라고 한다.(●●●● 3월 2일)

한국인과 헌병의 결투

24일 도쿄 통신: 한국 의병당인 80명이 서울 북쪽에서 일본헌병과 결투를 벌였다. 그들은 돌로 철길을 막아 지원병이 오는 것을 차단하고자 했다. 동력엔진을 단 차 한 대가 궤도에서 이탈되었으나, 상한 사람은 없었다. 그러나 후에 헌병과 군대가 출동하여 반란당인 10명을 체포했다고 한다.(●●●● 3월 8일)

한국인들의 구휼정신

25일 도쿄 통신: 한국인 30여명이 일본 돈 3천 원을 모금하여 파리의 수재(水災)를 지원했다. 이것은 한국이 아직 살아 있다는 것을 세계에 알리고자 한 것으로 볼 수 있다.(●●●● 3월 8일)

한일합방과 관련한 한국인의 대응

16일 서울 통신: 외신으로부터 전하는 소식에 의하면, 한일합방이 곧 실행하게 될 것이라고 한다. 이 소식을 접한 한국 서울의 정계는 공황에 빠졌다.

한국에서는 정당회의 때에 배일운동을 발의하는 사람들이 생겨나고 있으며, 반대로 합병을 찬성하는 사람도 있다고 한다. 애국적인 한국인들은 합병정책을 정식으로 실행한다면, 무기를 들고 일본인들과 대항할 것이라고 표하고 있다.(●●●● 3월 8일)

1910년

안중근의 사형 집행

15일 런던 통신: 하얼빈에서 전해 온 소식에 의하면, 안중근에 대한 사형이 이미 집행됐다고 한다.(●●●● 3월 28일)

안중근의 유언

17일 도쿄 통신: 안중근은 어제 여순에서 판결에 따라 사형되었다. 이날은 그가 거사한 날로부터 150일째 되는 날이다. 안씨는 임종을 앞두고 각 형사들에게 동방의 평화를 지켜줄 것을 당부했다고 한다.(●●●● 3월 29일)

한국의 최근 사태

20일 도쿄 통신: 한국의 기독교 교도들은, 한국 공도회(公禱會)를 조직하여 한국이 자치정권을 회복할 것을 기도했다. 한국주재 통감은 한국 각 신문에서 한일합방 문제를 다루는 것을 금지시켰다. 동시에 안중근 초상이 들어 있는 카드 판매도 금지시켰다.(●●●● 4월 1일)

일본정부 한국 겸병 결정

일본 신문 보도: 일본이 한국을 겸병한다는 소식이 널리 전파되고 있다. 도쿄 통신에 의하면 일본정부에서는 이미 한반도를 겸병할 것을 결의했다고 한다. 정계에서 지금 주의하는 문제는 겸병 후의 정치·외교·법률 등의 권리를 유지할 수 있는가 없는가 하는 문제와 고려의 세관규정이 일본의 세관규정을 대치할 수 있는가 하는 문제이다. 상기의 문제들은 조약을 체결한 각국과 관계되는 문제이기 때문이다. 따라서 겸병 즉시 결단을 내릴 것이 아니라, 정부에서는 각 조약국과 협상하여 차차 해결하기로 했다고 한다.(●●●● 4월 8일)

한국 남아 또 처형

10일 도쿄 통신: 오늘 서울에서는 한국수상 이완용 살해사건에 대한 판결을 진행하여, 자객 이재명을 사형에 처하기로 했으며, 공모자 40명은 노역에 처하도록 했고, 그 중 한 사람은 15년을 언도했다.(●●●● 5월 20일)

한국 당인 설 자리 없다

한국의 당 당수 이범윤(李范允)은 과거 하대부(下大夫) 관직으로 있던 사람이다. 일본세력이 한국으로 진입하여 통감부를 설립하자, 이씨는 즉시 관직을 버리고 사방으로 다니며 지사들을 집결하고 정권회복을 호소했다. 그는 가는 곳마다 반일의 기치를 들고 대적했지만, 매번 좌절을 당했다. 그러나 그의 애국심은 식을 줄을 몰랐다. 일본인들은 반일 역량의 증식에 대비하여 각처에 밀정을 두었지만, 이범윤은 이에 대응하여 여러 가지 기이한 수단을 통해 이를 피했다. 그는 대량의 무기를 연길 모아산(帽兒山) □□□ 화간(樺澗) 3지방에 집중시킨 다음 두만강을 건너 동쪽으로 진출하여, 한국에서 자유스런 활동을 할 수 있기를 계획했다. 그런데 이 계획이 누설되어 연길 순경총국(巡警總局)에서 이 정보를 입수하게 되었다. 연길 총국에서는 행정고(行政股) 고장(股長) 기성진(祁星辰) 등을 파견하여 이범윤이 거처하고 있는 지방으로 돌입하여 그를 체포하려 했다. 행진하는 도중에는 일본영사관 밀정들과 조우하여 함께 그곳으로 갔다. 한국 민중들의 집 구들에서 총 등의 무기를 수색하고는 경찰국으로 돌아왔다. 이 당의 조씨는 이미 멀리 피란을 떠났고 이범윤은 현장에 있지를 않았다. 연길에 거주하고 있는 한국인의 집에서 이범윤의 무기를 수색했다. 그 후 일본경찰들은 사복을 입고 도처에서 정찰했으나, 한국인들은 억울하게 이 사건에 연루될까봐 땅을 버리고 외지로 피신했다. 그 중 어떤 사람들은 러시아 경내로 건너갔다. 때문에 한국 여성들과 어린이들이 시내로 가 물건을 사는 사람이 드물어졌다. 그 결과 연변의 상업과 농업이 큰 손실을 입게 되었다. 일본경찰측에서는 한국당인의 당수를 체포하지 못했기 때문에 각지에서 삼엄한 조사를 진행하고 있다. 연변의 한국인 18만 명은 밤에 편한 잠을 자지 못하고, 언제나 공포에 질려 하루도 맘 편한 날이 없다고 한다. 전하는 바에 따르면 모 나라에 이범윤의 당인들이 집결해 있다고 한다. 북만 각지의 한국인들은 그곳에 집결하여 북한으로 건너가 거사할 준비에 박차를 가하고 있다고 전해지고 있다.

　전하는 소식에 의하면 일본당국에서는 우리 정부에 각서를 보내와 이범윤 당도들을 체포해 줄 것을 촉구했다고 한다. 이러 저러한 시중에 떠도는 말들이 많이 유전되고 있기 때문에, 그 진위를 가름하기는 매우 어려운 실정이다. 그러나 우리나라 연길지역의 군대들이 방비를 강화하라는 명령을 받은 것은 사실이다. 지금 연길지역의 군대들은 방지를 위한 작전을 펼치고 있다.

　검사조에서 돌아온 사람이 전하는 소식에 따르면, 강 건너 한국 경내에는 일본군들이 꽉 차 있으며, 그 숫자는 대략 한 개 여단이나 된다고 한다. 이것은 일본영사관의 요구에 따라 한국 당인들이 한국 경내로 들어오는 것을 방비하기 위한 군대라 하고 있다. 연길 일대는 중국사람과 한국사람이 뒤섞여 잡거하고 있는 지역이라, 한국인들이 도강하는 것을 제한하지 않았다. 그 때문에 어떤 사람들이 도강하는지 알 수가 없다. 다만 법을 위반했을 때만 법률에 따라 중국관원이 그들을 처분했다. 연길 주재 일본영사 나가다키 히사요시(永㶾久吉)는 이범윤이 모국에 속한 지방에 거주하고 있으면서, 수하들을 시켜 자주 중국 경내로 건너와 소란을 피운다는 것을 빌미로 우리 정부에 공문을 보내왔다. 공문에는 우리나라 동남로, 즉 연길 경내의 의란(依蘭)·탕화간(湯樺澗)·자고(子槁)·송배(松背)·소팔극(小八屐)·화호리골(火狐狸溝, 불여우골)·육도구(六道溝)·대툰(大屯) 등지에 무기를 휴대한 이범윤의 당도들이 잠복하여 거사를 도모하고 있다고 지적, 이에 따른 당인 30여 명의 명단을 제공했으며, 우리 정부에서 이들을 체포하여 일본영사관으로 이송해 달라는 내용의 공문이었다. 문명국에서는 타국의 국사범을 처리할 때, 그를 설득하여 출국하게 한 다음 그를 보호하지 않는 것으로써 국가 간의 친선을 유지하지 그들을 체포해서 이송하는 일은 없는 법이다. 비록 어룡(魚龍)이 혼잡해 있는 듯하지만 그들이 사단을 일으키는 것은 국가의 복리를 위하는 길이 아니기 때문에, 이 시기를 이용하여 우리나라 국적법을 실행한다면 구축당한 사람도 할말이 없게 되며, 귀화할 사람들에게도 근거를 제공할 수 있는 것이다. 귀화하지 않는 사람은 변경에서 먼 곳으로 이주시켜 새로운 마을을 세우는 것도 한 가지 방법일 것이다. 이렇게 된다면 연변은 가히 10년간은 안정되게 될 것이다.(●●●● 6월 8일)

일본의 한국 겸병 징조

일본의 한 신문 5월 25일 런던 통신 보도: 신문보도에 따르면 일본이 한국을 겸병하려는 시일이 멀지 않다고 한다. 그러나 여러 신문들은 이에 대해 주의를 기울여야 함에도 불구하고 주의를 기울이지 않고 있다.

뉴욕 통신 보도: 미국은 일본이 한국을 겸병하는 일은 이제 눈앞의 일로 다가왔다고 논평하였는데, 이에 대해 반대의 논조는 보이지 않고 있다.(●●●● 7월 12일)

일러협약과 일한합방 등의 내용 포함

정부가 입수한 정보에 의하면 일러협약 내용 중, 이미 대외에 발표한 세 조목을 제외하고, 또 한일합방과 중국재정의 검사, 황하이북 지역에 대한 양국의 권리 및 몽골과 티벳에 관련된 조목이 있다는 것이 확인됐다. 정부는 연일 이에 대한 대응책을 연구하고 있다.(●●●● 7월 29일)

귀화 한국인들의 동태

외무부는 전일 일본인들에 의한 동북지역 각성의 식민정책이 너무 빨리 진전하고 있는 것을 감안, 왕 흠차대신(欽差大臣)에게 이런 사항을 고찰할 것을 제의했다. 어제 왕 흠차대신은 외무부 관원들과 대면식을 가졌는데, 길림 등지의 한국인들은 월경하여 귀화한 후 농사를 짓는 농민들인데, 이들은 일본인들의 핍박을 이기지 못해 월경했다고 설명하며, 우리나라에서 이들에 대한 관대한 정책을 베풀어주었기 때문에 귀화가 가능했고, 귀화한 호구가 날로 늘어나고 있는 상황이라고 설명했다고 한다. 그는 이들 중에는 좋은사람 나쁜사람이 섞여 있어 일본을 등에 업고 사기를 치는 등 좋지 않은 행각을 벌이는 사람들이 없지 않아 있다고 지적하였다. 또 이들이 일단 누군가의 교사를 받고 행동한다면 그 결과는 아주 엄중할 것이라고 분석했다. 따라서 그는 반드시 동북지역 각성에 지령을 내려 그들에 대해 엄격하게 조사하고, 일단 사단을 부리는 사람이 있으면 법에 따라 처리하여 치안을 강화하고, 그들의 활동을 제한하는 방법을 강구하지 않는 한 우환을 뿌리채 뽑을 수 없을 것이라고 강조했다. 그는 이미 석(錫) 독군(督君)에게 공문을 보내 위의 정신에 따라 집행토록 했다고 보고했다.(●●●● 7월 30일)

일한합병문제에 대한 최근 소식

14일 도쿄 통신: 일한합병은 예견했던 것처럼 이미 정식으로 협상단계에 진입, 최근 들어 계획대로 진척되어 가고 있는 상황이라고 전해지고 있다.(●●●● 8월 20일)

데라우치 통감 일한합방조약 공포일 결정

한국 서울 통신: 데라우치(寺內) 통감은 음력 이달 27일, 한국황제 등극 제4주년 기념일에 마지막으로 알현하고, 27일 이후 한일합방조약을 발표할 계획이라고 전하고 있다.(●●●● 8월 25일)

애통하다! 일한합방조약

일본 추밀원은 18일 어전회의를 소집, 일본황제와 각 대신들이 일한합방의 형식과 긴급 특별사면 지령을 반포하는데 필요한 사항들을 연구했다. 이 연구기간은 열흘 정도 걸렸다. 그 후에 내각회의를 소집, 각 대신들의 결의를 거쳐 한일합방조약에 관한 6개 항목을 결정했다. 그 내용은 대체로 아래와 같다.

(1) 합방형식은 조약을 조인하는 동시에 일한 양국 황제가 선언서를 발표하며, 한국황제는 선언서에 한국영토권을 일체 일본천황에게 양도한다는 내용을 밝힌다.

(2) 일한합방 후 한국황제의 작위는 일본황족에 비춰 연 비용 150만원으로 정한다. 그러나 한국황제의 모든 땅은 한국황실에서 임의로 처분한다.

(3) 한국에 있는 10만여 명의 양반 중, 국가에 공헌이 큰 100명에게는 공채를 발급하고 기타 다른 사람들에게는 부양비 혹은 부동산 등을 지급하여 생계를 유지케 한다. 이밖에 화족례(華族例)를 반포하

여, 특별히 기여도가 있는 사람에게는 자작칭호를 수여하고, 화족에 등기한다. 그러나 이들 화족의 자격은 귀족원 의원에는 들어가지 않는다.

(4) 일단 일한합병 후 한국과 외국 간에 체결한 조약은 일률 폐지한다. 그러나 현행관세규정은 잠시 원규정에 의해 처리한다는 칙서를 내린다. 일한 양국 간의 모든 관세문제도 이에 따른다. 그러나 정치, 외교, 입법 등은 본 조약 밖의 특권인 바 합병 후 일률로 폐지한다.

(5) 일단 합병한 후에는, 한국은 국호를 조선으로 개명하고, 통감부를 철수하며, 서울에 총독부를 신설한다. 데라우치 통감이 총독을 담임하고, 야마가타(山縣) 부통감이 민정장관을 담당한다. 동시에 13도를 철회하고 현을 설치하여 관리한다. 서울에는 부를 설치한다.

(6) 일단 합방을 발표한 다음 날로부터 일본정부가 각국에 이러한 사실을 통지한다.(●●●● 8월 27일)

일한합방에 대한 영국신문의 평론

문회보(文匯報) 게재: 22일 런던 통신에 따르면 런던 각 신문은 일본이 한국을 합병한 행동을 극동 역사 변동의 관건이라고 평했다. 오늘날 이런 방면에 가장 연구가 깊은 사람이 무엇 때문에 일본 세력이 극동으로 확장하는 것을 이런 시각에서 평가하고 있는 것인가? 보수당의 각 신문들이 역사의 변동이라고 평하는 것은 허명에 불과한 것이지 실제로 한국의 독립은 이미 텅 빈 것이나 같다고 평가한 것이다. 그러나 급진당 신문인 『매일신문』은 일본은 잔인하고 폭력적인 수단으로써 한국을 겸병했다고 평하며, 일본은 동방 제국주의의 앞장에 선 것이라고 평했다. 『자림서보(字林西報)』는 21일 베를린 통신의 소식을 게재하며, 독일주재 일본대사는 이미 일한합방조약을 독일정부에 통보했다고 보도했다.

22일 런던 통신: 『일일신문』은 일본은 한일합방에 대한 책임을 천하에 밝혀야 한다고 지적했다. 『스탕달신문』은 일본은 앞으로 세계에서 자국의 자치도 훌륭하지만 타국도 통치하는 능력을 구비했다는 미명을 얻을 수 있을 것이라고 썼다.(●●●● 8월 28일)

일한합방조약의 내용에 관한 속편

일한합방조약에 대한 주요 내용은 이미 23일 자 신문에 게재했다. 일본주재 통신원의 보고도 대략 같은 내용이다. 단 언어구사에서 약간의 차이가 있을 뿐이다.

본지에서는 이 사건이 아주 중요하기 때문에 번잡스러움에도 불구하고 그의 보고를 게재하니 일한합방에 관심을 둔 사람들은 잘 읽어 줄 것을 바란다. 국제신문협회 중국회원인 왕음번(王蔭藩)의 보고는 아래와 같다.

일한합방문제는 오늘(양력 8월 22일) 이미 결의되었다. 그 내용은 주로 아래와 같다.

일한합방조약은 데라우치(寺內)통감과 한국 이총리 사이에, 양력 8월 29일 오전 9시에 조인하게 된다. 이에 따라 임시추밀원에서는 회의를 소집하여 아래 사항을 결의했다.

형식: 합병의 형식은 조약을 맺는 것으로 한다. 총리와 통감이 이 조약을 체결한다. 한국황제의 모든 영토권을 일본황제에게 양도한다. 그리고 독립국의 모든 주권을 스스로 포기한다. 동시에 일본황제와 한국황제는 선언서를 발표하여 각국에 통보한다.

대우: 한국황제를 폐위하고 일본의 준황족으로 규정한다. 황실의 비용은 일년에 150만원을 지불한다. 태황제 다음부터는 거처를 임의로 선택할 수 있게 하기 위해 강제적으로 규정하지 않는다.

조약과 관세: 이번에 관세를 변경하지 않고 원래 있던 규정에 준하며, 4, 5년 후에 다시 규정한다. 정치와 외교 및 입법 권리는 이번에 모두 폐지한다.(●●●● 8월 29일)

조선 화족령의 신규정

지금의 황족대신과 특수한 공헌이 있는 사람을 화족(華族)으로 등기한다. 그러나 일본 귀족원의 의원은 아니다. 조선에 있는 양반 10만여 명 중 공로가 아주 큰 사람에게는 공채를 발급한다. 이에 해당하는 사람은 몇백 명 밖에 안된다. 현재 관리 및 공직자들은 그들의 지위를 안정하게 하기 위해 변경하지 않는다. 나머지 단체에게는 수산금(授産金)을 발급하던가, 수산지(授産地)를 봉하여 주는 것으로써 생계를 유지하도록 한다. 이번 조약을 체결한 다음 국명은 여전히 '조선'이라 정하고, 통감부를 철수시키며 총독부를 신설한다. 데라우치통감이 초대 총독을 담당하고, 총리가 행정 등 모든 대권을 관장하며, 군사는 주둔군 사령장관을 설치하여 관리한다. 야마가타(山縣)부통감을 행정장관으로 임명한다. 조선 서울은 부로 개명하여 관리하고, 13도의 관찰사를 폐지하여 13현으로 개명한다.(●●●● 8월 29일)

일본 한국합병칙령 발표

양력 8월 29일 오전 10시 일본정부는 관청신문에 한국을 합병한다는 규약칙령을 발표했다.(●●●● 8월 30일)

일본외무대신 한일합방에 관한 선언 발표

일본외무대신 고무라(小村)는 한일합방에 관한 성명을 발표했는데, "일본 외교정책의 방침은 동양평화를 유지하는 것이며, 제국의 기초를 확보하는 데 있고, 한국의 지리 위치가 곤란한 문제를 야기시키는 근원이기에, 일본은 한국과 인접국으로서 한국의 정치를 보호하는 것이지 한국을 침범하는 것은 아니다. 또 오늘 한국을 합병한 것은 일한 양국 인민들의 행복과 이익을 추진하고 도모하기 위한 것이라고 했다.(●●●● 8월 31일)

일한합병조약과 선언서

조약(전에 두 차례 보도한 바 있지만 이번에는 본문을 구했기에 전문을 번역 게재한다) 일본국 황제폐하와 한국황제폐하는 양국 관계가 아주 친밀함을 고려하여, 상호의 행복과 동양의 영구적인 평화를 증진시키는데 있어서 한국을 일본에 합병하지 않는다면 이 목적을 실현할 수 없다는 것을 확신하였다.

이 결의와 조약을 위해 일본제국 폐하는 통감자작 데라우치 마사다케(寺內正毅)를 특파하고 한국황제는 내각총리 이완용을 특파하여 전권위원회의 두 위원으로써 임명한다. 간담회의 협의는 아래와 같이 제정한다.

제1조; 한국황제 폐하는 한국의 모든 통치권을 완전히 일본황제폐하에게 양도하여 영원히 향유하도록 한다.
제2조: 일본국 황제폐하는 협의를 윤허하고, 한국 전부를 일본제국에 합병하는 것을 윤허한다.
제3조: 한국황제폐하, 황태자전하 및 황비와 후예는 그 품위에 해당하는 존칭과 위엄 및 명예를 향유케 한다. 동시에 충분한 세비를 공급한다.
제4조; 일본국 황제폐하는 한국황족 및 후예에 상당한 명예와 예우를 하사하고 필요한 자금을 공급하여 생계를 유지토록 한다.

제5조; 일본국 황제폐하는 한국대신 중 공헌이 많은 사람에게 작위를 하사하고 봉급을 하사한다.

제6조: 일본국정부는 상술한 합병을 실행 후 한국정부 및 전부서의 행정사무를 담당하고, 현행법규에 준한 한국인의 생명산업을 극력 보호한다. 동시에 법을 지키는 한국인민들의 행복을 증강한다.

제7조: 일본국정부는 신제도에 충성하고 신제도를 준수하는 한국민중 중 적당한 자격을 가진 사람을 제국 조선의 관리로 임명한다.

제8조: 본 조약은 일본국 황제폐하와 한국황제폐하의 비준을 받은 다음 즉시 공포하고 시행한다.(●●●● 8월 31일)

일본신문 한일합방문제 보도

일본의 토지와 인구 증가: 일본이 한국을 합병한 다음 영토와 인구가 크게 증가될 것이다. 과거 일본의 영토면적은 1억 7천 4백 33만 평방리(平方里)인데, 합병한 다음에는 2억 5천 6백 33만 평방리로 된다. 일본의 현재 인구는 5천 2백 51만 8천 518명인데, 합병한 다음에는 6천 2백 3만 7천 518명으로 된다. 일본영토는 가히 유럽의 오스트리아와 포르투칼 양국과 비슷하게 되며 인구는 독일을 능가하게 된다.

합병 후 한국의 철도: 일한합병 후 일본인이 한국에서 가장 먼저 긴급히 실행할 것은 도로를 보수하고 철도를 가설하는 일이다. 이것은 국방상에서 아주 요긴한 문제이기 때문에 조속히 처리해야 할 대사이다. 총독제를 발표한 후 즉시 철도원을 설립하여 원래 있던 한국의 철도부와 분리하여 총독부에서 직접 관할케 한다. 향후 몇 년 사이에 지선과 간선을 모두 가설할 계획이다. 그 수지경비는 별도로 계획하여 특별히 예비할 수 있게 하며, 분리한 다음 각종 개정법령은 공동으로 발표하게 된다.

포항(浦港, 블라디보스토크) 반일 한국인 폭동

양력 8월 23일 블라디보스토크항의 러시아신문 보도: 일한 합병문제를 발표한 다음 이곳의 반일 한국인들이 비밀리에 한국인 소학교에 모여 회의를 가졌고, 회의를 마친 다음 귀가도중 일본인 가옥에 돌을 던졌으며, 일본인들을 살해한다는 소문을 퍼뜨렸다. 이후 격렬한 운동이 일어날 가능성이 있다.(상해일보의 보도문 번역)(●●●● 8월 31일)

가련한 망국의 학생들

일본신문에서 일한합방조약을 선포한 후 일본에 유학간 한국학생들이 비분을 참지 못해 자살한 사례가 5, 6명이나 된다. 할복자살한 학생도 있고, 총으로 자결한 학생도 있으며, 독약을 먹고 자살한 학생도 있다. 도쿄 각 신문에서는 일반 한국인들의 폭동을 유발할 것을 우려, 이 사실을 다루지 않고 있다. 그러나 오히려 일본에 유학온 한국학생들은 아주 평온하게 한일합방을 대하고 있으며, 한일합방이 자기들에게 행복을 가져다준다고 언급하고 있다.(●●●● 9월 1일)

한국 멸망 후 무효조약 리스트

일한합병 후 한국은 국제상에서 이미 위치를 상실, 과거 각국과 체결한 조약이 모두 무효가 되었다. 그 리스트는 아래와 같다.

(1) 한미 우호통상조약(1882 5월 조인)
(2) 한미 우호통상조약 첨부 조약(1893년)
(3) 한영 우호통상조약 및 별부 통상장정 세칙, 세칙장정(1893년 11월)
(4) 한영 우호통상조약 사후 속약(1983년 11월)
(5) 한국 이탈리아 우호통상조약 및 부속 통상장정세장, 체칙 장정(1884년 6월)

(6) 한독 우호통상조약 사후 속약(1884년 4월)

(7) 한국 이탈리아 우호통상조약 속약(1885년 7월)

(8) 한국 프랑스 통상(협)조약 및 부속 통지 장정세칙, 세칙장정(1886년 6월)

(9) 한국 프랑스 통상조약 사후 보충조약(1886년 6월)

(10) 한국 프랑스 우정 약정서(1901년 4월)

(11) 한국 오스트리아 통상조약 사후 보충조약(1902년 6월)

(12) 한국 청국 통상조약(광서 25년 8월)

(13) 한국 청국 통상조약 보충조약(광서 25년 11월)

(14) 한국 벨기에 통상조약 및 부속 통상장정, 세칙, 세칙장정(1901년 3월)

(15) 한국 덴마크 통상조약 및 부속 통지 장정세칙, 세칙 장정(1901년 7월)(●●●● 9월 1일)

일본황제의 한국합병에 대한 조서

짐은 동양평화를 유지하고 제국의 안전을 영구히 보장하는 것을 장래의 급선무로 규정했다. 하지만 한국은 화복(禍福)이 내포되어 있는 바, 짐은 정부에 명하여 한국정부와 협약을 체결하여 우리 제국이 한국을 보호함으로써 화근을 두절하고 평화를 확보하고자 한다. 최근 우리 정부는 한국의 정치개혁에 조력한지 이미 4년이나 된다. 정부의 성적은 가히 긍정할 만 하지만, 한국에 원래 있던 제도로는 치안을 확보할 수 없어, 사람들의 우려를 자아내고 있으며, 전국 인민들의 정서가 불안에 처해 있다. 공공의 안녕을 유지하고 민중의 복지를 증진하려면 원래 있던 제도를 개혁하지 않으면 안된다. 짐과 한국 황제폐하는 상기의 사태를 감안하여, 한국을 일본제국에 귀속시키지 않으면 안된다고 공인하였다. 이에 한국을 일본에 귀속시켜 영원히 통치하고 한국황제와 종실은 합병 후 상당한 대우를 받게 되며, 민중은 직접 짐의 은덕하에 행복을 증진하게 될 것이며, 평화로운 환경에서 산업과 교역이 새로운 발달을 가져오게 될 것이다. 동시에 동양평화의 기초는 배로 공고하게 될 것이다. 짐은 이 점을 믿어 의심치 않는다. 짐은 이에 특별히 총독을 설치하여 짐의 지령에 따라 육·해군을 통솔케 하고, 각 항의 정무를 관장하게 한다. 이로써 백관은 그 정체가 있게 되고, 짐은 모든 시설의 선후건설을 지정하여, 모든 평민들이 영구히 태평성세의 은혜를 받도록 한다. 짐은 이에 큰 희망을 품고 있다.(●●●● 9월 4일)

한국황제의 합병조서 선포

짐은 국업을 계승하기가 힘겹고 어려워 즉위 때부터 오늘날까지 정치유신을 추진했으나 이를 달성하지 못했다. 그런데다가 허약한 몸 때문에 병이 많아 이를 만회할 수 없게 됐으며, 어떻게 이 일을 처리할지 두서를 잡지 못해 초조하고 불안하다. 이를 계속 담당하게 되면 사태는 더욱 혼란케 될 것이며, 심지어 수습하기 어려운 정도에 이를 수도 있다고 본다. 이러한 큰 책임을 타인에게 양도한다면, 이는 완전한 방법으로써 확실히 효과를 볼 것이라 본다. 짐은 이제 이러한 도리를 깨달아 단연히 실행하고자 한다. 즉 한국 통치권을 역사적으로 친선국이며 존경하여 온 대일본황제폐하에게 양도하고자 하는 것이다. 이것은 대외적으로는 동양의 평화를 수호하고, 대내적으로는 인민들의 생계를 보장하게 될 것이다. 대소 신민들은 정세를 잘 살펴 제때에 각자 자기업에 안주할 것이며, 우려하거나 근심하지 말고, 일본제국 문명의 새로운 정치를 받아들여 행복하기를 바란다. 짐의 오늘의 거동은 민중을 구하기 위함이며, 국가는 민중을 잊지 않을 것인 즉, 국민들도 짐의 처지를 이해해주기를 바라는 바이다.(●●●● 9월 4일)

1910년

한국황족 예우에 대한 일본황제의 조서

짐은 하늘과 땅의 무궁한 도리를 널리 고양하고, 국가의 정상적인 예의를 살려 전 한국황제를 왕자로 책봉하며, 그 호를 창덕궁이라 한다. 이 왕의 후손은 이 책봉을 세습하여 종사를 지켜갈 것이다. 전 황태자 및 장래의 세자는 왕세자라 하고, 전 태황제는 태왕으로 봉하며 호를 덕수궁이라 한다. 이 태왕의 각 비는 왕비·태왕비·왕세자비로 명하여 황족의 예우로써 대해 준다. 특히 전하란 칭호를 내려 가솔들이 이를 준수하게 한다. 짐은 별도로 기회를 보아 이씨 자손들이 영원히 이 체제를 향유할 수 있도록 한다. 이에 이를 공포하는 특별한 조서를 내리는 바이다.(●●●● 9월 4일)

조선총독 시정강령 신설

조선총독 데라우치 마사다케(寺內正毅)는 한일합방 후 시정방침을 조선 관민들에게 고시했다. 그 대의는 아래와 같다.

본 대신은 대명을 받들어 조선을 통괄하는 중임을 졌는데, 시정강령의 일체를 밝히고자 이에 고시한다.

(1) 일본천황폐하는 조선의 안정을 보장하고 동아시아의 평화를 유지하는 시각에서 전 한국 원수의 희망을 받아들여 한국을 합병한다.
(2) 이후 전 한국황제를 창덕궁이라 존칭하고, 이왕 전하와 한국 황태자는 왕세자라 호칭하며, 태황제는 덕수궁 이태왕전하로 호칭하고, 일률적으로 황족으로 예우한다.
(3) 신정치를 옹호하고, 이에 충성하는 현량들은 모두 작위를 받을 수 있으며 봉급을 하사한다. 동시에 그 재능에 따라 제국의 관리로 기용한다.
(4) 양반과 유생·효자·절부는 일률적으로 은혜를 받게 되며, 과거

범법이 있던 관원 중 수감하지 않은 자는 그 책임을 해제하고, 그 범죄성질에 따라 특사지령을 내린다.

(5) 융희 2년(메이지 41년)이전 납세하지 않은 부분과 3년 전에 대출하여 납부하지 않은 것은 일률적으로 면제한다. 금년 가을의 지세(地稅)는 5분의 1을 감면하고, 700만원을 지불하여 13현 각 군의 산업발전과 교육 및 구휼금으로 사용한다.

(6) 조선 내지에 원래 있던 화적무리들이 사방으로 유동하면서 양민들을 학대하는 것에 대비하여, 본 관원은 군대와 경찰들을 각지로 파견하여 치안을 유지하는 동시에 각지에 법원을 설치하여, 범법자와 불온한 자들을 징벌하여 국민들이 편안하게 사업할 수 있도록 한다.

(7) 조선의 지세와 토지는 농업과 뽕나무 및 목축업에 적중하며, 광산 개발에도 편리하므로, 이를 잘 개발한다면 산업의 진흥을 기대할 수 있다. 도로·철로 등을 가설하여 많은 일군들을 기용하여 임금으로 부조를 대치하는 방식으로 백성들의 생계에 도움을 준다.

(8) 당쟁은 조선 고대부터 전래된 폐단이므로, 금후 백성들은 결사나 창당을 금하고, 경거망동하여 폭동을 거사한다는 의심을 사지 않도록 해야 한다.

(9) 정부의 뜻을 백성들에게 전달하기 위해 중추원(中樞院)제도를 확충하고 노련한 현량들을 각 부·현·군에 배치하며, 참의관(參議官)을 특설한다. 이로서 백성들을 일깨우고 정령을 널리 보급하도록 한다.

한국 망국민의 호적 조사

일한 양국이 합병 후 일본정부에서는 한국인들의 호적을 명확히 조사했다. 그 조사결과는 아래와 같다.

경기도 256,860 세대, 1,067,397명, 충청북도 115,925세대,

917,170명, 충청남도 162,723세대, 641,116명, 경상북도 272,730세대, 1,067,397명, 경상남도 294,783세대, 1,268,100명, 전라북도 157,412세대, 597,390명, 전라남도 229,945세대, 766,891명, 황해도 19,585세대, 85,486명, 평안남도 13,897세대, 60,029명, 평안북도 138,144세대, 689,017명, 함경남도 127,076세대, 5,824,633명, 함경북도 72,925세대, 390,045명, 강원도 138,974세대, 627,833명, 합계 1,323,467세대, 9,638,578명이다.(●●●● 9월 4일)

한 귀족이 일한합방문제를 섭정왕에게 진언

한 귀족이 일한합방문제에 대한 견해를 섭정왕(攝政王)에 진언했는데, 그 문장은 너무도 침통했다. 왕은 국가는 상하가 한 마음으로 되어야 하는 것이 소중한 것이라고 말했다.(●●●● 9월 5일)

일러협약과 일한합방은 동3성과 관련

섭정왕은 일러협약과 일한합방은 동3성과 큰 관련이 있다고 감안, 이에 대한 대책을 강구하기 위해 황태후에게 상주서를 올렸다. 황태후는 이 통신을 접한 후 심히 우려하고 있다.(●●●● 9월 7일)

일한합방 후 한국태자의 처지

한국태자는 메이지 40년 11월 일본으로 건너가 유학하고 있는데, 일본정부의 우대를 받고 있다. 이제 태자를 세자로 절하하여 책봉하였기 때문에 일본정부와 일본궁중에서는 이에 응하여 그의 대우를 조절했다. 왕세자의 모든 경비는 일한 양국에서 공동 부담하던 것을 일본정부에서는 이왕이 독립적으로 지불하도록 결정했다. 한국태자는 나이가 어리기에 내막을 잘 모르고 있지만, 시종들을 철수시키자

적막하고 외로워 홀로 눈물을 흘리기도 했다.

황귀족의 사은: 일본의 사은을 받아 일본황족으로 편입된 조선 황족 의친공 완흥군(完興君)과 귀족으로 편입한 망국 한국의 재상 이완용·송병구(宋秉口) 등은 모두 얼마 전에 도쿄로 가서 감사를 표명했다. 아아! 신 황족이여, 아아! 신 귀족이여.

조선왕의 별궁: 조선 이왕 태왕을 위해 일본정부에서는 도쿄에 별궁을 신축했다. 그러나 본궁은 여전히 조선 서울로 정했다. 그러나 원래 있던 황궁은 총독부로 사용하였기에 이미 한국왕의 거처는 아니다.

무료(無聊)한 한국 대신: 한국이 망하자 각부 대신들은 일률적으로 면직되었다. 일본도독부는 그들을 일본 관원으로 기용하였다. 일본정부에서는 한국대신들이 다른 마음을 가질까봐 이를 방비하기 위하여 추밀원을 특설했다. 추밀원에는 고문을 두었는데 정치문제를 간섭해서는 안된다고 규정했다. 그들은 단지 이왕의 고문일 따름이다.

유학생의 피와 눈물: 재일본 조선유학생회 회장 이수천(李水泉)은 일전에 도쿄 기쿠초구(麴町區) 3번지에 있는 대한 동학회관에서 연설을 가졌다.

그는 연설에서 일본은 한국을 합병하자 한국인이 충심으로 복종한다고 말하고 있지만, 이것은 완전히 왜곡된 것이라고 설파했다. 그는 한국은 수천년 역사를 가진 나라이므로, 시종 강대한 인접국의 압박을 받아왔다. 강대한 인접국이 성공을 축하받는 것은 그들의 인정이 민심을 취득해서 나타난 현상이 아니라, 한국인을 무력으로 압제했기 때문이다. 일반적으로 말해서 한국인들은 의지성이 있는 대신 황실과 국가라는 것이 무엇인지는 잘 모르고 있다. 그리고 평시 잔혹한 한국관리들의 착취를 받아 온 한국인들은 자연히 강자 앞에 굴복하고 있다. 이것이 바로 내가 보는 한국의 실정이다. 일본은 자신의 위력을 믿고 한국의 황제를 핍박하여 합병하도록 했다. 나는 벌써부터 오늘이 있을 것을 잘 알고 있었다. 일본은 통감기(統監旗)를 한국에 걸자 한국인이 이를 환영했으며, 성심성의를 다 해 복종하고 있다고 대중에게 설교하고 있다. 그러나 이것은 한국인들을 모조리 죽인다 해도 승인할 수 없는 일이다.

말을 마친 그는 흐르는 눈물을 금치 못했다. 아아! 정말로 애처롭기 그지없었다.(●●●● 9월 9일)

일본의 한국에 대한 침략 야욕

쑨 베러는 일본을 떠난 다음 장문의 전보를 보내와 일본이 한국을 노린 지는 오래된다고 설명하며, 그래서 한국이 오늘의 이러한 처지에 이르게 되었다고 피력함과 동시에, 현재 조정에서 해야 할 중요한 일은 민심을 수습하고 관기를 강화하는 일이라고 지적했다.(●●●● 9월 13일)

섭정왕 한일합방은 한국인 자체의 문제임을 지적

섭정왕은 일본이 한국을 합병한 사실을 언급하며, 이것은 한국인들이 잘못했기 때문이라고 지적했다. 어제 추밀원의 신하들을 만나 널리 의견을 청취하고 상하가 일심으로 단결해야 한다고 강조했다.(●●●● 9월 18일)

일한합병에 관해 문의한 황태후

황태후는 섭정왕을 불러 일한합병문제를 문의한 다음 그 대응책을 지시하였고, 사태가 위험한 이상 적당히 상의하여 처리할 것을 요구했다.(●●●● 9월 23일)

일본화족에 귀속된 한국인 수

조선인이 일본화족에 귀속된 자로는 후작 6, 백작 3, 자작 22, 남작 45명이 된다.(●●●● 10월 10일)

봉천성의 한국교민

봉천성 각지에 한국교민들이 거주하고 있다. 과거 한국인들의 소송사건이 있을 때면 중국인들과 같이 처리하거나, 각 지방장관이 접수하여 처리했다. 지금은 일한 양국이 합병되었기 때문에, 그들에 대한 심판권은 일본에 귀속되었다. 집안현에서는 원 심판권을 개정해야 한다는 의견을 성정부에 상정했다. 그러나 성정부에서는 이를 기각했다. 한일합방이 되어 한국과 우리 정부가 체결한 조약은 폐지되었지만, 중국 경내 한국인에 대한 심판권 문제에 관해서, 일본과 우리 정부는 아직 별다른 조약을 체결하지 않았기 때문에 원래 규정에 준해야 하는 것이지, 우리 정부에서 먼저 이를 포기할 이유는 없다고 해답했다. 이러한 내용을 각국에 이미 통보했다.(●●●● 10월 29일)

한국교포들의 우환

국적을 상실한 한국인들이 우리 국내로 입경하여 유랑하는 사람들이 날로 늘어나고 있다. 그 중 연길에 한국인이 가장 많이 거주하고 있다. 문제는 만일 우리가 한국인들과 충돌이 발생한다면 일본이 나서서 간섭하게 된다는 점이다. 길림 당국에서는 대응책을 연구하고 있지만 아직 적당한 대응책을 정하지 못하고 있는 실정이다. 한국 교포문제는 우환을 담고 있어 장차 중일 간에 일어날 수 있는 변고의 구실이 될 수 있다. 외교부에서는 관련 부서를 통해 한국인 호적을 조사할 것을 연변 관원들에게 지시하여, 이미 한국인 호적조사를 진행하고 있다.

외교부에 올라 온 조사보고에 따르면 한국적 세대는 1,843호이고, 인구는 만여 명이 된다. 이들은 조선 함경도에서 연변으로 월경한 사람들인데, 아직 중국국적에 오르지 않은 자들이다. 그렇다고 일본국적으로 고치지도 않고 있는데 이러한 상황을 외교부에 보고하긴 했지만, 이들을 어떻게 처리할 것인지에 대해서는 아직 알 수가 없다.(●●●● 11월 4일)

일본의 한국합병 후 접경지역의 동태

동독(東督) 석지군(錫至軍)이 어제 조풍도(趙風道) 관찰사(觀察使)의 전보를 접수: 일본정부는 우리 동부 변경이 조선과 접경하고 있으며 조선은 이미 일본에 합병되었기 때문에 중국정부와 조약을 개정하기 위해 특파원을 안동일대로 파견하여 현지조사를 진행하고 있다.(●●●● 11월 4일)

동독 석제군 조선주재 중국총영사에게 비밀전보 전송

동독 석제군은 조선과 동3성이 밀접한 관계에 있다는 것을 감안하여, 입술이 없으면 이가 시리다고 보고, 일본을 대처하는 문제를 사전에 상의·결정할 것을 요구하였으며, 일단 문제가 발생한 다음에는 속수무책일 수밖에 없기 때문에 이를 사전에 방지해야 한다고 인식하고 있다. 어제 조선주재 중국총영사관에 비밀전보를 전송하여, 일본이 한국을 합병한 후 어떤 변화가 있는가를 상세하게 조사하여 보고할 것을 지시했다.(●●●● 11월 30일)

망국의 군왕도 감격의 눈물을 흘릴 수 있는가?

명년 양력 3월이면 조선왕이 일본으로 건너가 조정에 참가하게 된다. 일본정부에서는 이를 위해 이미 모든 준비를 진행해 왔다. 이에 대해 재일조선학생 및 본국의 조선인들은 공포에 쌓인 채 불안해하고 있다. 일본정부가 그를 귀국시키지 않을까 걱정하는 것이다. 음력 11월 18일 도쿄 『야마토(大和)신문』은 논평을 실었는데, 그 내용에는 창덕궁에 살고 있는 이 왕이 내년 봄 상경(북경에 오는 것)하게 되는데, 양반들 가운데는 이미 금년에 미리 상경한 사람도 있다고 밝히고 있다. 이왕의 상경 여부는 이왕의 자유의지에 따라 결정되는 것이며, 이왕이 조정에 들어와 배례하지 않으려고 한다면 그것도 가능하다고 피력했다. 우리(중국) 황제의 흉금은 바다와 같이 넓으므로 대단하지도 않은 이왕이 조정에 오는 여부 때문에 근심하지는 않을 것이나, 이왕이 의(義)와 정(情)이란 두 글자를 중히 여긴다면, 우리 황제의 성은에 감격하여 상경하여 사은하게 될 것이다. 아아! 이 얼마나 큰 성은인가?(●●●● 12월 2일)

망국학생 조사

일본의 조선유학생은 현재 584명이고, 그 중 관비학생이 30여명이며, 나머지는 다 자비생이다.(●●●● 12월 9일)

직예총독 진섭룡의 상주문

북경 군기처(軍机處) 앞: 섭룡(燮龍)은 순직(順直) 자의국(咨議局) 의장 염풍각(閻風閣) 등과 상무총회총리 왕현보(王賢宝) 및 천진 학계 청원 동지회 온세림(溫世霖) 등 3,859명이 진정서를 올립니다.

정세가 위태롭게 되어 발등에 불이 떨어지게 된 상태에서 명년에 국회를 소집하지 않으면, 이 위험을 제거하지 못하게 될 것입니다. 이에 여러 관련부문과 연명으로 상주서를 올리는 바입니다.

9년 후 입헌하기로 한 결정을 5년으로 단축하는 것이 좋다는 것은 이미 명확하게 알려져 있습니다. 신하백성들은 감격을 금치 못하고 있으며 조정의 어려움을 인식하고 있습니다. 다만 우리와 같은 우견을 가진 자들도 오늘날의 시세를 두고 말하지 않을 수 없다는 생각에서, 감히 눈물을 머금고 황제에게 진정서를 올리는 것입니다.
　일본이 한국을 합병한 남만(南滿)에서는 압록강 다리를 신축하고 안봉로선(安奉路線)의 건설을 다그치고 있는데, 명년 봄에는 준공하게 될 것입니다. 이로써 한국을 겸병한 일본이 직접 요녕으로 진공해 온다면 몇 십일 밖에는 걸리지 않을 것입니다. 정부는 국회의 후원이 없어 이 일을 어떻게 대처했으면 좋을지 모르고 있습니다. 조정에서는 신하와 백성들의 사활을 우려하기보다 조정내의 권익을 중히 여기고 2, 3명의 추밀원의 신하들은 황제폐하를 대신해 책임을 지려하지 않고, 성은을 기만하고 있습니다. 그러기에 즉시 결단을 내릴 것을 내리지 않고 있는데 이렇게 2, 3년을 지연한다면 정세는 이미 기울어질 것이고, 민심을 상실하게 될 것이며, 외부의 우환이 파급될 것입니다. 그때 가서 구급대책을 세운다 하더라도 이미 늦어질 것입니다. 그때 나라가 망하여 외부에 의해 죽을 바에는 차라리 눈물을 머금고 지금의 황제에게 청원서를 올려 9년을 5년으로 단축하여 구국하는 것이 바람직하다고 보고 있습니다. 5년으로 단축하여 국회를 소집하는 것이 황실을 공고히 하는 기본이 될 것입니다.
　지금 전국 상하(上下)·조정 및 백성들은 국회를 제외하고는 망국을 피할 다른 좋은 방법이 없다고 인식하고 있습니다. 일단 이 기회를 상실하게 되면 인심을 잃게 되며 그때 가서는 이를 수습하지 못할 것입니다. 그렇기 때문에 우리는 눈물과 피로써 심성을 밝혀 황제에게 진정서를 올리는 것입니다. 다시 말씀드리자면 명년에 국회를 소집하여 구국의 대책을 결정할 것을 바라는 것입니다. 이에 연명으로 독부(督府)에 진정서를 상정하는 것이니 이를 윤허하시고 저희들을 대신하여 상주해 주실 것을 요청하는 것입니다. 우리들의 마음이 얼마나 절박한가 하는 것은 단지혈서를 쓰고 싶을 정도입니다.

　　진룡섭이 삼가 진정으로 청하여 올리옵니다.(●●●● 12월 29일)

1911년

길림 연길부 남쪽 변경 조선 한국인 월경해 토지 개간

길림 연길부의 남쪽 변경에는 월경한 조선 한국인이 몇 백 세대나 된다. 일한합방 후 한국인들은 일본국적을 자처하며 우리 관청과 마찰을 빚고 있다. 어제 한국인 3명이 물건을 사던 중 상인과 충돌이 발생했다. 중국경찰이 이를 해결하려고 했지만, 그들은 오히려 중국경찰을 구타하고 경도(警刀)를 탈취했으며, 경찰 1명에게 부상을 입혔다. 한국인들은 이 사실을 일본경찰서에 공술하였다. 일본관측에서는 강경한 태도로 연길부와 교섭하여, 상당액의 배상금을 지급해야 한다고 경고하였다.(●●●● 1월 11일)

일한합병 후 동3성에 거주하는 일본인들의 안하무인적인 행동

일한합병 후 동3성에 거주하고 있는 일본인들은 안하무인이 되었다. 또한 길림성 정부 소재지에서 도독부(都督府)를 새로 수립한다는 소문이 돌고 있다. 그리고 관원을 증설하여 정세를 통제하고자 한다. 러시아인들은 일본인들의 이런 태도를 구실로 군대를 증파하여 일본을 견제하려 하고 있다. 동3성을 호시탐탐 노리고 있는 강국 앞에서 동3성의 장래는 어떻게 될 것인가?(●●●● 1월 18일)

장춘 영안문 밖에서 일본인과 한국인 충돌

정당한 직업이 없는 한국인 6, 7명이 장춘의 영안문 밖에 거주하고 있다. 어제 한국인이 일본요리집에서 일본인을 시켜 물건을 가져오게 했다. 이에 대노한 일본인이 한국인에게 욕설을 퍼부었다. 만일 한국인이 다시 입을 놀렸다가는 물매를 맞을 줄 알라고 엄포를 놓았다. 그러나 한국인은 아무런 두려움 없이 일본인과 격투를 벌여 한 덩어리가 되어 싸웠다. 이때 한 중국인이 이곳을 지나다가 미처 몸을 피하지 못하고 한국인과 부딪치게 되자 한국인은 중국인을 깔아눕힌 다음 주먹질을 해대는 바람에 중국인은 중상을 입었다. 그 곳을 담당한 순경이 일본경찰서에 통보하여 그들을 다 경찰서로 압송해 갔다.(●●●● 1월 19일)

일본수상, 행정방침 선포

21일 도쿄 통신: 수상 카츠라 다로(桂太郞)후작은 오늘 아침 귀족원과 중의원 두 곳에서 연설문을 발표하고 행정정책을 선포했다.

(1) 일본과 한국의 관계는 아주 친밀하다.
(2) 각 국과 조약을 개정하는 교섭이 순탄하게 진행되고 있다.
(3) 조선은 합병 후 평온해졌고, 사람들의 정서도 안정되어 있다. 정부에서는 현재 그곳의 통치제도를 개량하고 있는 중이다.
(4) 재정상황은 아주 큰 효과를 보고 있고, 외국의 신용도 점점 높아지고 있다. 정부는 여전히 정책의 개량을 통해 현재의 방침을 유지

할 예정이다.
(5) 국방을 완비하게 하고 아시아의 평화를 유지하며 제국의 안전을 보장하기 위해서는 군비를 확장해야 한다. 국가의 재정으로써 전력을 다 해 이 계획을 수립하고자 한다.(타임즈 신문에서 번역)(●● ●● 1월 24일)

한국의 옛신하 자결

27일 런던 통신: 뻬쩨르부르그에서 전해 온 통신: 전임 러시아 주재 한국공사가 자택에서 목을 매어 자살했다. 한국황제에게 올리는 유서 한 통과 2천 5백 루블이 있었다.(●●●● 2월 2일)

조선총독의 암살소문

초3일 도쿄 통신: 전하는 소식에 의하면 조선 한국인이 도쿄에서 육군성 대신 겸 조선총독인 데라우치(寺內正毅)를 암살하려 했다고 한다.(●●●● 2월 3일)

비참한 망국의 언론계

조선총독부에서는 최근 조선의 언론계를 엄격히 통제하고 있어, 언론계에서는 이 단속으로 인해 꼼짝하지 못하고 있다고 한다. 어제 조선총독부에서는 또 신문지 조례를 제정하였다. 도쿄신문사 특파원이 조선에서 소식을 보낼 때면 그 원고를 조선총독부의 검사를 거친 다음 보낼 수 있다고 규정했다. 일본의 『도쿄신문』을 조선에서 판매하려면 부산경찰서의 검열을 받은 다음 조선에서 판매할 수가 있다. 총독부에서 조선 국내 각 신문사를 매수하고 민간에서 신문사업을 경영하지 못하도록 결정했다.(●●●● 2월 9일)

아편에 중독된 망국민들

일본의 조사에 따르면 아편을 식용하는 조선인은 대략 2,800여명이나 된다고 한다. 그들은 성정부에서 아편을 금지하자 모르핀을 사용하고 있는데, 하루에 20전이 필요하나, 일년 모르핀 판매량은 20만 천 6백 원이나 된다. 비록 조선인들 중 아편을 피우는 자들이 3천이 안되지만, 장차 황금이 얼마나 쓰여야 되는지 모를 일이니, 아아! 우리 국민들은 이를 조심해야 할 것이다.(●●●● 2월 9일)

망국 군왕 일본으로 상경하여 일본황제 알현

조선 이왕은 어제 일본정부에 공문을 보내 양력 3월 26일 조선을 떠나 백작 이완용과 자작 조중응 및 데라우치 총독 등 3명과 육로로 상경하여 일본황제를 알현할 것이라고 통지했다. (●●●● 3월 5일)

원한을 풀지 못한 한국인의 비극

초나흘 날 일본 『매월우보(每月郵報)』의 기사: 데라우치자작이 지난 가을 한국을 순찰하기 위해 의주(義州)에 도착했을 때, 항간에서는 자객 1명을 체포했다는 소문이 퍼졌다. 그러나 그 소문은 흐지부지 되었고, 사람들은 그 사실을 잊고 말았다. 최근 전하는 말에 의하면 한국 당인인 안씨를 체포했는데, 그는 아무런 두려움 없이 자신들의 행동을 모두 공인했다고 한다. 현재 각 곳의 경찰들은 그가 제공한 정보에 따라 공모한 당인들을 조사하고 있다. 아마도 후에 체포되는 사람이 있을 것으로 예상된다.(자림보에 근거하여 번역) (●●●● 3월 12일)

망국민들의 한풀이 방법

이달 초엿새 일본 『매일우보』의 기사: 조선총독 암살사건에 연루된 사람은 아주 많다. 최근 또 5명을 연행했는데 그들은 그 사실을 공인했다. 이 사건에 연루되어 체포된 한국인은 모두 26명이나 된다. 현재 각 경찰서에서는 여전히 경각성을 높이고 이 사건에 관련된 기타 용의자들을 조사하고 있다. 공모자들은 당 핵심부를 블라디보스토크에 두고 있으며 안중근의 동생도 이 당내의 성원이라고 전해지고 있다. 정치암살은 고려역사에서 쉽게 찾아 볼 수 있는 데, 앞으로도 암살행위는 근절되지 않을 것이다. 일본의 압제를 받은 한국인들이 원한을 푸는 유일한 방법으로써 암살을 단행하고 있는 것이다.(●●●● 3월 14일)

조선의 암살사건 미국인이 밀고

16일 도쿄 통신: 조선총독 데라우치자작이 기차를 타고 외출할 때, 조선인이 기차를 폭파하여 그를 암살하기로 했다. 미국 전도사가 사전에 이 일을 조선의 일본관원에게 밀고하여, 한국인 영도자 40여명을 체포했다. 안중근의 동생 안명근도 함께 체포되었다. 전하는 말에 의하면 이 사건은 서울에서 심리하게 되는데 이후에도 다른 수확이 있을 수 있다고도 한다.(●●●● 3월 17일)

조선총독 암살사건 심리종료

도쿄 통신: 조선총독 데라우치 자작을 암살하려 한 사건에 대한 법정심리가 종료되었다. 이 사건의 수괴는 안중근의 동생 안명근이며, 동참자들은 주로 러시아에 거주하고 있기 때문에 체포하기가 어렵다고 한다.(●●●● 3월 21일)

조선총독 암살사건(속편)

서울 통신: 조선총독 암살사건에 연루된 사람은 모두 126명이나

된다. 이미 20명을 더 체포했으며 체포된 사람은 모두 46명이다. 앞으로 더 체포할 가능성이 있다고 한다. 그들 일당은 평화와 과격 두 파로 갈라져 있는데, 그들은 조선총독이 타고가는 기차를 폭파시키려 했으며, 총독 아문을 소실시키려 했다.(●●●● 3월 24일)

한국인이 일본영사관을 공격하려 한다는 소문

서울 통신: 양력 3월 19일 한국인 수천 명이 블라디보스토크에서 두만강을 건너 한 마을을 공격했다. 그러나 헌병대의 공격을 받아 철수해야 했는데, 그 중 6명이 사망했다. 그들의 목적이 어떤 것인지는 아직 알 수가 없다. 최근 외부에서는 한국인들이 간도의 일본영사관을 공격하려 한다는 소문이 전해지고 있다. 이번 행동도 이 거동의 일환일 것으로 보고 있다.(●●●● 3월 31일)

중·일간 한국인 국적가입 문제 교섭

일본대리공사는 일전에 중대한 요구사항을 제출했다. 일본은 요녕과 길림, 두 성 각지에서 중국국적에 가입한 조선인민의 국적을 일률적으로 승인하지 않는다는 것이다. 외교부에서는 이 사실을 러시아를 내세워 처리하려 하지만, 일본인들은 러시아를 내세울 필요가 없이 중국과 직접 교섭하려고 하고 있다. 그러나 아직 이러한 갈등을 해결하지는 못하고 있다.(●●●● 4월 13일)

아아, 망국의 관원이여!

한국인 한 사람이 여성 두 명을 데리고 안동 동강연안에 위치한 한국인 여관에 투숙했다. 그러자 사람들이 몰려와 그들을 구경했는데 그 남자는 옷을 정결하게 입었고, 풍채가 늠름했는데, 그가 어떤 사람인지는 알 수가 없었다. 한국말을 할 줄 아는 사람이 나서서 그의 내력을 물었더니 그는 망국의 대부(大夫)라고 대답했다. 위원(渭原)의 군수를 역임했는데 한일합방 후 일본인들의 압제를 이기지 못해 관직을 버리고 이곳으로 피신했다고 설명했다. 망국의 상황을 묻자 그는 아무런 대답도 하지 않았지만 얼굴에는 우수가 깃들어 있었고 눈물을 흘렸다. 그 정경이 얼마나 애처로운지 말로는 형용하기 어려웠다.(●●●● 4월 21일)

아아! 망국의 국민이여!

한국인들이 월경하여 압록강 일대에 땅을 개간한 곳이 적지 않다. 최근 한국인들이 황급해 하는 광경은 마치 상가 집의 개와 다름이 없었다. 일한합병 후 일본정부는 자국 국민을 한국으로 10여만 명이나 이민시켰다. 그리하여 한국인들의 모든 생산은 일본인들이 거의 다 점거했다. 때문에 한국인들은 생계를 유지하기 어렵게 되자, 한국인들은 목숨을 부지하기 위해 부득이 고향을 떠나 살길을 찾지 않으면 안되게 되었다. 이 때문에 최근 도강하는 한국인들이 많아졌고, 그들은 우리나라 안관(安寬) 각지에서 유랑하고 있는데 그 참상은 차마 눈뜨고 볼 수 없을 정도이다. 앞의 차가 이미 뒤집어 졌으니 뒤따르는 차는 이를 보고 참고 해야 될 것이다. 우리나라 만주 동포들은 한국인들이 애처롭다고 생각만 해서는 안될 것이다. 단결하여 대국을 유지해야만 할 것이다.(●●●● 4월 21일)

일본의 한국합방 거의 종결

23일 도쿄 통신: 일본정부는 한국합방에 공헌이 큰 사람들에게 작위를 봉해 주었다. 가츠라 다로(桂太郎)후작과 도쿠오데라 미노리(德大

寺實則)후작을 공작으로 봉했고, 외무상 고무라(小村)백작은 후작으로 봉했으며, 조선총독 데라우치(寺內)자작과 미야우에 나베와타(宮上邊渡)자작을 백작으로 봉했다.(●●●● 4월 23일)

조선총독 군사 관장 예정

도쿄 "일일신문"의 보도에 의하면, 조선 총독 데라우치 백작은 얼마 뒤 육군성 대신의 관직을 사직하고, 반도의 정무로 전직하게 된다. 현 육군성 차관이 육군성 대신으로 승진할 가능성이 크다.(●●●● 5월 6일)

망국 군주의 말로

일본 각 신문은 정부가 고려황제에게 일본 돈 150만원을 지급하는 것에 대해 반대하고 나섰다. 한국황제는 하는 일도 없이 이와 같은 대우를 받는 것이 타당치 않다면서 대량 절감하여 지급할 것을 호소했다.(●●●● 6월 18일)

한국합방을 둘러싼 영국인과 일본의 관계

25일 런던 통신: 통일당 의원 로열트 백작, 미셀 샘선씨는 어제 하의원에서 일본이 한국을 합병한 문제에 대한 의견을 제출했다. 외무부 차관 후트는 대체로 일본의 이론과 비슷했다. 그는 한국이 합방한 다음 원래 있던 조약을 전부 폐지해야 하지만, 한국에 대한 영국의 통치권은 방치할 수 없기 때문에, 이로 인해 일본과 충돌할 가능성이 있다고 피력했다.

후트는 일본은 광산세와 지세를 영국에게 특별히 허가했다는 것을 피로하면서, 영국이 계속 고집을 쓰는 것은 상책이 아니라고 설파했다. 그는 일본은 영국과 동맹국이며 영국을 극히 공평하게 대우해주며, 영국과의 우의를 아주 중히 여긴다고 강조해서 말했다.(●●●● 6월 22일)

일본군 사단 한국주둔 준비

초9일 도쿄 통신: 서울통신에 따르면 조선총독 데라우치 자작이 양력 7월 1일, 각 성 지사와 정무를 상의하는 가운데 한 시간 반가량 연설했다.

그는 현재 조속히 실행해야 할 것은 한일 관리체제를 조화시켜 그들이 정무에 근면할 수 있도록 해야 한다고 설파했고, 조선의 행정사무에 대해서 언급할 때 정부에서는 부동산을 구입하여 양산과 남산(음역) 두 곳에 새로운 사단의 대본영을 구축할 계획이라고 피로했다.(●●●● 7월 6일)

조선북부의 조선인들

조선북부의 조선인은 기후가 나빠 러시아 연해주와 간도 각지로 이주하고 있다. 작년에 이주한 사람이 3만여 명이나 되며, 함경도 이북의 주민들이 감소되고 있어, 일꾼들이 부족하게 되었다. 이와는 반대로 중국 내지의 빈궁한 백성들이 조선북부로 건너가는 사례가 늘어나기 시작했다.

일본정부는 중국 영세민이 조선 북부로 월경하여 앞으로 그 세력이 강대해진다면 당지의 토지가 중국인들의 수중에 장악되게 되는 것을 우려하여, 엄격히 단속하여 월경을 방지하고 있다. 중국에서 조선으로 가려면 꼭 영사 여행권이 있어야 하며, 세관검사를 거쳐야 한다. 여행권이 없는 사람은 일률적으로 입국하지 못하게 단속하고 있다.(●●●● 7월 12일)

관동의 행정 조선과 합병

21일 도쿄 통신: 믿을만한 소식에 의하면 가츠라(桂) 내각은 얼마 뒤에 해산하게 되고 오시마(大島)가 육군성 대신으로 부임하게 된다고 한다. 관동(關東) 도독을 폐지하고 정무를 조선행정에 귀속시켜 데라우치 자작이 관장하기로 결정했다고 한다.(●●●● 8월 23일)

일본 조선신교육령 반포

제1장 강령

제1조 조선의 조선인들은 이 교육령에 준해야 한다.
제2조 교육의 종지는 충성과 양민을 양성하는 것을 본의로 한다.
제3조 교육은 시세와 민족에 적합해야 한다.
제4조 교육은 보편교육 · 실업교육 · 전문교육으로 분류한다.
제5조 보편교육은 보편적인 지식과 기능을 전수하며 국민의 성격 함양과 국어를 보급하는 것을 목적으로 한다.
제6조 실업교육은 농업 · 상업 · 공업의 지식과 기능을 전수하는 것을 목적으로 한다.
제7조 전문교육은 고등학술 기능을 전수하는 것을 목적으로 한다.

제2장 학교

제8조 보통학교는 아동 국민교육의 기초로서 아동의 신체발달에 유의해야 하며, 국어를 가르치고 도덕교육을 시행하여 국민의 성격을 양성하고, 생활상 필요한 보통지식과 기능을 전수한다.
제9조 보통학교의 수업은 4년으로 정하되 토지 상황에 근거하여 1년을 단축할 수 있다.
제10조 보통학교의 입학 연령은 8살 이상이다.
제11조 고등보통학교는 남자가 고등보통교육을 전수받는 장소로서 상

식을 양성하고 국민성격을 도야하며 생활상 필수적인 지식과 기능을 전수한다.

제12조 고등교육학교의 수업 연한은 4년이다.

제13조 고등보통학교의 입학연령은 12살 이상이다. 수업 연한이 4년인 보통학교를 졸업하거나 동등한 학력 소유자이다.

제14조 공립고등보통학교는 사범학과와 교원속성과를 설치하여 보통학교의 교원을 양성한다. 사범과 수업연한은 1년이며 교원속성과의 수업 연한은 1년 이내이다. 사범과에 입학하려면 꼭 고등보통학교를 졸업해야 하고 교원속성과의 입학연령은 16살 이상이며, 고등보통학교 제2학년 과정을 수료해야 하며, 동등 이상의 학력 소유자여야 한다.

제15조 여자고등보통학교는 여자가 고등보통교육을 전수받는 곳으로 부덕을 양성하고 국민성격을 도야하며 생활상의 응용지식과 기능을 전수한다.

제16조 여자고등보통학교의 수업 년 한은 3년이다.

제17조 여자고등보통학교의 입학연령은 12살 이상이며, 수업 연한이 4년인 보통학교를 졸업하거나, 혹은 동등 학력의 소지자여야 한다.

제18조 여자고등학교에는 기예과를 설치해야 하며, 연령이 12살 이상의 여자는 재봉과 수예를 수업해야 한다. 기예과의 수업 년 한은 3년 이내로 정한다.

제19조 공립 여자고등보통학교에는 사범과를 설치하고, 보통학교 교원을 양성한다. 사범과 수업 년 한은 1년이다. 사범과에 입학한 자는 여자고등보통학교를 졸업해야 한다.

제20조 실업학교는 농업·공업·상업 등 실업교육을 전수하는 곳이다.

제21조 실업학교는 농업학교·상업학교·공업학교로 분류한다.

제22조 실업학교의 수업 연한은 3년 혹은 2년이다.

제23조 실업학교의 입학 연령은 12살 이상, 수업 연한이 4년인 보통학교 졸업자, 혹은 동등학력 소지자여야 한다.

제24조 간이실업학교의 수업 연한과 입학자격은 앞의 두 조목 규정에 의하지 않고 조선총독이 정한다.

제25조 전문학교는 고등학술기예를 전수하는 곳이다.

제26조 전문학교의 수업 연한은 3년 혹은 4년이다.

제27조 전문학교의 입학연령은 16살 이상이며, 고등보통학교를 졸업한 자, 혹은 동등 학력의 소지자여야 한다.

제28조 공립과 사립의 보통학교·고등보통학교·실업학교 및 전문학교의 설치와 폐지는 조선총독부의 인가를 받아야 한다.

제29조 보통학교·고등보통학교·여자고등보통학교·실업학교와 전문학교의 교과목 및 과정 직원 교과서 수업은 조선총독이 결정한다.

제30조 본 장 이외의 학교는 조선총독의 규정에 따른다.

부칙

본 교육령의 실시 시일은 조선총독이 결정한다.

과거의 보통학교·고등학교와 고등여자학교는 본 교육령에 따라 보통학교·고등보통학교·여자고등학교로 개명하고, 과거의 농업학교·상업학교와 실업보습학교는 본 교육령의 설치에 따라 농업학교·상업학교·간이실업학교로 개명한다. 본 교육령을 실시한 다음, 본 교육령에 필요한 규정에 따르지 않는 학교는 조선총독이 필요한 처분을 내린다.(●●●● 9월 13일)

1912년

조선 기독교인의 데라우치총독 암살시도

조선기독교 교도가 데라우치 마사다케(寺內正毅) 총독을 암살하려는 밀모가 발각되어 용의자 구속 사실에 관한 미국 교육회의 통신: 경찰총감은 지난 9월에 용의자들을 연행 입건했다고 피로하였는데, 모두 70여 명을 구속했다고 전하고 있다. 구속자 중에는 교회학당과 기독교회의 교원과 학생들이 많이 망라되어 있다. 학당은 이미 폐교되었으며, 당국에서는 이 사건을 엄격하게 처리하고 있다.(●●●● 2월 28일)

조선총독 모해사건

조선에서 총독 데라우치 마사다케를 모해하려 한 용의자 123명을 구속하였는데, 대부분은 사교(邪敎)를 믿는 성원들이다. 이달 28일 공개심문을 진행하기로 했다. 피고들은 비밀회사를 조직했으며, 주미 한국인들의 협조를 받았다. 이들은 간도에서 육군학당을 설립하여 중일 엘리트와 미일 군사연습시 독립을 선언하려 시도했다고 한다. 이토공작이 하얼빈에서 피살되었고, 조선수상이 의왕돈(義王墩)에서 피격되었으며, 조선총독 데라우치 백작이 서울에서 암살을 당할 뻔했던 것은 모두 다 이 조직의 소행이었다. 조사한 바에 의하면 그들은 조선총독을 살해하려 했으나, 방위가 너무 엄해서 성공하지 못했다고 한다.(●●●● 6월 14일)

구속된 국사범 123명에 대한 법정심문

전에 구속한 123명의 국사범에 대한 법정심리를 시작했는데, 그 중에는 남작 시제하(음역: 柴濟河)가 과거 주한 총독 데라우치 후작을 살해하려 한 것을 심리하게 될 것이다.(●●●● 6월 29일)

조선총독 모살사건에 대한 공개심판

조선총독 모살사건에 대하여 서울에서 신축한 헌광(軒广) 옥내의 행공(行公)에서 공개심판을 진행했다. 피고 전원은 모두 무죄를 강조했는데, 전에 공술했던 것은 예심시 핍박을 이기지 못해 거짓 진술한 것이라고 피력했다.(●●●● 7월 2일)

조선총독 모살사건 심리, 이미 10여일

서울에서 조선총독 암살사건에 대한 공개심판을 진행한지 이미 10일이나 된다. 이에 연루되어 구속된 123명의 피고는 전원이 죄를 승인하지 않았다. 그들이 전에 공술한 것은 독형을 이기지 못해 할 수 없이 허위 진술한 것이라고 피로했다. 피고 중에는 기독교 교도와 애국공제회의 회원이 망라되어 있다. 『경찰보』의 보도에 따르면 공제회는 한국인들의 반일정서를 선동하는 조직이라고 한다. 재판관이 심문할 때는 공모자들이 자신들의 중죄를 미국 전도사에게 이전하려고 했다. 현재 이 사건에 대한 심판은 진행중에 있다.(●●●● 7월 13일)

1912년
•
73

조선총독 모살사건 법정심리 재심 미정

한국인이 조선총독 모살사건을 화요일에 다시 심리했을 때, 피고의 변호사가 재판장에게 법정 휴식을 요구하고 수요일에 피고의 증인을 법정에 호출하겠다고 요청했으나, 재판장은 이를 허락하지 않았다. 피고인 변호사는 법정에서 자기의 요구가 거절되자 이것은 이미 내정된 판결을 선포하는 것이나 다름없다고 주장하며, 재판장을 탄핵하고 신재판관을 임명할 것을 요구한다는 성명을 냈다. 이에 재판관은 퇴장을 명령하였으며, 심판을 새로 시작하지 않았다.(●●●● 7월 20일)

하얼빈 가츠라 다로 모살 한국인 용의자 구속

하얼빈에서는 한국인 92명을 구속했는데, 구속 원인은 이들이 가즈라 다로(桂太郎) 공작을 암살하려 했다는 것이다. 그 중 72명을 석방했다. 북만주의 다른 곳에서도 한국인을 여러 명 구금했다고 한다.(●●●● 7월 21일)

데라우치 총독 모살사건(속편)

데라우치 총독 모살사건의 피고 변호사는 재판관의 고집과 편견을 질책하고, 다른 재판관을 파견해 줄 것을 요청했다. 그러나 법정에서는 그의 요구를 거절하고, 고등법정의 지시를 기다리고 있다.(●●●● 8월 3일)

서울 조선총독 모살사건 재심 개정

서울에서 조선총독 모살사건의 피고 변호사는 재판관의

행위가 공평하지 못하다고 주장하며, 고등재판소에서 주심을 바꿔 줄 것을 요구했다. 당시 지방 재판관은 즉시 본 사건에 대한 심리를 정지했다. 현재 변호사의 요청은 다시 거절당하고 23일에 원 재판관이 개정하기로 결정했다.(●●●● 8월 16일)

서울 조선총독 암살사건에 123명 연루

서울 통신: 서울 조선총독 암살사건에 연루된 조선인은 123명에 달한다. 이전에 피고 변호사가 재판관의 심문 방법에 불만을 표시, 새로 재판관을 파견할 것을 요청했으며, 법정에서는 즉시 심리를 중지했다. 지금 이 사건에 대한 재판관은 역시 지난 번의 재판관이다.(●●●● 8월 25일)

조선총독 암살사건 재심 개시

도쿄 통신: 서울 한국인의 조선총독 암살사건에 관한 재심을 시작했다. 관측 변호사는 이 사실에 대하여 한 사람이 승인한 외에 기타 모든 사람들은 과거에 진술한 것을 모두 부인했는데, 이것은 완전히 오해라면서 그들이 법적 징벌을 모면하려고 한다고 강조해서 말했다. 그는 피고들이 말한 혹형은 전혀 근거 없는 말이며, 원래는 강탈사건으로 입건한 것이 모살사건으로 둔갑했다고 역설했다. 그 중 영도자 6명은 10년 감금, 이 밖의 21인은 8년 감금, 42명은 6년 감금, 54명은 5년 감금형을 언도할 것을 요구했다. 그는 이것은 극히 너그러운 판결이라고 부언했다.(●●●● 8월 27일)

조선총독 모살사건에 대한 구형

도쿄 통신: 서울에서 조선총독 암살사건에 대한 종심 판결을 내리게

된다. 공소인은 밀모자에게 6년 감금을, 기타 다른 피고들에게 5년부터 8년간의 감금을 구형했다.(•••• 8월 29일)

조선총독 암살사건 심리시, 괴상한 일 발생

도쿄 통신: 서울에서 전하는 소식에 의하면, 조선총독 암살사건을 심리할 때 괴상한 일이 발생했다고 한다. 어떤 일본인 박사가 양길봉(음역, 楊吉奉)의 변호를 하는데, 피고는 그를 한 번도 만난 적이 없다며 그를 거절하자 그 박사는 얼굴을 붉히며 퇴장했다고 한다.(•••• 8월 31일)

조선총독 암살사건 심판 종결

서울에 있는 한국인이 조선 총독을 암살하려 한 사건에 대한 심리가 끝이 났다. 얼마 후에는 판사가 공개될 예정이다.(•••• 9월 5일)

고 한국폐위왕의 동생, 어제 병사

도쿄 통신: 고 한국폐위왕의 동생이 어제 병으로 별세했다.(•••• 9월 10일)

일본, 조선에 군인 2개 사단 증파

일본이 조선에 군대 2개 사단을 증파하는 일은 일본 내각의 중요한 사건 중 하나이다. 이는 원래 한 육군대장이 제의하였으며, 지지자는 육군 원수인 야마가타(山縣) 공작이다. 조선총독 데라우치 후작 및 각료들은 원래가 육군을 지탱하는 지주들이기에, 이 건의가 지지된 것이다. 수상 사이온지(西園寺) 후작과 대장대신 야마모토(山本)대장과 그 당인들은 이를 극력 반대했으며, 정우회에서는 이를 전력적으로 나서서 도와주었는데, 원로원 의원 이노우에(井上) 후작과 마츠가타(松方) 후작 등이 모두 망라되었다.

이 의안을 반대하는 의견은 주로 1913년의 재정예산 중에서 다시 그 많은 거액을 증가한다는 것은 현재의 전국적인 재정계획을 파괴하게 되기 때문이라고 했다. 한 대장은 이 건의를 이미 정부에 통고했다는 말을 듣고는 이 일을 만족하게 처리하지 못한다면, 즉시 사직할 것이라고 선고했다. 사이온지(西園寺) 후작은 이미 어전회의를 소집하기로 결정했다고 한다.(●●●● 10월 1일)

조선총독 암살사건에 대해 서로 다르게 평론한 일본신문

일본 각 신문에서는 조선총독을 암살하려 한 사건에 대하여 각기 다르게 평론했다. 『일일신문』은 이번 재판이 외국인들의 의문에 제대로 답하지 못한 것은 아닌가 하고 의견을 제시했다. 도쿄의 기타 다른 신문은 아직 이 사건에 대하여 평론을 발표하지 않았다. 영자 신문은 조선에서 발생한 사건은 한마디로 말해 우매한 짓이었다고 평론했다. 또 한 신문은 서울에서 보내온 편지의 내용이라고 하면서, 혹형에 의한 자백이라는 외부의 불평이 있음에도 불구하고, 판결한 것이라면서 교회에 대해 한마디도 언급하지 않았다고 쓰고 있다. 재판을 받은 기독교 전도사 및 교회당의 영도자들은 재판관의 태도와 당국의 행위에 대하여 일찍감치 예견하고 있었던 것이라고 지적하며, 놀랄 일은 아니라고 평가했다. 그러나 이 사건은 해외 인사들의 평론을 막지는 못할 것으로 보인다.(●●●● 10월 2일)

한국인 조선총독 암살사건 재판 비합법적설 부인한 일본신문

『시시(時時)신문』은 연일 논설을 발표하며, 서울 한국인의 조선총독 암살사건에 대한 심리판결이 합법적이지 못하고 증거가 불충분하다는 설을 반박하면서, 동시에 피고가 참형을 받았다는 사실에 대해 조사하지 말아야 할 것이라고 지적했다.(●●●● 10월 6일)

조선총독 암살사건 재심 개시

조선총독 암살사건에 대한 재심이 11월 초순에 다시 시작된다고 한다. 이번에는 경찰과 전도사의 행위를 철저하게 조사할 것이라고 한다.(●●●● 10월 26일)

일본 내각회의에서 조선 주둔군 증병문제 토의

어제 내각에서 회의를 소집한 결과, 육군대신이 조선의 육군문제에 관한 의견을 진술했는데, 그는 진술에서 조선에 2개 사단을 증파해야 한다고 역설하였다. 이 문제는 며칠 내로 결정하게 될 것이다.(●●●● 11월 24일)

조선총독 암살사건 재심

조선총독 암살사건에 대한 재심을 시작하였는데, 먼저 피고인의 구술을 연구 심리했다. 피고인들은 이전에 진술한 것은 모두가 다 혹형을 견디지 못해, 핍박에 의해 거짓 진술한 것이라고 역설했다. 계밀중(系密中: 음역)은 이전에 심리할 때 범법을 저지른 데 대해서 인정했지만, 이번에는 모든 것을 부인하였다. 즉 당시에 참형을 이기지 못해 심지가 혼란하여 되는 대로 진술한 것이기 때문에, 그것은 증거가 되지 않는다고 강조했다. 모든 피고들은 경찰의 혹형을 상세하게 진술하였는데, 채찍으로 때리고, 엄지손가락을 달아매고, 불에 단 쇠로 지지는 등의 형벌을 자했다고 진술했다.(●●●● 12월 2일)

조선총독 암살사건 관련 피고측의 범죄 승인

조선총독을 암살하려 한 사건에 연루된 범인들이 모두 다 지은 죄를 인정했다. 한 영도자는 한 사람이 이 거사계획을 비밀리에 전해 주었다고 진술했으며, 기타 다른 피고들도 다 그런 소문을 전해 들었으며, 주모자인 안씨에게 경거망동하지 말 것을 권했다고 진술했다. 안씨란 이토를 암살한 안중근의 동생을 말한다.(●●●● 12월 22일)

조선총독 암살사건 재심 명년 정월 9일에 다시 시작

조선총독 암살사건 재심은 명년 정월 9일에 다시 개정하게 된다.(●●●● 12월 31일)

1913년

조선총독 암살사건 최근 판결 공포

조선총독 암살사건에 대한 심리를 종결, 최근에 판결을 공포할 것으로 보인다.(●●●● 1월 2일)

영길리 등 6명, 6년 구형

서울에서 조선총독을 암살하려 한 사건에 대한 판결이 내려진 후 모든 피고인들이 불복하여 상소한 결과의 판결이 결정되었다. 영길리(榮吉利: 음역) 등 6명은 징역 6년에 근로형을 언도했고, 다른 한 명은 5년 징역형을 언도했다. 기타 다른 피고들은 모두 석방했다.(●●●● 3월 21일)

조선총독 암살사건 제2차 판결의 최후 상소

서울 통신: 서울에서 조선총독을 암살하려 한 사건에 대한 2차 판결 후, 최후 상소를 심사한 다음 내일(21일) 개정 심리하게 된다.(●●●● 4월 21일)

복심법원에서 총독 암살사건 재심

복심원(復審院)에서는 서울 데라우치 암살사건에 관한 각 피고를 다시 심리할 것을 명령했다.(●●●● 5월 26일)

서울 총독암살사건 주범에게 징역 6년형 선고

서울에서 총독을 암살하려 한 사건의 주범 6명에 대한 재심을 한 후 이전과 마찬가지로 징역 6년에 근로형을 언도했다.(●●●● 7월 16일)

많은 한국인 만주로 이주

지금 많은 한국인들이 만주로 이주하고 있다. 하루에 이주하는 사람이 무려 150여 명이나 된다고 한다. 중국정부에서는 이 사태를 매우 중시하고 있다.(●●●● 11월 12일)

일본 내각 조선에 2개 사단 증파 잠시 연장

어제 내각회의에서는 조선에 2개 사단을 증파하려 한 계획을, 1915년에 실행하기로 결의하였다.(●●●● 12월 4일)

만선실업연합회의 야심

일본은 러시아에 전승한 다음 요동반도에 대한 조계권을 획득했다. 이에 따라 남만에 대한 경영을 중시하게 되었다. 최근 반년 동안 남만에서 얻어낸 실질적 이익이 급증하여, 조선에서 거둔 실질적인 이익과 거의 같은 수준이다. 일전에는 만선합일(滿鮮合一)이라는 설까지 나온 적도 있다. 일본은 만선실업연합회의 명의로 만선경제관계를 통일하고 조절하고자 하고 있다. 관동(關東)도독과 조선총독에게 청원서까지 올린 것을 보면 그 야심을 얼마든지 엿볼 수 있다. 아래에 그 청원서의 내용을 번역하여 게재한다.

조선이 일본의 영토가 된 다음 만주는 일본의 세력국으로 되었다. 세력국이란 넓은 개념으로서 그에 대한 정의를 내리기가 불가능하다. 만선지역은 일본이 힘써 경영하려는 지역이며, 일본의 입국정신이라는 차원에서 필연적으로 중시해야만 하는 지역이다. 만선에 거주하고 있는 일본인들도 이와 같은 기대를 가지고 있다. 이 점을 실현하는 선구자는 양 지역에 접근해 있는 경제 관련인들이다. 이들은 조선의 경제독립을 주장하던지, 만주의 조속한 개발을 추진해야 한다는 주장을 펴고 있는데, 이것은 만선관계를 모르는 사람들의 견해이다. 만선의 경제관계를 통일적으로 조절하는 것이 현재에 있어서 급선무인 것이다. 조선의 소금소비는 3억 근이나 된다. 그러나 조선 경내에서는 단지 2억 근만을 생산할 수 있다.

과거 조선에서는 관동(關東)과 산동의 소금을 수입해 부족한 부분을 보충했다. 관동의 소금 매장량은 무궁무진하다. 이미 3천 3백여 정보를 개발하여 1년에 1억 6천만 근을 생산하고 있다. 이것이 바로 조선의 부족한 소금을 해결해 주었던 것이다. 그러나 만일 조선의 경제가 독립된다면, 소금문제로 관동과 대립되게 되는데, 따라서 거액의 자금을 들여 조선의 염전을 개발하지 않으면 안된다. 이것은 노동력을 대량 허비하게 되고 생산비도 거액으로 투자해야만 한다는 의미이기도 하다.

따라서 그 결과는 자명한 것인바, 이는 조선 경제에 매우 불리한 것이다. 때문에 서로 간에 유무를 조절하여 상부상조 해야만이 두 지역의 관계를 밀접하게 유지할 수 있으며, 생산을 발달시킬 수 있으며, 무역을 진흥시킬 수 있는 것이다. 이것은 두 지역 상공업자들에게 간접적인 행복을 가져다주게 되는데, 생산사업뿐만 아니라 두 지역의 시설도 상호보완 해야만 한다. 철로정책에 있어서도 조선철로와 남만철로의 경영자들이 공동정책을 실시하지 않고, 한쪽에서는 열을 올려 추진하고 다른 한쪽에서는 열심히 하지 않는다면, 무역인들이 어느쪽을 따라야 할지 갈피를 잡지 못해 영업의 기초가 흔들리게 된다.

기타 다른 화물이나 수송 등에서도 두 철로가 서로 같지 않는 정책을 실시한다면, 그 애로사항은 적지 않을 것이다. 조선과 만주는 명칭은 다르지만 그 경영과 경제상의 기본은 사실 같은 것이다. 그렇기 때문에 밀접하게 그 관계를 조절하지 않는다면, 그 손익에 직접적인 영향을 줄 것이다. 통일과 조절문제에서 우리 당국은 사소한 감정에 국한되지 말고, 거시적으로 정세를 전망하여, 그에 적합한 기관을 설치하고, 두 지역의 사정에 정통한 사람을 기용하여 조사연구를 진행시켜, 식민사업의 발전을 추진하는 것이 우리들이 바라는 바라고 밝혔다.(●●●● 12월 11일)

1914년

연길 한국교포 폭동사건

연길 경내에 있는 한국교포의 농무단(農務團)과 공교회(孔敎會) 일파 및 간민회(墾民會)가 팽팽히 대결하고 있는데, 그들의 관계는 가히 물과 불의 관계라고 할 수 있다. 7일 오전 10시 간민회를 반대하는 한국인 6백여 명이 현의 관공서에 집합하여 현 지사에게 무엇 때문에 농민들의 집회를 반대하는가 질의했다. 그러자 현지사는 도관찰사의 명령이라고 대답하고 한국인들은 더욱 사기충천하여 물러설 기미가 없자 그 중에서 2명을 체포했다. 그 결과 한국농민들이 대노하여 간민회의 사람을 보기만 하면 다 죽여버리겠다고 외쳐대곤 하였다. 관청에서는 이 사태가 급속히 확장될 것을 걱정하여, 급히 군인 백여 명과 순경 60여 명을 출동시켜 폭동을 진압토록 조치하였다. 그 중에서 가장 강경하게 나선 200여 명을 경찰국으로 연행하였고, 이튿날 오전에야 그들을 석방했다. 그런데 통현(通縣)의 조선인 5, 6천 명이 여러 곳에서 모여들어 비밀리에 연설하는 등 소란을 피우자 인심이 흉흉해졌다. 그 날 간민회 숙소와 분회가 소각되었고, 사람들을 만나기만 하면 즉시 죽인다고 외쳐대곤 하였다. 그동안 한국인 상점들은 문을 닫았고, 얼마 안되어 일본상점도 문을 닫았다. 관청에서는 간민회를 두둔하고 나서서, 주모자를 체포하여 징벌하려 했지만 사태를 안정시키지는 못했다. 도관찰사는 설날 세배를 한다는 핑계로 7일 용정촌으로 내려갔으나 아직 돌아오지 않고 있는 상황이다. 그는 지금 일본영사와 사후 처리에 대한 대책을 상의하고 있다고 한다.(●●●● 1월 20일)

데라우치 암살사건의 수괴 영길리, 병으로 사망

어느 개인이 전하는 소식에 의하면, 데라우치총독을 암살하려 했던 당수 영길리(음역)가 1월 16일 병으로 사망했다고 한다.(●●●● 1월 21일)

한국인 귀화를 비준

한국인 이동춘(異同春)·김립(金立) 등은 소요사태를 보고 자극을 받아 동포 만여 명을 이끌고 중화민국에 귀화하고자 했다. 이러한 소문이 떠돈지는 이미 오래 되었다. 그러다가 지난달 이들이 상경하여 총통의 접견을 요구해왔다. 총통은 장자(長子)인 극정(克定)을 파견하여, 그들을 접견케 하며 상세한 내막을 이해토록 했다. 그리고 답하기를 "당신이 많은 사람을 인솔하여 귀순하려고 하는데, 이것은 내무부에서 접수하여 처리할 문제이고, 국적귀화조례에 따라 처리할 것이다"라는 대답을 듣고, 김립 등이 돌아갔다고 한다. 전하는 소식에 따르면 그들에 대한 귀화 비준은 이미 내려졌으며, 이씨는 연길로 돌아간 다음 신문을 창간하여 새로운 기백을 보여줄 것이라고 전해지고 있다. 이씨는 연길 일대에서 통역자로 있었기에, 중국·일본·러시아 각국의 문자에 능통한 인물이라고 전해지고 있다.(●●●● 2월 7일)

1915년

한국인의 학문탐구 부자유

대륙보 통신: 조선에 대한 일본의 규정에 따르면 조선인은 유럽과 미국으로 유학을 갈 자유가 없다. 최근 조선의 소년 3명이 입학한지 몇년 동안에 학력이 아주 높아졌기에, 계속 진학하기 위해 미국으로 유학하고자 했다. 그리하여 일본당국에 신청서를 올려 출국여권을 신청했다. 그러나 일본당국에서는 그들의 신청을 거부하고 여권을 발급해 주지 않았다. 그 3명의 소년은 학문을 탐구하고자 하는 욕구가 절실해 요행을 믿고 중국인으로 가장하여 출국한 다음, 북방에서 다시 기차 편으로 남경으로 남하했다. 그 후 상해에 도착한 다음 미국으로 건너갈 예정이었다. 그러나 3명의 소년은 국경을 탈출한 수배자 신분이었기에 일본 정탐자들에게 발각될까 봐 언제나 마음을 졸여야 했다. 그들이 탄 기차에는 일본인 몇 명이 승차하고 있었는데, 3명의 조선 소년은 일본인이라도 중국에서는 함부로 자기들을 체포하지 못한다는 것을 알고 있었지만, 그래도 걱정을 떨칠 수가 없었다. 그들은 일단 문제가 생기면 협조하여 줄 것을

함께 동행한 남경청년회의 뻬체르 박사에게 부탁했다. 상해에 도착한 다음 뻬체르는 3명의 조선학생을 해군청년회에 부탁하여 입주하게 한 다음 미국에 대한 유학을 상의토록 하였다. 청년회에 입주하고 있는 김씨 성의 한국인 학생이 공부하러 거리로 나갔는데, 어제 밤 청년회의 치화스는 3명의 조선학생이 상해에 도착하여 청년회에 입주했으나 김씨 성을 가진 학생과는 관련이 없다는 것을 증명했다. 이것은 김군이 잘못되어 일본당국에 연루될 수 있는 상황을 대비코자 한 것이 아닌가 한다.(●●●● 4월 16일)

연길의 한국인 교육

연길 조선인의 교육기관은 중국 공립학교와 일본공립보통학교 등 20여 곳이 있고, 한국인들의 사립학교는 50여 개가 된다. 일본 보통학교는 메이지 42년 일본 백(白)통감부 간도 분소에서 건립한 것인데, 용정촌(龍井村)에 교사를 신축했다. 그들의 학교시설은 거의 완벽하다고 할 수 있다. 이 촌에는 또 중국공립학교와 사립학교 및 사립여자학교가 일본 공립보통학교와 서로 경쟁 상황에 있다. 그러나 학교 교사의 외형은 일본학교보다 초라하다.

용정촌의 촌민들은 신앙적으로 세 파로 나뉘어져 있는데, 중국을 신앙하는 사람, 예수교도가 되어 하느님을 신앙하는 사람, 일본에 가까운 사람 등 세 가지 부류의 사람들이 살고 있다. 이 3파의 자제들은 각기 세 부류의 학교에 입학해 공부하고 있다. 이들 세 부류의 학교에서는 각자 다 자신의 세력을 확장하려 하고 있기에, 다른 세력의 확장을 달가워하지 않는다. 조신총독부의 간도공립학교는 간도 일본인들의 유일한 기관인데, 그들은 이 학교에서 한국인들을 교육하고 있다. 그것은 한국인들에 대해 회유정책을 실행하려는 차원에서 이루어지고 있는 것이다. 이 학교의 교수 방침은 아래와 같이 다섯 가지로 개괄할 수 있다.

첫째, 졸업생들의 취업을 우선 주도적으로 한다.
둘째, 밥만 먹고 일하지 않는 것을 금한다.
셋째, 경솔한 풍기를 금한다.
넷째, 저축심을 중시한다.
다섯째, 미신적인 습성을 제거한다.

연길의 한국인들은 여기저기서 모인 사람들이라 향토심은 결핍되어 있지만, 음력 세모가 되면 놀이를 위주로 지낸다. 일본보통학교에서는 간담회를 자주 갖고, 학습 성적을 공개하며, 각종 오락을 진행하는데, 학생들의 부모들도 이 모임에 참석한다. 이 날은 조선학생들의 가장 자유롭고 즐거운 하루가 되고 있다.(●●●● 11월 23일)

재만 한국인 발전에 관한 보도

20일 『도쿄 일보』의 통신: 최근 한국인들 가운데는 만주로 이주하는 사람들이 나날이 증가되고 있다. 최근 조선은행의 조사에 의하면, 현재 만주 전 경내에 거주하고 있는 한국인은 남만방면에 72,711명이고, 간도에 17,302명이며, 북만의 하얼빈과 치치하얼 등지에 7,803명이 거주하고 있다.

이들을 모두 합치면 253,614명이다. 그러면 어떻게 만주에 한국인들이 이처럼 많이 거주하고 있는 것인가? 그 원인을 보면 대체로 다음과 같다.

첫째, 압록강 유역과 간도는 거주자가 적고 토지가 비옥하여 생산물이 풍부함으로 한국인들이 이주하기에 아주 좋은 조건을 가지고 있다.

둘째, 한국인 농민들은 논농사를 위주로 하는데 만주의 비옥한 토지는 관개가 아주 편리하기 때문이다.

셋째, 한국은 나라를 잃은 다음 국내를 떠나 생계를 유지하지 않으면 안되는 영세민들이 증가함과 동시에 만주지방은 원주민인 중국인과 역사적인 관계로 서로 친목하게 지내며 안전한 거주 생활을 할 수 있기 때문이다.(●●●● 11월 30일)

1916년

일본과 러시아의 신조약과 선만(鮮滿) 총독

12일 일본 영문기사보(英文紀事報)에 실린 논설: 일본과 러시아의 신조약과 중국과의 관계를 언급했다. 일전에 일본과 러시아간에 체결한 신조약은 최근 각국에서 중국의 각종 국제협약 및 영일동맹조약과 같이 중국의 의견을 완전히 고려하지 않은 조약으로, 이것은 중국이 약소국가이기 때문이다.

따라서 국가의 안전을 도모하기 위해서는 주동적으로 참여하지 않으면 안된다고 하는 주장이 일고 있는데, 이 주장은 이번 일본과 러시아의 신조약 체결을 계기로 강력히 추진하려는 추세를 보이고 있다. 지금은 중국의 존망이 걸린 중요한 가을이다. 나라의 각 정당과 각 파별 영도자들은 각자 자기들의 권익을 위해 경쟁하고 있으며, 심지어 그로 인한 내란이 극심한 곳도 있다. 그러느라 가장 중요한 국제관계문제에는 신경쓰지 않고 있다. 이런 관계로 중국과 상업·무역이나 지리적으로 관계가 있는 국가에서는 자기들 맘대로 중국에 대한 정책을 처리하고 있다. 그러나 중국인들은 아직 이것을 잘 모르고 있으며, 그 위험성도 인식하지 못하고 있는 듯하다. 이것은 마치 눈뜬 봉사나 마찬가지라 할 수 있다. 일본의 조선총독 데라우치는 이번에 귀국하게 되는데, 이것은 우리 만주 몽골의 장래와 아주 큰 관계가 있는 행차라 할 수 있다.

왜냐 하면 일본수상 오수미백작이 데라우치가 만주까지 겸직할 것을 상의했기 때문이다. 조선총독을 조만총독으로 개명하고 총독부의 관리제도를 이미 다 내정했다고 한다. 일본 신임주중대사 하야시 겐스케(林權助)는 8월에 중국으로 부임하여 오게 된다고 전해지고 있다. 그가 부임하는 때면 이러한 사실이 발표되는 시기가 될 것이다. 정부에서는 이에 대응하여 비밀리에 회의를 소집하고 주일 서리 공사 유숭걸(劉崇杰)에게 훈령을 내린 바 있다. 그리고 새로운 장(章) 대사가 일본으로 급히 부임한 것도 아마 이 사건과 관련이 있을 것으로 보인다.(●●●● 7월 22일)

일본신문의 만선 통일설

일본『만조보(万朝報)』기사: 몇년 이래 일본과 조선의 인사들은 만주의 정치문제를 연구해 왔는데, 이제는 이를 이어서 만선통일문제를 연구하기 시작했다. 그러나 아직 만선문제를 해결하지는 못하고 있다. 그러다가 최근 이 문제를 해결할 기회가 되었는데, 그것은 중일교섭이 수립되었고, 일본과 러시아의 조약이 성공되었기 때문에, 만주문제는 자연히 진전을 가져오게 된 것이다. 현재 일본당국에서는 이 사실을 연구하고 있는 중인데, 일전에 조선총독 데라우치가 일본수상과 면담할 때, 역시 이 문제를 토론했있다.

전하는 말에 의하면 서로 아주 발전적인 의견을 교환했다고 한다. 그러나 이들 외에 관동(關東) 도독부를 중심으로 하는 한 무리는 이를 반대하고 있는데, 그 주장은 식민성(植民省)을 설립하자는 일파와 서로 연락이 있었다고 한다. 그러나 만선 통일계획에 대해 그 어떤 장애가 있는지는 몰라도, 적어도 그 계획이 쉽게 실현되지는 않을 것이다. 다만 최근 중국에 대한 정책을 감안할 때, 그들에게 있어서 이 문제는 꼭 해결해야 하는 문제인 만큼 근일 내에 실질적인 문제로써 수면 위로 부상하게 될 것이다.

일전에 어느 서울의 신문에서는 일본에서 선만 총독을 설립한다는 설을 보도한 적이 있는데, 한 신문은 이를 무식한 자의 허황된 소리라고 비웃으며 만주는 중국 영토인데 어떻게 조선과 같은 수준에서 논하는가 하고 반박했다. 그들은 나아가 자신들의 주장은 광명정대한 주장이라고 역설하기도 했다. 그런데 최근 만한 통일설이 다시 일본신문에서 보도되자, 선만총독이란 것이 바로 만선 통일이라는 것을 알게 되었고, 우리가 다시 진작하여 의기를 북돋우지 않는다면 조만간 이러한 문제가 사실로 변할 것이라는 것을 인식하게 되었다.

어제 이러한 사실을 실은 일본 신문이 이 기사에 대해 변명의 말을 몇 마디 기사화 했는데, 결과적으로 이 문제는 사실로 될 수 없음을 명백히 한 것이라 볼 수 있다.(●●●● 7월 27일)

1917년

연길의 교육

연길은 조선과 인접하고 있으며, 일본과는 간접적으로 인접하고 있는 지역이다. 청나라 광서(光緒)년 동안에 연길에 지방정부를 설치했다. 그 후에 큰 발전을 가져왔으며, 중한변경조약을 체결한 이후 한국인들이 월경하여 거주하는 사례가 계속 증가되어 왔다. 중·한·일 3국의 인민이 이 지방에 잡거하고 있는데, 인구밀도가 높고 공업과 상업이 발달했으며, 교육은 더욱 발전하였다. 국가별 경계에 따라 시설도 다른데 그 상황을 소개하면 아래와 같다.

(1) 중국교육

현립 국민학교는 약 30여 곳이 있다. 최근 새 학생을 모집할 때마다 학급수가 늘어나고 있다. 고등학교는 7, 8곳에 있으며, 졸업생도 점차 증가하고 있다. 도립 제2 중학교에 진학하는 학생도 있다. 금년 봄 제2 중학교에서 신입생 한 개 반(40명)을 모집했는데, 원래 있던 갑·을 두 개 반의 70명과 신입생 120여 명 및 도립사범강습소 학생 30여 명은 모두가 공비 학생들이다. 동시에 경영도 좋아져 몇 년 전보다는 크게 발달했다.

(2) 한국교포교육

한민족 교포들이 연변에서 거주하기 시작한지는 오래 전부터였다. 교육경비는 한국 교포들이 자금을 모집하던가 개인이 설립한 사립학교인데, 지금은 초등소학교 30여 곳, 고등학교 38, 9곳, 여학교 10여 곳이 있다. 그러나 중학은 단 한 곳밖에 없으며, 학생은 3백여 명이다. 교장은 김락현(金樂賢)이고, 교무장은 한태환(韓泰煥)이다. 이 학교는 설립한지 8, 9년이 되며 학업성적이 높아 한국교포들의 자랑거리가 되고 있다.

(3) 일본인교육

민회에서 설립한 국민학교 한 곳이 있고, 여기서 공부하는 학생은 5, 60명이 된다. 교수방법은 본국과 비슷하다. 공립보통학교는 두 곳이 있고, 이 학교는 전문적으로 한국학생을 모집하는 학교이다. 교원의 절반은 일본선생이고 방법과 종지는 일본국과 약간 다르지만, 교수나 강연은 일률적으로 일본어를 쓴다. 학교에서는 매달 일본돈 2원을 학생들에게 발급하여 주고, 학비는 없으며, 교과서는 학교에서 발급해준다. 때문에 이 학교를 지망하는 학생이 많다.(●●●● 3월 18일)

추밀원회의 만선철도 통일안 결정

도쿄 통신: 금일 추밀원회의에서 만선철로 통일안에 대해 토론한 후 결론을 내렸다. 그리고 그 결과는 이달 28일경에 공개 발표할 예정이다. 이 통일안은 8월 1일부터 실시하게 된다. 그 대략적인 내용은 아

래와 같다.

관동(關東)도독의 관리임명제 중에서 도독권한 중 도독이 남만철로공사의 업무를 감독한다는 것을, 남만철도공사를 지휘하고 감독한다고 개정했으며, 큰일이든 작은 일이든 사무 일체를 도독의 지휘와 명령에 따른다고 규정했다. 이번 추밀원에서 수정한 내용에 따르면, 도독이 만철의 총재를 겸임하지는 않지만, 사실상 만철의 모든 사무는 도독이 관장하게 되어 있다. 척식국(拓殖局)을 설립하면서 도독은 외교부 대신에 귀속되게 되었는데, 이번에 총리대신에 귀속시키기로 규정했다. 조선총독 관리체제도 개정했는데, 총독부 외에 조선총독부 철로국을 총독부에 설립한다는 규정이며, 조선철도는 만철에 위임하여 경영한다는 내용이다. 철도원(鐵道院)의 관리체제도 일정 부분 개정했는데, 철도원은 만철 계통의 이사 사항을 폐지했다. 현 나카무라(中村) 관동부(關東府) 도독이 사임하고 만철 총재 나카무라 유지로(中村雄次郎) 남작이 관동도독으로 임명되었다. 현역 육군중장이 만철의 칙령개정에 따라 총재를 폐지하고, 수석 이사를 설치하여 만철 사무를 관장하기로 했다. 쿠니자와(國澤) 부총재가 이 직무를 담당하게 된다. 조선철도의 경리 위임결과 조선에 만철지사를 설립하고, 이사 1명을 파견하여 주둔시키어, 경리일을 위임하기로 했다.(●●●● 7월 27일)

만선행정통일 관계 칙령

도쿄 통신: 오늘 일본신문은 만선행정통일관계에 관한 칙령을 발표했다 그 중 척식국의 관리제도 내용은 아래와 같다.

제1조 척식국은 내각총리대신에 귀속되어 관리되며 조선·대만·관동주 사무·만철사무를 처리한다. 단 외교사무는 이 권한에 속하지 않는다.

제2조 척식국에 관여좌(官如左)와 구관차장(具官次長) 한 명을 둔다(전임, 서기관 3명, 전속 12명 이하 각 항은 생략함). 관동부(關東府) 도독 관리체제의 개정 요점은 아래와 같다.

관동(關東) 도독부는 관동주(關東州)의 관할구역을 관할하고, 남만철도의 사무를 관장하며, 남만철도공사의 사무를 도독 통재하는 동시에 부 아래의 군대를 통솔한다. 그러나 외교 사무는 외무대신의 감독을 받는다. 만주경찰 사무는 헌병대와 경찰부를 합병하여 처리한다. 같은 날 나카무라 유지로(中村雄次郎)를 관동도독으로 임명한다는 칙령을 내렸고, 전 도독 나카무라(中村覺男)를 면직시키고 군사 참의관을 보충했다.(●●●● 8월 1일)

훈춘교섭에 대한 항의

훈춘 중일 군대의 충돌사건에 대해 외교부에서는 18일 유숭걸(劉崇杰)을 일본영사관에 정식으로 파견하여 항의를 제출케 했다. 각서의 내용은 일본군이 훈춘에서 철수할 것을 요구하는 것이다. 당시 하야시 공사는 상세한 보고를 받은 다음 다시 회답하겠다는 회신을 주었다. 또 전하는 소식에 의하면 일본군대가 훈춘에 도착한 다음 현지사와 교섭을 진행하는 한편, 지사를 강박하여 6개 조건을 승인해야만 군대를 철수할 것이라고 말했다고 한다. 일본군이 제시한 조건은 아래와 같다.

(1) 일본이 경원과 훈춘 간에 전화선을 가설할 것을 승인할 것
(2) 일본이 헌병을 훈춘에 파견해 주둔하는 것을 승인할 것
(3) 훈춘지사는 이번 중일 양국 경찰충돌사건에 관해 일본영사관에 사죄서를 제출할 것
(4) 해당 현의 중국경찰과 군인이 영사관 문 앞에 집합하여 총을 들고 군례를 올려 사죄를 표시할 것

(5) 중국경찰은 사후 훈춘 상업구역내의 조선인들에 대해 간섭하지 않을 것
(6) 조계(租界)시장과 조선인을 승인할 것.(●●●● 9월 22일)

훈춘교섭 근황

길림 훈춘교섭건에 관해 어제 오후 1시경 각 현 공민 초조성(初兆聲)·유가음(劉家蔭)·이임당(異任唐)·서홍선(徐鴻善)·황서곤(黃書坤) 등 30여 명이 곽(郭) 성장을 면접하여 훈춘사건을 교섭하여 달라는 청원서를 올렸다. 우리 공민 등은 양국 친목을 도모하여 성장이 몸소 교섭원에게 교섭을 훌륭히 진행시키도록 명하여 주권을 보호하고 조속히 일본군대를 철수하게 하고, 불충분한 이유를 대며 우호친선의 국가관계를 방해하지 않도록 하는 것은 양국에 대해 좋은 일이라고 썼다. 면접을 통해 청원서를 올린 후 약 두 시간 가량 면담을 한 다음 자리에서 일어났다. 길환성(吉桓省) 농회는 훈춘현 농회에서 전해 온 서한을 통해 일본주둔군이 아직도 철수하지 않고 있다는 것을 안 다음, 국가주권을 보호하여 인심을 다스려야 한다는 청원서를 성 관공서에 올렸다. 그 결과 이달 6일 봉천성 관공서의 지령을 받았는데, 그 내용은 아래와 같다.

이 사건에 대한 조사를 진행했으며 독군(督軍)과 상의하여 훈춘에 주둔하고 있는 육군단장과 현 지사에게 군민을 단속하고 안정된 태도를 유지하여 흔들리지 말 것을 지시했다. 교섭방면의 문제는 원부(阮部)의 자문을 받은 다음 일본에 항의를 할 것이며, 이는 중앙에서 해결할 문제라는 내용 등이었다. 이에 훈춘농회에 서한으로 통지하여 인민들이 생업에 힘쓰고 동요하지 말도록 할 것이며, 별도의 사변이 발생하지 않도록 해달라는 지시를 보냈다.(●●●● 10월 15일)

봉천성 한민족 근황

길장일보 봉천 통신 보도: 최근 해룡과 유하현이 접경해 있는 곳인 3원포 · 대황구 · 정가점 · 역수간자 등에 거주하여 땅을 개간한 한국인들이 자주적인 조직인 자치단을 조직했다. 안성직을 초대 단총(團總)으로 추대하였고 단체 장정 80조를 통과시켰다. 이 자치단은 동서남북 중 5개 구로 획분하여 구에는 구갑(區甲)을 두는데 이를 천가장(千家長)이라 호칭했다. 그 수하에 백가장 · 십가장을 두어 한국인을 관리하기로 했다. 한국에서 새로 입국한 사람에 한해서는 이력서 · 자본재정 상황을 자치단 책임자에게 보고해야 주숙처를 배치하여 준다고 규정했다. 또한 그 구역을 떠나는 사람도 이와 같은 절차를 밟아야 한다고 규정했다. 자치단 책임자는 호적부를 제정하여 보관하는데 기록이 아주 상세하다. 자치단에서는 학당을 설립했는데 해룡에 세 곳, 유하에 두 곳이 있다. 일요일이 되면 학생들은 학당에 모여 강연을 하던가 변론을 진행한다. 이 모임에는 남녀노소가 다 참여하여 방청할 수 있다. 학당이라고 말하지만 실은 집합장소이다. 음력 7월 12일이며 망국기념일이라 한국인 가정에서는 불을 때지 않는다. 최근 그곳에서 성으로 올라 온 사람의 말에 의하면 한민족이 집체적으로 무술을 훈련하는 사람들이 많다고 한다. 혹은 맨손으로, 혹은 나무몽둥이로, 혹은 발을 쓰는 무술을 연습한다는 것이다. 동시에 소와 돼지를 도살하여 술상을 벌리고 춤과 노래를 즐긴다고 한다. 이곳에 거주하고 있는 중국인 땅 주인들은 그들이 무엇을 하는지 몰라 은근히 근심하고 있단다. 해룡 탕문환과 유하의 진량공 두 지사는 자주 마을로 내려가 현지 조사를 진행하였으며 경비구 보위단에 명하여 이들을 잘 단속할 것을 지시했다.(●●●● 11월 12일)

1919년

고려폭동 오늘 전면 진압

도쿄 통신: 이름을 밝히지 않은 헌병사령이 고려의 세 번째 폭동은 평안도를 중심으로 전면 진압 평정하였다고 피로하였다. 폭동자는 기독교 교민들과 막 노동자들인데 평안도의 한 외국전도사가 폭동을 사주한 것으로 나타났다. 폭동을 진압하기 위하여 파견된 연대 병력은 모두 고참병들이었으며, 그들은 총을 쏘지 않았다. 다만 헌병 몇 명만이 위협을 느껴 자위차원에서 사격하였을 뿐이다.(●●●● 3월 10일)

외교적으로 한국인 예방

장작림(張作林) 동북 순열사는 최근 한국인이 광복을 꾀하고 있다는 보고를 받자, 즉시 이에 대한 적절한 대책을 강구하여 인접국간에 화목을 도모할 수 있도록 하라는 지시를 압록강 연안의 군경과 지방장관에 내렸다. 동시에 무역항 연안에 위치한 횐장(桓長), 무안(撫女) 등 현의 한국인들이 중국국적에 입적되었는지의 여부 및 집회나 결사 등의 상황유무와 일본 방면의 특별조사 유무와 조선인들의 최근 입국 상황을 조사하라는 지령도 내렸다.

봉천(奉天)지역 한국인의 총수와 파벌 및 영업 상황에 대해서는 이미 명확히 조사한 바 있다. 앞으로도 임시 진입자가 생기면 우리의 군경이 그 상황을 조사하고 죄상을 판단한 다음 인도하도록 하였다.(●●●● 3월 11일)

뿌리 깊은 고려의 독립과 자결운동

도쿄 통신: 고려의 폭동은 이미 평정되었고, 더 이상 사람을 구금하지 않는다고 한다. 그러나 한국인들은 독립과 자결(自決)을 신뢰하는 마음이 깊기 때문에, 그 여파는 여전히 광범위한 대중에게 남아 있어서 일시에 모든 것을 진압할 수는 없을 것이다. 전국 각 일간지는 전도들이 선동하였다는 일본헌병측의 주장을 대서특필하고 있다. 다만 국제통신사만이 중요한 부서에서 접수한 정보에 근거하여 한국인의 소요가 미국전도사와는 아무런 관련이 없다고 보도하고 있다. 미국전도사들은 교도들에게 반정부 행동에 참가하지 말 것을 권고했다고 한다.(●●●● 3월 12일)

길림총독 한국독립운동 처리방안에 대한 지시 요구

북경 통신, 길림 도독의 전보: 한국인들이 조국의 독립을 도모하여 전단을 살포하고 인심을 혼란시켰으며, 일본영사관에서는 한국인들의 이러한 행동을 방지할 것을 촉구하는 동시에, 이변이 생기면 출병하여 조사하겠다는 말이 들리고 있다고 보고하였다. 또 이곳은 황무지를 개간한 사람들이 많기 때문에 엄격하게 방지하지 않으면, 이외의 사변이 발생할 수 있으므로, 이에 대한 지시를 내려달라고 요청하였다.(●●●● 3월 15일)

봉천과 길림에서 일본인 도와 한국인 압박

봉천과 길림성장 관공서에서는 동부변경 도윤(道尹)이 관할하는 각 현 지사(知事)에게 아래와 같이 통지했다.

환인현(桓仁縣)지사가 보내온 전보에 의하면, 이달 2일 한국인 교민 이윤기(李潤基) 등이 환인의 한국인 4백여 명을 인솔하여 한국왕을 위하여 상복을 입기로 하였다고 한다. 이러한 시도는 그 지방 조선조합 지부 김두한(金斗煥)에 의하여 제지당했다. 이에 근거하여 각 현 지사에 통지를 내린 것이다. 통지는 아래와 같은 사항을 강조했다.

한국인들의 행위는 복수를 목적으로 한 것 외에 다른 용의가 있다고 한다. 지금 조선 각지는 혼란한 상태인데 우리나라에서는 국교관계로 봉천지역 한국인들에 대해 특별한 주의를 기울여야 하는 동시에 비밀리에 감시원을 파견하여 엄밀하게 한국인들의 동정을 감시해야 할 것이다. 한국인들이 집회를 하고 연설을 하고 인쇄물을 살포한다면 즉시 진압하여 해산시키고 수사해야 하며, 인쇄물은 소각시켜야 한다. 동시에 수시로 각별히 감시하면서 발생되는 상황을 즉시 상급기관에 보고하여야 한다. 각 현의 지사가 이러한 일을 소홀히 하여 해당구역에서 사건이 발생한다면, 국법에 따라 절대로 관대히 처분하지 않을 것이다. 동시에 독군(督軍)의 명의로 동부변경을 진수하고 있는 진수사(鎭守使)에게 명령을 전달했고, 또 관할 군대와 주둔하고 있는 유(劉) 여단장과 각 현 경찰서장에게도 전달하도록 하였다. 이후 만일 각자의 관할구역에서 다수의 한국인들이 입국한다면, 부하들에게 명하여 비밀집회 유무와 폭동상황이 있는가 하는 데에 특별히 유의토록 하였다. 또한 만일 행동이 의심스럽거나 확실한 근거가 있다면 즉시 해산시켜야 하며 그들을 강제 출국시켜야 한다. 명령은 또한 만일 그들이 반항한다면 반드시 평화적인 수단으로 그들을 설득하여 폭동이 중국 경내에서 발생하지 않도록 해야 한다는 것을 강조했다.

연길 방면의 통신: 13일 정오경 수천 명의 한국인들이 갑자기 노도와 같은 함성을 지르며 대한독립만세를 외쳤다. 그들은 손에손에 태극기를 들고 독립선언서를 배포하면서 노한 파도처럼 용정(龍井) 거리로 몰려나왔다. 이 대집단은 갑자기 교외로 빠져나가 분산하여 축하대회를 거행하였다. 주모자 4명은 중앙단상의 책상 위로 뛰어 올라 눈물을 흘리면서 연설을 하였다. 많은 노파들도 군중 속에 끼여 있었다. 연설을 마친 다음 만세 소리가 사방에서 울렸다. 이때 모인 사람들은 무려 4, 5천 명이나 된다고 한다. 주모자 옆에는 여러 개의 깃발을 꽂아 놓았는데, 그 깃발에는 한국독립·독립만세·정의 인도 등의 글들이 쓰여져 있었다고 한다. 그들은 이어서 태극기와 중국의 5색 기를 들고 시위행진을 다시 시작하였다. 중국군경은 이미 만반의 준비를 하고 있다가 이들의 시위를 저지했지만 시위대중은 군경의 제지에도 아랑곳하지 않고 시위를 계속 하였다. 그러자 군경은 시위대중을 향해 사격을 단행하였고, 그 결과 현장에서 14명의 한국인이 총탄에 맞아 사망했다. 중상자들은 무려 20여 명이나 되었다.

군경 관계자의 말에 따르면, 이때서야 시위대중들이 사방으로 해산되었다고 한다. 중국군경은 형세의 변화에 따라 일본관청의 의견을 듣지 않고 자발적으로 시위대중을 진압하였다. 맹(孟)단장은 당일 몇십 명의 군인과 경찰을 이끌고 직접 현장지휘를 하였다. 그는 원래 유연한 수단으로써 시위행진을 막을까 했었지만 유연한 수단이 시위자들에게 받아들여지지 않자 부득이 사격을 가하게 되었다고 말하고 있다. 그러나 지금의 정세가 완전히 평정된 것은 아니기 때문에 향후 어떤 변화가 일어날지 아직은 전망하기 어려운 상황이라고 한다.

최근 중국군경은 거리를 순찰하면서 삼엄한 방비태세를 취하고 있다. 일본측에서는 이 통신을 접한 다음 나남(羅南)에서 두 보병중대를 증원하여 파견해 왔으며, 아주 엄격하게 이곳을 단속하고 있다. 12일 연길의 도윤은 한국인들이 계속해서 항의한다면 무력으로 진압할 것이라는 뜻을 표하였다. 그리고 이런 사건이 계속 발생되는 원인은 시위대중 속에 외국 전도사들이 끼여있기 때문이라고 밝혔다.(●●●● 3월 24일)

조선여학생의 호소

자림보 통신: 북경을 방문한 조선여학생이 윌슨 대통령과 대회참석자들에게 편지를 보냈는데, 그 편지를 번역한 내용은 아래와 같다.

파리 평화회의에 참석하신 여러분, 오늘 정의와 인권의 명의로, 저희들은 그리고 문약한 조선 여성의 명의로 하느님께 기도를 드리면서, 여러분들이 저희들을 어여삐 여겨 도탄 속에서 구하여 줄 것을 빕니다.

저희들은 지금 학대를 받고 있으며 세상에 둘도 없는 치욕을 받고 있습니다. 이것을 누구에게 호소하여야 합니까? 어디에 대고 우리의 불행을 토로하여야 저희들의 애처로움이 가려질 수 있겠습니까? 지금 각국의 인민들은 자유를 갈망하고 자유를 추구하고 있는 데, 저희 한국 남녀 노약자들도 우리를 억압하고 있는 일본의 압제를 물리치고 조선의 독립을 호소하고 있습니다. 공정한 의리를 실행하지 않는다면 인도주의는 존재하지 않을 것입니다.

저희들은 아무런 죄도 없이 구타를 당하고 있으며, 철창 속에 갇혀 총칼의 위협을 받고 있습니다. 가정은 형편없이 파괴되었고, 신앙의 자유도 박탈당했습니다. 주일날 기도도 하지 못하게 되어 있습니다. 기독교 신도들이 호소하여 주일날에 기도하려 하면 총칼을 휘둘러 억압하고, 심지어는 그들의 총에 맞아 죽은 사람도 있습니다. 그러나 저희들은 절대로 무력으로 저항하지 않고, 오로지 두 손을 하늘에 쳐들고 하늘을 향하여 호소할 뿐입니다. 이것은 국가의 자유를 위한 공리를 되찾기 위한 것입니다. 여러분들은 이러한 상황을 통찰하시고 우리 조선의 독립을 승인하여 줄 것이며, 일본에 의해 자행되고 있는 참형을 제지해 주고, 우리에 대한 일본의 공정치 못한 대우를 제지해 줄 것을 호소하는 바입니다.

불행히도 이 편지가 대회에 전달되지 못할 수도 있습니다. 그러나 혹시 이 편지를 읽는 사람이 있어 이 내용에 감동하여 저희들의 고통을 대회에 전달하여 준다면, 저희들이 아직은 유치하여 이런 저런 잘못이 있더라도 널리 양해하여 주실 것을 바라는 바입니다. 저희들이 편지에 쓴 내용은 바로 저희들의 기도내용이기도 합니다.

한 가지 죄송스러운 일이 있으니, 그것은 저희들이 시종일관 일본의 위협을 이겨내지 못하고 핍박에 의하여 한일합방에 서명을 하였는데, 이것은 저희들의 진심이 아니며 이것은 일본의 간계에 의해 저질러진 일에 불과하다는 것입니다. 대아메리카 윌슨대통령이여! 당신은 저희들의 자애로운 어버이십니다. 제발 저희들의 독립선언을 들어주시어 이를 세계에 전달하여 주실 것을 기도드립니다.

1919년 3월 10일 조선 여학생 상서(●●●● 3월 25일)

동북으로부터의 단신

조선 전경에서 폭동이 일어난 다음, 우리나라 봉천성 동부변경에 있는 각 현 중 한국인 교민들이 많이 거주하고 있는 환인(桓仁)·통화(通化)·장백(長白) 등 현의 한국인들도 수백 명씩 결집하여 손에 한국 국기를 들고 거리에서 시위행진을 진행하며 독립을 외쳤다. 봉천 군부에서는 이 사실을 정부에 보고하고 처리방침에 대해 지시해 줄 것을 요청하였다. 전하는 통신에 의하면 봉천 군부는 법에 따라 제지할 것을 지시하였으며 일본영사를 잘 보호할 것을 지시하였다. 사건을 일으키는 한국인들이 있으면 즉시 경찰규정에 따라 처리하라고 지시하였다.(●●●● 3월 26일)

블라디보스토크 한국인 독립선언서 배포

　북경 통신: 블라디보스토크의 한국인들은 3월 17일 독립선언서를 살포하였다. 이 독립선언서는 중국어 · 한국어 · 러시아어 · 영어 등 네 가지 문자로 작성되었다.(●●●● 3월 27일)

한국인 폭동 방비 중 일본인의 월권현상

　북경 통신: 한국인들의 폭동을 방비하던 중, 일본인들이 월권하는 상황이 계속해서 일어났다. 당국에서는 국제조례에 따라 이들의 도발을 처리할 것을 촉구하였다.(●●●● 4월 1일)

길림 독군 한국교민들의 서울 습격을 제지

　북경 통신: 정부는 한국교민들이 흑정자(黑頂子)를 통해 한국 서울을 습격한다는 정보를 입수한 즉시 길림 독군에게 명하여 이를 제지토록 하였다.(●●●● 4월 1일)

한국인 대응책 지시

　동삼성 총독은 일본영사가 한국인들의 폭동을 제지시켜야 한다는 요청을 접수한 다음 정부에 대해 그 대책을 요구했다. 정부에서는 어제 우리의 주권을 충분히 고려해야 한다는 지시를 내리는 동시에, 만일 한국인들이 중국 경내에서 이상한 행동을 하게 되면 그 때마다 이를 철저히 제지하라고 지시했다.(●●● 4월 9일)

북경에서의 한국인 체포 문제

　최근 북경의 중국경찰이 한국인 3명을 체포한 후 그들을 일본 헌병에 이송시킨 후 구속하게 하였다. 이러한 절차는 일반적인 절차와는 부합되지 않는 것이다. 중일조약에 의하면 중국정부에서 일본인을 체포하였다면 반드시 체포지역에서 가장 가까운 일본영사관으로 이송해야 한다고 되어 있다. 따라서 북경에 일본영사관이 없기 때문에 체포한 3명의 한국인은 반드시 천진 영사관으로 이송시켜야 하는 것이다. 그런데 천진의 일본영사관으로 이송한 것이 아니라, 북경의 헌병에 이송하여 일본헌병이 그들을 직접 조선으로 압송해 간 것이다. 이것은 중일 쌍방이 모두 절차상에서 착오를 저지른 것이다. 또한 비단 절차상에서의 착오만이 아니라, 또 다른 한 잘못을 저질렀으니, 그것은 3명의 한국인이 정치범이지 형사범이 아니라는 사실이다. 따라서 그들은 체포의 사유가 성립되지 않는 것이다.

중국정부에서는 절차상의 시행착오를 인정하는 동시, 일본정부에 항의하여 앞으로는 다시 이런 일이 발생하지 않도록 해야 한다고 촉구했다.(●●●● 4월 17일)

연길 한국인 사망사건에 대한 교섭

연길(延吉) 용정촌의 한국인들이 결집하여 독립만세를 외치는 가운데, 우리나라 군경의 제지에 불복하였기에, 우리나라 군경들이 그들에게 사격하였고, 그 결과 10명이 사망하였다. 그런데 이에 대한 쌍방의 교섭이 아직 끝나지 않은 듯하다.

전하는 소식에 의하면, 모국에서 해당부문에 공문을 보내와 한국인들이 독립을 부른 것은 잘못된 일이지만, 그렇다고 그 죄가 죽을죄는 아니기 때문에, 귀 정부에서는 피해 한국인들에 대해 배상금을 지급해야 한다고 요구하였다고 한다.(●●● 4월 18일)

조선폭동을 진압한 일본당국의 처리에 대한 외국의 평론

한국인들의 독립시위운동은 점점 더 치열하게 전개되면서, 전 민족의 각성도 날로 제고되어 가고 있다. 이러한 상황에 대하여, 로이터 등 각 신문에서는 많은 평론과 논설을 게재하고 있는데, 여기서 상세히 기술하지는 않고자 한다.

최근 전해오는 소식들은 그 진상을 제대로 파악하지 않고 보내오는 소식들로써, 예를 들면 한국인들이 타국의 선동에 따랐다는 등의 주장은 정확하지 못한 것이다. 한국에서 일본으로 건너간 어느 한 전도사는 일본의 헌병과 군대는 신경과민증에 걸려 교회와 이번 독립운동에 관련이 있다고 역설하고 있는데, 성경에도 법률은 지켜야 한다고 쓰여 있거늘 교회에서 선동하였다는 것은 완전히 와전된 것이라고 밝히고 있다. 최근 일본에서는 한국의 형세가 더욱 혼란스러워지고 확장되어가자 이를 수습하기가 곤란하며, 조선에 주둔하고 있는 군경들이 부족하다는 것을 구실로 일본 경내의 6개 대대를 조선으로 파견하였다. 또한 한국 국내와 러시아·중국의 한국인들이 서로 연락을 취하고 있다는 것을 이유로, 우리나라와 러시아에 협조를 요구하는 교섭을 진행하고 있다고 한다. 이러한 주장은 모두가 과격파들의 주장이라고 할 수 있다. 도쿄『시사보』의 보도에 따르면, 국외의 매체에서는 이번 조선의 독립소요사건은 대체로 일본의 잘못이라고 지적하고 있다는 것이다.

첫째 일본은 무력으로 적수공권의 조선인들을 진압하지 말아야 한다는 지적이다. 압박이 심하면 심할수록 반항도 심해지는 것이므로, 당초 일본경찰과 헌병들의 대처가 너무 심했기 때문에, 오늘의 결과를 빚어낸 것이라고 지적하였다. 이런 방식으로 통치한다면 앞으로의 전도가 암담할 뿐이라고 설파하였다.

둘째로 언론을 너무 억압하고 있다고 비평하였다. 조선학생들은 언론의 자유가 전혀 없다고 주장하고 있는데, 조선독립문제도 자유토론을 허락한다면, 독립하게 되면 한국에 유리할 것이 전혀 없다는 결론을 내릴 수도 있다는 것 등 이성적인 연구결과로 나타날 수도 있는 것이다. 그런데 그러지를 못하고 단순히 모든 것을 금지시키고 체포하는 수단만으로 이들을 억압한다면, 결국 일본정부의 명예만 먹칠을 하게 되는 결과가 될 것이다. 일본이 조선을 대하는 방침이 잉글랜드가 아일랜드를 대하는 것처럼 관대한 방침이라면, 오히려 행운이 다를지도 모르는 일이다.(●●●● 4월 18일)

훈춘 일본경찰, 한국인들의 국기 다는 일 간섭

최근에 전해진 훈춘소식: 지난 달 20일 한국들이 독립을 축하하기 위해 한국상인들이 태극기를 내걸었다고 한다. 그러자 일본경찰이 이를 간섭하는 동시에 수색을 단행하여 한국의 국기를 불살랐다고 한다. 그러나 한국상인들은 이에 대해 반항하지도 못했다고 한다.

훈춘은 우리나라의 국경지대이기 때문에 한국인들이 비합법적인 행위를 했다 하더라도 이것은 우리나라 경찰이 제지할 일이지 일본이 나서서 간섭할 일이 아닌 것이다. 우리나라 당국에서는 이 사건과 관련하여 일본영사와 교섭이 있었는지 아직 알려지지 않고 있다.(●●●● 4월 21일)

일본인과 한국인들 만몽으로 이민

일본인과 한인들이 만몽(滿蒙)으로 대거 이민하고 있는데, 이 달 16일 봉천 동양척식회사에서는 만몽을 개척하고 재건한다는 사항을 아래와 같이 결정하고 있다.

⑴ 정부에서는 해마다 식민사업비로 100만원을 동양척식회사에 발급하여 만몽개척사업을 추진한다.
⑵ 본 회사에서는 해마다 일본과 조선의 농민 약 1천 5백 명을 만몽으로 이주시킨다.
⑶ 본 회사에서는 10년 내에 일본농민 2만 세대와 한국농민 3만 세대, 약 2천만 명을 만몽에 이주시킨다.
⑷ 이민들이 거주하는 마을은 아무리 적어서 5백 세대 이상을 집중시켜 거주하게 한다. 마을 밖으로는 산재하여 거주하게 하지 않는다.
⑸ 마을의 농경지는 1만 정보를 가장 적은 면적으로 삼되, 대농은 1할, 중농은 2할, 소농은 7할이란 통일적인 표준을 정한다.
⑹ 이미 농민들의 마을이 형성된 곳은 자치를 실시하되 촌장 1명을 선출하고, 부촌장 2명에 서기 1명을 선출하여 촌의 치안·교육·위생과 종교 등 사항을 관장한다.

이밖에 별도로 그 이유를 첨가하고 있다. 즉 중국민정은 유치하고, 관헌들은 우리의 인민을 대할 때 언제나 박해정책을 실시한다.

뿐만 아니라 중국은 땅이 넓고 인구가 희소하므로 각지 경찰들의 수량이 적어 우리의 개척민들을 보호하지 못하고 있다. 동시에 도처에 토구(土寇)와 화적무리들이 우글거려 각자 상비한 무기와 탄약을 소유하고 있어야만 한다. 이에 대해 우리 동양척식주식회사에서는 이민 마을에 약간 명의 경위군인들을 파견하여 이민자들을 보호하도록 한다고 규정했다. 동시에 소학교·병원·농회 등의 기관도 설립한다고 밝혔다.

이상의 정책은 일본 동양척식주식회사에서 결정하고, 해당국가 정부의 허가를 거치게 되어 있으므로, 각 계의 관민들은 이 점에 유의하여야 할 것이다.(●●●● 4월 25일)

높아가는 한국인들의 자결 목소리

봉천 동안경찰청에서는 조선 경성으로 파견한 정찰원의 정보를 입수: 이달 한국 경내에 있는 정주(定州)지방에서 한국인 수천 명이 산정에 집결하여 대한독립만세를 불렀으며, 이 집회때 일본헌병수비대와 경찰들의 총에 40여 명이 사망했다. 나머지 한국인들은 모두가 해산되었다. 이어 원산지역의 한국인들도 이 폭동을 일으켰는데 그곳에 상점을 차리고 있던 중국인들은 사람이 적어 한국인들의 핍박에 의해 어쩔 수 없이 함께 만세를 불렀다고 한다.

일본헌병은 한국인과 중국인 20여 명을 체포하여 감옥에 넣었다. 부산항의 한국인들 폭동이 가장 심했고, 서울에서도 종종 폭동이 일어났다. 일본정부에서는 한국 경내에 400여 명에 달하는 헌병을 증원 파견하였다. 증원된 헌병은 이달 10일에 이미 부산항에 상륙하여 각지로 파견되어 폭동을 진압하고 있으며, 각지의 치안을 유지하고 있다. 동변의 도윤 관공서는 어제 봉천성으로부터 공문을 전달받았다. 헌병 경장이 보고한 바에 의하면, 최근 안동헌병 분견소에서 "신의주와 구의주의 한국인 수만 명이 집결하여 암암리에 거사하여 독립을 꾀하고 있으며, 일본헌병경찰과 수비대들이 각기 무기를 휴대하고 신의주와 구의주에 주둔하여 방비하고 있다."는 정보를 입수했다고 한다. 이에 근거하여 당국에서는 각지 소속관할지의 군경들에게 한국인들이 월경하여 사건을 일으키지 못하도록 엄격하게 방비할 것을 지시하였다. 블라디보스토크 일대의 한국인들도 이번 독립운동에는 매우 활발하게 참여하고 있다. 전하는 소식에 의하면 그들은 대표를 선출하여 파리평화회의에 파견하는 한편, 폭동단체를 조직하였다는 소식도 전해지고 있다. 이 단체는 얼마 후 서울로 향할 것이라고 전해지고 있다.(●●● 4월 30일)

일본 신임조선총독 암살 실패

　금년 봄 한국인들은 독립운동건으로 많은 사람들이 참살 당했다. 일본은 한국인들의 원한이 주로 군경에 있다는 것을 잘 알고 있기 때문에, 무단통치를 폐지할 것을 상의하고 있다. 그 결과 하세가와(長谷川) 조선총독을 해임하고 사이토(齊藤)와 미즈노(水野) 등 두 사람을 서울에 파견하여 새로운 총독을 책임지도록 결정하였다. 그들이 탄 차가 남대문에 도착하였을 때는 오후 5시였다. 역에는 영사단 일행과 이왕 가족 및 한국주둔 해군사령·사단장·문무관원들이 영접차 대기하고 있었다. 차에서 내린 신임총독은 귀빈실에서 약간 휴식을 취한 다음 마차를 타고 관저에 가기로 되어 있었다. 사이토 총독의 차가 앞에 가고 미즈노 총독의 차가 뒤를 따르도록 안배하였다. 총독차와 약 열두 세 발자국 떨어진 곳에서 한국인 한 사람이 갑자기 나타나 폭탄을 던졌다. '쾅!' 하는 소리와 함께 폭탄이 터지며 몇 명이 중상을 입었고, 현장은 즉시 수라장이 되었다. 무라타(村田)소장·노츠(野津) 대위, 아사히신문사와 마이니치신문사의 두 특파원·쇼넨다(小年田) 경찰부장, 미국인 해리슨 부인, 구보(久保) 만철이사의 마차부 등 8명과 경찰 2명, 한국인 약간 명이 부상을 입었다. 신임 총독은 파편이 지나쳤을 뿐 아무런 상처도 입지 않았다. 총독의 말이 부상을 입긴 하였지만 총독은 별고 없었다. 그리고 그의 수행원들도 부상당한 사람이 없었다. 총독 등은 경찰의 보호하에 관저에 안전하게 도착하였다. 경찰은 즉시 테러범에 대한 체포에 착수하였지만 역전이라 사람들이 너무 많아 용의자는 즉시 도망가고 체포하지 못하고, 12시가 되었을 때까지도 용의자를 체포하지 못하였다. 당시에 용의자 한 사람을 체포하였는데, 그는 서울 필운동(弼雲洞)에 사는 사람이었다. 박계년(朴桂年)이라 부르는 그는 약 40살이 되는 남성인데, 그도 다리에 부상을 입어 도기(島崎)병원에 가서 치료를 받던중 행적이 의심스러워 보여 체포한 것이다. 사후에 목격자가 당시의 상황을 이야기한 바에 따르면 폭탄이 날아갈 때 푸른색이 날리었고, 뒤이어 거대한 굉음이 울리었다고 한다. 폭탄이 터진 곳을 보니 그 곳은 귀빈실에서 여나 문 발자국 밖에 되지 않는 가까운 곳이었다. 그 곳의 시멘트바닥은 너비 2~4치, 길이 6,7치 가량의 구덩이가 파져 있었다. 그리고 주변은 선혈이 낭자해 있었다.(●●●● 9월 8일)

한국 예술인단체 상해 도착

고려인들은 고대음악을 숭상한다. 따라서 고대 악기를 연주할 줄 아는 사람이 중국사람보다 많다. 그리고 한국의 음악은 아주 유연하고 감정이 풍부하다. 연주자들인 젊은 한국인 남녀 40명이 상해에 도착했다. 정안사로(靜安寺路)에 있는 샤린피크 외국인 극장에서 연기를 공연할 것이다. 이 악단의 이름은 소광단(韶光團)이며, 무녀와 가희가 20여 명이고 인물들이 모두 뛰어나다. 남성악사 10여 명은 주로 중국의 고대악기를 연주하는 악사들이다. 고려의 음악과 무용을 감상하지 못한 상해의 중국인과 외국인들은 이 기회에 훌륭한 공연을 감상하게 될 것이다.(●●●● 9월 19일)

봉천 시내의 폭탄사건

15일 오후 6시경 봉천시 서화문외(西華門外) 군공서 골목에 자리한 천성(天成)여관(섬서성 한 남성과 애인이 경영하는 여관인데 제법 발달한 여관이다.)에서 갑자기 폭탄이 터졌다. 군경은 즉시 근처 행인들의 통행을 금지시켰고, 이 여관 안에 입주한 손님들을 모두 헌병대로 압송해갔다. 그런 후에야 행인들의 통행이 가능하게 되었다. 신문결과 음력 7월 29일 손님 두 사람이 이 여관 2호실에 들었다고 한다. 등기한 이름은 전총민(田聰敏)이고 나이는 24살이다. 그는 통화현(通化縣) 사람이다. 그는 자주 밖으로 나가 일을 한다고 하는데 다른 손님들 중 그를 잘 살핀 사람은 없었다. 그 날 2호실에 그 혼자 있었는데 갑자기 폭탄이 터졌던 것이고, 그는 폭탄에 맞아 그 자리에서 숨졌다.

외부에서 전하는 소식에 의하면, 그는 자객으로써 봉천에 왔는데 일을 성사하지 못한 것 같다는 말이다. 그날 밤 그가 몰래 폭탄을 손질하다가 그만 잘못 만지는 바람에 터지게 된 것이라고 한다. 그 시체는 발을 서쪽으로 향하여 바닥에 누워 있었으며, 몸에는 청색의 짧은 옷을 입고 있었다 하며, 얼굴은 검게 타버렸고, 왼손은 엄지손가락이 잘려나갔으며, 폭탄은 오른손 손바닥에서 터져 파편에 오른쪽 다리도 날아가 버렸다고 한다. 방안은 온통 피와 살이 흩어져 나갔기에 그 정경은 말 그대로 참상이었고, 침대와 창문의 유리가 다 파괴되었다고 한다. 그와 함께 온 사람은 옆방을 사용하였는데, 그날 밤 외출하고 있었기에 죽음은 모면할 수 있었다고 한다.

군경이 그 여관에 도착하여 조사중에 담배각 같은 것을 발견하였는데, 군경은 여관 주인이 이 일을 잘 알고 있을 것이며, 그와 함께 일을 주도했던 주모자들도 한둘은 아닐 것이라고 판단하고 있다. 군경은 여관의 모든 일군들을 다 연행하여 심문하였다. 16일까지 심문한 결과 체포된 사람들 중 이 일에 참여한 자는 한사람도 없다는 것이 밝혀졌으며, 이들은 곧 석방되게 될 것이라고 한다. 폭탄의 폭발로 인해 죽은 전씨는 조선사람이라고 하는 설도 있는데, 그의 이름이 본명인지는 확실하지 못하며, 군경들이 사방에서 그와 함께 일을 주모했던 자들을 조사하고 있다.

또 다른 소식에 따르면, 그날 천성여관 제2호실에서 폭발된 폭탄소리가 대단했으며, 이 여관 남쪽에 있는 파출소 경찰들이 그 폭발소리를 듣고 현장으로 달려왔다고 한다. 경찰들은 즉시 대문을 닫고 모든 사람들의 출입을 금지했으며, 이 사실을 지역을 관할하는 순경과 경찰장에게 보고한 후, 6시 반쯤 수위대에서 일개 중대를 파견하여 여관 앞뒤를 경계토록 하였으며, 대문을 열고 각 순경들이 여관에 들어가 조사하는 한편 엄격하게 방비토록 하였다. 헌병 20명이 히라(白) 대대장의 통솔 아래 이 여관에 진입했고, 수위대 여단장·경찰청장 등 책임자들이 이 여관에 도착하여 현지조사를 진행하였다. 이 방의 창문은 다 부서졌고, 이 손님의 왼쪽 다리와 오른쪽 팔과 얼굴이 파편에 맞아 갈라 터졌다. 순경은 즉시 이 여관의 주인 제로제(齊魯齊)를 파출소로 연행하여 신문하였는데, 이 여관의 주인은 죽은 손님은 전중인(田中忍)인데 총민이라고도 부르며 그는 통화사람이라고 말했다. 음력 7월 28일에 이 여관에 들어가 일자리를 구해 일하던 사람이라고 말했다. 올 때는 두 명이 왔고, 다른 한 사람은 오늘 술을 마시고 거리로 나갔는데 어디로 갔는지는 모른다고 말했다. 수위대 여단장 장보신과 주 참모와 경찰청장 왕련파는 시신에 대한 검사를 마친 다음, 각 순경과 군인들이 보호하는 가운데 관공서로 돌아가 장작림 순열사를 만나 모든 사실을 보고하였다. 이 여관에서 폭탄사건이 발생한 다음 모든 손님들은 놀라서 실색을 금치 못했는데, 그런 경황하에서도 순경과 수위대 및 헌병들은 각 방마다 다니며 손님들을 하나하나 심문하였다. 즉 죽은 사람을 아는 사람이 없는지, 그의 거동을 아는 사람이 없는지 등을 중점적으로 심문하였다. 군경은 모든 손님들에게 누구도 밤에 마음대로 밖으로 나가서는 안되며, 이튿날 다시 처분명령을 내릴 것이라고 말했다(이 내용은 앞에서 모두 헌병대로 압송하였다는 소식과 틀리는데, 어느 것이 정확한 것인지 알 수 없다.—본문 주). 당일 밤 군경은 이 지역에 있는 유명한 여관들을 엄하게 수사하도록 하였으며, 이에 앞서 이 여관 주인을 경찰청에 압송하여 심문하였다. 밤 12시가 되어 군 관공서 군법과에서 그를 신문하였으며 군경을 더 파견하여 시신을 지키도록 하였다. 이튿날 시신을 경찰청에 이송하여 다시 검시하도록 하였다. 장작림 순열사는 그날밤 즉시 계엄령을 내려 엄하게 경계토록 하였다.(●●●● 9월 21일)

봉천 폭탄 폭발사건(속편)

봉천 소남리대가(小南里大街) 길 서쪽에 있는 천성여관에서 발생한 폭발사건에 대해서는 어제 이미 보도한 바 있다.

후에 입수한 소식에 의하면 헌병대에서 이 여관에 든 손님 24명을 모두 연행하여 유치장에 구속시킨 다음 심문을 진행했다고 한다. 어제 (16일) 이미 군법과에서는 10여 명을 이송하였고, 남은 사람은 계속 헌병대에 구속되어 있는 상황이다. 그리하여 폭탄을 찾아내는 외에 폭탄에 화약을 장진해 넣었던 병과 약품 등도 수사해냈다. 죽은 사람은 전성인(田成忍)이라고 하는데, 그의 사진 3매도 함께 찾아냈다. 이 사진은 헌병영·경찰청·수위대 여단에 각각 1매씩 보관하고 있다. 전하는 소식에 의하면 도망갔던 사람도 성이 전씨인데 이미 그를 체포하였다고 한다(혹은 조선인이라고도 함). 전씨는 대동관 아래 어느 한 기계방과 관계가 있다는 혐의하에 경찰은 이미 그 기계방의 집사를 경찰서로 연행하여 심문을 진행했다고 한다. 또 다른 소식에 의하면 천성여관 2호실에 든 손님 전중인(田中忍)은 폭발로 인해 사망할 당시 오른손 엄지손가락이 잘려나갔다고 한다. 그는 남색적삼에 흰 바지를 입었으며, 외국제 양말에 구두를 신었고, 속에는 무명 적삼을 입었으며, 얼굴은 붉으스름하고 여윈편이며 수염이 없다고 한다. 군경장은 시신 검사를 마친 다음 장작림 순열사에게 보고했다. 그리고 이튿날 7시경에 사진관의 촬영사를 불러 시신의 사진을 찍은 다음 시신을 재검사하고 매장할 예정이라고 한다. 이 여관에 투숙했던 손님은 20여 명 가량 되는데, 마침 폭발사건이 터질 때는 많은 손님들이 다른 일을 보러 거리로 나가고 여관에 없었기에 피해는 보지 않았는데, 이들 손님들은 여관으로 돌아오는 대로 여관 주인 기씨(祁氏)와 함께 헌병대로 압송됐던 것이다. 그리고 곧바로 경찰들은 그들을 군법처로 이송하였다. 현재는 순열사 공관에서 그들을 압송해 갔는데, 어떻게 처리될지는 아직 미결 상태이다. 폭탄이 폭발되어 현장 검사할 때, 경찰과 헌병들이 그들의 짐을 수색하였다. 그 결과 아직 완성하지 못한 철제 통과 종이박스 및 폭약 몇 봉지를 찾아냈다고 한다. 또한 이미 다 완성된 폭탄 3매도 찾아냈다고 한다. 이들 찾아낸 물품은 헌병들이 모두 몰수해 간 다음 백(白) 영장의 검사를 받았고, 이튿날 11시경 이 영(營)의 영장은 주(周) 연장(連長)에게 명하여 헌병 수명을 데리고 수색한 모든 물건을 장작림 순열사에게 이송하도록 했다. 그들이 장작림 순열사에게 위의 물건을 이송할 때, 지나갈 거리에는 폭탄물이 재차 폭발되지 않도록 하기 위해 모든 차량들의 통행을 금지시켰다. 장작림 순열사는 상기의 물품을 다 검사한 다음 다시 헌병대로 보내 보관하도록 했다. 폭발시 사망한 사람과 같은 방에 들었던 사람은 폭발 당시 밖으로 나가 방에 없었는데 8시 경에 여관으로 돌아왔다고 한다. 그는 이 일에 대해 전혀 모르고 있었다고 한다. 그가 죽은 자와 동모한 자인지는 아직 알 수가 없다. 이 자의 나이는 32살이고, 빈강현(濱江縣) 사람이며, 이름은 전유강(田維綱)이고, 호는 중아(中亞)라고 한다. 이름이 죽은 사람과 한 글자 밖에 차이가 나지않아, 그의 신원에 대한 자료는 왕(王) 청장(廳長)에게 보고한 다음 장작림 순열사에게 전달되었다. 그는 장차 군법과에 넘겨져 심문을 할 예정이다. 이 여관의 주인과 회계는 군법과로 넘겨져 심문을 받았다. 사망자는 이 여관에 들어온지 며칠이 안되며, 그동안 아무런 낌새도 발견하지 못했다는 것이 여관주인이 진술한 내용이다. 그는 단지 사망자가 대동관(大東關)의 한 철공소에 전화를 걸었으며, 곧바로 한 사람이 이 여관으로 찾아와 이야기하는 것을 보았다고 했다. 당국에서는 즉시 그 공장의 집사 왕모가빈(王某嘉賓)을 경찰청으로 연행하여 심문했다. 그가 제공한 자료에 의하면 이 사람은 몇년 전에 북관(北關)의 한 공장에서 일했었는데, 후에 회계로 있다가 작년 봄에 사직하고 귀향하였다고 한다. 이번에 성 소재지로 올라와 이 여관에 얼마간 묵게 되었다는 것이다. 전화를 걸어 온 사람으로부터는 군인을 모집해 달라는 것만 알고 있을 뿐 구체적으로 다른 기타 사항은 모른다고 답했다고 한다.

한편 이 여관에서 폭발사건이 일어난 다음 여관에 투숙했던 모든 손님들이 다 연행되어 갔기 때문에 여관은 텅 비어 있는 실정이다. 경찰청장은 이 여관에 대해 잠시 영업중지라는 명령을 내렸다. 이 여관은 현재 문을 잠그고 영업중지하고 있는 상황이다. 이 사건이 발생한 다음 사방에서 유언비어가 난무하고 있다. 어떤 사람은 죽은 사람이 남방의 국민당 사람이며, 해임된 길동(吉東)의 한 군관에게 매수당한 사람이라고 했고, 또 어떤 이는 위험한 폭탄을 휴대한 사람이 그것을 어디에 쓰려고 했는지 아직 알 수가 없지만, 아마도 재주가 대단한 사람일 것이라고 수근거렸다. 장작림 순열사는 전중인이 폭발 당시 죽은 것은 첩자노릇을 하는 그에 대한 하늘의 벌이라고 했다. 그는 이 소식이 전해질수록 사실과 달리 와전될 것을 염려하여, 이 사건의 시말을 각 성에 전보로 통보토록 하였다.(●●●● 9월 22일)

봉천 폭발사건 제3편

봉천시의 천성여관에서 폭발사건이 발생한 다음 체포한 용의자들은 어제 헌병대로부터 군법과로 이송되어 심문되었다. 그러나 아직까지는 그 내막을 알 수 없다. 같이 구속되어 있는 20여명 중 의심이 가는 사람들은 여전히 심문을 받고 있고, 이 사건과 관련이 없다는 것이 확인된 사람은 며칠 사이에 석방하게 될 것으로 보인다. 그러나 여관 주인과 회계와 이 사건과 관련이 있다고 추정되는 사람들은 계속해서 구속 수사하기로 했다. 증거를 확실하게 파악하기 위해 군법과에서는 확실한 심의를 할 것이다.

당시 헌병과 경찰이 사망자의 짐과 모든 편지를 수색한 결과, 그의 편지는 모두가 조선글이었으며, 한 사람의 이름도 밝힌 것이 없고, 그저 천성여관 제2호실이라는 것만 밝혀졌다. 그리고 그 중 네 글자는 알아낼 수가 없었다고 한다. 그렇다면 이 사람은 도대체 어떤 사람이라는 말인가? 그의 트렁크에는 폭탄 22매를 담은 그릇이 있었고, 청동제 주전자가 있었으며, 그 주전자 안에도 폭탄 14매가 있었다고 한다. 기타 종이상자에도 모두 화약을 담을 철제통이 있었다. 그리하여 청동제 주전자를 가져다 검사했다. 헌병 경찰들은 또 이 여관의 1호실에 든 손님 허씨가 남관(南關) 시열호동(施烈胡同)에 있는 맹(孟)씨 집으로 짐을 옮긴 사실을 알아냈다. 이 사람은 사건이 발생하기 전날에 자리를 옮겼기 때문에, 의심을 떨칠 수가 없었다. 헌병과 경찰은 사람을 파견하여 남관에서 그를 체포하여 군경처로 압송하였다. 그런데 군 관공서 고문이 그를 당장 석방하라고 명령하여, 그의 짐까지도 다 보내주었다. 동시에 보승(普陞)여관의 손님이 당일 천성여관으로 와서 친구를 만나 이야기를 하다가 함께 체포되기도 했다. 그의 짐도 보승여관에서 헌병대로 몰수해갔다.

현재 사망자 전중인은 확실히 조선사람이라는 것이 확인되었다. 동시에 그의 방에서 조선글로 된 선언서 따위 등도 찾아냈다. 당국에서는 그의 용의점을 일단 포착했기 때문에 이번 사건의 의문을 어느 정도 풀 수 있게 되었다고 한다. 경찰측에서는 이런 소식을 접하자마자 즉시 군경의 각 기관에 사람을 파견하여 심문의 내막을 알아보도록 했다.

　이것은 상황에 따라 그 나머지 잔당을 체포하기 위한 것이다. 이 사건에 관련되어 구속된 사람들 중, 17일 군경서(軍警署)에서 심문을 진행한 다음 의심이 없는 사람은 오후 4시 경에 석방한다고 한다. 주(周)·진(陳)·공(龔) 3인과 기타 혐의가 없는 사람들도 아직은 헌병대에 구속되어 있는데, 얼마 후에 석방될 것으로 알려지고 있다.(●●● ● 9월 23일)

연길 한국인 2차 독립 밀모

　북경 통신: 포(鮑)씨가 연길의 한국인들이 안도(安圖) 일대에서 천여 명이 집결하여 제2차 독립시위를 밀모하고 있다고 전해왔다.(23일 오후 1시 통신)(●●●● 9월 24일)

한국교민 결사대 조직

　북경 통신: 포귀경(鮑貴卿)이 전해 온 소식에 의하면, 한국인 교포 수천 명이 결사대를 조직하여, 오는 가을 제2차 독립운동시위를 진행할 것이라는 사실이 밝혀졌다.

　일본군부에서는 이미 결사대 대장 황용기(黃龍起) 등을 체포하여 증거를 확보하였다. 일본영사는 우리 군부에 한국인들이 거사하는 행동에 대해 방지해 줄 것을 협조하는 요청을 하였다.(●●●● 9월 27일)

1919년

한국인 비밀회의에 대한 정탐 명령

북경 통신: 상해 노(盧) 순열사(巡列使)에게 한국인들의 비밀 집결 상황을 정찰하라는 명령을 전문으로 내렸다.(●●●● 9월 30일)

한국교민의 용정촌 공격 계획

북경 통신: 길림 독군부는 조선인 5, 6백 명이 연길의 토문자(土門子) 일대에 집결하여 있는 가운데, 간도 각지에서 군비를 모집하고 있으며, 용정촌·관도구·압록강 상류 등을 공격할 것이라는 소문이 돌고 있다고 전해 왔다.(●●●● 10월 10일)

동삼성에 이민 온 한국인들의 근황

북경에 상경한 한 손님이 만주에 월경한 조선인들에 대한 근황을 이야기했다. 그의 고찰은 아주 자세한데, 아래에 그의 진술을 소개한다.

만주는 원래 동3성이라고 불렀다. 그 중에 한국인이 가장 많이 이주한 곳은 압록강 우안(右岸)과 간도일대이다. 남만의 형편을 보면 봉천과 길림 두 성에서 한국인이 가장 많은 곳은 간도를 제외하고도(간도의 한국인은 약 20만 이상이다.) 길림성에 약 3천 명, 봉천시내에 약 천 명 있으며, 안동에는 무려 8만이나 된다. 기타 우장(牛庄)과 철령(鐵嶺)에도 적지 않다. 북만 흑룡강성(黑龍江省) 소재지 치치하얼(齊齊哈爾)의 한국인은 아직은 그다지 많지 않다. 북만에 한국인이 가장 많은 곳은 하얼빈(哈爾濱)인데, 약 만 명 이상이나 된다. 관청에서 집계 조사한 것이 없지만, 남북만의 모든 한국인들을 다 합친 숫자는 대개 35만 명 이상으로 잡을 수 있다. 과거 청나라 시기 한국인 중 만주에 월경한 사람들은 별로 없었다. 겨우 압록강 방면에서 농업에 종사하는 사람들뿐이었다. 간도를 경영하는데 한국인이 일부 월경하여 이주하였지만 그 숫자도 많지는 않았다. 일본의 한 잡지에서 소개한 바에 따르면, 선통원2년(宣統元二年) 만주로 천입(遷入)한 한국인은 겨우 3만에 불과하였다는 것이다. 그런데 민국이 수립되면서 한국인들의 월경이 급증하였는데 그 원인은 여러 가지를 들 수 있다.

(1) 일한합방 이래 한국인은 일본의 세력을 믿고 중국으로 월경하였다. 그러나 이전처럼 불평등한 대우를 받지 않을 것이라는 판단 때문에, 압록강 연안의 땅이 비옥하고 인구가 적은 곳을 차지하기 시작했다. 이렇게 자신들이 원하는 바를 이룬 한국인들은 일본인들의 보호를 받기 때문에, 다시는 멸시되는 우려가 없게 되었다. 이것이 첫 번째 원인이다.

(2) 선통 말기 동양척식회사에서 의주와 용천(龍川) 두 군의 땅을 대거 매수한 일이 있었다. 그 결과 이곳에 집결한 지주가 상당히 많았다. 상기의 두 군에 도강하여 싼 가격으로 땅을 사서 농사를 짓는다면 이득을 볼 수 있다는 계산에서 대거 월경하는 기회를 만들게 된 것이다. 당시 조선의 땅값은 아주 비쌌지만, 중국 안동 일대의 땅은 아주 쌌다. 한국인들은 집에 금덩이를 모셔 놓고 살만한 처지가 아니었기에, 쉽사리 고향을 떠나 농업을 경영할 수 있었다. 이것이 두 번째 원인이다.

(3) 한국인들의 생활은 아주 빈곤하였다. 상술한 두 가지 원인과는 상반되는 사항이다. 전자는 돈을 들고 이주하였지만, 후자는 돈이 없이 월경한 사람들이다. 전자는 다수 압록강 방면으로 월경하였지만, 후자는 다수 간도 방면으로 월경했다. 함경북도지역은 땅이 척박하고 백성들의 생활이 아주 어려운 처지였기 때문에, 생계를 위하여 무리를 지어 간도로 이주하였는데, 이것이 세 번째 원인이다.

(4) 논이 점점 확대되면서 수전의 순이익이 많았으므로 한국인들 중 논농사를 짓기 위하여 만주로 월경한 사람들이 늘어나기 시작하였

다. 최근 일본의 쌀값이 폭등하면서 한국의 쌀값도 크게 영향을 받았다. 압록강 연안의 논은 벼농사에 아주 유리하기에 중국인도 수전을 경영하는 사람이 적지 않다. 한국인도 이곳으로 건너와 논농사를 지었는데 안봉(安奉)철로가 개통되면서, 도강하는 사람들에게는 아주 편리하게 되었다. 이것이 네 번째 원인이다.

기타의 원인은 정치문제와 관련된 것이라며 언급하지 않았다. 그러나 정치적 원인으로 인해 도강한 사람은 그다지 많지 않은 편이다. 한국인들이 월경하는 주요한 원인은 역시 경제적 측면의 원인이 가장 크다고 할 수 있다. 한국인들의 지식은 아주 간단하여 중국으로 월경한 사람 중 노동사회의 일군들이 대다수를 차지했다. 이것을 통해 지식정도를 충분히 짐작할 수 있다. 따라서 그들은 하나의 집단부락을 형성하여 농사를 짓는 것이 급선무인데도, 이들은 첫 대면이라도 만나기만 하면 술상을 차리고 서로 술을 주고받으며 취할 때까지 술을 마시곤 한다. 그 중에 간혹 글을 아는 사람이 있으면, 기타 다른 사람들의 존중을 받게 된다. 어떤 곳에서는 사숙 같은 것을 만들어 경영하는데, 이를 서당이라 불렀다. 서당에서는 학생들을 받아서 글을 가르쳐 주었다.

최근 조선 아동이 중국소학교에 입학하는 사례도 나타나기 시작했다. 간도의 한국인들은 지식이 제법 높아 국가와 민족의 대사에 대해 관심을 가지고 있고, 민족사상을 소유하고 있는 사람들도 있다. 한국인들이 세운 학교가 하나 있는데 그 상황도 괜찮은 편이다. 이밖에 안동·환인·통화·하얼빈 등지에도 소학교를 설립하였다. 그곳 학교에서 교편을 잡고 있는 중국인도 있다. 약간이라도 지식이 있는 한국인들은 고국을 언급할 때마다 비분을 금치 못하곤 한다. 그러나 대다수 한국인들은 이러한 지각을 가지고 있지 못한 듯하다.

일반적으로 한국인들의 생활은 여전히 국내와 별 차이가 없는 편이다. 중국인과 함께 사는 사람들은 풍속이 약간 변하기도 했다. 평소 농사나 짓고 사는 한국인들의 생활은 매우 간단하다. 생활상황이 좋은 사람들은 쌀에 다른 잡곡을 섞어먹고, 생활이 어려운 사람들은 옥수수에 감자·무우 등을 주식으로 하고 있다. 의복은 여전히 고려식이며, 중국술을 아주 좋아한다. 그들이 쓰는 용기는 대체로 국내에서 가지고 온 것들이며, 방에 있는 물건 중에 중국 것이나 일본 것은 거의 없다. 그들이 거주하고 있는 집은 깨끗하지가 못하다. 압록강방면에는 간혹 중국인의 땅을 세내어 농사를 짓는 대농도 있는데, 그들이 외출할 때 행동거지를 보면 제법 격식을 갖추고 있는 편이다. 그들은 수하에 여러 소작농을 두고 있는데, 그 소작농들도 모두가 한국인들이다. 간도방면의 한국인들은 대부분 중국인의 소작인이며 대농은 거의 없다. 그러나 그곳은 토지가 비옥하여 소작농들도 자기 힘으로 땅을 갖고 농사를 짓는 사례가 날로 늘어나고 있다. 그렇기 때문에 괜찮게 사는 사람들도 적지 않다. 과거 간도에 건너와 농사를 짓는 한국인들이 비록 법률수속을 밟지 않아 국적을 바꾸지는 못했지만, 다수는 다 귀화인으로 자칭하고 있다. 중국 관청에서도 이들을 귀화인으로 대우해 주고 있다. 즉 경작지의 소유권을 승인하여 주고 있다는 말이다. 그러나 최근 들어 이곳의 땅이 점점 적어지고, 중국인들이 이주하여 개간하는 사람들이 늘어나면서, 새로 이민 온 한국인들이 소유한 토지는 도강한지 오래 된 사람들처럼 대우를 받지 못하고 있다. 그러나 비옥한 토지는 끝없이 많아 한국인들은 여전히 이곳으로 월경해 오고 있다. 따라서 우리 국민들의 소유지는 점점 적어지고 있는 상황이다.(●●●● 11월 3일)

1920년

훈춘서 한국인 당파와 러시아인 당파의 결탁건 조사

　북경 통신: 길림독군부에서는 한인당과 러시아당이 거사를 밀모하고 있다고 보고, 훈춘에서 흑정자(黑頂子) 일대로 임원을 파견하여, 엄격히 조사하고 이를 방지토록 했다.(●●
●● 3월 8일)

정부는 한국인 당파에 대비토록 길림독군에 지령하달

　정부는 근일 한국인들이 독립을 밀모하고 있는 상황에서, 우리나라의 변경에 그 화가 미칠 것을 우려하여, 포(鮑) 독군(督軍)에게 전보를 보내 엄격하게 방비할 것을 명령하였다. 포 독군이 어제 북경에 전보를 보내 전해온 바에 의하면, 연변 한국인당에 대하여 이미 엄격하게 단속하는 조치를 취했다고 한다. 화룡(和龍)과 왕청(汪清) 등지는 한국과 변경선이 놓여져 있는 일대이며, 또한 러시아와도 접경해 있는 곳이어서, 혼합거주 구역에 속하며, 개간농민이 많이 거주하고 있기 때문에, 중점을 두고 만일의 사고가 발생할 것을 우려하여 방비해야 한다는 지령을 내렸다. 일본경찰은 수시로 도강하여 한국인들을 체포해가고 있는데, 이것은 주권 침해와 관련되는 문제이며, 이전에는 발생한 사례가 없던 일이다. 이에 신속하게 그에 대한 구체적인 대책을 지시해 주면 즉시 집행할 것이라는 내용도 있었다.(●●●● 3월 12일)

한인의 홍혈단

한국인의 홍혈단이 출현하였다. 길림에서 보내온 소식: 한국 당인인 오원수(吳元水)·김주영(金周永)·최남규(崔南奎)·윤정규(尹正奎)·설문빈(薛文彬)·박보근(博報根)·강세영(姜世永) 등 7명은 포고와 통지서 및 인감 1매가 찍힌 문서를 휴대하고 있었는데, 그 인감에는 홍혈단인(紅血團人)이라는 네 글자가 새겨져 있었다. 그들은 연길 4도구(四道溝) 일대에서 집집마다 다니며 모금했다. 그들은 모두 30여 세대에서 550여 원을 헌납 받았다. 그곳 개간농민의 제보를 듣고는 곧바로 최남규·윤정규 등 2명을 체포하여 연길 제4구 보위단에 이송하여 심문하였다. 또 조선인 의용군 8백여 명이 러시아 경내를 경유하여 우리 국가 경내에 진입하였다는 정보를 입수하였는데, 영도자인 안종식(安鐘植)·김창석(金昌錫) 장군이 지휘한다고 한다. 이들은 노흑산(老黑山)을 넘어 서간도 백두산쪽으로 이동하려 한다고 한다. 이들은 이미 출발하여 토강과 화소포에 정박하고 있다고 한다. 이곳은 왕청현 경내에 속하는 곳으로, 그곳 군경은 지금 전력을 기울여 정찰과 방비를 하고 있다.(●●●● 3월 15일)

연길·훈춘의 한국인 독립기념식 거행 단행

북경 통신: 길림에서 보내온 전보에 따르면, 당지의 군경들은 연길과 훈춘의 한국인들이 독립기념식을 거행하는 것을 단속하여 모두

해산시킴으로써 당지가 안정하게 되었다고 한다.(14일 오후 3시)(●●●
● 3월 15일)

한국인들의 광복열기

　동3성과 조선은 국경이 접해 있다. 역사상의 관계로 인해 동남 일대는 월경 개척민이 많다. 이를 테면 봉천성의 장백현과 길림성의 화룡·왕청 등 현에 있는 한국인들은 오히려 그들이 주인노릇을 하고 있는 상황이다. 이는 한국인들이 중국인들보다 많기 때문이다. 때문에 그곳에 대한 관리도 아주 곤란하게 되었다. 최근 한국 당인들은 독립을 도모하고 있으며, 그 기관은 대체로 러시아 경내 블라디보스토크에 두고 있다. 이들이 조선으로 나가려면 꼭 훈춘의 흑정자를 지나야 한다. 연변에 거주하고 있는 한국인들은 이곳에 사는 명목이 복잡하고 처지가 서로 다 다르다.

　최근에 전해 온 통신에 의해 한두 가지 당지의 서식을 정리하고자 한다. 이들 자료를 통하여 동북지역의 정세를 얼마나마 이해할 수 있다. 이달 중순 연길의 일본영사가 우리나라 당국에 공문을 보내왔다. 조선의 온성(穩城)의 대안(즉 화룡)에 있는 한국인들이 15일부터 18일까지 조선으로 건너왔다. 조선으로 밀항한 한국인은 대략 700여 명이 된다. 이들은 한국인을 암살하고 헌병들에게 총격을 가했으며, 전기줄을 끊는 등 소란을 일으켰다. 그런데 중국당국에서는 이들을 체포하지 않고 있으니 이는 국교관계를 무시하는 것이다. 이런 상황에 대응하여 일본군은 국경선을 넘어 자유행동을 취할 것이라는 내용의 공문이다. 우리나라에서는 이런 공문을 접수한 다음 즉시 군대를 온성 대안 일대로 파견하여 상황에 따라 그곳 한국인들의 행동을 단속하였으며, 이 상황을 일본군에 통보하는 동시에 절대로 국경선을 넘어오지 말 것을 촉구하였다. 중국 군경이 화룡 삼도구(三道溝) 지방에서 한국인 결사대 16명을 체포하였다. 당시 한국인 결사대 성원들은 다 무기를 휴대하고 있었다. 당지 관리들은 상기의 결사대를 연길로 이송하여 처분하였다. 연변의 대 마적 수덕산(修德山) 등은 한국인 당인들이 활동하는 기회를 타고 이에 가입할 계획이라고 한다. 그는 한국의 당인들을 협조해 주는 한편 그 기회를 틈타 대거 약탈을 꿈꾸고 있는 것이다. 중국군경들은 이미 이에 대해 단속하는 조치를 취하였다. 2월 중순 일본경찰 6명이 길림성의 화룡현 경내에 있는 토남호(土南湖) 지방에 돌연히 나타났다. 그들은 다 한복을 입었고 손에는 군도를 들고 와서 개척민 최문갑을 체포해갔다.

당시 상황을 조사한 바에 의하면 조선 회령지방의 일본경찰 6명이 건너온 것인데, 그들은 개간농민(즉 한국인 최준)의 조카 최문갑(崔文甲)이 독립운동을 한 경향이 있다는 것을 탐지하고 그를 체포하여 간 것이다. 중국관원이 변경선을 넘어 일본경찰서와 교섭을 진행하였다. 질문한 결과 최문갑은 독립운동을 한 경향이 있는 사람이 아니라는 것이 밝혀졌다. 일본경찰은 중국 관원의 힐난에 가까운 질문에 대해 명확한 대답을 하지 못했다. 그리하여 즉시 최문갑을 석방하였다. 일본경찰이 국경선을 함부로 넘어와서 사람을 체포한 것은 그 잘잘못이 아주 명백한 것이다. 일본측에서는 한국인 결사대 상황에 대하여 문의해 왔다. 이른바 제2 혈전대 대장인 유영한(柳永漢) 장군과 부대장인 오웅권(吳雄權)의 행적에 대해서도 문의해 왔다. 이들이 러시아의 쌍성자에서 길림 훈춘·화룡·왕청과 봉천성의 안도 등 각지를 경유하면서 한국인 군인 1,500여 명을 모집하였다는 것이다. 그들은 모집한 군인을 러시아 시베리아의 과격파들이 있는 곳으로 인솔해 간 다음, 그곳에서 무기를 나누어주고 과격파의 구성원으로 보충했다. 이들은 일본과 전투를 벌인 다음부터 서로 밀접하게 연락을 취하고 있는데, 지금 다시 독립운동을 꾀하고 있다는 것이다. 따라서 귀국에서 우리와 서로 협력하여 이들을 원천 봉쇄 단속하는 것이 바람직하다고 직설하였다. 전하는 소식에 따르면 한국인 당인들이 연길 일대에 기관을 설립한 것이 많다는 것이다. 이를 테면 신민단(新民團)·정의단(正義團)·야단(野團)·화단(火團)·방화단(放火團)·암살단(暗殺團)·결사대(決死隊)·혈전대(血戰隊) 등의 이름을 가진 조직들이다. 또한 신편여자혈성대(新編女子血性隊)라는 것도 있다. 그리고 현재 무력으로 한국독립을 획책하는 기성회(期成會)를 건립할 준비를 하고 있다는 소식도 있다. 2월 1일 상기의 기성회를 국민회총회(國民會總會)로 개명하였다. 본부는 길림성 왕청현 북쪽 하마당(哈螞塘)에 두기로 했고, 회장은 구춘광(具春光)을 임명했다. 중부기관은 의란구(依蘭溝)에 설립하고 회장은 이병규(李炳奎)이며, 동부기관은 왕청현에 설치하였는데, 회장은 양도헌(梁道憲)이고, 서부기관은 옹성랍자(甕聲磖子)에 두었는데, 회장은 은홍식(殷洪植)이며, 남부기관은 화룡 칠도구(七道溝)에 두었는데, 회장은 마룡하(馬龍河)이다. 제1 북부기관은 하마탕에 두었고 회장은 이경호(李京鎬)이다. 기타 분회를 80여 곳에 설치하였다. 최근 상황으로 보면 조선의 지식인들은 모두 조국의 광복을 도모하고자 계획하고 있다고 한다.(●●●● 3월 31일)

동부 한국인 당인들의 활동

연길 서한 통신: 길림성에 속하는 연길·왕청·화룡·훈춘 등 네 개 현은 조선과 러시아와 접경한 지역이다. 중국과 한국 사이는 두만강을 사이에 두고 남북으로 바라보고 있다. 최근 이래 일본은 상기에 소개한 연변 각 현의 동태에 대하여 주시하고 있다. 왕청과 화룡 두

현의 주민 중 80~90%는 한국인이기 때문이다. 한국인을 개척민이라고 하는데 그들은 모두가 월경한 한국인이다. 한국혁명당이 창립된 이래 이 곳의 한국인들은 광복운동을 아주 활발하게 전개하고 있다. 우리나라 지방관청에서는 그들이 공개적으로 혁명행동을 결행하는 것을 허락하지 않고 있다. 한국인들은 이 때문에 적지 않은 타격을 받았었다. 그러나 작년부터 한국인 당인들의 활동이 점차 많아지고 있으며, 맞은편 대안에 있는 조선 경내의 한국인 당인들은 수시로 일본군을 공격하고 있다. 이 때문에 일본관청에서는 엄청난 끓치를 썩이고 있다. 일본측에서는 우리나라 군경의 보호가 미흡하기 때문에 이런 일이 발생한다고 제의해 오고 있다. 일본은 최근 수백 명의 한국인 무장부대가 조선으로 넘어간 것을 빌미로, 우리 당국에 공문을 보내왔다. 그 공문은 우리나라 당국의 단속 조치가 미비하다는 질책의 뜻이 담겨 있었다. 우리나라 당국에서는 일본당국에 공문을 보내어 일본의 제의에 대해 대체할 방법이 없음을 밝혔다. 일본측에서는 할말이 없어졌지만 속으로는 엄청난 불만을 가지고 있는 듯하다. 사실 이 기간 동안 한국인 당인들의 활동을 방비하고 단속한다는 것은 그리 쉬운 일이 아니다. 때로는 일본군경과 중국군경 사이에 마찰이 생길 때도 있다. 우리나라에서는 한국인 당인들을 강제적으로 압박하지는 않았지만 한국인 당인들이 중국 경내에서 거동을 일으키는 것은 불허하였던 것이다. 이렇게 함으로써 한국인들의 마음을 너무 다치지도 않으면서 일본의 안전을 지켜줄 수 있기 때문이었다. 그러나 일본은 자신의 잘못을 승인하지 않고 있다. 최근 연길 관원이 한국인 당인 정주(鄭柱) 등 16명을 체포하였다. 심문결과 그들은 광복단장 이동주(李東柱)가 관할하는 부대에 소속된 사람들이란 것을 밝혀냈다. 이 일은 왕청현 대감자(大坎子)지역에서 발생되었다. 이들은 봉천성의 백산으로 이동하여 광복단을 성립하고, 그곳을 근거지로 삼으려고 밀모했던 것이다. 그들의 본 단과 기타 다른 단의 병력을 합쳐 무려 2만이나 된다. 그러나 이 군대의 무기는 구식이다. 한국인 당인들은 러시아 경내의 원거하(源渠河) 일대에 파견한 부대도 적지 않다. 그곳에서 회사를 세우고 경비가 전해 오면 그것으로써 그 곳에서 무기를 산 다음 암암리에 백산으로 전달하여 주었다. 이들이 무기를 백산으로 전달할 때면 동녕의 수분하(綏芬河)와 연길의 색총구(塞蔥溝)를 지나 안도에 들어서게 된다. 이들은 언제나 산맥을 따라 행동하기 때문에 군경들이 그들의 행적을 발견하기가 용이한 것이 아니다. 이번에는 이동주의 지령을 받고 본부에서 선발한 모집원인 송창욱(宋昌郁)·김정화(金正華)·김경립(金敬立)·박근립(朴根立)·허표(許杓)·최연근(崔延根)·김성락(金成洛)·이경칠(李京七)·방병순(方秉淳)·박경찬(朴敬贊)·최창률(崔昌律)·김덕삼(金德三)·조룡주(趙龍周)·정창순(鄭昌舜)·김정락(金正洛) 등 15명이 연길·화룡·왕청 등지에서 자금 모집운동을 전개했다. 이로 미루어보아 한국 당인들의 세력이 아주 거대함을 알 수 있다. 동시에 산중의 화적떼들도 그들을 협조하고 있다. 일본측에서 만일 책략을 변화한다면 혹시 평화를 기대할 수도 있겠지만, 그렇지 못할 때는 유혈사건이 벌어지는 것은 뻔한 사실이다. 현재 연변의 지방당인들은 대체로 두 파로 갈라져 있다. 하나는 과격파인데 이들은 자금을 모집할 때 강압적인 행동을 취한다. 다른 한 파는 완화파인데 이들은 자금을 모집할 때 설득을 위주로 한다. 지방관청에서는 과격파에 대해서는 강력하게 제지하고 있다. 외부에서 인쇄물이 전해오면 그것을 몰수·처분하여 전파되지 않게 하는 것을 위주로 한다. 그런데 우리나라 경내의 한국당 사람은 자금 모집을 위주로 하고 있다. 정작 무력을 가진 사람들은 러시아 경내의 한국 당인들이다. 조선 본토의 한국 당인들도 아주 격렬하여 조선 경내에서 혹은 한국의 변경 일대에서 종종 한국인 당인들이 일본군경을 습격하는 일이 발생하곤 한다.

최근 한국인 당인들이 헌경대(憲警隊)를 조직하였는데 그 규칙은 14조나 된다. 아래에 그 조목을 소개한다.

(1) 명칭: 본대를 헌경대라 칭한다.
(2) 목적: 본대는 경찰과 군인의 행동부대로 광복단을 보위하고 이외의 사변에 대응하는 것을 목적으로 한다.
(3) 대원: 본대원의 자격은 사관학교를 지망하는 학생으로서 품행이 단정하고 나이는 18살 이상으로 합격자 중에서 선정한다.
(4) 기관: 본대는 헌경대를 배치하여 집무케 된다.
(5) 위치: 본대는 대감자 영춘동(迎春洞)에 설치한다.
(6) 직권: 본대는 각 등급에 따라 직권을 행사한다.
　(ㄱ) 군인정신을 양성한다. 즉 충의·예의·무용(武勇)·신의 등이다.
　(ㄴ) 군인은 상급 명령에 복종한다.
　(ㄷ) 상급자는 군인들을 공평하게 대해 주어야 하고, 하급자를 사랑해야 한다.
　(ㄹ) 군인들의 의식주를 해결한다.
　(ㅁ) 군인이 군 규율을 위반했을 때는 군율을 적용한다.
　(ㅂ) 본대에서는 순찰을 행해야 하며, 본대와 광복단 소재지의 질서를 유지해야 한다.
　(ㅅ) 본대원 중 집무를 착실하게 집행하지 않고, 유언비어를 날조하며, 상급자를 모욕하고, 하급자를 멸시하고, 파벌을 이루며, 언어에 주의하지 않으며, 비밀을 누설하고, 대중에게 손해를 가져다주며, 사람을 죽이거나 재물을 탈취하고, 동료를 사랑하지 않고, 낭비하는 등의 사건이 발생하였을 때는 처벌조례에 따른다.

(ㅇ) 본 대원에게는 본 규칙을 잘 가르쳐 주어야 한다.
(ㅈ) 광복단을 수호하는 방법을 제정한다.
(ㅊ) 위급한 사항이 발생되었을 때는 즉시 보고하는 순서를 규정한다.

(7) 임원: 본대의 임원은 아래와 같다.
헌경대장 1명, 부대장 1명, 사감 2명, 사선 2명, 헌의 1명, 비서 1명, 헌경대원 전체.

(8) 직무: 본대의 모든 임원은 아래의 직무를 실행한다.
(ㄱ) 헌경대장: 본대의 전체를 통괄한다.
(ㄴ) 부대장은 대장의 집무를 보좌하며 대장이 유고일 때는 대장의 직책을 대행한다.
(ㄹ) 사감(司監)은 대장의 지휘에 따라 수시로 감독한다.
(ㄷ) 사헌(司憲)은 대장의 지휘에 따라 본대의 헌법과 상벌 등을 관장한다.
(ㄹ) 헌의(憲醫)는 대장의 지휘에 따라 대내 위생 관련사항을 통괄한다.
(ㅁ) 비서는 대장의 지휘에 따라 문서에 관한 일체의 사항을 관장한다.

(9) 권리: 본대의 대원은 아래의 권리를 향유한다.
(ㄱ) 상응한 임원에 대한 선거와 피선거권이 있다.
(ㄴ) 대의 규정에 대한 발언권과 의견 제출권이 있다.
(ㄷ) 대의 결의에 대하여 결정권과 부결권이 있다.

(10) 의무: 대원들은 아래와 같은 의무가 있다.
(ㄱ) 본대 규정에 복종하여야 한다.
(ㄴ) 상급자의 명령을 준수하여야 한다.
(ㄷ) 각자 자기의 집무사항에 진력하여야 한다.

(11) 상칙(償則), 본대의 상칙은 아래와 같다.

(ㄱ) 상품

　　(ㄴ) 승진

　　(ㄷ) 예문(禮問)

　　(ㄹ) 훈장

(12) 벌칙: 본대의 벌칙은 아래와 같다.

　　(ㄱ) 구두비평

　　(ㄴ) 처벌

　　(ㄷ) 사퇴

　　(ㄹ) 탈권(奪權)

(13) 회의: 본대는 임시회의의 소집을 위주로 한다.

(14) 순찰: 본대의 순찰 순서는 아래와 같다.

　　갑 시간: 제1회 오전 4시부터 5시까지. 제2회 오전 9시부터 오후 5시까지. 제3회 오후 8시부터 12시까지.

　　을 시간: 제1회 2인 1반, 제2회 1인 1반, 제3회 2인 1반. 그러나 광복단 근처에서는 대원 2명이 날짜에 따라 출근하고 본대 근처는 수시로 임시 결정한다.

이상의 각 조항을 본다면 한국 당인들의 행동은 절차가 아주 분명하다고 할 수 있으나, 장차 어떻게 발전해 갈 것인지는 예측하기가 어렵다.(●●●● 4월 15일)

러시아의 한국인 노동단체가 레닌 생일에 축하문을 보냄

대륙보 4월 25일 모스크바 통신: 레닌의 50살 생일에 러시아 한일 혁명노동단체의 대표들이 공동으로 축하문을 보냈다. 그 내용 중에는 레닌이 장차 아시아 인민해방운동의 영도자가 될 것이라고 하는 축하 내용이 있었다. 축하문을 보낸 단체는 러시아 한국인 단체 총간사회 · 러시아 중국노공단 총간사회 · 일본혁명당 · 조선혁명당 등이 있다. 『대륙보』에서는 편집자의 말을 게재했다. 이 전보는 27일 상해에 도착했는데, 이 전보를 보낸 사람은 상해에서 유명한 푸니선스키라는 사람이다. 그는 상해 주재 러시아 부영사로 있었고, 러시아 영사재판소의 재판관으로도 있었다. (●●●● 4월 29일)

만주의 한국인과 일본관리

한국인 문제는 현재 동아시아 문제의 하나가 되고 있다. 동시에 우리나라 동쪽 변경의 큰 문제로도 대두되고 있다. 최근 2, 3년간 한국인들이 독립을 발의하고 있지만, 일본측에서는 이에 대한 대응책이 있으므로 별로 긴장하지는 않고 있다. 금년 3월부터 봉천성의 압록강 유역과 길림의 두만강 유역에 집결된 한국인 개척단은 이미 수십만이 넘었다. 일본측에서는 이에 대하여 특별히 주의를 기울이고 있다. 처음에는 한국인을 이용하여 만주를 개척하는 선구자로 삼으려고 하였다. 그러나 한국인 당인들이 도처에 광복의 씨를 뿌림과 동시에, 피끓는 사람들은 크게 각성하고 있다. 봉천성의 안도현(安圖縣)과 무송현(撫松縣), 길림성의 연길·화룡·왕청·훈춘현 등에는 한국인 결사대가 모두 출몰하고 있다. 비록 중국군경들이 엄격히 단속하고는 있지만, 그들의 행동을 완전히 뿌리뽑는 일은 불가능한 일이라고 보고 있다. 한국 당인들의 영도자는 불과 몇명 밖에 안되지만, 그들을 추종하는 사람들은 대개가 그 지역의 주민들이다. 그렇기 때문에 그들을 완전히 쫓아낼 수도 없는 것이다. 4월초 조선 경내의 한국인 당인들이 서울지방의 일본경찰서를 습격하였으며, 연이어 일어나는 갑작스런 습격 때문에 일본군경들이 어떻게 대응하는 것이 좋을지 아직 그 대책을 강구하지 못하고 있는 형편이다. 비록 강력하게 격퇴한다는 방식으로, 4면초가에 빠진 일본군경들이 사방에서 분주하게 진압하고는 있지만, 이를 완전히 원천적으로 단절시킨다는 것은 불가능한 일이다. 일본측에서는 한국인 당인들이 조선 경내에서 문제를 일으킬 수 있는 것은, 중국 경내의 한국 당인들이 도강하여 습격할 수 있기 때문이라고 생각하며, 그들이 중국과 조선의 변경을 넘어 올 수 있는 것은 중국 군경의 단속이 엄하지 못하기 때문이라고 분석하고 있다. 그렇기 때문에 일본측에서는 중국주재 일본공사와 봉천의 아카츠카(赤塚)영사, 길림주재 모리다(森田)영사 등에 지시하여 각각 중국당국에 공문을 보내왔다. 공문의 내용은 대체로 중국관리들은 한국인들의 거동에 별로 관심을 두지 않고 있으며, 하급관리들은 심지어 한국당인들과 결탁하고 있다고 힐책하는 내용이다. 일본당국은 앞으로 중국당국에서 이에 대하여 엄격하게 조사하지 않는다면 일본은 자위적인 차원에서 중국에 군인을 파견하여 한국 당인들을 체포할 것이라는 내용도 포함되어 있었다.

일본당국은 이와 같은 거짓수법을 이미 여러 차례 제시한 바가 있다. 우리나라의 지방관청에서는 변경지역의 특수한 사정에 따라 사건이 발생하였을 때면 반드시 정부에 보고했다. 한국인들이 공법을 위반하지 않고 인도적 차원의 범위를 위반하지 않는다면, 일본이 바라는대로 잔인하게 그들을 쫓아낼 수 없는 것이다. 그러나 우리측의 치안을 생각하여 일단 사건이 발생하면 즉시 수사를 진행하고 있으며, 엄격히 이에 대해 방비도 하고 있다. 무기를 소유한 결사대에 한해서는 무기를 해제하라는 조치를 내렸으며, 강압적으로 자금을 모집하는 한국당인들에 한해서는 구속 처분을 단행했고, 멋모르고 뒤따르는 한국인들에 대해서는 설득과 권고를 위주로 정책을 실시해 왔다. 그런데도 일본측에서는 이런 협력의 진심을 이해하지 못하고 있는 듯하다. 그러나 우리나라 정부는 화목을 추구한다는 입장에서 지방당국에서는 여전히 군대를 파견하고 경찰을 증강 보충하여 중요한 곳마다 검사소를 세웠다. 길림의 포(鮑) 독군과 서(徐) 성장은 연길 일대를 특별히 순찰하였으며, 한국당인을 체포하는 10개 조목을 작성했다. 한국인들에게 무기가 있는지 없는지를 조사하고 월경한 한국인에 대해서는 엄격하게 조사토록 하였으며, 그들이 중요한 곳을 통과하지 못하도록 하였다. 포 독군은 한 개의 영을 증원하여 연변지역의 치안을 유지하도록 했다. 이때부터 연변지역의 한국당인들의 활동이 뜸해졌다.

일본당국에서는 또 한국인들이 타지방으로 이전하는 것을 우려하여, 길림주재 일본영사를 통해 우리측 군경들이 길림성 각 현의 한국인 당인들에 대하여 일률적으로 엄격하게 단속할 것을 촉구하여 왔다. 길림의 한국인 중 불량분자들은 친일을 이유로 조선인회를 조직할 것을 일본영사관에 요청했다. 우리나라 군경들이 한국인 조직 단체를 체포할 때, 그들은 당국의 체포에 반항하는 동시에 일본영사관에 밀고하여 마찰을 빚게 하는 일도 있었다. 일본영사관에서는 현재 한국인들의 월경이 점점 많아지고 있으나, 친일파는 별로 많지 않다는 것을 감안하여, 하루라도 속히 한국인들을 체포하라고 촉구하고 있다. 우리나라 경찰들은 교통 요도를 지나는 행인들에 대하여 몸수색을 하고 있으니, 이것은 불량분자들이 흘러드는 것을 방지하기 위한 것이다.

일본인들이 현재 이 상황을 고찰하여 본다면, 한국인들에 대한 단속이 이미 불가한 상황에 빠져 있다는 것을 알 수 있을 것이다. 한국인들에 대한 대우 정책을 하루 빨리 변화시키지 않는다면, 일본의 걱정은 해결될 수 없을 것이며, 우리나라 동부의 변경은 더욱 곤란한 상황에 빠지게 될 것이다.(●●●● 5월 9일)

한국인에 대한 일본인의 감상

한일합방 이래 조선 인사들은 조국의 광복을 추진하고 있다. 이로 인해 러시아의 블라디보스토크와 우리나라 봉천성의 압록강 일대에 있는 여러 현과 무송·안도현 및 길림성의 연길·화룡·왕청·훈춘현 등에는 조선인들이 가장 밀집해 있는 곳으로 되고 있다. 일반에서 전해지고 있는 이른바 결사대란 것도 이곳에서 나온 것이다.

지난 달 한국 경내에 있는 온성 지역에서 한국인들의 연속적인 습격사건이 발생했다. 일본관청에서는 이 일 때문에 대책을 강구하느라고 고심하고 있다. 그들은 이 사건을 가지고 중국측에 강력히 질책하는 태도를 보였다. 최근 봉천의 가이노코 총영사는 장 순열사(巡閱使)에게 공문을 보내어 동부지방의 한국인 당인들을 엄격히 단속하여 우환을 제거할 것을 촉구하였다. 장 순열사는 한국인 당인들이 우리의 경내로 월경하여 거주하고 있으므로 조약과 법률을 위반하지 않는다면 간섭하지 않을 것이나, 만일 한국인들이 이외의 준비를 하고 있는 것이 발견되면 임원을 파견하여 조사할 것이라고 대답했다. 가이노코는 장씨의 대답이 사리에 맞는 것이라며 강압적으로 요구한다는 것은 무리하다고 하면서 만족한다는 입장을 표명했다. 장씨가 봉천 경무처의 고문인 우에다(上田)를 파견하여 각 현을 시찰하게 했다. 가이노코는 봉천성에서 이미 이러한 조치를 취했다는 사실에 입각하여 길림성에서도 이와 같은 조치를 취해줄 것을 촉구했다. 이에 대해 장씨는 봉천성에서 이러한 조치를 취할 수 있는 것은 가능한 일이나, 길림성의 업무는 길림성 지방장관이 관장하는 것인 것만큼 길림성장 서발림(徐發霖)에게 요청해야 한다고 답했다. 이에 대해 서씨는 업무를 조사해 보아야 실정을 알 수 있다면서, 봉천성에서 먼저 실시하고 있으므로 길림성에서도 같은 조치를 취할 수 있다고 장씨에게 전해

주었다. 장씨는 즉시 쪼노 다케바(町野武馬)를 파견하도록 했다. 쪼노(町野)는 5월 17일 순열사 관공서의 외교과장 정감조(丁監條)와 함께 길림성에 도착하여 서 성장을 회견했다.

전하는 소식에 의하면 쪼노의 언사가 너무 지나친 바 있다고 한다. 그는 이미 구속된 한국인 당인이 있으면 당장 그들을 처결해야 한다고 주장했는데, 서씨는 그의 요구에 대해 반박하여, 만일 그 요구대로 처리한다면 조사 범위를 초월하게 되는 것이므로, 우리측에서 치안을 잘 유지한다면, 한국인 당인들에 의한 우환거리는 그대로 두어도 저절로 사라질 것이라고 말했다고 한다. 그러자 쪼노는 더 이상 논쟁해봐야 소용없다고 생각하여 그만 두었다고 한다. 또한 전하는 통신에 의하면 길림성 주재 일본 총영사 모리다(森田)씨는 서 성장을 만나 쪼노의 뜻을 재차 상의했다. 그러자 서 성장은 그에게도 역시 같은 내용으로 대답했다고 한다. 모리다(森田)는 서성장이 즉시 이 일을 관장하는 과장인 구성(瞿鋮)씨를 봉천으로 파견하여 장 순열사를 만나 본 다음 쪼노와 함께 조선을 경유하여 연길 일대로 건너가 현지를 조사하도록 했다는 것도 알게 되었다.

길림성 당국에서 전하는 소식에 의하면, 한국 당인들의 횡포자에 대해서는 체포하기로 하였으며, 본분을 지키고 있는 일반 평민들에 대해서는 국제공법과 인도주의 원칙을 준수할 것이며, 일본인들의 요구를 들어주지 않을 것이라고 말했다고 한다.(●●●● 5월 26일)

한국인에 대한 **봉천과 길림의 조사방법**

길림 통신; 동3성 지역에 한국인교민들이 집중 거주해 있다. 현재 봉천주재 가이노코 총영사가 장 순열사를 찾아가 그들에 대하여 조사 처리하는 문제를 상의하고 있다. 이에 장 순열사는 그의 요구를 들어주었다. 이어 장 순열사는 길림성도 봉천성의 조치대로 본 지역의 한국인을 처리하는 것이 어떠한가 하는 문제로 길림성 서발림 성장과 상의했는데, 서 성장이 이를 쾌히 승낙했다고 한다. 그리고 약속에 따라 봉천에서는 경찰서 일본고문 쪼노다케바(町野武馬)를 파견하기로 했고, 길림성에서는 과장 구소일을 파견하기로 하였으며, 이들은 봉천에서 만나 연길일대의 한국인 교민들에 대해 조사하는 건을 상의하도록 했다. 이들은 1월쯤이면 조사를 진행하게 될 것으로 본다. 어제 길림에서 파견되어 온 구씨가 길림으로 귀환하여 당국에 상의한 결과를 회보하였다.

전하는 소식에 의하면 길림성 당국은 비록 조사를 진행하는 일은 찬성하지만, 그렇다고 아무런 제한도 없이 모든 것을 조사한다는 문제에 대해서는 확답을 하지 않았다고 한다. 그러나 그는 중국 관청에서 초빙한 고문(쪼노는 동3성 순열사 관공서의 고문이다.)의 신분으로써 길림성으로 가기 때문에, 이 일은 일본과는 아무런 관계가 없다고 한다. 이들이 조사하는 목적은 그곳의 한국인들에 대한 단속조치가 주도면밀한가, 안한가 하는 문제와 한국 당인들이 그 지역에 방해를 하는 행동을 하는가 안하는가 하는 것을 분명하게 하기 위한 것이다. 총괄적인 조사를 거친 다음 이에 기초하여 완벽한 단속조치와 치안대책을 책정하기로 했다. 따라서 이 주장은 아주 광명정대한 것이었음에도 쪼노고문은 이에 만족해하지 않았고, 이런 조사는 아무런 효과도 없다고 평하였다. 그리하여 그는 장 순열사를 만나 갖가지 다른 요구를 제시했는데, 장 순열사는 그의 요구를 들어주지 않았다. 그는 지방 책임은 지방관원이 관장하는 것이며, 쪼노의 요구는 그 범위를 초월한 것이라고 지적했다. 장 순열사의 대답은 임기응변적인 것이었다.

1920년

이달 23일 봉천성 동쪽의 한 현에서 일본인 우에다(上田)가 한국인을 체포한 사건이 발생했다. 그 일본인은 봉천에서 파견한 사람인데, 일본인은 한국인을 체포하여 일본관청에 이송하여 징벌토록 했다. 지방 당국에서는 성 당국에 이러한 사실을 보고했고, 이 보고를 받은 장 순열사는 매우 심기가 불편했다고 한다.

왜냐 하면 우리측에서 제기한 대책은, 한국인에 대한 조사를 진행하는 것은 중일 양측에 다 유리한 일로써, 만일 한국인들이 불법적인 행동을 한다면 이것은 우리측에서 적당히 처리할 일이지 일본이 멋대로 체포하는 일은 우리 주권을 침해하는 것이 분명하기 때문인 것이다. 그는 당일로 일본영사관에 항의를 제시하여, 상기와 같은 처리방법은 상호의 신뢰를 저버리는 짓이라고 지적했다. 길림성에 속한 연길과 훈춘 등의 지역은 길림성 독군과 성장의 관리 아래 한국인에 대한 조사를 실시할 일이지, 봉천성에서 사람을 파견하여 조사할 일이 아니라고 천명했다.

전하는 소식에 의하면 길림성 당국에서는 한국인교민에 대한 조사를 적극적으로 진행할 계획이라고 한다. 즉 한국인들을 가혹하게 대하려는 것이 아니라, 그 곳의 치안을 보장해 주고자 하는 것으로 일본인들에게 트집 잡힐 꼬투리를 만들어주지 않겠다는 의지의 천명이라고 볼 수 있다.(●●● 5월 31일)

한국인 이친왕 암살 미수

9일 도쿄 통신: 관청에서 발표한 소식에 의하면, 조선의 이(李) 친왕(親王)과 일본군주(郡主)가 결혼식을 올리는 날 중대한 참극이 발생하였다고 한다. 즉 결혼식 전에 신인(新人)들이 궁전에 드는 기회를 빌어, 중도에서 암살을 시도하려 했다는 것이. 총독 사이토(齊藤)남작도 저격목표 중의 한 사람이었다고 한다. 오전에 경찰이 이를 사전에 발각하고 주모자 한국인 1명과 협조범 2명을 체포했으며, 그들의 거처에서 약간의 폭탄을 수색해 냈다고 한다. 차후 이 사건의 시말이 공개될 것으로 보인다.(●●●● 6월 11일)

길림성 화룡 거주 한국인들의 소요

길림성 변경지역은 조선과 접근한 지역이다. 그렇기 때문에 최근 우리나라 경내에서 한국인들이 소란을 피우는 사건이 종종 발생하고 있다. 어제 경찰측에서 입수한 소식에 의하면, 길림의 변경구역인 화룡현에서 또 다시 한국인 독립군과 다른 나라 군 사이에 전투가 있었다고 한다.

그 결과 한국군인들이 실패하지 않았다고 한다. 이 사건을 구실로 다른 나라의 군대는 강 연안을 봉쇄하고 교통을 차단했으며, 회령과 삼봉을 지나는 철도의 운행을 금지하고, 자신들의 군인들을 운송하여 종성(鐘城)·동관진(潼關鎭)·수개(水盖)·삼봉(三峰) 등 네 지역에 주둔시켰다고 한다. 한국인 당인들의 월경을 방비한 조치라고 한다.(●●●● 7월 1일)

조선의 자치설

29일 서울 통신: 칙령을 내려 성과 도시 농촌에 행정 고문회를 조직하기로 했는데, 이것은 지방자치를 하는 첫 방법이라고 했다. 그 결과 경찰은 서울에서 한국인 7명을 체포했는데, 이들은 폭탄 3개를 휴대하고 있었다고 한다. 이들은 대인물을 암살하고 관공서를 파괴하려 했다고 한다. 이 폭탄은 안동의 어느 한 곳에서 지원받아 구했다고 한국인들은 말하고 있다.(●●●● 8월 1일)

러시아인과 한국인의 소송사건

한국인 공(孔) 모씨는 이(李)씨 성을 가진 여인을 아내로 삼았는데, 그녀는 운남(雲南) 태생이라고 한다. 이들 부부는 공동조계지인 산해관로(山海關路) 233호에 거주하고 있었다. 일전에 공씨가 오리양행(五利洋行)의 러시아인 지배인이 일본인과 내통하여 공부국(工部局) 파출소의 명의로 자기에게 돈을 내라고 공갈협박 했다고 신갑(新閘) 파출소에 신고했다. 신갑파출소에서는 즉시 경찰을 파견하여 러시아인을 러시아 영사관으로 연행하여 신문하였다. 그러나 원고의 증거가 충분하지 못하여 입건하지는 않았다. 그 러시아인은 석방된 다음 신갑파출소에 이씨가 자기를 모함한 것으로, 이는 형사법에 위반하는 행위라고 신고하였다. 어제 새벽 중국 탐목(探目) 소화균(邵和鈞)과 포탐(包探) 주소운(周少運)·심수장(沈壽章) 등이 서방 탐장(探長)에 협조하여 이씨를 공공법정으로 압송했다. 압송하면서 연행 이유를 설명했는데, 러시아 원고는 이 사건을 러시아영사관에 이송하여 처리해야 한다고 주장했다. 피고의 변호사 주사구(朱師口)는 법정에서 자기의 대리인을 가석방해 줄 것을 요구했다. 이양철(李襄鐵)이 여러 사람과 상의한 결과 영국영사관 부영사 루즈가 나서서 피고를 관공서에 이송하여 관할하도록 판결하고, 이 사실을 러시아영사관에 통보하도록 했으며, 이 사건은 차후에 심리하도록 했다. (●●●● 8월 7일)

미국의원에게 보낸 한인 청원서를 보도한 미국신문

대륙보 통신: 어제 상해에 도착한 미국의원단이 한국을 방문할 때는 전국의 한국인들이 조국의 광복을 위한 운동을 발기할 것이라고 피력했다. 한국인 광복운동의 성격은 평화적인 것이 될 것이고, 이는 작년의 광복운동과 같은 성질의 것이라고 설명했다. 어제 의원단의

절반은 이미 운송함인 대북호(大北號) 편으로 미국으로 돌아갔다. 한국인들은 이 기회를 빌어 미국의원들에게 청원서를 상정했는데, 청원서에는 조선의 현상을 설명하는 내용이 들어 있으며, 미국에서 한국의 독립운동을 협조해 줄 것을 청원하는 내용이다. 상해에 남은 의원들은 월요일 남경을 방문한 다음, 무한을 경유하여 북경을 방문하고 북경에서 천진으로 가게 되며, 대략 8월 24일이면 서울에 도착하게 될 것으로 본다.(●●●● 8월 9일)

영국인 조선독립운동을 동정

13일 도쿄 통신: 외교성에서는 오늘 문서를 통해 안동의 영국상인인 처칠은 7월 11일 열차편으로 조선에 입국하여 가족을 만나게 된다고 피력했다. 처칠은 일전에 여권 없이 조선에 들어가다가 여권을 소지하지 않은 관계로 신의주 경찰서에 연행되어 심문받고 있었다. 심문 결과 그는 불령 한국인들이 혁명을 밀모하는 일에 찬조했다는 혐의가 들어났다. 신의주 경찰서장은 조선 경찰규정 제13조에 근거하여 그를 14일 동안 구류하기로 결정했다. 그리고 계속하여 심리한 결과 죠지는 조선독립운동을 동정하고 독립밀모를 찬조한 것이 확인되었다. 그리하여 그는 국가안전을 파괴한 죄로 공소하기로 했던 것이다. 조선경찰은 조선총독이 이미 7월 26일에 이 사건을 검찰청에 이송하여 처리한다는 것과 서울 고등법원에서 법정심리를 진행한다는 결정을 입수했다고 한다.(●●●● 8월 15일)

조선당인들의 새로운 운동

15일 서울에서 전한 반 관청 소식: 조선의 폭도들은 한국인들을 책동하여 계속적으로 독립운동을 전개하고 있지만, 아직 성공하지는 못하고 있다. 그들은 현재 폭력적인 공갈수단을 사용하고 있는데, 8월 3일 평양관공서 청사에 폭탄을 투척하여 유리가 여러 장 깨졌으나 다행히 부상한 사람은 없었다. 폭탄을 투척한 사람은 체포하지 못했다.

어제밤 9시경 또 다시 폭탄투척사건이 발생됐다. 신의주역 여관문 앞에서 폭탄이 터지며 유리창이 깨졌으나, 별다른 손실은 없었고, 이번에도 폭탄을 투척한 자는 체포하지 못했다고 한다. 폭도들은 미국국회의원들이 이달 24일 서울을 방문한다는 소식을 듣고 시위운동을 전개한 것이라고 한다.

전해오는 소식에 의하면, 미국국회 의원단이 승차한 열차를 습격하여 국제적 교섭을 유발시키려 한다는 소식도 있다. 경찰서에서는 이 불행한 사건이 일어나지 않도록 대비하여 모든 조치를 통해 방비하고 있다.(●●●● 8월 18일)

만주 경내의 한국인과 일본인의 충돌

자림보 17일 북경 통신: 조선방면의 믿을만한 소식에 의하면, 7월초에 일본 군관이 쌍성자(雙城子)에서 강제로 화적떼 500명을 새로 조직 편성하여, 50명의 일본군으로 이들을 통솔하기로 했다고 한다. 이들은 만주 경내로 밀입국하여 중국 경내의 한국인 마을을 습격할 것이라는 계획을 세웠다고 한다. 7월 12일 한국인 거류단은 밀정들의 정보를 입수하여 이에 대항할 준비를 하고 있었기에, 대결 결과 화적떼에 패하여 쌍성자로 퇴각했다고 한다. (●●●● 8월 19일)

일본과 한국의 최근 상황

18일 서울 통신: 유명한 조선인 선동자인 양(楊) 모씨가 서울에서 체포되었다. 양씨는 고려의 일본신문기자인데 만주에서 반일운동을 해온지 이미 몇 년이나 되는 인물이다. 그는 지난해 천진에서 체포되어 어느 한 섬으로 추방됐었는데, 금년 봄에 석방되었다.(●●●● 8월 20일)

동3성의 한국교포 문제

한국과 일본이 합병한 이래 한국인들은 우리나라 만주쪽으로 많이 이주했다. 최근 조사한 바에 의하면, 압록강 연안일대의 한국인 교포가 얼마나 되는지 잘 알 수 없을 정도라고 한다. 봉천과 길림 두 성의 각 현에는 가는 곳마다 한국인들의 종적이 있다. 그들은 남녀노소로 무리지어 중국 경내에 월경하여 들어와 경작지를 찾아 개간하고 있다. 봉천과 길림 두 성의 중국인들은 농사일에 능한 한국인들이 부지런하고 일 잘하는 것에 대해 좋은 인상을 가지고 그들을 소작농으로 받아들여 이용하고 있다. 그렇기에 이런 소작농들이 점점 많아져 어디를 가나 다 이와 같은 소작농들을 볼 수 있게 된 것이다. 일본은 초기에 이에 대하여 방임하는 정책을 취했다. 우리나라 호적제도에 있어서도 이들에 대해서는 간섭하지 않았다. 또 그들이 마음대로 월경해도 단속하지 않았다. 그들은 자유자재로 왕래하면서 자력갱생으로써 연명해 갈 수 있었던 것이다. 그 결과 봉천과 길림지역에 체류하고 있는 한국인은 이미 몇 십만이나 된다. 중국의 한국인 교포들은 두 가지 부류의 사람들로 나눌 수 있다. 한 가지 부류의 사람들은 땅을 세내어 농사짓는 사람들이고, 다른 한 부류의 사람들은 주인의 땅을 소작하여 농사짓는 소작농이다. 전자는 많지 않고, 후자는 많은 수를 차지하고 있다. 적지 않는 지성인들은 이런 상황에 대하여 몇년 전부터 이는 중요한 문제가 될 수 있다고 설파했다. 그러나 관원들은 이에 대하여 관심을 두지 않았으며, 이에 대한 단속조치를 취하지 않아 사태는 점점 엄중하게 발전되어 갔던 것이다.

최근 3년간 일본인들은 한국인들이 집중하여 살고 있는 곳에 사람을 파견하여 현지조사를 진행토록 했으며, 한국인들을 조직하여 조선인회를 조직했다. 우리나라 정부에서는 이 상황을 파악한 후에야 한국인 문제에 대하여 중시하기 시작했으며, 일본영사당국에 항의서를 제출했다. 그러나 조선인회는 아직도 여전히 여러 곳에 존재하고 있는 상황이다. 작년 3개월 동안에 많은 한국인 독립당을 발견하였다. 이들은 조선거주 일본관원들을 습격하고 조국광복 추진운동을 해왔다. 이들은 봉천과 길림에서 군인을 모집하여 훈련시켰으며, 암살대를 조선경내로 파견하여 여러 차례에 걸친 암살을 시도했다. 일본인들은 이 암살행위에 공포심을 금하지 못하고 있으며, 우리정부와 교섭하여 이들을 체포해 줄 것을 촉구해 왔다. 우리정부에서는 각지의 지방정부에 문서를 보내 이 일을 잘 처리하라고 지시했다. 조선에 대한 일본의 정책이 너무나 엄격하여 조선인들의 반항을 야기시킨 것이며, 이 반일운동은 점점 더 신중하게 발전되고 있다. 이는 마치 봄날의 들바람을 타고 일어나는 산불처럼 진화하면 또 다른 곳에서 불이 일어나 그 세력이 점점 확대되고 있는 것이다. 러시아의 과격파들이 암암리에 이들을 지원하여 무기와 군량 및 군자금을 협조해 주고 있다. 이들은 백두산과 길림성의 왕청현 산야에 집결하고 있다. 이 무력대오는 조선에 있는 일본의 군경들을 습격하려는 계획을 단단히 준비하고 있다. 일본은 이런 상황을 탐지하여 알게 되었으며, 봉천의 일본영사가 동3성 순열사 장작람(張作霖)에게 이들을 체포해 줄 것을 재삼 요구하고 있는 상황이다. 장씨는 일본영사의 요구에 따라 5월에 임원을 파견하여 봉천성 동쪽 각 현을 시찰하게 했다. 일본고문인 우에다(上田統)가 이 조사단을 협조하여 각 현의 한국당인들을 수사했는데, 이때 많은 한국인들이 체포되었다. 그러자 장씨는 심기가 불편해져 일본영사에게 항의서를 제출했다. 길림성의 연길 · 훈춘 · 화룡 · 왕청 등 한국인들이 가장 많은 현에는 한국인 당인들이 당연히 많다. 일본경찰들은 사방에 경찰을 파견하여 한국당인들을 체포하게 했지만 그 숫자가 너무나 많아 계획대로 성사되지 못하고 있다. 이에 따라 일본영사관 당국에서는 중국당국에서 임원을 파견하여 한국인 당인에 대한 조사를 진행해 줄 것을 재삼 촉구했다. 이에 6월초 길림의 군과 민 두 부서에서는 연길 · 훈춘 · 화룡 · 왕청 등지에 임원을 파견하여 조사를 진행했다. 이달 초 일본고문 사이토(齊藤恒) 등이 현장에 내려가 조사를 실시했다. 그러나 일본측에서 엄격하게 조사 후 처리할 의향이 있음을 알게 된 우리나라 정부 당국에서는, 점차 심각하게 발전하고 있는 한국당인들의 추세를 보고 이를 단속하지 않으면 안된다고 하는 인식을 가지게 되었다. 그리하여 현재 연길에 경비사령을 배치했고, 연길 도윤 경비 유격대 300명을 훈련하여, 한국인 당인들을 체포하도록 명하고 있다. 이것은 재차 일본측에서 격렬한 행동을 하거나, 우리나라의 주권을 침범하게 되는 사태에 대비하기 위한 조치이다.(●●● 8월 22일)

중국관청에서 한국인 당인을 취조

동3성에 거주하고 있는 한국독립당 당인들은 조국의 광복사업을 적극적으로 진행하고 있다. 일본정부에서는 이에 우리나라 정부에 건의하여 한국의 독립당원들을 체포해 줄 것을 촉구하고 있다. 우리나라에서는 양국 수교의 정상적인 운영을 위해 부득불 한국독립당을 체포하게 되었다. 그러나 일본의 엄격한 단속정책에 대해서는 절대적으로 부정적인 입장을 취하고 있다. 현재 봉천성 경내에서는 한국 당인을 체포하고 있으며, 길림성 연길 일대에서도 이들에 대한 체포

행동을 취할 준비를 가속화하고 있다. 일본고문 사이토(齊藤恒)가 연길에 도착하여 연길 일대에 대한 수사를 진행하게 된다. 길림성에서 파견한 두 육군 보병 대대와 일개 기관총 소대가 연길에 도착했다. 그리고 연길 도윤은 성내에서 모집한 300명의 순찰대와 연길·훈춘·화룡·왕청 등지에서 모집한 경찰 및 별도로 모집한 포수대 80명(포수란 당지에서 수렵을 위주로 하는 사람인데, 이들은 산길에 익숙하고 사격술이 높다.) 등을 모집하도록 했는데, 얼마 후에 상기의 모집이 끝나게 된다. 모든 군수무기는 전격적으로 일본에서 지원하기로 했다. 한국의 독립당에는 현재 두 개의 파가 있는데, 한 파는 미국의 원단이 한국을 방문할 때 그 기회를 빌어 일본인들과 결사전을 벌리자는 주장을 하는 일파이며, 다른 한 파는 일단은 이러한 형세를 피해야 한다고 주장하는 일파이다. 그러나 이 일파도 일본고문이 정말로 수사를 벌일 때는 반드시 무력으로 대항하여 일본의 공격을 격퇴시켜야 한다는 입장을 취하고 있다. 한국의 독립당인들은 중국 정부에서 우편물을 조사하기 시작하면서, 통신이 곤란하게 되었다. 연길·화룡·훈춘·왕청 등 각 현에 설립되어 있는 경찰체신국에서 그 지방의 경찰조사와 체신 사무를 관장하고 있는데, 1급과 2급 등의 급이 있으며 두 가지 직권을 가지고 있다.

(1) 통신상의 직권: ① 뉴스 전파, ② 통신 보도, ③ 지방 공문서의 선전, ④ 행장 운수
(2) 경찰과 정찰방면의 직권: ① 민심의 고찰, ② 각 단체의 행동, ③ 적정의 정찰, ④ 군사상의 비밀정찰, ⑤ 불령 한국인들의 출몰, ⑥ 임원의 신분, ⑦ 군인의 신분 등이다.

분국에서는 이에 관련하는 과장서리를 설치하고, 임원마다 각자 자신의 직무를 맡고 있다. 과 내에는 통(統)을 설치키로 했다. 10 세

대를 1통이라 하였다. 통에는 통수(統首) 한 명을 두고, 통내의 사무를 관장토록 한다. 경찰체신국 각 과의 배달원과 청원서 등은 분국에서 직접 본국으로 송달케 한다. 그러나 경찰 조사서 같은 문서는 과장이나 혹은 경찰이 밀봉한 다음 인감을 찍은 후 발송한다. 이와 같은 문서는 일본인들이 이미 다 장악하고 있어, 일본인들은 이에 관하여 비밀리에 조사를 실시하고 있다. 일단 조사에 의한 증거가 확보되면 일본인이 직접 체포하여 조선으로 압송한 다음 처리하게 한다는 것이다.(●●●● 8월 28일)

일본인 월경 한국인 체포

동3성의 봉천과 길림 양성은 조선과 접경한 지역이며 우리나라로 월경한 한국인들이 점점 확대되는 추세이다. 초기 일본은 이에 대하여 방임정책을 실시하여 남녀노소가 대대적으로 월경하여도 이에 관해 관여하지를 않았다. 이것은 사실 일본인들의 이민정책의 일환에 의해서 생겨난 일이었다. 그러나 최근 2년 동안 한국인들에 의한 독립운동이 날로 활발히 전개되면서 일본측에서는 우리나라와 교섭을 진행하게 되었다. 봉천과 길림 두 성의 변경에는 이미 임원을 파견하여 수사를 진행하고 있다. 한국인들은 더 이상 이를 피할 길이 없어 다른 성으로 피난을 가야하지만, 이에 대해서도 일본측에서는 불만을 표시하며 길림성 당국이 즉시 이들을 체포해 줄 것을 요구해왔다. 7월 길림성 이도(二道)부두에 있는 한 한국인 기녀집에 든 두 명의 손님 중, 한 사람은 이미 중국국적을 취득한 사람이었다. 길림주재 일본영사관에서는 경찰을 파견하여 그들을 체포했다. 우리나라 관청에서는 이 소식을 입수하자 당국에서는 즉시 일본영사관측과 교섭을 진행했으나, 아직 이들을 석방시키지 못하고 있다. 이 사건은 아직까지 처리되지 못하고 있는데, 8월 하순 화전(樺甸)지역에서 또 다시 8명이 체포되었다.

이 사건을 통괄 진행한 사람은 길림영사관의 경찰들이다. 그들은 관광한다는 이름을 빌어 화전에 도착한 다음 길림 조선인회 회장의 밀고를 받아 화전에서 한국인들을 체포한 것이다. 그 곳의 경찰들은 이에 경악을 금치 못했으며 화전을 유람한다는 일본인들이 감히 사람을 체포한 사실에 대해 분함을 떨치지 못했다고 한다. 당시 체포한 8명 중 6명은 이미 중국국적 취득자였다. 당국에서는 일본측과 교섭을 진행했지만 일본경찰측에서는 아직 그들을 석방하지 않고 있다. 이에 현에서 순라대원 20명을 파견하여 이들을 성 교섭서로 압송하여 체포 이유를 밝힌 다음 성 경찰청에 이송하기로 했다. 일본총영사 모리다(森田)는 즉시 임원을 교섭서에 파견하여 일본으로 이송할 것을 요구했다. 왕특파원은 중국국적 취득자를 체포한 것은 조약을 위반한 것이라고 엄정하게 지적하는 동시에 그 절차가 완벽하지 못하다는 것을 이유로 이송을 거절했다. 일본측에서는 할 말이 없자 돌아갔다. 상기 8명은 지금 경찰청에 구속되어 있다.

현재 한국교민들과 중국국적을 취득한 한국인들도 공포에 잠겨 있으며, 중국당국에서 자기들을 보호하지 못하고 있다는 점을 크게 우려하고 있다고 한다.(●●●● 8월 31일)

도쿄 만국성기학교 대회에 한국인 불참

9일 도쿄 통신: 만국성기학교(萬國星期學校) 대회가 도쿄에서 거행되었다. 원래 한국인 대표 300명이 이 대회에 참가하기로 했었는데, 배일사상이 강한 그들은 한 사람도 대회에 참석하지 않았다.(태평양 로이터 통신)(●●●● 9월 13일)

훈춘 화적떼 사건과 관련하여 한국당인과 과격파 중점 조사

　동3성의 화적떼는 자주 출현하고 있다. 금년 6, 7월 이래 곳곳마다 화적무리들에 의한 사건이 발생되고 있는데 다행이 외국인들에게는 그 피해가 파급되지 않고 있다. 그런데 이달 초에 훈춘에서 돌발적인 변고가 발생했다. 9월 30일 밤 화적무리 400여명이 훈춘현을 공격했던 것이다. 서쪽 관문 밖의 상점들이 큰 피해를 입었으며, 새로 지은 일본영사관 본관이 파괴되었다. 동시에 일본인 수명을 살해했으며, 일본인 8, 9명에게 부상을 입혔다. 이러한 소식은 상업인들이 먼저 알게 되었다. 그러나 이에 대한 확실한 증거는 아직 확보하지 못하고 있다. 10월초 성 당국에서는 시급히 군대를 증원해 보내달라는 훈춘현 전보국에서 보낸 전보를 받았다. 이어 또 연길단장으로부터의 전보도 받았다.

　일본총영사관에서 보내온 전보에 의하면 훈춘영사관이 화적들에 의해 파괴당했으며 일본교민 몇십 명이 살상되었다는 내용이다. 도(陶) 도윤(道尹)은 이것은 사태가 아주 엄중한 큰 사건인 만큼 현지 조사를 반드시 진행해야만 그 진위를 밝힐 수 있다고 주장하고, 한국당인을 조사하는 일본고문 사이토(齊藤恒)가 연길에 체류하고 있기에 함께 동행 조사하기로 했다. 이 전보가 성 당국에 전달되자 포(鮑) 독군(督軍)은 즉시 현지 군부에 전보를 보내어 적절하게 방비하는 동시에 모든 것을 수습할 것을 지시했다.

　훈춘지방에서는 지난 달에 화적무리들이 현 소재지에 쳐들어와 은행을 습격하여 현찰 300만과 상업자금 다수를 탈취했으나, 서쪽에 자리한 외국상인들에게는 가해하지 않았다. 이것은 실력 있는 상점들이 모두 다 성안에 자리하고 있기 때문이다. 그런데 이번에는 서관의 영사관을 소각하고 일본인을 살해하는 등 전적으로 일본인에 대해서 공격을 단행한 것이다. 전하는 소식에 의하면 화적무리에 러시아인들도 끼여 있었다고 한다. 그리하여 각종의 추측이 난무해지고 있다. 현재 동쪽 변경의 관원들은 일본의 핍박을 받고 한국 독립단에 대하여 엄격하게 체포한다는 정책을 실시하고 있다. 군대를 파견하고 경찰을 모집하고 무기를 해결하는 등 조치를 강구하여 한국인 독립당을 공격할 준비를 재촉하고 있다.

근래 연변에서 전해온 보고에 따르면, 맹부덕(孟富德) 단장이 연길의 의란구(依蘭溝)와 왕청의 초모정자(草帽頂子)·탁반구(托盤溝) 등 지방의 한국인 당인기관에 축출령을 내렸다. 한국당인 최희(崔喜)가 통솔하는 4, 5백 명이 이에 대항해 나서자, 기자가 정치가들에게 자문을 구했다. 그들의 견해는 여름기간 동안 화적무리들의 활동이 잦았지만 액목과 돈화 등 각 현에서는 그들이 연변 일대를 남침한 일이 없었다. 그런데 이번에 훈춘 등지를 연이어 유린한 것이다. 이에 대하여 두 가지 점에 유의해야 한다고 강조했다.

(1) 한국당인들은 화적무리와 관련이 없다는 데 유의하여야 한다. 한국당인들은 중국관리와 관청에 대해서 추호도 반항적인 행위를 행한 전례가 없으며, 일본관리와 일본교민에 대해서도 침범하지 않았다. 그렇기 때문에 중국에 체류하고 있는 그들의 안전을 보호해 주었던 것이다. 그러나 현재 우리정부에서는 그들을 구축할 방침을 책정 중에 있기 때문에, 그들이 일단 퇴각할 곳이 없게 되면 결국 마지막으로는 저항을 하게 되는 것이다. 따라서 일본영사관과 일본 교민들은 그 어느 때보다 경각심을 더 높이고 있다. 즉 제2차 훈춘 변고가 일어나는 것을 방지하기 위한 것이다.

(2) 러시아 과격파들이 사방에다 전단을 살포하고 있는데, 우리나라 인민들은 이에 미혹되지는 않았지만 화적무리 속에 러시아인이 있는 것만은 또한 사실이다. 화적무리의 러시아인은 정치 망명자들이기 때문에

과격한 사상이 있을 수 있다. 또한 동부 변경의 화적무리들은 한국당인과 암암리에 결합하고 있다는 사실도 이제는 확인할 수가 있다. 화적무리들이 사용하는 무기와 한국당인들이 사용하는 무기는 거의가 다 러시아에서 생산한 것들이다. 이것 또한 소홀히 간과할 사항이 아니다. 중앙과 길림 당국은 한국당인을 체포하고 그들의 격진주의에 방비해야 하며 급변을 방지할 것을 강조하고 있다. 최근 일본은 군대파견을 조건으로 당국을 협박하고 있는데, 봉천에서는 이미 이에 대하여 허락하는 입장을 보여주었으며, 길림도 부득불 봉천과 같은 입장을 취하게 될 것이다. 이것은 통례에 위반되는 것으로 인도적 차원에서 본다면 이것은 역행이라고 할 것이다. 중국정부가 꼭 책임을 실행해야 하지만 이렇게 하는 것은 일본의 핍박에 의해 부득이하게 취한 입장이라고 밖에는 변명할 수 없는 것이다. 어째튼 주요 책임은 일본이 감당해야 한다. 정상적인 상황에 의하여 판단한다 하더라도 일본은 확실히 협박행위를 단행했기 때문에, 이번 한국당인에 대한 구축은 일본이 책임져야 한다. 훈춘사변을 구실로 일본측에서는 이를 대거에 과대하여 말하고 있는데 그 와중에는 협박성이 비쳐 있다. 일본이 공중 도의를 준수한다면 훈춘 사변은 저항할 수 없는 사변이라 그것을 천명에 맡기고 우리 정부에 대해서는 다른 어떤 요구도 제시하지 말아야 할 것이다. 사실의 변화에 대해서는 계속적으로 보도할 것이다.(●●●● 10월 11일)

한국인들의 항일기

13일 서울 통신: 오늘 경찰 순찰대들이 압록강 왼쪽 연안기슭에서 한국인 여성 5명을 만나게 되었는데, 이들 5명의 한국인 여성들 행세가 의심스러워 순찰대가 그들을 심문하고자 했다. 그러자 한국인 여성들은 즉시 일본 순찰대를 향해 사격을 가했고, 일본 순찰대도 그들에 대하여 반격한 결과, 3명은 즉사했고 나머지 2명은 숲속으로 도망했다고 한다. 순찰대가 그들의 뒤를 추격하고 있는데, 다른 곳에서도 이와 같은 사건이 발생하였다고 한다.

14일 도쿄 통신: 야하다(八幡) 경찰은 폭탄을 암장한 사람들을 엄밀히 수사했는데, 전하는 소식에 의하면 수사도중 한국인 1명이 체포되었다고 한다. 야하다는 공업도시로, 정부의 대형 강철공장이 그곳에 있다. 강철공장의 고용노동자는 수천 명이나 되는데, 그 중에는 한국인들도 약간이 있다. 경찰이 피로한 바에 의하면, 이곳은 일본에서 홍색주의(紅色主義)가 가장 심한 곳이며, 과격파들이 노동자들의 지지를 받고 있다고 한다. 노동자들 중에는 마르크스의 저작을 읽은 사람도 적지 않다고 한다.

14일 북경 통신: 하씨(夏氏)라는 영국 상인이 전날 한국에 입국하였는데, 그를 구금한지는 이미 3개월이나 된다. 영국정부에서는 이에 대하여 일본과 교섭을 진행했지만, 지금까지도 일본측에서는 그에 대한 공소장을 작성하지 않고 있다. 이에 대하여 영국 당국은 분노를 표명했다.(●●●● 10월 15일)

훈춘사건은 한국인들의 반일행위

길림 독군 포귀경(鮑貴卿)이 어제 북경에 전보를 보내, 맹 단장을 면직시키기는 하였지만 중일 양군이 협력하여 화적떼들을 소멸시키는 문제에 대해서는 단연히 거절했다. 전보의 내용은 아래와 같다.

훈춘사건은 한국인들이 일본인들을 반대하여 진행한 것으로 우리 지방 당국에서는 유감스런 일이 없다. 그러나 경비를 담당하는 맹부덕(孟富德)은 지방을 보호할 책임이 있기 때문에 그에 대한 면직은 면할 수 없는 일이다. 이미 교장(校長) 장구경(張九卿)을 파견하여 화적무리를 소멸시키는 일을 감독하도록 했으며, 이에 대한 사후 처리를 진행하도록 하였다. 그러나 길림성의 군력이 미약한 관계로 즉시 한 개 여단을 확대시킬 필요성이 있는 만큼, 이에 대하여 비준해 줄 것을 요구하였다.

　이밖에도 또 다른 전보가 있는데, 그 전보는 일본군이 협력 작전을 요구한 것에 대해 완곡하게 거절했다는 내용이다.(●●●● 10월 18일)

재일 한국인의 폭탄사건

　25일 도쿄 통신: 각 신문에서 보도한 바에 따르면, 한 해군 병기공장의 조선인 노동자가 사사로이 폭탄 200매를 제조한 사실이 발각되어, 이미 이를 조사해 냈다고 한다. 당사자는 규슈(九州)로 도망갔는데, 경찰이 피로한 바에 의하면, 최근 폭탄분실사건이 종종 발생했다는 것이다. 분실된 폭탄은 대체로 한국인들이 거주하고 있는 거주지에서 색출해 냈다고 한다.

　어느 한 한국인이 보고한 바에 따르면, 이전에 일본육군중학을 졸업한 이씨가 조선 변경에서 육군학교를 설립하여 지금은 교관만 100여 명이 된다고 한다. 경찰은 시모노세키(下關)의 한국당인들이 상점의 점원으로 일하면서 암암리에 군기와 폭탄을 수집하여 조선으로 보냈다고 밝혔다. 각 신문은 조선총독 사이토(齊藤)남작의 입장을 게재했다. 그는 한국인들이 소란을 일으키는 것은, 당국에서 일한 노동자의 대우를 무차별화 한다는 사실을 공포하게 된 것이 직접적인 원인이 되었다는 견해를 밝혔다. 그는 현재 열악한 상황을 극복하는 일은 시급히 이루어질 일이 아니기 때문에, 점차적으로 추진해야 하며, 변경의 소란은 일시적인 현상이며, 이것은 방비조치가 아직 완벽하지 못하기 때문이라고 지적했다. 조선의 학자 20여 명이 도쿄를 방문하게 되었는데, 그들은 상당히 열렬한 환영을 받았다고 한다. 그러나 한국 변경에서의 전투는 여전히 발생하고 있다. 10월 22일 일본군 지대는 압록강 근처의 산속에서 한국인 반란군 천여 명을 소탕했다고 전하고 있다. 당시 일본군은 1명이 전사하고, 12명이 부상을 입었다고 한다.

전하는 소식에 의하면 한국인 사망자수가 상당히 많다고 하였다. 다른 곳에서도 이런 전쟁이 종종 발생하고 있다.(●●●● 10월 29일)

훈춘사건 당사자 중 한국인은 없었다.

베이징 통신: 길림·화룡·왕청·훈춘·동녕 등 5개 현 공민의 전보: 훈춘사건의 장본인은 명확히 말해서 화적무리이지 한국당인은 아니고 러시아의 과격파도 없었다고 한다. 일본영사관에서 이 사건을 빌미로 군대를 파견한 것은 국제법을 위반한 일이다. 최근 봉천서 쪼노(町野) 고문과 일본이 협정 8조목을 체결했다. 그 조목에는 중동철로 남쪽 10km 밖과 훈춘·왕청·동녕·화룡·연길 등 5개 현의 화적떼와 불령의 한국인들에 대처하여 일본군이 그 토벌임무를 담당한다는 내용이 들어있다. 이 협정서에는 길림 군공서에서 8개 조목을 부록하였다. 그 중 제5 항목은 상기 5개 현의 토벌은 일본이 처리한다고 하는 내용이다. 우리 5개 현의 인민들은 이를 필사적으로 승인하지 않고 있으며, 이를 하루 속히 철회할 것을 요구하는 바이며, 이에 응하지 않는다면 우리 인민들은 자위라는 시각에서 최후의 수단을 사용할 것이다. (●●●● 10월 29일)

화적무리와 한국인 당파에 대한 토벌 진상

동부변경의 화적무리는 날로 창궐하여 전에 없던 피해를 가져오고 있다. 길림성에만 해도 서남 각 현을 제외한 다른 곳에 화적무리가 없는 현이 없다. 그 원인은 다른 나라에서 그들을 사주하기 때문이다. 그 결과 관청의 군사력이 화적 군사력보다 약세에 처하게 되었다. 이번 훈춘에서 일본영사관을 소각하고 일본 교민들을 살해하자 일본은 공공연하게 연길·훈춘 등지로 군대를 파견하였다. 이로써 침략의 뜻을 이루고자 하는 것이다. 일본은 한국인 당인들을 철저하게 궤멸시키려 했지만 기회를 얻지 못하고 있었는데, 일단 그 빌미를 잡게 되자 이를 그냥 흘려보내지 않으려는 것이다. 일본의 내심은 사실 누구나 다 아는 뻔한 짓이다. 최근 또 엉뚱하게 중일 양국에서 협력하여 화적무리와 한국 당인을 소탕하자는 건의서를 제출했다. 이 일에 대해서는 봉천에서 상의하도록 되어 있다고 한다. 봉천의 장작림은 동3성의 주요인물이라 중요한 모든 일은 우선 봉천에서 상의하여 결정하게 되어 있다. 이번 소탕건은 외국언론에서는 잘 모르고 있는데, 정상적인 상황에서는 이 일을 절대 허락할 일이 아니다. 최근 협력소탕의 사실이 이미 발견되고 있었다. 연길과 동녕 등지에서 편지가 왔는데, 일본군이 이미 현지에 도착하여 수색 중에 있다고 전해지고 있다. 일본군은 무인지경에 이른 듯 아무런 억제도 받지 않고 소탕에 착수하고 있다. 이로 보아 협력 소탕의 허실이 이미 들어나고 있는 것이다. 기자가 확실한 공문서 전문을 보지는 못했지만, 여러 면에서 소탕의 뜻과 사실에 대하여 적지 않은 정보를 수집하고 있다.

(1) 이번 소탕 토벌은 훈춘지역으로, 일본은 이곳의 지정학적 특점을 이용하여 중일 양국의 친목을 추진하기 위한 일환으로써 한국당인을 소탕 토벌한다고 설파하고 있다. 이 토벌을 주장하고 추진한 장본인은 동3성 순열사 고문인 쪼노 다케바(町野武馬)이다.

(2) 토벌구역은 연길·훈춘·왕청·화룡·동녕 등 5개현으로 규정했다. 전자의 4개 현은 두만강을 경계로 지정한 잡거지역(훈춘은 비록 이 구역에 들지 않았으나, 이에 대한 기록이 있다. 훈춘은 화룡·연길·왕청 등

3개 현에 대해 실행한다는 것이다. 그렇기 때문에 사실 아무런 구별이 없는 것이다.) 동녕은 여기에 들지를 않는다. 그런데 이번에 무엇 때문에 동녕을 이 구역 범위 안으로 지정했는지 모를 일이다. 동녕은 중동 철로의 종착역인데 동으로는 러시아와 접경되어 있어 훈춘 일대의 화적무리들이 이 곳으로 출몰한다. 이곳에도 한국인들이 상대적으로 많이 거주하고 있기 때문에 일본인들은 이 곳을 아주 중시하고 있는 것이다. 이번에 동녕을 토벌구역으로 정한 것은 일본이 한꺼번에 한국당인을 일망타진하기 위한 수단에서 비롯된 것이다.

(3) 협력토벌, 혹은 협력소탕이란 네 글자는 중일 두 나라 군대가 협력하여 한국 당인에 대하여 토벌, 혹은 소탕을 진행한다는 뜻이다. 그런데 해당지역 주민들이 반영한 바에 따르면 토벌에 참가한 군대는 일본인들밖에는 없다는 것이다. 즉 중국 군대는 참가하지 않았다는 말이다. 때문에 협력토벌, 혹은 협력소탕은 사실 빈말에 지나지 않는다. 중국 군대가 현 소재지를 수비하고 있는 것만은 사실이다. 현 소재지를 수비하는 중국군은 대략 한두 개의 중대에 불과하다. 순경도 지역 치안질서를 유지하는 데 참가하고 있다. 종합하면 이번 토벌은 일본군대가 우리나라 경내에서 자유로 행동하고 있다는 사실이다. 우리나라 관원들이 무엇 때문에 이런 일을 이처럼 소극적으로 처리하는지 알 수 없는 노릇이다.

(4) 중일 양국 군대는 서로를 이해하는 마음으로 다른 오해는 발생되지 않았다. 필요하다면 일본사령부에 중국장관을 파견할 수 있고, 같은 이치로 일본도 길림 독군의 허가를 받은 다음 중국군 지휘부에 장관을 파견할 수 있게 되어 있다. 이렇게 약정한 것은 외견상에서 중국에 유리한 것 같다. 그러나 상기의 5개 현은 중국의 영토이다. 일본군은 이 영토를 침입한 것이기에 이미 우리는 피해를 입은 것이다. 일본군의 권리 유무보다 그들의 계획에 우리는 이미 주권을 많이 상실한 것이다.

(5) 원래 연합토벌 기간에 대해서도 구체적인 규정이 있었다. 그러나

사실은 그 규정을 지키지 않고 있다. 공문서는 「짧은 시일 내에」라는 추상적인 토벌기간을 규정해 놓았기 때문에, 그 「짧은 시일」이라는 것을 어떻게 설명하려는지 알 수가 없다. 동시에 일본과 교섭한다는 것은 실패할 가능성이 많기 때문에 일본은 「짧은 시일 내에」란 시간설명을 무한대로 연장하여 그 곳을 떠나지 않을 수 있는 것이다.

(6) 동녕에서 연길·왕청 등지로 가려면 꼭 영안현을 경유하여야 한다. 연합토벌약정서에는 일본군이 영안을 경유할 수 있다는 내용을 규정하고 있다. 때문에 말로는 5개 현이지 실은 6개 현이 되는 것이다. 이 협의 약정에는 모두 8가지 조목이 규정되어 있다.

상술한 몇 가지 외에 다른 내용은 다 중요하지 않은 것들이다. 예를 들면 일본군의 월경을 불허한다는 내용이라든가, 일본군의 생명재산을 상해하는 것을 불허한다는 등이 그것인데 그것은 너무도 당연한 규정이다.

일본이 이런 내용을 조목에 넣은 것은 사람들의 시야를 흐리기 위한 것임에 불과하다. 길림 당국에서도 8개 조목을 규정했다고 전하고 있으나, 내용은 대체로 군경이 합작하고 일본군과 충돌하지 말 것이며, 상인 등 백성들은 유언비어를 날조하지 말고, 주둔군은 지방행정에 간섭하지 말며, 일본군의 토벌구역에 침입하지 말 것 등의 내용들이다.

그러나 도대체 어떤 내용인지는 당국에서 아주 비밀에 부쳐지고 있기 때문에 잘 모른다. 상술한 몇 가지 규정이 들어 있다는 것은 이미 발견한 사실에서 확실하다는 것을 확증할 수 있다.(●●●● 10월 30일)

한국당과 화적무리

3일 서울 통신: 무기를 휴대한 대부대의 화적무리들이 이미 간도 산속으로 숨어들어 갔다. 그들은 수시로 일본 교통선에 출몰하고 있다. 지난달 용건(龍乾: 음역)의 일본군이 화적무리에 타격을 가했다. 그 결과 화적 20여 명이 사망했고 그들의 두목 4명을 포로로 잡은 동시에 화적무리의 소굴을 소각했다. 최근 한국인들의 활동이 활발한데 그들은 러시아와 일본에서 제조한 총을 사용하고 있다. 이들은 주로 광전(光甸: 음역) 일대에서 출몰하고 있다. 그 두목은 지금 암살대를 조작하고 있는 중인데, 50명을 한 조로 나누어 각지로 파견하여 암살을 거행하도록 한다는 것이다.

30일 도쿄 통신: 국민신문에 게재된 보도에 의하면, 50명이 한 분대가 되는 화적무리 14개 분대가 우수리연안을 차지하고 있는데, 이들 두목은 거의 다 일본여성을 아내로 삼고 있다는 것이다. 한 일본여성은 아편 중독으로 얼굴이 초췌하기 그지없다. 그러나 화적무리 속에서 권력이 대단하여 두목의 왕후로 불리우고 있다. 화적무리들의 주요한 목적은 약탈인데, 이들은 한국인들과 손을 잡을 수도 있다고 한다.(●●●● 11월 5일)

일본군의 훈춘 진입은 한국당인에 대한 주의를 대변

북경 통신: 봉천과 길림의 장씨와 포씨는 북경에 전보를 보내 왔다. 전보는 일본군이 훈춘에 진입하여 화적무리를 토벌한다고 하는 것인데, 실은 한국당인의 활동에 주의를 돌리기 위한 것이라고 밝혔다. 당국에서는 쪼노(町野) 고문을 파견하여 이를 제지하고자 하고 있다. 훈춘 등 5개 현을 지정구역으로 정하고, 가장 짧은 기일 내에 군사행동을 끝낼 것을 촉구하고자 한다고 밝혔다. 동시에 일본군이 도착한 지역의 일상생활에 방해를 주지 말아야 하며, 지방관청의 주권을 침해하지 말아야 하는 등의 내용은 모두가 구두로 교섭한 것이지 정식

공문서는 없는 것이다. 일본군은 이튿날 중국인 6명을 살해했고, 10명을 부상시켰다. 그리고 가옥을 소각하였다. 이에 대한 교섭을 마땅히 진행해야 할 것이다.(11일 오후 2시)(●●●● 11월 12일)

일본군, 만주에서 한국인을 체포 학살

27일 상해 통신: 로이터 통신사에서는 믿을만한 만주의 외국인으로부터 소식을 접수했는데, 그 통신은 아래와 같은 사실을 피력했다.

10월 23일 기관총과 야전포를 휴대한 일본군 500여 명이 봉천에서 출발하여 동쪽으로 출발, 무순에서 하차하여 보행으로 계속 동쪽으로 행군했는데, 이 일본군은 29일 흥경(興京)에 도착했다. 흥경에 도착한 일본군은 흥경과 그 근처의 군인들에게 31일 흥경에서 국경절을 경축한다는 초청장을 뿌렸다. 그 때 제 시간에 도착한 사람들은 황신문(黃新門) 기독교회의 영도자 등 9명이었다. 이들이 흥경과 21리(里) 떨어진 동창태(東昌太: 음역)에 도착하였을 때, 일본군에 잡혀 연금되었다. 많은 일본군은 흥경에 유수하고 있었고, 당지 지사는 공무로 봉천에 가고 없었다. 전 현에 군사전화를 설치하고, 31일에 국경절을 경축하기로 했다.

11월 1일 새벽, 일본군이 현 소재지를 떠나 동창태에 이르러 한국인 9명을 체포했다. 일본군은 이들을 동쪽으로 몇 리쯤 끌고 가서 그들에게 죄의 유무를 불문에 부치고 모두 사형시켜 버렸다. 어떤 사람은 목이 잘리었고, 어떤 사람은 흉부에 상처를 입었다. 죽은 사람 중 교회의 장로 3명과 학교 선생 4명이 있었다. 동시에 같은 날 경내의 한국인 교회당이 소각 당했다. 며칠이 지난 다음 또 한국인 교회당 하나가 소각 당했다. 일본군이 이 교회당을 완전히 파괴하려 한 것을 중국인들이 나서서 불을 지른 것이다. 이 화재는 전 촌의 무고한 중국인들에게도 피해를 가져다 주었다. 11월 4일 또 한 교회당이 불에 탔다. 성경 등 책이 모두 불 속에서 잿더미로 변하였다. 당시 8명을 체포해 갔으며 그 전에 선생과 교회당 장로 등 6명이 살해되었다. 그 참상은 참으로 눈을 뜨고 볼 수 없었다.

살해당한 사람의 신원을 알아본즉 그는 한국독립당과 아무런 관련도 없고, 아무런 정치적 주장도 하지 않은 무고한 사람이었다. 살해된 지점과 그 상황에 대하여 소식을 전한 사람은 그들을 잘 알고 있었다고 하였다. 이것은 일본군이 중국 경내에서 일으킨 일인즉, 중국의 주권을 멸시하고 중국인들의 애국심을 멸시한 것이라고 하지 않을 수 없다.(●●●● 11월 28일)

일본 · 러시아 · 한국의 최근 사태

5일 도쿄 통신: 남경의 신문이 보도한 바에 의하면, 세미노프가 이미 금요일 아침에 인천에 도착했다고 한다. 당일 저녁 북경으로 떠나기로 되어 있는데 감기에 걸리는 바람에 모든 손님 면회를 다 거절했다고 한다.

4일 서울 통신: 금년 10월 조선의 호적을 조사한 결과 한국인은 16,891,289명이고 일본인은 343,496명이며, 외국인 중 남성은 23,110명, 여성은 3,164명으로 집계되었다.

6일 도쿄 통신: 관련부문의 책임자측에서는 모스크바로부터 아래와 같은 전보가 왔다는 사실을 부인했다. 그 소식은 다른 것이 아니라, 일본군이 시베리아 태평양 해안을 점령하고 만주 해변을 봉쇄하였으며, 붉은 공화국을 격려했다는 소식이다.

6일 도쿄 통신: 세미노프의 부관 더린스키는 오사카 일본신문기자에게 세미노프가 내일 시모노세키(下關)에 도착하여 자기 아내를 만

나 본 다음 기회를 봐서 귀환할 것이라고 피로했다.(●●●● 12월 7일)

일본의 자아 변호에 대한 미국신문의 논평

대륙보의 사론: 일본 사이토(齊藤) 중장이 일본 육군성을 대표하여 선언을 발표했다. 그의 선언은 언어구사가 아주 괴이한데 그 목적은 간도(중국 토지)에 진입한 일본인들이 한국인들을 살해한 책임을 경감하는데 있다고 볼 수 있다. 그러나 일본군의 죄명은 그렇다고 해서 지워지는 것이 아니며, 세인들의 힐책과 견책도 이로서 완화되는 것이 아니다. 일본군이 기독교도의 집을 소각하고 교도들을 도살한 죄행은 숨길 수 없는 사실이다. 이 선언은 자신의 죄를 승인하지 않은 것이며, 도살한 죄를 전도사들에게 전가하려고 했지만 이를 믿을 사람은 없을 것이다. 오히려 선언 전부에 대하여 의심을 품지 않을 수 없게 되었다. 사이토중장은 아래와 같이 말했다.

"그들은 일본군이 전도사를 잔혹하게 살해했다고 힐책하는데 그들이야말로 이 참극의 근원이다. 한국인들은 이 진상을 모르고 있다. 그들은 진정한 자신들의 원수가 누구인지 모르고 있는데, 정말로 유감이 아닐 수 없다."

이에 이어서 또 아래와 같이 말했다.

"일본은 종교 신앙의 자유를 완전히 허용하고 있지만, 이를 빙자하여 반역거동을 하거나 제국의 기초를 위협하는 일은 허용할 수 없다."

이번 참살사건은 중국경내에서 발생된 것이지만 사이토중장은 중국군측에서 일본군이 중국경내에서 물러갈 것을 요구하여 왔기 때문에, 그들은 사전에 거사를 한 것이고 이 때문에 예수교 교도들의 생명이 위험하게 된 것이라고 변명했다. 종합하여 말한다면, 중국의 항일군이 중국 경내에서 항일을 시도했을 때 한국인들을 살해했다는 것은 일본인도 승인한 사실이다. 그러나 이것이 어찌하여 정당한 거동이란 말인가? 캐나다 장로회의 전도사 마딩씨가 당시의 사실을 전술했다. 이에 의하면 간도에 주둔하고 있는 일본군은 모두 1만 5천명이나 된다. 당시 상기의 일본주둔군이 한국인 예수교 교도들을 참살했으며, 그 자택까지 다 소각했다고 한다. 한국 예수교도들이 거주하고 있는 집은 모두 중국경내에 있었다고 그는 말했다. 그들의 보고 중 노랍파위촌(瑙拉巴威村)의 상황에 대한 구절은 아래와 같다.

"날이 밝을 즈음에 일본무장보병들이 기독교 마을을 포위했다. 일본군은 산골짜기에서 내려오면서 밀짚을 소각하였으며 모든 사람들은 다 집에서 나와 집합하라고 명령하였다. 일본군은 남녀노소를 불문하고 집에서 나오는 사람들을 향해 무조건 사격을 단행했다. 그 중에 아직 숨이 있는 사람을 발견하면 그에게 불이 붙은 밀짚을 덮어주었다. 숨이 붙어 있는 사람은 뜨거움을 견디지 못하여 불더미 속에서 뛰어 일어나 사방으로 도망치려 했다. 이때면 피가 사방으로 튀겨 나갔다. 본인은 현장에서 이러한 피의 흔적을 직접 목격했다.
불에 타버린 시체는 누구의 시체인지 분간하지 못할 정도로 잿더미 속에 묻혀 있었다. 그들의 아내나 어머니 혹은 딸을 벽에 세워놓고 두 눈을 훤히 뜨고 보게 하는 상황에서 이와 같이 잔혹하게 사람을 살육하는 장면을 구경하게 했다. 이에 이어 온마을에 불을 질러 불바다로 변하게 했다. 일본군은 다른 촌으로 가서 또 그곳의 기독교 주택을 소각했다. 산골짜기에서 큰길까지 분포되어 있는 마을은 모두 다 이 봉변을 면하지 못했다. 군영으로 돌아간 일본군은 일본천황의 어연(御宴)을 경축하였다."

마딩씨는 당시 소각된 마을 중 자기가 명확히 알고 그 이름을 댈 수 있는 마을이 무려 36개나 된다고 썼다. 그 중 한 마을에서는 촌민

145명이나 살육됐다. 중국의 국력이 약하여 이와 같은 전대미문의 폭행에 대해서도 저항하지 않고 있으니, 그들 예수교단에서는 국제조직체인 국제연맹에 공소하려고 하여도 공소할 수 없게 되었다. 당시 예수교도들이 국제연맹에 공소할 수 없으니, 나에게 신고하는 편지를 써달라고 요청한 것이라고 피로했다.(●●●● 12월 8일)

한국통치에 대한 **일본의 정책변화**

일한합병이 어느새 10년이 되었다. 일본인들은 한국인들을 불평등하게 대우하여 한국 지사들이 일어나 독립구국운동을 전개했으며 생존투쟁을 진행했다. 2, 3년 이래 봉천성과 길림성 일대에는 평안한 날이 별로 없었다. 살육당한 한국인들이 부지기수라고는 하지만 일본인들은 여전히 발 뻗고 편히 자지를 못하고 있다. 이번 훈춘사건은 일본이 강제적으로 군대를 동원하여 당지에 주둔하였기에 일어난 사건이다. 이들은 왕청·화룡·훈춘·동녕 등 각 현에 주둔하고 있었다. 당지에서 일본주둔군의 기염은 아주 높았다. 이는 우리나라를 피정복자로 보는 것이나 다름없는 일이었다.

처음 우리나라 경내에 입국할 때는 공동협력하여 화적무리와 한국당인을 토벌한다는 협의를 맺었다. 그런데 정작 경내에 입국한 다음에는 화적무리와는 한 번도 대결하지를 않았다. 노흑산(老黑山, 동녕현 경내)에 화적무리들이 있는데 그 중에는 일본인들도 참가하여 있다. 일본군은 오직 한국당에 대해서만 대대적인 토벌을 진행했다. 처음에는 모든 병력을 동원하여 연길과 왕청 일대와 중국과 러시아 접경지역인 동구(東溝, 훈춘 경내) 일대를 대거 토벌하여 살인과 약탈을 단행했으며, 많은 마을을 소각시켰다. 우리나라의 관방에서는 실력이 부족하여 일본측과 직접적인 충돌을 피하고자 했다. 그러나 부정

1920년

당한 행위에 대해서는 제지를 했으며 그 진상을 조사했다. 영국과 미국의 전도사들은 마을을 소각하고 교도들을 살육한 사실을 사진으로 찍어 각국으로 전송하여 신문에 게재토록 하였다. 일본의 행위는 문명법칙에 어긋나는 행동이라는 것을 규명했다. 금년 1월 일본군의 행동은 큰 효과를 보지 못했다. 이것은 한국당인들이 산길을 잘 알고 적개심에 불타고 있기 때문에, 산길을 잘 모르는 일본군과 대결할 때 그 승부는 분명한 것이다. 일본통계의 득실을 보면 가히 부속본(不谷本: 중국에 온 일본인들이 중국어를 모르는 데다 하는 일이 다 여의치 않은 사람을 부곡본이라고 했다. 이것이 이제는 일본식 중국이름이 되었다.)이라고 할 수 있다. 이에 내각회의를 소집하고 방침을 변화시키기로 결정했다. 즉 적당히 군인을 철수시키고 이것으로 체면을 지키고자 한 것이다. 그러나 러시아와 중국의 접경지역은 일본의 근심거리이기에 이에 대한 여러 정책이 책정되었다.

(1) 우리 관청에 건의하여 각 기관에서는 중국국적 획득 여부를 막론하고 일률적으로 한국인을 등용하지 못하도록 한다. 이 정책은 불법적인 도경을 통해 우리나라 변경 관청에 전달한다. 우리나라에서는 이와 같은 작은 일을 두고 충돌이 발생하는 것을 방지하기 위해 적당히 받아들이기로 했다. 연변일대에서 전전해온 소식에 의하면 당지 우리나라의 관청기관에 임직했던 한국인들은 이미 다 퇴출당했다 한다.

(2) 한국인 자주 조직인 자위단에 밀령을 내려 당지 한국인들을 될수록 모두 자위단에 입회시키도록 했다. 자위단 성원에게는 일본 관청의 증서를 발급받고 이것으로써 자신을 보호하는 수단으로 삼는 단체이다. 한국인은 중국관청에서 자기네를 충분히 보호하여 주지 못하고 있기 때문에 일본의 강박을 이길 수 없어 이에 복종하는 수밖에 없었다. 변경지역에는 한국인 조직, 즉 친일 자위단이 없는 곳이 없다.

(3) 일본인은 무릇 한국인 중에 지식이 좀 있고 문명교육을 받은 사람은 다 믿을만한 사람이 아니기 때문에 그들에 대하여 일일이 방비하여야 한다고 선언했다. 그리고 예수교를 신봉하는 사람과 중국 의상을 입는 사람은 대체로 한국당과 내통이 있는 사람들이라고 보고 있다. 이번에 살해된 예수교도 중에 중국 관립학교에서 교원으로 있던 사람들이 가장 많았다.

(4) 전일에 일본인이 한국인을 살해한 것은 일본인들이 직접 저지른 죄행이므로, 세계 인사들의 비판을 받아야 했다. 일후에는 이 정책을 변화하여 한국인끼리 서로 상잔하는 방침을 취할 것이다. 즉 자위단을 이용할 수 있다.

종합하면 일본은 한국당인들에 대한 과거의 정책이 철저하지 못함을 인식한 기초하에 급히 그 정책을 변화시키기로 했던 것이다. 즉 이 정책은 다른 관점에서 출발하여 한국인들을 농락하기로 했던 것이다. 그 효과가 어떻게 될지는 아직 판단하기 어렵지만 우리 금수강산에서 한국인들이 생존하고 있으며 일본이 주권을 침범하고 있다면, 동북지역의 정세는 반드시 돌변하여 아주 위험하게 될 것이다.(●●● 12월 8일)

일본과 한국의 최근 사태

6일 서울 통신: 간도의 폭도 4명이 두만강을 건너 한국 경내에 잠입하다가 일본경찰에 의하여 살해되었다. 일본측은 간도 일대에서 폭동적인 반란을 시도하는 한국인들을 수색하고 있다. 용정촌의 한 곳에서만 해도 투항한 한국인이 700여 명이나 된다. 전하는 바에 의하면 간도 일대의 한국인들은 자원해서 자기 집 대문에 일본국기를 걸었다고 한다.(●●●● 12월 8일)

일본군이 한국인을 살육한 보고서

중미신문사에서 일본 광지보(廣知報)의 보도를 번역한 영문 소식: 일본군이 간도에서 한국인들을 참혹하게 학살하고 마을을 닥치는 대로 불지른 사건이 발생된 다음 본 신문사에는 당지 영국 전도사 몇 명이 서명한 증명서 여러 통을 접수했다. 이 증명서에 사인한 전도사들은 당지에서 명망이 높은 인사들이며, 당지의 상황에 대하여 잘 아는 사람들이다. 이 증명서는 사전에 상세한 현지 조사를 진행한 다음 작성한 것이다. 아래 그 증명서의 내용을 게재한다.

첫 번째 편지는 영성(榮城: 음역)에 있는 캐나다 장로회의 전도사 마딩의사가 써온 것이다. 그는 10월 31일 직접 노랍파위촌에 가서 현지 답사를 했다. 그 날은 사건이 발생한지 이틀이 지난 다음 날이었다. 편지의 내용은 아래와 같다.

일본은 중국이 강렬한 항의를 제기하는 데에도 불구하고 군대 1만 5천 명을 중국 경내 간도에 주둔시켰다. 그 목적은 주로 예수교도, 그 중에서도 청소년을 목표로 하고 그들을 소멸시키기 위한 것이다. 일본군은 마을마다 불지르고 수많은 청소년을 살해했다. 목전에 있는 이 촌의 주변 어디를 가도 모두 불질러지고 살해당하는 상황에 처해 있다. 아래 서술하는 내용은 절대로 정확한 사실임을 보증한다. 또한 아래 사실은 기자 한 명과 영국인 한 명도 직접 목격했다.

우리는 10월 31일 새벽녘에 영성을 떠나 노랍파위촌에 당도했다. 이 마을은 자그마한 시내의 상류에 위치한 곳인데 우리가 떠난 곳에서 12km 위로 올라간 곳이다. 이 날은 일본천황의 생일날이기 때문에 도중에 만난 일본군경들은 우리의 행동을 간섭하지 않았다. 우리가 큰길을 돌아가는데 검은 연기가 사방에서 뭉게뭉게 피어올랐다. 그곳이 바로 우리가 가보려고 한 곳이었다. 우리는 29일 이 마을에서 발생한 사실을 보고 들은 바에 근거하여 아래와 같이 소개한다.

　그날 새벽녘 일본 무장보병들이 이 유역 상류지역부터 집을 소각하기 시작하였고 주로 예수교도들이 많은 마을을 목표로 하며 아래로 내려갔다. 아직 탈곡하지 않은 밀짚을 모아 불을 지른 다음 집안에 있던 사람들을 모두 밖으로 나오게 하고는 남자들은 젊은이 노인 할 것 없이 모두 살해했다. 아직 죽지 않은 사람이 있으면 그 고통을 참지 못하여 그 자리에서 퐁당퐁당 뛰는 바람에 붉은 피가 사방으로 튕겼다. 우리는 그 핏자국을 직접 보았다. 시체는 즉시 잿더미로 되어 누가누구인지를 분간하지 못하게 되었으며, 팔다리가 잿더미 속에 여기저기 널려 있었다. 이 잔혹한 행동을 할 때 죽은 사람들의 아내와 모친 혹은 딸들은 벽에 서서 구경하게 하였다. 이들은 이뿐만 아니라 집까지 소각하였는데 온 마을이 순식간에 불바다로 변했다. 하늘을 치솟아 오르는 검은 연기는 십리 밖에서도 다 보였다. 한 마을을 잿더미로 만든 일본군은 또 다른 마을로 내려가 또 그 마을을 잿더미로 만들었다. 산골짜기를 따라 큰 도로까지 이르는 모든 마을을 모두 소각해 버렸다. 일본군은 군영으로 돌아가 천황의 생일 위한 어연(御宴)을 차려놓고 경축했다. 우리들이 부근의 각 촌들을 돌아볼 때 마을에는 백발의 노인들과 어린이, 그리고 여성들뿐이었다. 적지 않은 여성이 어린애를 안고 길목에서 흐느끼고 있었다. 우리는 커다란 한옥이 아직 불에 타고 있는 것을 직접 보았다. 그 주변은 모두 새까만 잿더미였는데 3년간 쌓아 둔 알곡창고라고 하였다. 한 여성이 어린애를 업고 여덟 살쯤 되어 보이는 딸을 데리고 있었고, 그 옆에는 늙은 두 상주가 새로 만든 상복을 입고 세 개의 무덤 앞에 앉아 있었다. 우리는 그 늙은 노인에게 말을 걸었다. 그는 예수교도인데 두 아들이 살해당했다는 것이다. 우리는 그 근처 잿더미 속에 시체들이 묻혀 있는 것을 보았다. 시체는 거의 불타 이목을 구별할 수 없게 되었다. 우리는 이런 사진 몇 점을 찍었다. 이 유역의 끝까지 올라가 보았는데, 이때는 이미 방화한지 36시간이나 지난 다음이었다. 하지만 시체가 타는 냄새가 코를 찔렀다. 그리고 드문드문 지붕이 무너지는 소리가 들렸다. 길에서는 여성 4명이 각각 어린애 하나를 데리고 새로 만든 무덤 앞에 앉아서 흐느끼고 있었다. 그 울음소리는 너무도 처량했다. 우리는 무너진 한옥 19채를 렌즈에 담았다. 이때 우리는 통곡하는 한 할아버지를 보았다. 할머니와 젊은 아낙네는 잿더미 속에서 각이 난 다리와 팔을 찾아냈고, 기타 다른 잡물도 뒤져서 긁어냈다. 이어 전 촌의 사람들이 모여 기도를 올렸다. 우리는 그들을 도와 잿더미 속에서 한 시체를 꺼내 주었다. 떨어진 손과 발을 찾아 제대로 맞추어 놓은 다음 사진을 찍었다. 당시 우리는 끓어오르는 분노를 참을 수가 없어 카메라도 제대로 들지 못할 정도였다. 서너 번이나 찍어서야 겨우 촬영을 원만히 끝낼 수 있었다. 기도를 드릴 때 교도가 아닌 한국인들과 중국인들이 주변에 모여들어 그들의 기도를 구경하였다. 구경꾼들도 모두 눈물을 흘렸다. 이 마을에 원래 있던 예배당과 소학교는 이미 다 잿더미로 되어버렸으며, 이 마을에 새로 만들어진 무덤은 31개나 되었다. 이밖에 또 잿더미로 된 마을은 우리가 확실히 알고 있는 것만 해도 36곳이나 된다. 집을 소각할 때 어떤 집에서는 여성과 어린이들이 함께 불에 타 죽은 사례도 적지 않다. 작은 농촌 지방에서는 14명을 동시에 총살한 다음 나무에 석유를 부은 다음 그들을 다시 불에 태웠다.(첫 번째 편지 끝) (●●●● 12월 9일)

일본인이 한국인을 참살한 보고서(계속)

두 번째 편지는 서울 캐나다 장로회의 전도사 만스페르드가 보내 온 것이다.

그는 사건이 터진 후 12일에 그 촌에 도착했다. 그는 아래와 같이 적고 있다.

"나는 11월 12일 노납파위촌에 도착했다. 당시 교회당과 소학교 주변에 30여 채의 집이 있었는데, 그 집의 주인들은 다 교인들이었다. 그러나 그 집들은 이미 다 잿더미가 되어버리고 말았다. 그 중 타다 남은 한 집에서는 알곡이 타는 연기가 조용히 하늘로 솟아오르고 있었다. 나는 촌에서 11시까지 있으면서 홀로 마을을 돌아본 다음 촌민들과 대담도 나눴다. 나는 잿더미에서 죽은 사람의 뼈 몇 마디를 찾아냈다. 내가 직접 목격한 사실로 봐서 마딩 의사가 쓴 기술은 믿을 만하다는 것을 증명할 수 있었다."

세 번째 편지는 영성에 주재하는 캐나다 장로교회 전교사 포터 씨가 서술한 것으로, 다른 마을의 상황을 설명한 것인데, 그 내용은 아래와 같다.

"나는 11월 14일 노로팔유촌(奴路八維村)에 도착했다. 나는 한옥 9채와 교회당·학교가 불에 탄 것을 보았다. 일본군은 11월 13일 이 마을에 불을 질렀으며 31명을 총살했다고 마을 사람들이 말했다. 모든 상황은 내가 전해들은 사실과 다름이 없었다. 마을 사람들의 말에 따르면 31명을 살해한 이튿날 또 일본군인 17명과 일본경찰 2명 및 한국인 경찰 1명이 이 촌을 수색했다. 촌민들은 대경실색하였지만 누구도 도망가지는 않았다. 그들은 밖으로 나오는 사람이면 무조건 살해했다. 남자가 죽으면 죽은 사람의 아내를 불러내어 남편의 과거를 캐물었다. 그들은 아내가 공술한 것을 일일이 기록한 다음 아내에게 사인하도록 했다. 이 일이 끝난 다음 모든 사람을 모두 불러내 앞으로도 이와 같은 방법으로 엄격하게 단속할 것이라고 엄포를 놓았다. 그리고 어제 처벌을 받은 다음 이 곳에 온 외국 전도사가 없었는지 조사했으며 그들이 와서 어떤 행동을 했으며 어떤 말을 했는가 하고 조사했다. 그들은 죽은 시체를 한 곳에 모아 두게 했다. 이미 시체를 묻은 촌민들도 있었다. 이들은 다시 그 시체를 꺼내어 한 곳에 모아 놓았다. 일본인은 시체에 휘발유를 뿌린 다음 모두 소각시

컸다. 일본군은 시체를 소각시키는 불이 다 꺼질 때까지 기다렸다가 확실히 시체가 다 소각된 것을 본 다음에야 물러갔다. 일본군은 범죄인을 연행하려 했다. 이때 한 노인이 자진하여 나서자 일본군은 그의 맏아들(25살, 노인은 이 밖에 두 아들과 형님이 있었는데 이미 일본군에 의하여 살해되었고 소각되었다.)도 함께 가야 한다고 했다. 촌의 다른 한 소년도 함께 연행되었다. 일본군은 늙은 노인을 연행해봤자 아무런 소득이 없다는 것을 잘 알고 있었기 때문에 그의 아들을 연행했던 것이다. 후에 전해들은 소식인데 소년은 감옥에 투옥되었고 불은 이튿날 아침에도 완전히 수그러들지 않았다."(●●●● 12월 10일)

일본인과 한국인 간의 전쟁

7일 도쿄 통신: 12월 4일 훈춘에서 전해온 통신에 따르면 훈춘의 간도 경내의 한국인이 조직한 거사 단체는 이미 모두 해산되었다고 한다. 일본군은 간도 경내에서 한국인들과 두 차례의 충돌이 있었는데, 그 한 번은 용정촌 서남쪽으로 45리 떨어진 3도구와 6도구 근처에서 발생한 것이다.

다른 한 번은 묵산현(墨山縣: 음역) 서쪽으로 45리 위에 위치해 있는 종산(鍾山: 음역)이란 삼림구역에서 발생한 것이다. 이 충돌은 쌍방간에 수일 동안 견지되었다. 한국인들은 아주 완강하게 저항하여 일본군을 격파했다. 일본군의 손상은 대단히 컸다. 한국인들은 기관총 3대와 보총 500대를 노획했다. 서류상에 기입된 숫자를 보면 한국인들은 과격당을 통해 보총 2,500자루를 구입했으며 기관총 55대를 구입했다고 밝혀져 있다. 그리고 폭탄 1,500매와 군비 50만원을 모집했다고 한다.

캐나다 교회 총부에서 접수한 소식에 의하면 일본군은 집을 130여 채나 소각시켰으며, 그 중에는 교회당과 학교가 포함되어 있다. 일본군에 학살당한 한국인은 무려 90여 명이나 된다. 일본군측에서는 자기네가 소각한 집은 모두 다 혁명근거지로써 활용되고 있던 집이라고 해설했다. 일본군이 한 마을을 모두 소각하고, 한국인 70여 명이 학살당했다는 사실에 대한 확실한 증거는 이미 확보했다. 그들은 다 예수교를 믿지 않는 사람들이다. 일본군측에서는 이 마을 사람들이 일본인들에게 거짓 정보를 제공하여 일본군이 삼림에 매복한 한국인들의 습격을 받았다는 것이다.(●●●● 12월 10일)

일본군의 한국인 포로

10일 도쿄 통신: 간도의 일본군 총사령부에서 공개한 소식에 의하면 살해된 한국인은 모두 375명이고, 포로가 된 한국인은 177명이며, 투항한 한국인은 1,518명이라고 한다. 일본군은 11명이 전사했고, 25명이 부상했다고 한다. 한국인 집 193채가 소각되었고 한국인 군영 13채와 교회당 2곳, 학교 5채가 소각되었다. 일본군이 노획한 무기로는 보총 513자루, 기관총 3대, 탄알 4만 2천 발이다. 한국인들은 두 교회당을 회의 장소로 삼고 있었고, 학교를 군관양성소로 삼았다고 지적했다. 상기의 숫자는 각 교회에서 보고한 것과 당지 중국관청에서 보고한 것보다 숫자적으로 적게 되어 있다.(●●●● 12월 12일)

간도전쟁

17일 도쿄 통신: 일본신문에 게재된 길림에서의 소식에 의하면, 12월 13일 조선폭동군은 간도 6도구 근처에서 일본군을 습격하였다. 중국군인들이 이 광경을 보고 군대를 파견하여 일본군을 협조하여 폭동군을 물리쳤다. 그러나 일본군은 이 전투에서 18명이 전사했고 35명이 부상을 입었다.(●●●● 12월 19일)

간도사건에 관한 미국신문의 평론

중미신문사에서 대륙보 사론을 번역하여 게재: 시카고 신문사의 우터기 자가 일전에 간도에 가서 일본군이 한국인을 학살한 상황을 조사한 다음 최근 귀환하였다. 그는 자기의 조사결과를 국제신문사에 올렸다. 그가 기술한 바에 의하면 일본군의 행동은 3단계를 거쳤다고 분석했다.

(1) 토벌은 10월 2일 훈춘에서 일본영사관과 일본교민 11명을 살해한 화적무리를 징벌하기 위하여 진행한 것이다. 목격자들의 말에 의하면 당시 화적무리들은 중국인 400여 명, 한국인 100여 명, 러시아인 6명으로 구성되었다고 한다. 일본군이 현장에 당도했을 때는 화적무리들이 다 물러간 다음이었다. 때문에 그들은 아무런 징벌을 받지 않았다.

(2) 반일운동에 참여했거나 혹은 반일운동자를 동정한 만주의 한국인들에 대하여 학살을 진행하여 기대한 목적에 도달했는데, 한국인 무장은 이미 해산되었고, 한국인 영도자 중 많은 사람이 이미 살해되었다. 그들이 거처한 집을 모두 소각하였으며 그들 당인들도 많이 살해당했다.

(3) 일본인들은 정치·경제와 동족의 이익과 질서를 유지하고 생명과 재산을 보호한다는 이유로 두만강과 장백산 일대의 만주 토지를 고려에 합병시킨다면, 현재 중일 쌍방군대는 충돌이 없어질 것이라고 주장하고 있다. 이렇게 되면 일본군은 철수할 가능성이 있으며 이 차원에서 문제를 해결하면 새로운 앞날을 기대할 수도 있다.

우터씨는 이어 아래의 상황을 소개했다.

일본군 제19사단에서 쌍방의 사망숫자를 공개했는데 한국인은 374명이 사망하였고, 일본군은 11명이 사망하였다. 이를 통해 쌍방 간의 군사력을 얼마든지 헤아려 볼 수 있다. 그리고 외부에서 전해오는 통신에 의하면 일본군은 당지에서 수색한 한국인들을 심문도 하지 않고 곧바로 그 자리에서 살해했다고 한다. 때문에 피살된 사람이 정말로 독립운동을 지지했었는지 그 여부가 항간의 화제로 되고 있다. 우터씨는 여기에 두 가지 문제가 있다고 보고 있다.

첫째는 전도사와 군인 목격자가 서로 변론도 벌이지 않았다는 사실이며, 다른 한 문제는 쌍방이 기술한 지명과 인명이 많이 나오는데 용정의 캐나다 장로회의 보고에 가장 많이 나온다는 점이다. 간도 경내의 외국인 대표는 전도사 밖에 없는데 이들은 꺼리낌 없이 사실 그대로를 말할 수 있는 사람들이다.

그들의 말에 따르면 그들은 기독교 교민들을 학살하고 그 주택과 교회당, 그리고 학교를 소각하는 일을 반대할 뿐만 아니라, 또한 인류 전체의 공소이기도 하다는 것이다. 사실상 살해된 교도들은 교민이 아닌 사람보다 아주 적다는 것이다. 이에 관하여 일본측에서는 절대로 예수교를 반대하는 운동은 아니라고 해명했다. 한국인 중에 예수교를 믿는 사람은 불과 5분의 1이나 될까말까 하다는 것이다. 그러나 일본군측에서는 이번 일본군이 간도에 진출한 것은 봉천정부의 지령을 받은 것이며, 예정된 계획에 따라 행동한 것이라고 변명했다. 전사들은 규율을 잘 준수하였으며 한국인들과 마을을 소각한 것은 일본영사관이 사전에 이미 다 조사를 진행한 기초 위에서 단행한 행동이지 결코 망동한 것은 아니라고 설명했다. 그 중 체포한 사람에 대한 심판은 진행하지 않았지만, 그러나 사망한 사람 중에는 반드시 혁명영도자들이 있을 것이라는 점에서는 의심하지 않는다고 부언했다. 하지만 일본군은 한국인들의 행동에 대하여 일정한 경계선을 두지 않았고, 무기를 들고 명확히 일본을 반대한 사람이나, 소극적인 혁명자들을 분간하지 않고 아무런 분별없이 살해했던 것이다. 한 집의 성년들을 일률적으로 살해했고, 그 주택과 모든 재산을 모두 파괴

소각하여, 생존자는 정말로 살아가기가 어렵게 되었다.

종합하면 일본의 거동은 확실히 그들이 가지고 있는 권한의 범위를 벗어난 행동이며, 이것은 전 세계적으로 규탄 받아야 한다고 주장했다.(●●●● 12월 2일)

연변일대 일본군 철수에 대한 보고

훈춘사건이 발생된 다음 우리나라의 이목이 연변에 집중되고 있는 것은 물론, 세계의 이목도 연변의 사태에 대하여 관심을 기울이고 있다. 최근 일본군대가 우리나라 연길·훈춘·화룡·왕청·동녕 등에서 철수한다고 선언했다. 이 선언은 일본이 확실히 외계로부터 압력을 받았기 때문이라고 볼 수 있다. 총망히 진출했다가 총망하게 철수하려는 것이 일본의 본의는 아닐 것이기 때문이다. 그러나 사면팔방의 분위기를 보면 이미 긴장할 대로 긴장되어 있기 때문에 상기의 선언을 발표하지 않으면 안될 처지에 놓이게 된 것이다.

최근 전하는 소식에 의하면 동녕·연길·훈춘 등의 일본군이 철수하고 있다는 사실이 증명되었다. 아래에 모 방면의 보고를 게재한다.

(1) 동녕현의 일본군은 이달 초 28도하자구(28道河子溝)에서 보병 일부를 철수시켰다. 이 일본보병은 6도구·서북구·노기자구를 경유하여 동녕현에 입성했다. 이 밖에 또 기병 일부가 서북구·태평천·노흑산·기자구를 경유하여 현 소재지에 입성했다. 이 부대는 동녕현에서 수일간 휴식한 다음 러시아변경의 쌍성자쪽으로 철수하게 된다. 이와 동시에 사령부도 철수하기로 했다. 동녕현 성내에는 다만 유수 부대만 남겨두어 교섭 결과를 기다리게 한다. 이곳의 일본 하네이리(羽入)연방대장도 기마병과 보병 각각 1,500여 명을 인솔하여 이미 28도하자구를 떠나 동구를 통해 블라디보스토크로 철수하고 있다.

(2) 장춘과 공주 령에 주둔하고 있는 일본군대는 일전에 훈춘사변이 일어날 때 연길로 출발했다. 이들은 현재 이미 전부 본지로 철수하였다. 연길지방의 일본군 중 포병이 이미 전부 철수한 외에 기마병은 12월 14일 연변 경내를 떠났고, 보병 대부분도 얼마 지나지 않아 철수하게 된다. 이것은 일본군관 다카시마(高島)가 직접 표명한 것이다.

(3) 훈춘의 일본군 포병은 이미 철수했다. 보병은 12월 12일 철수하기로 했다. 고급군관들도 머지 않아 훈춘에서 철수하기로 했다. 그러나 유수부대를 남겨두어 교섭결과를 기다리게 했다. 즉 전부 철수한 것은 아니다. 이와 같은 철수가 어느 정도 신뢰성이 있는지는 여전히 미지수이다. 일본군이 전부 철수하지 않았기에 그들은 자유롭게 왕래할 수 있다는 말이다. 현재 동3성 인민들과 학계방면에서는 일본에 대한 적개심으로 들끓고 있는 상태이다. 연변에서는 대표 2명을 길림에 파견하여 성의회 의장과 포 독군을 면회하였다. 동시에 일본군이 연변에서 중국인과 한국인을 학살한 상황을 조사한 내용을 삐라로 인쇄하여 사방에 발포하였다. 이를 통하여 일반 사회의 주의를 불러일으키기 위한 것이다. 그러나 관청에서는 아직 침묵을 지키고 있다. 현재의 교섭 중심은 봉천인데 봉천은 지금까지도 명확한 입장을 표명하지 않고 있다. 당국에서 전해온 소식에 따르면, 이 사건은 일시적으로 해결하기 어렵다는 입장을 보여주었다고 한다. 연변의 한국당은 일본의 침략과 핍박에 못 견디어 사방으로 이동하고 있는 과정이다. 최희(崔喜)는 천여 명 동지를 인솔하여 길림성 동북지역을 경유하여 러시아 백리(伯力)쪽으로 이동했다. 앞으로 과격당과 결탁할 수 있는 가능성이 있다. 돈화현 방면에는 아직도 대량의 한국당이 일본군과 대결상태에 있다. 일본신문의 보도에 따르면, 일전에 연길 6도구, 즉 용정지방의 일본군관 다카하시가 인솔하는 일본군이 한국당인들을 포위하여 한 번에 한국인 19명을 살해하고 30여 명을 부상시켰다는 보도가 있다. 때문에 일본군은 한국당인 때문에 진퇴양난에 처해 있는 것이 분명하다.(●●●● 12월 27일)

훈춘 부근 한국당파와 화적무리의 활동

　북경 통신: 길림 포독군의 소식에 따르면, 훈춘 부근의 화적무리는 한국당, 최근에는 몽골의 화적무리와 러시아 패잔병들과 결탁하여 영토구(寧土溝) 근처의 삼림에서 대대를 조직하고 있다는 것이다. 이들은 질서를 교란시키고 무기를 제조하여 동 몽골방면에서 군마와 가죽을 운수하여 오고 있으며, 식량을 준비하고 있다고 한다. 이들은 다시 재기를 꿈꾸어 당지에서 지폐를 발행하고, 부자들을 납치하여 군비를 해결하는 등 전쟁준비를 다그치고 있다고 한다. 이 화적무리들은 자신들의 죄를 승인하지 않고 있다. 이미 23사단 45여단을 파견하여 그들을 소탕하기로 했다고 한다.(27일 오후 1시) (●●●● 12월 28일)

훈춘 한국인 이미 30만 이상

　북경 통신: 도빈(陶彬)이 전해 온 통신: 훈춘에 속한 8개 현에는 한국인들이 대량으로 거주하고 있는데, 조사에 의하면 30만이 넘는다고 한다. 이처럼 많은 한국인들이 이 지방에 집거하고 있는 것은 앞으로 문제가 발생될 우려가 없지 않아 있는 것이다. 때문에 앞으로 엄격하게 제한하여 우리나라에 귀화한 사람을 제외하고는 일률적으로 축출시켜 당지의 질서를 유지할 예정이다.(29일 오후 8시)(●●●● 12월 31일)

1921년

일본경찰 한국인 거주지에 주재

북경 통신: 연길 도씨(陶氏) 도윤의 전보통신: 연길·훈춘·화룡·왕청 등 4개 현의 현지사의 보고에 따르면 한국인 개척단들이 집거한 마을에 일본경찰이 진입하여 주재하고 있다. 이에 대하여 일본영사관에 문제를 제기했지만 아무런 효과를 보지 못했다. 영사관측에서는 봉천정부의 지령을 받고서 행사한 것이라고 답했다. 각 현으로 인원을 파견하여 일본경찰이 계속 진입하고 있는지 그 여부를 조사할 계획이다. 바라건대 사전에 일본공관과 교섭을 진행하여 줄 것을 기대하고 있다. (●●●● 1월 26일)

일본경찰이 또 중국국적으로 이적한 한국인을 체포

길림 통신: 일본은 일찍부터 남만지역의 경찰권을 분할하여 가지려고 했다. 때문에 일본은 이미 각처에 경찰을 파견하였다. 각지에 파견한 일본경찰은 우선 중국국적으로 이적한 한국인을 체포하는 것을 첫 과업으로 삼았다. 오전 일본경찰은 화전현(樺甸縣)에서 한국독립당 8명을 체포했다.

다행이 우리 관청에서 이 일을 알고 일본경찰의 행동을 제지했다. 일본경찰은 또 성 소재지에서 중국국적으로 이적한 한국인 4명을 체포했다. 그 중 3명은 이미 석방했다. 그러나 정병식(鄭秉植)만은 석방하지 않고 조선으로 압송하려 했다. 그는 길림역에서 일본경찰이 주의하지 않는 틈을 타서 우리 경찰서로 도망왔다. 그리하여 그도 석방되었다. 일본경찰측에서는 상기의 두 사건을 두고 몹시 불쾌해 하고 있다. 중국국적으로 이적한 한국인을 체포하려는 일본의 욕망은 여전히 사라지지 않고 있으며 그 방법도 점점 완벽하게 되어가고 있다.

금년 2월 2일 액목현 경내의 신참(新站)지역에서 이적한 한국인 전영일(全永一)이 우리 성 길항(吉恒)으로 와 새로 개업한 외상(外商) 부두에 위치한 척(戚)씨 집에 들었는데, 일본경찰이 이 사실을 탐지하였다. 전영일이 이튿날 아침 7시 귀가 준비를 마치고 돌아가려는데, 일본경찰 3명이 와서 그를 영사관으로 연행했다. 전영일은 무슨 영문인지 몰라 일본경찰의 말대로 영사관으로 출두하기를 거부했다. 일본경찰은 강제적으로 그를 체포하여 일본상인이 경영하는 해산물 상점으로 끌고 들어갔다. 우리 관청에서 이 일을 알고 임원을 파견하여 갔다. 그러나 일본영사관에서 먼저 차를 보내 그를 실어가는 바람에 우리측에서는 그만 헛수고하고 말았다. 전영일은 민국 5년에 우리 중국국적으로 이적한 한국인이다. 때문에 일본영사관에서는 그를 연행할 아무런 이유가 없는 것이다. 단 우리 경찰이 힘이 없기 때문에 일본경찰이 그를 구속한 것이다. 오후에 우리당국에서 길림주재 일본영사관 총영사 모리다(森田寬藏)와 교섭하여 이 일에 대하여 알아보는 동시, 즉시 전영일을 중국측으로 인도할 것을 촉구했다. 일본영사는 이 사건에 대하여 아직 잘 모르고 있으며, 일본경찰이 전영일을 아직 영사관으로 이송하지 않았다고 잡아떼고 있다. 그리고 전영일의 인도문제에 대해서도 두리뭉실하게 대답했다. 동시에 이런 사건들은 장관이 해결할 문제라고 부언했다. 일본경찰에 걸리기만 하면 그들 손아귀에서 석방되는 일은 아주 어려운 일이다.(●●●● 2월 12일)

연변에서 한글『적기보』를 발견

동3성은 러시아와 접경하여 있다. 하얼빈과 하얼빈 이동, 이북은 러시아인이 많이 살고 있는 곳이다. 때문에 과격파들의 사상이 널리 파급될 수 있는 지역이다. 당지 지방장관도 이에 대하여 신중한 입장을 취하여 수하들에게 이들을 엄격하게 단속하고 빈틈없이 방비할 것을 지시했다. 때문에 최근까지 과격사상을 전파하는 문서나 서류들을 발견하지 못했다. 그런데 최근 연길 방면에서 한국당인들의 우편물에 한글신문이 들어 있었다. 그 신문은 다 한글로 된 신문이라 한자는 한 글자도 없는 신문이다. 그 신문의 내용은 사회하층사람들을 고취시키는 내용이다. 한글을 아는 사람을 시켜 그 내용을 번역해 보았다. 그 때야 그 신문이『적기보』라는 것을 알게 되었다. 내용은 전문이 과격적인 공산주의를 고취시키는 내용이었다. 그 사무소는 러시아 경내에 있는 이루크츠크 크얼첸스가야가 제 5호에 자리잡고 있다는 것을 알게 되었다. 발행처는 이루크츠크 공산당 한국당부이며 발행날자는 월요일 하루뿐이다. 즉 이 신문은 주간신문인 것이다. 이 신문은 신문 구독료를 받지 않으며 과격적인 공산주의를 선동하는 것을 목표로 하고 있다. 창간일은 한국역으로 단기 4920년 2월 27일인데, 이것은 양력으로 1920년 2월 27일이다. 이 신문은 당시에 지나간 신문을 보내온 것이 아니라면, 이곳에서 보존했던 사람이 이 기회를 빌려 공산주의를 선동하기 위하여 각지로 우편 발송한 것일 수도 있다. 길림성 당국에서는 이 소식을 접한 즉시 정부의 명령을 하달하여 과격주의에 대해 엄밀히 방비할 것을 요구했다. 일단 이 신문을 발견한 이상 이 신문이 과거의 신문이든 현재의 신문이든 어느 것을 막론하고 전부 체포할 것을 명령했다. 연변지역은 한국당인들의 활동이 활발하여 일본당국이 구실로 삼고 간섭하고 있는 곳이다. 만일 상기와 같은 『적기보』의 선전이 전파된다면 각국의 관심을 불러일으키게 될 것이므로 절대로 소홀히 대해서는 안된다고 강조했다. 이 지난 신문은 어느 나라 사람이 고의적으로 우편물로 붙인 것인지는 모른다. 따라서 이를 하나의 구실로 삼기 위한 것일 수도 있는 것이다. 이러한 설명은 근거가 없는 것은 아니지만 그에 대한 명확한 증거가 없기 때문에 당국에서는 이 사건에 대하여, 사건 자체에 입각해서 먼저 그 신문을 몰수하여 널리 전파되지 않도록 방지하는 일에 착수했다. (●●●● 2월 28일)

일본영사관 한국인에 대한 태도 변화

동3성에 거주하고 있는 한국인은 이미 수십만 명이 넘는다. 일본당국에서는 원래 조선인들을 중국 만주 땅으로 보내 자기들이 만주를 점령하는 선봉으로 삼았다. 그런데 최근 한국인들의 독립운동이 사방에서 일어나면서 이들에 대하여 엄격한 정책을 취하기 시작했다. 작년 상반년 동안 연길·훈춘·화룡·왕청·동녕 등 5개 현에 군대를 파견하여 당지의 한국인 몇천 명을 학살했다. 그러나 그 효과는 크지 않았으며 세계 여론이 이 사실에 대하여 관심을 가지게 되었다. 일본당국에서는 무력의 힘만 빌어서는 안된다는 사실을 인식하게 되었고, 완화적인 수단으로 통치해야 한다는 인식을 재정립하게 됐다. 그 결과 연변 일대에 귀순등기소를 설치하여 한국인들을 농단하고자 시도하고 있다. 금년 2월 요시가키(吉垣)일본영사관에서 일본 상업계 거리에 체류한 중국국적으로 이적한 한국인 전영일을 체포했다. 당시 그를 수십 일간 구류했었다. 그러다가 후에 일본영사관에서는 그를 갑자기 석방했다. 길림지역 사람들은 이 일에 어리둥절해 했다. 후에 항간에서 전하는 말에 따르면 일본영사관측에서는 원래 전영일을 조선에 이송하여 처리하려고 했으나, 동북지역에서 현지 조사를 진행하라는 조선총독의 중임을 받고 온 위원 마츠시마(松島)의 의견이 반영됐기 때문이라고 한다. 즉 "그는 목전에 일본이 한국인들에 대하여 너무 엄격하게 단속하고 있는데, 이것은 지나친 과격한 행동이다. 이렇게 되면 오히려 더 반감을 야기시키게 되며 그렇게 되는 것은 일본당국에 불리하다. 때문에 관용을 베풀어 한국인들을 너그럽게 대하여 주면 그들이 감격하여 오히려 일본과 친화하려고 할 것이다."고 하며, 전영일을 석방하는 것이 유리하다고 설득했다는 것이다. 그리하여 일본영사도 마츠시마의 주장을 받아들였다는 풍문이다. 이 설명이 정말인지는 확인할 수 없지만 일본당국에서 최근 한국인에 대한 단속을 확실히 이전보다는 유연하게 시행하고 있다. 마츠시마는 관광이라는 구실로 길림성 각 현을 시찰하였으며, 한국인들에게 일본과 친목을 도모할 것을 부탁했다. 그는 한국말을 아주 잘 아는 사람이라 한국인과 직접 한국말로 대화할 수 있다고 한다. 길림주재 일본 총영사 모리다(森田寬藏)는 이달 초에 봉천과 조선 등지를 방문하였다. 그 임무가 무엇인지는 알 수 없지만 만주에 거주하고 있는 한국인과 관련이 있는 문제를 상의한 것만은 분명하다. 때문에 우리들은 모리다가 길림으로 돌아온 다음 일본영사관에서 중국거주 한국인들에게 어떤 정책을 취할지 주목해야만 할 것이다.(●●●● 3월 16일)

동북3성 한국인 거류민회 문제

동3성은 최근 몇년 사이에 한국인 교민들이 점점 많아지고 있는 상황이다. 일본정부에서는 동북3성에 거주하고 있는 한국교민들을 통치하고자 시도하고 있다. 그러나 한국교민들은 일본의 통치에 복종하려 하지 않고 있다. 한일합방을 실행한 다음 일본정부는 한국인들을 아주 혹독하게 대우해왔기 때문에 한국인들의 마음속에는 반일사상이 최고조에 달해 있다. 이에 대응하여 일본정부에서는 한국인들을 잘 다루기 위한 수단으로써 한국인들의 마음을 사려는 정책으로 전환하고 있다. 그 조치의 하나가 동북3성에서 조선인회를 설립하는 일이다. 이 조치를 실시할 계획을 가진 지는 이미 3~5년이나 된다. 최근 연길 지방장관이 상부에 보고를 올렸는데, 이 보고의 내용을 보면, 연변지역에 설치한 모든 일본영사관은 민국 8년(1919)에 네 개 향(鄕)의 한국인들을 설득하여 일본거류민회를 본 따 조선인거류민회를 조직하게 했다는 내용이 있다. 이렇게 조직된 조선인 거류민회는 일본영사관에 귀속되어 관할하도록 했다. 연길 도윤 장세여(張世余)는 이 문제를 가지고 일본영사관측과 여러 번 교섭을 진행했다. 그럼에도 일본은 각 상업지역과 연길의 천보산 팔도구·화룡의 팔도하자(八道河子)에다 회관을 설립했다. 기타 다른 곳에서는 아직 회관을 설립하지는 않았다. 조선인 거류민회에 입회하는 것은 본인 의사에 따라 자원입회를 원칙으로 하고 있다. 그러나 입회한 사람에게는 독립당과 연루되지 않았다는 것으로 인정해 주고, 입회를 거절한 사람에게는 난동자로 인정하였기 때문에, 감히 입회하지 않겠다고 하는 사람이 없게 되어 있다. 회장은 대중이 선거한 다음 영사관에 상정하여 위임하도록 되어 있다. 회비는 회원들이 내는 것 외에 일본정부에서 적당한 수준에서 보조하게 되어 있다. 한 향의 회관에 4~5

개, 혹은 5~6개 의 분사를 두었는데, 이에 대한 획일적인 규정이 없기 때문에 중구난방 식으로 설립되었다. 분사의 장은 본사의 한국인 호적·재산·토지 등 세 가지 내용을 등기하여 민회에 바쳐 이를 영사관에 상정하도록 되어 있다. 동시에 한 달에 두 번씩 각 사의 상황을 회보하도록 했다. 간단한 송사 같은 것은 민회에서 처리하고 중대한 것은 영사관에서 접수하여 기소하기로 되어 있다. 중국관청에 가서 소송하는 일은 엄금했다. 그 상세한 장정은 아주 비밀스러워서 우리 관청에서는 아직 그 장정을 입수하지 못하고 있다. 연길·화룡·왕청 등 3현에서는 상업지역에 민회가 있는 외에, 4개 향에도 이미 한국인 거류민회를 조직하고 있다. 훈춘에서는 일본상업지역에 조선인거류민회가 성립되어 있으며, 각 향에는 자위단 혹은 민공회라는 칭호가 다른 조직이 건립되어 있는데, 그 내용은 사실상 비슷하다고 하겠다. 상반년에 이런 사실에 관하여 일본영사관에 질문을 제기한 바 있었는데, 그들은 이 사실에 관해서 정확히 아는 정보가 없다고 대답하며 구체적인 회답을 피하고 있다. 그 후 구두로 다시 질의하자 일본에 체류하고 있는 중국인이나 한국인들이 일본법에 준하여 각 지에 회관을 설립하고 있지만, 일본정부에서는 이에 대해 전혀 간섭하지 않고 있다고 대답했다. 연변 조선인들이 민회를 조직하는 것도 이와 같은 상황에서 이루어진 것이라고 한다. 일본측의 답변은 중국관청에서 이 문제에 대하여 문의할 필요성이 없다면서 이 조직의 설립이 중국의 주권침해라는 말은 일리가 없는 것이라고 반박하고 있다. 이번에 상급부서의 지시에 따라 일본의 행위를 제지했지만, 모두 구두로만 제지가 이루어진 까닭에 어떤 효과도 보지 못했다. 만일 한국교민에 대하여 직접 간섭한다면 일본영사관에서는 이런저런 구실을 대고 또 이에 대하여 반대하여 나설 것이 분명하다. 때문에 일본이 연변에서 군대를 철수하기는 하였지만, 실은 경찰을 설치하고 거류민회를 조직하는 등 여러 가지 행동을 통해 연변에 대한 통제를 영구화하려는 야심을 드러내고 있다. 동3성 당국은 이 사실에 대하여 시종 부인하고 있는데, 이것은 실력이 미비하여 일본에 직접 대항하지 못하기 때문에 일본이 우리의 말을 들은척 하지 않는 것이다. 길림성 화전현에서는 최근 한국인 김태경(金泰慶)이 일본영사관과 연계하여 당지의 조선인거류민회의 사무를 책임지고 있다. 이 사실이 화전현 지사 오건삼에게 발각되자, 그는 즉시 김씨에게 명하여 현 청에 출두하여 그 시말을 보고토록 했다. 그리하여 당사자의 공술을 받아 냈는데, 그 공술에 의해 일본영사관의 명령을 받았다는 것을 알게 되었다.

오지사는 이 사건을 처리하는 문제는 장관의 명령을 받은 것도 없고, 또한 한국당의 문제가 까다롭기 때문에 민회를 무단으로 조직하는 일은 법적으로 허락된 일이 아니므로 중지해야 한다고 결정했다. 또한 조선인거류민회 조직은 조약에서 허가한 사항이 아니기 때문에 즉시 해산할 것을 명령했다. 김태경은 이 일을 일본영사관에 밀고했다. 그는 오지사가 자기를 학대했다고 하면서 그가 내린 결정사항을 전해 주었다. 그러자 일본영사관에서는 시시비비를 따지지도 않고 조사하지도 않은 채 중국관청에 공문을 보내 질책했다. 즉 "일본영사관에서 조선인거류민회를 지원하여 조직한다는 사실을 통보하지도 않았는데, 오지사가 어떻게 이 일을 알고 조선인거류민회를 해산하고 했는가?"라고 반문하는 동시에 오지사의 행위가 부당한 행위라는 것을 주장했다. 당국에서는 민회를 조직하는 것을 완전히 막기는 힘든 일이라고 판단, 오지사의 처리가 합당하지 않았다고 일본측에 통보했다고 한다.(●●●● 5월 3일)

연변의 개간농민과 한국인 단체

 김림성의 연길·훈춘 일대의 일본영사관에서는 한국인들의 인심을 사기 위한 여러 작태를 드러내고 있다. 이러한 일환으로 설립되고 있는 자위단과 조선인거류민회 등에 대해서는 본보에서 이미 보도한 바 있다. 최근 전하는 소식에 의하면 일본군과 일본경찰이 훈춘현에 속하는 제3구 18도자에서 입적한 개간농민 이춘(李春)이 경신향(敬信鄕) 8사 개간농민 자위단을 조직한 다음 3월 1일부터 훈춘 일본영사관의 명령을 받고 이를 민공회(民共會)라 개명한 다음 이춘이 회장을 맡고 있다. 이 민공회는 각 사의 개간농민들에 명하여 윤번으로 야간 순찰을 하도록 했다. 그렇게 하는 것은 한국인 당과 화적무리의 활동을 방비한다는 의도에서 이다. 이 현의 지사 웅맹오(熊孟鰲)가 이 사실을 알고 각 분사에 명하여 이들 단체를 조직한 진위가 어떠한 의도에서 비롯된 것인지, 이와 관련된 일본영사관의 정식 공문서가 있는지 없는지를 조사토록 했다. 동시에 일본경찰의 명령이 있었는지, 그 내용은 자위단과 어떻게 다른 건지, 입회자들에 대하여 회비를 징수하는지 안하는지, 입회자는 모두 얼마나 되는지, 회의장정의 유무 등을 조사하여 보고하도록 했다.

 전하는 소식에 의하면 이 자위단을 민공회로 개명한 것은 명확히 훈춘 일본영사관에서 공문형식으로 하달된 것이라는 것이 밝혀졌다. 내용은 사실상 자위단과 별다른 것이 없다고 했다. 회장 이춘의 한달 월급은 일본돈 30원이고, 사무비는 50원이며, 부회장 김기옥(金基玉)의 한달 월급은 20원이며, 서기 2명의 월급은 15원이다. 그 외 잡부한 사람이 있는데 그의 월급은 10원이고, 이 외에도 민공회에 자주 오는 회원이 5명 있는데 이들의 월급은 모두 110원이라고 한다. 이 경비는 경신향 개간농민들이 평균적으로 부담하게 되어 있다. 입회

1921년

하는 개간농민은 회비를 납부하지 않는다. 이 단체는 일본이 이곳 한국인들을 강제적으로 명령하여 조직한 단체로, 일본경찰이 이 조직을 관할하게 되어 있다. 이처럼 순식간에 동북지역의 일각이 일본인 수중에 장악되게 되었으니 우리 당국에서는 이에 대해 어떻게 대처할 것인지 자못 궁금하다. 훈춘 일대는 한국 당인이 많은 곳은 아니다. 하지만 일본당국에서는 계속 이런저런 구실을 대며 한국 당인들이 이 지역에서 활동하는 것을 과장해서 우리 당국에 통보하고 있다. 2월 말 일본영사관에서는 한국당 영도자 최경천(崔慶天)·한경서(韓京瑞) 등이 동구(東溝) 일대에 출몰한다는 정보를 입수하고, 이들이 왕팔발자(일명 자래목)이라는 곳의 윤락서(尹洛瑞)와 상초모정자(上草帽頂子)의 최내권(崔內權)·오종범(吳宗範)·채덕승(蔡德勝) 등과 합의하여 운동을 모의하고 있다고 했다. 또 두도구(頭道溝) 상촌의 허련(許璉)집에 무장한 한국인 4명이 투숙하고 있다는 정보도 입수했다고 하였다. 일본영사관에서는 이 사실을 이 현지사에게 통보하여 이들에 대하여 단단히 단속해 줄 것을 촉구했다. 현지사는 즉시 유격대장 우장강(于長江)을 현지로 파견하였다. 우장강은 그날로 유격대를 인솔하여 두도구 석두주자에 도착했다. 이곳의 분사 사장과 기타 개간농민들은 2월 21일 야간에 무장한 한국인 4명이 허련 집에서 식사를 한 적이 있다고 인정했다. 그러면서 그들은 현재 한국당인에 대한 방비가 너무 삼엄하여 산길을 따라 피해가던 중 이곳을 지나게 되었으며, 가는 목적지는 러시아라고 말했다고 하였다. 이들은 가던 도중 배고픔을 참지 못하여 허련 집에 들러 먹을 것을 요구했던 것이라고 하였다. 그들은 그 집에서 밥을 얻어먹은 다음 그 즉시 산길을 따라 러시아 쪽으로 떠났다고 하였다. 우장강 대장은 앞으로 또 무장한 한국인이 나타나면 즉시 부근의 군경에 비밀리에 보고하여 그들을 체포한 다음 조사하고 적절한 조치를 취해야 할 것이라고 하는 지시를 내렸다. 동시에 절대 그들에게 음식물을 제공해서는 안된다고도 했다. 이에 대해 분사 사장은 장차 반드시 지시대로 할 것이라고 대답했다고 한다. 우대장은 또 동구·상하초모정자와 청니와(靑泥洼) 신촌의 자라목(왕팔발자) 일대도 수색했다. 리수구(梨樹溝)·화수취자(樺樹嘴子)·화룡평(化龍坪)·남가당자(藍家堂子)·대육도구(大六道溝) 등의 지역을 수사하는 과정에서 최경천과 한경서·최내권 등의 집은 이미 일본군에 의해 소실됐으며, 그들의 종적은 어디로 갔는지 전혀 알 수가 없게 되었음을 알게 되었다. 그리고 오종범·채덕승 등은 작년 3, 4월 사이에 이미 러시아 경내로 건너갔다는 정보를 수사를 통해 알아 냈다. 또 자라목의 윤락서는 일찍이 그곳을 떠났기에 어디로 갔는지 알 수 없다고 했다. 마지막으로 남별리에 도착하였을 때 그곳의 개간농민들은 작년 봄 경찰이 왔다간 다음부터 이곳에서는 한국당인들이 출몰하지 않았다고 입을 모았고, 훈춘의 당인들은 일찍이 이곳을 떠났다는 것이 그들의 견해였다. 혹간 한 두 사람이 울분을 참지 못해 한국독립당에 투신하려고 하여도 모두들 야간에만 행동을 취했을 뿐 대낮에는 어떤 행동도 하지 못했다고 하였다. 어대장은 이상의 내용을 현지사에게 보고했다. 이러한 상황에서 볼 때, 일본영사관의 의도는 사실상 다른 곳에 있음이 더욱 분명해졌다.(●
●●● 5월 6일)

일본인 월경하여 한국인을 수색

북경 통신: 외무부에서는 관련 각 기관에 서신을 보내, 일본인이 월경하여 한국당인을 수사한 사실 및 남부 변경에서 이를 처리한 방식에 따라 일본측과 교섭을 진행하라는 통보를 발송했다. 외간의 통신

에 근거하면 일본대사는 중일 양국이 변경에서 한국당을 공동 수사 하자는 방법 15 조목을 제출할 것이라고 한다.(●●●● 5월 17일)

일본, 불량 한국인 처리해 줄 것 제출

북경 통신: 길림 독군이 보내온 전보에 따르면, 일본당국에서는 불량한 한국인을 처리할 방법을 제출했다고 한다. 일본영사관측은 상의할 것도 없이, 개척민인 한국인들의 신원 경계선을 명확히 구분해야 할 것이라고 주장했다. 만일 이 계약을 준수하지 않는다면, 연길과 훈춘을 중일 공동관리구역으로 정하고 공동으로 대처해야 한다고 주장했다.(●●●● 5월 19일)

연변의 한국당과 일본경찰

길림성의 연길과 훈춘 일대는 작년 일본군이 침입하여 한국당인을 소탕한 이래 정세가 일변하였다. 최근 중일 양국은 공동순회라는 협약을 맺었다. 그러나 이 협약은 주권을 침해당하는 것이며, 앞으로 전도가 어떻게 변할지 가늠하기 어렵게 되었다. 최근 이곳의 한 두 가지 동향을 보도하니 참작하기 바란다.

(1) 한국의 독립군

화룡현 경내인 석취자구(石嘴子溝)에 이달 14일 독립군 4명이 나타났다는 소문이 전해졌다. 화룡현 두도구 보위대 제3소대 소대장 이중주(李中州)가 당일 병사 5명을 인솔하여 현장에 도착하여 조사를 진행했다. 현장에는 빈 집이 한 채 있었으며 두 사람이 집밖에서 망을 보고 있었다. 아군이 공중에 대고 총 한방을 쏘자 그들 4명은 즉시 삼림 속으로 도망을 쳤다. 이소대장은 다른 병사 5명과 함께 총을 쏘며 그들을 바짝 뒤쫓았다. 약 10여 리를 추적하였을 때 그들 중 3명이 힘을 다 소모하자 총과 탄알을 버리고 달아났다. 아군은 그들이 포기한 무기를 수습한 다음 계속해서 그들을 추적했다. 날이 어두워질 때까지 그들을 추격하였는데 이때는 이미 아군이 관할하는 구역을 10여리나 떠난 위치였다. 그들이 봉천성 안도로 도망갔기에 더 이상 추격하지 않고 귀환했다. 38식 보총 두 자루, 탄알 32발, 창 1개, 폭탄 1매, 탄띠 1개와 칼 1개를 노획했다. 상기 노획물은 장관에게 바쳐졌고 그들은 포상되었다.

(2) 일본 연락원

봉천에 주둔하고 있는 일본무관 육군소장 다카시 이지로(貴志爾次郞)는 비공식적으로 우리 당국에 아래의 상황을 통보해 왔다.

연길로 파견한 군대를 철수시키면서 일부 관원들을 당지에 두어 지키게 하였는데, 그들은 다 좌급(佐級)과 위급(尉級) 군관들로서, 그들의 명단과 거처하는 곳을 통보한 것이다. 국자가: 육군보병 대령 하라다 마사요시(原田貞吉)·육군대위 사카노 고타로(坂野廣太郎)·육군 중위 혼치 마사토시(本地政敏), 훈춘 : 육군대위 오미야마(小見山恭造)·육군중위 오다 마사가즈(織田昌一), 용정촌: 육군대위 오와다 요시히코(太和田義彦), 두도구 : 육군대위 히라마 이치다로(平間市太郎), 백초구: 육군중의 아메야마 요시로(雨山喜郎), 천보산: 육군중위 가와 히로유키(川浩之) 등이다.

실은 이런 연락원이 존재해서는 안되는 것이다. 그럼에도 일본이 연락원을 파견하는 용의는 다름이 아니라, 연락원이라는 명의를 빌어 정식으로 거주하면서 우리나라의 상황을 정찰하기 위함이라고 할 수 있다. 일단 문제가 발생하면 이들이 나서서 간섭하게 될 것이다.

그러나 당국에서는 감정적인 요소를 배제하고 이지적인 판단 아래 할 수 없이 그들의 요구를 들어주었는데, 이로 인해 생기는 변경의 위험성은 말로 형언할 수 없게 될 것이다. 연변 지역의 우리 경찰들은 수준이 낮고 인재가 없자, 당국에서는 내무부에 전보를 보내 경성의 경찰 중에서 백여 명을 뽑아 연길로 파견하여 줄 것을 요청했다. 내무부에서는 이 전보를 받고 즉시 회답해 왔는데, 성에서는 이미 경무처의 유춘령(劉春齡)을 경성으로 파견하여 이 일을 토론하고 있는 중이라고 했다. 그런데 일본측에서는 군을 철수함과 동시에 일본경찰을 그곳에 파견했다. 정부에서 입수한 정보에 따르면 일본은 연길·훈춘·화룡·왕청 등 4현 12곳에 경찰을 파견했고, 그 숫자는 모두 103명이다. 또한 당지에서 30명을 모집했다. 이와 함께 비밀리에 이곳에 와 있는 일본인이 도대체 얼마인지는 알 수도 없다. 최근 일본영사가 구두로 전한 바에 의하면 한국당인들은 일본군인이 당지에 주둔하고 있을 때는 사방으로 피란을 갔는데, 일본군이 철수하자 각지의 한국당인들이 또 다시 활동을 전개하고 있다고 통보해 왔다. 앞으로 일본군이 다 철수된다면 한국당의 활동이 더욱 활발할 것이므로 정찰기관을 설치하지 않을 수 없다고 설명했다. 연길 도윤 도빈씨는 우리측에서 앞으로 군경을 더 많이 증강할 것이라고 하자, 일본영사는 한동안 생각을 하더니, 그렇게 하는 것은 귀 당국 입장에서 볼 때는 당연한 일이고, 우리 일본 및 한국상인과 백성들이 여전히 공포 속에서 벗어나지 못하고 있기 때문에 일본측에서는 부득이한 상황에서 이 대책을 취한 것이라고 설명했다. 당시 두 나라 정부에서는 이 문제를 두고 상의중에 있기 때문에 시국의 전개상황을 보면서 안정을 지켜야 한다는 것이 당지의 견해이다. 또 당지에서는 이 때문에 더 많은 경비를 지출할 수 없다는 것이 그 이유의 하나이다. 일본은 일본측에서 경비를 지출할 것이니 군경을 증강할 것을 주장했다. 일본영사는 80명을 증강시킬 것을 제기했고, 도빈 도윤은 200명의 증강을 제의했다. 일본영사는 이 숫자는 조절하는 숫자까지 포괄하자고 건의하였다.

또 전하는 소식에 의하면 5월 12일 조선에서 일본경찰 7명이 월경해 건너왔고, 15일에는 일본경찰 9명이 월경해 건너왔으며, 16일에는 12명이 월경하여 일본여관에 투숙했다고 전하고 있다. 현 지사 왕환동(王煥彤)은 일본영사관에 가서 이 일에 대해 질의했다. 그가 얻은 회답은 두도구(頭道溝)와 흑정자(黑頂子)로 파견한 일본경찰은 조선총독부에서 파견한 것인데, 이제 외무성에서 이들을 관할하기로 되어 있다면서, 원래의 경찰들은 즉시 돌아갈 것이라고 했다. 그리고 새로 입국한 경찰들이 거주할 집을 마련하여 줄 것을 부탁했다. 15일 조선 경내에서 또 다시 일본군인 15명이 건너왔다가 이튿날 돌아갔는데 이들은 연락병이라고 전하고 있다.(•••• 6월 9일)

연변의 한국단체와 일본의 통신문제

연길 지방에서는 재작년에 한국당인인 정주(鄭柱)·송창욱(宋昌郁)·김정화(金正華)·박근립(朴根立)·방병순(方炳順)·이경녀(李京女)·정창순(鄭昌順)·허포(許浦)·김덕삼(金德三)·김성락(金星洛)·김경오(金敬五)·조룡주(趙龍珠)·김정락(金正洛)·한연수(韓延洙)·최창률(崔昌律) 등 16명을 체포했다. 일본영사관에서는 이들에 대하여 엄격하게 징벌하겠다며 그들을 석방하지 않고 있어, 이들은 잠시 구속되어 있는 상황이다. 최근 연길 분소에서 그들에 대해 심문을 진행하고, 그들이 다시는 소란을 피우지 않을 것을 조건으로 석방했다. 그들에게 앞으로 격렬한 행동을 하지 않겠다는 승낙서를 받았다고 한다. 각 한국당인들은 참회서를 쓰고 친척들이 보증서를 쓴 다음 각기 사진을 찍어 자료로써 보관하였다. 4월 22일·28일과 5월 3일 속속 그들을 석방했다. 상기의 한국당인들은 대개가 연길과 화룡 일대의 개척민들이다. 연길 도윤은 상기의 두 현 지사에게 지령을 내려 그들을 수시로 감시하도록 했으며, 상세한 내역의 서류는 성 관련부서에서 보관하도록 했다.

지난 달 화룡현 두도구 지방의 중국과 한국의 어민 여러 명이 경찰서를 찾아와 봉천현 안도현에 속한 5도구 상차지방에서 고기를 잡던 중 독립군 백여 명이 주둔하고 있는 것을 보았으며, 삼림지대에도 천여 명이 은폐하고 있는데, 이중에는 중국인도 있고, 한국인도 있다는 정보를 신고해 왔다. 이들은 다 백색과 회색의 군복을 입고 있었다고 전했다. 이들은 안도현과 길림성의 화전현 등지에 집결하여 있다는 것이다. 행인들이 전하는 말에 따르면, 독립군은 수천 명이 되는데 그곳 경찰들이 평복을 입고 현장에 가서 조사를 진행했다고 한다. 그 결과 어민들이 신고한 것과 별로 큰 차이가 없다고 했다. 이 군대에는 민족이 다른 사람들이 있어 조만간 변동이 일어날 것이며, 그 때 가면 강탈과 납치 등을 면할 수 없다는 것이 당국의 견해이다. 그리하여 당국에서는 이미 경찰을 파견하여 이들을 적극 방비하고 있다. 작년 일본군이 국자가 6도가에 군용전화선을 증설하기 위해 전봇대를 세웠다. 얼마 전에 전해 온 소식에 의하면 일본군이 철수는 했지만, 일본에 귀속된 우체국은 즉시 철수하지 않고 있다고 한다. 연길 당국에서는 이 일을 두고 일본영사관과 계속해서 교섭했다. 일본영사는 그때마다 중앙에서 일본대사관과 교섭중이라면서 이에 너무 집착하지 말 것을 요구했다.

현재 당국에서는 타지방의 일본군이 철수할 때 설치한 전화선을 다 철수시켰는지 조사를 진행한 다음 다시 교섭할 것이라고 했다. 이 전화선은 군용전화선이기 때문에 현재 군사행동이 없는 상황에서는 마땅히 이를 전부 철수해야 하는 것이 사리에 맞는 것임에도, 무엇 때문에 일본영사관은 중앙에서 일본과 상의중에 있다면서 끝내 철수하지 않고 있는지 알 수가 없다. 더구나 우리 당국에서 이에 대해 간섭하려고 해도 간섭할 수 없게 되었다는 점은 문제가 있는 일이다. 길림성 관청에서는 이 사실에 대하여 외교부에 문의하는 동시에 하루 속히 군용전화선을 철수시킬 것을 일본대사에게 강력히 요구하여, 다른 사변이 발생하는 것을 미연에 방지해야 한다고 요구했다. 일본 북해도 통신사 영업소에서는 장춘에서 특별통신기관을 설치하는 데 관한 7개 조목을 반포했다.

(1) 본사에서는 특별 편리기관을 설치하여 직통전화와 전보업무를 담당한다.
(2) 장춘과 하얼빈간의 왕래는 막힘이 없도록 한다.
(3) 매일 오전 7시부터 오후 9시까지 영업하며 특별히 긴급한 일이 있으면 시간제한을 받지 않는다.
(4) 하얼빈으로부터 장춘간, 장춘에서 하얼빈간 왕래하는 편지는 분실하는 일이 없도록 할 것이며, 암호가 있는 전보는 반드시 보관토록 한다.
(5) 본사에서 개설한 전화를 사용하면 상점과의 연락이 아주 싸고 빠른데, 이에 관해서는 항상 주의해야 한다.
(6) 하얼빈과 장춘 사이에서는 현찰·금은·식량 등의 가격에 관련한 전화나 편지는 당일에 전달한다.
(7) 각 제군들에 통지가 내려질 것이니 각별히 주의를 환기시켜 주기를 바라는 입장에서 특별히 고시하는 바이다.

이 통신국에서는 하얼빈과 장춘간에 새로 가설한 전화선이 없어서 이들은 역시 군용전화를 쓰고 있다. 그러나 우리나라 당국에서 접수한 이 통신사의 통화건수와 전보건수는 사실과 부합되지 않았기 때문에, 이를 시급히 단속해야지 그렇지 않으면 하얼빈과 장춘간의 장거리 전화를 외국인에게 탈취당할 수가 있다. (●●●● 6월 12일)

연길 훈춘의 일본연락원이 일본경찰에 한국인 체포 지시

북경 통신: 연길 도윤 엄도빈의 전보에 의하면 연길과 훈춘의 일본연락원이 중국국적에 입적한 한국인을 체포하라고 일본경찰에 지시했다는 것이다. 이번에 지시한 체포 명단은 김영성(金永成)·김영석(金永錫) 등 30여 명이다. 이들에게는 반일사상이 있고 단체를 조직했다는 죄명을 씌우고 있다. 이 사건은 연변 인민들의 분노를 야기시켰으며, 대중들은 일본연락원과 일본경찰 등이 선량한 백성을 화적무리로 보는 것이라고 공소했다. 연변 인민들은 이러한 처사는 공안 유지에도 불리하므로 사리에 근거하여 일본영사측과 교섭하여 그들을 인도해 와야 한다고 주장했다. 그리고 엄도빈이 직접 일본영사와 교섭하는 외에도 일본대리판사와도 엄중히 교섭할 것을 바란다고 강조했다.(●●●● 7월 21일)

연변 한국인 단체에 대한 수사와 일본경찰의 행동

연길 손지사는 현에 귀속된 보위단 제2대 부대장 등덕삼이 전해 온 소식을 보고했다. 이 보고는 다음과 같다.

자기는 한국당인 영도자들을 엄밀하게 체포하라는 현지사가 전한 도윤 공서의 지령을 전해 받고 즉시 소대장 고계림을 파견하여 정찰을 진행했다. 고소대장은 화룡현 경내 와계령(窩鷄嶺)지방 왕로도(王老道) 상점에서 강동의(姜同義) 등 4명을 체포하여 현 관청으로 압송했고, 부대장이 그들에 대한 심문을 진행했다. 강동의가 공술한 바에 의하면, 중국인과 한국인을 모집하여 독립군을 성립했다는 것이다. 여당과 무기를 숨긴 곳을 문의하자 남은 잔당은 이미 다 분산되었고, 무기 등은 여러 사람들이 나누어 가지고 입산하여 화적무리가 되었다고 토로했다. 강동의는 남은 잔당들과 무기를 은닉한 곳을 공술하지 않았다. 장문산(張文山)은 강동의 수하에서 독립군으로 있었는데 자기는 졸병이어서 다른 일은 일체 모른다고 했다. 후에 손경정(孫敬廷)과 유선당(劉善堂) 등 2명은 가석방했는데, 부대장이 그들의 가석방을 허락했던 것이다. 그들을 함께 구속하는 것은 오히려 부담된다는 것이 이유였다. 강동의 등 2명은 입건 처리하여 현 관청에서 법에 의하여 처리키로 했다고 한다. 지사가 강동의의 신원을 조사한 결과 그는 한국독립당의 유명한 영도자이며 성망이 자자한 사람이라고 한다. 일본영사관은 이전에 여러 번 그를 체포해 줄 것을 건의한 바가 있다. 고계림 소대장이 강동의를 연행하여 오자 두도구에 주둔하고 있던 일본경찰이 이 소식을 듣고 즉시 연길현으로 찾아왔다. 연길에 온 오이시(大石)부장은 고소대장에게 이것은 중일 각 장관들이 주목하고 있는 요시찰 인물인 이상 강동의를 일본에 이송하게 해 준다면 일본돈 500원을 상금으로 주겠다고 했다. 그러나 고계림 소대장은 이를 엄정하게 거절했다. 일본경찰은 그에게 수갑 두 개를 주면서 강동의와 함께 차라고 당부했다. 그렇게 하는 것은 중도에서 도망가는 것을 방지하기 위한 것이라고 설명했다. 이 범죄자는 일본당국에서 아주 중시하고 있던 요시찰 인물이라는 점에서 평시 그의 성망이 어떠했는가를 충분히 알 수 있다. 강동의에 대해서는 진수사(鎭守使)에서 심문하는 외에도 완벽하게 문서를 작성하여 이를 다시 검증한 다음 판결하기로 했다. 앞으로 이를 어떻게 처리할지는 아직 미지수이다.

1921년

군당국에서 전해오는 소식에 의하면 단장 왕수당은 영호전자(英毫甸子) 지방의 일본경찰이 한국독립당을 수사한다는 명의로 원래 있던 중국 국민학교를 조선민회학교로 개칭하고, 경찰서를 설립했다는 대대장 조유성이 올린 보고를 받았다. 이것은 일본인이 동북변경에서 우리의 주권을 침해하는 행동이라고 지적했지만, 아직 별다른 결과는 없는 듯하다.(●●●● 10월 7일)

중국과 한국간의 교섭에 관한 통신

봉천 순열관서에서 피로한 바에 의하면, 장백에 집결한 대한광복단 서부 부장 최남기(崔男琪)·단장 이범구(李範九)·대장 김병택(金秉澤) 등이 영도하는 부대가 우리 보갑에 의하여 격퇴되었다. 전투는 몇 시간 동안 진행되었는데, 우리 보갑대원 중 1명이 전사했고, 한국당인은 10여 명이 사살되었다. 소란을 일으키는 한국인들에 대해서는 엄격하게 방비해야 한다는 것을 각지에 통보했다.(●●●● 10월 11일)

한국인 독립운동 단원들의 투옥

10일 『상해일보』에서는 9일 도쿄 통신이 보내 온 내용을 보도했다. 조선독립운동 주요 영도자 24명이 도쿄에서 체포되었다는 것이. 그리고 조선학생 2천여 명이 동맹을 이루어 귀국할 추세가 보인다고 전하고 있다.

어제 신익희(申翼熙)라 부르는 사람이 도쿄에 유학하러 온 한국학생들을 모아 조직한 조선청년독립단이 이달 5일에 선언과 결의를 발포했다고 피로했다. 이에 주모자 24명이 일본영사관에 의하여 체포되었다고 워싱턴 회의에 통보했다고 한다. 그 선언과 결의를 인쇄하여 반포했는데 그 내용은 아래와 같다.

(갑) 선언

평화를 사랑하고 행복을 기원하는 것은 인류의 천분이다. 또한 인간의 정상적인 정감이기도 하다. 대전 이래 국제적이고 사회적이며 민족적인 갖가지 운동도 그 정의와 인도를 주창하고 있는데, 이것이 바로 인간정상의 실증이다. 이를 한결 더 구체화하여 인류 자연의 행복과 이득을 취득하는 것은 근간 워싱턴회의의 종지이다. 때문에 우리가 단체를 조직하는 것은 정의와 인도의 수평선에서 세계평화를 체현하기 위한 것이며, 또한 조선문제의 본질적인 요해와 관련이 있는 것이므로 이번 워싱턴 평화회의가 성공리에 개최되기를 기원할 뿐이다. 세계의 평화는 극동문제를 해결하는 것과 관련이 크며, 극동평화는 조선독립문제를 완전 해결하는 것과 밀접한 관련이 있다. 이 회의의 중심문제가 극동과 태평양 연안의 문제라고 하는 이유가 바로 여기에 있다. 우리 독립단은 종지에 도달하기 위하여 결의를 체결했고, 이를 워싱턴회의와 각국 정부와 각국 인민들 앞에 공개할 것을 기대하고 희망하는 바이다.

(을) 결의
  (1) 조선의 독립은 극동의 평화를 유지하고 세계평화를 도모하는 원인의 하나이다.
  (2) 현재 조선의 형세는 일본이 제출한 한일합방의 이유가 완전히 사기라는 것을 증명한다.
  (3) 조선민족은 일본의 지배 아래서 절대로 발달할 수 없다는 것을 확인했다.
  (4) 일본이 앞으로도 계속 현재의 정책을 단행한다면 세계평화는 보장받지 못하게 될 것이다.
  (5) 워싱턴회의에서 조선문제를 해결하는 것은 아주 정당한 것이다.
  (6) 각국 정부와 인민들이 조선의 독립을 지원하는 것은 아주 정당한

1921년

것이다.
(7) 본 독립단은 대한민국임시정부의 대표가 워싱턴회의에 제반 안건을 요구하는 것을 절대로 찬성한다.

대한민국 3년 11월 5일 조선청년독립단 대표 방원성(方遠成)·이동제(李東濟)·이홍삼(李興三)·김송은(金松殷)·김민철(金敏轍) 등.(11월)(●●●● 11월 11일)

연변 한국인에 대한 엄중한 단속방법

연변에서는 작년 훈춘사건이 발생한 다음부터 일본은 교민을 보호한다는 명의하에 경찰을 계속해서 증가시키고 있다. 얼마 전에 전해온 소식에 따르면, 러시아 경내의 한국인들이 워싱턴평화회의를 이용하여 독립을 요구할 것이라고 전했다. 이들은 연변을 경유하여 귀국한 후 거사한다는 것이다. 일본인들은 이 통신을 접수한 즉시 삼엄한 경비를 강화하였다. 위에서 언급한 한국독립당은 이미 러시아 서쪽으로 피해갔으며, 연길의 진수사 장상침은 사건을 미연에 방지하기 위하여 사태 방비조치 8조목을 결정했다.

(1) 훈춘의 중국과 러시아의 접경지역과 연길·화룡·왕청 등 3개 현에서는 현 주둔군의 최고 장관이 당지의 경찰을 인솔하여 당지의 요새(要塞)를 잘 지켜야 하며, 군대가 경찰 역량의 부족함을 보충해서 주야로 각 지역 영사관 부근과 일본교민의 거주지를 순찰해야 하며, 각 현 소재지에서는 교외지역마다 검문소를 설치하여 의외의 사건이 돌발하는 것을 방지해야 한다.
(2) 각 주둔군과 당지 경찰이 연합하여 한국당에 대해 정찰을 진행하며 절대로 소홀히 대처해서는 안된다.
(3) 진수사에서 임원을 파견하여 러시아 경내와 각 현에서 한국당인을

체포하는 외에 각 주둔군에서는 한국어에 정통한 일본병사를 변장시켜 각 한국인 마을에 잠복해 들어가 비밀리에 정찰을 진행토록 한다. 집회나 결사 같은 불법행위가 있으면 당지 지방경찰단과 연합하여 이를 설득시켜야 하며, 만일 복종하지 않는다면 강제적으로 간섭한다.

(4) 각 방비구역 내에 의심스러운 한국인이 있으면 경찰과 합작하여 그들을 출국시키든가 혹은 사람을 파견하여 그를 엄밀하게 감시토록 해야 한다.
(5) 각 지방으로 통하는 길목마다 검문소를 설치하여 왕래하는 한국인들을 검사한다.
(6) 한국의 독립당인이 입국했다면 즉시 그 무장을 해제시켜야 하며, 강제로 축출하여야 한다. 만일 반항한다면 무력으로 제거해야 한다.
(7) 지금은 겨울철이라 날씨가 춥기 때문에 출동한 군경이 경비를 소홀히 할 수 있는데, 각 관련 최고장관은 수시로 확인하여 실수없도록 해야 한다.
(8) 각 방비구역의 한국당 관련 사건에 관해서는 특별한 상황의 유무를 불문하고 하루에 한 번씩 진수사에 보고를 올리도록 한다. 이 보고는 해당 장관이 검사한 것이어야 한다. 특수한 사건이 돌발했을 때는 별도로 취급한다.

이상 8개 조목은 이미 일전에 군 관공서에서 보고를 올린 바 있으며, 각 단에 명령을 내려 이에 따라 준수할 것을 지시했다. 연길현 거리와 교회 근처에는 장 진수사가 수시로 시찰을 나와 이러한 조목을 준수하는지 그 상황을 확인했다. 이번 정찰은 엄밀하기 때문에 한국 독립당인들이 감히 연변 지역으로 쳐들어오지는 못할 것이라고 보고 있다.(●●●● 12월 19일)

1922년

한국공산당에 관한 일본신문의 보도

한국혁명당이 활동한지는 이미 오래된다. 일본정부는 한국독립당인에 대하여 아주 엄격하게 체포하고 타격을 가하고 있지만, 한국인 당인들은 마치 봄날의 풀이 타버리는 것처럼 그 어느 곳에서나 활발하게 독립운동을 전개하고 있다. 일본정부는 세상에서 과격당이라고 부르는 세 글자를 듣기만 해도 치를 떨 정도이다. 일본정부는 일반 정치범이라고 해도 일단 그들이 과격하게 살인행위를 한 근거가 있기만 하면 그를 공산당으로 취급하여 엄격하게 처리했다. 어제 상해 『일일신문』에 공산당의 대형 활동을 보도한 기사가 있었다. 아래에 그 기사를 번역하여 독자들에게 알리고자 한다.

공산당인지 아닌지 그 여부를 막론하고 모두 혁명당인인 것만은 틀림이 없다. 이에 대하여 당국에서는 심각하게 관심을 가지고 공산당원인지 아닌지의 여부를 구별해야 할 것이다. 신문 보도에 따르면 상해에 거주하고 있는 조선인들은 상해에서 대본영 본부를 설립했다고 한다. 동시에 일본·중국·조선에다 각각 분부를 설립했다. 이들은 신문과 잡지를 발행하고 기타 출판물을 간행하여 각지에 광범위하게 배포하고 있다. 이들의 간행물은 과격주의를 선전하는 것이 주요 내용이다. 이들은 현재 각지에서 활발한 활동을 전개하고 있는데, 이들을 일반적으로 고려공산당이라고 한다. 작년 조선공산주의자들이 러시아의 이르크츠크에서 조선공산주의 단체대표회의를 소집하고 고려공산당을 창립했다. 고려공산당 창립대회에서는 중앙간부를 선출했는데, 안병(安秉) · 서초(徐超) · 정건상(張健相)(이 밖에 또 2명이 더 있는데 그들의 성명은 기억하지 못했다.) 등이 대표로 당선되었다. 이들은 고려공산당 대표의 명의로 같은 해 모스크바에서 개최한 제3국제 공산대회에 참석했다. 제3국제 공산당은 이 대회에서 안씨 · 조씨 · 장씨에게 거금 백만 원을 공산당 선전비용으로 지원했다. 이들은 주로 극동방면의 선전을 책임지는 일을 맡았다. 본부를 상해에 설치한 것도 이들이 제3국제의 지시에 의한 것이다. 이 당의 영도자로는 안병 · 김만겸(金萬謙) · 유동설(柳東說) · 김철훈(金哲勛) · 이경(李經) · 장건상 · 서초 등 7명이다. 전하는 말에 의하면, 이 당은 조선인의 사관양성을 주요 목표로 한다고 한다. 이들은 러시아 이르크츠크에 무관학교를 설립하고 군대를 편제했다. 앞으로 일단 기회가 발생하면 즉시 대규모적으로 행동을 단행한다는 것이다. 고려공산당의 영도인물인 안병은 원래 조선의 변호사였는데, 이토 히로부미공사가 암살되었을 때 안중근의 변호사로 나섰던 인물이다. 최근 과격주의를 선전하는 한편 독립운동에도 참여하고 있는 인물이다.(●●●● 1월 9일)

서방신문 한국인 피살보도

자림보 북경 통신: 몇주일 전 대낮에 상해 거리에서 살해된 조선인은 당시는 양(楊)씨라고 했는데, 현재 확인된 바에 의하면 그는 유명한 고려 박(朴)씨이며 이르크츠크 과격당의 선동원이라고 한다. 작년 여름 북경에 왔고, 신변에는 러시아돈 40만원을 휴대하고 있었는데, 서

산지역에 있던 여러 여관에 투숙했던 사람이라고 한다.(●●●● 3월 18일)

장춘 일본영사관과 이영일 체포건 교섭

　장춘 일본영사관에서는 중국국적에 입적한 이영일(李永一) 일가 8명을 체포했다. 이에 그곳 당국에서는 일본측과 극력으로 교섭했지만 아무런 효과를 보지 못했다. 이에 손열신(孫烈臣)이 정부에 전보를 보내와 정부에서 직접 출두하여 교섭해야만이 주권을 수호할 수 있을 것 같다고 강력히 요청했다. 외교부에서는 이에 따라 일본대사에 공문을 전달했는데, 공문은 이영일을 중국당국으로 인도하라는 뜻을 천명한 것이었다. 그러다가 최근에야 일본측의 대답을 받아냈다. 일본측에서는 회답을 통해 이영일을 체포한 원인을 설명했는데, 그 이유는 세 가지가 있다고 했다. 즉

　(1) 이영일은 조선 위정부에서 만주로 파견한 독립군 총사령이다. 동시에 그는 또한 러시아·중국·한국 등의 과격당 선전부 주임을 겸임하고 있었다. 일본은 자위적인 시각에서 그를 체포하지 않을 수 없었다.

　(2) 이영일은 명백히 한국인이다. 그는 일본의 백성이라는 것이다. 따라서 일본영사는 그를 체포할 권리가 있으므로, 중국에서는 이에 대해 간섭하지 말아야 한다.

　(3) 일본영사관에서는 이미 중국당국에 대해 장춘에는 한국당인이 많기 때문에 엄하게 체포하여 줄 것을 촉구한 바 있으나, 당국에서는 그 조치가 미흡하여 일본영사관에서 이영일을 직접 체포하지 않으면 안되었던 것이다.

　외교부의 안(顔)총장은 일본대사의 이러한 무리한 변명에 대해서 불만을 갖고, 어제 다시 일본대사에게 공문을 보내 그 답변에 대해

조목조목 반박했다. 즉

(1) 이영일은 민국 7년(1918) 장춘 도윤의 비준을 받고 중국에 귀화한 한국인이다. 전임의 장춘 임(林)도윤을 통해 조사한 결과 그의 모친이 중국계임을 확인했다. 이영일은 안동현 태생이며 중국국적법에 따라 중국국적을 취득한 중국인이다. 고 장춘 전임 임도윤이 이를 내무부에 이첩하여 7년 6월 30일 이영일과 그의 아내 파(巴)씨, 그의 부친 이조문(異朝文), 모친 양(梁)씨, 아들 이경숭(李慶嵩)·며느리 평(平)씨 등 6명에게 호적을 발급했다. 장춘의 교섭원이 장춘주재 일본영사에게 상기의 사실을 공문으로 보냈으며, 이영일은 명확히 중국인임에 틀림이 없는데 일본영사는 이를 무시하고 독단적으로 체포를 했다.

(2) 이영일은 한국임시정부에서 임명한 만주독립군 총사령이며 과격주의를 선전하고 장춘에 거주하고 있는 교민들을 선동하여 일본영사관을 습격하게 했다는 죄명에 대하여 조사한 결과 이런 사실은 완전히 근거 없는 사실로 밝혀졌다. 이영일은 장춘에서 거주하고 있으며 행상을 위주로 생계를 유지하는 사람으로, 그는 순하고 범법행위를 저지를 사람이 아니다. 장춘 도윤과 진수사가 이미 사전에 이 사실을 일본영사에 전한 바 있다. 그리고 정보담당자를 파견하여 파악한 결과 그가 범법한 아무런 증거도 찾아내지를 못했다. 즉 이영일은 일본국에 불리한 행위를 한 사람이 아니라고 할 수 있다.

(3) 이영일이 중국국민임이 분명한데 일본영사관에서 중국당국에 알리지도 않고 그를 체포한 것은 중국의 주권을 멸시한 것이다. 때문에 장춘영사관에 지시하여 이영일을 장춘 도윤에 인도해 주어야 할 것이다. 동시에 장춘영사관에서는 앞으로 다시는 이런 행동이 없을

것이라는 점을 보증토록 해야 할 것이다.(●●●● 3월 263일)

한국인들 중국국적 입적 요구

　한국인 장붕(張鵬)과 서일성(徐一聲) 등이 중국국적에 입적할 것을 요구했다. 장붕은 아내와 자식 2명과 함께 귀화하는 것을 허락해 줄 것을 요구했다. 그는 문서를 강소성 교섭관서에 올려 허락해 줄 것을 요구했다. 허씨의 교섭원은 귀화 입적하려면 소재지 지방 관청에서 국적법에 따라 처리해야 한다는 것을 알고는 장붕 등이 귀화 입적하려면 마땅히 상해현 관공서에 공문서를 보내 심사를 받은 다음 허락을 받아야 한다고 했다.(●●●● 4월 23일)

일본경찰이 한국인을 체포한 사건에 대한 교섭

　이달 18일 일본경찰이 한국의 독립당인인 이기창(李基彰)을 체포했다. 일본경찰인 후지하라(藤原)·오오바시(大橋)·다카하시(高橋)·류모토(龍本) 등 4명이 평복을 입고 무창(武昌) 한양문내(漢陽門內) 37호 춘신(春信)양말공장에서 이 공장의 주인인 이기창을 체포했다. 당시 경찰국 제5경찰서 순경 다카마츠 하야시(高松林)가 일본인이 무창시에 입성한 것을 보고 관례에 따라 이들을 수행하면서 그들을 보호하여 주었다. 그런데 일본인들이 양말공장에 이르러 사람을 체포하는 것이었다. 다카마츠는 그들에게 무슨 이유로 체포하는가 하고 묻자, 일본인들은 이 공장의 주인 이기창은 한국국적을 소유한 한국독립당인이라고 하면서, 이기창은 국사죄(國事罪)를 저지른 용의자이기 때문에 명령을 받고 그를 체포한다고 대답했다. 다카마츠는 이곳은 중국 경내이기 때문에 외국인이 함부로 사람을 체포할 수 없다고 설명했다. 그는 상기의 5명을 제5경찰서로 데려갔다. 경찰서장이 그들에 대하여 심문을 진행한 다음 일본인들을 즉시 석방하기로 하고 한국인은 경찰서에 구속하기로 했다. 2. 3일이 지나 어느 한 신문에서 이 사실을 보도했다. 무창의 각 단체에서는 일본경찰이 우리나라의 주권을 침범하고 한국인을 무단 체포했다고 사방에 알렸다. 외교부 호북 주재 교섭원 진개가 이 신문을 보고 사람을 호북성에 파견하여 그 시말을 조사하는 한편 과연 이런 사실이 있었는가를 경무처를 통해 알아보았다. 소씨와 유씨 두 성장은 이 통신을 접한 즉시 21일 진개 교섭원과 경무처의 최진귀(崔振魁)를 불러 일본영사관과 교섭하여 국권을 수호할 것을 지시했다.

진개는 무한으로 귀환하자마자 즉시 일본영사관을 찾아가 일본대리영사 다카 후네(貴布根)(당시 일본총영사 세가와(瀨川淺之進)는 23일 도쿄에서 무한으로 귀환했다.)에게 구두로 항의했다. 그리고 22일 경무처에 이를 보고한 다음 각 관련 부서에 서한을 보내어 정식 공문서를 작성하여 일본영사관에 공문을 보내게 했다. 공문 공문서의 내용은 아래와 같다.

"귀서의 경찰이 성 소재지에서 무단으로 주택을 수색했다. 그러면서도 사전에 본 당국에 아무런 공문도 보내지 않았으며, 또한 임시적으로 본 경찰서에 알리지도 않았다. 이것은 국제 행정절차를 무시한 행위이며 우리나라의 주권을 무시한 행위이다. 본 특파원은 이에 놀라움을 금할 수 없다. 귀대리총영사가 이에 대하여 완전히 책임져야 한다. 이에 대리 총영사에게 공문을 보내므로 귀처의 서장과 경찰 후지하라·오바시·다카하시·류모토 등 4명에 대하여 엄중한 처벌을 내리기를 바라며, 귀영사관에서 본 당국과 호북경무처에 사죄할 것을 촉구한다. 이기창이 국사법 용의자라고 한다면, 우선은 경무처에서 조사한 다음 처리하는 것이 마땅한 조처이다.

상기 사항은 양국의 화목친선에 관련되는 일이기 때문에 귀대리총영사께서는 이에 준하여 처리하기를 바라며, 달리 교섭하는 일이 발생하지 않도록 하기를 바란다. 이에 귀영사관의 회답을 기다리는 바이다."

23일 일본영사관에서 즉시 공문을 보내왔다. 일본영사관의 공문 내용은, 경찰이 절차상에서 잘못은 있었으나 국권을 침해한 것은 존재하지 않는다고 변명했다. 그 원문의 내용에 대해서는 더 아는 바가 없다. 그러나 일본영사관에서는 별도로 한 신문에 서한을 보내어 이 사실이 가지고 있던 원래의 뜻에 대해 변명했다. 그 문안은 아래와 같다.

"이달 18일 우리나라 경찰서에서는 경관을 무창에 파견하여 조선인 이기창에 대하여 수사를 진행했다. 본국의 관례에 따라 본국인이 본 관할지 내로 오게 되면 꼭 경찰서에 보고를 하여야 한다. 그런데 이기창은 무한으로 온 다음 본 경찰서에 보고하지 않았다. 때문에 경찰을 파견하여 그에 대하여 조사를 진행한 것이다. 본 경찰서에서 파견한 경찰은 무창에 도착한 다음 즉시 한양문 파출소를 찾아 이 파출소의 경찰과 함께 이씨가 거처하고 있는 곳으로 함께 가서 그에 대하여 조사를 진행했다. 현지 파출소의 순경이 함께 동행했기 때문에 경찰서 제5서에 가서 고시하지 않은 것이다. 이것은 절차상 착오가 있기는 한 것이지만, 고의적으로 중국주권을 침해한 것은 아니라고 할 수 있다. 즉 파출소 순경과 함께 동행하여 이씨에 대하여 조사를 진행하였지 독단적으로 행동한 것이 아니기 때문에, 귀국의 국권을 침해한 행위가 아니다. 이에 근거하여 어제 일본영사관에서는 경찰검찰장을 파견하여 무창경찰 제5경찰서를 방문하게 하여 귀경찰서장과 직접 면담을 통해 서로 양해하기로 했다.

이번에 오해가 발생하게 된 것은 우리가 파견한 경찰이 절차를 제대로 밟지 않았기 때문에 초래된 것이므로, 따라서 이번에 파견한 경찰은 이기창에 대하여 조사를 하기 위하여 파견한 것이지 그를 체포하기 위해 파견한 것이 아님을 밝혀둔다. 본 영사관에서는 이와 같은 조사는 이전부터 귀경찰서와 함께 협동조사를 진행하여 왔다. 이번에는 그 절차를 밟는데 착오가 발생하여 오해를 야기시킨 것이지, 절대로 고의적으로 귀국의 국권을 침범한 것은 아니다. 이와 같은 상황에 대하여 신문에서 와전될 것을 우려하여 이에 특별히 성병을 발표하는 바이다.

이것을 보아 일본영사관에서 중국당국에 보낸 공문의 내용도 대강 어떤 내용이라는 것을 알 수가 있다. 진개 교섭원은 각계 단체와 인사들의 문책을 그대로 덮어둘 수 없을 것이라고 인식했으며, 소성장과 유성장은 국권이 무엇보다 중요하다는 것을 강조했다. 두 성장은 진 교섭원에게 일본영사관과 다시 교섭할 것을 지시했다. 또한 일본의 공문을 접수한 다음 그 회답에 만족할 수 없자 24일 제3차 항의를 하였다. 그 공문의 내용은 아래와 같다.

"귀 영사관에서 전해온 공문을 접수하여 각 조목을 상세하게 열람했다. 귀관의 공문은 본 당국에서 조사한 것과 다른 점이 많으므로, 이에 귀총영사에게 조목조목 해명하고자 한다.

(1) 귀 영사관의 공문은 귀 영사관에서 파견한 경찰이 무창시 한양문 경찰파출소에 통지하여 그 파출소에서 순경 2명을 파견하여 길을 안내했다고 쓰여 있다.
이에 관하여 경무처를 통해 알아본 결과 귀국의 경찰이 이기창의 공장에 가서 그를 체포할 때 같이 간 중국 순경은 무창경찰 제5경찰서의 제4순경 다카마츠 하야시이다. 그는 광장 근처에서 귀관에서 파견한 경찰을 발견하고 조사한 결과 귀국의 경찰이라는 것을 알게 되었다.

(2) 경찰서의 공문에는 귀국경찰은 이씨의 동의를 거친 다음 그의 주택에 진입한 것이며, 이씨가 서면 조사를 접수하겠다고 쓰여져 있

다. 또 이씨는 신분조사를 승낙했다고도 썼다. 그러나 경무처에서 신문한 결과 귀국경찰이 사택에 진입하여 조사하는 것을 이기창은 동의승낙한 일이 없었는데 귀국경찰이 무단 수사를 진행했다는 진술을 받았다.

(3) 경찰서의 공문에는 본국의 경찰관은 외국인 법권에 따라 본국인의 행동을 수사하는 것은 비법적인 것이 아니라고 설명하고 있으며, 절대로 우리나라의 국권을 침해하지 않았다고 변명했다. 그러나 외국인의 법권에 따라 본국인을 수사하는 데는 일정한 한계가 있는 것임에도 소재국 내지에서 임의로 권리를 행사하여 소재국의 국권을 침해해서는 안되는 것이다.

이상에서처럼 총괄적으로 말해서 공문에서 설명한 것은 사실과 부합되지 않고 있다. 만일 귀서에서 파견한 경찰이 무창 한양문 경찰파출소에 통지했다 하더라도 귀경찰서와 본경찰서의 합의 승인이 없이 자유행동을 취한 것은 양국 조약에 위배되는 것이므로 이는 방치할 수 없는 일이다. 경찰이 절차상에서 빚어낸 착오라는 이 점에 대해서는 귀경찰서장이 무창경찰서 제5경찰서장에게 설명했을 뿐 당시 파견경찰관에 대해서는 경고하는데 그치고 다른 처분을 내리지 않았다.

이기창은 경무처에서 심문한 결과 정치범 용의자라는 혐의만 있지 다른 범죄행위는 없는 사람이다. 때문에 그를 우리측에 인도하는 것은 문제가 없다고 본다. 그리고 사전에 귀대리총영사는 22일 귀 영사관에 전달한 공문의 요구에 따라 후지하라 · 다카하시 · 오바시 · 류모토 등 4명의 경찰에 대해 마땅히 징벌을 가해야 하는 동시에, 본 경찰서와 경무처에 사죄하여야 한다. 이로서 양국의 화목을 도모하고 이에 관련한 다른 교섭이 더 이상 없도록 해야 할 것이다."

이러한 공문을 일본영사관에 전달한 후 일본영사관측의 입장이 어떠한지는 아직 확실히 알 수가 없다. 전하는 말에 의하면 일본영사관측에서는 이 사건에 대하여 아무런 잘못이 없다고 주장하고 있다고 한다. 그들은 이기창이 다나카 사건과 연관이 있는 사람이기 때문에 일본경찰 측으로 인도하여야 한다는 것을 계속 주장하고 있는 듯하다. 그러나 각계의 인사들은 이러한 사실에 분노를 표하고 있다. 만일 이기창이 국사범이라고 하더라도 그는 마땅히 소재국의 보호를 받을 권리가 있기 때문에 절대로 일본에 인도해서는 안된다고 주장하고 있다. 사실이 밝혀지면 즉시 이기창을 석방하여야 한다는 것이 각계의 견해이다.

경찰5서에서 이기창과 기타 다른 동인들에 대한 보증서를 써서 이기창의 자유를 회복하여야 한다고 역설했다. 이기창도 변호사 시양(施洋)을 청해 자기를 변호해 줄 것을 요구하고 있다. 시양은 이미 경무처와 교섭서에서 관련문서를 열람하였으며, 이씨에 대한 변호준비를 진행하고 있다고 한다. 무한 각 공단에서는 또 대표 성단초(盛丹樵)와 시양을 파견하여 어제 24일 오후 진교(陳交) 교섭사를 면회하여 이 사건에 대한 그의 입장을 알아보았다.

진교교섭사는 자기는 결심하고 이 일을 추진할 것이니 각 계층에서 주목하여 줄 것을 부탁했다. 이기창을 인도할 것인가 하는 문제에서는 더욱 문제가 되지 않은 것이니 두 대표가 의견서를 교섭서에 제출하여 이 사건을 처리하는 문서로 보관하기로 했다. 그러나 앞으로 이 사건이 어떤 결과로 매듭될지는 아직 미결상태이다.(●●●● 5월 28일)

한국인 자객 김익상에 대한 최근의 통신

3일 상해 『일일신문』에 게재된 보도에 따르면 현재 나가사키 헨간분(片澗分) 감옥에 투옥되어 있는 한국인 자객 김익상(金益湘)에 대한 모든 예심결정서가 이미 다 확정되었다고 전하고 있다. (●●●● 6월 4일)

갈릴레이로에서 암살사건 발생

어제 오후 6시경 40대 양복을 입은 한국인이 서문로(西門路)에서 인력거를 타고 프랑스조계지 갈릴레이로(葛羅路)를 지날 때, 한 폭도가 그를 향해 총 한 방을 발사하여 그 사나이의 오른쪽 갈비뼈에 총상을 입혔다. 정보부의 서아동(徐阿東)과 손금례(孫金礼)가 소식을 듣고 현장에 달려가 폭도를 체포하려 했지만 폭도는 이미 종적을 감춘 뒤였다. 부상당한 사나이를 광자(廣慈)병원으로 호송하여 치료하도록 한 동시에 경찰서로 돌아가 상급부서에게 이 사실을 보고했다. 상급부서에서는 이 사건을 입건하여 계속 조사처리할 것을 명령했다.

전하는 말에 의하면 부상입은 한국인의 몸에 박힌 총알은 서양 의사가 이미 해부하여 꺼냈다고 한다. 그러나 그의 상처가 아주 심하여 생명이 위험하다고 한다.(●●●● 9월 29일)

1923년

한국의 기독교 근황

교육 시찰차 상해를 방문한 조선공립소학교 훈도가 전한 소식: 조선의 기독교 교회는 3,478개나 되고, 전도사는 26,014명이 된다고 말했다. 국내외 전도사 450명과 신도 355,047명이 있으며, 이들에 대한 1년 전도교육비가 2,892,000원이 된다고 하였다.(●●●● 1월 17일)

중한 어학강습소 문예의 밤 소집키로

어제 7시경 중한 어학강습소 문예의 밤 대회 준비위원회 제4차 회의가 소집됐다. 회의의 내용은 아래와 같다.

이 회의에 참석한 사람들은 모두 10여 명으로, 오산(吳山) 주석과 진적생(陳適生)의 기록으로 관련문제를 토론했다. 토론결과 정례회의 기간을 정월 15일로 확정했다. 후에 주순광(周舜光)을 회장과 석간편집주필로 추천했고 진적생 · 이동원(李東圓) · 백기준(白基俊) · 왕중년(王仲年) · 최예(崔睿) 등을 편집위원으로 선정했다. 위의 사업을 결정 토론한 다음 회의를 끝냈다.(●●●● 2월 3일)

30만 연변 개척민 국적 이탈 청원

길림 통신: 연변 조선개척민 30여만 명은 대표를 선출하여 일본정부에 대해 국적을 떠나게 해달라고 청원했다.(●●●● 2월 27일)

연변 조선개척민 국적이탈 운동

중한 변경조약이 성립된 이래 조선의 개척민들이 연변 일대로 이주한 숫자는 무려 30만 명이 넘는다. 30만 조선개척민들은 조약의 결정에 따라 완전히 중국법률을 준수하여야 한다. 중일잡거조약이 체결된 다음 연변의 일본세력이 갈수록 확대되어 가고 있다.

작년과 금년 2년 동안 일본측에서 불법으로 조선개척민들을 체포하는 문제가 일어나고 있다. 이에 개척민들이 많은 피해를 입고 있다. 2월 21일 개척민 최씨가 연길 6도구거리에서 중국군에 의하여 피살되었다. 이 사건이 발생하게 된 원인은 아래와 같다.

일전에 연변대표 수백 명이 집회를 소집하여 네 가지 사항을 결의한 바 있다.

(1) 전체 연변 개척민의 명의로 일본정부에 청원서를 올려 일본 국적으로부터 이탈코자 한다.
(2) 조선 서울에 대표를 파견하여 총독부에 성명을 전달하여 개척민 자치를 실행할 것을 주장하고 총독부의 관할에서 벗어날 것을 주장한다.
(3) 최씨가 살해된 것에 관하여 중국당국과 엄정히 교섭한다.
(4) 각 현의 대표들은 임시로 법인단체를 조직하여 대외적으로 일치단결하여 행동한다.

조선총독부에서는 이 소식을 접한 다음 비밀리에 경찰국장을 연변으로 파견하여 진상을 조사하게 했다. 일본 중의원 의원 아라가와(荒

川) 등은 개척민들이 제기한 국적이탈문제를 심중히 연구하고 있다. 그는 이러한 기초하에서 조선정치에 문제가 있음을 지적하는 동시에 개혁안을 정부당국에 제기할 계획이다. 그러나 이 제안은 지금 토론 중이며 아직 정식으로 제출된 상태는 아니다.(●●●● 3월 4일)

상업계 총연합회 귀화한국인을 인도하는 문제에 대해 건의

강서로(江西路) 각 상업계 총연합회에서는 어제 귀화한 한국인 한진교(韓鎭敎)의 관할권문제에 관하여 교섭사에게 편지를 보냈다.

허교섭사는 그 편지를 받고 한진교에 대해 조사했다. 한진교는 원래 한국인이지만 상해에 거주한 기간이 오래되었고, 또 후에 상해현에 정식으로 보고하여 중화민국 국민이 되도록 허가해 달라는 요청을 한 적이 있다. 상해현의 지사는 이러한 사실에 대한 조사 결론을 내무부에 상정하여 수사를 결정해 줄 것을 요청했다. 이에 대해 내무부에서는 한씨를 중화민국 국민으로 받아들인다는 지령을 내렸다.

지금 한진교는 화폐위조죄로 수감되어 있는 중이다. 그런데 일본측에서는 한씨를 인도하여 줄 것을 강력히 촉구하고 있다. 일본측에서 한씨는 마땅히 일본의 재판을 받아야 한다고 주장하고 있다. 그러나 한씨가 이미 중화민국의 국적을 취득한 사람임으로 그는 마땅히 중국법률의 보호를 받아야만 한다. 비록 그가 죄를 지었다고 하더라도 마땅히 중국법률에 따라 법적 처벌되어야 하는 것이지, 어찌 일본영사관으로 인도할 수 있는가 말이다. 이는 중국의 주권에 관한 일인 만큼, 교섭사가 사리를 따져 그에 근거하여 주권을 보호하여야 한다.(●●●● 4월 11일)

한국인과 예수교

4일 런던 통신: 조선교회에서 연례회의를 소집할 때 런던의 교회장 주석은 즉석에서 편지 하나를 선독했다. 편지는 조선의 교회당 사업에서 상당한 발전이 있다는 내용이었다. 교회장은 조선의 한국인 기독교민이 이미 5천 명을 넘었고, 일본인 교민은 5백 명이 될 것이라고 했다. 그러나 교회당 사업은 규모가 아직 확대되지 못하여 런던의 웨일즈 구역만 하다고 설명했다.(●●●● 5월 5일)

경찰청에서 한국인 죄인 3명 인도

김씨 성을 가진 사람의 집과 서문밖에 있는 금풍(錦豊)저당소 및 영국조계지 경운은루(慶雲銀樓) 등에서 사건이 연이어 터지는 가운데, 경찰청 정보과의 주인천(朱仁泉) 등이 이미 절도범 왕옥생(王玉生)·왕가주(王嘉柱)·고덕삼(高德三)·진옥생(陳玉生)·양부전(楊父田)·송조옥(宋朝玉) 등 6명과 장물 은닉죄를 진 남정씨(藍丁氏) 등을 수사 체포했다. 수사중 권총 5 자루와 총알 등을 찾아냈다. 정찰대의 학(郝)대장은 공술한 것 등을 종합하여 수사결과를 상급부서에 보고하기로 했다.

전하는 말에 의하면 학헌장(郝憲章) 대장은 이 사실을 다시 심사한 다음 한국인 한(韓)씨와 보(普)씨 등 3명이 주요 범죄자라고 단정했다. 이들은 단순한 절도범이 아니라 권총도 있고 도화선과 화약도 있으며 풍정사(風情事)도 저지른 사람들이라, 간단한 범죄인이 아니라고 강조했다. 즉 이들은 주요 절도범이라는 것이다. 이러한 사실은 이미 조사를 철저히 진행한 가운데 결정된 것이며 본인들도 공술한 것인 만큼 마땅히 인도되어야 하며 다시 철저하게 보충조사를 해야 한다고 주장했다. 그들에 대한 조사를 마친 다음 그 상황에 따라서 군법회의에 이송하여 처리해야 한다는 것이 그의 주장이다. 그는 조사자료를 서청장에게 보고하는 동시에 상해와 강소의 교섭사 공서(公署)에 올려 일본영사에 공문을 보내어 상기의 한국인 3명을 인도하여 상해 호군(滬軍) 군관공서에 넘겨 재판하도록 촉구해 주기를 제안했다.(●●●● 6월 3일)

일본영사 한국인 절도범 정기 심사

상해경찰청에서는 어제 공공서한을 접수했는데, 서한은 영국 조계지 경운은루를 강탈한 절도범 진왕규(陳王奎)·고유곤(高裕坤)·왕월생(王月生) 등에 대하여 일본총영사가 법정 심사 기일을 이 달 25일(일요일)로 정했다는 고지서였다. 이번 고려인들이 무리지어 강탈한 사건의 범죄 용의자는 이미 귀 경찰청에서 수사 연행한 것만큼 법정심리 때 귀경찰청에서 경찰을 파견하여 질의해 줄 것을 바란다는 내용도 있었다. 서청장은 고지서의 요구에 따라 주인천 등을 파견하여 오늘(25일) 일본영사의 심리에 참가하도록 했다.(●●●● 6월 25일)

일본영사 한국인 강탈죄 법정심리 실기

일본영사는 어제 오전 영국 조계지 경운은루 등을 강탈한 절도범에 대하여 법정심리를 진행했다. 동시에 당시 용의자들을 연행한 상해경찰청의 집행 과정에 대해서도 심의를 진행했다. 이에 관해서는 어제 이미 서한을 보내 법정심리에 참석하여 줄 것을 고지했으며, 이에 대한 통신은 어제 이미 보도한 바 있다.

어제 오전 10시 경찰청 정찰대 대장 호헌장은 정보과 주인천(朱仁泉)·융인생(戎仁生)·왕신경(王愼卿)·진헌천(陳軒泉) 등과 함께 일본영사관으로 건너가 지시를 기다리고 있었다. 영사가 법정에 정좌

한 다음 범죄용의자 진왕규(즉 왕옥생)·고유곤(高裕坤)·왕승(王勝) 등 3명에 대한 법정심리를 진행했다. 그들은 고려인 3명의 교사를 받고 사람들을 조직한 다음 경운은루 등을 강탈한 사실을 인정했다. 그들은 고려인들이 권총을 빌려주었으며 장물은 한국인 등과 함께 나누었는데 한국인들은 한 사람이 2인 분씩을 가졌고, 자기네는 한 사람이 1인 분을 가졌다고 공술했다. 강탈시 쓴 권총과 총알 등은 일을 마친 다음 도랑에 던져버렸다고 했다. 그들은 권총 5자루는 한국인들이 자기들에게 판 것이라는 것도 인정했다. 이어 한국인 한태의(韓太義)·복도군(卜道君) 등 2인에 대하여 법정심리를 진행했다. 두 한국인은 진왕규와 함께 장물을 나누어 가진 것을 인정했다. 한국인에 대한 심리가 끝난 다음 중국경찰 주인천 등에 대하여 법인연행 경과와 권총 등에 대한 수사경과를 진술하게 했다. 중국경찰의 진술이 끝난 다음 일본영사는 한국인들에게 그 진술이 사실인가를 확인했다. 한국인들은 다 사실이라는 것을 인정했다.

일본영사는 한국인 등에 대해서는 일본법률에 따라 재판할 것이며, 중국인 용의자 진옥규 등은 중국경찰이 데리고 가서 중국법률에 의하여 징벌하도록 했다. 그리고 장물 권총 5 자루도 중국경찰청에서 가져가 군법서에 이송한 다음 증거로 쓰도록 했다.(●●●● 6월 26일)

한국인 모살미수사건 계속 심리

소흥(紹興)사람 장아성(章阿成)·장아야(章阿야)·광신천(匡新泉) 등은 지난 달 1일 도피한 일본인 기요 기모리(淸木茂)·가츠 도쿠쇼(克督生)와 고려인 안정호(安定浩) 등의 교사를 받고 프랑스 조계지에서 고려인 김약산(金若山)을 암살하려 했으나 실패하고 말았다. 이 사건은 공공조계지 경찰서에서 접수 심리하게 됐다. 어제 아침 제2

법정에서 법정심리를 진행했다. 심리를 마친 다음 일본 부영사 시미즈(淸水)군은 그들을 구치소에 다시 구속시키고 일주일 후에 다시 심리할 것이라고 선포했다.(●●●● 9월 23일)

일본거주 한국인 반역밀모 발견

26일 외국 통신사 통신: 도쿄 지방재판소의 다사토가와 히라다(田里川平田) 검찰이 12일 수하에 속하는 치야 도노바시요츠야(千谷澱橋四谷)에서 활동하면서 아래 사건을 조사했다.

조선인 박열(朴熱)을 위수로 하는 무정부 공산당혁명실행단과 조선에서 추방당하여 도쿄지역에서 망명하고 있는 김중한(金重漢) 등에 대하여 엄격한 검거를 실시했다. 김씨는 지진이 일어나기 전에 오스기 사카에(大杉榮)댁을 출입했으며, 각지의 조선인 노동자들을 고취하여 과격주의(당)에 가입하도록 선동함과 동시에 전단을 살포하고 치안을 교란시켰다. 일본정부에서는 그에 대한 수배령을 내렸다. 그는 서울로 피란 가서 수품동(需品洞) 104호에 잠복해 있다가 총독부에 발각되어 체포되었다. 일본경찰당국에서는 그를 도쿄로 이송하여 엄격한 심리를 진행했다. 이로서 그의 범죄 상황을 파악할 수 있었다. 이에 앞서 사법관은 이미 활동을 시작했다. 김씨는 도쿄로 건너온 다음 조선노동계의 지휘권을 장악했다. 그는 히라다(白田)의 집인 부하(府下) 4105호에 거주하고 있었다. 사법계는 이곳에서 증거와 서류 등을 적지 않게 수사해 찾아냈다. 이튿날 사법계에서는 대거 출동하여 검찰관 200명이 각기 고마구치(駒口)·데라시마(寺島)·스가모(巢鴨)·오구치(大口)·이케부쿠로지대(池袋)·소시(雜司)·다니데바시(谷淀橋)·아오야마(靑山)·요츠야(四谷) 등지에서 대량의 검거활동을 진행했다. 그런데 한국당인 한예상(韓睨相)과 고치삼(高治三) 등 2

명이 어디로 숨어버렸는지 알 수가 없었다. 이 사건의 발단은 김산 등이 조선 의열단 일파에 참가한 사람들과 서로 연계를 갖고 일본글 등사판을 이용하여 한 잡지를 출간했다는 데서 비롯된 것이다. 이 잡지는 동지들에게 반포하고 과격사상을 선동하는 잡지였다. 이런 과정에 박열 등을 알게 되어 서로 내왕하기 시작한 것이다. 박열의 아내 가네코 부미코(金子文子)와 그의 여자친구 니야마 쇼다이(新山初代), 그리고 오가와 다케노시나후타(小川武野品二) 등이 혁명 실행단을 조직했다. 이케부쿠로호리(池袋堀) 203호 한예상의 집을 근거로 반역을 밀모했던 것이다. 이들은 자기들이 구입하고 제조한 탄약과 총 등을 한 곳에 집중시켜 놓으면 불리하다는 것을 감안하여 여러 곳에 나누어 숨겨 놓았다.

　일본귀족 부호들을 암살하고 조선노동자들과 일본노동자들을 선동하여 혁명을 진행하는 것이 이들의 목표였다. 증거품을 보면 과거 의열단이 거사할 때와 유사했다. 그 중 육한균(陸漢均) · 신염파(申焰波) 등 2명도 함께 검거되었다. 박열 · 김중한 · 가네코 · 니야마 등 여성 2명과 오가와 등은 모두 내란 예비죄로 기소당했다. 가네코는 야마나시현(山梨縣) 사람이다. 가네코는 성격이 남성기질 같아 15, 6살 때부터 외지에서 일하며 생계를 유지해 왔다고 한다. 그러다가 후에 한 부호의 몸종이 되었는데, 주인은 그녀를 아주 귀여워하여, 주인은 그녀를 간다 마사노리(神田正則)에 있는 영어학교에 보내 영어를 공부하게 했다. 니야마는 도쿄 부립대학 제1고등여학교에서 공부한 다음 마사노리(正則)로 오게 되었으며, 그리하여 가네코와 니야마는 막역한 친구가 되었던 것이라 한다. 이 두 여성은 다 미인으로 칭해지고 있으며, 이 때문에 혁명당 내에서는 연애전쟁까지 벌어졌던 적이 있다고 한다.(●●●● 10월 27일)

중국인과 한국·러시아인의 음모

최근 변경의 사태가 긴장되게 되면서 북방에서 긴급 전보가 급증하고 있다. 하루에도 몇 번씩 전보가 날아오고 있는데, 그중에서 사람들을 가장 놀라게 한 소식은 홍군 수만 명이 집결하여 몽골 만주리와 흑룡강 수분하쪽으로 비밀리에 행군하고 있다는 소식이었다. 이들은 중동철로를 탈취하려는 것이 목적이라고 한다. 기타 다른 지역에서도 러시아군이 화적 무리들과 결탁하여 소란을 피우고 있다는 소식도 전해오고 있다. 작년 직계 군벌과 봉계 군벌 간에 전쟁을 벌이고 있을 때, 고사빈(高士賓)과 김정신(金鼎臣)이 운동을 전개하여 북방을 소란케 했는데, 이를 통하여 동북성의 군사를 유도하려고 했던 것이다. 고씨는 나중에 귀순하였고, 기타 남은 잔당들은 산야에 몸을 묻고 화적떼가 되어 계속해서 소란을 일으켰다. 근일 각지에서 이른바 위자치군(僞自治軍)이 건립되어 그 세력은 점점 강해지고 있는데, 이들이 바로 그 남은 잔당들이다. 3성 당국의 도윤은 각자 관할 지역에서 엄격하게 방비태세를 취하고 있으며, 엄밀히 그들에 대응하여 그들의 비밀 기관을 파괴하고 당인들을 체포했다. 이 달 하순 수녕진 진수사가 봉천에 올라와 12명을 이송했다.

지난 달 초순 이계림 여단장이 7명을 압송하여 왔다. 석득산 여단장도 3명을 압송하여 왔다. 낙오(洛吳)의 명을 받고 몰래 동북지역에 잠입하여 기회를 보아 거사를 꿈꾸는 사람들은 각지 비밀기관의 두목을 두고 자칭 참모나 부관이라든가 중대장이나 소대장이라고 하는데, 이들의 한달 봉급은 500원에서 60원 등 각기 다르다. 이들이 고의적으로 과장하여 하는 말인지는 아직 명확히 파악하지 못하고 있는 상태이다. 장작림은 이들에 대한 심문을 끝낸 다음 사형을 언도할 것이라고 하였다. 군계통의 인사가 피로한 바에 의하면 금년부터 북방에서 체포된 사람이 이미 90여명이나 된다고 한다. 이것은 당 기관 수령들의 숫자이다. 졸병들이나 이름이 나지 않은 사람들을 얼마나 체포했는지 그 숫자는 부지기수이다.

며칠 전 군법과 예심원 장효곤이 심문한 당인은 현재 일련의 계획을 추진하고 있는 중이라는 사실을 공술했다. 그는 우선 동북3성의 항일한국당인을 설득하여 일본에 도전하는 것으로 중일 교섭을 야기시킬 것을 계획하고 있다. 둘째 러시아 망명군과 결탁하여 각지에서 거사하여 중동철로를 탈취하는 동시에 동북3성에 설치한 각국의 기관과 상업기관을 파괴한다는 계획이다. 이렇게 하여 각국에서 봉천에 악감정을 갖게 하고, 이에 대처한 경비를 증가하게 한다는 것이다.

동북3성의 한국과 러시아 당인들의 활동은 그 소문이 점점 확대 전파되고 있다. 상인들과 시민들은 이에 모두 공포감을 느끼고 있다. 일본교민들은 자기정부의 장관에게 촉구하기를 즉시 동3성 당국과 교섭하여 하루 빨리 일본에서 동북지역으로 군대를 파병하여 각지의 일본인들을 보호하여 줄 것을 기대하고 있다. 일본 후나츠(船津) 총영사는 장작림과 수차례 교섭을 진행하여 중일연합방비대책을 책정해 놓았다. 이 대책을 바탕으로 화적무리에 타격을 주기로 했다. 일본측에서는 한국당인들이 반일을 밀모하고 있는 것에 관하여 아주 신경을 쓰면서, 그들에게도 화적무리를 대하듯 처치하여 무력으로 그들을 토벌해야 한다고 장작림에게 알렸다. 장작림은 만일 한국당인들이 불법행동을 한다면 중국 군경이 얼마든지 책임지고 처리할 수 있으니, 일본군이 참여할 바가 아니라고 대답했다. 장작림은 이를 교섭서장 장수증(張壽增)에게 명하여 공문서를 정식으로 작성케 한 후 일본측에 전달하도록 했다.

중일이 연합하여 화적떼를 토벌하는 대책을 세운 다음, 북쪽에서는 러시아 장관도 중국관청과 교섭을 진행했다. 러시아측에서도 일본과 중국이 연합대책을 세웠듯이 중러연합방비책을 세우자고 건의한 것이다. 즉 북방 화적떼 중에 러시아의 무리들도 참여하고 있으나 중국과 러시아군이 화적무리에 대한 소탕을 철저히 하지 못하고 있기 때문에, 교섭을 제대로 끝맺지 못하고 있다는 것이다. 그러다 보니 화적무리들은 점점 날개를 펴고 있는 실정이니 이제 양국에서는 공동으로 대책을 강구하고, 중국과 러시아 군대가 연합하여 화적떼를 공격한다면 연합에 의한 무력도 강화되어 쉽게 그들을 궤멸할 수 있다는 것이다. 러시아측에서는 이 뜻을 손독군이 허가하여 줄 것을 촉구했다. 손씨는 당시 이미 봉천에 체류하고 있는 상황이라 장작림과 직접 상의할 수가 있었다. 장작림은 러시아의 현재 상황을 보면 일본의 상황과 다르다면서 일률적으로 허락할 수 없는 일이라고 결정했다. 동시에 손씨를 통해 전보를 보내어 이 결정을 러시아측에 통보하도록 했다.

장작림은 또 동북지역에서 여러 가지 험난한 국면이 일어나고 있음을 감안하여 총괄적인 보안대책을 세워야 화근거리를 하루 속히 소멸시킬 수 있을 것이라고 판단했다. 그는 29일 손독군과 정부·군계의 중요 인물들을 소집하여 구체적인 대책을 상의했다. 먼저 봉천에서 혼합여단 3개 여단을 동원하여 북방으로 진군하게 한 다음 각 요충지를 점령하여 고수하고, 그 다음 길림과 흑룡강 두 성에서 각기 혼합여단 1개 여단을 출병시켜 몽골변경을 사수하도록 하며, 러시아 적군이 남침하는 것을 방비하도록 했다. 이와 같은 조치를 취한 후 다시 3성 연합방비대책을 연구하기로 했다. 몽골 변방이 아주 광활하여 동3성군은 사실 한 지역밖에는 방어할 수 없는 형편이라 북평과도 출병을 상의하도록 했다.(●●●● 11월 5일)

조선총독부 만·몽회의 소집

일본영사관에서 전해 온 소식에 의하면, 조선총독부에서는 동3성 일본영사와 기타 관련자들이 이달 20일부터 조선총독부회의실에서 회의를 소집하고, 아래의 각 문제를 토론했다고 한다. 회의 기간은 3일간이나 되었다고 한다.

이번 회의에서 토론한 문제는 아래와 같다.

(1) 상업세문제. (1) 조선인 귀화문제. (1) 만몽조약과 관련된 제 현안. (1) 재판문제. (1) 조선인 교회문제. (1) 불량 조선인문제. (1) 조선인 산업문제. (1) 조선인 금융문제. (1) 조선인 각종 단체 지도문제. (1) 조선과 각 영사 및 관동청과의 사무상 연락문제. (1) 만몽개발시설. (1) 기타 제반문제 등이다.

그 중에서 가장 중요한 것은 동3성에 사는 조선인들의 교육문제와 일반 재만조선인에 대한 보호를 어떻게 실시하는가 하는 문제였다. 이번 회의에 출석한 사람은 모두 22명으로 그 명단은 아래와 같다.

하얼빈총영사 야마우치 시로(山內四郞), 봉천총영사 후나츠 신이치로(船津辰一郞), 간도총영사 스즈키 요타로(鈴木要太郞), 단동영사 니시자와 요시데츠(西澤義徹), 길림총영사 대리영사 후카자와 오소이(深澤遲), 요양영사 사이노 요시히코(齊野義光), 블라디보스토크총영사 대리영사 와타나베 리에(渡邊理惠), 우장영사 시미즈 야오이치(淸水八百一), 장춘영사 니시 하루히코(西春彦), 정가툰영사 요시하라 오오쿠라(吉原大藏), 통화영사분관 주임 아후 우주로(阿不又重郞), 해룡영사관 주임 다나카 시게미(田中繁), 외무성아세아국 제3과장 츠보우에 하후다(坪上葉二), 척식사무국 거시관 후나 다나카(船田中), 관동청 경무국장 나카야마사노스케(中山佐之助), 조선군참보장 아카이 하루우미(赤井春海), 조선헌병대 사령관 나수 다이사브로(那須太三郞), 함경남도 지사 이규완(李圭完), 함경북도 지사 나카노 오오사브로(中野太三郞), 현재 길림에 주재하고 있는 후나자와(深澤) 총영사 및 기타 각 처의 영사들이 모였다.

  이들은 정식 회의를 개회할 것을 기다려 참여할 계획이다. 이번 회의가 폐막되면 만몽방면 정책에 중대한 진전을 가져올 것이라고 예견되면서 한국교민과 상업세 등 문제는 필연코 각종 분규를 불러일으킬 것으로 예견된다.(●●●● 11월 28일)

1924년

일본황궁 밖에서 폭탄사건 발생

일본 전통사 6일 도쿄발 통신: 6일 일본내무성에서 공포한 내용에 의하면 5일 밤 7시경 한 한국인이 니주바시(二重橋) 밖에서 폭탄을 투척하였다고 한다. 그러나 그 폭탄은 폭발하지 않았다. 이에 순경과 경비병이 즉시 투척자를 체포했다. 일본 히다니(比谷)경찰서에 구금되어 있는 한국인의 투척사건은 다른 사람과는 관련이 없이 자기 독자적인 행위라는 것으로 밝혀졌다. 그의 목적은 세상을 놀래기 위해 그랬다는 것 외에는 아직 다른 것은 밝혀내지 못하고 있다.

범인은 외지에서 직접 이곳에 도착하였다고 한다. 또 전해오는 소식에 따르면 어제 밤 긴급 내각회의를 소집하여 밤 11시에야 회의가 끝났다고 한다. 그리고 오늘 아침 9시 40분에 다시 긴급회의를 재개하였다. 스즈키(鈴木) 검사총장, 유아사(湯淺)경시총감 등이 이 긴급회의에 열석했다. 이 긴급회의는 이 사건을 처리할 대책을 상의하는 회의라고 한다.

일본 동방사 6일 도쿄 통신: 어제 밤 니주바시 밖에서 폭탄을 투척하였으나 폭발되지 않은 일이 발생되었는데, 이 사건을 일으킨 범인은 이미 조선인이라는 것으로 밝혀졌다. 그의 이름은 김지섭(金址燮)으로, 상해 비밀결사단 단원이라는 것이 밝혀졌다. 지금 그에 대해 엄밀한 조사를 진행하고 있는 중이다.(●●●● 1월 7일)

프랑스조계지 경찰서 한국기관 수사 불확실

공공조계지 산동로 163호 국문통신사는 일전에 각 신문에 원고를 보내 프랑스 조계지 서양정보과 시텅이 수사한 것이라며, 한국인이 프랑스조계지에서 비밀리에 폭탄을 제조하는 기관 등을 설립했다는 소식은 사실이 아니라고 알려왔다. 이에 정보담당 정자경(程子卿)과 이우생(李友生)을 파견하여 영국경찰서에 가서 영국탐정과 함께 피고를 소환하여 심문을 진행했다. 용의자는 어제 프랑스경찰서에 압송하여 구속했다. 먼저 서방 정보요원이 법정에 나서서 사실 경유를 설명한 다음, 피고는 과거 전과가 있는 사람으로 그 관계 자료를 법정에 상정한다고 성명했다. 주작공(周作恭)이 피고를 대표하여 법정에서 질문에 대해 해석을 해주었다. 과거 신문에 실린 소식은 취재원 장평(蔣平)이 신문에서 번역하여 실은 소식이라고 해명했다. 이어 장평이 법정에 나서서 이를 증명했다. 섭심의원이 이 통신은 사실이 아닌데 어떻게 신문에 게재했는가 하고 질책하였다. 그는 또 이런 문제는 국제문제와 관련이 큰 문제인 만큼 현금 100원을 벌금으로 부과하여 국고에 바치는 벌금형을 내렸다고 프랑스영사에게 알리도록 했다.

국문 통신사는 일본경장(警長)과 프랑스경찰서 정보원과 함께 프랑스조계지 어느 한 병원에서 한국당의 기관을 수사했다는 전날 소식은 와전된 것이라고 밝혔다. 프랑스경찰서의 정식 고시에 따르면 경찰서에서는 일본정보원과 함께 한국당을 수사한 일이 없으며 이 일이 어떻게 전파되었는지는 알 수가 없다고 설명했다.(●●●● 1월 12일)

가정일신회에서 조선여사 초청강연

오늘(12일) 상해 가정일신회(家庭日新會) 상례회 기간 중, 반앙요(潘仰堯)군, 포만빈(浦曼彬)여사가 회의를 주재했다. 이 일신회에서는 원래의 계획대로 오후 3시 직공교육관에서 회의를 소집했는데, 조선여사를 초청하여 조선의 가정문제를 강연토록 했다. 욱인석(郁印石), 장지상(張志翔) 등 군의 음악이 있었다.(●●●● 3월 2일)

가정일신회 어제 회의 실기

어제(2일) 오후 3시 가정일신회에서는 직공교육관에서 회의를 개최했다. 이 회의에 참석한 사람은 50여 명이 된다. 반앙요 군 주석이 사회를 맡았으며, 주석이 먼저 조선인 안여사를 청중들에게 소개했다. 그는 동시에 이번 회의 내용은 안여사가 조선가정문제에 대해 강연할 것이며, 이어 욱인석 등의 국악연주가 있을 것이라고 말했다. 안 여사는 조선가정문제와 남편이 국가의 광복을 위해 희생한 상황들에 대해 강연했다. 청중들은 그녀의 강연에 모두 감동되어 눈시울을 붉혔다. 이어서 욱인석 등이 국악을 연주했다. 순훈풍곡(舜薰風曲)과 매화삼롱(梅花三弄) 등의 곡이 장내에 은은히 울려퍼지며 장내의 청중들을 감동시켰다. 이어서 심신경(沈信卿)의 강연이 있었다. 그의 강연내용은 대체로 아래와 같다.

오늘날의 여성들은 자립을 주장하고 있다. 남성들에게 의지하여 살지 말고 사회를 위하여 봉사하자는 정신을 가지고 있다. 그러나 여성들이 일단 시집을 가게 되면 사실상 가정의 일을 처리하는데 모든 시간을 빼앗기고 있다. 그러다 보니 다시는 사회사업에 종사할 수 없게 된다. 기혼여성은 가사를 잘 처리해야 남편이 마음 편하게 사회를 위하여 봉사할 수 있다. 이것은 사실 여성으로서의 직책을 잘 완수하는 길이라 할 수 있지만, 이를 가지고 남성을 위하여 사는 것이라고는 말할 수 없는 것이다. 우리나라의 풍속을 보면 어른들을 존경하고 자식 교양에 많은 관심을 쓰고 있다. 그 중에서도 어린이들에 대한 교양이 더 중요하다. 사람이 금수와 다른 것은 금수들은 자기들이 낳은 새끼들을 먹여살리는 데만 그치지 않는다. 그러나 인간들은 자녀들에게 교육만을 앞세운다. 자식을 사회에 유용한 기둥으로 키우는 것이 바로 부모들의 책임이다. 나 개인적인 의견으로는 가정에서 가장 중요한 것은 자녀에 대한 교육이다. 두 번째는 의식주에서 너무 사치스러운 점을 버려야 한다는 것이다. 세 번째는 사회에 유익한 일을 해야 한다는 것이다.

그의 강연이 끝난 다음 조후생이 강연했다. 그의 강연내용은 대개 아래와 같다.

인간의 기쁨과 고뇌는 대체로 변화하는 데서 유발된다. 오늘은 쾌락에 대해서 이야기하고자 하는데, 사람의 일상생활 중 오랫동안 아무런 변화가 없으면 사람들은 지루한 감을 느끼게 되며, 만일 변화가 있다면 발생된 변화가 원래보다 좋지 못하더라도 쾌락을 느낄 수 있다.

나는 사회는 고뇌에 빠져 있더라도 가정은 안정되어야 한다고 본다. 사회에서는 번뇌를 받게 되지만 가정에서 안정을 느낄 수 있기 때문에 즐거움을 만끽할 수 있다. 만일 하루 종일 집에 묶여 있고 사회의 번뇌를 감수하지 못한다면 쾌락을 감수하지 못한다. 때문에 남성들은 사회에서 갖가지 번뇌에 부닥치고 가정에서도 안정을 찾지 못할 때 가정도 고통에 싸이게 되는 것이다. 그러면 가정이 위험하게 되는 것이다.

회의가 끝났을 때는 이미 5시 반이었다.(●●●● 3월 3일)

동북3성의 일본경찰이 월경하여 사람을 체포한 사건

동북3성은 일본과 인접하고 있는 지정학적 특징이 있어 각 처에 경찰들이 요지를 차지하고 있다. 그들 중 어떤 사람은 평시 보통 상인으로 변복하고 각처에서 일어날 화근거리를 정탐한다. 이러한 점에 대해 동북3성의 백성들은 불만이 많다. 일전에 하얼빈에서 3명의 조선인이 폭도라는 죄명으로 일본경찰에 의해 학살되었다. 주권에 관심을 갖는 사람들은 일본경찰이 함부로 월경하여 사람을 체포하는 문제에 대해 큰 불만을 표명했다. 특구 장관에 있어서도 일본이 경계를 넘어 직권을 행사하는 것은 바람직하지 않은 일이라고 지적했다. 이에 분노를 참을 수 없는 상황에서 공문서를 작성하여 빈강(賓江)·진수사(鎭守使)·장환상(張煥相)에게 명하여 각 관련부서에 고시하여 앞으로 일본경찰이 경계선을 넘어 직권을 행사하는 사건을 방지하도록 했다. 그 원문의 내용은 아래와 같다.

빈강 장진수사가 전보로 아래 상황을 통보하며 구체적으로 요청을 제기해 왔다.

일전에 하얼빈시 부두길 바깥 18도가(道街)·남신가(南新街)·제679호에 한국인 김태준(金泰俊)·왕국침(王國琛)·유길동(柳吉東) 등 3명이 살고 있었다. 이달 7일 일본영사는 하얼빈 교섭원에서 전갈을 보내와 상기의 한국인 등은 반일 폭도들이라면서 그들을 체포할 것을 촉구했다. 도윤이 이 사실을 경찰청에 통보하여 협조할 것을 지시했다. 8일 오전 1시경에 일본고등형사부장 쿠니요시 세이호(國吉精保)가 일본경찰을 인솔하여 한국인이 살고 있는 대문밖에 이르렀을 때 한국인의 총격에 가슴을 맞고 즉사하였다. 흉수는 실내에 숨어서 아주 완강하게 반항하는 바람에 그 한국인을 쉽게 체포할 수 없었다. 오전 5시 경 다시 보병을 파견하여 그 집을 포위했다. 동시에 인근주민들은 경찰서에 가서 대기하고 있도록 했다. 동시에 기병을 파견하여 교통을 중단시키도록 했다. 이때 일본 야마우치(山內) 영사가 우리측에 구원대를 파견하여 협조해 줄 것을 요청해왔다. 그런데 상기의

3명의 한국인은 중국 경내에 거주하고 있는 신분이라 마땅히 중국군경이 체포를 담당해야 하는 것이며, 일본경찰은 즉시 물러나야 한다는 회답을 주었다. 일본측에서는 이에 불복하고 직접 명사수를 파견하여 일본경찰과 함께 한국인이 있는 방안을 향해 사격했다. 3명의 한국인은 벽을 이용하여 밖에다 대고 대응 사격을 했다. 일본경찰은 방안을 향해 수류탄을 투척하는 한편 한국인을 체포하는 사람에게는 상금을 준다고 하였다. 이에 일본군경들은 죽음을 무릅쓰고 방안으로 돌격하여 진입했다. 그 결과 경찰 이홍빈(異鴻賓)이 그 자리에서 왕국침(王國琛)을 사살했으며, 장(蔣)연대장이 김태준(金泰俊)을 사살했다. 하사 배육동(裵毓同)은 유길락(柳吉樂)을 사살했다. 동시에 2호 브로우닝 권총 한 자루와 3호 브로우닝 권총 1매와 총알 세 발을 찾아냈으며, 동제 시계 하나, 사진 2장과 귀화허가증 1장을 수사해 냈으며, 가죽 돈지갑 3개, 현찰 46원, 중한 도서 17권, 호적 보고서 1권을 찾아냈다. 상기의 물건은 시체와 함께 경찰청에 이송하여 처리하도록 했다. 동시에 이번 수사에서 공을 세운 군경들에 대해 일인당 300원씩의 상금을 수여했다. 실제 사용한 총알은 실제대로 보상하였다. 그리고 전보로 이 사실을 위 기관에 보고했다.

  우리측에서는 사후 중국 경내에서 한국인들의 불법행위가 있을 때 마땅히 중국 관청에서 이를 수사하여 처리해야지 시끄러운 다른 일이 발생해서는 안된다는 것을 강조했다. 이에 따라 외국 경찰이 중국 경내에서 직무를 실행하지 못하며, 요시찰인물을 체포한다 하더라도 협의에 따라 우리나라 관청에 출두하여 처리해야 한다고 밝혔다. 지금 일본군경이 우리나라 경내에서 자유행동을 한 것은 확실히 잘못된 것이다. 이에 소속 부문에 지령을 내려 앞으로 다시는 일본군경이 우리나라 경내에서 함부로 직권을 행사하는 일을 못하게 하여 소란스런

일이 다시는 발생하지 않도록 방비할 것을 지시했다.(●●●● 4월 24일)

북만 한국교포 8천명 이상

하얼빈 통신: 2일 신문에 실린 보도에 따르면 북만의 한국교포가 8,216명으로 집계되었는데, 실제적으로는 이보다 더 많을 것으로 보고 있다.(●●●● 8월 23일)

봉천과 일본 비밀조약체결에 대한 소식

봉천 통신: 장작림이 현재 일본과 비밀조약을 체결하고 있다는 소문이 전해지고 있다. 지난달 관동청에서 고다마(兒玉) 장관이 봉천을 방문했을 때 이미 비밀조약을 체결했다고 한다. 조약의 전문은 알 수 없지만 대체로 일본의 요구에 따라 동북3성의 조선인을 체포하고 남만철로선의 양쪽 토지에 대한 30년 임대권을 체결한 것이라고 전한다. 또한 일본측에서는 장작림의 요구에 따라 봉천에 대한 직접적 혹은 간접적인 경제원조와 군비공급을 지원하는 사항에 조인했다는 것이다. 또『요동신보』가 보도한 바에 의하면, 7일 도쿄발 전보에 따르면 고다마 관동청장과 장작림 사이에 이미 반일 조선인을 교환하는 문제에 대해 공동인식을 가지게 됐으며, 일본이 30년간 토지를 임대하는데 동의했다는 통신은, 일본당국에서 아직 정식으로 공개하지는 않았지만, 남만 철로선의 조선인들의 활동이 최근 들어 더 심해졌다는 것은 사실이라고 전했다. 이것에 관해서는 아마 장작림의 양해를 구한 것 같다.

결국 어떤 방식으로 비밀조약을 체결하는가 하는 문제는 일본관청과 민간 창의자들의 숙원으로, 남만철로 연안의 토지를 일본인이 30년간 임대하는 문제는 민국 4년 이래 줄곧 해결되지 못한 채 오늘에 이른 현안이다. 이 현안을 해결하지 않으면 일본국민은 실제적으로 발전할 수 있는 가능성이 없는 것이다. 따라서 이 현안에 대한 해결은 당국에서 벌써부터 고심하며 추진하고 있는 문제 중의 하나이다. 이번 고다마 관동청 장관은 장작림과 면회하는 기회를 빌어 이 비밀조약을 체결한 것인지 아니면 일찍 다른 모략이 있었는지 알 수 없다. 그리고 장씨가 바라는 것은 경제와 군사방면의 지원이라는 것은 불보 듯 뻔한 일이다. 이와 더불어 일본에 직접적이고 간접적인 요구도 제의했을 것이다.(●●●● 8월 14일)

길림성 한국교포 엄격히 체포

북경 통신: 외교부는 길림성이 한국교포에 대하여 엄격하게 체포하기로 한 결정을 일본총영사에게 통보했다고 한다.(●●●● 12월 24일)

1925년

아시아민족대동맹 참석자 중·한·일 인사 포함

어제(3일) 오후 4시 아시아 민족대동맹 발기인이 중앙공원 수정각에서 발기회를 소집했다. 이번 발기회에 참석한 인사 중에는 인도 대표 십사자(十獅子, Desnal lha)·몽은(Momg en), 신스(Sin gh) 등이며 고려대표로는 김홍선(金弘善)·유장생(柳長生)·등환선(鄧煥善) 등이다. 일본측의 대표로는 도쿠히코(德光衣域)·야마세(山瀨悟一)·사사키(佐佐木健兒) 등 3명이다. 이밖에 우리나라대표 등 모두 120여명이 이번 발기대회에 참석했다. 대회에서는 먼저 임시주석을 추천하였고, 임시주석이 개회를 선포했다. 한국대표 김홍선이 회의에 참석한 일본대표에게 이 회의에 참석한 의도가 본회의 종지와 같은 것인가 하는 문제를 질의했다. 만일 회의 참석용의가 이 대회의 종지와 다르다면 퇴장할 것을 요구했다. 일본 대표는 이에 대해 일본정부는 제국주의가 틀림없다. 그러나 우리는 제국주의를 반대하는 인사들이다. 때문에 본회의 종지와 틀릴 수 없다고 설명했다. 주석은 이들의 대화가 끝난 다음 즉시 대회의 종지를 충분히 토론할 것을 호소했다. 이조보(異肇甫) 등이 발언했다. 어떤 사람은 아시아 각 민족이 단결하여 세계제국주의를 반대하는 것을 종지로 삼아야 한다고 주장했다. 주석은 거수표결로 이를 통과시키자고 건의하였다. 그 결과 찬성자가 과반수였다. 이어 명칭을 토론했다. 주석은 원래 「아시아대동맹」이란 명칭을 쓰기로 했는데 이제 보니 이 명칭이 너무 광범하기에 「아시아 피압박민족 대동맹」이란 명칭을 쓰는 것이 어떤가 하고 의견을 제시했다. 정마한(正摩漢)은 「아시아민족자유대동맹」이라고 개명하는 것이 좋을 것 같다고 주장했다. 결의 결과 잠시 「아시아민족대동맹」이란 명칭을 쓰기로 결정했다. 이어 준비회 임원을 추천했고 3시가 넘어 회의가 끝났다.(●●●● 8월 6일)

화기애애한 아시아회의

상해 참상이 발생한 다음 광주·무한·복건·사천 등지에서도 사건이 발생했다. 국민들은 분노를 금할 수 없었으며, 조직적인 단체 운동은 조수처럼 그치지 않았다. 일본에도 최근 동아대동맹과 같은 조직을 성립하여 이에 대응하고 있다. 일전 도쿄 아세아협회에서는 이사(중의원) 가네사토 준타로(金里準太郎)를 북경에 파견하여 중국측과 연락을 취하도록 했다. 이 협회는 일본 정우회 당원들이 2년 전에 성립한 것이다. 이 협회의 역할은 다음과 같다.

(1) 백인종이 동쪽으로 확장하는 것에 대응하여 아시아 각국을 연합하여 이를 제어해야 한다.
(2) 아시아의 일은 아시아 사람들이 자체적으로 해결한다.

상기 두 주장을 편 일본은 그 이면에 자신들이 동아주인공이라는 생각이 없지 않아 있다고 볼 수 있다. 이번에 가네사토씨가 북경을 방문한 것은 다름이 아니라 우리나라 사람이 발기한 아시아민족자유대동맹과 손잡고 아시아회의를 발기코자 하려는 뜻에서이다. 가네사토 는 오늘밤 아시아민족자유대동맹의 주요 책임자를 영환(瀛環)반점에 초청하여 파티를 열었다. 이 파티에 참석한 일본측 인사들로는 가네사토 외에 기자 야마세(山瀨悟一)와 손중산의 고문 이노우에(井上謙吉) 등 5명이다. 우리나라에서 참석한 사람들로는 전 중의원 의원 황정소(黃政素)·경조윤(京兆尹) 관공서 총무과장 마학천(馬鶴天)·화북대학교수 왕문준(王文俊)·전 중의원 이조보(異肇甫)·천진 익지(益智) 통신사 사장 도배원(涂培源)과 능계홍(凌啓鴻)·황대탁(黃大卓) 등 10여 명이다. 석간에 가네모토는 세계인종은 평등하고 원래부터 아무런 차별이 없고, 중국과 일본은 아시아에 우뚝 선 양 대국이다. 따라서 아시아를 책임져야 하며 서로 단결하고 협조해야 한다는 뜻의 기조 발언을 했다. 본회(아시아협회)는 발전을 도모하기 위하여 아시아회의를 개최할 필요성을 느끼는 동시에, 이 대회를 통하여 아시아 각국의 문제를 토론할 필요성이 있다고 피력했다. 회의지점은 일본 도쿄로 정하던가 아니면 중국 북경이나 상해에 정하는 것이 좋다고 건의했다. 회의 시기는 우선 아시아 각국에서 준비위원을 추천하여 정하는 것이 바람직하다고 말했다. 그는 중국의 준비대표 명수는 10명이고 일본도 10명이며 기타 각국, 인도 등 국에서 모두 10명을 추천하는 것이 좋을 것이라고 말했다.

 이상 준비위원들이 협조하여 구체적인 준비사업을 책정한다는 것이다. 이후 상해에 상설위원회를 설치하고 아시아 각국에 대하여 적극적인 선동사업을 전개한다는 것이다.

 그는 끝으로 전 아시아협회는 당파방면과 깊은 관련이 없는 조직이라는 것을 강조하는 동시에 국민들이 열심히 동참하여 서로 협조해 줄 것을 부탁하였다. 그는 아시아협회와 아시아민족자유대동맹은 종지가 같기 때문에 두 단체의 명의로 발기하지 않아도 근본적인 연합은 가능하다고 설파했다. 황정소(黃政素) 등은 아시아회의의 발기와 소집을 열렬히 찬성하였으며 오는 금요일 연회를 베풀어 김리(金里) 등을 초청하여 더 확실하게 상기의 사항을 상의할 것이라고 선포했다. 그러나 두 단체가 근본적으로 연합하는 문제에 대해서 비록 두 단체의 종지가 거의 비슷하지만, 아시아민족자유대동맹은 대체로 영제국주의를 상대로 한 운동단체이기 때문에, 서로 약간의 차이점은 있으므로 각자 서로 단체를 결성하여 상호 분공 합작하는 것이 바람직하다고 주장했다. 따라서 내일 동48조 70호 공사국가학회에서 본 동맹의 주요인물들이 참가하는 다과회를 소집하여 구체 사항에 대해 상세하게 토의할 것이라고 선포했다. 아시아회의를 함께 소집하여 아시아 문제를 토의하는 것에 대해서는 한편으로 적극적으로 찬성하고 있지만, 일본인들의 태도가 어떤가 하는 것은 충분한 연구가 있어야 한다. 아래에 일본인 조직이 전 아시아협회에서 선독한 선언과 장정을 소개한다.

(선언)

지구상에 생존하는 모든 종족은 일률적으로 평등한 위치에 있다. 각자 자유롭게 발전하는 시점에서 세계 발전의 흐름에 동참한다. 인류의 공존은 서로 상호협조하고 서로 마음을 합쳐야 한다. 그런데 지금의 실정을 보면 인종이 다름에 따라 서로 차별을 두고 서로 장벽을 쌓고 있는 것도 사실이다. 따라서 앞으로 인종간의 투쟁이 발생할 수 있다. 이에 대한 예는 한두 가지가 아니다. 이런 사태를 방임한다면 앞으로 인종간의 대동란이 반드시 일어날 것이다. 이 동란은 수시로 발생할 수 있는 것이므로 세계의 장래에 관심을 갖는 사람들은 이 현실에 대하여 우려하지 않을 수 없다. 세계 평화를 유지하는 유일한 방법은 각 인류가 서로 자각적이어야 하며, 상호 이해적이고 상호 친선을 유지하는 것이라는 것은 아주 자명한 사실이다. 무릇 아시아인은 각 인종의 융합과 평화를 수호하는 책임을 져야 한다. 이 직책과 사명의 힘은 아주 거대하다. 아시아 사람으로 태어난 사람들은 분기하여 일어나 우리와 함께 뜻을 같이 하여 아시아협회를 설립하여야 한다. 이것은 첫째 수천년간 우리의 선조들이 가꾸어 온 숭고한 문명과 근대문화의 근원을 이룬 아시아인종의 후대들인 현대 아시아인들의 각성이다. 둘째 일치단결하여 실력을 양성하여 장차 인종동란을 미연에 방지하여야 한다. 동시에 동 서방 두 문명의 융합을 도모하여야 하며, 세계의 신문명 건설을 추진해야 한다. 이로서 전 지구 인류의 안녕과 복지건설에 공헌할 수 있는 것이므로 각 민족 인사들의 지지를 바라마지 않는다.

(장정)
    제1조: 본회는 아시아협회라 부른다.
    제2조: 본부 총본부는 도쿄에 둔다. 본부와 지부는 아시아 각지에 설치한다.
    제3조: 본회는 아시아 발전을 도모하며 세계평화와 전인류의 평화 및 전인류의 복지를 목적으로 한다.
    제4조: 본회는 상기 목적을 실현하기 위해 각 항의 사업을 추진한다.
    (1) 아시아에 관한 연구 (2) 아시아 각 지역에 대한 시찰과 조사탐험 (3) 아시아 각국과 구미 각국간 아시아 강습단과 학생들의 교류 (4) 아시아 부흥강연회 개설 및 선전대의 파견 (5) 아시아 각국과 구미 각국간 아시아문제 상설 혹은 임시 민간사절의 교환 (6) 세계 각국의 언론통신 등 각 기관을 통해 아시아문제에 대한 선전운동 (7) 아시아 부흥에 관한 각국의 대책 제공 (8) 아시아 각국간 통상과 무역에 대한 추진운동 (9) 아시아를 개발하는 목적으로 한 각 항 산업의

발달과 추진운동 (10) 아시아의 새로운 잡지 도서의 간행 (11) 일년에 한 번씩 도쿄에서 아시아 민족회 개최.

제5조: 본회 회원은 통상회원과 찬조회원 등 두 가지로 나눈다. 통상회원은 회비 6원을 납부하며, 100원 이상 협찬한 사람은 찬조회원이라 한다.

제6조: 본회는 회장·부회장·평의원상담역과 이사가 사무를 처리한다. 필요에 따라 별도로 고문과 강사 등의 직을 설치할 수 있다.

제7조; 본회의 경비는 회비와 찬조비로 충당한다. 회계연도는 매년 4월 1일에서 이듬해 3월 31일까지이다. 회계 사무는 이사가 담당한다.

제8조: 본회는 봄·가을 두 계절에 정기대회를 소집한다. 필요에 따라서 수시로 대회를 소집할 수도 있다.

제9조: 본회는 별도로 사업부와 조사부를 설치한다.(8월 19일 밤)(●●●
● 8월 22일)

내년 4월 상해서 아시아회의 소집

도쿄 전 아시아협회 대표 이마자토 준타로(今里準太郎)가 북경을 방문하여 아시아민족대동맹과 아시아회의를 발기하여 아시아문제를 토론하는 문제에 관하여 협상했다. 그 경과에 대해서는 전날에 이미 상세하게 보도한 바 있다. 일본측에서는 이번 행동에서 별로 큰 역할을 하지는 않겠지만, 아시아민족대동맹에서는 이번 기회가 쌍방국민의 외교적인 접근을 추진하는 좋은 기회라고 인식하고 있다. 때문에 일본측과 합작하는 것이 아주 필요하다는 입장을 보여주었다. 어제 저녁 이 동맹의 황정소·이조보(李肇甫) 등이 이마자토와 면담을 가졌고 함께 파티에 참석했다. 이마자토는 즉석에서 전 아시아협회는 민족의 결합이며, 정당에 의해 좌우되는 것이 아니며 중국과 일본이 서로 손잡고 상부상조하여 아시아민족의 대단결을 추진하는 것이라고 설명했다. 본인은 중의원(일본)에서도 이미 주장한 바 있거니와 중국에 대한 모든 불평등조약을 취소해야 한다는 것을 다시 한 번 강조하였다. 이어 아시아회의의 소집은 전 아시아협회와 아시아민족대동맹 두 단체가 공동 발기하기로 했다. 그 결정은 아래와 같다.

(1) 명년 4월 상해에서 아시아 회의를 소집한다.
(2) 대회 준비는 먼저 조직위원회를 만들고 조직위원회에서 대회소집을 일괄적으로 준비한다. 준비위원은 중국과 일본에서 각 10명으로 정하고 두 단체에서 아시아 각국에 고시하여 인도·필리핀·유태 등 국에서 10명을 추천하여 조직한다.
(3) 대회는 각국 대표의 왕복 교통 편리를 생각하여 상해에서 소집한다. 준비위원회도 상해에 설치한다.
 (갑) 금년 12월 제1차 준비위원회를 소집한다.
 (을) 명년 4월 대회를 소집하기 두 주일 전에 제2차 준비위원회를 소집한다.
(4) 준비위원회를 설립하기 전의 준비사무소는 일본이 도쿄 무기쪼구(麥町區) 전 아시아협회에 두고, 중국은 북경 동48조 70호 아시아민족대동맹에 둔다.

이마자토는 그날 밤 전보로 위 사항을 도쿄협회에 통보했다. 그리고 그는 어제 임장민(林長民)을 면회하였는데, 그도 이에 대하여 찬성을 표명했다. 이마자토는 상기의 사무를 처리한 다음 즉시 귀국하여 대회소집을 준비하기로 했다.

전하는 말에 의하면 이번 출장에 상해와 하문(廈門)을 경유하여 남양 각 지와 연락을 취한 다음 도쿄로 돌아간다고 한다. 그는 도쿄로 귀환한 후 대회준비를 추진한 다음 다시 북경을 방문하기로 했다. 아시아민족대동맹에서도 아시아대회를 소집하기 위해 준비사업에 전력투구하며 전개하였다. 장차 준비위원에 대한 인선은 본 동맹에 국한하여 선정하는 것이 아니라 각 단체와 협상하여 공동으로 추천한다는 방침을 택했다. 다만 본 동맹의 종지를 선전하기 위해 중국 내 각 대도시에 지부를 설치하기로 했다. 상해에는 이미 능계홍(凌啓鴻)이 남하하여 연락을 취하고 있다. 오늘 중앙공원에서 대회를 소집하여 장정(원 장정은 이달 7일자 본보에 게재)을 수정하고 선언을 발표했다.

아시아민족대동맹 선언

지구의 3분의 1이란 면적을 차지하며 세계 인구의 절반 이상을 가지고 있으며 산중에서도 세계에서 제일 높은 산인 히말라야 산과 우랄알타이 산맥이 있으며, 강으로는 황하와 양자강이 있고, 인류 문명사에서 보면 5천년의 유구한 불멸의 역사를 갖고 있으며, 종교·철학·정치·실업 등 제반 분야에서 그 세계적인 기초를 쌓은 곳이 바로 우리가 태어나고 우리가 생활하고 우리가 묻히는 금수강산인 아시아주이다. 아시아는 하느님이 점지한 땅이며 우리의 선조들이 피땀 흘려 가꿔온 땅이다. 이곳은 예전부터 찬란한 햇빛이 차서 넘치는 금수강산의 대지이다. 우리의 조상들이 야수들을 물리치고, 가시밭길을 헤치며, 홍수도 이겨내면서 역신을 몰아냈던 땅이다. 우리 조상들은 이 땅을 지켜 천신만고 끝에 온갖 고난을 이겨왔으며, 이 땅을 일구어 찬란한 대지로 가꾸었던 것이다. 우리의 조상들은 대대손손 내려오면서 우리의 부모형제들을 키워왔으며, 우리의 부모형제들은 또한 우리를 키워주고 있는 것이다. 우리가 이 땅을 지키지 않고, 이 금수강산의 이 땅을 타인에게 준다면 이것은 도마 위의 고기와 무엇이 다른 것이며, 남이 주인이 되고 우리가 종으로 되는 것과 무엇이 다르다는 말인가! 다 같은 황색의 피부를 가진 민족이며, 다 같이 네

모난 발에 다 같이 둥근 얼굴을 가진 우리 아시아 민족이 남들에 의해 압박을 받고 남들에 의해 착취를 받는다는 것은 도대체 어떤 연고에서 일어난 현상인가? 과연 우열의 법칙에 따라 우리 아시아 민족이 20세기 경쟁의 시대에 생존할 수 없다는 말인가? 아니면 우리가 폐쇄된 세계에서 자아만족에 빠져, 단체력이 없어 우리의 뜻에 따라 일을 성사시키지 못해서인가? 1757년 영국의 크레브 대령은 훈련을 받지 못한 동인도회사의 직원 수백 명의 의용병을 파라쉬 전역에서 동원하여 일거에 3억의 인민을 자신의 지배 하에 두었던 역사가 있다. 5천년 역사를 가진 인도가 이렇게 무너지면서 이것이 아시아의 선두가 되어, 그 후 미얀마가 멸망되었고, 베트남이 할양되었으며, 이어서 중국도 점차 침략을 받게 되었다. 그리고 일본과 기타 여러 나라들도 그 침해를 피하지 못했던 것이다. 아시아의 토지에서 나오는 물품의 생산은 제한되어 있다. 그러나 우리를 침략하고 우리를 점령하려 한 사람들의 욕망은 끝이 없으니 우리는 이들에 대해 어떻게 대응해야 할 것인가? 하늘이 준 인권에 대해서 말하더라도 1,750만 평방킬로미터의 면적을 가진 아시아 땅은 우리 자결의 뜻에 따른 독립적인 땅이다. 아시아 8억 2천 5백만 인구는 다 자유의 인민이다. 지금 우리가 이 땅을 지키고 이 땅의 독립을 유지하고 우리 인민의 자유를 옹호하려면 아시아 각국 각 민족이 대동맹하는 일에 나서야 한다. 아시아민족대동맹은 아시아 각 민족을 단결하여 백색인종을 압박하려는 황색의 재앙을 가져오자는 것이 아니다. 또한 갑국을 연락하여 을국이나 병국에 대항하는 순환적인 보복도 아니다. 현재 이 단체를 조직하는 출발점에서 전 세계에 정중히 성명하는 것은, 아시아민족의 대동맹은 아시아 각 민족의 평등과 자유를 유지하며, 제국주의 국가에 대하여 정당하게 방위하는 것을 종지로 한다.(●●●● 8월 23일)

대륙보 24일 도쿄 통신: 일본의원 이마자토(今里)씨는 새로 조직한 아시아협회의 대표 신분으로 이미 중국에 도착해 있다. 이 협회는 일본의원 몇 명과 중일무역과 관련된 상계의 여러 조직성원들이 참가하고 있는 조직이다.

전하는 말에 의하면 이 협회는 중국영도자들과 빈번히 접촉하고 있으며, 명년 4월에는 상해에서 전 아시아인민대회를 소집하게 된다고 한다. 대회는 중국·일본·인도 등의 대표들을 초청하여 출석하게 되며 동아시아 각 민족 사이에서 밀접한 관계를 추진할 것이라고 전하고 있다.(●●●● 8월 26일)

1926년

조선교육시찰단 상해 정기방문

조선총독부가 특파한 교육계 인물 다수가 교육시찰단을 조직하여 중국 각지의 교육을 시찰하게 된다. 2월 2일에 홍콩에 도착한 다음 2월 3일 상해를 방문하고, 상해방문이 끝나면 항주·영파·천진 등지를 시찰할 예정이다. 단원으로는 이노우에 마사히라(井上政平) 등 12명이다.(••••1월 27일)

한국인 관공서 폭격

6일 도쿄 통신: 시사보에서 서울의 특별 소식을 보도한 바에 의하면, 경찰들은 한국 당인들이 관공서를 폭격하려한 음모를 발각했다고 한다.

이미 이들의 영도자 3명은 구속했으나 기타 다른 사람들은 모두 도망갔다고 한다. 현장에서 많은 폭약과 폭탄 및 혁명적 내용이 들어 있는 서류들을 수색해 냈다고 한다.(•• •• 2월 8일)

오늘 조선교육시찰단 상해 도착

전 조선총독부 특파위원들이 중국교육시찰단을 조직하여 오늘 한국 선박인 상기환(箱崎丸)편으로 상해로 출발했다. 계획에 의하면 오늘 오전 9시에 상해에 도착하게 되며 상해 시찰이 끝나는 대로 즉시 귀국하게 된다.(●●●● 2월 25일)

조선교육시찰단 상해 시찰

조선총독부에서 파견한 교육시찰단원인 대구공립중학교 교장 다카키(高木善八) 등 12명이 이달 초 상해에 도착했다.

이들은 광동·홍콩·마닐라 등지를 시찰한 다음 2일 전(25일) 배편으로 상해에 도착하여 항로(恒路) 신이옥(辰巳屋) 여관에 투숙했다. 어제(26일)부터 3일간 상해에서 교육상황 및 사회시설 등을 시찰하고 있다. 3월 1일 이후에는 항주·남경·한구 등지를 시찰한 다음 다시 상해로 돌아와 이틀간 휴식을 취한 뒤 귀국하기로 되어 있다.(●●●● 2월 27일)

한국교포 어제 3·1운동 기념식 거행

어제는 한국 독립선언 기념일이다. 이를 3·1절이라고 부르고 있는데, 본시의 한국교포들은 성대한 기념의식을 거행했다. 이른 새벽 3시부터 남녀 소학생들이 3·1절 노래를 높이 불렀다. 상해유학생학우회와 소년회에서 선언을 발표했으며, 중국인민에게 고하는 글을 발표했다.

오전 9시부터 여러 갈래로 나누어 버스를 타고 각 시내 구역을 종횡으로 다니며 전단을 살포했다. 오전 9시 31공학(公學)에서, 10시에는 청년동맹회에서 기념식을 거행했다. 오후 3시에는 노북문(老北門)

침례교회당에서 교민 전체가 모인 가운데 기념식를 거행했다. 한국 교포들은 거의 다 이 회의에 참석하였을 정도로 회의 상황은 아주 열렬했다. 밤에는 갖가지 놀이와 연회가 있었다.(●●●● 3월2일)

일본에서 발생한 한국인 사건

25일 도쿄 통신: 도쿄경찰청에서 고시한 바에 의하면 한국인 파고(波古: 음역)는 그의 일본부인과 함께 1922년 상해에서 대량의 무기를 밀수하여 제제(帝制)를 성사시킨다는 계획을 가지고 있었다고 하는데, 이는 일 후 조선국 독립정부의 초보형태라고 할 수 있다고 한다.

이들은 당국에 의하여 체포되었는데 밀모죄로 기소되어 오늘 고등법원에서 사형을 언도받았다. 파고부부는 27일 사형을 집행하게 된다. 석간의 내부소식에 의하면 이들에 대한 사형언도는 섭정(攝政) 태자의 뜻에 따라 무기징역으로 감형되었다고 보도되고 있다.(●●●● 3월 26일)

전 조선황제의 붕어

6일 도쿄 통신: 전 조선황제가 병으로 붕어했다. 그의 아들과 며느리 등이 어제 서울로 귀국하였으며 그들의 유럽방문은 뒤로 미루게 될 것이다.(●●●● 4월 7일)

작고한 국왕에 대한 한국인들의 애도

6일 도쿄 통신: 서울 최신 통신에 의하면 비록 당국에서 전 황제를 위하여 추모회를 개최하는 것을 금지는 했지만, 많은 군중들은 근처의 산속에 모여 울음을 그치지 않았다고 한다. 이 때문에 연행된 사람도 적지 않다고 한다.(●●●● 5월 1일)

한국경찰 일본인을 사살

30일 도쿄 통신: 한국경찰이 창으로 일본인 1명을 사살했으며, 일본인 1명을 부상시켰다고 한다. 조사한 바에 의하면, 두 일본인은 모두 의회의원이라고 한다. 그러나 실질적인 자객의 신분은 한국경찰이 아니라 한국인 폭도였다. 그는 원래 사이토(齊藤) 총독을 암살하려 했는데 다른 사람을 사살했던 것이다. 당시 경찰은 곧바로 폭도와 격투를 벌여 현장에서 자객을 체포했다고 한다.(●●●● 5월 1일)

전 한국황제 6월 10일 국장

10일 도쿄 통신: 전 한국황제의 국장은 6월 10일 거행하게 된다.(●●● ● 5월 11일)

조선 전 황제 국장 거행

9일 도쿄 통신: 붕어한 조선국왕의 국장이 내일 거행되게 된다. 모든 준비는 이미 다 끝났다고 한다. 일본과 조선 각부의 한국인들은 8일 이미 서울로 밀려들어와 있었다. 경찰에서는 엄격하게 경계를 실시하여 소동이 일어날 것에 대해 경계하고 있다. 경찰과 헌병 3천여 명이 영구의 발인 길을 보호하고 있으며, 의심가는 한국인에 대해서는 무조건 연행 구속했다. 입성하는 사람들에 대해서도 엄격하게 조사를 진행하였다. 당국에서 전하는 소식에 의하면, 이번 국장은 동방에서 이전에 볼 수 없던 전대미문의 성황을 이룰 것이라고 한다. 심지어 메이지(明治)황제의 국장보다도 더 성대할 것이라고 한다. 영구를 따르는 대열은 2천여 명이나 되며 일본헌병이 호송하게 된다. 정식의 복상(服喪)기일은 1년으로 정했고, 이 복상기일이 끝나면 이친왕은 부인과 함께 유럽을 방문하게 된다.(●●●● 6월 10일)

조선 전 황제 국장 상황

　10일 도쿄 통신: 오늘 서울에서 전해 온 통신에 따르면, 전 한국황제의 국장이 능지(陵地)에 도착했을 때, 학생 40여명이 전단을 살포하며 농성하는 바람에 장례식장이 혼란스러웠다고 한다. 상기의 학생들은 모두 그 자리에서 체포되었다. 연도의 한국인들도 학생들을 따라 구호를 외쳤다고 한다.(●●●● 6월 11일)

어제 한국황제영구, 능에 도착할 때 소란 발생

　11일 도쿄 통신: 어제 한국황제의 영구가 능에 도착했을 때, 헌병들은 예포를 발사하며 맞이했다. 그러나 군중들은 대포를 발포하는 것으로 잘못 알고 대경실색하여 혼란스러워 했다고 한다. 후에 조사한 바에 의하면 이러한 혼란상황에서 밀고닥치고 하는 바람에 10여 명이 부상을 입었다고 한다.(●●●● 6월 12일)

한국황제 국장시 계엄발포

　국문통신사 6월 10일 도쿄 통신: 한국황제 융희는 4월 25일 별세했다. 하루가 지난 다음부터 정식으로 발상이 시작됐다. 한국 남녀들은 모두 상복을 입고 그의 붕어를 애도했다. 심지어는 8, 9살 난 아동들까지도 상복을 입고 거상행렬에 참가했다. 한국에 군복제(君服制)가 있지만 이처럼 성황을 이루기는 처음이라고 한다. 현재 이와 같이 전국적으로 큰 성황을 이루고 있는 것은 융희황제에게 충심을 바쳐서가 아니라, 그가 한국 4천년 역사의 마지막 황제이기 때문이다. 한국 청년들과 사상단체에서는 인심이 동요되는 이 기회를 빌려 민족정신을 환기시키려 하고 있다. 일본에서는 이미 한국국민의 이와 같은 마음을 잘 파악하고 있었기 때문에 더욱 긴장상태에서 경각성을 높인 가운데 엄격한 방비책을 취하고 있다고 한다. 그들은 임시로 시골의 경찰들을 서울로 집중시켜 서울은 이미 삼엄한 경비상태에 처해있다. 8년 전 광무제가 세상을 떴을 때 전 세계를 진동시키는 독립운동이 있었는데, 이것을 교훈삼아 철저히 단속하기로 한 것이다. 한국황제가 붕어한지 며칠 되지 않아 한국인이 황궁 앞에서 일본인을 사살한 사건이 발생했다. 따라서 일본인들은 극도의 공황 속에 빠진 것이다. 그런 가운데 약간이나마 의심이 가는 사람이 있으면 무조건 연행하여 구속시켰다. 국장일은 6월 10일로 정해졌다. 사나흘 전에 서울에 모인 한국인은 이미 3, 40만이 넘는다고 한다. 여관은 초만원을 이루었고 투숙지를 찾지 못한 사람들은 노숙하면서까지 국장일을 기다리고 있다. 국장이 있는 날에는 대규모 시위를 단행할 것을 비밀리에 약속하고 있었는데, 그만 비밀이 누설되는 바람에 이틀 전부터 일본관리들은 이 밀모를 분쇄하고 있다. 일본당국에서는 즉시 한국인 참모 총 기관을 수사했고 많은 사람을 구속했다. 상해·만주·북경 등지에서 일본으로 건너간 한국교포들도 적지 않게 구속되었다. 평시 일본 관청에서 요시찰인물로 꼽아놓은 인물들은 모두 체포하여 투옥시켰다. 그야말로 한국의 산하는 삼엄하기 짝이 없다. 오늘 국장 일에는 육군 한 개 사단을 동원하여 경비를 책임지게 한다고 한다. 서울로부터 금곡에 있는 능까지 총을 든 군인들이 줄을 지어 지키고 있다. 서울에서 금곡능까지 가는 길 양쪽의 산과 들은 인산인해를 이루었으며, 곡성이 천지를 진동했다. 대규모 운동을 단행하려 했으나 그 책임자들이 거의 구속되었기 때문에 거행할 수 없게 되었다. 그러나 애국심으로 불타는 학생들의 계획은 원래대로 진행되었다. 도처에서 학생들이 구호를 부르며 비분강개한 음성으로 선언문을 발표했다. 한 사람이 만세를 부르면 군중들이 이에 회답하여 이구동성으로 만세를 따라 불렀다. 체포된 간부 중에는 천도교·전진회(前進會)·정우회(正友會)·청년총동맹 등 단체의 중요 인물들이 망라되었다. 상기 단체들은 최근 한국에서의 독립운동을 주도하는 주요 사회단체들이다.(●●●● 6월 17일)

한국학생 아시아민족에게 한국대표로의 참석 거부 발표 선언

화동 한국유학생회는 강소·절강 등 각지의 한국유학생들이 조직한 단체이다. 이 단체에서는 아시아민족대회에 관하여 선언을 발표했다. 일본과 그 앞잡이들이 발기한 아시아민족회의는 중국 각 계층과 한국 해내외 각지 각 계층의 반대를 받아왔다. 그러나 그들은 이와 같은 반대에도 불구하고 대회를 개최하기에 이르렀다. 아시아민족대회에서는 사람들의 반대이목을 막기 위하여 4, 5명의 조선대표를 선출하여 이 대회에 참가시키고 있다. 우리는 철저한 저항정신으로 이 대회에는 절대로 출석하지 않을 것임을 표명했다.

지금도 이들이 비열한 행위를 행하는 것을 보면 이 대회에 둘러쳐 있는 검은 장막의 의미를 뚜렷이 투시해 볼 수 있다. 이 대회의 폐단과 그 검은 내막에 대해서는 이미 중국과 한국 각 계층에서 상세하게 피로했기 때문에 더 길게 설명하지는 않고자 한다. 그러나 이들이 일본을 위해 충심을 바치면서도 겉으로는 당당하게 명의를 내세우며 전 아시아의 국면을 농단하려 하고, 각 피압박 민족의 신흥운동을 제압하려 하는 것을 우리들은 질책해야만 한다.

본회는 화동 각 지방의 한국유학생들과 청년들의 뜻에 따라 이 대회를 진행하는 것을 격렬히 반대하는 동시에, 정신 나간 한국인이 조선대표 자격으로 이 대회에 출석하는 것을 단호히 반대한다. 화동 한국학생연합회(●●●● 8월 1일)

중국과 한국의 두 단체 아시아민족대회 반대

상해 학생연합회: 일본제국주의는 전 아시아를 모두 자기네 손아귀에 쥐려는 야심으로 가득 차 있다. 일본은 이와 같은 출발점에서 도쿄대 아시아협회, 북경아시아민족대동맹 등 어용단체를 동원하여 이른바 아시아민족대회를 발기했다. 전아시아를 독점하려는 도구로 삼으려는 것이다. 상해시 각계의 유력한 단체들에서는 이에 대하여 반대 견해를 피력했다. 본회도 아시아민족대회를 반대하는 성명을 수차례나 발표한 바 있다.

(중략)

일본제국주의는 이번 대회에서 아시아민족의 공존공영을 호소하는 한편, 각 민족이 재정경제와 정치적 개량을 구실로 아시아 각 약소민족이 일본제국주의에 반대하는 민족주의를 완화시키려고 했다. 뿐만 아니라 이를 뒤이어 각 약소민족의 정치·경제·재정권을 장악하여 전 아시아 약소민족을 노예로 전락시키려고 하고 있다. 최근 여러 매체에서 피로한 내용을 보면 우리가 예상했던 우려가 하나도 틀림이 없다는 것을 증명하여 주고 있다. 일본제국주의의 본심이 더욱 더 노골적으로 표현되고 있는 것이다. 일본대표는 이번 대회에서 세 가지 의견을 제시하였다.

첫째 아시아은행을 조직한다.
둘째 아시아 전역을 관통하는 철도를 새로 건설한다.
셋째 대형의 상업회사를 설립한다.

이로써 아시아 각국의 관계를 추진한다는 것이다. 결국 이러한 상기의 세 가지 제안의 실질적인 내용은 일본제국주의가 전 아시아 경제권을 장악하겠다는 말과 같은 의미이다.

전아시아의 시장을 농단하고 전아시아의 철도권을 장악하고, 전

아시아 약소민족의 명맥을 장악한다는 뜻이다. 만일 일본제국주의가 기대하고 있는 것과 같이 아시아민족대회의 야심이 실질적으로 실현된다면 전아시아 피압박 민족은 도탄에 빠지게 될 것이다. 이렇게 된다면 아시아는 각 제국주의 나라들이 서로 쟁탈하고자 하는 세계에서 가장 큰 시장이 될 것이다. 이와 동시에 우리나라는 각 제국주의 국들이 아시아를 쟁탈하는 싸움에서 초점이 될 것이다. 몇십 년 동안 제국주의 국들이 서로 암투하거나 공개적인 경쟁을 하면서 서로 자국의 경제세력을 우리나라로 뻗쳐왔다. 표면적으로는 친선을 고창하고 있지만 실은 우리 인민을 우롱하여 순순히 자기네 말을 듣도록 속여왔던 것이다. 이들이 임의로 우리민중을 우롱하고 생명을 위협하도록 그냥 둔다면 국가는 위기에 직면하게 될 것이다. 작년에 있었던 5월 30일 운동 이후 일본제국주의는 기회가 왔다고 여기고 대아시아주의로써 호소하고 있다.

(중략)

  만일 일본인이 진심으로 아시아 공영의 뜻이 있다면 먼저 각 약소민족에 대한 속박을 해제시켜야 할 것이다. 중국에 대한 일체의 불공평한 조약을 모두 취소해야 할 것이다. 각각의 약소민족을 도와 제국주의를 반대하는 운동을 끝까지 벌여야 할 것이다. 이런 구체적이고 실질적인 측면을 피하고 어용적인 아시아민족대회를 개최하려 할 뿐만 아니라, 나아가서 아시아민족대회에서 전 아시아를 병탄하고 중국을 독점하려는 제안을 하고 있는 것이다. 이렇게 된 것은 우리동포들이 아직도 각성하지 못하고 있다는 것을 의미하는 것이 아닌가? 혹은 우리 동포가 아직 꿈속에 잠겨 있다는 말이 아닌가? 우리는 어찌하여 굳건히 일어나 일본제국주의에 반대하지 않는다는 것인가?

(하략)(●●●● 8월 3일)

한국 청년동맹회 아시아회의 반대

본보 한국청년동맹회: 어제 중국국민에 드리는 고지서를 발표함과 동시에 아시아회의에 대해 반대대책을 제의했다. 일본에서 전 아시아회의를 발기한 이래 중국과 한국 각계의 반대를 받아 왔다. 이 회의를 반대하는 목소리는 거대한 조수처럼 끝이 없었다. 인심이 어디로 쏠리고 있는가 하는 것을 잘 보여준 것이다. 그러나 반대의 목소리만 높이고 실질적인 대응책이 따라가지 못한다면 아무런 효과가 없는 것이다.

지금 신문지상에서 보도되고 있는 내용을 보면, 이번 대회가 개최됨에 따라 일본측에서 전 아시아 경제발전대책을 제의했다는 것을 알 수 있다. 그 내용의 한 부분인 아시아은행 개설은 일본의 잉여자본을 전 아시아지역에 수출하려는 계획이다. 그리고 전 아시아를 통관하는 철도건설은 교통권을 장악하여 일체를 조종하려는 것이다. 또한 대상업회사를 설립하려는 것은 상업침략을 위한 기관으로 삼아 전 아시아를 식민지로 만들고, 실질적인 경제 약탈을 추진하기 위한 것이다. 이것이 얼마나 황당하고 또한 얼마나 위험한 것인가는 한눈에 알 수 있는 일이다.

(중략)

우리 한국은 일본의 유린을 받을 대로 받은 나라이다. 때문에 우리에게는 저항하는 길밖에 남은 것이 없다. 이 피해의 영향을 가장 크게 받은 나라는 중국이다. 인근 국가가 안전해야 따라서 본국도 안전한 것이므로, 중국국민이 안심하려면 반대한다는 성명만으로는 그 음모와 책동을 방지할 수 없게 된다. 본회는 본회의 이익과 중국의 이익 및 전 아시아의 이익을 생각하여 아래의 의견을 중국국민들 앞에 내놓고자 한다.

1926년

(1) 전 아시아 약소민족회의를 소집하여 연맹을 조직한다.
(2) 먼저 상해에「재외약소민족대동맹」을 조직한다.
(3) 상기 두 대책을 실현하기 위하여 중국과 한국의 두 민중단체가 아시아민족대회를 반대하는 기관이 되어, 선전 · 조사 · 조직 등 사업을 추진한다.

이상의 대책에 관하여 중국 각계의 고견은 어떠한가? 화동 한국학생연합회 등 단체에서도 결의를 통과시켜 한국동맹회와 함께 전 아시아민족대회를 반대하는 운동을 통해 반드시 목적을 실현시킬 것이라고 소식은 전하고 있다.(●●●● 8월 3일)

일본신문의 아시아회의에 대한 평론

6일 도쿄 통신:『일일신문』은 오늘 사설을 발표하여 아시아민족대회에 대하여 평가했다. 사설은 이번 아시아 전민족대회는 아시아인들에게 공동의 목표를 달성하기 위해서는 우선 내부의 쟁론을 해결해야 한다는 것을 알려주고 있다. 인도인 · 필리핀인 · 아프가니스탄인 등은 일본과 먼 거리에 있으며, 태서주의(泰西主義)를 배척하는 국가이고, 중국과 한국은 일본에 대해 공동으로 반대하는 나라로서, 일본이 약소국가를 억압하고 있다고 주장하고 있다. 이러한 견해는 서방 여러 국가와 상동한 것이다.(●●●● 8월 7일)

아시아민족회의 실기

나가사키(長崎) 통신: 8월 1일 오후 5시 일본 나가사키청년회에서 아시아민족회의를 정식으로 개최했다. 출석 대표로는 중국 · 일본 · 인도 · 조선 · 필리핀 · 말레이시아 · 아프가니스탄 등 제 민족이다. 정식으로 회의를 개회하기 전에 미리 비공개회의를 열었다. 이 비공개회의에서는 중국에 대한 불평등조약을 취소해야 하는 데에 관한 의제를 토론했다. 이 의안은 두 주일 전부터 준비한 것이다. 중국대표가 일본대표측에 이 의안을 제출하여 일본 이마자토(今里)대표가 도쿄로 귀국한 다음 이 의안을 토론했다. 중국대표는 이번 비밀회의에서 이 의안을 반드시 토론해야 한다는 것을 꾸준히 요구하였으며, 중국측의 요구를 만족시켜주지 않을 때는 퇴장할 것이라고 강경하게 주장했다. 이에 일본측에서는 부득불 양보하지 않을 수 없었다. 그런데 정우본당(政友本黨)의원인 모리후지 나가미네요이치(森藤長峰與一)가 중국측의 요구를 들어줄 수 없다면서 반대하는 뜻을 표시한 다음 스스로 퇴장했다. 이번 비공개회의는 중국측의 건의에 따라 회의에서 일부 문안을 수정한 다음 전체 회의에서 통과시켰다. 그 결의는 다음과 같다.

"전 아시아민족의 평등과 공존공영의 목적을 실현하기 위하여, 이번 전 아시아민족대회를 소집하게 되었는데, 이에 앞서 중일 간 불평등조약을 취소할 것을 주장한다. 아시아 민족이 자신의 평등을 상실한다면 어떻게 백색인종들에게 해방을 요구할 수 있는가? 때문에 현존하는 아시아 민족간의 불평등조약을 시급히 최소토록 해야 한다. 이로서 공존공영의 성의를 표시하는 바이다."

이 문제를 결정한 다음 정식회의를 개최하였다. 의장은 이마자토 준타로(今里準太郎)였다. 그가 대회의 종지를 설명한 다음 중국대표 임가리가 경과보고와 장래의 목적을 보고했으며, 그 뒤를 이어 터키대표 시신이 인도독립운동가 바이라드에 대해 응원하는 문장을 읽었다. 중국대표 황정소와 인도대표 버시, 필리핀대표 우이사의 주제 발언이 있은 후 폐회했다.

이튿날 오후 4시 위원회를 소집하여 각 대표의 의안을 심사했다.

의안은 결의안 7건, 보류안 4건이었는데 보류안은 중국 1건, 일본 3건이었다.

3일째 되는 날 각 대표의 연설이 있은 후 각종의 조약과 연맹의 규약에 조인하고, 조인식이 끝난 다음 추방공원(諏訪公園)을 관광했다. 그리고 대회의 폐회를 선언했다.

2일째의 회의중에 중국대표 임가리군은 조선독립당 강세잠(姜世潛)이 제의한 고려독립안을 소개했지만 대회에서 통과되지 못했다.

3일째 되는 날 회의에서 강대표는 이마자토(今里)대표와 약간의 충돌이 있었지만, 각 방면에서 무마시키는 바람에 별 다른 일은 없었다.

또 다른 소식에 따르면, 7월 31일 7시경 나가사키(長崎) 청년회 예비 토론회에 인도·필리핀·조선 등 대표들이 참석했다고 한다. 중국의 황정소·유화서 등 2명이 먼저 중일 간 불평등조약 및 21조 조약을 취소해 줄 것을 요구하는 의견을 제출했다. 중국대표는 아주 강경한 입장에서 중국측의 주장을 설파했다. 쌍방은 서로 팽팽하게 맞서 쟁론을 전개했는데, 쌍방은 무려 5, 6시간이라는 긴 시간을 쟁론했지만 결국 결렬되고 말았다.

이튿날 인도인 보스가 중일간의 조정자로 나서서 설득한 다음, 오후1시에 다시 토론회를 소집했다. 중국대표 14명은 전원 출석하여 중국측의 요구를 굳건히 주장했다. 4시간에 걸친 긴 토론을 거친 다음, 이 요구를 통과시키게 되었는데, 일본측 정부관원과 위원 등은 이를 끝까지 반대했다. 이에 중국대표는 전원 퇴장을 선포하고 회의장을 떠나려 했다. 각 민족 대표인 필리핀과 인도 대표들이 극구 만류하며 계속 상의할 것을 제의했다. 중국측에서는 불평등조약건에 관한 결의가 통과되지 않는다면 상의할 여지도 없다고 단호한 입장을 취했다. 일본 중의원 이마자토 준타로(今里準太郎)가 대중에게 제안하자는 내용을 선독하자 만장일치로 통과되었다. 비로소 전체 각 민족 대표들이 회의장에 도착하여 정식회의를 개최하고 저녁 7시까지 연설을 했으며 아시아민족 만세를 높이 불렀다. 만세소리는 회의장을 흔들어 놓았다.(●●●● 8월 8일)

조선총독에게 폭탄 투척

16일 일본 도쿄 통신: 『일일신문』이 보도한 바에 의하면, 조선총독 사이토(齊藤)가 시찰차 외출하였을 때 누군가 그를 향해 폭탄을 던졌는데, 이로 인해 일본인과 한국인 여러 명이 체포되었다.(●●●● 8월 17일)

조선총독 암살사건 무근

17일 도쿄 통신: 관청에서는 시사신문에 보도한 조선총독 암살사건이 근거가 없는 통신이라고 선포했다. 그러나 어느 한 곳에서 한국인 9명을 체포하고, 도쿄에서 또 한국인 3명을 체포한 것은 사실이라고 밝혔다. 한국인을 체포한 이유는 질서파괴죄라는 행위가 있었다는 것이다.(●●●● 8월 18일)

봉천 한국교포 17만 3천여 명

봉천경무처에서 조사한 결과 봉천에 거주하고 있는 한국교포는 17만 3천 950여 명으로 나타났다.(25일 오후 8시)(●●●● 11월 27일)

3개월 동안 길림과 봉천의 조선이민 몇만 세대로 증가

북경 통신: 최근 3개월간 봉천과 길림 남부로 이민한 조선인은 몇만 세대나 된다고 보도했다.(●●●● 12월 19일)

1926년
257

1927년

조선공산당 사건 예심 종결

동방사 2일 발 도쿄 통신: 조선 전국을 적화하려는 대 음모 사건이 다이쇼(大正) 14년(1925) 11월 신의주 공산당 사건 조사에서 들어났다. 또 다이쇼 15년(1926) 이왕 전하의 국장일에 고려청년회에서 거사하려 한 음모도 발각되었다. 당시 조선과 일본에서 무려 130여 명을 검거했다. 그러나 당국에서는 이 사실을 신문지상에 공개하는 것을 금지했다. 이 사건은 경성 지방법원에서 예심을 진행했다. 3월 31일 예심이 끝나고 피고 99명에게 유죄판결이 떨어졌으며 오늘 이 사실을 신문에 공개하도록 했다.

로이터사 2일 발 도쿄 통신: 작년 여름 일본에서 고려공산당의 음모를 발견했고, 이 사건에 관련된 용의자 백여 명을 구속했다. 이 중에는 각급 인민과 관료 및 노동자 등이 망라되었다. 오늘 예심법정에서 심사한 판결결과를 공개했다. 이 조직에 관련된 백여 명의 공산회원은 현재의 제도를 뒤엎을 거사를 밀모한 것으로 들어 났다. 법정에서는 99명에게 유죄를 판결했다.(●●●● 4월 3일)

조선 이왕 상해 경유 유럽방문

조선 이왕은 부인과 함께 유럽 관광차 우체국 소속의 하코네마루(箱根丸)호에 탑승하여 출발했다. 오늘 고베(神戶)를 출발하여 30일 상해에 도착하게 된다.

전하는 말에 의하면 이왕이 상해를 경유할 때 상해에 체류하고 있는 일본관원들이 그를 영접할 예정이라고 한다. 31일에는 선박으로 유럽으로 떠나게 된다. (●●●● 5월 28일)

일본인이 이왕을 보호

조선 이왕 부부는 내일 일우사(日郵社) 소속의 유럽행 하코네마루(箱根丸)호 편으로 상해에 도착하게 된다. 상해에 있는 일본당국에서는 한국인들의 범법행위를 우려하여 이를 방비할 대책을 토의했다. 어제 일본해군 육전대사령은 선박이 회삼부두에 도착할 때 군대를 파견하여 부두의 경비를 책임지고, 이왕의 상륙을 보호하기로 했다. 또 배가 부두에 도착할 때 일반인들이 부두에 출입하는 것을 금지하도록 했다.(●●●● 5월 29일)

중일 양국, 한국인 단속에 대한 협정 체결

북경: 중일은 동북3성의 한국인들을 체포하는 조약을 체결했다. 조약은 6조로 되어 있다.

(1) 중국 체류 한국인들은 중국관청의 청향(淸鄕— 당시 지방의 안전을 유지하기 위하여 비적을 토벌하는 것을 청향이라 한다.— 역자 주) 법규에 따라 연좌제를 실시한다.
(2) 중국당국에서는 한국인들이 무기를 휴대하고 조선에 들어가는 자에 한해서는 즉시 체포하여 조선 관헌에 이송한다.

(3) 중국관청은 한국당을 해산하고 무기를 압수하여 관청에서 몰수한다.
(4) 중국관청은 한국인들의 화약이나 총을 엄격히 단속하며 수사한다.
(5) 중국관청은 조선에서 요시찰인물로 수배령내린 사람을 체포하여 인도한다.
(6) 중일 양국의 경찰들은 월경하지 못한다.(19일 오후 1시) (●●●● 9월 20일)

하얼빈 조선인회 습격 실기

하얼빈 통신: 이달 26일 오전 10시경 양복을 깨끗이 차려 입은 조선 청년 4명이 도리 사문가(斜紋街) 조선인 거류민회에 권총을 빼들고 돌입했다. 그 중 한사람이 문을 안으로 잠그었고 다른 한 사람은 전화선을 칼로 잘라냈다. 그리고 나머지 두 사람은 회장 이정(李政)과 사무원을 한쪽 구석으로 몰아세우고 그들을 꽁꽁 묶었다. 당시 거류민회의 다른 사람들은 모두 외출하고 없었기 때문에 상기 두 사람은 아무런 저항도 하지 못하고 시키는 대로 말을 들어야 했다. 침입자들은 궤짝을 뒤지며 거류민회와 관련된 문서와 인감 등을 수색하여 소각할 것은 소각하고 압수해 갔다. 수사를 끝낸 다음 이들은 목기로 이회장 등을 구타하면서 거류민회를 해산할 것을 강요했으며, 앞으로 절대 친일을 해서는 안된다고 꾸짖었다고 한다. 앞으로 일단 친일사실이 있게 되면 가장 격렬한 방법으로 대처할 것이라고 위협한 다음 돌아갔다고 한다. 옆집에서 살던 사람이 이 거류민회에 오랫동안 출입하는 사람이 없어 이상하게 생각하고는 방안을 살펴보았는데, 이 때 이씨 등이 사람 살리라는 소리를 듣게 되어, 신속히 방으로 들어가 밧줄에 묶여 있는 그들을 풀어주었다고 한다.

이회장은 이러한 사실을 일본영사관에 통보했다. 일본경찰이 현장에 와서 현장조사를 진행했다. 일본영사관에서는 이 사실은 아주 중

대한 사건이므로 잠시 비밀에 부치기로 하고 밖으로 이 사실을 누설하지 못하게 했다. 일본경찰측에서는 상기의 4명을 수배하고 정찰 탐문했지만 아무런 결과도 얻지를 못했다. 28일 일본 신문에서 이 사실을 처음 보도했다. 기자는 이 사실이 중요한 사실이라는 것을 감안하여, 일본기관에서 출근하는 일본인을 취재하게 됐는데, 일본관원은 아래의 사실을 피로했다.

최근 북만에 거주하고 있는 조선인은 몇만 명이나 되며, 그 중에서 농사짓는 사람과 아편과 무기를 밀수하는 사람들이 약 10분의 3을 차지한다. 나머지 7할의 사람들은 다 친일과 반일 두 패로 나누어져 있다. 친일파는 북만 각지에서 일본인과 합자 경영하는 상인들이 많으며, 반일파는 제3국제의 지원을 받으며 혁명주의를 선동하고 혁명공작에 투신한 사람들이다. 상기의 두 파는 서로의 종지가 완전히 다르기 때문에 서로 물과 불같은 상극의 처지에 있다. 그동안 친일파는 반일파의 혁명을 극력히 파괴하여 왔다. 몇달 전 조선의 한 요시찰인물이 하얼빈에서 체포된 것은 친일파가 일본당국에 신고했기 때문이다. 친일파가 동부 철로 연선에서 거류민회를 조직했는데 이것은 사실 일본 정찰기관이다. 반일파가 이를 파괴하기 위하여 해림역 조선거류민회장 임씨를 암살했는데, 그 원인도 바로 여기에 있다.

최근 제3국제에서 봉천 신민부에 자금을 공급하고 연길도에 속한 각 현의 조선공산당에 자금을 공급하여 주고 있는데, 그 목적은 아주 명백한 것이다. 일본당국에서는 벌써 이를 중시하고 엄밀하게 이에 대한 방비책을 서두르고 있다. 조선의 친일파들에게 명하여 공산회의 활동에 특별히 관심을 가지고 일단 그들의 행동에 대해 단서를 잡기만 하면 즉시 신고할 것을 지시했다. 상해에 체류하고 있는 조선공산당도 그 숫자가 이미 적지 않다고 한다. 일본경찰은 극도로 긴장한 상태에서 불철주야로 철저한 경비를 취하면서 그들에 대한 일망타진 기회를 노리고 있다. 친일파 조직인 거류민회는 이에 힘입어 다시 활약하기 시작하여 사방에 정탐의 손길을 뻗치고 있다. 이에 대해 공산당에서는 더 큰 적개심을 가지고 친일파들에 대처하게 된 것으로, 이 때문에 26일 거류민회 습격한 사건이 발생한 것으로 보고 있다.(●●●

● 10월 17일)

1928년

조선공산당 조동우 체포

문회보 통신: 일본신문이 보도한 바에 따르면 자칭 한국인 김동건(金東健)이란 사람이 지난 달 27일 백극로(白克路) 22호 병원에서 체포되었다. 그의 몸에서 적화문서들을 찾아낼 수 있었다. 일본영사관 경찰서에서 심문한 결과 그의 실제 성명은 조동우(趙東祐)라는 것이 밝혀졌다. 조동우는 조선공산당의 유명한 인물이다.

일전에 경기공산당이 거사할 때 조동우는 영도자 중의 한 사람으로써 활약했다. 경기사건이 발생한 다음 당국에서는 128명에게 수배령을 내렸는데, 조동우도 그 수배령 명단에 든 사람이다. 이제 상해에서 체포되었으니 일 후 조선으로 이송하여 심판하게 될 것이다.(●●●● 2월 2일)

조선공산당 각기 처형

로이터 통신사 13일 발 도쿄 통신: 조선공산당 96명이 서울에서 심문을 받기 시작한지 이미 몇 달이나 되고 있다. 오늘 그 중 84명에 대한 판결이 내려졌는데, 대체로 6년부터 8개월까지로 각각 다른 유기도형에 언도됐고, 나머지 13명에 한해서는 전부 석방하기로 판결했다. 이 사건은 1925년 보안령을 실시한 이래 조선 최대의 사건이다.(●●●● 2월 14일)

북만에 이주하는 한국인 점점 증가

북경: 최근 한국인들이 생활난에 쪼들려 북만으로 이주하는 사람들이 점점 늘어나고 있는 상황이다. 매일 하얼빈에 도착하는 사람이 10명 이상이나 된다. 이들은 거의 다 남루한 의복을 입은 사람들이다. 작년 북만에 이주한 한국인은 3만여 명이나 된다.

금년에는 이보다 배는 증가될 것으로 예상된다. 흑룡강에서는 눈강 일대를 신개척지로 확정하고 한국인들을 고용하여 벼농사를 짓게 하는 것으로 지방의 안정을 도모할 계획이다.(●●●● 3월 6일)

한국인의 국적 이적 및 안치 문제

31일 북경 통신: 연말에는 동3성에 있는 한국인들의 문제를 결정할 계획이다. 금년 봄 길림당국에서는 한국인을 체포하기로 한 다음 중일간 교섭을 추진해왔다. 일본은 한국인이 중국국적에 입적하는 것을 무조건 허락한다는 조건에서 교섭이 일단계 종결되었다. 최근 동3성 관리들의 보고에 따르면 아래와 같은 상황이 존재하고 있다.

최근 몇달 동안 재만한국인들이 중국국적으로의 입적 요구가 점점 증가하고 있는 추세이다. 이에 따라 조선 본토의 가난한 농민들이 압록강을 건너 길림과 봉천으로 이민하는 사람들이 날로 늘어나는 추세이다. 지금 동3성 각지에 산재한 한국교민들은 이미 2백만을 넘고 있다. 그 중 5, 6할은 중국국적에 입적할 것을 요구하고 있는 형편이다. 중국국적으로 입적하는 수속은 매우 복잡해서 단시일 내에 마칠 수 있는 일은 아니다. 이에 대응하여 한국인 중 지식계층의 사람들과 자산이 있는 계층의 사람들이 보안회라는 조직을 구성했다. 이 보안회는 각지의 한국교민들의 입적 문제를 지도하며 중국관청과 교섭하는 일을 맡아서 한다고 한다. 봉천 교섭원 고청화(高淸和)씨가 아래의 상황을 북경에 보고했다. 중국체류 한국교민 대표 배달오(裵達五)는 이미 봉천에 도착했다고 한다.

전해오는 말에 의하면 봉천에 보안총회를 설립하고 남북만 각 주요 지역에 보안분회를 설립하여 한국교민들의 중국국적으로의 입적 문제를 지도할 계획이다. 동시에 중국국적으로 이적한 교민들이 준수하여야 할 준칙을 세우고 이를 당국에 상정하여 허가를 받을 것을 기대하고 있다. 본 관청에서는 이에 대한 심사를 진행한 결과 한국교민들이 책정한 준칙은 모두 지도성적이며 자위성적인 것이라 하며 합리적이지 않은 부분이 많았다고 한다. 다만 이 준칙 제3장에 중국국적으로 입적한 한국교민이, 일단 일본인들이 중국에 대한 음모가 있다는 사실을 발견했을 때, 즉시 중국당국에 신고해야 한다는 내용이 있는데, 이러한 내용은 국제문제와 관련된 것이기 때문에 일본인들의 오해를 초래할 수 있는 대목이라 하여 한국교민대표에게 이 뜻을 전달하여 적당히 수정한 다음 허락할 예정이다.

동3성 관리들은 수년간 한국인들이 중일 양국 간에 끼여서 특수계층을 형성하게 되었다고 보고 있다. 이 계층은 수시로 문제를 발생시킬 수 있는 위험계층이라 처리하기가 아주 어렵게 되어 있다. 지금 많은 한국인들이 귀화하겠다고 하고 있는데, 일단 귀화하면 앞으로 중국법률을 준수하여야 하며, 이때는 일반 중국국민과 동등한 대우를 받게 되어 있어 관리하기에는 더욱 편리할 것으로 본다. 그런데 조선본토의 가난한 농민들과 경제 세력이 우월한 일본사람들의 압박을 받아 생활이 가난한 사람들이 중국에서 문을 개방하는 기회를 빌려 대거 입국하고 있으며, 산해관을 건너 하북과 산동 일대까지도 난민들이 집중되고 있다. 금년 가을에만 해도 이미 10여만 명의 실업민이 동3성에 집거하고 있다고 한다. 이들에 대해서 적당히 처리하지 못한다면, 지방의 우환이 될 가능성이 있는 것이다. 이러한 상황에 대처하여 당국에서는 먼저 눈강 양안의 황무지를 논으로 개간하여 2, 30만 명 가량을 안주시킬 계획이다. 이 계획은 금년 연말 전으로 실행할 계획으로 보안을 유지하고 있으나. 지금 상황에서는 미리 당겨서 실현해야 할 것으로 본다. 얼마 전에 하얼빈 특구 행정관공서에서 북경정부에 보고를 올린 것이 있는데, 그 보고서의 내용은 아래와 같다.

"1927년에 북만으로 이주한 한국교민이 3만 여명을 넘는다. 금년에는 더 많은 사람들이 북만으로 이민오고 있다. 이것은 조선 내지에서 자연재해를 입어 인민들의 생계가 날로 어려워지게 된 것도 한 가지 원인이 되겠지만, 다른 한가지 원인은 중국에서 자유의지에 따라 중국국적으로의 이적이 가능하기 때문이다. 지금 하얼빈역에 도착하는 한국교민들은 하루에 10여 명에서 20여 명에 이른다. 하얼빈에 온 조선인들은 모두 다 가난한 사람들이라 그들이 입은 옷은 아주 초라하기 그지없다. 흑룡강 당국에서는 눈강 일대를 논으로 개척하여 북만 땅에 온 한국인과 하북과 산동의 난민을 고용할 계획이다. 이들을 논 개간지역에 배치하여 수리사업을 발전시키고 벼농사를 발전시키게 하는 동시에, 이들을 배치하여 당지의 치안을 보장할 계획이다."

그런데 한국인들의 성격이 매우 복잡하여 현재 북만으로 오는 한국교민들이 날로 늘어나고 있는 상태에서 문제가 일어나지 않을 수 없다. 이에 관하여 빈강 교섭관공서에는 이미 보고서를 올렸는데, 한국 친일파와 독립당이 서로 복수극을 벌인 것이 바로 그 사례이다. 그 보고에는 이런 내용이 들어 있다.

"빈강 경찰청의 보고에 따르면 조선당인 4명이 하얼빈시 집량가(集良街)의 주민 한국인 박정(朴井)의 집에 돌입하여 권총을 빼들고 박정을 위협하여 돈을 내놓도록 했다. 그의 집사람이 몰래 밖으로 나가 이 구역 제2구 경찰서에 신고하자 경찰이 파견됐는데, 경찰은 곧바로 김보(金甫)·원용운(元用雲) 등 2명을 체포했고, 권총 1자루와 탄알 8발을 압수했다. 다른 두 명은 기회를 보아 도망치고 말았다. 경찰이 그들을 추격했지만 수포로 돌아갔다. 체포된 한국인을 경찰서로 압송하여 심문한 결과 두 한국인은 한국독립당 이창파(李昌坡) 수하의 당원이라는 것이 밝혀졌다. 박정은 친일파이기 때문에 일본의 앞잡이가 되어 호가호위하는 것을 징벌하기 위하여 그 집의 재물을 탈취하여 군비로 충당하려 했다는 것이다. 지금 경찰청에서는 상기의 두 사람을 본 관공서로 이송하여 재심을 진행하기로 했다."(●●●● 4월 17일)

한국기자 수도 참관

남경: 조선 경성동아일보 중국방문 특파기자 주요한(朱耀翰)이 남경에 도착하여 수도혁명 성공 후의 정치건설상황을 참관했다. 동시에 중앙 각부의 주요책임자들과도 면회했다.

28일 저녁 안락주점에서는 언론계가 파티를 열었다. 그는 동아일보의 역사와 취지를 보고했다. 동아민족은 오랫동안 일본세력의 압박 밑에 수난을 겪은 민족이다. 중한 양국은 다같이 동일한 고통을 겪고 있다. 중한 양국은 역사상으로는 유구한 문화를 가지고 있고 지역상으로 밀접한 관계를 유지하여 온 문명국이다. 이번 남경을 방문한 목적은 중국 혁명성공의 경과와 건설정신을 고찰하여, 한국의 민족해방의 출로를 찾기 위한 것이다. 한국은 이미 20년간 분투하여 왔다. 앞으로도 계속 노력하여 분투할 것이므로, 중국의 성공사례를 배워 장차 중한 연합군을 결성할 예정이며, 민족의 자유평등과 세계평화를 보위하고자 한다고 했다. 그리고 중국 언론계에 대해서는 이와 입술과의 관계를 피력하며, 우리에 대하여 동정과 지원을 아끼지 말아줄 것을 부탁한다고 말했다.(●●●● 10월 12일)

한민족 독립운동 급격히 활발

　한국의 독립운동은 한동안 침체기간에 들어가 있었다. 그런데 최근 우리나라 혁명의 자극을 받아 새로 활발하게 진행되고 있는 추세이다. 비록 일본경찰의 정책이 완벽하다고 하지만 이번 독립운동은 그 조직이 잘 갖추어져 있어, 일본이 이들에 대처하기에는 많은 부족함이 있었다. 최근 각지의 주요 지역에 군경과 정보관을 파견하였으며, 인천·서울·평양과 기타 주요 도시의 경비가 아주 삼엄해졌다. 이와 동시에 계속해서 혁명당인을 체포하여 투옥시키고 있다. 한국인 중 약간 명망이 있는 사람이면 모두가 일본군경의 감시를 받고 행동의 자유를 제한 받았다.

　국경 일대에 많은 군대를 주둔시켜 만주방면의 한국혁명당인들이 잠입하는 것을 방비하고 있다. 최근 신의주방면에서 온 손님의 말에 따르면, 한국의용대 수십 명이 두만강 접경지역에 출현하여 일본군과 격렬한 전투를 전개했다고 한다. 한국혁명당인들은 일본의 전선을 돌파하여 한국 내지로 진입하였다고 한다. 압록강지방에서도 평복을 입은 군인 5, 60명이 활동하고 있는데, 그들은 모두가 청년들로써 일본군과 결사의 혈전을 벌여 국내로 입국하여 일주일 동안 밤낮으로 전투를 행했다고 한다. 그러다가 일본지원군이 도착하고 나서야 이들은 퇴각했다는 것이다. 한국 남부 소백산 부근에서도 한국군

수십 명이 활동하고 있는데, 이들은 일본군경을 습격하고 무기를 탈취하며 잘 사는 부자들을 찾아 혁명기금조달을 요구했다고 한다. 일본경찰은 그곳 군대와 협조하여 한국군 근거지 소백산을 포위했으며, 일본군경은 소백산에 불을 지르는 방법으로 한국군을 압박해 갔다고 한다. 한국군은 이에 대항하면서 몇 시간 동안이나 격렬한 전투를 전개했다. 그러나 양적으로 소수인 한국군은 일본군경을 당할 수 없게 되어, 4명이 전투시 전사했고 나머지 군인들은 모두 생포되었다고 한다. 이 사건이 발생한 후에 한국 내에서는 소문이 자자했다고 한다. 한국 서울에는 또 결사대가 잠입했다는 설이 돌고 있으며, 군경들의 신경이 날카로워져 전 시내에서 엄격한 수색작전을 실시했다고 한다.

 전하는 소식에 의하면 또 중대한 밀모사건을 발견하였다는 것이다. 전한청년총동맹위원 대보(大保)교원과 야구동우회 등 기관의 중요인물들이 체포되었다. 하지만 이러한 사실에 대해 엄격하게 비밀에 부치고 외부에 공개하지 않았으며 신문에도 보도하지 못하도록 했다. 기자는 상기 상황을 조사하기 위하여 경무국장을 방문했는데, 기자가 경찰청을 찾아갔을 때는 이미 각 신문기자와 통신원들이 경찰청 정문 앞에 가득 몰려 있었다. 기자들은 아무런 말도 없이 그저 대문 앞을 지키고만 있었다. 그 중 한 사람이 미소 지으며 말했다. 최근 우리나라의 정세는 "산비가 내리려고 누각에 바람이 차 넘친다"라는 말로 형용할 수 있을 것이라고 말했다. 기자들은 그저 별다른 방도가 없자 흩어져 버렸다. 정문을 나갈 때 경찰들이 기자들에게 무엇 때문에 왔는가 하고 묻자, 기자들은 친구를 보러왔다고만 대답했다. 일본경찰이 그들을 물리칠 수 있는 구실이 없다는 것은 너무나도 분명한 사실이지만, 어쩔 수 없는 상황이었다.(●●●● 10월 29일)

1929년

한국공산당의 반일운동

세계사 도쿄 통신: 한국공산당은 제3국제의 지도하에서 민족주의를 중심으로 러시아에 근거지를 설립하고 북평·만주·블라디보스토크 등지의 동지들과 연락하여 한국과 도쿄에서 운동을 전개하여 왔다. 한국에 한국운동사를 설치했으며 『한국운동』이란 잡지를 발간하고 있으며, 상해 당인들과 신간회에 대항하여 자신들의 주의를 선동하고 있다.

다른 소식에 의하면 국제공산당 고려부 한국공산당사건이 일어나자, 일본에서는 작년 5월 3일 전국에서 위의 한국공산당인을 신고 대상으로 하기로 결정했다고 한다. 이들에 대해서는 신문에 게재하는 것을 금지하고, 이달 4일까지 예심을 끝마쳤다. 그리고 이때서야 공산당에 대한 보도금지령을 해금했다. 오상철(吳相哲)·이양의(李兩儀) 등 2명은 당지 법원에 이송하여 재판에 회부시켰다.(●●●● 6월 13일)

한국인 블라디보스토크에서 의용대 조직

북평: 외국 통신에 따르면 한국인 박영강(朴永康)과 이상

이(李相異) 등이 블라디보스토크에서 의용대를 조직하고, 러시아의 힘을 빌어 길림남부와 화룡·왕청에 한국청년지부를 설치했다. 이 지방의 기독교회에서는 중국관청에 전보를 보내어 이들을 방비하여 줄 것을 부탁했다.(20일 통신)(●●●● 9월 21일)

태평양회의 폐막 일본이 동의해야 조선이 참가

일련사 9일 발 도쿄 통신: 제3회 태평양회의가 일본에서 폐막됐다. 오전 10시부터 10시 반까지 각국 대표 평의회가 소집됐다. 10시 40분부터는 네 개의 소조로 나누어 원탁회의를 개최했다. 이 회의에서는 태평양회의의 장래에 대하여 연구 토의했다. 오후에는 폐막식을 가졌다. 8일 평의회의 결정은 아래와 같다.

(1) 1931년 제4차 태평양회의는 중국에서 개최한다. 회의 의장은 여일장(余日章)씨이다.
(2) 평의 위원장은 미국인 그린씨이다.
(3) 조선단체는 인종단체 대표선출에 관한 조목을 수정한 다음 일본이 동의하여야 참가할 수 있다.(●●●● 11월 10일)

서울학생 사상 악화 이미 500여 명 검거

전통사 13일 발 한국 서울 통신: 서울 각 고등학교 학생들의 사상이 최근 들어 악화되는 추세로 나타나고 있다. 각 학교에서는 동맹휴학을 하거나, 비밀히 거사를 밀모하고 있다. 총독부 경찰부에서는 각 경찰국에 총동원령을 내려 경찰 임무를 철저히 수행하도록 지시했다. 경찰과 충돌이 있거나 불온언동이 있는 학생을 검거한 것이 이미 500여명이 넘는다. 이미 동맹휴학을 한 학교에서는 겨울방학을 시작하기로 했다.(●●●● 12월 4일)

1929년

일본 동경의 한국인 밀모 발각

전통사 26일 발 도쿄 통신: 도쿄에 거주하는 조선인 가운데에 거사를 획책하는 음모가 있다는 것이 발각되어, 최근 무려 300여 명이나 검거되었다. 그들이 밀모한 계획에 의하면, 24일 밤 간다(神田巴美士代)에 집합하여 내무성을 습격하기로 되어 있었다. 이들이 도쿄 각 지역의 학생들에게 보낸 비밀명령이 일본경찰에 의해 발각되자마자, 일본경찰은 순식간에 한국인 학생들을 검거했던 것이다. 주모자 몇명은 벌써 정보를 입수하여 검거 전에 도망갔다. 이전에 조선학생들이 조작한 분쟁도 이들이 주관하여 추진한 것이다.(●●●● 12월 27일)

한국독립운동

한국 서울 통신: 한국 광주학생의 반일폭동 후 전국의 학생들이 이에 호응하여 나섰다. 전국 각 학교에서는 일률적으로 수업을 정지시켰다. 경찰당국은 계속해서 주모자를 검거하고 있다. 지금까지 체포된 학생은 천 2백여 명이 넘는다. 이로서 잠시 침체상태에 들어섰던 광주학생운동이 또 다시 시위행진을 단행하는 등 활기를 띠기 시작했다.

일본군의 경비: 일본군은 학생과 군중을 향해 사격을 가해 그 자리에서 40여 명이 목숨을 거두었고, 부상자는 부지기수이다. 일본의 성명에 따르면 학생들이 먼저 돌을 던지는 등 도전적인 행동이 있었다는 것이다. 그리하여 학생들의 도전을 막기 위해 일본군경은 할 수 없이 응전한 것이며, 이것은 일방적인 탄압이 아니라 쌍방의 격투였다고 하고 있다. 학생들 중에서도 몇몇은 권총이 있었으며 그들은 그 권총으로 일본군을 향해 사격했다고 한다. 뿐만 아니라 학생기숙사에서는 폭탄도 발견됐다는 것이다. 때문에 이번에 학생들이 사망하게 된 것은 일방적인 살상이 아니라, 쌍방이 격투를 한 결과라는 것이다.

이 사건은 12월에 발생되었는데 일본에서는 엄밀하게 비밀을 지켜 신문에 공개보도하지 못하도록 했다. 때문에 한국 각지에서는 이 사건에 대하여 잘 모르고 있었다. 그러다가 신한회에서 조사단을 파견하자 일본경찰당국에서는 이 조사원을 구금했다. 동시에 총독 당국에서는 한국 서울방면의 한국인 단체를 해산시켰다. 신한회 위원과 도쿄일보 기자 등 영도계급의 중요인물은 일률적으로 구금했다. 20일 평양지방의 학생 십 명이 "한국독립만세!", "일본제국주의를 타도하자!"라는 구호를 부르며 거리에서 시위행진을 단행했다. 순식간에 각 학교에서 모여든 학생들은 수천 명에 달했고, 형세는 아주 긴박하게 되었다. 일본군경은 상호협조하여 각 요충지를 수호하면서 폭동을 진압했다.

밤이 되어 여학생대가 일본군영 근처에서 군중을 향해 강연을 할 때, 일본 군인들이 여학생들에게 해산하라고 극력 권했는데, 이에 군중들이 반발하자 일본군인들은 군중들을 구타하게 됐고, 그 결과 또 다시 혼전이 전개되었는데, 살상에 관해서는 아직 알 수 없다.

로이터사 28일 발 도쿄 통신: 도쿄에서는 또 한국학생과 노동자 백여 명을 구속했다. 이들을 구속한 이유는 이들이 시위행진을 준비하고 있었으며 시위행진을 벌일 때 이틀 전에 구속한 한국인들을 석방해 달라는 요구를 제출하려 했기 때문이라고 한다.(●●●● 12월 29일)

1930년

한국학생운동 재개 천여 명 학생 구속

로이터 15일 발 도쿄 통신: 신문에서 보도한 조선의 소식에 의하면, 조선에서 또 다시 학생운동이 재개되어 서울에서만 학생 천여 명이 체포됐다는 것이다. 그 중에는 여학생 25여 명이 포함되어 있다고 한다. 학생운동의 목적은 전하는 소식과는 다르다고 하는데, 그 구체적 사실은 아직 확인되지 않고 있다. 134개 한국인 학교에서는 작년에 체포된 학생들을 동정하여 시험을 앞두고 동맹휴학을 단행했다고 한다. 그들은 만세를 부르고 나서 시험장에서 퇴장했다.(●●
●● 1월 16일)

한국학생운동 확대

전통사 17일 발 서울 통신: 후에 판명된 바에 의하면, 조선 학생들의 소란사건과 관련해서 15일까지 남녀학생 220여 명이 검거됐으며, 그 중 170명은 심문이 끝난 다음 곧바로 석방되었다고 한다. 나머지 50여 명은 16일에 검거된 50명과 함께 미결수감옥에 수감되었다. 현재 그들을 엄하게 심문하고 있는 중이므로 무죄로 석방될 학생은 별로 많지 않다고 한다. 그들 대부분은 소란죄와 치안유지법에 의해 처벌받게 될 것이다.

로이터 16일 발 도쿄 통신: 최근 조선에서 전해오는 소식에 의하면, 서울의 다섯 개 학교에서 동맹휴학을 단행하였다고 한다. 학생들은 붉은기를 들고 교외로 몰려 나갔는데, 구속한 학생은 약 40여 명에 달한다고 한다.(●●●● 1월 18일)

한국학생 애국운동

전통사 18일 발 서울 통신: 서울의 학생소요는 아직 진정되지 않고 있다고 한다. 관청에서 전하는 소식에 의하면, 16일 많은 학생들이 극장에서 불온한 행동을 저질렀는데, 당국에서는 사복경찰을 동원하여 이를 엄하게 경계했다고 한다. 당시 학생차림의 사람들이 극장에서 불온 전단을 살포하였기에, 경찰은 이 극장의 교통을 차단하는 동시에 관중들에 대한 조사를 진행했다. 그 결과 검거된 학생이 500여 명이나 되며 청년은 80여 명이 되었다. 그 후에 또 두 차례나 검거를 행하여 남녀 학생 60여 명을 구속했다. 지금 구속된 자는 568명인데 석방된 사람은 80명 밖에 되지 않는다. 기타 모든 학생은 수용소에 구속되어 있던가 아니면 구류처분을 받게 될 것으로 보인다.(●●●● 1월 19일)

한국민중의 구국운동

서울 통신: 한국민중들은 현재 열렬히 구국운동을 거행하고 있다. 작년 서울과 광주 등 각지에서 구국운동이 먼저 시작되었고, 12월 12일에는 각지에서 이에 호응하며 일어났다. 비록 일본헌병과 군대의 진압을 받아 실패로 끝나고 말았지만, 금년 1월 5일 또 다시 제2차 구국운동을 전개했다. 15일 이후에 이르러서는 그 세력이 더욱 확대

되었다. 그들은 가는 곳마다 한국독립만세를 높이 외쳐댔다. 학생·농민·노동자들이 모두 참가한 이번 구국운동에 대해 일본군경의 압박은 더욱 삼엄했다. 이번 운동 중 이미 일본군경에 의해 피살된 한국인은 수천 명이나 되며, 체포된 사람은 무려 3만 명이 넘는다. 일본군경은 어린이와 여인에게도 무리한 행동을 하며 단속했다. 최근 학생들을 체포한 개황은 아래와 같다.

18일 정주(定州)경찰서에서는 오산 등 보통학교 학생 29명을 체포하여 정주경찰서로 압송했다. 군산·동래·부산·인천·이리·마산읍·남포 등 지에서도 반일운동이 일어났다. 일본군경들은 조선민중의 유일한 언론지인 조선·동아·중외 등 세 신문사에 대해서 수사를 진행했다.

19일 대구 남녀 고등 보통학교 학생 30여 명이 체포되었다. 경찰은 주야를 불문하고 학교의 정문을 철저하게 봉쇄했다. 광주의 남녀 학생들은 제3차 운동을 기획하고 있다는 것이 경찰에게 발각됐기 때문이다. 그 결과 많은 학생들이 체포되었다. 학교에서는 48명의 학생들에게 퇴학처분을 내렸다. 이전에 구속한 11명의 남녀학생은 감옥으로 이송됐다. 나주 학생 21명도 학교로부터 제명당했다. 대구청년동맹원 10명은 당지의 경찰서 고등계 경찰에 의해 체포되었다. 이들 12명은 시내 번화가에서 반일 전단을 붙이다 체포되었다. 적성 청년동맹원 20여 명도 역시 당지 경찰서에 의하여 구속되었다. 이들은 학생들을 부추겨 동맹휴학을 단행했다는 혐의가 있다는 것이다. 광주 청년회집행위원 윤귀영(尹貴榮)이 경찰에 연행되어 경찰서로 압송됐다. 홍성경찰서에서는 갑자기 행동을 취하여 20일 당지 상업학교 학생 십여 명을 체포했다. 상업학교 학생들은 당지의 장날을 이용하여 반일구호를 부르며 격문을 살포하고 시위행진을 단행할 것을 계획했는데, 사전에 경찰에 의하여 발각된 것이다.

20일 서울 각 학교에서 체포된 학생은 무려 400여 명이나 된다. 이번에 구속된 박문희(朴文喜)·이주연(李周淵)·김진국(金振國)·한병락(韓

炳洛) 등 청년들은 18일부터 이미 단식을 단행하고 있다. 해주고등보통학교 학생 13명과 청년동맹위원 양순영(梁順永) 등은 당지의 경찰에 의하여 체포되었다. 서울 이화여학교의 학생 25명이 체포되었으며, 개학이 연기되었다. 원산의 남녀학생 70여 명이 체포되었으나 격문 출처와 주모자가 누구인지는 아직 불명하다. 진주공립고등보통학교는 무기한 정학을 선포했으며 체포된 학생은 20여 명에 달한다. 교장은 학부형회의를 소집하여 밤을 새워가며 대응할 방침을 상의했다. 인천상업학교 30여 명의 학생이 무기정학 처분을 받았으며 그중 9명은 20일 구류형을 받았다.

21일 평양 숭실전문학교·숭실중학교·광성고등보통학교의 학생들은 조선독립만세를 외치며 극렬하게 활약했다. 이들 중 경찰에 검거당한 학생은 45명이나 된다.

22일의 형세는 더욱 험악해졌다. 오전 10시 정의여자고등보통학교·숭인학교·광정보통학교 학생들은 학교에 집결하여 "조선독립만세"를 외치며 시내에서 시위행진을 단행하려 했다. 이렇게 형세가 아주 급박하게 돌아가자, 당일 경찰 200여 명이 동원되어 적극적으로 진압하는 바람에 정오까지 75명이 검거되었다.(●●●● 2월 5일)

한민족 독립운동의 진상

서울 통신: 이번 학생들의 독립운동은 1919년 3월 1일 독립운동 이래 새로운 기원을 열만큼 조직적이고 거대했다. 이번의 거대한 혁명 폭풍은 대단한 활기를 띠면서 세인들의 주목을 끌었다. 그러나 일본 통신사는 이러한 사실을 전달하지 않았을 뿐만 아니라 유언비어를 날조하여 독립운동을 비방했다. 이런 방식으로 세인들의 이목을 피하고자 한 것이다. 따라서 한국혁명운동의 진상이 분명하게 전달되지 못하고 있는데 이에 조사한 개요를 아래에 소개하고자 한다.

사건은 광주지방의 한일학생 사이에 충돌이 생기면서부터 발단되었다. 일본학생들은 통치자라는 생각을 가지고 조선학생들에 대해 도전적인 행위를 감행했다. 작년 10월 30일 일본중학생 후쿠다(福田) 등 몇명이 길에서 조선여학생 박기옥(朴耆玉)을 희롱했다. 이 여학생의 사촌 남동생인 박준이 이 광경을 보고는 분노하며 일본학생과 말싸움을 벌였다. 이때 일본경찰이 간섭하게 되었는데, 일본경찰이 일본학생을 두둔하면서 박군을 구타했던 것이다. 박군(16살)은 눈물을 흘리며 귀가했으며, 이튿날 박군은 길에서 다시 후쿠다와 마주치게 되어 충돌하면서 사태가 급격히 확대된 것이다. 11월 3일 광주고등학교학생과 여자고등보통학교 전체 학생들이 이 소식을 듣고는 분노를 참지 못하고 동맹휴학을 선포했다. 남학생들은 손에 망치를 들고 여학생들은 붕대와 약품을 휴대한 채 반일 시위행진을 단행했다. 정부당국에서는 즉시 군경에 대해 총출동령을 내려 학생들의 시위행진을 진압하도록 명령했다. 그러나 4, 5백 명의 학생들은 굳건히 저항하며 나아갔다. 사태는 일본인들이 생각하던 것과는 다른 방향으로 번져 나아갔다. 질서가 완전히 혼란상태에 빠지게 된 것이다. 즉 일본학생들과 대 혼전을 전개하게 된 것이고, 일본경찰은 일본학생들에 협조하여 한국학생들을 진압했다. 쌍방은 사상자가 수십 명에 이르렀다. 군경은 즉시 한국학생 300여 명을 체포하여 경찰서로 압송했다. 각지의 학생들은 이 소식을 접하자 더 이상은 참을 수 없다 하여 구국운동을 재개하게 된 것이다. 동맹휴학을 단행하고, 격문을 살포하며, 시위행진을 단행하는 등 형식을 빌어 일본제국주의를 반대하여 나섰다. 그리고 다른 한 방면으로는 직접적인 행동도 취했던 것이다.

이들은 도처에서 일본경찰들과 맨손으로 육박전을 벌이며 혈전을 벌였다. 이것이 계기가 되어 광범위한 민중운동으로 발전했다. 중요

도시 이를 테면 서울·개성·원산·성여·공주·이주·동래 등지에 서는 각각 대규모 운동이 발생하였다. 서울에서만 해도 일본경찰은 학생 6천 4백여 명을 체포했다. 각 단체의 책임자들이 대량으로 검거 되었다. 군경이 다 동원되어도 경비가 부족하여 소방대와 소방대경 관학교의 무장대원까지 출동하여 각 학교 정문을 경비하면서 학생들 의 출입을 금지했다. 남성들은 아무런 무기나 장비 없이 빈손으로 군 경들의 포위를 돌파하며 학교를 뛰쳐나왔다. 여학생들은 학교를 떠 날 수 없게 되자 학교 내에 연금 되었다. 혈전에 참가할 수 없게 된 여학생들은 교내에서 대성통곡을 하였는데, 이로 인해 교내 분위기 가 아주 비분감으로 가득 차 있었다. 당시 여자학교 앞을 지나는 행 인들은 여학생들의 비참한 통곡소리에 매우 자극되었고, 이에 그 분 함을 참을 수 없던 군중들이 시위운동에 동참하게 됐던 것이다. "독 립만세"와 "일본제국주의를 타도하자" "대중들이여! 떨쳐 일어나 일 본제국주의를 물리치자"라는 구호를 외쳐댔다. 밤이 되어 시내 각 극 장에서는 연극을 공연하던 중 학생들이 무대로 뛰어 올라가서 침통 한 어조로 연설을 하기도 했다. 학생들은 연설에서 일본제국주의의 죄악을 폭로했다. 학생의 연설과 함께 극장은 아수라장이 되었고 관 중들은 즉시 혁명군중으로 변했다.

작년 10월 30일 광주에서 발단된 이와 같은 격렬한 운동은 3개월이 나 되었다. 그러나 아직 식을 줄을 모르고 있다. 이로부터 조선민중들 의 반일 운동은 일시적으로 감정적인 충동에 의해 벌어진 것이 아니 라, 20년간 일본제국주의의 철 발굽 아래서 유린당했기 때문에 일어 난 결과라는 것을 알 수 있다. 이번 광주사건은 혁명운동이 폭발하게 된 도화선에 불과하였다. 최근의 상황을 분석해 볼 때 앞으로 조선민 족과 일본은 반드시 한 차례의 대혈전이 벌어질 것으로 예상된다.

1930년

이번에 한국에서 독립운동이 폭발되자 국외의 한국인 독립당인들도 이에 열렬히 호응하며 원조해 주었다. 여기서 조선내 독립당의 격문을 아래에 번역 소개한다.

"4천여년 동안 전대미문의 망국노라는 치욕 하에서 각오한 조선민족은 일본의 강도와 20여 년간 끝없는 혈전을 전개해왔다. 우리는 빈손으로 무장한 일본군경과 맞서서 피흘리며 싸워왔다. 그러나 우리의 광복운동은 절대로 좌절 앞에서도 멈추지 않았다. 우리의 광복운동은 날로 광범하게 전개되고 있다. 이번 광주사건의 뒤를 이어 전국 각지에서 독립운동이 흥기하였다. 우리는 이 피와 눈물의 한 페이지를 영원히 잊을 수 없을 것이다.

조선민족이여, 시대를 인식하라! 우리의 독립운동은 점점 성숙 일로를 달리고 있다. 20년간 쌓이고 쌓인 원한을 우리 혁명의 정신으로 삼고, 파괴를 독립운동의 방법으로 삼자. 우리가 당면한 임무와 우리가 취할 행동은 아래와 같다.

(1) 적들의 모든 시설과 기관을 적극적으로 파괴하며, 조선에 대한 일본의 이민을 적극 반대한다.
(2) 학생들은 우선 왜놈들이 경영하는 노예교육기관을 방화한다. 적들의 진압에 굴복한다면 이것은 자아멸망이라는 것을 알아야 한다.
(3) 한국인이 왜놈의 졸개가 되는 것과 왜놈의 법률을 승인하는 것을 막아야 한다. 현재 우리가 진행하고 있는 합법적인 정치운동의 방향을 전환하여 자치운동으로 승격시킨다. 우리는 "절대독립"이라는 뚜렷한 기치를 높이 든다.
(4) 조선혁명의 총역량은 마땅히 독립운동의 기치하에 집결하여 대 독립당으로서의 통일조직을 추진해야 한다.
(5) 우리는 마지막 한 사람이 마지막 5분까지도 일본과 끝까지 항쟁한다. 조선대독립당준비회(●●●● 2월 7일)

한국총독 한국통치방침 선포

서울 특별 통신: 이번 한국학생들의 반일폭동은 일본인들의 생각하지 못했던 일이었다. 신임 조선총독 사이토(齊藤實)는 5일 일본교포 대표회의를 열었다. 이번 회의에 참석한 대표는 30여명이 된다. 그는 이 회의에서 조선에 대한 통치방법을 연구하자고 했으며 이에 대한 일본교민들의 의견을 청취했다. 이어서 총독부 각 부처의 주요 인사들과 함께 각 항의 문제를 비밀리에 상의했다. 그리고 9일 그 결정을 선포했다. 그 대의는 아래와 같다.

(1) 조선 고유의 한학을 장려하며 유교를 제창한다. 이를 통하여 신사조의 침습을 방지한다.
(2) 학교교육은 철저히 개혁해야 한다. 학교교육에서 실업을 중시해야 한다.
(3) 공립학교입학을 제한하여야 한다. 지방세금 200원 이상을 납부한 사람만이 입학할 자격을 둔다.
(4) 지방자치를 실행한다. 각 도시에서 먼저 실시한 다음 지방으로 확대하는 조치를 통하여 각 지방의 자치단체를 일본과 한국이 공동으로 조직한다. 자치단체 중에서 선거권과 피선거권은 3천 원 이상 재산을 소유한 사람에만 한한다.
(5) 사립학교 조사법을 제정하여 사립학교 설립을 제한한다.
(6) 만주와 국외 한국인을 체포하는 법률을 제정한다. 이들의 활동과 선동을 방지한다.

상술한 각 항의 정책이 선포되자 한국측 여러 방면의 여론은 대단히 분노하였으며, 각 지에서는 학생들의 시위가 점점 더 격렬하게 번져갔다. 도시 공립학교는 이미 많이 폐교되었으며, 지방 사립학교도 도시학교에 이어 정학하는 등 전국학교 중 어느 학교에서도 수업하는 학교가 없다고 한다.(●●●● 2월 16일)

하북성 국민당 당부 조선구국운동 원조

북평: 하북성 국민당 당부선언: 조선의 구국운동을 원조한다. 작년에 오해가 있었던 당무 한국당인에 대한 문제를 해결하였다. 성 당부가 이 사건을 접수했으며 아직 수감되어 있는 몇 명에 대하여, 이들을 석방하여 달라는 청원서가 있는데 아직은 비준을 받지 못하고 있는 실정이다.(●●●● 2월 17일)

한국인들의 반일운동 더욱 격렬

심양 통신: 한국인들의 반일운동은 날마다 더 격앙되고 날마다 더 장렬하게 진행되고 있다. 한국 내지의 대도시는 말할 것도 없고, 용정과 같은 시골에서도 이달 5일 시위운동을 거행했다. 일본경찰이 강압적으로 제압하였지만, 이들의 운동을 막을 수는 없었다. 한국청년들의 애국 열기는 식을 줄 몰랐다. 이 지역에서 직접 목격한 사람들이 전해오는 말에 의하면 당시의 상황은 아래와 같다.

조선 내지에서 학생운동이 전개된 이래 일본경찰들은 용정촌에 대하여 특별히 경비를 강화했다. 조선인이 경영하는 여관이나 사립학교 같은 곳은 수시로 일본경찰의 수사를 받았다. 며칠 내 일본경찰에 의해 영사관에 수감된 조선인이 250여 명이나 되었다. 그 중 대부분은 학생이었다. 비록 학생들을 구속하기는 했지만 그들이 확실히 범법행위가 있다는 증거는 없었다.

5일 오후 일본총영사관 경찰 100여 명이 무장을 하고, 혹은 말을 타거나, 보행으로 3, 5명씩 무리지어 조선학생 기숙사와 대성중학교 내에서 수사를 진행했다. 수사를 마친 일본경찰은 학생들을 일본영사관 앞으로 집결시켰다. 학생들 손에는 아무런 무기가 없는 적수공권이었다. 학생들은 일본경찰이 시키는 대로 행동했다. 그런데 영사관 앞에 도착했을 때 일본경찰이 한 한국학생을 밀친 다음 그 학생의 머리를 향해 발길질을 했다. 그 학생은 피를 낭자하게 흘리고 그 자리에서 곧바로 졸도하여 정신을 잃었다. 일본경찰은 그 학생이 졸도하자 사람들의 이목을 막기 위해 그 학생을 수감했다. 그리고 옆에 있던 여러 학생도 함께 수감했다. 학생들이 강압에 의해 영사관으로 갈 때 감정이 격앙되어 조선독립만세를 높이 불렀다.

 5일 오후 1시경 용정촌의 한국학생들이 시위행진을 벌였다. 일본경찰은 사방에서 학생들을 체포했는데 모두 57명이 체포되었다. 한국인 학생들이 영사관으로 몰려들어갈 때 그들 속에는 여성 4명이 있었고, 애를 업은 사람도 있었다. 이들은 학생대오의 뒤에서 독립만세를 부르다 함께 연행되어 영사관에 구속되었다.

 5일 오후 2시경 일본영사관부근의 거리에서는 일본경찰 한 명이 노끈으로 한 한국학생의 엄지손가락을 매고 그 노끈을 말에 달아 맨 다음 말을 타고 거리를 달렸다. 그 학생은 달리는 말을 따라 숨을 헐떡거리며 뛰어갔다. 그러나 사람의 달리는 속도가 아무리 빠르다 해도 말이 달리는 속도를 따를 수 없는 것은 당연한 일이었다. 그래도 그 학생은 아픔을 참고 이겨내며 독립만세를 계속 외쳐댔다.

 5일 오후 4시경 일본경찰 10여 명이 말을 타고 순찰을 했다. 한국인이 경영하는 사립학교는 모두 그들의 수사대상으로 되었다. 후에 동산 은덕학교에서 청년 8명을 체포하여 갔다. 그 중에는 여성 한 명도 있었다. 또 조선은행 문 앞에서 동흥학교 학생 한 명을 체포했다. 이들은 모두 일본총영사관에 수감되었다.(2월 12일)(●●●● 2월 18일)

6도구 열차에서 한국인 총격사건 발생

 길림: 14일 천도로에서 6도구로 가는 객차에서 조선인 2명이 별안

간 2등 객실에 뛰어들어 총 10여 발을 연발로 발사했다. 당시 일본여성 1명이 사망했고, 일본상인 1명과 일본경찰 2명이 부상당했다. 이 총격사건 중에 중국인 역장 1명도 부상을 입었다.(18일 전보)

심양: 외국인이 전하는 소식에 의하면, 일본경찰들은 최근 한국 변경 중국 경내인 용은촌(음역)의 한 교회학교에서 한국학생 60명을 체포했다. 이들이 일본정부를 반대하는 음모를 획책했다는 죄명이다.(18일 로이터 통신)(●●●● 2월 19일)

동3성 한국교민 조사

심양 관청에서 조사한 바에 의하면, 동3성에 거주하고 있는 한국인은 총 130만이나 된다. 그 중 요녕에 10만, 흑룡강에 50만, 길림에 70만이다. 기타 동부철로 연안에 산재한 한국인은 약 40만이나 된다.(20일 전문 전보)(●●●● 2월 21일)

일본경찰, 하얼빈서 한국인 체포

하얼빈 통신: 작년 9월 중국의 국토인 하얼빈 시내에서 벌어진 조선민족자결운동에 대한 소식을 접한 일본경찰은, 하얼빈 조선인에 대하여 엄격하게 감시하는 동시에 그들의 행동을 비밀리에 정탐하여 왔다. 조선의 광주사건은 조선민중 전체의 분노를 야기 시켰다. 이에 따라 조선인의 자결운동은 나날이 활발하게 진행되어 갔다. 하얼빈 일본경찰단은 이러한 상황이 전개되자 더욱 신경을 곤두 세워 조선인들의 행동을 감시해 왔다. 그 결과 이달 10일 야간에 주모자 애국지사인 김학진(金學秦)을 갑자기 체포했다. 그와 함께 체포된 사람으로는 김태부(金泰富) · 김룡법(金龍法) · 손성보(孫聖普) · 이용천(李涌泉) · 김순학(金舜鶴) 등 5명이다.

일본경찰은 하얼빈에서 분노에 넘치는 조선인들의 선동전단을 발견했다. 일본경찰은 이 전단을 발견한 다음 조선 애국지사들이 하얼빈에 잠복해 있다는 사실을 감지하게 되었다. 일본경찰은 그때부터 비밀리에 이들에 대한 정탐을 진행했다. 10일 저녁 7시 경 투룡가(透龍街) 김태부의 집에서 김태부를 체포했다. 이와 동시에 도외구의 한 한국인 여관에서 김룡법·손성보·이용천 등 3명을 체포했다. 일본경찰은 커다란 성과를 거두었다고 득의양양한 가운데 이들의 뿌리를 뽑는다는 구실 아래 밤 새워 수색을 벌였다. 그 결과 새벽 3시경 주도 인물인 김학진을 체포했다. 당시 김학진은 일본경찰의 수색을 피하여 일면가(一面街) 일대의 한 기생집에 칩거하고 있었는데, 한밤중에 일본경찰이 쳐들어오자 그는 조금도 놀라지 않고 태연하게 체포되었다.

전하는 말에 따르면 김씨는 금년에 23살이며 아주 영준하고 온화한 청년이라고 한다. 그는 여러 나라 말을 할 줄 안다고 한다. 그는 장기간 독립운동을 주도하면서 수많은 곳을 순방하는 가운데 구국운동을 선동하여 왔다고 한다. 그가 가는 곳마다 사람들은 그의 연설에 감화되었다고 한다. 그는 우리의 영토 내에서 활동한 정치범인데 일본경찰이 그를 체포하였으니, 이는 슬픈 일이 아닐 수 없다. 12일과 13일 이틀 동안 일본경찰은 계속해서 각지에서 조선인 수명을 체포했다.

조선 내 전국의 학생들에 의한 반일운동이 폭발한 이래 연변·용정의 청년들은 광주학생들의 장거에 크게 감동받아 반일운동을 준비하여 왔는데, 이는 조선경내의 학생운동을 후원한다는 취지에서 였다. 이러한 사실은 매우 엄격하게 비밀에 부쳐져 왔기에 외간에서 이 사실을 아는 사람은 아주 적었다. 명신학교와 은진 두 학교의 학생 백여 명이(이 두 학교는 조선인이 경영하는 학교이다.) 갑자기 집결한 다음 질서 정연하게 줄을 지어 학교를 출발한 후 시가행진을 했다. 이들은 "대한독립만세" "일본제국주의를 타도하자"는 등의 구호를 외치며 가는 곳마다 전단을 뿌렸다. 이들이 단행한 시위행진은 질서가 정연했고 독립에 대한 정서는 아주 비장했다. 우리의 공안국에서는 오해를 미연에 방지하기 위하여 경찰을 파견하여 그들의 시위행진을 제지하려 했음에도, 일본영사관에서는 우리측에 아무런 통보도 하지 않은 채 대부대의 무장경찰을 파견하여 단독적인 행동을 취했다. 그들은 무력으로 조선학생들의 시위행진을 해산시키는 동시에 학생들 몇명 체포했다. 우리측에서는 살기등등한 일본경찰들의 행위를 보고 그들과 시비가 생기기를 원하지 않아 항의하지를 않았다. 그 후 별다른 큰 사건은 일어나지 않았으나, 이 사건이 발생한 이래 일본경찰이 검거한 당지의 조선청년들은 계속해서 늘어났다. 조선인들은 그야말로 공포상황에 빠져 있는 상황이다.(●●●● 2월 15일)

한국인 문제에 대한 일본의 주장과 조선인의 귀화권한

도쿄 통신: 동3성에 거주하고 있는 조선인 문제는 종래부터 두 가지 중대한 목표가 있었다.

첫째는 이미 동3성에 거류하고 있는 사람이라면, 그대로 안주할 수 있도록 허락해 주는 바람이며, 둘째는 이곳에 거주하지만 이주도 가능토록 허락해 달라는 것이다.

그러나 이러한 생각을 실현하기 위해서는 우선 먼저 이 두 가지 문제와 관련이 있는 상업권·거주권·영업권 등 조선인들과 관련된 외교문제를 적절하게 해결해야만 한다. 이를 먼저 해결하지 않는다면 두 가지 목표를 실현하는 데는 많은 애로점에 봉착하게 된다. 때문에 일본정부에서는 이 문제에 대하여 고심하고 또 고심하여 왔다. 그러나 지금까지 아직 적절한 방법을 강구하지 못하고 있는 상황이다. 동시에 우리나라에서는 조선인을 배척하는 경향이 아주 엄중한 상태이다. 고 시게미츠(重光) 대사는 중일 양국에서 종합적으로 이 문제를 해결하자고 노력하여 왔던 사람이다. 그러나 중극측에서는 불평등조약을 폐지하는 것을 유일한 목적으로 삼고 있었기 때문에, 상기의 문제에 대하여 일본측 요구를 쉽게 받아주지 않았었다. 또한 일본측에서도 한국인의 중국귀화가 절대로 실현되어서는 안된다고 생각하고 있었다.

최근 일반적인 주장을 보면, 조선총독의 전통정책은 조선인이 귀화하는 것을 허락하지 않는다는 것임을 알 수 있다. 조선인이 양국 국적을 소유하는 문제에 있어서, 중국이 한국인을 배척한다면 정식으로 귀화할 수가 없게 된다. 그렇게 되면 그들은 난처한 입장에 빠지게 될 것이다. 만일 귀화권을 실시하여 만주의 조선인이 정식으로 중국에 귀화한다면, 즉시 토지사용권・거주권・영업권을 취득할 수 있으며 안정된 생활을 보장받을 수 있게 된다. 또한 아직 이곳에 와 거주하지 않고 있는 사람들도 상기의 특권에 대한 유혹을 받아 스스로 건너와 살려고 할 수 있으니, 이는 외교적으로 실효를 보게 되는 것이다. 따라서 즉시 정부에 이러한 문제를 촉구하여 조선 총독과 개척관련 관원에 대해 조선인에게 귀화권을 부여해 줄 것을 요구해야 한다. 이렇게 문제를 처리하여 조선인이 중국에 귀화하는 것은 만몽 발전에 위배되는 것이 아니다. 그러나 이는 변태적인 귀화이지 실은 조선인들이 만주로 이민 오는 것과 별 다른 점이 하나도 없는 것이다. 지금 우리나라의 동3성에는 현재 백의민족인 조선인이 80만 명 가량 체류하고 있지만, 만주에는 안정된 곳이 없는 상황이므로, 만일 이 발상이 실현되어 백의민족이 180만으로 증가한다면 그때는 어떻게 될 것

인지 먼 안목을 가지고 생각해야 할 문제이다.(●●●● 4월 30일)

조선공산당 시위

하얼빈: 1일 오후 7시경 한국공산당 50여 명이 일본영사관 앞에서 시위를 단행했다. 이들은 돌을 던져 영사관의 유리를 깨는 등 파괴 활동을 했다. 그 결과 경찰이 출동하여 12명을 경찰서로 압송했다. 그날 밤 일본영사는 이들을 일본측으로 양도해 줄 것을 요구했다.(1일 통신)

하얼빈: 일본영사관에 소규모 소란이 일어난 것 외에 5월 1일 이곳에서 다른 큰 사건이 발생하지는 않았다. 오늘 저녁 10시경, 중한 양국의 과격분자 몇명이 일본영사관을 향해 돌을 던져 유리창과 기물들을 파괴했으나 인명사고는 발생하지 않았다. 중국경찰은 지휘자 32명을 체포했다.(1일 로이터 통신)

하얼빈: 전하는 소식에 따르면 어제 저녁 일본영사관을 공격한 폭도들은 중국옷을 입은 한국인이라는 것이다. 그들은 붉은기를 들고 영국영사관을 공격하려 하였지만, 중국경찰에 의하여 제지당했다. 중국경찰은 각 영사관에 대한 경비를 강화했다. (1일 로이터 통신)(●●●● 5월 3일)

연길 한국인 투탄 방화

전통 1일 도쿄 통신: 어제 밤 새벽 2시 간도(길림성 연길 지역, 일본인들은 이곳을 간도라고 부른다.) 용정촌 동양척식회사 출장소가 반일 한국인들의 습격을 받았다. 한국인들은 동양척식회사를 습격하여 사무실을 폭파시키려 했다. 그런데 폭발이 실패되어 인명 살상은 없고 유리창 몇장이 깨지는 등 큰 손실은 없었다. 동시에 다른 한국인들이 두도구 한인소학교에 쳐들어가 그 학교를 방화했다. 폭도들은 이어 철교 두 곳을 파괴했으며 전깃줄을 절단하여 용정촌은 삽시간에 암흑의 세계로 변했다. 그러자 주민들은 어찌할 바를 몰라 허둥대었다. 다행이 중일 군경헌병이 곧바로 달려와 이들을 진압했다. 폭도들은 진압을 피해 모두 산속으로 도망쳤다. 현지 주민들의 인심은 극도로 불안에 처해있다.(●●●● 6월 2일)

연길 한국인 길림에서 폭동

연길 전보 통고: 30일 밤 1시경 6도구 전구 공장이 조선인들에 의해 파괴되었다. 동시에 그들은 천도교회에도 방화하였으며, 두도구 일본 거류민회 집 3동을 소각시켰다. 그리고 전깃줄도 절단하였다. 군경이 관할구역을 순찰하는 동시에 전깃줄을 이어 놓아 전기가 다시 들어오게 하였다. 전하는 말에 의하면 배후에 교사하는 사람이 있었다고 한다. 길림성 당국에서는 상기의 사례가 다시 발생하지 않도록 엄격하게 방비할 것을 명령했다.(3일 전문전보)

서울: 한국의 화적떼 수십 명이 어제 저녁 연길에서 서남쪽으로 18리 떨어진 6도구를 습격했다. 중국경찰이 제 때에 출동하여 이들의 습격을 제지했다. 6도구는 이미 심야통행을 금지했다. 교통이 중단되었기 때문에 그 상세한 내용을 알 수 없지만, 한국 화적무리들은 중국 공산당과 합작하고 있다고 한다. 중국공산당은 3분대로 나누어 활동하고 있는데, 한 분대는 선동사업에 종사하고, 두 번째 분대는 파괴활동에 종사하며, 세 번째 분대는 암살을 진행한다고 한다. 전하는 말에 의하면 훈춘에서도 이들의 영향을 받아 움직임이 있다고 하는데, 이미 계엄령을 내려 방비하고 있다고 한다.(로이터 통신) (●●●● 6월 4일)

간도의 일본경찰 한국인 총격살해

　로이터 12일 발 도쿄 통신: 간도의 일본영사관에서 통보해 온 바에 의하면, 일본영사관의 경찰과 한국인 폭도들이 용정촌 근처에서 결투를 벌인 결과 한국인 폭도 22명을 체포했으며 1명을 살해했다고 한다. 동시에 2명의 한국인이 부상을 입었는데, 이전에 체포한 한국인까지 합치면 체포된 자는 이미 40명에 이르고 있다고 한다.(●●●● 6월 13일)

조선민중폭동

　전통 22일 발 서울 통신: 조선 함경도 남단 단천군에서는 산림조합을 반대하는 운동을 전개했다. 폭민들은 약 2천여 명이나 된다. 20일 오후 폭도들은 군청사를 점령했으며, 이어서 경찰서도 점령했다. 경찰은 처음에는 공중으로 총을 발사하면서 경고했으나, 사태가 점점 엄중해지자 직접 한국인 폭도를 향해 실탄 사격을 단행했다. 그 때서야 폭동을 제압할 수 있었는데, 폭민 중 4명이 사망했고, 26명이 부상을 입었으며, 경찰은 10명이 부상을 입었다고 한다.(●●●● 7월 23일)

한국인 중국에 귀화

　전통사 28일 발 도쿄 통신: 일본 척무성(拓務省) 요시 고사카(由小坂) 차관이 만주의 조선인에 대한 시찰을 끝냈다. 시찰결과 그는 조선인의 중국 귀화권을 중지할 것을 결정했다. 그 이유는 중국에서는 이를 만몽을 침략하는 조치로 이해하고 있으며, 조선인들은 또 일본정부에서 조선인을 중국으로 쫓아내기 위한 것이라고 이해하고 있기 때문이다.
　상기의 오해를 해결하고 쌍방이 다 받아들일 수 있는 방안으로써 귀화권을 부여하는 것을 중지한다고 설명했다.(●●●● 7월 29일)

일본당국이 연변의 경영방식 새로 조사

길림 통신: 일본이 우리나라의 연변 땅을 눈여겨 본 지는 이미 오래 전부터였다. 연길 · 훈춘 · 화룡 · 왕청 등 4개 현을 침략한 도구로는 경찰 · 교육 · 경제 등 세 가지가 있다. 아래에 최근의 상황에 대한 조사를 게재한다.

(1) 경찰

일본적 영사판결권이라는 특권이 있다. 연길 · 훈춘 · 화룡 · 왕청 4개 현에서는 임의로 조선인, 즉 개척민을 검거하고 구속하고 체포할 수가 있다. 이전에는 중일 두만강 조약에 따라 영사관에 관리경찰 1명을 두어 사건처리를 진행하도록 한다는 조례가 명백하게 명기되어 있음에도, 일본측에서는 점점 더 깊이 개입해 들어왔으며, 그 중에서도 훈춘사건이 발생한 이래 경찰로써 군대를 대신하는 방법을 실행하여, 경찰이 이미 800명까지 증가되어 있다. 이들은 연변 지역 18개 구역에 분포되어 있는데, 교통이 편리하고 인구가 밀집한 곳에다가는 일본경찰서를 설립해 놓고 있다. 용정촌 · 국자가 · 두도구 · 왕청 · 훈춘 · 양수천자 · 흑정자 · 결아하 · 의란 · 구걸 · 만동 · 남음평 · 화룡 · 부동 · 두도구 · 동불사 · 천보산 · 8도구 등 18개 곳에 경찰서를 설치해 놓고 있는 것이다. 일본은 경찰서를 설치하는 외에도 각 곳에 조선거류민회를 조직하여 일본경찰을 협조하도록 하고 있다. 일본경찰총서는 용정촌에 설치해 두고 있고, 기타 17개 곳에다가는 분서를 설치해 놓았다. 분서는 총서의 지휘를 받도록 되어 있다.

(2) 교육

연변의 일본인교육은 학교 숫자로는 국내 중국인학교보다 훨씬 적다. 학교 경영경비상에서 볼 때 중국인의 교육경비는 일본교육경비의 5분의 2밖에 되지 않는다. 일본인들의 교육상황을 소개하면 아래와 같다.

(1) 간도중앙학교 : 이 학교는 용정촌에 설립해 놓았는데, 학생은 모두 800여 명이나 된다. 이 학교는 조선총독부에서 경영하는 학교로서 전적으로 조선인 자제들만을 받아들이고 있다.

(2) 보통학교는 국자가 · 두도구 · 백초구 · 훈춘에 각각 하나 씩 있다. 이 학교 역시 조선총독부에서 경영하는 것인데 상기의 중앙학교와 같이 조선인 자제만을 받아들이고 있다.

(3) 간도보통고등소학교는 용정촌에다 설립했는데, 역시 조선총독부에서 경영하는 학교이다. 이 학교는 외무성에서 재외학교로 지정한 학교이다. 이 학교는 전적으로 일본인 자제들이 공부하는 학교이다. 현재의 학생수는 130여 명이 된다.

(4) 광명회사가 경영하는 학교에는 첫째 영신중학교 및 부속 사범과와 소학교가 있고, 둘째 광명고등여학교, 셋째 광명여학교, 넷째 광명유치원 등이 있다.

이들 학교는 모두 용정촌에 설립되어 있다. 이 학교는 일본인 다카헤이 고로(高丙子朗)가 개인적으로 모집한 자금과 조선총독부의 일부 지원금으로 경영하는 학교이다. 이 학교에서는 전적으로 조선인 자제들만 교육을 하고 있는데 현재의 학생수는 650명이다. 이밖에 또 일본인이 보조하고 조선인이 경영하는 학교(조선인이 세운 사립학교나 일본인의 보조를 받기에 일본교과서를 사용하고 있다)가 있다. 연변 4개 현에는 이런 사립학교가 50여 곳이나 된다. 현재 우리나라에서 이와 같은 학교를 회수하고자 하지만, 일본측에서 이를 강력하게 반대하고 있다. 현재 상황을 볼 때 한국인들의 처지도 난처한 상황이다.

(3) 경제

 경제침략은 근대 제국주의가 다른 나라를 침략하는 유일한 정책이다. 일본당국에서는 우리 연변 지역 4개 현의 토지를 매수하려고 생각하고 있다. 일본당국에서는 이를 실현하기 위해 연변지역 4개 현에 아래와 같은 경제기관을 설치했다.

 ① 조선은행 용정 출장소, ② 동양척식주식회사 간도 출장소, ③ 간도신탁주식회사, ④ 간도흥업주식회사, ⑤ 간도금융부 등이다.

 이상의 각 회사는 모두 용정촌에서 은행예금과 대출 등 관련 사무를 처리하도록 되어 있다. 이자는 일반에 비하여 약간 낮은 편인데 평균이자가 1푼 2리이다. 부동산이거나 기타 곡물을 보증금으로 한다. 상기 4개 현의 조선인들은 아주 낮은 이자로 저당잡혔음에도 이를 갚을 수가 없어 저당품을 몰수당한 사람들이 5분의 3이나 된다. 이밖에 국자가·두도구·훈춘 등 세 곳에는 조선농민들을 구제하는 경제기관인 금융기관을 각각 한곳씩 설치했다. 이것은 전적으로 조선인의 토지를 흡수하기 위한 것이다. 조선인의 토지를 조사한 바에 의하면 이미 이 금융기관에 흡수된 것이 5분의 4나 된다.

 올해 일본인은 세수를 증가하기 위해 이자율을 또 내렸다. 그렇기 때문에 일반 중국인이나 한국인들은 경제적으로 더 심각한 압박을 받게 되었다. 장차 어떻게 되든 그 피해를 받지 않으면 안되기 때문이다. 이런 점에 있어서 우리나라의 관민들은 이 문제를 중시하지 않으면 안될 것이다.(●●●● 8월 27일)

길림성 한국공산당 처리법 반포

 하얼빈: 길림성에서는 한국공산당 처리법을 공포했다. 한국공산당을 중국공산당에 맞추어 처리하도록 했다.(19일 통신)(●●●● 9월 12일)

일본경찰 한국인 대량 체포

도쿄 통신: 이달 7일은 제12회 국제 무산자 청년일이다. 특고과장 모리(毛利)가 과원들과 각 경찰서의 경찰 약 150여 명을 인솔하여 6일 새벽부터 다니간다시바(谷神田芝) 각 구의 전국협회 청년부 극좌분자 30여 명을 검거했다. 이들이 청년일에 무엇을 하려 했는가 하는 문제를 조사했다. 그리고 오사카 특고과에서도 6일 오후부터 7일까지 신경 판담로(阪淡路) 정류소에서 밀모 주모자인 전 한국인 청년동맹 오사카 지부 이일광(李一光) 등 10여명을 체포했다. 오늘 미야후쿠시마(宮福島) 방면에서도 관련자 21명을 속속 체포하였다.(●●●● 9월 14일)

길림성 한국인 호구조사

길림: 길림성 당국에서는 한국교포의 숫자가 많은 것이 걱정되어, 민청에 지령을 내려 법규 22조를 정하게 했다. 그리고 이를 정치위원회의 비준을 받은 다음 각 현에 통지하여 한국인 호구를 조사하여 민청에 올리도록 했다. 일본측에서는 이러한 조치에 대해 각별한 관심을 기울이고 있다.(●●●● 9월 21일)

한국학생운동사건 종결

한국 서울 통신: 작년 10월 광주학생사건이 발생한 다음 12월 서울 내 10여 개 학교에서 동맹휴학을 하는 것으로 광주학생운동을 지원하였으며, 전라도의 수십 개 학교에서도 이에 큰 영향을 받았다고 한다. 그 결과 한국 교육계에 전대미문의 파동이 일어났다. 이를 종합적으로 기획한 것은 학생전위동맹이었다. 이 사건이 발생한 다음 서울 시내 각 경찰서에서는 한국학생 225명을 검거했다. 그 중 주모자 차재정(車載貞) 등 45명은 치안유지법을 위반한 죄로 서울 지방법원

에 구속되었고, 예심추사가 본 심리를 담당했다. 지금 예심이 끝났는데 차재정 등 13명은 치안유치법을 위반했다는 죄명과 출판법을 위반했다는 죄명으로 유죄판결을 받았다. 이밖에도 18명은 기소 면제, 기타 14명은 학생이기 때문에 별도로 예심을 하기로 결정했다.(세계)(●●●● 9월 24일)

길림성 한국공산당 엄격방비, 동시에 한국인이 중국 경내에서 사건을 일으키지 말것 경고

길림 통신: 지난 달 길림과 돈화를 잇는 철로선에서, 한국공산당들의 소란 사건이 발생했다. 그러한 추세가 가면 갈수록 더 엄중해질 것이다. 지금은 기타 다른 곳에서도 한국공산당의 활동이 발각되었다. 무릇 공산당 활동에 참가하여 포로가 된 사람은 극형에 처하기로 했는데, 이미 체포된 사람들은 모두 사형 당했다. 최근 정탐한 바에 의하면 한국공산당 무장대는 이미 남쪽의 반석과 화전 일대로 이동했다고 한다.

현재 길림과 해룡을 잇는 철로선 연통산역 근처에서 전단을 발견했는데, 군부성의 두 군부서에서는 이곳의 군민 장관에게 철로 연선을 엄격히 방비하여 이외의 문제가 발생하지 않도록 엄격히 단속할 것을 통고했다. 하지만 각 지방에는 한국공산당인이 많은데다 본성의 한국인 체류자가 무려 백만이나 되기 때문에, 평상시의 관리조차 어려운 상황에서 이번 한국공산당의 소란까지 겹치게 되었기에 이를 단속하기란 매우 어렵게 되었다고 한다. 또한 일본경찰들은 국제협정 조례를 위반하고, 자신들 임의로 한국인들을 체포하고 있기 때문에, 이를 근본적으로 정리하고 관리하지 않으면 앞으로 어떤 문제가 있을지 모를 일이다. 성정부 당국에서는 민정청에 명하여 각 현의 한국인 호구를 조사하는 22조례를 결정했다. 그리고 이를 동북정치위원회에 상정하여 비준을 받도록 했다. 이 조례의 규정에 따라 각 현에서는 철저하게 조선인 호구를 조사하여 민정청에 올리도록 했다. 일단 문제가 발생하면 연구할 근거로 삼는다는 것이다. 이와 동시에 군부와 정부에서는 각기 포고를 발포하여 적화운동을 금지하도록 했다. 동시에 한국인들이 중국국적에 입적하도록 충고했다. 무국적 및 거류민으로 있는 한국인들은 중국 내에서 적화선전을 절대로 하지 못한다고 충고했다. 문안은 중한 양국의 문자로 작성되었으며, 한국어로 된 문안을 통해 한국인들의 주의를 환기시키려고 했다. 한국인에 대한 충고문을 소개하면 아래와 같다.

"현재 흑사병과 같은 나쁜 유언비어들이 나돌고 있다. 이러한 유언비어의 전파는 그 속도가 너무나도 빠르다. 그리고 죽음 또한 매우 빠르다. 그렇다면 이것은 어떤 것을 말하는가? 바로 공산주의이다. 이런 주의는 아주 야만적인 평균주의이다. 이를 테면 밥먹고 싶은 사람이 있는데 마침 누가 밥을 먹는 것을 보고 그도 가서 그 밥을 나누어 먹어야 하 것과 같은 것이다. 누구든 이 주의에 따르기만 하면 절대적으로 원수를 만들어내게 된다, 한쪽은 밥그릇을 보호하여 주는 인민이고, 다른 한쪽은 치안을 유지하는 정부이다. 이런 주의는 절대 통하지 않는다. 현재 한국인들이 바로 이런 주의에 많이 전염되어 있다. 한국인들은 중국으로 건너와 공산주의를 실시하려고 한다. 중국 인민은 단결하여 이들에 저항하고 있다. 중국정부에서도 한국인들을 엄격히 처단하고 있다. 한국인들은 생활문제를 해결하기 위해 다른 사람의 밥그릇을 탈취하려고 하는데, 밥그릇은 탈취하지 못하고 목숨만 잃고 있다. 이것은 본전도 찾지 못하는 우둔한 짓이다. 당신들 한국인과 우리 중국인은 원래 한 집안사람이나 다름없다. 상주(商周)

시대부터 기자(箕子)가 조선으로 건너가 건국하였다는 사실은 너무나도 분명한 역사적 사실이다. 당신들이 중국에서 갈라져 나가 독립한 다음 중국과 두 나라 사람이 되었다. 당신들과 일본이 합병한 다음 중국과의 거리가 점점 더 멀어지고 있다. 그러나 우리 중국정부와 우리 중국인민은 한국인이 옛날에 한 집안이었다는 역사를 생각하여 한국인들을 푸대접하지 않았다. 우선 당신들 가운데 우리 국적으로 입적한 한국인들을 보도록 하자. 당신들 한국인이 만든 국가가 없어졌기에 중국인이 만든 국가에 귀화시켜 우리 중국국적에 입적하도록 해주었다. 중국국적에 입적했다는 것은 곧 그가 중국인민이라는 것을 말한다. 중국정부에서 당신들이 귀화하는 것을 허락한 것은 정말로 호의적인 일이다.

첫째 당신들 처지를 가엾이 여겨 국가가 있는 인민으로 승격시켜 준 것이다. 둘째 당신들을 보호하여 당신들이 선량한 사람이 되는 것을 희망하고 있다. 따라서 귀화한 한국인들은 언제나 우리 중국인과 같은 대우를 받아왔다. 절대로 한 점의 시기도 없었으니 당신들도 양심을 지켜야 할 것이 아닌가? 정부의 법규를 잘 준수하는 양민이 되어 중국정부에서 환영하고 중국인민이 사랑하는 인민으로 되는 것이 바로 당신들이 걸어야 할 정도이며, 당신들의 정확한 주의가 되는 것이다. 그리고 중국 경내에 거류하고 있는 한국인들의 상황을 보도록 하자. 당신들이 일본과 합병한 이후에도 비록 옛날에는 한국인이었다고 하지만은, 실제로 오늘날에는 일본인인 것이다. 일본국은 세계 문명국가이기 때문에 당신들은 문명국가의 인민이 된 것이다. 우리 중국 경내에서 거주하고 있는 이상엔, 문명국가의 문명적인 행동을 하여 일본 국에 밝은 빛을 더해 주어야 할 것이다. 더욱이 중국과 일본은 아주 친밀한 관계이므로, 당신들이 중국의 치안을 위반하는 행

1930년

동이 있다면 중일 양국과 인민들의 친선에 방해를 하게 되는 것이며, 또한 중일 양 국가와 인민이 연합하여 당신들에게 대처하게 될 것이다. 그때 가서 일본에서 당신들을 인민으로 취급하지 않고 중국도 당신들을 친구로 취급하지 않는다면 당신들은 고생이라는 수렁에 빠지게 될 것이다. 무국적 한국인은 중국의 미개척된 벽지로 몰래 월경하여 들어 온 유동민인데, 이런 유동민은 중국동북 경내에 아주 많다. 국제공법차원에서 논한다면 무국적인은 국제법의 보호를 받지 못한다. 또한 국내법의 보호도 받지 못한다. 이들은 마땅히 축출시켜야 마땅하다. 그러나 축출시키지 않고 그대로 둔다는 것은 우리 중국 정부의 관용을 보여주는 덕행이다. 옛 사람들은 덕은 덕으로 갚는다는 말을 했는데 이것이야말로 정도이다. 다른 국가 경내에 몰래 들어와 거주하고, 다른 국가의 땅을 개척하고, 다른 국가의 국민대우를 받으면서도 마음대로 소요를 일으키고, 다른 국가에 해를 입힌다면, 곧 그 국가는 가혹한 수단으로써 대응하게 될 것이다. 따라서 한국인들은 중국 경내에서 그 무슨 주의 따위를 신봉하면서 마음대로 행동해서는 안된다. 중국에서 공산주의를 실시한다는 것은 더욱 불가능한 일이다. 중국 인민의 재산을 평균 분배하는 그날이 온다고 해도, 중국인은 다 제몫이 있지만 한국인들은 한몫도 없을 것이다. 박애사상이 공산주의의 기초라고 하더라도 중국인들은 외국인들이 자기네의 재산을 평균적으로 분배하여 빈궁에 빠지지 않는 것만으로 다행이라고 생각한다. 그러나 중국의 재산을 외국인에게 나누어 준다는 것은 불가능한 일이다. 당신들 한국인들은 잘 생각하여 보라. 주의가 있다는 것은 곧 목적이 있다는 것이요, 목적이 있는 주의만이 좋은 주의이다. 한국인이 중국에서 공산주의를 신봉한다는 것은 빈곤구제의 목적이 있겠지만, 이것은 실현 불가능하기 때문에 일찍 포기하는 것이 바람직한 일이다. 또한 이런 주의를 실현하려면 우선 피를 흘려야 하고 목숨을 바쳐야 한다. 이런 대가를 치른다는 것은 목적 실현이 불가능한 주의를 실행한다는 것이며, 이것은 백치가 아니면 미치광이가 하는 짓이다. 그가 백치라면 그는 곧 무지하고 우매한 사람이다. 우리 중국정부는 무지하고 우매한 사람들을 교육하지도 않고 살해하지도 않는다. 그렇기 때문에 당신들에게 이처럼 구구하게 권유하는 것이다. 당신들은 공산주의란 것이 조그만한 이익조차도 없다는 것을 알고, 하루 빨리 이를 포기하고 선량한 한국인들과 같은 생활을 유지하기를 바란다. 그럼에도 고치지 않고 계속 소란을 피운다면 우리 중국정부가 허락하지 않을 뿐만 아니라 우리 중국인민도 단결하여 일어나 당신들을 독사나 맹수로 치부하여 철저하게 처치할 것이다. 당신들 한국인들은 다시는 그러한 무지한 꿈을 꾸지 말 것을 청하노라. 빨리 악몽에서 깨여나라. 이 흑사병과 같은 나쁜 교설에 전염된다면 그야말로 구제 불능이 될 것이고, 활로가 단절된다는 것을 명확히 알아야 할 것이다! (9월 23일)(●●●● 10월 2일)

연길의 일본경찰이 구실을 대어 용정촌에 진입

길림: 6일 밤 연길에 주둔하고 있던 일본경찰이 우리 경내의 보초선까지 진입하여 암호를 불러도 이에 응하지 않고, 오히려 먼저 사격해 오는 바람에 우리측에서는 부득불 반격을 하게 되었으며, 일본경찰 2명을 사살했다. 이에 무장한 일본경찰 백여 명이 조선 경내에서 중국 용정촌으로 진입해 들어왔다. 연변당국에서는 전보로 이 사실을 성 관청에 회보했다. 성 관청에서는 지금 이에 대한 대응책을 토론하고 있다.

심양: 중한 접경지대인 연길현에 속한 용정촌에는 때때로 조선 청

년단들이 공산당과 결탁하여 기관 등을 파괴하고 중한의 변경에 출몰하면서 조선의 치안을 교란하고 있다. 이번에 우리측에서는 또 다른 비밀정보를 입수했다. 조선공산당 비적과 혁명당인들이 우리의 쌍십절을 계기로 폭동을 발동하겠다는 정보이다. 연변에 주둔하고 있는 중국군대는 지면상의 적을 숙청하기 위해 일본측과 협작하여 우리나라 경내의 조선공비를 숙청한다는 계엄령을 공포했다. 그런데 일전에 일본경찰 십여 명이 한밤중에 우리군의 보초선까지 침범해 들어왔다. 아군 초소에서 암호를 물었지만 일본경찰은 이를 무시하고 우리 군을 향해 사격을 단행했다. 아군은 이에 부득불 자위책으로 반격하지 않으면 안되었다. 사후에 아군 보초선 경내에서 일본경찰 2명이 죽고 1명이 부상을 입게 되었다는 것을 발견했다. 이들은 다 권총과 장총을 휴대했다. 부상을 입은 일본경찰은 지금 우리측에서 치료중에 있다.(11일 통신)(●●●● 10월 12일)

연변에서 중·일경찰의 충돌

 길림 통신: 연변 각지에는 조선공비들이 잠복하고 있다. 이들은 수시로 문제를 야기시키고 있고, 일본인들은 이를 기회로 이간책을 써서 중국인민과 조선인민의 감정을 상하게 하고 있다. 조선의 공비는 조선으로 군대를 증원하는 등 기회를 보아 도발행위를 단행하고 있다는 것은 모든 사람들이 이미 다 알고 있는 사실이다. 근일 조선공비는 또 10월 6일 추석에 연변에서 대거 거사하려고 했다. 우리 당국에서는 사전에 이 정보를 입수하여 군경이 엄밀한 계엄상태를 취하고 있다. 그날 밤 연길 진수사 배 13여단장 길흥의 부대가 6도구(즉 용정촌)에서 보초를 서고 있는데 갑자기 무장군인 십여 명이 보초선으로 돌입하여 들어왔다. 암호를 물었지만 이에 응하지 않고 오히려

우리군을 향해 사격을 단행했다. 중국군은 이들이 조선공비군인가 하여 정당방위적인 반격을 단행했다. 그 결과 알고 보니 이들은 일본 경찰들이었다. 이에 즉시 반격을 중지했다. 중일 당국에서도 이 소식을 접하고 즉시 현장에 와서 충돌을 제지시켰다. 후에 조사한 결과 일본경찰 2명이 죽었고 1명이 부상당했다는 사실이 밝혀졌다. 용정에 있던 간도총영사가 황급히 큰 적을 만났다는 듯이 긴급경비를 명령했다. 동시에 즉시 조선총독부에 전보를 보내 긴급 구원을 요청했다. 그리하여 7일 함경북도 경찰부에서 경찰 백 명을 파견하여 용정에 진입하기에 이르렀다. 이로서 형세는 점점 더 긴장되게 되었다. 우리 당국에서도 즉시 성 관청에 보고하였다. 성 관청에서는 이 보고를 받은 즉시 7, 8일 이틀간 중요임원을 소집하여 긴급회의를 개최했다. 회의 토론 후 먼저 연변의 문무장관에게 대책을 강구할 것을 지시했다. 전보에서는 너무 황급해 하지 말고 여유 있게 이 사건을 처리하라고 지시했다. 또한 요녕에 있는 장작림에게도 전보를 보내 사실을 통보하고 그의 지시를 받은 다음 그 지시에 따라 행동케 했다. 연변 일본경찰의 행위를 보면 도발행위가 있었음이 분명하다. 이번 충돌에 대하여 일본측에서는 일본경찰이 조선인 집을 수색하고 공비를 방비하는 조치를 취한 것인데, 어둠이 짙은 밤이라 우리측에 통보하지 않았고, 동시에 먼저 행동을 취했다는 것이다. 본 사건의 책임은 마땅히 일본이 져야 한다는 것은 너무도 분명한 사실이다. 그런데도 이를 구실로 삼아 지원부대를 파견한다는 명의로 대부대의 경찰을 우리 국내로 파견하여 온 것은 사실 군사행동이나 마찬가지이며, 이는 작은 것을 구실로 그 사실을 확대시켜 결과적으로 오히려 일본측에 일리가 있다는 상황으로 되었다. 일본측에서는 우리가 먼저 사격했다면서 이는 일본에 대한 적대시하는 것이라고 떠들고 있는 것이다. 이것은 사실과 너무도 거리가 멀다. 다행이 우리측에서 이를 적당히 처리했기 때문에 범위가 확대되지는 않았다. 잘못했다간 또 민국 9년(1920)에 있었던 훈춘사건과 같은 사건이 터질 뻔했다. 현재 연변대안에 있는 조선 경내에는 많은 군경들이 대치하고 있다. 이것은 우리에 대해 시위를 하는 것과 같은 것이다. 최근 외교계의 소식에 의하면 이번 사건은 오해로 인한 것이기 때문에 더 격화되지 않도록 이미 교섭단계에 들어갔다고 한다.(10월 9일)●●●● (10월 16일)

조선공산당 공개심판 개시

전통사 25일 발 도쿄 통신: 조선독립을 외치고 공산주의를 선동하였으며 일본에 잠행하여 행동한 조선공산당 일본총국, 고려공산청년회 본부 송창렴(宋昌廉) 외 29명에 대하여 치안유지법을 위반한 죄로 첫번째 공개심판을 진행했다. 오늘 도쿄 지방재판소에서 정식으로 법정심리를 시작했다. 가미가키 시로(神垣城) 재판장과 마루(丸)검사가 심리했다. 개정하기 전 법정에서는 무장경관을 법정에 배치했고 방청자들은 신체검사를 했으며 불온자로 의심되는 사람 10여 명을 연행했다. 원래 오전 9시에 정식 개정하기로 했으나 11시 25분까지 연장하고 나서야 개정했다. 재판정의 분위기는 상당히 긴장되어 있었다. 각 피고들은 재판관의 심문에 불복하였으며, 그들은 대신 혁명노래를 부르거나, 조선공산당 만세를 높이 불렀다. 피고들이 너무 시끄럽게 하는 바람에 법정은 혼란에 빠졌고, 개정하여 5분도 되지 않아 법정에서는 휴정을 선포했다.(●●●● 11월 26일)

연변 경찰증원 요청

심양 통신: 연길 농공상학 연합회에서는 일전에 전보를 치는 대신

특별 우편물을 동북 각성 장관에 보내어 경찰을 증원해 줄 것을 요청했다. 전보문은 아래와 같다.

"연변은 불행하게도 일본의 도마 위에 놓여 있는 것과 같은 고통 속에서 고초를 겪고 있다. 그 고통은 실로 필묵으로 형용할 수 없을 정도이다. 최근 우리측에서는 일본경찰에게 철수를 요구하였는데, 이것은 전국에서 누구나 할 것 없이 요구하는 사항이다. 사실 일본은 이러한 요구를 거절할만한 아무런 이유를 가지고 있지 않았기에 4일 밤 이전에 전부 철수했다. 그러자 한국의 화적무리들이 좋은 기회가 왔다고 창궐하는 바람에 지방의 치안이 교란되고 있다. 연변농민들이 일년 내내 고생하며 지은 농사가 하루 밤 사이에 없어지는 일이 자주 일어나고 있다. 이런 상황에서 연변인민들은 생명과 재산에 대한 안전보장을 받지 못하고 있다. 이를 신속하게 제지하지 않는다면 연변 인민들이 겪는 고통은 말할 수 없을 정도가 될 것이고, 또한 다른 구실을 남기게 된다. 그렇기 때문에 연변 변경에 사는 사람들에데 대한 동화를 가속화시키는 외에 하루 속히 경찰을 증원하여 큰 일이 발생하기 전에 그 위험을 소멸시켜야 할 것이다."

이러한 시기에 요녕성 국민외교협회도 연길 농공상학 각 단체의 호소와 지원을 해달라는 요청을 받았다고 한다. 그리하여 이 협회에서는 동북정무위원회 및 길림성정부에 전보를 보내, 연변지역을 위해 청원서를 올리는 것 외에도 전체회원이 길림성 주석과 정치위원회 대리주석 장작상(張作相)을 회견하여 이에 대한 조처를 내려줄 것을 직접 촉구했다. 그 전보문은 아래와 같다.

"얼마 전 연길 농공상학 연합회에서 보내 온 전보를 받았다. 전보문은 지난 달 일본이 마음대로 경찰을 증원한 이래 변경민들은 말로써 형용하기 어려울 정도의 고통을 받고 있다고 설명하였다. 현재 일본경찰은 비록 철수했지만 이 기회를 빌려 한국의 화적무리들이 또 노략질을 하며 살인 방화를 거리낌 없이 저지르는 바람에 변경민들의 생명과 재산에 대한 안전이 보장을 받지 못하고 있는 상태라고 밝혔다. 이런 상황에서 이들은 부득불 동북지역 각 성장에게 청원서를 올려 경찰을 증원해 줄 것을 요청했다. 연길은 동북지역의 인후의 위치에 있는 중요한 국방요지이다. 이 곳에는 중국인과 외국인이 잡거하고 있어 그 관계가 서로 아주 복잡하다. 만일 경찰을 증원하지 않는다면 당지 주민들의 안전은 아무런 보장도 받지 못하게 될 뿐만 아니라, 치안권이 타민족의 손에 들어갈 위험도 있다. 따라서 귀하께서는 하루 빨리 자금을 해결하여 신속하게 경찰을 증원시키는 조치를 취해, 인민과 국토를 보위케 해줄 것을 요청한다."(●●●● 11월 28일)

안동 한국인을 단합시켜 세관 분관을 분쇄

심양: 지난 28일 안동 조선인들이 단합하여 세관 강교 분관을 분쇄했다. 그러는 중에 관원 1명이 부상을 당했다. 이달 2일 새벽 6시 조선인들은 다시 무리를 지어 손에 방망이를 들고 허리에 밀수품을 숨긴 채 다시 분관을 분쇄하는 바람에 관원 수명이 다시 부상을 입었다. 일본경찰은 오히려 순찰하던 조사원을 구타하여 세관관원들의 불만을 야기시켰다. 그리하여 일본 조계지 각 분관의 전체 관원들이 파업을 단행하였는데, 그들은 4일 선언을 발표하여 당국에서 공정하게 처리하여 줄 것을 촉구하고 있다.(6일 전보)(●●●● 12월 7일)

연변에서 조선공산당 활동 창궐

길림 통신: 연변지역에 잡거하고 있는 조선인은 수십만 명이 넘는

다. 그 중 일부분은 저열분자(低劣分子)로, 이 상황을 점점 더 악화시키고 있다. 그 결과 이곳은 조선공산당이 잠적하고 있는 근거지로 되었다. 길림성 정부 당국에서는 이들에 대하여 압력을 가하며 그들이 당지의 법규를 준수할 것을 촉구하여 왔지만 효과는 별로 없었다. 지난 달 18일 연길현 숭례향 유수하자(柳樹河子) 현립 제 29학교가 공산비적에 의해 소각되었다. 적지 않은 사람이 불에 타 죽었고 그 참상은 이루 형언하기가 어려울 정도이다. 현 교육국에서는 이 소식을 접한 즉시 현 정부에 보고하여 조선 공산공비들을 단호하게 척결해 줄 것을 요구했다. 현 정부에서는 제9학교 교장 조흥령(趙興齡)에게 이 사실에 대하여 상세히 조사할 것을 지시했다. 그는 조사를 마친 다음 아래와 같은 상황을 보고했다.

11월 18일 밤 12시경 공산비적 20여 명이 유수하자 지방 현립 제29학교를 포위했다. 그들은 면화와 볏짚에 휘발유를 뿌려 사방에서 불을 놓았다. 불길은 하늘로 치솟아 올랐고 학교 교실은 눈깜짝할 사이에 9칸이나 잿더미로 변해버렸다. 교장 이후업(異厚業)이 불에 타 죽고 그의 처 왕씨와 한 살 된 어린애와 세 살 된 어린애도 함께 불에 타 죽었다. 이밖에 형님을 보고자 이 학교에 와 있던 이 학교 교장의 사촌 동생 이후귀(李厚貴)도 함께 불에 타 죽었다. 그리고 다른 촌에 살고 있던 이 학교의 역부 후원개(侯元開)라는 사람은 나체로 튀어나와 후툰(后屯)으로 가 개척민인 이씨 집으로 가 면옷을 하나 찾아 있었으나 지금은 어디로 갔는지 종적을 찾을 수 없다. 교원인 정병(鄭秉)과 그의 동생 정병직(鄭秉直)은 불바다를 헤치고 나와 요행히 생명은 건졌다. 그의 아내도 불바다 속을 기어서 나오기는 했지만 비적들이 칼로 그녀의 머리를 내리쳐 선혈을 낭자하게 흘린 상태이다. 다행히 아직은 목숨을 부지하고 있지만 앞으로 어떻게 될지는 단언할 수 없다. 지금 이 학교 내에 시체 5구가 놓여 있는데 머리가 잘리고 이마가 터졌으며, 다리와 어깨가 잘린 채 모두 마포로 덥혀져 있다. 이 마을의 툰장 현계을(玄繼乙)이 이 시체를 보관하고 있다. 정 교원의 아내는 지금 이웃집 연(延)씨 성을 가진 의사의 집에서 치료를 받고 있는 중이다. 상기 상황은 제9학교 교장이 교육국의 국장 지시를 받고 군경과 함께 현장에 내려가 직접 그 학교 상황을 조사한 것이다. 때문에 이 사실은 거짓 아닌 진실이다. 교장은 이 학교에 도착한 다음 정선생을 찾아 직접 면담했다.

그가 말하길 어제 밤 12시경에 불이 나자 황급해진 처가 자기를 막 흔들어 깨웠다고 한다. 그는 학교 숙사 서쪽에 거주하고 있었고, 교장은 학교숙사 동쪽에 살고 있었다. 그가 밖으로 나왔을 때는 이미 사방에 불이 타오를 때였다고 했다. 이 학교 역부와 이수귀는 학교 중간에서 자고 있었다. 이씨와 후씨가 정문으로 뛰쳐나오자 마침 화적들과 부닥치게 되어 화적들이 몽둥이로 그들을 구타하며 다시 불 속으로 쫓았다. 후씨는 가마를 뜯고 구들장 속으로 들어가 불을 피했다. 자기도 아궁이 속으로 들어가 불을 피했다고 한다. 그 때는 비적들이 이미 앞뒤 문을 다 포위했을 때였다. 조금 후 비적들이 집 뒤로 몰려갔다. 이때 자기가 황급히 집에서 뛰쳐나와 서쪽 이웃집에 가서 몸을 피했다고 진술했다. 그는 그 집에 가서야 비적들이 다 달아난 것을 알았다. 그는 역부 후원개와 자기 아내 및 자기 동생이 어떻게 불을 피해 나왔는지 알지 못한다고 했다. 이어 교장은 즉시 서쪽 이웃집 곡영림(曲永林)을 찾아 면담을 했다. 그러자 그는 아래와 같은 사실을 말했다.

어제 한밤중에 학교 측에서 도적이 들었다는 소리를 들었다. 이어서 사방에는 불이 타올랐다. 불이 난 것을 본 그는 이것은 공산비적들이 한 짓이라는 것을 알 수 있었다는 것이다. 자기는 진화할 수 있는 기구도 아무것도 없어서 불을 끄러 가지 않고 뒷산으로 피했다고 진술했다. 그 때 산언저리에서 불빛을 빌어 보니 위에는 흰옷을 입고 아래는 검은 바지를 입은 4, 5명의 비적들이 움직이는 것을 보았다고 했다. 그러다가 오늘 오후 10시가 넘어서야 자기 집으로 돌아왔다고 한다. 다른 것은 잘 모른다고 말했다. 이어서 이 교장의 시체를 검사했다. 이 교장은 학교 동쪽의 창문을 통해 기어 나오려고 했는데 왼쪽 다리와 두 팔이 다 절단되었다. 머리는 오른쪽 절반이 타고 머리칼은 다 타지 않았다. 이러한 점으로 봐서 당시 상황을 추측할 수 있는데, 이 교장은 창문으로 기어나오려고 했음이 분명하다. 그런데 그가 창문으로 기어 올라갔을 때 비적들에게 발견되어 두 팔이 비적들의 몽둥이에 맞아 부러진 것이다. 두 팔이 부러져 나오지 못하고 계속 타들어가는 불에 타 죽은 것으로 추측된다. 창밖에는 바람이 세차게 불고 있어서 불은 방안으로 확산되었고 그래서 그의 머리칼이 다 타지 않았던 것이다. 그의 왼쪽 다리가 부러진 것은 아마도 서까래가 무너져 내리면서 그 서까래에 깔려 부러진 것으로 파악됐다. 비적들이 떠나간 후 교장은 이 학교 담장에서 전단 몇 개를 발견했다. 그 전단은 감자풀로 붙인 것이었다. 교장은 그 중 전단 하나를 교육국에 보냈다. 이 학교 교장의 한 집 식구가 다 참상을 당한 것은 너무도 불행한 일이다. 이 집은 청빈하여 그의 시체를 매장할 여지도 없는 사람이었다. 그가 교육 일선에서 열심히 일한 것과 그의 가문에 불행이 닥친 것을 감안하여, 자금을 지원하여 그를 매장해 준다면 구천에서나마 눈을 감을 수 있을 것이다.

교육국에서는 이 사건을 대단히 심각하게 생각하고 이 학교교원 정병상 부부와 그의 동생 정병직, 그리고 학교 역부 후원개 및 툰장

1930년

현계을과 이 학교 왼쪽 근처에 살고 있는 사람들을 불러 심문했다. 이 학교와 멀지 않은 곳의 와성진과 차조구는 이 곳에서 불과 15리 밖에 되지 않는 지역이다. 야간에 불길이 하늘을 치솟아 오를 때 위의 두 곳에서도 훤하게 볼 수 있었다고 한다. 그런데도 공산비적을 소탕하고 학교를 보호해야 하는 책무를 지닌 당지의 경찰들은 즉시 현장으로 가지도 않았고, 사후에도 이에 대해 조사하지 않았다. 이것은 독직죄에 해당하는 것이라 마땅히 그들을 처벌해야 할 것이다. 이에 현 정부에 검거하게 해달라는 편지를 보내 와성진과 다조구의 경찰을 책임지고 있는 경단 장관을 엄중하게 처벌할 것을 촉구했다. 또한 이 학교 교장의 친척들에게는 후한 구혈금을 지불해 줄 것도 요청했다. 성 정부에서는 어제 이 현장의 보고에 따라 경무처에서 연길 경단에 지시를 내려 이 사건의 범인을 색출해 내는 동시에 엄밀한 방비조치를 취하도록 지시했다.(12월 1일)(●●● 12월 7일)

연변지역 조선공산당 창궐

길림 통신: 연변 조선공산당은 잠복해 있으면서 당지의 치안을 교란시키고, 도강하여 방화와 살인 등을 목적으로 하는 테러를 저질러 그 피해를 받은 변경인들이 얼마인지 모를 정도이다. 지난 달 일본경찰이 철수한 다음 연변 농공상학연합회에서는 중국 경찰의 역량이 미약함을 감안, 요녕과 길림 두 성에 경찰을 증원하여 조선 공산비적을 소탕해 줄 것을 요청했다. 그러나 당국에서는 아직 이에 대한 결정을 내리지 않고 있다. 조선공산군의 활동은 최근 들어 점점 더 창궐하고 있다. 금년 봄부터 최근에 이르기까지 연길·훈춘·화룡·왕청 등 네 개 현의 행정사무를 감독하는 관공서에서는 각 현의 보고를 접수, 모두 81건의 사건이 발

생했다고 한다. 그 중 살인사건이 44명에 이르고 그 피해자는 얼마인지 집계할 수 없을 정도라고 한다. 그리고 재산 손실은 더 말할 여지도 없다. 이밖에도 경찰이 책임을 피하기 위해 보고하지 않은 것이 얼마나 되는지 알 수도 없을 정도이다. 각 행정관공서에서는 확인한 사실만 보고했다. 화룡은 17건, 왕청은 4건, 나머지는 다 연길 각 구에서 발생한 것이다. 교란행동을 단행한 조선공산군은 많을 때는 2백여 명이 되고 적을 때는 몇십 명, 혹은 3, 5명에 불과한 경우도 있으며, 심지어는 한 사람일 때도 있다고 한다. 그 중에서 엄중했던 사안으로는 1월 17일 연길하에서 발견한 공산군 백여 명이다. 이들은 연길현 소재지를 불태우려 했는데 중일 군경에 의해 54명이 체포되었다.

　같은 날 연길현에 속하는 도목구(倒木溝) 용림촌(龍林村)의 촌민 김정순집 가족 4명이 공산군에 의해 살해당했고, 3명이 부상을 입었다. 5월 3일 공산군 2백여 명이 두도구(頭道溝)를 습격하여 조선인민회를 불태웠다. 8월 29일 연길 대동구(大東溝)에서 공산군 백여 명을 발견했는데 이들의 손에 촌민 7명이 살해되었다. 5월 20일 공산군은 또 길안촌(吉安村)의 대흥(大興)전등공사를 습격하여 큰 피해를 주었다. 8월 초순 조선공산군 3백여 명이 연길 대방자(大房子) 지방의 보위대 초소를 습격하여 무기를 노획하려 했는데 보위대가 이들을 격퇴시켰다. 왕청현 모란천(牧丹川) 석두구(石頭溝)에서는 공산군 70여 명이 보위대 1명을 살해했다. 또 대황구(大荒溝) 공산당 50여명이 보위대 4명을 살해했다. 9월 21일 화룡 제1구 소도구(小道溝)공안분소가 공산군의 습격을 받았는데 2명이 부상을 입게 되었다. 5월 31일 화룡 제5구 회경가(恢慶街)의 일본보통학교가 20여 명의 조선공산군으로부터 습격을 받아 소각되었다. 이와 동시에 철로 다리 한 개도 함께 파괴되었다. 9월 11일 동처가(同處街) 북쪽에서 조선공산군 백여 명을 발견하고 경찰이 먼저 손을 썼기 때문에 이들은 목적을 이루지 못했다. 11월 20일 공산군 70여 명이 화룡 대동구 김광삼(金光三) 집에 불을 놓고 그 집 식구 남녀 7명을 모두 살해했다. 11월 18일 연길 유수하자(柳樹河子) 현립 제29학교가 공산군에 의해 소각됐으며, 교장 이후업(李厚業) 등 5명이 불에 타 죽었다. 기타 다른 학교도 공산군의 습격을 받았는데 그러한 상황은 이루다 헤아릴 수 없을 정도이다.

연길 시정처장겸 4현 행정감독 장서한(張書翰)은 지난달 성 정부에 편지를 올렸다. 그 편지는 연변공산군들의 상황을 보고한 것이다. 연길시와 현의 두 공안국장들도 성정부로 올라가 이곳 상황에 대해 상의했다. 장씨는 얼마 뒤 요녕성으로 가서 장작림을 면회하여 그의 지시를 받게 된다고 한다. 연변의 공산군이 창궐하는 바람에 그 위험스러움이 사방에 잠복되어 있기에 이를 조속히 제거하지 않는다면 나라에 큰 화를 입히게 될 것이다. 따라서 이번에 당국과 직접적으로 구체적인 방안을 검토하여 철저하게 공산군을 숙청할 예정이다. 이것 또한 일본측에서 구실을 잡지 못하게 하는 주요 조치이기도 하다.(11월 3일)(●●●● 11월 13일)

한국공산당 사건의 시말

일본 연합사 27일 서울 통신: 작년 6월 초순에 종로경찰서 고등계에서 공산당 용의자 수십 명을 체포했다. 이들에 의해 국제 공산당지부 고려공산당을 재조직하려 한 음모가 발각되었다. 일본에서는 이 소식을 신문에 게재해서는 안된다고 금지령을 내렸다가 이달 27일 오전 11시에야 해금했다. 그 내막은 아래와 같다.

당시 종로구 경찰서에 체포된 사람은 작년 4월에 국제공산당지부 재조직의 사명을 받은 모스크바의 조선인 안상훈(安相勛) 등 수명과 서울에 잠복한 각 학교의 학생 80여 명이다. 그 중 혐의가 가장 큰 사람은 46명으로 작년 7월 16일 이들을 경성지방법원 검사국으로 압송했다. 7월 26일 이 검사국에서는 다시 명확하게 조사를 진행한 다음 24명을 석방했다. 나머지 22명은 치안유지법을 위반했다는 죄명으로 기소했다. 사건을 개요하면 조선공산당운동이라고 할 수 있다. 이들은 또 엠엘(ML)당 · 화회 · 북풍회 · 1월회 · 노동회 · 노동조합 · 소이(騷耳)청년회 · 상해계 등으로 나누어져 있다. 이들의 주장은 각기 다르며 서로 세력을 다투어 융합되지 않고 있다. 작년 10월 모스크바 국제공산당 대회 때에 출석한 조선대표는 조선공산당은 통일되지 않고 있다는 상황을 설명하였다. 이에 따라 고려공산청년당의 영수로 있는 안상훈이 재작년 10월 모스크바대회에서 조선공산당문제에 대한 결정을 가지고 새로이 조선공산당을 재조직하려는 것이다. 이들은 작년 4월에 조선에 들어왔다. 그들은 서울에서 좌적 전단을 살포하고 공산당운동을 발기하려 했다.

"우리는 당파를 초월하여 서울 내에서 공산주의 열성자들을 단합시켜 고려공산청년당과 독서회와 상호 연계를 유지하면서 이민용(李敏用) · 이준렬(李駿烈) · 정헌대(鄭憲臺) · 방한(方漢) 일파와 결합할 것을 주장한다. 선후 서울에서 수차례 간부회의를 소집했으며 각 지방의 조직준비를 토의했다. 통일이 일단 완성된다면 모스크바 국제공산당본부의 승인을 받고자 한다. 우선은 9월 중순에 조선박람회를 개최하는 것을 계기로 총독부를 부인하고 교육제도를 근본적으로 개혁할 것을 주장한다."(●●●● 12월 28일)

1931년

일본의 연변경영을 위한 신계획서

길림 통신: 성정부 당국에서 접수한 조선 서울영사관의 보고에 따르면 최근 일본이민회사가 조선방면의 이민에 전력을 다하고 있다는 것으로 알려졌다. 동양척식회사 해외이민협회 등에서는 내년(20)부터 일본 내지의 일본국민을 대량으로 조선 함경남도 경내로 이민시킬 계획이다. 그들이 작성한 기획서에 의하면 도쿄해외협회에서는 내년에 일본에서 28가족을 함경북도 신안면으로 이민시키기로 했다. 한 가족에 땅 8 정보씩을 분양해 주기로 되어 있다(1정보는 우리나라의 16무(畝)에 해당된다.) 동양척식회사에서는 내년에 일본에서 65가족을 함경남북도로 이민시킬 계획이다. 이들에게 땅 6백 정보를 분양할 예정이다. 조선총독부에서는 내년에 함경남도 갑산군에 20만원 예산으로 농업실험농장을 설립할 계획이다. 이 실험농장은 백두산 일대의 전야를 개간하고 조선농업을 정리하기로 되어 있는데, 이 사업은 식산국(殖産局)에서 추진하고 있다. 이상의 이민회사는 말만 상업이민조직이지 실은 관청을 대변하는 성격을 띠고

있는 회사이다. 일본의 정책은 일본 내지의 일본인을 조선으로 이민시키고 한국국민은 우리나라 연길 일대로 쫓아내려는 것인 바, 이것은 결국 한국국민을 자신들의 정책을 실현하는 선봉대로써 파견하려는 것임을 알 수 있다. 최근의 조사에 의하면, 조선의 개척민들이 연변에서 주로 부동산을 담보로 하여 일본 동양척식회사에서 현금을 대출하여 쓰고 있다는 사실이 밝혀졌다. 그런데 한국인 개척민들은 그 대출금을 반환할 힘이 전무 하여 일본측에서 이들의 부동산 8할 이상을 몰수하고 있다. 조선 내지의 한국인들은 지식이 거의 없는 편이다. 그런데다가 최근 일본인들의 이민이 점차 늘어나자 한국인들은 생계를 유지하기 위하여 땅을 회사에 보증으로 저당잡히고 대출금을 얻어쓰고 있는 것이다. 그러나 대출금 상환시일이 되어도 상환하지 못하게 되면 이 회사에서는 정리한다는 명목하에 차압한 토지를 몰수해갔다. 결과적으로 땅을 잃게 된 한국인들은 우리 중국 연변 지역으로 월경하여 들어오게 되는 것이다. 즉 이들 대부분은 동양척식회사의 압력을 이기지 못하여 월경한 사람들이다.

지난 달 함경남도 단천군에서 한국인들의 폭동이 일어났다. 조선 농민 수십 명이 일본경찰서를 포위한 것이다. 그들이 경찰서를 포위한 원인은 이민회사에서 농민들의 땅을 무단으로 몰수하였기 때문이다. 이민회사에서는 한국농민들에게 땅을 내놓고 그 지방에서 나가라고 했기에 농민들의 반감을 야기시키게 된 것이다. 기아에 허덕이는 한국농민들은 자신들이 기댈만한 곳이 이미 조금도 없기에 우리나라 연변 지역으로 몰리고 있는 것이다. 연변으로 월경하여 온 이들은 생계를 위한 터전이 아직은 온전하게 자리 잡지 못한 상황이며, 동시에 지위문제 등을 이유로 사상적으로도 이상하게 흥분한 상태에 놓여 있다. 이런 사람들은 옆에서 누가 약간이라도 선동한다면 쉽게

1931년

이용당하기 쉬워 맹목적으로 행동에 야합할 수 있는 사람들이다. 금년 한국인 공산군들의 소란이 여러 번 발생했고, 폭동사건이 여러 번 일어난 것도, 그 원인을 따져보면 한국인들이 우리나라 연변지역으로 이민하는 숫자가 날로 늘어나게 된 것이 하나의 원인이다. 두만강 철도 동부선의 웅기(雄基)와 훈융(訓戎) 구간이 12월 1일에 완전히 준공되었다. 일본관청과 상인들은 훈융에서 철도개통식을 개최했다. 일본인들은 이 철로를 민국 17년(1928)에 착공하여 이제 준공한 것이다. 일본측에서는 중국민들이 비분강개하여 들고 일어나는 것을 감안하고 있기에, 길림의 철로문제에 대해서는 표면상으로 관청의 입장에 동조하는 척하고 있지만, 사실 그들이 이루려고 하는 목적은 여전히 조금도 포기하지 않고 있다. 그들은 기회를 보아 반드시 자신들의 목적을 달성하려고 할 것이다. 훈융으로부터 웅기까지의 그 구간은 앞으로 길회(吉會)선의 간선이 될 것이다. 즉 두만강 철로를 두 부분으로 나누어 일본 동부선과 일본 서부선으로 갈라지게 되는데, 동부선은 회밀(會密)에서 상3봉(上3峰)까지로 이 구간을 광궤로 다시 부설할 계획이다. 이렇게 되면 청진에서 직접 상3봉까지 직행할 수 있게 된다. 이렇게 되면 중간에서 차를 바꾸는 번거로움이 없어지게 될 것이다. 서부선은 훙융에서 동관진(潼關鎭)까지인데 내년 1월에 착공할 계획이다.

성정부에서는 한국인 개척민들이 우리 국경 내로 유입하는 것은 변경에 위험을 가져다주는 것으로 인식하고 있으며, 북조선 서안의 교통을 개발하여 우리나라 훈춘 일대와 연접하는 것은 국방주권과 긴밀한 관계가 있다고 인식하고 있다. 이에 연변 각 현에 지령을 내려 조사를 진행하는 동시에 방비에 소홀해서는 안 된다고 경고하고 있다.(●●●● 1월 13일)

한국공산당 일본경찰 살해

일본 연합사 19일 발 도쿄 통신: 도쿄 임원경찰서 경관 오자와 나가시게(小澤長重)가 어제 오후 한국인 유종관(劉宗冠)·유록종(劉彔鐘) 등 두 사람에 의해 피살되었다. 이를 한국인 김종명(金鍾明)이 발견하고 경찰서에 신고했다. 당국에서는 임원을 파견하여 현장 조사를 진행했다. 동시에 흉악범을 수배할 것을 명령했다. 유종관은 조선공산당의 부장이며 그는 공산분자와 자주 내왕하면서 조선의 독립을 계획했다. 유록종은 공옥사(攻玉社) 토목과 학생이다.(●●●● 1월 26일)

한국혁명단 영도자 체포

길림: 조선혁명의 영도자 이종락(李鍾洛)·김광렬(金光烈)·박운연(朴雲硯)이 장춘에서 체포되었다. 그들이 공술한 바에 의하면 김씨의 제5군부에 약 5백 명의 군사가 있으며 이들은 길림과 장춘 일대에 분포되어 있다는 것이다. 최근 이들에 대한 심문을 집중 진행하고 있다.(31일 통신)(●●●● 2월 1일)

한국혁명단 또 다시 두 명 체포

길림: 한국혁명단 2명이 또 장춘에서 체포되었다. 공술한 바에 의하면 그들은 장만철도에서 근무하고 있으며 범가툰(范家屯)의 한 일본인과 밀모했다고 한다.(1일 통신)(●●●● 2월 2일)

한국인의 동북지역 이민상황

하얼빈 통신: 3한의 인민들은 일본제국주의의 압박을 받고 그들의 말발굽 아래서 신음하고 있으며, 조선총독부의 지령에 따라 움직이고 있다. 망국의 종족들은 이에 어떻게 대처할지를 몰라

방황하고 있다. 이때 일본척식자들은 고국을 잊지 못하고 조국광복을 도모하려는 천만이 넘는 한국인들의 민족심에 공포를 느끼고 있는 한편, 한국 땅이 너무 좁아 한국인들이 자리를 뜨지 않으면 일본인에게 영향을 줄 것을 우려하고 있다. 따라서 한국 지사들의 고향과 조국에 대한 생각을 단절시키기 위하여 일본들의 이민을 획책하고 있다. 이로써 우리나라 동북지역으로 개척민들을 이민시켜 연변 일대를 잡거 지역으로 만들려는 구상을 실현하고자 하고 있다. 이것이야말로 일조삼석이 되는 계책이다. 민국 9년(1920)부터 지금까지 한국인들은 일본정부의 강압정책을 당할 길이 없다는 것을 구실로 동북지역 각성으로 이민하여 왔는데, 그 이민자수가 이미 370여만이 넘는다. 이들은 주로 아래 세 곳에 분포되어 있다.

첫째 지역은 요녕성 민현(民縣)과 안동의 압록강 하류일대이다. 이 지역에는 대략 80여만이 살고 있다. 이들은 주로 벼농사에 종사하는 사람들과 목재공사에서 인부로 일하는 사람들이 대부분이다. 이들은 순박한 평민에 속한다.

둘째 지역은 동부철도 연길과 수분하 구간에 집거하고 있다 즉 연길·왕청·훈춘·화룡 등 4개 현에 거주하고 있는 한국인들이다. 이 지역 한국인들은 약 2백만이 넘는다. 그 중 35%는 수전농사를 짓는 사람들이고 50%의 사람들은 주요 직종이 없는 유동민들이며, 나머지 15%는 불법영업자들이다.

셋째 지역은 흑룡강성 눈강 일대와 흑하 왼쪽 기슭에 거주하고 있는 사람들이다. 이들은 모두 30만이 넘지 않는데, 주로 수전농사를 짓는 사람들이다.

이상 세 곳의 한국인들 중에 소동을 피우지 않고 농사만 짓는 사람은 약2십만 명가량 된다. 이들은 해마다 1,500만 헥타르, 약 2만 무에 해당하는 논을 경작하고 있다. 이들이 생산한 벼는 동북경내에서 약4백만 톤을 소비하고 나머지는 다 일본으로 수출한다. 일본인들은 쌀밥을 좋아하는데 1톤에 약 150원으로 친다면 일본으로 수출하는 1천 1백만 톤은 그 가치가 상당하다는 것을 알 수 있다. 즉 일본을 통한 한국인들의 이익도 적지 않음을 알 수 있다. 우리나라 입장에서 보면, 무형 중에 한국인들에게 생산사업을 빼앗긴 것이 되니 경제원칙 상에서 보면 이러한 생산체제는 우리에게 아주 불리한 것이다. 아울러 지방 치안에도 많은 불편을 주고 있다. 동북지역에 거주하고 있는 한국인은 대체로 세 파로 나누어 볼 수 있다.

첫째는 친일파이다.

둘째는 국제공산당파이다.

셋째는 독립당파이다.

이 세파의 세력은 거의 비슷하여 3자 정립의 상태를 이루고 있다. 그러나 공산당과 독립파의 세력 사이에는 그 위치상 선명한 차이가 있다. 공산당은 주로 길림·안동·연길·훈춘·화룡·왕청 등을 대본영으로 하고 있으며, 독립당은 신민부를 근거지로 하고 있다. 친일파는 가는 곳마다 다 있다. 상기의 3파는 각기 다른 입장을 취하고 있으며 때로는 암투를 진행하기도 한다. 우리나라 지방 당국에서는 이들의 분쟁이 발생할 때마다 적당히 간섭하고 있지만, 일본은 좋은 기회가 생겼다면서 중국 경내로 진입하곤 한다. 한 가지 사건이 터지면 그것은 단순하게 그 한 가지 사건에만 그치는 것이 아니기 때문에, 오랫동안 해결하지 못하는 경우가 허다하다. 지방당국에서는 이런 상황을 난제라고 인식하고 있다. 성정부도 이 문제를 지원할 수 있는 힘을 갖고 있지 못하다. 그 결과 대권이 다른 사람 손으로 들어가게 되었고, 따라서 주객의 위치가 바뀌게 되었던 것이다. 사정을 잘 모르는 국내 인들은 길림 동부의 연길 일대가 우리나라 경내라고 생각하고 있지만, 정작 그곳을 가보면 그곳이 이미 우리나라가 아님을 알 수 있게 된다. 한국인들도 일본정부의 힘을 빌어 못하는 짓이 없다. 거리 골목이나 어디를 가도 모두가 한국인 세상이다. 한국인들은 일본정부의 지령을 받고, 금년에도 40만이나 동철 수분하와 길림 돈화 구역으로 이민오게 된다. 그 후부터 동북지역으로 이민하는 한국인이 점점 더 많아질 것이지만, 우리나라에서는 이에 대처할 좋은 방법을 아직 갖추지 못하고 있다. 몇년 지나지 않아 북만 절반의 강산은 우리 것이 아닌 남의 당이 될 가능성이 많다.(27일)(●●●● 2월 2일)

길림성 한국인의 활동

　하얼빈: 한국당인들이 길림 및 돈화 구역과 천도 구역에서 소동을 일으켰다. 성에서는 제10여단을 그 두 지역에 파견하여 진압하기로 했다.(13일)

　하얼빈: 왕청 대황구에 기반을 잡은 한국공산당은 며칠 동안이나 소동을 일으켰다. 이에 연길 제13여단을 그곳에 파견하여 소탕하도록 했다. 일본 조선총독부에서는 사무관을 연길로 파견하여 그 내막을 조사하도록 했다.(13일 전보)

　하얼빈: 9일 일본경찰이 연변 두도구에서 중국국적에 입적한 한국인을 체포했다. 당지의 경찰이 이를 제지하려 했으나, 일본경찰이 사격을 가하면서 한국인을 연행해 갔다.(13일 통신)(●●●● 2월 15일)

연변의 일본경찰 중국국적 한국인 체포

하얼빈 통신: 연길 주둔군과 일본경찰 사이에 충돌이 발생했다. 비록 이 사건은 길림성당국에서 직접 출두하여 교섭을 진행하여 해결하기는 하였지만, 조선총독부에서 파견한 무장경찰들은 아직 다 철수하지 않고 있다. 아직 백여 명이 용정촌 두도구 일대에 체류하고 있다. 이뿐만 아니라 일주간에 한 번씩 50여 명이나 되는 무장경찰들을 파견하고 있다. 무장한 일본경찰이 우리나라 경내인 연변 각지를 순찰하고 있다. 이들은 한국공산당을 검거 조사한다는 명분을 빌어 가는 곳마다 중국인과 한국인을 구별하지 않고 무단 침입하여 백성들의 생활을 교란하고 있다. 당국에서는 이 문제에 대해 더 이상 교섭할 생각이 없으며, 아직도 항의서를 제출하지 않고 있다. 이미 중국국적에 입적한 한국인 박태원(朴太元)·최윤범(崔允範) 일가는 두도구 목정자에 살고 있다. 이들은 이곳에서 이미 몇 해를 살아왔고, 당지의 순경들도 그들에 대해서 잘 알고 있다. 그런데 이달 9일 점심 때 일본경찰 10여 명이 갑자기 이 두 집에 뛰어들어, 박씨와 최씨가 공산당 두목이라면서 그 두 집을 샅샅이 수색했다. 그러나 일본경찰들은 아무런 증거도 찾아내지 못했다. 그런데도 박씨와 최씨를 경찰서로 압송해갔다. 당지의 우리나라 순경 강약동이 이 소식을 접하자 즉시 경찰을 데리고 일본경찰과 교섭을 진행하였다. 강약동은 사전에 우리측에 알리지도 않았으며, 또한 체포한 사람은 중국국적의 한국인이기 때문에 그가 진정 공산당이라면, 우리 중국측에서 먼저 심문해야 한다고 했다. 그리고 반드시 필요한 상황이 아니라면 그들을 인도할 필요도 없다고 하였다. 박씨와 최씨는 반드시 중국측에 이송하여 심문해야 하며, 인도문제는 차후에 다시 연구할 문제라는 입장을 밝혔다. 그러나 일본경찰은 중국경찰의 요구를 들어주지 않았다. 쌍방은

1931년

구두로 오랫동안 교섭했지만 해결점을 찾지 못했다. 일본경찰이 갑자기 상기의 두 사람을 끌고 밖으로 나가려고 했다. 그러는 바람에 쌍방은 총을 빼들게 되었다. 일본측에서는 높은 곳으로 뛰어올라가 우리 경찰에게 꼼짝 말라고 위협했다. 후에 만씨 순경이 지원부대가 올 것을 염려하여 강씨와 그의 수하 두 사람을 차에 태워 실어갔다. 그들을 실은 차는 한참 가다가 강씨 등을 차에서 밀쳐내리게 했다. 사후에 교섭원이 항의를 했지만 아무런 결과도 보지 못했다.

　이상은 일본경찰이 소란을 일으킨 전반적인 경과이다. 일전에 조선총독부에서는 또 사무관 양하좌(陽河左)씨를 연변으로 파견하여 사태를 조사하게 했다. 그는 연변에서 아주 상세한 조사를 진행했다. 이것은 그 어떤 구실을 잡아 한국공산당에 대처한다는 명목으로 무장 경찰을 증파하기 위한 것이다. 한국공산당이 왕청현 부근 대황구를 근거지로 하여 사방으로 출몰하며 사회질서를 교란하고 있어, 주민들은 언제나 불안에 쌓여 있다. 며칠 전에 연길에 도착한 13여단의 1대는 공산당을 소탕하고자 출정했다. 그곳은 지형이 험하고 복잡하여 성공할 수 있을지는 아직 미지수이다. 다른 한 부분의 한국공산당은 길림과 돈화 구역과 천도선 일대에 칩거하고 있는데, 이들은 수시로 철도선에 드나들며 교통을 파괴하였다. 때문에 상기의 두 철도선 운행은 아주 위험한 경지에 처해 있다. 성정부 당국에서는 이미 제15사 왕 단장을 파견하여 그곳의 방비를 책임지게 했다. 이밖에 용정촌에 15사 부대가 주둔하고 있다. 이달 8일에는 한국공산당의 근거지 한 곳을 소탕했다. 그리고 남녀 공산당인 30여 명을 포로로 잡았다. 이들은 이미 성정부 당국으로 이송되었다. 연변의 민중은 일본경찰과 한국의 화적 사이에서 아주 불안한 가운데 하루하루를 보내고 있다.(13일)(●●●● 2월 19일)

일본, 조선에 증병 구실은 과격파 방비이나 다른 목적 위해

도쿄 통신: 일본 육군성에서는 이달 17일부터 19일까지 장관회의를 소집하고 조선에 대한 증병을 결의했다. 증병론자의 이유라면 세 가지가 있다. 군사전략상에서 볼 때 증병을 조선에 파견해야 신속하게 수송할 수 있으며 책략적으로 아주 효과적이라는 것이다.

최근 식민지의 사상경향이 점차 과격하게 변하여 조선 경내 각지에서는 수시로 폭동이 발생하고 있으며, 대만에서는 또 일본 교민을 살해한 사건까지 발생했다. 이 모든 것은 다 병력이 약하기 때문이다. 때문에 식민정책으로 봐서도 조선에 증병하여야 한다는 것이 두 번째 이유이다. 군비방면에서 보면 식민지 부담이 상당하다. 모국에 부담을 너무 과중하게 해서는 안된다는 것이 세 번째 이유이다.

위의 세 가지 이유 중 두 번째와 세 번째 이유는 일본의 식민정책이므로 우리는 왈가왈부할 생각이 없다. 그러나 첫 번째 이유는 그 내막이 우리나라를 가상의 적으로 설정한 것이다. 우리나라 동북지역에 대한 전쟁을 예상한다는 것은 이미 누구나 다 아는 일이다. 일본에게는 사실상 우리나라 동북지역에 유형이든 무형이든 주둔군이 있다(무형의 군대라고 하는 것은 청년단과 군사훈련을 받은 일본 교민을 말한다). 하지만 일본은 만족하지 않고 조선에 증병하고자 한다. 진정 이것은 무엇을 위한 것인가? 국내인들은 아직 이 문제에 대하여 철저하게 깨닫지 못하고 있는 듯하다. 우리는 어서 일어나 이를 반대해야 하지 않겠는가?(세계)(●●●● 5월 27일)

만선통일정책

전통 20일 도쿄 통신: 새로 부임한 조선총독부 총독 우가키(宇垣)는 어제 오후 기자방문을 허락하면서 아래와 같은 뜻을 표명했다.

"식민지에서의 월급을 감소하는 것은 식민지 관원에게 세 가지 부담을 가중시키는 것이라고 지적했다. 내 생각에는 점진적인 방법을 취해 3년 후에 이를 실시하는 것이 바람직하다고 본다. 조선에 증병하는 것은 무력으로 통치하겠다는 뜻이 아니다. 만주방면에서 국방의 필요성에 의해 제정한 것이다. 그렇기 때문에 이것은 예산이 가능하다면 곧 실시해도 되는 일이다. 만철과 조선통치 문제 상 종종 충돌이 발생하는데 사실 만선은 통일정책을 실시하는 것이 바람직하다. 최근 이에 관하여 아키우치(晤內田伯)와 격의 없는 의견을 교환했다.

전통사 20일 도쿄통신: 일본의 만몽정책에 대해서는 외무성·군부·만철·관동청·조선총독부간에 아무런 연락이 없었다. 따라서 만몽·조선정책상에서 종종 모순이 생겨 여러 차례 문제가 발생되곤 했다. 이번에 변화를 통해 조선정책을 통일시키려 한다. 만철총재는 외교선배인 우치다(內田康哉)가 담임하고 남 육군상도 만몽정책을 통일할 것을 희망했다. 최근 우가키(宇垣) 총독과 우치다만철 총재, 그리고 에구치(江口) 부총재와 이마이(今井田) 정무총감과 미나미(南) 육군상·하라(原) 외무상 등이 한자리에 앉아 군부·외무·만철 등이 서로 밀접하게 연계해야 하는 문제에 대해 토의했다. 과거 통일적인 정책이 없고 각자 자기의 형편에서 정책을 규정했기 때문에 서로 마찰이 발생하기도 했는데, 이번 통일적인 정책을 책정하는 것은 새로운 국면을 타개하는 전환점이 될 것이다.(●●●● 6월 21일)

길림성 조선공산당 적극 숙청

길림 통신: 길림성 연변 일대는 조선인의 개간지가 많고 조선인과 중국인이 서로 잡거하는 지역이다. 이곳에 거주하고 있는 조선인들은 그 수가 아주 많은데, 좋고 나쁜 사람들이 섞여 있다. 작년에 조선

공산당의 방화와 살인 등 대형 사건들이 발생하였다. 그 참상은 정말로 눈 뜨고 볼 수 없을 정도였다. 연변 4개 현이 모두 공산당의 피해를 입었다. 아군 당국은 이곳이 국방외교와 관련된 곳이기 때문에 자칫하면 중대한 문제를 발발시킬 수도 있다고 인식하고, 연길 진수사 겸 육군독립 제27여단장 길흥(吉興)과 연길·훈춘·화룡·왕청 4개 현의 행정감독 장서한(張書翰)에게 명하여 군경이 출동하여 조선공산당을 숙청하고 제어하게 했다. 그 결과 아주 짧은 기일 내에 커다란 성과를 거두었다. 그리하여 새해로 들어서면서 질서가 회복되었다.

최근 수림이 무성하여 조선공산당의 잔여부대가 또 움직이려고 하는데, 우리 군경의 방비는 이미 다 준비되어 있다. 지난 달 왕청의 주둔군이 조선공산당인 64명을 체포했다. 이들은 이미 성 당국으로 이송하여 심문을 진행하고 있다. 며칠 전 또 돈화 주둔군이 조선공산당 40여 명을 체포하여, 역시 성 당국으로 이송하여 심문을 진행하고 있다. 성 당국에서는 조선공산당문제를 처리하기 위하여 동북 변방군 길림 주둔군 부사령 관공서와 성 정부 특파원 등과 함께 반공 판사방을 조직하여 심리하도록 결정했다. 현재 각지에서 이송한 사람이 너무 많아 군부나 법원에서 처리한다는 것은 적합하지 않게 되었다. 그리하여 중앙법령에 따라 길림성 임시군법회를 조직하여 전문적으로 공산당과 반혁명사건을 심리하기로 했다. 이 군법회의에는 한경운(韓慶云, 군사법정처 처장)·맹경은(孟慶恩, 성 정부 사법과장)·하진(賀震, 고등법원 형사청장)·마룡양(馬龍驤)·동장춘(佟長春) 등이 심판원을 담당했다. 동시에 한경운을 심판장으로 추대했다. 이들은 이미 6월 1일에 조직을 설립하고 사무 장소는 군부에 정했다. 이 조직을 배치하려면 아직 며칠이 걸리기 때문에 24일부터 정식 사무를 처리하기로 했다. 군부와 성정부 쌍방에서는 연변군민장관에게 하루 속히 조선공산당을 숙청하여 그 뿌리를 송두리채 뽑아 앞으로의 우환을 제거할 것을 지시했다.(6월 27일)(●●●● 7월 5일)

만보산사건 관련 일본인과 한국인에 대한 경고 및 국내인에 대한 충고

　최근 몇 달간 동북지역의 중일철도에서는 정식 집회를 적극 준비하자는 협상을 하고 있다. 우리나라 인민들은 이 사태를 아주 중시하고 있다. 앞으로 중일 두 나라가 서로 신뢰하는 기초 위에서 철도 문제를 협상하여 중일간의 모든 문제를 해결하는 기초를 닦아, 서로가 협조하면서 양국의 공동발전을 도모할 것을 기대하고 있다. 비록 이런 저런 소문이 파다하지만 일본과 조선에서는 우리 동북지역에 대하여 격렬한 주장이 있다고 한다. 이처럼 태평양 정세가 긴박해 가는 상황에서 우리가 그 어느 한 고리라도 잘못 건드렸다간 전 국면이 흔들리게 되므로, 일본정부는 감히 천하가 반대함에도 불구하고 이번 가을에는 태평양의 평화를 교란시키려고 한다는 분석이 있다. 5·30 참상의 피가 아직 채 마르지도 않았는데, 중일간의 모순은 여전히 풀리지 않고 있다. 일본이 중국에 대하여 한 번 압박을 가하면 중일 두 나라 인민간의 모순은 더욱 격렬하게 될 것이다. 역대로 우리나라 사람들은 일본에 대한 정서가 악화되어 있는데, 이것은 일본인들에게 심사숙고 할 문제를 제공해 준 것이다. 우리는 일본정부에게 우리나라 인민들이 아직 지난날의 아픔을 잊지 않고 있으며, 지난날의 원한이 아직 다 풀리지 않고 있는 시점에서, 또 옛날의 비극을 다시 공공연히 한다는 것은 두 나라의 관계를 극단으로 내모는 것이나 다름이 없다고 인식하고 있다. 그런데 불행하게도 그 우려가 마침내 터지고 말았다. 최근 만보산사건이 발생한 것이다. 원인은 한국인이 논을 개간하려고 수로를 억지로 판 데 있었다. 이러한 일은 우리나라 당지 농민들의 격렬한 반대를 불러 일으켰다. 오늘에 이르기까지 각 방면을 통해 접수한 소식에 의하면, 사태는 날로 엄중해지고 있다는 것이 밝혀졌다. 한국 경내의 폭민들은 우리 교포들을 마구 살해하고 있다. 정부에서는 일본이 군대를 우리 동북경내로 파견하여, 만일 다른 더 큰 일이 발생한다면 일본 방폐원(方幣原) 외무상이 심양영사관에 직접 보낸 훈령전보, 즉 "쇼와(昭和) 2년(1927)과 같은 불상사(제남 5·30 참안)가 다시 일어나지 않는다는 것을 보증할 수 없다. …… 만일 중국 관원과 헌병들이 우리의 경고를 재차 무시한다면 그 결과는 중대한 국면을 빚어낼 수도 있다."고 하는 것처럼 일이 확대될 수 있으므로 이를 방비코자 했다.(6월 3일 신 연합사 통신) 이로 보아 한국인들의 각 가지 불법행동은 모두 일본이 계획적으로 조종하고 교사한 것이라 볼 수 있다. 앞으로 사건이 확대된다면 그것이 어느 정도 엄중해 질 것인지, 우리는 감히 추측도 할 수 없다. 일본인이 공리와 정의를 위배하고 침략을 단행하려는 그 야심은, 이미 백일하에 전 세계 앞에 다 드러났다. 우리는 유럽전쟁 전 천하에서 일등 민족이라고 자랑하던 독일이 연상된다. 일본이 그들을 본받을지도 모르기에 우리는 일본에 대하여 더욱더 공포를 느끼게 되는 것이다.

만보산사건이 발생했다. 표면상으로 볼 때 만보산사건의 원인은 사실 미미하기 그지없다. 그러나 그 내막을 분석하여 본다면, 이 사건은 일본이 만몽에서 적극적으로 획책한 첫 포성이라고 할 수 있다. 일본이 사전에 책동한 것이라는 것을 우리 내국인들은 일본의 일관적인 정책을 통해서 어렵지 않게 볼 수가 있다.

폐원(幣原)이 외무상으로 임명된 다음 그는 중국에 대한 정책을 온건하게 추진하고자 했다. 이런 조치를 통하여 일본에 대한 중국인의 호감을 불러일으키려고 생각했던 것이다. 이렇게 해서 그는 과거의 폭력과 고압의 정책을 일신했던 것이다. 비록 일본의 일관적인 대륙정책은 별로 변한 것이 없지만 그 방법상에서 볼 때 확실히 과거보다는 온화하게 되었다. 그 결과 일본국의 야심가인 정객과 무인들은 그가 연약 무능하다고 질책하였다. 그러나 일본 상하에서는 일률적으로 이 정책이야말로 만몽에 대한 적극적이며 중대한 것이라고 주장했다. 이와 반대로 "타인의 눈치를 보는 외교정책은 마땅히 일소해야 한다. 이것이야말로 전 세계에서 일본의 특수한 지위를 유지 옹호하는 적극적인 주장이다."라는 일설이 있는데, 이것은 너무도 지나친 망발이 아닐 수 없다. 그러나 일본정부는 국내 반대파의 공격에 견디지를 못하고 결국 인심을 무마시키고 반대를 완충시키기 위해서 우리나라를 능욕하는 입장으로 전환하게 된 것이다. 이번 만보산 사건을 보아도 그 실질적인 원인을 간파할 수 있다. 러시아혁명이 발생한 후 국체가 변화되었으며, 그 실력은 날로 증강되어 가고 있다. 일본과 소련 두 강국은 우리 동북지역에서 서로 이익이 충돌되어 있기 때문에 수시로 분규가 발생할 수 있다. 이 시기 또한 일본과 소련의 어업권 교섭이 다시 악화되고 있어 양국은 서로 불안을 느끼고 있다. 일본의 신경과민자들은 소련의 5개년 계획은 일본에 대한 작전 계획이라고 떠들어대고 있다. 장래 일본과 소련 사이에 전쟁이 발생되는 것도 가능하다고 말해지고 있다. 일본과 소련의 충돌을 방지하려면 반드시 이에 대응할 준비가 되어 있어야 한다. 소련에 대응할 준비를 하기 위해서는 먼저 우리 동북지역과 충돌하지 않으면 안되는 것이다. 따라서 적극적으로 동북지역을 취득하여 적당하게 군사력을 배치하는 것이야말로 그 전제가 되는 것이다. 일단 방침이 결정되었다면 그에 응하여 행동이 따르기 마련이다. 이것이 바로 이번 만보산사건이 발행하게 된 두 번째 원인이다. 일본 국내에 실업인구가 날로 늘어나고 국내 실업을 구제하는 것이 심각한 문제로 대두했다. 따라서 적극적으로 한국인을 중국 국내로 쫓아보내 우리나라 동북 경내로 유입시키고, 이에 상응하여 일본 국내의 국민을 한국으로 이민시켜 모순을 완화시키려 한 것이다. 일전에 다나카 요이치(田中義一) 내각은 만몽에 대한 적극적인 정책을 실시하는데 관한 설명서에서 아래와 같이 기록하고 있다.

"…… 현재 동북3성의 한국인은 백만이 넘는다. 이와 같은 현상은 제국이 만몽에 대한 권력을 강구하지 않아도 저절로 그 권력을 얻게 되는 것이다. 이것은 국가의 더 없는 행복이다. 제국은 만주의 국방상·경제상에서 무수한 세력을 준비하고 있는데, 이것은 바로 조선인들을 통치하는 가운데 서광의 빛으로 된 것이다." 또 "이미 귀화한 조선인을 이용하여 만몽의 논을 수매하는 한편, 다른 한 방면으로는 각 지의 신용사나 은행이, 혹은 동양척식회사나 만철공사에서 중국 국적을 가진 조선인에게 자금을 융통해주면, 우리의 경제침입을 용이하게 할 수 있는 사령탑으로 이용할 수 있다." 또 "만몽의 조선인이 2백만으로 늘어난다면, 사건이 발생했을 때 조선인을 원자(原子)로 삼아 군사활동을 전개할 수 있다. 이때 체포하겠다는 것을 명의로 하여 그들의 행동을 원조할 수 있다."

이와 같은 언론은 모두 오늘의 사실을 증명하여 주고 있다. 이것이 만보산사건의 세 번째 원인이다. 상기의 세 가지를 명확히 한다면, 만보산사건의 발생은 바로 "만몽에 대한 적극적인 정책"에 의해 발동된 것이라는 것을 알 수 있다. 그 내막은 결코 표면적으로 나타난 것처럼 그리 간단한 것만은 아니다. 만몽의 적극적인 정책의 준비는 우가키(宇垣)가 조선총독으로 임명된 것과 우치다(內田)가 만철총재로 임명된 것과 조선의 주둔군을 증가한 것과 우리 동북지역에 주둔하고 있는 사단을 상주 주둔군으로 변경한 것 등 세 가지 사실에서 이미 그 단서를 발견할 수 있다. 우가키(宇垣)는 네 번이나 육군상을 담임했었고, 4년간 대리총독으로 있었으며, 기요우라 게이코(淸浦奎吾) 내각시 하루속히 대륙정책을 확립할 것을 주장했던 사람이다. 만선정책의 통일에도 평소부터 상당히 포부를 갖고 있던 그에게 일본정부는 중임을 맡기게 된 것이다. 그는 취임한 후 "조선의 대리총독을 4년 맡는 동안 그 후의 일에 대하여 많은 생각을 가졌다. 금일의 시대와 당시의 시대는 많이 달라졌다. 때문에 당시의 생각을 많이 고쳐서 생각하지 않을 수 없다."라는 담화를 발표했다. 이른바 "금일의 시대와 당시의 시대는 많이 달라졌다"란 말과 "고쳐서 생각해야 한다"는 말은 그 속에 깊은 뜻이 있는 것이다. 이에 대해서는 우리 내국인이 깊이 생각해야 할 것이다. 그는 취임한 즉시 군정을 정리하는 일에 착수했다. 이것은 일본정부가 그를 조선총독으로 임명한 것이 사실상 우리 동북지역에 대해 실제적으로 행동하려는 준비임을 잘 설명하여 준다. 이것이 첫 번째이다. 우치다(內田)의 만주문제에 대한 견해는 폐원(幣原) 외무상과 일치한다. 그는 동북현안에 대하여 세 가지 원칙을 내세웠다.

(1) 일본은 만주의 치안을 책임지며 일체 불안과 동요를 사전에 처단한다. 필요 수단을 꼭 사용해야 할 때는 중국관청과 군경의 양해를 얻은 다음 본국 정부에 요청하여 결정을 받는다.

(2) 만철의 진정한 사명은 만철의 산업개발과 문화시설을 중심으로 하는 것이다. 일본은 마땅히 그 특수한 관계를 감안하여 만주의 경제적인 자유를 보장한다. 그러나 이 경제자유란 주장은 중국과 제3국가간의 경제활동을 저해하지 않는다는 것으로, 오히려 제3국의

투자교역 등 경제적 활약을 환영하며 기회의 균등과 문호의 개방을 실현한다.

(3) 철도정책에서 중국이나 기타 제3국은 마땅히 만주협정의 종지를 준수할 것을 요구한다. 중국은 공존공영의 원칙 아래 이익을 절반씩 나누는 것을 전제로 한다. 상기의 협정을 위반하지 않는 범위 내에서 이미 부설한 간선에 대한 배양선을 부설하는 것을 승인한다. 만철은 마땅히 2대 간선 정책을 취해야 하며 일본은 중국에게 길회선의 부설권을 승인하여 줄 것을 요구한다.

이것이 바로 3대 원칙이다.

이밖에 그들은 기회균등과 문호개방이라는 명의로 열강들에게 추파를 보내고 있다. 중일 양국의 공존공영이란 말은 사실 중국인을 속이는 말이다. 이와는 다르게 일본은 우리 동북지역에서 이미 취득한 권익에 대해서는 아주 강경한 입장을 취하고 조금의 양보도 허락치 않고 있다. 이와 동시에 무력을 외교의 배경으로 삼는 것은 일본 국내의 과격한 정객들과 완전히 같다. 그가 외교의 고수라는 것은 우리나라 내국인들이 벌써 다 잘 알고 있는 사실이다. 그런데 폐원(幣原)이 우치다(內田)를 만철총재로 임명한 것은 심사숙고 끝에 결정된 것이라는 것도 우리 내국인들은 어렵지 않게 알아 낼 수 있다. 이것이 우리 동북지역을 겨냥한 두 번째 준비행동이다.

도쿄의 1일 전통사 통신에 의하면 군사 참의관 회의에서는 3장관 회의에서 결정한 만주에 상주하는 사단의 설치문제를 토론하게 된다고 밝혔다. 즉 내지의 한 사단이 만주에 이주하여 장기적으로 상주사단으로 지정된다는 것이다. 즉 지금 시행중에 있는 2년에 한 번씩 교체하는 주둔사단제도를 폐지한다는 것이다. 또한 조선군의 증가와 충실성 문제도 함께 토론하게 된다고 한다. 가네다니(金谷) 참모장은 아래와 같이 말했다.

현재 일본 국방작전은 대륙작전을 근간으로 한다. 때문에 일조에 사태가 발생했을 때는 유력부대를 만몽으로 이동시켜여 선제 공격을 한다. 이렇게 되어야 전국(戰局)을 유리하게 전개할 수 있다. 우가키(宇垣) 대장이 조선총독으로 취임하는 기회를 빌려 이에 대한 군비증강을 실현하고자 한다. 미나미 육군상은 조선에 주둔군을 증강시키는 문제에 관하여, 이는 치안을 유지하기 위한 것이 아니라 군사작전을 위한 것이 그 목적이라고 명확하게 밝혔다. 그는

(1) 조선에다 내지에 있는 일 개 사단을 이주시킨다.
(2) 내지에 주둔병 일개 여단을 파견한다.
(3) 만주의 방법에 따라 조선에 보병 독립단을 설치한다

고 하는 세 가지 사항을 결정했다.

또 일본측의 소식에 의하면 일본정부는 조선 서부에 있어서 국방력이 부족하다는 것을 감안하여, 내각과 의회에서 결의하여 조선 서부 지정 지점의 주둔지를 증가시키고, 경의선을 따라 대구지역에 여단사령부를 설치하며 보병 일 개 연대를 주둔케 하고, 기병·포병·공병 등 세 특별부대를 주둔시키기로 토의했다. 또 대전에도 여단사령부를 설치하고 보병 일개 연대를 주둔시키기로 결정했다. 전주와 광주에는 보병 일 개 연대를 주둔시키기로 했다. 대구에 주둔하고 있던 80연대는 의주로 이전하기로 결정했다. 이와 같이 신속한 군사이동과 이에 따른 이른바 '국방작전'과 '대륙작전'이라는 언론을 보면, 이 모든 것이 작전을 위한 준비임이 틀림이 없다는 것을 알 수 있다. 동시에 최근 대련시에 주둔하고 있는 일본 공군이 군사연습을 진행하고 있는 것을 보아도, 일본은 적극적으로 정치적인 수단으로 우리 동북지역을 침략할 뿐만 아니라, 적극적인 군사행동을 취하고 있음

을 알 수 있다. 이것이 세 번째이다. 일본인들은 결심하고 우리 동북지역에 대한 침략을 단행할 것이며 이미 충분한 준비가 되어 있다. 이번 만보산사건이 발생한 것은 절대 우연한 일이 아니다. 이는 반드시 그러한 일이 일어난다는 필연성을 띠고 있음을 보여주는 것인만큼 우리 국민들은 절대로 이를 경시 해서는 안된다.(계속) (●●●● 7월 9일)

만보산사건과 관련 일본인과 한국인에게 고하는 충고문 및 국내인에 대한 권고문(속편)

이에 관하여 우리는 일본인들에게 진심으로 권고를 하는 바이다. 근세 이래 태평양 정세는 날이 갈수록 긴급해지고 있다. 수시로 그 어느 한 부분을 다쳐도 즉시 제2차 세계대전의 참극을 빚어낼 수 있는 가능성이 있다. 미국 대통령 후버는 이러한 위기를 막고 인류문명이 하루 아침에 멸망되는 것을 방지하기 위하여, 영구적인 평화를 주장하고 있다. 이 정신은 가히 높이 평가할 만하다. 일거수일투족이 모두 대국면과 아주 밀접하게 연관된 것들이다. 전세계가 평화를 추구하는 이 시기에 일본만은 아시아의 분노를 야기시키는 일을 두려워하지 않고 있다. 즉 침략의 야심을 감추지 않고 태평양에서 횡포를 부리고 있는 것이다. 이것은 전 세계에 대한 도전이며 또한 인류의 제2차 대 살육을 유발시키려 획책하는 것이니 그 본심은 도대체 무엇인가? 독일의 전례가 바로 눈앞에 보이는 듯하다. 일본의 현재 국력이 유럽전쟁 전의 독일과 대등한 것임은 우리와 그 힘을 비교하지 않아도 다 아는 사실이다. 그러나 정작 전쟁이 폭발된다고 할 때 세월의 흐름에 따라 일본의 그 세 섬은 어떻게 자존을 유지할 수 있단 말인가? 최근 일본은 소련을 반대한다는 명목으로 우리 동북대륙을 침략하려는 야심을 품고 있다. 일본은 자기 한 손바닥으로 천하 사람들

1931년

의 이목을 막으려 하고, 이로서 열강들의 질투를 피하려 하고 있다. 그러나 사실은 너무도 선명하고 분명하여 그 본질이 온 천하에 다 들어나고 있다. 천하의 이목이 그 어찌 한 손바닥으로 막을 수 있단 말인가? 지금 전세계가 이를 다 간과하고 있는데 일본국민만 이를 모르고 있다. 우리 동북지역을 침략해서는 열강들의 간섭을 야기시키지 않을 것이다. 그러나 중국은 거대한 나라이며 중국의 인구는 아주 많다. 그리고 중국은 혁명이후 민심이 날로 고양되어 가고 있다. 이 시기 중국은 만청시대 때와 21조약을 맺을 때의 중국이 아니다. 만일 일본이 정말로 우리의 코밑까지 쳐들어온다면, 억만의 우리 민중은 몸이 부서지는 것도 두려워하지 않고 분기하여 일어날 것이다. 구국을 슬로건으로 내걸고 정의를 기치로 높이 추켜들고 죽음을 맞이할 수 있도록 싸울 것인데, 일본이 정말 우리의 동북지역을 자신의 수중에 넣을 자신이 있다는 말인가? 이번 만보산사건을 보아도 적수공권의 농민들이 격분을 참지 못해 총으로 무장한 일본군경들과 대결해 나가지 않았는가! 기관총 사격 앞에서도 한 발자국도 물러서지 않는다는 그 사실은 일본에 대한 무서운 매질과 다름이 없는 것이다. 일본이 한국을 멸망시킨 것은 이미 오래된 일이다. 그러나 지금까지 불안한 공기는 8도 전역에 두루 넘치고 있으며, 구국의 목소리는 언제고 멎은 적이 없다. 3한의 지사들은 단두대에 오르는 것도 두려워하지 않고 뒤에 뒤를 이어 분투하고 있다. 이런 모든 것은 다 명확한 사실인데 아무리 이를 은폐하려 해도 이는 불가능한 것이다. 한국에 대한 통치도 불가능한데 우리 동북지역을 점유하여 만선일체라는 엉터리 이론을 외친다고 해서 이것이 정말 가능하겠는가? 그런데 일본인들은 이 문제를 심사숙고하지 않고 있다. 시각을 바꿔 말한다면 중일 양국은 동문동종이며, 서로 이웃하여 살며, 수족같이 살아왔다. 만일 양국이 서로 성실하게 합작하고 상호보완하여 양국의 복지를 도모하고 공동으로 세계평화를 수호한다면, 그 어찌 서로 성의를 다해 상의할 수 없겠는가? 그런데 폭력으로 그 어느 한쪽을 압제하려 한다면 우리나라 인민아 아직 다 죽지 않고 살아 있으니, 그 어찌 고개를 숙이고 잘못했다고 빌며, 목이 잘리는 것을 그대로 두고 보고만 있겠는가?

다나카란 자는 사실 일본인들의 대 원수이다. 최근 몇년 이래 중일간에 풀리지 못하는 모든 악감정은 다 그가 저지른 결과에서 비롯된 것이다. 일본인이 매번 무력으로 우리나라를 침입하였고, 그 결과 우리나라에서는 일본제품에 대한 불매운동을 단행했으니, 일본은 무엇을 얻었다는 말인가? 따라서 진정한 일본의 애국자나 애국을 도모하는 사람들은 필연코 성의를 갖고 우리나라와 합작할 것을 주장할 것이다. 그런데 다나카는 많은 사람들의 애국정서를 묵살하고 일본 국가의 전도를 망쳤으니 그가 바로 죄인이다. 일본은 중일전쟁과 러일전쟁을 통하여 국가의 부를 추진하였으며, 국제적 지위를 한껏 부상시켰지만 이는 자랑할 바가 아니다. 오늘의 정세는 이전과는 완전히 틀리다. 일본 국내의 정세, 이를테면 경제가 어려움에 처해 있고 국채가 높이 쌓여 있으며, 실업자의 숫자가 점점 증가되고 있으며, 국민들의 사상이 좌경화 되어 위험이 바로 눈앞에 닥쳐와 있다. 외부에서 전쟁이 일단 발생하게 되면 국내에도 변고가 반드시 발생하게 될 것이며, 이렇게 되면 국가가 동요하게 되는 것이다. 심지어 국가가 어떻게 될지 단언하기조차 어렵게 될 것이다. 이점에 관해 일본 국내의 지성인들은 마땅히 잘 알아야 한다. 우리는 일본을 사랑하고 평화를 수호한다는 시각으로 일본이 태평양의 평화의 신이 되어 주기를 희망하고 있지, 일본이 평화를 교란하는 마귀가 되는 것을 결코 바라지 않는다. 우리는 일본이 인류문명을 추진하는 길에서 공을 세우기

1931년

를 희망하지, 일본이 문명을 파괴하는 원흉이 되는 것을 결코 바라지 않는다. 일본의 진정한 애국자들은 우리의 이 말을 잘 고려해야 할 것이다.

한편 3한에 관해서 말한다면, 3한은 과거 우리나라와 아주 밀접한 관계를 유지하여 왔다. 그리고 국맥이 단절되었을 때 우리나라에서 가장 많은 동정을 보여주었다. 최근 한국인 중 우리나라 동북변경에 천입한 거주자가 이미 2백만 명에 달한다. 그리고 우리나라 관내에 거주하고 있는 한국인들도 날로 증가하고 있다. 이에 대하여 우리나라와 우리 국민은 동일시하지 절대로 차별하지 않고 있다. 이런 사실은 3한 인사들이 마땅히 공인해 주어야 한다. 현재의 상황을 보더라도 중국과 한국은 모두가 다 피압박 민족이 되어 있다. 그리고 정세를 보더라도 입술이 없으면 이가 시리다는 말이 있듯이 중한 두 나라는 갈라지고 싶어도 갈라질 수 없는 나라이다. 우리나라에서는 국민혁명의 정신을 이어받아 피압박 민족은 서로 손에 손을 잡고, 상부상조할 것을 주장하여 왔으며, 이것은 우리의 신성한 직책이다. 3한을 떠난 국민들에 대해서 우리가 절대로 배척할 이유가 없다. 이번 한국인들이 만보산에서 억지로 논을 개간하고 수로의 물을 빼낸 것과 한국 국내에서 우리 교포들을 살해한 불행한 사건들은, 사실 모두가 다 일본이 뒤에서 조종하고 있는 것이며, 심지어 무력으로써 한국인들을 위협하여 발생한 일임을 우리는 잘 알고 있다. 그러나 우리는 이 사건에 대하여 유감을 표하지 않을 수 없는 것은, 한국인들은 아직도 자신들의 국토가 그대로 있고 조상들의 무덤도 그대로 존재하고 있다. 그런데도 고향을 등지고 우리 동북 지역으로 월경하여 농사를 짓고 있는데, 이것은 다 스스로가 원해서 의해서 온 것인가, 아니면 이것이 폭력과 압박을 못이겨 부득이하게 오게 된 것인가? 이에 대하여 한국인들은 곰곰이 생각해 보아야 할 것이다. 이것이 첫째이다. 만보산에서 강제로 논을 풀고 수로를 개척한 것은 중국농민들에게는 막대한 손실을 가져다주었다. 이것은 주권을 침범한 것으로 말할 수 있는 것인데, 이익을 침범 당했다고 했을 때, 우리나라에서 한국인들을 압박했는가. 아니면 한국인들이 타인의 부추김을 받고 우리나라 당지의 농민들에게 압박을 가한 것인가? 이것은 한국인들이 심사숙고 할 두 번째 문제이다.

한국인들이 일본신문의 선동을 믿고, 바늘만한 작은 일을 쇠몽둥이만큼 크게 과장된 선동하는 말에 눈이 가려 중국을 배척하는 참극을 빚어냈다. 그 결과 두 나라 인민의 피와 살은 일본인들을 위해 희생하게 된 것이다. 우리나라 교포들이 재산손실을 당했으며 사상자가 많이 생겼다. 그러나 한국인들이 이 중간에서 얻은 것은 또한 무엇인가 말이다. 중한 두 민족이 서로 육박전을 벌였지만 일본인은 곁에서 이것을 구경만 하고 있었다. 일본은 자기네의 이간정책이 실현된 것을 보면서 속으로 쾌재를 불렀을 것이다. 이처럼 중한 두 민족은 서로 피해를 입고, 일본인은 중간에서 이득을 보았으니, 고개를 숙이고 다시 한 번 잘 생각해보면 이 얼마나 마음 아픈 일이 아닌가? 우리가 3한에 미안한 일을 저지른 것인가, 아니면 3한이 우리에게 미안한 일을 저지른 것인가? 이것이 한국인이 재삼 고려해 봐야 할 문제이다. 더욱이 한국인은 국가가 망하고 가정이 파괴되어 이국 타향으로 유리걸식하면서 폭력 아래서 생명을 유지하기도 힘든 처지에 있다. 한국인들은 망국노의 신세라는 것과 그 고통을 하루라도 잊어서는 안될 것이다. 한국인들은 이 사실을 명심하고 각자 자기가 할 일에 충성해야 할 것이다. 3한의 지사들은 마땅히 이 사실을 더 명확히 기억하고 공동적으로 노력해야 할 것이다. 이번 만보산폭행을 저

1931년

지른 소수의 한국인들에 대해 가볍게 처분한다는 것은 너무도 분통스런 일이다. 이것은 우리 교포들이 습격을 당한 것보다 백배나 더 비통한 일이라고 할 것이다. 그러나 우리는 한국인을 질책할 생각은 없다. 다만 한국인들을 대신해서 비애를 느낄 따름이다.

최근 일본에서 전해오는 소식에 따르면, 평양 등지에서 중국배척의 목소리가 아직 남아 있다고 하는데, 이처럼 아직도 각성하지 못한 한국인들이 있으니, 한국인들은 하루 빨리 나쁜 마음을 버리고 곰곰이 생각해 봐야 할 것이다. 우리는 진심으로 한국인들이 민족적 사명과 시대적 사명을 짊어질 수 있기를 희망할 뿐이다. 우리나라는 약소민족은 상호지원한다는 원칙에 근거하여, 진정으로 3한의 지성인들과 손을 잡고 함께 전진하기를 원하고 있다.

마지막으로 필자는 피와 눈물로써 우리 내국인들에게 글을 올리려고 한다. 우리가 외교에서 실패한 원인은 우리가 일치단결하지 않았기 때문이다. 열강들은 이 틈을 이용하여 자기 목적을 달성한 것이다. 우리가 단결한다면 열강들은 아무런 기회를 얻을 수 없게 될 것이다. 따라서 우리는 자성할 줄 알아야 한다. 근 백년 이래 여러 가지 당한 치욕은 깊이 잠들어 있는 우리의 꿈을 깨우게 될 것이다. 콩대로 불을 피워 콩을 삶는 것은 바로 동족상잔이나 마찬가지이다. 외국의 침략에 관심을 돌리는 것이 아니라, 국가가 위험에 처해 있는 것을 앉아서 구경만 하기 때문에 국치가 날로 증대되는 것인데, 국가가 망한 다음에야 각성할 것인가?

지난 달 16일 외교부 정보사장 포정안(鮑靜安)이 무선방송으로 최근의 외교형세를 보고했다. 그는 최근 국내 내정이 통일되지 못하여 외교교섭에 영향을 준 사실을 예로 들었다. 내국인은 이 소식을 잘 알고 있을 것이다. 국가가 어려움에 처했을 때 무엇이든 포기할 수 없단 말인가? 이제 다시 단결하여 힘을 합쳐 외세에 저항하지 않고 그 어느 때를 기다리겠는가? 일본은 이미 계획한 것 모두를 준비하고 있으니, 공연히 교섭만 할 것이 아니라, 일본의 침략 야심을 타도할 수 있도록 해야 할 것이다. 이번 만보산사건은 첫 실험에 불과한 것이다. 이제 멀지 않은 장래에 정세는 더 엄중하게 변할 것이므로, 동북지역은 지금 위험에 처해 있으며, 우리나라 전체도 곧 위험에 처해지게 될 것이다. 동북문제는 결코 국부적인 문제가 아니다. 동북문제는 우리나라 전 민족의 명맥과 관련된 문제이다. 국민들은 이 점을 충분히 인식하여야 한다. 이번 만보산의 농민들은 이런 말을 했다. "우리나라가 보호할 능력이 없기 때문에 피해자들이 들고 일어날 수밖에 없었다." 이 얼마나 침통한 말인가? 말 한마디가 그대로 피가 되고 눈물이 되는 말이다. 내국인들이여 이 말을 듣고 그대로 앉아만 있을 것인가? 동북지역을 구하고 민족을 구하는 시점에서, 우리의 몸과 자유를 구하는 시점에서, 이제 다시 더 단결하지 않는다면 언제까지 기다릴 것인가? 이제 다시 분기하여 일어나지 않는다면, 언제까지 기다릴 것인가? 시세가 위험하고, 시세가 긴박하기 그지없다. 국민들은 마땅히 한결같이 일어나야 한다. 이런 말이 있다. "위험한 적에게 있어서 외형적으로 우환이 없어 보인다면 그 나라는 영원히 망한다." 이번 일본이 압박한 것을 다른 시점에서 분석하여 본다면, 우리 민족을 환기시켜 자강의 길을 걷게 하는 좋은 기회로 될 것이라고 말할 수 있을 것이다. 60년 전에 일본은 미국의 함대에 의해 침략을 당했는데, 이에 대응하기 위하여 메이지유신을 실행하였다. 우리나라에서도 이와 같은 대난에 봉착했는데 무엇 때문에 유신을 추진하지 못하는 것인가? 화와 복이란 무상한 것이다. 이 모든 것은 국민들의 생각에 차이가 있을 뿐이다. 지나간 일은 지나간 것으로 치더라도, 장

1931년

래의 일은 가히 구축할 수 있는 것이니, 국민이여! 국민이여! 빨리 잠에서 깨어나라! 하루 속히 잠에서 깨어나라! (●●●● 7월 11일)

우가키총독 조선통치에 관한 성명 발표

전통사 10일 도쿄 통신: 우가키(宇垣) 조선총독은 내일 도쿄를 떠나 현지로 부임하게 된다. 오늘 오전 4시 그는 성명을 발표했다. 성명의 내용은 아래와 같다.

조선을 통치하는 정신은 이미 메이지 황제가 조서를 내려 규정한 바 있다. 그러나 시세에 호응하여 각 항의 사항을 개선해야 한다. 이제 부임하면 실제상황에 근거하여 장래의 문화·경제 등 에 조화를 맞출 예정이다. 물질적으로나 정신적으로나 안정을 우선시하여, 이것을 종지로 하여 민심을 불러일으키며 일본과 조선의 융합과 단결을 추진할 것이다. 즉 조선 전국에 명랑하고 쾌활한 공기를 주입시킬 것이다. 부임하기 전에 조선사건이 발생하였는데 이것은 매우 유감스러운 일이다. 이를 통해 민심이란 무서운 것임을 알게 되었으니, 부임한 후 이에 대하여 신중하게 처리할 것이다.(●●●● 7월 11일)

상해거주 한국대표 왕외교부장 면회

길림 만보산의 조선인들이 강제로 논을 개간하여 중국인들을 배척한 사건이 발생하였다. 이 사건이 점점 더 엄중하게 전개되면서 살해되는 중국인과 소실된 중국인 상점이 점차 늘어나고 있다. 본시의 각 공상단체에서는 내일 집회를 가져 이 문제에 대한 선전을 확대하려 한다. 상해에 거주하고 있는 조선대표들은 남경으로 올라가 청원서를 올릴 계획이다. 어제 이미 왕외교부장을 만나 한국으로 관원을 파견하여 사후처리를 진행할 것을 요청했다. 아래에 각 항의 상황을 분석하여 소개한다.

조선대표 청원서 교부

상해거주 조선 방공회(邦公會)는 만보산에서 조선인들이 강제로 논을 개간한 사건에 대하여 7일 이미 대표 조경옥(曺景玉)·유자명(劉子鳴) 등을 파견하여 상경하도록 했다. 이들은 국민정부에 청원서를 상정하기로 했다. 서비서가 이들을 접견했으며 외교부 차장 왕종정이 이들을 접견했다. 행정원 비서 왕품생이 이들을 접견했으며, 중앙당부차장 조긴경와 장철구가 접견했다. 중앙당부 교무위원회에서는 시간상 관계로 이들을 접견하지는 못했지만, 서면으로 보고했다. 이들은 상경하여 요구한대로 원만하게 결과를 얻었다고 보고 9일 밤차로 상해로 귀환했다.

교민들의 긴급 호소

상해거주 조선 방공회에서 10일 오후 3시 반 접수한 조선 서울 전보통신: "폭동은 잠시 멈추었다. 그러나 인심은 여전히 불안하다. 귀회에서는 당국에 급히 요구하여 문제를 해결해 줄 것을 호소하기 바란다." 오후 7시경에는 부산의 전보를 접수했다. "변란은 아주 긴장된 상황으로 전개되어 시중은 공황에 빠져 있는 상황이다. 부산에서는 상인의 파업을 실시했다." 동시에 원산에서 보내온 전보도 접수했다. "상공인 3천여 명이 영사관으로 피신했다. 시내는 안전하지 못하고 있다." 어제는 인천에서의 전보를 받았다. "이제 점차 안정되어 가는 듯하다. 시내는 여전히 상점이 문을 열지 않고 있다."

외교부장 회견

상해거주 조선 방공회에서는 어제 오후 2시경 공회 내에서 임시대회를 소집하고 조선체류 중국상인들의 처리 문제를 상의했다. 이 회의에는 유자명 등 31명이 참석했다. 결의한 결과는 속히 사람을 파견하여 외교

1931년

부장 왕근정을 회견하고, 하루 빨리 임원을 조선으로 파견하여 사후문제를 처리해 주기를 추진하도록 요청하기로 결의했다. 이에 조경옥과 유자명 등 2명을 파견하여 풍림교 상해주재 외교부 사무처로 가서 외교부 왕부장을 회견하여 청원서를 올렸다.(●●●● 7월 12일)

하얼빈 거주 한국인 학대받은 사실 없다고 성명

하얼빈 교섭원은 만보산사건으로 길림에 가서 일본영사와 교섭했다. 하얼빈에 거주하고 있는 조선인이 본국에 전보를 보내 중국인들의 학대를 받은 일이 없다고 성명했다.

일본측에서 하얼빈의 조선인을 추동하여 폭동을 일으키라고 했다고 했는데, 그 이유는 중국인들이 인천의 화교들을 위해 보복하려 했기 때문이라는 것이다. 조선인들은 이 소문을 듣고 안전한 곳으로 피신했다고 했다. 하얼빈 각계에서는 조선인들이 폭동을 일으켰다는 소문에 한해서만 성명을 발표할 것이다. 또한 조선 총영사 장유성(張維盛)에게 현지 조사를 진행하도록 촉구했다. 일본영사 오키(大機)가 주연을 베풀어 장경혜(張景蕙) 등을 초청하여 교류회를 가졌다.(●●●● 7월 13일)

흑룡강 한국교포 중국배척은 비문명이라고 지적

하얼빈: 하얼빈을 중심으로 하는 흑룡강에 거주하고 있는 조선인들은 어제 대표대회를 열고 이번 조선에서 중국인들을 배척한 폭동사건은 아주 문명적이지 못한 행동이라고 지적한 동시에, 피해를 입은 중국인들에게 동정을 표명했다. 대회에서는 결의문을 채택하여 조선인들이 자금을 모집하여 피해자 및 유가족들에게 기증하기로 했다. 이들은 이 조치를 즉각 실시하기로 결정했다.(12일 통신)(●●●● 7월 13일)

길림성 정부 한국인의 입국을 제한

하얼빈 지역에 거주하고 있는 한국인이 개간한 논은 2,038만 무에 달한다. 한국인들은 약 67만이다. 그 중 귀화한 사람이 9할이다. 요녕의 신민과 길림의 연길 등지에도 많은 한국인들이 거주하고 있다. 길림성 정부 당국에서는 만보산사건을 계기로 각 지방 관청에 엄밀하게 경계하여 중국과 한국의 충돌을 사전에 방지하도록 지시했으며, 차후 중국국적에 입적하지 않은 한국인들의 입국을 제한할 것을 지시했다. 마초구(馬哨口)의 한국인들은 12일부터 수로를 건설하고 있다. 12일 이른 아침 마초구 일본경찰은 장춘시경찰과 교대했다.(13일 통신)(●●●● 7월 14일)

왕외교부장 한국사건에 관해 두 번이나 지시

남경: 조선에서 중국화교를 도살한 사건에 관해 일본대리 시게미츠(重光)가 내일 아침 남경에 도착하게 된다. 외교부 왕부장은 이미 일본은 이 사건에 대하여 확실하게 책임져야 한다고 두 번이나 표명했다. 동시에 중국은 일본의 첫 번째 회답에 만족할 수가 없다고 성명했다.

남경: 내막을 잘 아는 한 관원이 피로한 바에 의하면, 일본은 조선을 통치하고 있다고 자처하고 있지만 조선인들의 난동은 무책임한 일이라고 하며 발뺌했다. 조선에 체류하고 있는 열강의 사람들이 적지 않은데, 이들 모두는 공황상태에 빠져 자위하기에 급급해 있다. 이들은 일본이 사후 처리를 원만하게 처리해 줄 것을 촉구하고 있다.

또 전하는 소식에 의하면, 일본은 내각에 마찰이 생겨 중국인을 적대시하고 조선인을 교사하여 이번 폭행이 발생되었다고 한다. 화교 중 피해를 본 사람들은 사실 일본내각 모순의 희생양이 되었다는 것이다. 이것은 얼마나 억울한 일인가? 국제 위신과 도의적인 시점에서 보더라도 일본은 이번 조선인 폭동의 범죄행위를 변호해서는 안된다. 마땅히 엄중하게 징벌해야만 한다. 조선 지방의 치안을 책임진 관원에 대해서도 징벌하는 것으로 자국의 법률정신을 수호해야 한다. 만보산사건의 시시비비는 조선 국내의 사건과 함께 거론할 문제가 아니다. 이것은 조선의 화교들이 만보산사건에 참가하지 않았기 때문이다.

남경: 외교계의 주요 인사는 일본이 국제법적 책임을 경감하기 위해 만보산사건과 조선국내 화교배척사건을 함께 언급하고 있는데, 이것은 사실 우리나라에 대한 항의이므로, 일본은 조선국내 사건을 원만히 처리할 성의가 전혀 없는 것 같다고 지적했다.

한국에 체류하고 있는 중국화교 중 이번 사건에 살상된 사람들이 적지 않다. 일본의 책임은 한밤에 불 보듯 뻔한 일인데도, 일본은 그에 대한 책임을 지려하지 않고 있다. 정부에서는 이에 대한 책임을 절대 포기해서는 안된다. 일본은 사죄하고 배상하고 흉수를 징벌하고 앞으로 다시는 이런 사건이 재차 발생하지 않도록 조치를 취해야 한다. 만보산 사건에 관해서 정부당국에서는 이미 교섭을 시작했다. 중국에 거주하고 있는 한국인 숫자가 이미 백만을 넘는다. 그러나 이것은 조약에 아무런 근거가 없는 무단 월경한 자들이다. 법에 따른다면 일본이 조약을 위반했고, 중국정부는 관대하게 대처한 것이 되며, 태만하게 대처한 것이 되는데 언제까지 이렇게 대처만 할 것인가? 한국인들이 동북지역에서 자유로 거주하고 유람하고 상업을 경영하고 땅을 개간하는 것은 조약에 위반되는 일이다. 만보산사건의 배후에는 일본경찰들의 지도가 있었다. 한국인들이 어디에 가 있더라도 일본경찰들은 어떻게든 나타나고 있다. 종합적으로 말해서 일본 국적

법을 개정하지 않으면 한국인들의 근본 문제를 해결할 수 없다고 할 수 있다.(14일 전보)

남경: 만보산사건이 발생한 다음 외교부에서는 시게미츠(重光) 및 일본정부에 항의했다. 시게미츠는 이에 정식으로 공문를 보내와, 아직 정부의 정식 지령을 받지 못했다고 설명했다. 동시에 한국 관청에서는 이 참안을 방지하려고 시도하고 있으며, 화교의 생명과 안전을 보호 하려 했다면서 책임을 회피하려 했다. 외교부에서는 국제사와 아시아사 두 사에서 회의를 소집하여 반박문을 작성했다. 15일 이 공문을 전달하게 될 것이다. 또 전하는 말에 의하면 일본정부의 정식 회답은 15일 시게미츠가 전달하게 될 것이라고 한다.(14일 중앙사 통신)(●●●● 7월 15일)

하북성 당국 한국인에 고하는 글 발표

북평: 하북성 당부에서는 13일 정부 당국에 전보를 보내 만보산사건을 엄중하게 교섭하여 화교들을 도살한 폭도를 징벌할 것을 강력히 주장해 줄 것을 촉구했다. 동시에 한국인에 고하는 글을 발표했다. 만보산사건은 타인의 악랄한 계책에 빠진 것이라고 지적하면서, 일본제국주의는 중한 두 나라 공동의 적이라고 밝혔다.(14일 통신)

장사: 하건(何鍵)이 중앙에 전보를 보내와 만보산사건에 관하여 엄중하게 교섭할 것을 촉구했다.(14일 통신)

하얼빈: 오늘 각 단체에서는 연석회의를 소집하여 아래의 사항을 결정했다.

(1) 임원을 파견하여 한국에서 피해 받은 사람들을 위문한다.
(2) 만보산에 사람을 파견하여 농민들을 위문한다.
(3) 전보로 전국에 통보하여 정부당국에서 엄중하게 교섭할 것을 촉구

한다.

(4) 의연금 4만원을 모금하여 한국의 화교 피해자들에게 위문품을 기증한다.(14일 통신)

북평: 한국인 동맹회에서는 성명을 발표하였다. 즉 중한 양국은 역사적으로 유구한 민족이다. 그런데 지금 타인의 속임수에 이용되고 있다. 사마소(司馬昭)의 속마음은 그 누구나 다 안다는 말도 있듯이, 국내 민중들에게 경고를 보내어 사후 처리를 잘해 줄 것을 촉구하고, 중국 동포들의 고충을 해결해 주어야 한다고 호소했다.(14일 전보)

남경: 남경시 당부에서는 일한 폭민이 잔혹하게 우리 화교를 살해한 것은 너무도 참혹하고 비인도적이라고 지적했다. 당부에서는 각 구역 당부가 연일 당원대회를 소집하여 대책을 연구할 것을 지시했다. 우선 고정적인 선전대를 두어 선동사업에 착수하게 함으로써 민중의 주의를 환기시키는 등 끝까지 항쟁하여 치욕을 씻어야 한다고 호소했다. 동시에 조직·훈련·선동 등 3부 곡을 동시에 진행하는 외에, 또 민중훈련회·상계정례회 등 방식으로 각계 반일 화교후원대회를 소집할 것 등을 결정했다. 상기의 행동은 조직부에서 소집하도록 했다.(14일 통신)(●●●● 7월 15일)

한국인 폭동 이후 약소민족 단결을 추진

국문사 통신: 상해에 거주하고 있는 조선·베트남·인도 등 여러 나라의 당 단체에서는 어제 선언을 발표하여 조선에 거주하고 있는 우리나라 화교들에 대하여 동정을 표명했다. 원문은 아래와 같다.

중국 국민들에게 드리는 글

아시아 약소민족이 연합을 추진하고 있는 이 시점에서 별안간 조선인들이 화교들을 대규모로 참살하는 사건이 발생하였다. 이 불행한 사건은 전대미문의 대사건이다. 전 세계가 다 놀라고 있다. 조선인이 아무리 우둔하다고 해도 혁명의 근거지인 중화화교들을 살해하는 것으로써 자신의 활로를 망치지는 않을 것이다. 타국의 압박을 받고 있는 처지에서 볼 때, 폭동의 주모자는 반드시 따로 있을 것으로 본다. 그들이 아무리 변호한다고 하더라도 어찌 세인의 이목을 속일 수가 있겠는가?

우리 약소민족은 지금 도탄에 빠져 열강의 온갖 압박을 받고 있는데 우리의 유일한 구세주는 바로 중국이다. 제국주의들은 우리가 단합하는 것을 두려워하고 있기 때문에 잔인한 수단으로 이번 사건을 일으킨 것이다. 이 사건을 일으킴으로써 비단 자기들의 침략 야심을 실현할 뿐만 아니라, 우리 약소민족의 단합을 파괴하려 했다. 이들의 악독한 본심이 이로써 백일하에 드러났다. 이때 중국정부 당국에서 이를 엄정하게 해결하지 않는다면 프랑스는 베트남인을 교사하고 영국은 인도인들 교사하여 이와 같은 상잔사건이 또 발생할 것이다. 우리 동인들은 본 총리의 혁명정신을 이어받아 세계 약소민족의 단합을 도모하여 각각 본국에 전보를 보내어 본국의 민중을 환기시키는 외에 일본의 음모를 폭로하여 다 함께 적개심을 품고 열강들의 압박에 저항할 것이다.

조선독립당 박국인(朴國仁), 베트남당 육중훈(陸仲勛),
인도동맹회 스야 신퉁 올림.

국민신문사에서는 호놀룰루 양유창(楊裕昌) 박사와 이문송(李文松)(이상 다 음역임)의 전보를 받았다.

전보의 내용은 아래와 같다.

한국 교민들이 대회를 거행한다는 소식을 접하고 아래의 선언을 결의했는데, 귀사에서 이를 널리 홍보하여 주기를 바란다.

우리 한국인들은 중화인민들과 어떤 원수질만한 일이 없다. 한국인이 중국인을 증오한다는 말은 다 일본인들이 지어낸 말이다. 일본은 이런 수단으로 남들의 이목을 속여 자신들의 음모를 실현하려는 것이다. 일본

1931년

이 한국과 만주에 군인을 증파한 것과, 한국에 거주하고 있는 중국화교들을 쫓아내어 중국과 한국인민들 사이의 전통적인 친선관계에 이간질하려는 것이다. 우리 한국인들은 일본이 선동하는 그 악의를 잘 알고 있다. 따라서 중화동지들에게 이 전보를 널리 홍보하여 줄 것을 부탁한다. 우리는 앞으로도 여전히 협력하여 우리의 공동적인 일본에 저항할 것이다.(●●●● 7월 16일)

중국에 대한 길림 한국교민의 입장

길림 통신: 중국인들과 조선인들의 사건이 발생한 다음 길림에 거주하고 있는 한국인들의 행동이 사람들의 주목을 끌고 있다. 우리 당국에서는 한국인들에 대하여 경고적인 권고를 하기 시작했으며, 동시에 앞으로 철저한 경비를 강화하고 있다. 그 결과 때문인지 60만 명의 한국인들은 아직 이상한 행동을 보이지 않고 있다. 한국인들은 만보산사건에 대한 연구회를 조직하여 현재의 문제에 대하여 토론하고 동시에 이를 조사하고 있다. 한국인들은 우리당국이 한국교포를 압박한 사실이 없다는 것을 확인하게 되었다. 조선 경내의 조선인들도 이 사실을 확인하고 다시는 폭동을 일으키지 않았다. 뿐만 아니라 중국에 대해 성명을 발표하여 이번 사건의 유감을 표명했다. 이 성명서의 원문은 아래와 같다.

중국동포들에게 드리는 글

만보산사건은 사실 작은 문제였는데 장춘의 일본경찰들이 출동하여 일본인들을 시켜 교사한 결과 조선 경내에서 화교배척사건이 발생하게 되었던 것이다. 그래서 이 사건은 중일 외교상에서 중한 감정으로 중대한 문제로서 급부상하게 됐던 것이다. 이처럼 문제가 확대되고 유언비어가 남발하는 현재이기 때문에 우리는 이 성명서를 발표할 필요성과 의무를 느끼게 되었다. 한국이 일본에 의해 유린을 받기 시작한 그 날부터 우리의 민중과 열혈청년들은 독립을 도모하지 않은 날이 없었다. 이 기간 동안, 우리는 중국과 역사 · 지리적으로 깊은 관련을 가지고 있기 때문에 중국동포들의 협조를 아주 많이 받아왔다. 조금만 생각할 줄 알고, 조금만 학식이 있는 우리 동포들이라면, 그 누구나 다 중국의 넓은 마음에 감사하지 않는 사람이 없을 것이다. 이런 상황에서 우리가 중국동포들에게 극단적인 호감을 가진다고 해도 그것은 절대로 과분한 일이 아닌 것이다. 그런데 인간에게는 아주 복잡하고, 좋고 나쁜 인간성이 섞여 있다. 따라서 만보산사건이 발생한 뒤 조선국내에서는 화교들을 배척하는 사태가 터지게 되었던 것이다. 이 사건에 대하여 우리는 진정으로 가슴 아파하고 미안해하며, 눈물을 흘리지 않을 수 없는 실정이다. 이 두 사건은 모두 일본이 뒤에서 사주하여 발생된 것이라고는 하지만, 우리 한국인 가운데 친일 주구들인 김동만(金東滿) · 이홍주(李鴻周) · 이조화(李造化) 등이 조작한 것이 틀림없다. 이 사람들은 우리가 조선의 독립을 도모하는 데 가장 큰 공공연한 적이기 때문에 그들을 살해한다 해도 아무런 애석함도 없을 정도이다. 일본은 그들을 이용하여 중한 두 나라 인민들 간의 감정을 악화시켰고, 중국의 치안을 교란시켰다. 이 모든 것은 용서할 수 없는 일이다. 일본은 또 이 기회를 이용하여 조선 경내에서 사실과 맞지 않는 여론을 조성하여 화교를 배척하고, 화교들에게 폭행하는 길로 한국인들을 내몰았다. 일본경찰들은 이를 제지한 것이 아니라 오히려 뒤에서 일본인들에게 한국인 옷을 입히고 군중 속에 섞여 중국화교들의 상점을 파괴하고 화교들을 살해하는 행동에 참가하도록 했던 것이다. 만일 중국인들이 일본인들처럼 그런 야비한 입장을 취했다면, 동3성에 거주하고 있는 한국인들은 벌써 재가루가 되었을 것이다. 이러한 점을 생각할 때 우리의 마음은 너무나 아파 아래와 같은 성명을 발표하는 바이다.

우선 일본제국주의의 직접적인 지휘를 받은 조선인들이 먼저 잘못을 시인하고 하루 속히 만보산을 떠나야 한다. 이것이 이루어지지 않을 때는 악독한 이들 앞잡이들을 징벌해야 할 것이다. 또한 국내의 동포들에게 만보산사건의 진상을 밝혀, 중국관청과 국민들은 한국농민들에게 그 어떤 위협이나 피해를 준 것이 없으며, 한국인들이 일본인들에게 이용당했다는 것을 알려야 한다. 동시에 하루 빨리 폭행을 중단하고 화교들을 친절하게 대우해 줄 것을 촉구한다. 이러한 사실은 이미 신문지상에 다 보도되어 있기에, 중국동포들은 관련된 보도를 모두 다 보았을 것이다. 중한 양국은 공동 노력하여 일본의 그 악독한 만몽정책을 타도해야 한다. 그 첩경은 우선 후안무치한 일본 앞잡이들을 궤멸시켜 버려야 한다. 이러한 기초 위에서 제국주의와 결투를 벌여야 한다.

우리는 중한 두 민족이 단합하여 민중단체를 조직하고, 민중의 단합력으로써 대항하는 것이 일본의 침략을 궤멸하는 가장 중요한 첩경이라고 생각한다. 또한 제국주의의 선동에 미혹되어 문제를 일으킨 무식한 농민들을 환기시켜 사상적으로·정치적으로 훈련시켜야, 우리는 장래의 우환을 면할 수 있을 것이다. 종합적으로 말해서 중국과 한민족의 행복과 친선은 일본제국주의를 타도하기 전에는 절대로 실현할 수 없는 일이다. 우리는 절대로 일본제국주의의 속임에 넘어가지 말고 공동분투하여 목적을 달성해야 할 것이다. 이에 4억의 중국동포들에게 맹세하는 바이다. 우리가 천명하는 외침은 아래와 같다.

① 일본이 만보산사건에 참여하는 것을 반대한다.
② 만보산의 한국농민들을 신속히 만보산에서 떠나게 하라.
③ 중한 양 민족은 연합해야 한다.
④ 친일 앞잡이들을 타도하자.
⑤ 일본제국주의를 타도하자.

길림 한국교포사건 토론연구회.

장춘주재 조선의 한 신문사 기자 김리삼(金利三)이 얼마 전 한국인들이 만보산의 논들을 자기들 멋대로 개간했다고 중한 양국의 국민을 이간질하는 선전을 조선의 여러 신문에 게재하여 조선 각지에서 중국화교들을 살해하는 사건이 발생되었다. 현재 김씨는 본국에서 조선인들에 의해 질타당하고 있다. 그는 또한 일부러 중국 장춘에 와서 중국 각 방면에 대해 사죄했다. 동시에 중국의 각 신문에 자기가 그렇게 한 것은 다른 사람들의 음모에 이용당한 것이라고 밝혔다. 그리고 그 결과 중한 양국에 불리한 일을 선전하는 시행착오를 범했다는 것도 시인했다. 일본 만보산사건에서는 15일 오전 12시 영사관의 한국인 순사 박창하(朴昌廈)와 기타 한국인 여러 명을 파견하여 한국인 상가가 있는 거리의 원동여관에 투숙한 김씨를 찾아가 그를 향해 7, 8발의 사격을 가하여 김씨는 곧바로 목숨을 잃었다. 이와 동시에 그때 그곳을 지나던 중국인 행인 이은정이 부상을 입었다. 우리 경찰은 이 소식을 접하자마자 신속히 현장으로 달려가서 현장에서 즉시 흉악범들을 체포하여 경찰국으로 압송해 갔다.(7월 15일)(●●●● 7월 22일)

한민족의 동북지역이민 연구

머리말

최근 만보산사건이 발생한 이래 필자는 글을 발표하여 일본인에 대한 충고와 우리 국민에 대해 건의한 바가 있다. 지금까지 동북지역에 이주한 한국인들이 백만이 넘는다는 사실은 우리나라 정치상·경제상에서 이미 심각한 문제로 되고 있다.

금년 전국재정회의가 개최될 때 이 문제에 대해 토론하였으며, 결의까지 책정했지만 실제적으로 행동에 옮긴 것은 미약하다. 한국인들과 혼합 거주하고 있는 사실은 이전과 다름이 없으며, 한국인들이 자유롭게 월경하는 것도 이전과 다름없다. 그뿐만 아니라 중한 양 민족간 분쟁이 발생하는 사례도 점점 늘어나고 있는 추세이다. 목적이 있는 음모가 책동의 힘이 되어 일부 한국인들을 수하로 내세워 우리

1931년

나라 동북지역에서 여러 차례 분쟁을 도발했다. 그리고 우리의 주권이 침범당하는 사례도 점점 심각한 상황으로 변하고 있다. 이러한 행위들이 자주 발생하고 있는 것은, 우리나라에 대한 중대한 압력이 아닐 수 없다.

우리나라 정부 당국에서도 이 문제가 심각하다는 것을 잘 알고 있다. 그러나 이런저런 걱정이 앞서 오랫동안 적당한 대책을 강구하지 못하고 있으며, 이 일에 대해 적극적으로 대처하지 못하여왔다. 즉 한국인들의 이민을 제한하지 못했으며, 그들의 행동에 대한 감독도 따르지 못했다. 그 결과 음모를 획책하는 파견부대가 계속 진입하게 되었으며 이들은 우리나라 중심까지 진입하게 되었다. 만보산사건이 발생한 것은 절대로 우연한 일이 아니다. 앞으로 장기간 이런 문제에 대해 적절히 해결하지 않는다면 미래 사회에 또 어떤 사건이 터질 것인지 그 누구도 예측할 수 없다.

만보산사건이 발생한 다음 일본당국에서는 우리나라와 이민 문제를 해결할 의사가 있었다. 그 목적은 뻔한 것인데, 궤변적인 외교수단을 통해 이미 중국에 이적한 한국인들이 동북지역을 공식적인 근거지로 삼도록 하려는 것이다. 이처럼 사태가 엄중하고 긴박하기 때문에, 정부에서는 이제 더 이를 방치해서는 안된다. 정부는 이 시기를 이용하여 충분한 준비와 대책을 세워야 하며, 적당한 대책을 강구하여야 한다. 그렇게 되지 못할 때 장래의 우환은 상상하기만 해도 두렵다. 필자는 우리나라의 전도를 고려하고 국가에 대한 우환을 걱정하며 대담히 그동안의 사실을 진술하는 동시에 본인의 의견을 피력하고자 한다. 이렇게 하는 것은 우리나라 인민들에게 현재 상황의 긴박함을 알리자는 것이며, 또한 우리나라 국민들과 함께 이 문제를 상의하고자 하는 것이다.

일본의 한국인 이민정책

일본과 러시아전쟁이 끝났을 때 일본외무대신 고무라 주타로(小村壽太郞)는 이미 20년이라는 시간을 이용하여 만몽으로 4백만 명을 이민시킬 구상을 했었다. 그 후 데라우치(寺內) 내각 때 외무대신 고도 신뻬이(後藤新平)가 10년 내에 50만 명을 만몽으로 이민시킨다고 장담했다. 그러나

(1) 우리 동북지역의 기후와 생활이 일본인이 거주하는 데는 적합하지 않고,
(2) 일본 내지 농민들의 생활수준이 우리나라 동북농민들보다 높으며,
(3) 일본농민들이 고생을 참고 견디는 의지력이 우리 동북지역 농민들보다 미약하고,
(4) 우리나라에서도 동북지역에 대한 이민이 급기야 확대되고 있다

는 이 네 가지 원인 때문에, 일본농민들은 우리 동북지역 농민들과 경쟁할 대상이 안되었던 것이다. 때문에 일본의 경제·정치세력이 우리나라 동북지역에 손을 뻗친 지 몇 십년이 되는 동안 많은 고심을 했지만 일본인을 우리 동북지역으로 이민시키려는 노력은 큰 성과를 거두지 못했다. 지금 동북지역에 거주하고 있는 일본인은 겨우 20여만 명에 불과하다. 그 중에서 만철의 직원과 이와 관련된 공사에서 일하는 사람이 태반이다. 정식으로 우리나라 동북지역에서 수전농사를 짓는 일본인은 불과 3, 4천 명에 지나지 않는다.

일본의 '만몽이민 정책'은 사실상 이미 실패한 것이나 다름없다. 그렇다고 그들은 이 계획을 포기하지는 않을 것이다. 이 때문에 소위 '간접이민정책'이 나온 곳이다. 소위 '간접 이민정책'이라는 것은, 일본인을 한국으로 이민시키고, 한국인을 동북지역으로 이민시킨다는 것이다. 한국농민들의 생활수준이 중국농민들과 비슷하기 때문에

농사짓는 과정에서 봉착하게 되는 그 어떤 어려움을 이겨내는 정신도 중국농민들과 비슷하다. 이렇게 되어 한국인을 중국을 침략하는 선봉으로 내몰아세운 것이다. 이렇게 되면 일본은 한국을 완전히 독점할 수 있으며, 한국인이 중국으로 이민한 결과를 일본측에서 향유할 수 있게 되는 것이다. 일본이 한국을 진압하는 일은 아주 유능하게 하고 있다. 하지만 계림 8도에는 아직도 불온한 상황이 계속 존재하고 있으며, 구국의 목소리가 높아 한 사람이 쓰러지면 또 다른 사람이 그 뒤를 이어, 광복운동을 추진하고 있다. '간접이민정책'을 실현한다면, 한국인 간의 단합에 금이 가게 될 것이며, 구국운동도 이로서 많이 위축될 것이기에 한국을 통치하기에 더 편리한 것이다. 이것이 바로 한국인들이 동북지역으로 이민을 하게 된 중요한 배경이다. 다나카 내각의 "만주에 대한 적극적인 정책"에 "조선이민장려 및 보호정책"이란 내용이 있는데, 이것을 통해 보더라도 그 음모가 얼마나 악독한 것인가를 충분히 알고도 남음이 있다. 이에 아래에 그 음모가 무엇인지를 소개하고자 한다.

"조선은 우리나라와 합병한 이래 한 동안 사회가 조용했지만, 유럽전쟁 이후 미국 대통령이 민족자결을 주장한 것이 하늘에서 보내준 계시나 다름없이 되어 약소민족을 선동하고 있다. 그리하여 조선의 민심도 이에 힘입어 불온한 분위기가 계림 8도를 휩쓸고 있다. ……다행히 만몽에는 가는 곳마다 풍부한 자원이 있어 조선이민을 받아들일 수 있기에 날로 이민자수가 늘어나고 있다. 현재 동북3성의 조선인은 이미 몇 백만 명이나 된다. 이런 현상은 일본제국이 만몽에 대한 이권을 구하지 않아도 저절로 굴러오게 되어 있는 것이다. 이것은 일본에 대한 막대한 행복이 아닐 수 없다. 일본제국은 만몽에 대하여 국방상·경제상 무수한 세력을 강화하게 되었고, 이로서 조선인을 통치하는 문제에서 서광의 빛이 밝아졌다. 조선인들이 중국 동북3성으로 이민하는 숫자가 많아짐에 따라 우리 국민을 대신하여 만몽 처녀지를 개간하게 하고, 우리 국민은 그 뒤를 이어 이를 취득한다. 그리고 조선인들을 이용하여 지나인들과 연계할 수가 있다. 이미 지나국에 귀순한 조선인을 이용하여 만몽의 논을 매수하고 기타 각지의 신용사나 은행에서 …… 지나 국적을 가진 조선인들의 자금을 흡수한다면 곧 경제침입의 사령탑으로 될 것이다. 동시에 우리의 식량문제를 해결하여 국가의 어려움을 해결할 수 있으며, 또한 식민지 개척의 한 기회로도 삼을 수 있다. 귀화한 조선인이 말로는 지나에 귀화하였다고 하지만 역시 우리나라의 국민이라고도 할 수 있다. …… 이들은 일시적인 편리를 위해 지나로 귀화한 것이다. 만몽에 거주하고 있는 조선인이 250만으로 증가될 때 일단 사태가 터지더라도 조선인을 앞세워 군사활동을 전개한다면 그것을 체포한다는 이유로 그 행동을 지원할 수도 있다. 그리고 조선인들 중에는 지나에 귀순한 사람도 있고 귀순하지 않은 사람도 있다. 그 중 귀순한 조선인들이 적당한 시기에 이르면 소란을 피울 수 있다. 혹은 일본국적을 가진 조선인들이 소란을 피울 수도 있는 것이다. 그렇다면 양의 머리를 걸고 개고기를 파는 형식으로 이에 대응하면 된다. 우리나라에서 조선인들의 이와 같은 행동을 이용할 수 있듯이, 지나에서도 조선족을 이용할 수 있기 때문에 이에 대한 준비를 해야만 한다. …… 신대륙을 개척하는 문제는 조선에 대한 보호나 체포보다 더 심각한 문제이다. 미츠야(三矢)조약에 근거하여 우리 정부에서 동북지역 각지에 경찰을 배치하고 이를 확대하여 경찰력을 강화하여 조선인들에게는 회유정책을 실시하고, 조선인들의 급한 문제를 지원하여 준다면 …… 우리가 비록 석정-난신(石井-蘭辛) 협정에 규정한 특권을 포기하더라도 조선인들이 이민해야 하는 새로운 문제를 들고 그 특권을 만몽에서 회복할 수 있다. 이런 실정에 근거하여 우리가 그 특권을 다시 회복한다면 법리상에서도 국제적으로 다시 우리나라의 행동을 반대할

1931년

사람이 없을 것이다."

후지오카 하지메(藤岡啓)가 쓴「동북3성 괄목론」이란 책에서도 이 문제를 다루었다. 그 중에 이런 내용이 있다.

"……일본이 만몽으로 이민을 시행한 지도 이미 20여 년이란 세월이 흘렀다. 그러나 정작 만몽으로 이민한 사람은 불과 18만에 지나지 않는다. 이제는 절망하는 지경에 이르고 있다. 그 중 유일한 국책은 경제전(經濟田)에서 가히 중국인과 어깨를 겨눌 수 있게 됐다는 것이다. 그러나 논을 개척하기 위해서는 특수 기능이 있는 조선인들을 만몽으로 이민시켜 간접적으로 만몽을 지도하여 논을 개간시켜야 한다. 일본인구의 식량문제를 해결하기 위해서는 일본인이 대륙으로 발전해야지 그 외에 다른 대책은 없다. 솔직하게 말해서 조선인들을 이용하는 것은 구실에 불과하다. 이 문제의 성패는 일본의 존망과 관계되는 문제이다. 상기의 계책을 취하지 않는다면 만몽의 발전은 우둔한 짓이 될 것이며, 세계에서는 조선에 대한 통치력을 의심하게 될 것이다. 본 문제의 해결 여부는 이처럼 중대하고 미묘한 것이다. 때문에 하루 빨리 해결책을 제정하는 것이 무엇보다 근본적인 것이다. 그런데 그 해결책이란 어떤 것인가?"

"본 문제의 해결은 일본정부당국에서 결단을 내리고 몇년간 현안으로 남은 상업 도급권을 해결하여 토지 상업 도급권과 거주와 영업의 자유를 보증해 주어야 한다."

필자가 다나카의 정책과 후지오카(藤岡啓)의 문장을 분석 고찰한 결과, 일본이 한국인을 동북지역으로 이민시키는 것은 간단하게 식량문제를 해결하기 위함이 아니라, 대륙정책을 추진하기 위한 음모이며 야심이라는 것을 알 수 있었다. 그 수단이 악독하고 미묘함은 말만 들어도 온몸이 오싹할 정도이다. 몇십 년 이래 우리나라의 변경은 일본의 음모와 습격에 처해 있지만, 국민들은 이를 자각하지 못하고 있다. 때문에 오늘의 우환을 초래하게 된 것이다. 지나간 일들을 돌이켜 볼 때 정말로 비통함을 금할 수 없다. 이것이 오늘 우리 정부 당국에서는 교훈으로 삼아야 할 것이다.(계속)(●●● 7월 23일)

한민족 동북지역이민 연구(속편 1)
한민족 동북지역이민사의 고찰

한국인이 동북지역으로 이민한 것은 하루아침의 일이 아니다. 그 연혁의 역사를 본다면 본 문제가 얼마나 중대한 것인가를 잘 알 수 있다. 필자는 이민이 시작된 원초까지 추적하여 이 문제의 역사 진전 상태를 밝히고자 한다. 이 또한 어떻게 이 문제를 해결하는가 하는 참고자료가 될 것이다.

우리나라 국사를 보면 고대의 전적 중에서 변경의 문제를 아주 경시했음을 알 수 있고, 한민족이 우리나라로 이민한 역사에 대해서는 거의 다른 것이 없다. 그러나 일본인들은 역사적 사실을 위조하면서까지 이에 관련된 역사를 다루었는데 그야말로 억지를 부린 감이 없지 않다. 이를 테면 야노(矢野) 등의 저서를 보면 동북지역은 우리나라의 영토가 아니라고 했다. 이와 같이 엉터리 이론은 여론을 빌어 국제상에서 사람들의 시야를 흐리게 하기 위한 것이다. 이렇게 하는 것은 일본의 침략행동에 유리한 것이다. 우리는 잘못했다가는 그들의 간계에 속아 그만 이용당하고도 그 내막을 모를 수 있다. 이를 테면 한국인이 우리 동북지역으로 이민한 사실도 일본인들은 많은 허위사실을 날조했다. 혹은 아주 편견이 없는 듯하게 분석하고 있는데, 우리국민들은 이를 간파하지 못하고 있으며, 일본에서 한 말을 근거로 삼아 잘못된 것을 또 다시 잘못 된 채로 그대로 전파하는 예가 없지 않아 있는 것이다. 또한 그 중에는 음모도 있고 또 오류도 적지 않다. 이것은 역사를 고찰할 때 유의하지 않으면 안될 문제이다.

　근세의 아주 신뢰할 만한 기록에 의하면, 한국인들이 중국 동북지역으로 이민하기 시작한 것은 광서(光緖) 초원(初元)시기 이후이다. 이전에도 월경하여 농사를 지은 한국인이 있긴 했어도 이것은 비공식적인 이민이었다. 청나라 광서 33년 오록정(吳祿貞)이 편찬한 연길변무보고(邊務報告)에 이렇게 쓰고 있다.

　"청나라가 중원에 자리를 잡은 다음 조선은 심양에 귀속되었다. 조공을 바쳤으며 교통 무역의 길을 개척했다. 무역을 하는 사람들은 조선의 의주에서 압록강을 건너 성경의 봉황성에 도착했다. 두만강 이북은 우리나라의 근본적인 중요지역이기 때문에 그 곳에 대하여 엄격하게 봉쇄하였으며, 유민들이 입경하는 것을 아주 엄격하게 단속했다.

　청나라에서는 초기 길림을 금지구역으로 정한다는 결정과 도광(道光) 연간에는 두만강 이북의 이민을 엄금한다는 지령을 내렸다. 때문에 국민이 이곳에서 거주하지 않은 시간은 무려 200여 년이나 된다. 이 시기 한국인들이 이곳에서 거주한다는 것은 아주 불가능한 일이었다. 청나라 건국 초기에 길림과 한국간의 국경선은 아주 엄밀했다. 양국간 사사로이 두만강을 한 발자국이라도 건너게 되면 양국 관리가 사형에 처단했다. 즉 무조건 목을 잘랐던 것이다. 때문에 한국인이 두만강을 건너오는 사람이 없었으며, 중국인도 두만강을 건너가는 사람이 없었다. 이것은 당시 국경선을 얼마나 엄격하게 단속 했었는가를 잘 말해 주는 사실이다."

　이 단락은 청나라 초기 동북3성을 청나라의 발상지로 정하고 인민들이 이 곳에서 거주하는 것을 금지했다는 사실을 충분히 증명해 준다. 그 중에서도 한국인이 도강하는 것을 절대적으로 단속했다는 사실도 충분히 증명해주고 있다. 중한 양국 국경선은 아주 엄밀하여 한국인도 도강하여 우리를 침범하지 못했고, 우리 국민도 두만강을 함부로 한 발자국도 건너서지 않았다. 압록강에 천연적으로 장벽이 없다는 것은 허황된 사실이다. 일본인들은 청나라 초기부터 백두산과 흑룡강간은 무소속 광야라고 주장하고 있는데, 그들이 이런 여론을 퍼뜨리는 목적은 불 보듯 뻔한 일이라는 것은 우리는 잘 알고 있다.

동치(同治) 9년 조선은 심각한 우뢰와 우박 피해를 보았다. 조선국 내에는 대식량난이 일어나 한국인들은 죽음을 무릅쓰고 국경금지령에도 불구하고 도강하여 월경했다. 이들은 아내를 팔았고, 자식들은 물에 빠져 죽었으며, 자신들은 여기저기 걸식하는 것으로서 겨우 목숨을 유지했다. 그런데 얼마 지나지 않아 가족이 있는 한국인들은 다시 도강하여 귀국하였으나 중국에 남아 있게 된 사람들은 대개 남녀 노복들이었다(이 시기 길림, 훈춘 등지에서는 쌀 한 말에 자식 하나를 바꾸는 한국인들도 있었다).

당시까지 노복 신분으로 구걸하는 한국인들이 있었을 뿐, 월경하여 농사를 짓는 한국인들은 없었다. 광서 원년 시기 돈화현에서 금지령을 해금하고 토지를 조사했는데, 조선 무산의 대안인 6도구에 한국인이 월경하여 몰래 농사를 짓는 사람들이 몇이 있었음을 알게 되었다. 그 당시 훈춘 등지에서는 해마다 군대를 파견하여 순찰하였다. 그들은 일단 사사로이 개간한 논밭을 발견하면 그 즉시 파괴해 버렸다. 그러나 무산 대안 등지에서는 훈춘과 멀리 떨어져 있기 때문에 이에 대하여 소홀히 대처했다. 금지령에도 불구하고 월경하여 농사를 짓는 한국인이 있어도 황무지를 정식으로 맡아 농사를 짓는 한국인은 없었다. 즉 한국인들이 몰래 건너와 농사를 짓는다고는 하지만 이는 정식적인 이민이 아니었다.

광서 7년 길림장군 명안(銘安)이 변방군무를 맡아보았다. 그때 오대돈(吳大澂)이 조선유민들의 호적을 조사했으며 이들을 훈춘에 귀속시켜 돈화에서 관할하게 했다. 이에 이르러 우리나라 연변 변경 내에 한민족이 황무지를 분여받아 농사짓는 사람들이 있기 시작했던 것이다. 그러나 이들에게는 토지에 대한 주권은 없었다. 한국황제는 자기 국민이 외국으로 이민가는 것을 방지하기 위하여 우리나라에 공문을 보내와 이민온 한국인들을 인도해 줄 것을 촉구했다. 예부에서 황제에게 올린 상주서를 요약하여 아래에 소개한다.(●●●● 7월 24일)

한민족 동북지역 이민연구(속편 2)

"크던 작던 두 변계선은 원래부터 그 경계선이 있었던 것인 즉, 두만강은 길림과 함경·평안지역을 가르는 경계선이다. 3백년 동안 변경은 아무런 변고 없이 안정되어 있었다. 폐국의 우둔한 국민들이 사사로이 월경하여 농사를 짓고 있는데, 이 사실이 작은 사실이라 이에 대해 우리는 징벌은 가하지 않았지만 귀환할 것을 명령했다. 습속이 판이하고 풍토가 맞지 않는 곳이지만, 그들은 명확히 본토인으로 생계를 유지하기 위해 그 곳에서 농사를 짓고 있는데, 그곳은 명확히 귀국의 영토이기 때문에 무슨 사건이 발생하게 될지 참으로 우려된다. 때문에 길림 훈춘과 돈화지역에 거주하고 있는 모든 조선 유민들을 본국으로 귀환시켜줄 것을 바라며, 혹은 지방당국에서 그들의 국적 귀화를 처리하여 줄 것을 요망한다. 길림관청에서는 이미 조선인 농민들에 한해 길림지방에서 세금을 받기로 했다. 하지만 앞으로 절대 금지령을 지켜야 하며, 다른 폐단이 발생하지 않도록 엄중하게 밝혀 우리 국민들이 절대 월경하지 않도록 단속해 줄 것을 요청한다."

이 공문을 통해서 당시 한국인들이 중국으로 월경하여 온 것은 단순히 기아를 이기지 못하여 목숨을 건지기 위해 도강한 것임을 알 수 있다. 그들도 월경을 금지한다는 것을 잘 알고 있었다. 때문에 그들이 우리나라 땅에 대한 욕심은 없었던 것이다. 또한 당시 한국인들이 월경하여 농사짓는 것도 무산의 맞은편에 있는 6도구 범위에서였다. 무산 이하 두만강 이북에는 한국인들이 건너오지 않았다. 광서 16년 총리아문에서 월경하여 개간한 경작지를 조사하고 편성하여 등급을 매기고 허가증을 발부하여 농업세를 납부할 것을 규정한 다음, 이를 지방관청에서 관할하도록 결정했다. 광서 20년 길림장군은 개간국을 설치하여 총리아문의 결정을 집행할 것을 상주했다. 이로부터 한국인들의 월경개간이 정식으로 이루어져 우리나라 판도 내에서 살아갈 수 있는 국적을 가지게 되었으며, 정식으로 토지주권을 소유하게 되었다. 아래 총리아문에 올린 상주문의 한 단락을 보기로 하자.

"조선의 월경자들이 길림 경내에 거주하여 토지를 개간하였다. 광서 7년 전임 장군 명안과 변경사무를 관리하는 오대돈은 상주문을 올려 상기 월경민의 호적을 조사하고 이들을 훈춘과 돈화현에서 관할하도록 규정했다. 이에 조선국왕은 공문을 보내와 자기네 월경민을 인도하여 줄 것을 요망했다. 이 공문은 예부에서 접수하여 장군에게 1년간 기한을 준 다음 해당국에서 이들을 접수해 갈 것을 결정했다. 이제 기한이 다 찼지만 월경민을 접수하여 가는 것이 아니라 오히려 월경을 묵인하고 있다. 전임 장군 희원자(希元咨)는 총리아문의 지령을 받고 이 사실을 다시 조사했다.

(중략)

그러나 해당국에서는 상세하게 고찰을 하지 않고 국경선을 관리하는 이중하(李重夏)의 말에 따라 홍산수(紅山水)에 따라 경계선을 긋자고 주장했다. 그 결과 양국은 서로 의견이 상이하여 경계선 조율이 제대로 되지 않았다. 해당국에서는 국경선이 아직 최후 결정된 것이 아니기 때문에 이곳으로 건너와도 그것이 월경이 아니라고 주장하였다. 현재 무산 대안 동쪽 광제곡(光霽谷)·6도구(六道溝)·18세자(十八歲子) 등 지방에

1931년

천여 명의 한국인이 거주하고 있다. 그들이 경작하는 토지는 약 10,000ha나 된다. 이 곳은 두만강이 천연적인 국경선이 되어 다시 탐사하지 않아도 되는 곳이다. 그러나 해당국에서는 월경민을 아직도 받아들이지 않고 있는데 앞으로 월경민에 대한 인도는 어려울 것으로 판단된다. 때문에 총리아문의 결정에 따라 하루 빨리 그들에 대한 호적조사를 진행하고 그들에게 허가증을 발부하여 납세하도록 하는 것이 바람직하다. 동시에 관련자를 파견하여 토지를 측량하고 이들을 우리의 호적에 올려 관리하는 것이 변방인민들의 생활에 안전하고 편리할 것이다.

길림에서는 조선과의 경계선을 두 번이나 탐사하고 측량했는데, 아직 마지막 결정을 하지 못한 곳은 무산 이상 3포와 2백리나 되는 두만강 상류 발원지 일대이다. 무산 이하 두만강은 천연적인 변경 경계선이 되었으며, 강 남쪽은 함경도에 속하는 무산과 회령, 종성과 온성, 경원과 경흥 등 6부이다. 강북 쪽은 길림의 훈춘과 돈화현 지역이다. 이 국경선에 한해서는 양국이 다 이견이 없다. 한국인들은 이미 월경하여 우리 경내에서 생활한 지 오래 되어 집을 짓고 무덤을 쌓는 등 정착의 터를 마련했다. 이때 이들을 조선으로 인도하여 넘긴다면 일시에 수천 명이 실업하여 생계유지도 아주 곤란하게 된다. 이런 실정은 실로 가련하기 짝이 없는 것이다. 그렇다고 당장 좋은 대책도 없다. 장기간 이국적 인들이 우리 땅에서 농사를 지은 것 또한 주객이 전도되었던 일이다. 때문에 장기간 이들을 그대로 방치할 수가 없는 것이다. 그런데 또 이 곳의 한국인들에게 조세를 받는중 한국인들이 길림까지 와서 가렴잡세가 너무 많다고 청원서를 올리는 상황도 발생하고 있다. 북양 대신 이홍장이 이 상주문을 접수한 다음 아래와 같은 지시를 내렸다.

"한국관원이 인민들을 못살게 착취하고 우리의 납세액이 가볍기 때문에 그들은 진심으로 고향을 등지고 월경하는 것이다. 이제 단시일 내에 다시 국경을 탐사한다는 것도 불가능하기 때문에 아직 경계가 명확하지 않은 곳은 적당히 상황을 봐서 유연하게 처리하여 월경민들의 마음을 안정시켜 주도록 하라. 이에 장군은 믿을 수 있는 관원을 파견하여 월경민에 대한 조사를 진행시키고 그들을 중국 영내의 국적에 들어오도록 하라. (중략)

그들에게 허가증을 발부하고 지방관청에서 관할하도록 하며, 모든 규정은 장군이 상황을 조사 연구한 다음 다시 보고를 올려 결정하도록 한다"

이상의 상주문을 보아 오늘의 연변문제는 이미 곤경에 처하여 있음을 알 수 있다. 당시(광서 16년) 조선 무산부의 대안 동쪽인 광제곡·6도구·18세자 등지에 거주하고 있는 조선인은 이미 수천 명이나 되었다. 그리고 경작지도 수만 무나 되었다. 이것은 역사상 아주 중시하여야 할 사실이다. 즉 당시 한국인 월경 개척자는 지금의 화룡곡에 귀속된 범위에 있었음에 불과했고, 중국인의 소작농으로 개척한 토지는(연변청에서 관할하는 토지) 전혀 없었다. 그 후에 한국인들이 점차 많아지면서 중국인의 소작농으로써 땅을 개간하기 시작했다. 한국인을 소작농으로 받아들이고 황무지를 한국인들에게 팔았다. 그 결과 얼마 지나지 않아 우리나라 경내의 해란강·부르하통하·가야하 등 유역과 연변 경내에 한국인 거주자가 갑자기 많아지기 시작했다. 한국인들은 우리나라의 토지가 비옥하고 곡물이 풍성한 것을 눈여겨보고 있다가 점차 점령할 야심이 발동하기 시작하였다. 광서 28년과 29년에 조선에서 두만강에 일방적으로 교량을 신축하는 사건이 발생했다. 또한 관원들이 도강하여 우리나라 국내의 상황을 알아보기도 했다. 뿐만 아니라 한국관원들이 도강하여 재물을 갈취해가는 일까지 발생했다. 쟁의가 있는 두만강과 다른 강 내의 지역을 간도라고 불렀다(간도란 말은 이때에 생긴 말이다.) 이 시기 이범윤이 군대를 거느리고 도강하여 중국인의 재물을 약탈하고 중국인을 상해한 사건이 발생했다. 이후에 한국인들에 대한 단속을 강화했기 때문에 몇년간은 안정되었다. 이 시기 일본은 월경민들의 사심을 이용하여 도강 개척민을 앞세워, 우리나라 영토를 침략하려는 수단으로 삼으려고 했다. 그리하여 광서 33년에 변경 경계선 문제를 다시 제기했다.(계속)(●●●● 7월 25일)

한민족 동북지역 이민 연구(속편 3) 빈(彬)

광서 21년 청일 전쟁 이후 마관조약을 체결했다. 이 조약에서 일본은 우리나라를 압박하여 명의상 한국이 독립국이라는 것을 승인하게 했다. 그러나 사실은 일본은 그 명색을 도용하기 위한 것이었다. 그때부터 한국인들은 일본인의 압박을 받게 되었으며 그 압박은 날이 갈수록 점점 심화되었다. 일본은 중국과 한국 사이에서 이간책을 쓰면서 중한 민간인들 사이에 악감을 가중시켰다. 이런 기회를 빌려 동북지역 연변 4개 현을 차지하려 한 것이다. 광서 32년에 이른바 '간도쟁의'가 발생했다. 이로서 일본이 동북지역을 침략하려는 야심이 백일하에 드러난 것이다.

일러전쟁이 있은 다음 우리나라 동북지역에 대한 일본의 침략 야심은 날로 급증했다. 여러 차례 교섭을 거쳐 청나라 선통(宣統) 원년 중국과 일본은 두만강의 중한국경선 조약과 동3성 교섭 5조를 체결했다. 안봉로(安奉路)의 재건과 무순·연대 두 광산의 채굴권을 교환조건으로 일본은 연변의 4개 현이 우리나라의 국토라는 것을 승인했다. 이 조약은 두만강 북쪽을 잡거지역으로 규정하고 중한 양국 인민은 이 곳에서 동등한 대우를 받는다고 결정했다. 한국인들은 기회를 틈타 더 많은 사람들이 동북지역으로 이전해 갔다. 일본이 한국을 합병한 이후 일본인은 한국으로 이민하고 한국인은 핍박에 견디지 못해 압록강과 두만강을 건너 동북지역으로 이민했다. 당시는 연변을 개발하는 초기여서 사람들이 필요하게 된 것도, 한국인들이 꼬리에 꼬리를 물고 연변으로 이민한 중요 원인의 하나이기도 하다. 이로서 연변에는 한국인 이민자들의 마을이 갑자기 늘어나기 시작했다. 민국 원년(1912) 이후 한국인들은 일본 이민정부의 정치세력을 배경으로 관측한다는 성격을 띤 동방척식공사와 남만철로공사의 경제적인 협조 하에서 동북지역으로 대량 이민을 단행했다. 일본 방면의 조사에 따르면 연변일대의 한국인 유동상황은 아래와 같다.

한국인구

연 도	연말 인구	연간 증감수	인구 매년 증감율
민국원년(1912)	163000		
5년(1916)	203961	(+)40426	0.199
7년(1918)	253961	(+)50535	0.198
8년(1919)	279150	(+)25189	0.090
10년(1921)	307806	(+)28656	0.093
11년(1922)	33806?	(+)16000	0.410
12년(1923)	33011?	(-)795	(-0.009)
13년(1924)	329391	(+)6380	0.019
14년(1925)	346194	(+)6803	0.049
15년(1926)	356016	(+)9823	0.028
16년(1927)	368827	(+)12811	0.055
17년(1928)	382930	(+)14103	0.058
18년(1929)	381561	(+) 1369	0.004

집계된 이 통계는 연변의 한국인 이민역사를 말해준다. 실은 한국인이 중국의 동북지역을 침범하여 점령한 초기의 상황이다. 그들은 연변을 이민 중심지로 정하고 각지로 확대했다. 이렇게 해서 동북 경

내에서 우환거리로 되었던 것이다. 이처럼 엄중한 변방문제를 지금까지 수십 년을 끌어오면서 해결책을 세우지 않았기 때문에, 오늘의 만보산사건이 발생하게 된 것이지 결코 우연한 일로써 빚어진 것이 아니다.

한국인의 동북지역 이민 현재상황

한국인이 우리 동북지역으로 이민한 역사는 위에서 간단히 언급했다. 오늘에 이르러 수십 년이 되기까지 우리의 토지가 비옥하고 생산물이 풍부한 동북의 대륙은 '의관이 고풍스러운' 한국인들의 제2고향이 되었다. 3한의 각지에서 도강한 한국인들은 아직도 점점 증가되고 있는 추세이다. 그 증가 숫자는 사람을 놀라게 할 정도이다. 자기 침대 옆에 엉뚱한 사람이 자고 있으며 심지어는 주객이 전도되어 있는 것은 우리가 주권을 상실했음을 증명하는 것이고, 그 우환거리는 무궁한 것이다. 이 문제의 엄중성은 생각만 해도 몸서리가 쳐질 정도이다.

필자는 동북지역에 거주하고 있는 한국인의 활동을 이해하기 위해서는, 먼저 현재 동북지역의 한국인이 어떤 곳에 가장 많이 거주하고 있는가 하는 문제를 고찰해야 된다고 생각한다. 그리고 그 숫자는 도대체 얼마나 되는가 하는 문제도 해명해야 한다고 본다. 우리나라에서는 갖가지 통계숫자에 대하여 별로 중시하지 않고 있다. 때문에 각 도시에 거주하고 있는 외국인에 대한 정확한 통계숫자가 없다. 그 중에서도 동북 변경의 편벽한 시골에 소문 없이 왔다가 또 소문없이 떠나는 한국인에 대한 통계숫자는 더욱 없는 것이다. 동북 당국에서 조사를 하였다고는 하지만, 각자 서로 다른 숫자여서 누구의 집계가 믿을 만한지 그 신뢰도가 미약하다. 때문에 필자는 할 수 없이 각 방면의 통계를 비교하여 대체적으로 집계하여 보았다.

1. 장춘방면 조사(1929년 말)
       요 녕 성   455,125명
       길 림 성   556,320명
       흑룡강성   363,240명
       합   계   1,374,685명(한국임시정부편집 동3성 한국교포문제 참고)

2. 심양방면 조사
    1930년 초 3성 모두 130만(이상과 같은 책 참고)

3. 동3성 중국국적 입적한 한민족 동향회 조사(1929년)
       심 양 성   50만 명, 국적이적   10,000명
       길 림 성   70만 명, 국적이적 100,000명
       흑룡강성   15만 명, 국적이적   5,000명
       합   계   130만 명, 국적이적 115,000명

4. 동철경제국 조사(1929년)
       시내에 거주하는 사람   38,163명
       중국 내지에 거주하는 사람   521,929명
       집계   560,091명

이상의 세 가지 통계를 통해 볼 때, 1929년과 1930년간 가장 적은 것이 560,091명이고 가장 많은 것이 1,374,685명이나 된다. 그 차이는 너무도 현저하다. 그 어느 것이 신뢰할 수 있는 것인지 정말로 판단하기 어렵다. 또 금년 2월 2일 『신보』에 게재된 하얼빈 소식에 의하면, "민국 9년 현재 한국인들은 일본의 핍박에 못견디어 명의상 동

북지역으로 이민온 사람이 이미 370여만 명이 넘는다."고 하는 보도가 있었다. 이것도 상기의 통계숫자와 엄청난 차이가 있다. 종합하면 상기의 통계숫자 중 그 어느 것도 표준으로 삼을 수 없다는 말이다. 그러나 현재 동북지역에 거주하고 있는 한국인이 130만부터 200만이 된다는 설은 믿을 만하다고 하겠다. 이처럼 많은 외국인이 이민하여 온 사례는 세계 각국에서도 볼 수 없는 상황이다. 때문에 이 문제가 우리 동북지역의 전도와 관련된 아주 중대한 문제라는 것은 지성인이라면 따로 지적하지 않아도 다 알 수 있는 일이다.

한국인의 동북지역 거주 분포상태는 일본영사관에서 조사한 바를 근거로 했다.

지 역	한국인	
남만철로연선	39,531명	
요녕	135,245명	
길림	54,661명	
간도	382,390명	
흑룡강	7,449명	(계속)(●●● 7월 26일)

한민족 동북지역 이민연구(속편 4)

우리나라에서 1929년에 조사한 분포상황은 아래와 같다.

1. 도시에 거주하고 있는 한국인

관할지역	구 별	지 명	한국인 주
관 동 청		여 순	109
관 동 청		대 련	868
관 동 청		금 주	27

관 동 청		보란점	79	
관 동 청		자 워	86	
		합 계	1169	
영구영사관	상업 지역	영 구	25	영구 만철부속지도 속함
영구영사관	만철부속지	대후교	25	
영구영사관	만철부속지	해 성	16	
영구영사관	만철부속지	탕강자	10	
영구영사관	만철부속지	와방점	38	
영구영사관	만철부속지	만만일	5	
		합 계	119	
요양영사관	만철부속지	요 양	20	
요양영사관	만철부속지	안 산	127	
		합 계	147	
요녕총영사관	상업 지역	심 양	2416	
요녕총영사관	만철부속지	심 양	315	
요녕총영사관	만철부속지	신성자	5	
요녕총영사관	만철부속지	무 순	1094	
요녕총영사관	만철부속지	본계호	44	
요녕총영사관	만철부속지	석교자	5	
		합 계	3910	
신민총영사관	상업 지역	신 민	7	
안동영사관	상업 지역	안 동	65	
안동영사관	만철부속지	안 동	7758	
안동영사관	만철부속지	왕룡배	6	
안동영사관	만철부속지	고려문	19	
안동영사관	만철부속지	봉황성	119	

1931년

안동영사	상업 지역	봉황성	328
		합 계	8302
철령영사관	상업 지역	철 령	1034
철령영사관	만철부속지	철 령	87
철령영사관	만철부속지	난석산	3
철령영사관	만철부속지	개 원	334
철령영사관	만철부속지	창 도	16
철령영사관	만철부속지	중 고	11
철령영사관	상업 지역	법고문	147
		합 계	1632
정가툰영사관	상업 지역	정가툰	4
장춘영사관	상업 지역	장 춘	39
장춘영사관	만철부속지	장 춘	774
장춘영사관	만철부속지	범가툰	7
장춘영사관	만철부속지	공주령	8
장춘영사관	만철부속지	대유수	5
장춘영사관	만철부속지	사평가	301
		합 계	1138
길림총영사관	상업 지역	길림성	261
하얼빈총영사관	상업 지역	하얼빈	1387
하얼빈총영사관	상업 지역	삼 성	367
하얼빈총영사관	상업 지역	영고탑	502
		합 계	2517
치치할총영사관	상업 지역	치치할	104
치치할총영사관	중동 철로	부라얼지	6
	부속지	앙앙계	56

치치할총영사관	중동 철로 부속지	안 달	55
치치할총영사관	중동 철로 부속지	만□	17
		합 계	238
만주리총영사관	중동 철로 부속지	만주리	19
만주리총영사관	중동 철로 부속지	해라얼	29
만주리총영사관	중동 철로 부속지	자란툰	8
		합 계	56
적봉영사분관	상업 지역	적 봉	4
간도영사분관	상업 지역	용정촌	11,980
훈춘영사분관	상업 지역	훈 춘	1,344
국자가영사분관	상업 지역	국자가	1,515
두도구영사분관	상업 지역	두도구	2,731
백초구영사분관	상업 지역	백초구	1,073
		합 계	18,647
총시내거주자			37,875

(계속)(●●●● 7월 27일)

한민족 동북지역 이민연구(속편 5) 빈(彬)

2. 동북지역의 내지와 거주 한국인

관할	구별	현	한국인	설명
영구영사관	잡거지역	영 구	608	

1931년
369

영구영사관	잡거지역	금현	36
영구영사관	잡거지역	금서현	46
영구영사관	잡거지역	복현	3
		합계	693
요양영사관	잡거지역	요양현	126
요녕총영사관	잡거지역	요녕현	3,115
요녕총영사관	잡거지역	무순현	2,155
요녕총영사관	잡거지역	대계현	321
		합계	5,717
신민영사분관	잡거지역	신민현	1,541
신민영사분관	잡거지역	팽무현	205
		합계	1,746
통화영사분관	잡거지역	통화현	11,580
통화영사분관	잡거지역	환인현	13,317
통화영사분관	잡거지역	신빈현	19,539
		합계	35,436
안동영사관	잡거지역	안락현	1,656
안동영사관	잡거지역	봉황현	2,214
안동영사관	잡거지역	유구현	28
안동영사관	잡거지역	장하현	57
안동영사관	잡거지역	관전현	10,371
안동영사관	잡거지역	임강현	6,889
안동영사관	잡거지역	장백현	13,090
안동영사관	잡거지역	집안현	21,535
		합계	55,840

철령영사관	잡거지역	법고현	154
철령영사관	잡거지역	강평현	142
철령영사관	잡거지역	개원현	3,102
철령영사관	잡거지역	창도현	10
철령영사관	잡거지역	철령현	694
		합 계	4,103
녹영사관	잡거지역	서래현	1,770
녹영사관	잡거지역	서안현	502
녹영사관	잡거지역	동풍현	511
		합 계	2,783
해룡영사관	잡거지역	해룡현	1,588
해룡영사관	잡거지역	유하현	5,604
해룡영사관	잡거지역	남 현	445
해룡영사관	잡거지역	김천현	1,728
		합 계	9,365
정가툰영사관	잡거지역	요원현	11
정가툰영사관	잡거지역	조남현	681
정가툰영사관	잡거지역	통료현	414
		합 계	1,106
장춘영사관	잡거지역	장춘현	166
장춘영사관	잡거지역	이통현	986
장춘영사관	잡거지역	회덕현	270
장춘영사관	잡거지역	덕혜현	112
		합 계	1,534

1931년

농안영사분관	잡거지역	장령현	120
길림총영사관	잡거지역	길림현	3,776
길림총영사관	잡거지역	화전현	5,407
길림총영사관	잡거지역	반석현	4,323
길림총영사관	잡거지역	액목현	3,883
길림총영사관	잡거지역	서란현	906
길림총영사관	잡거지역	몽강현	5,289
길림총영사관	잡거지역	쌍양현	3,335
		합 계	29,600
하얼빈총영사관	미개발지역	동빈현	1,190
하얼빈총영사관	미개발지역	아성현	47
하얼빈총영사관	미개발지역	오상현	1,267
하얼빈총영사관	미개발지역	래하현	85
하얼빈총영사관	미개발지역	녕안현	554
하얼빈총영사관	미개발지역	동녕현	942
하얼빈총영사관	미개발지역	방정현	160
하얼빈총영사관	중동철도부속지	쌍성현	162
하얼빈총영사관	중동철도부속지	부여현	1,568
하얼빈총영사관	중동철도부속지	아성현	828
하얼빈총영사관	중동철도부속지	주하현	493
하얼빈총영사관	중동철도부속지	영하현	334
하얼빈총영사관	중동철도부속지	녕안현	851
하얼빈총영사관	중동철도부속지	목릉현	279
하얼빈총영사관	중동철도부속지	동녕현	517
		합 계	9,277
치치할영사관	미개방지	흑 하	39
만주리영사분관	미개방지	해라얼	5

적봉영사분관	미개방지	수동현	1,521
간도영사분관	잡거지	연길현화룡현	137,297
훈춘영사분관	잡거지	훈춘현	44,881
국자가영사분관	잡거지	연길현왕청현	65,705
두도구영사분관	잡거지	화룡현연길현	88,900
백초구영사분관	잡거지	왕청현화룡현	25,381
복지내지 거주자		총 계	521,929
		총합계	560,091

이상의 통계에서 가장 사람들의 주의를 끄는 것은, 민국 18년 동북 3성에 거주하고 있는 한국인이 560,091명이라는 것이다. 그 중에 일본인들이 관할하는 부속지나 상업지 및 동철 부속지내에 거주하고 있는 한국인은 겨우 38,163명 밖에 안된다. 동북지역 내지와 내지에 잠입하여 우리 한족과 함께 잡거해 사는 한국인은 521,929명이나 된다. 이렇게 동북지역 내지에 들어와사는 한국인들은 거의 다 논농사를 주업으로 하고 있다. 때문에 이들이 분포되어 있는 곳은 수원 자원이 풍부하고 토지가 비옥한 곳이다. 이처럼 남녀노소 할 것 없이 동북지역 내지를 찾아 온 불청객들은 우리 동북지역 인민의 생존 도구를 탈취한 것이나 다름없다. 이와 같이 신중한 문제임에도 일찍부터 주의를 기울이지 않고 해결하지 않았으니, 어찌 한탄하지 않을 수 있겠는가!(계속)(●●●● 7월 28일)

한민족 동북지역 이민연구(속편 6) 빈(彬)

한민족의 분포는 놀라울 정도로 넓다. 길림성 전 성 42개 현에 한국인이 살지 않는 현은 몇 개 밖에 안된다. 그 중 연변 4개 현에 한국인들이 가장 많이 살고 있다. 이곳에는 오히려 한국인이 우리 자국민보다 더 많이 살고 있다.

최근 우리나라 내부 성 중 장강(양자강)·황하 양안에 있는 백성들의 생활이 가난하고 또 인구 밀도가 높아 생계를 유지하기 어렵게 되었다. 이에 비하여 장백산과 흑룡강 일대의 광활한 평야에는 한국인들이 많이 사는 대신 자국민들은 이곳으로 이민할 생각을 하지 못하고 있었다. 이런 현상은 세계각국에서도 보기 드문 일이다.

아래 길림성 각 현에 분포된 한국인과 중국인의 비례를 소개한다 (18년 연말까지).

현	중국인	한국인
영길	830,889	2,895
장춘	537,838	476
이통	251,552	1,161
쌍간	250,388	776
서란	233,210	661
덕혜	310,553	16
농안	328,807	51
장령	149,420	
반석	227,170	
화전	182,712	3,970
몽강	22,652	122
빈강	182,712	317
아성	240,919	
연수	153,386	1,409
주하	99,907	1,482
위하	23,879	475
오상	230,733	866
빈현	297,622	1,482

쌍성	465,288	360
유수	509,309	625
부여	399,736	91
연길	76,589	221,252
화룡	18,820	100,276
훈춘	32,76	49,765
왕청	33,229	31,682
액연	82,273	2,965
돈화	51,309	1,372
목릉	44,970	
녕안	182,512	4,350
동녕	33,052	1,772
의란	166,795	309
방정	40,252	407
화천	102,875	
부금	145,055	158
동강	21,942	16
부원	3,218	526
요하	9,703	1,340
성림	26,339	629
밀산	98,092	
벌리	57,906	227
보청	45,977	246
건안	18,087	
합계		7,337,288

 이 통계숫자를 본 다음 성질이 급한 사람은 아래와 같은 물음을 제기할 것이다. 이와 같이 많은 한국인들이 우리나라 동북지역에 거주하고 있는데 그들은 어떻게 살아가고 있는가? 요녕성 조선거류민회

1931년

에서 관할 지역의 한국인 직업상황을 조사하여 보았는데, 그 상황은 아래와 같다.

요녕 조선거류민회 관할 경내의 한국인 직업 상황표

직업별	도 시 (부속지와 상업지구)		농 촌 (하류유역 논 현지)		합 계	
	세대	인구	세대	인구	세대	인구
농업	33	147	1,031	5,229	1,064	5,376
농작 공	107	502	23	89	130	591
여관·기생관	39	166			39	166
주점의 시녀		132				132
농구 제조업	34	153	2	9	36	162
기타 제조업	12	52			12	52
정미미곡상인	32	159			32	159
상업·위탁업	18	83	1	6	19	102
각종회사사원	9	46	3	13	12	59
사무원 점원	11	49			11	49
교원	5	16	8	23	13	39
의약업	6	30			6	30
기관직원	5	28			5	28
기타 자유업	3	16			3	16
기타 직업자	17	63			17	63
무직업자	29	100	3	11	32	111
합 계	370	1,742	1,071	5,380	1,441	7,122

(계속)

한민족 동북지역 이민연구(속편 7)

한국인은 우리나라 동북지역에서 주로 농사를 주업으로 하고 있다. 그 중에 논농사를 짓는 경작지 면적과 현재 수확할 수 있는 벼의 생산량은 아래와 같다.

한국인이 우리나라 동북지역 각 현에서 소유한 수전면적과 한전(旱田) 면적

현별	경작면적			매년수확량	장래확충할
	수전(반)	한전(반)	합계		수전면적(반)
심양	36,850		36,850	99,450	130
철령	6,000	20	6,020	4,050	7,000
개원	13,000	13,000	8,800		14,000
동풍	1,210		1,210	5,104	
서풍	2,633	2,633	2,088		
서안	690	690	8,297		128,000
료양	63,808	936	64,742	384	26,000
금현	266		266	456	15,400
신민	10,130		10,130	27,351	4,200
창무	1,583		1,583	4,574	4,200
안동	6,635	1,656	8,291	12,794	
신빈	56,090	109,980	146,070	73,240	37,536
통북	14,058	31,057	45,115	25,145	1,212
봉성	2,252	2,232	4,484	4,242	
관전	5,191	75,056	80,247	10,440	
환인	16,256	58,023	74,379	40,890	1,320
임강	214	11,552	11,766	1,659	
장백	144	52,702	52,864	270	126,000
부순	4,682	1	4,693	11,732	238
본계	537	4,971	5,508	1,171	1,565

1931년

해륜	21,595		21,595	75,878	25,000
ㅁ란	1,552		1,552	4,769	15,000
류하	2,775		2,775	10,923	25,000
유ㅁ	292	11	303	608	
장하	3,305	3,305	39,000		
료원	85,488	2,200	107,488	미상	미상
통료	72,000	89,286	16,168	미상	미상
강평	270		270	180	7,000
리수	8,000	8,000	21,600	5,600	
회덕	16,000	10	16,010	21,600	36,000
법고	600		600	405	7,000
쌍산		39,130	39,130	미상	미상
나만치 사리	9,000		9,000	10,330	미상
호도우 길림	6,690		6,690	6,690	60,000
장춘	12,000	25	12,025	32,400	12,000
이통	11,000		11,000	30,240	26,400
몽강	1,750	4,800	6,550	4,723	5,000
농안	12,000		12,00	32,400	5,920
장령	4,000		4,000	10,800	2,000
서란	1,125		1,125	2,073	140,000
화전	13,250		13,250	15,692	380,000
반석	10,245		10,245	16,894	850,000
쌍양	3,750		3,750	5,328	20,000
덕혜	8,000		8,000	21,600	48,000
빈강	1,500		1,500	3,750	미상
동빈	2,898		2,898	4,625	5,100
아성	1,278		1,278	2,624	3,600
연길	45,523	723,359	768,882	98,366	

녕안	25,686		25,686	27,876	150,000
훈춘	8,332	107,794	116,126	16,157	
동녕	1,188		1,188	1,481	미상
돈화	3,790	4,450	7,640	6,694	375,000
액목	9,450		9,450		365,000
왕청	9,224	277,984	287,208	4,323	
화룡	7,673	362,091	369,764	13,716	
목릉	5,296		5,296	5,847	미상
통하	2,400	200	2,400	2,000	미상
만주리		760	200		미상
하라얼		2,095,636	700		미상
합계	736,234		2,831,870	940,835	3,416,021

주: 반(反)이란 일본에서 사용하는 단위의 명칭으로, 1반은 우리나라 1.25 무(畝)에 해당하다.

위의 두 표를 통해 우리나라 동북지역의 한국인 직업상황과 농작물 경작상황을 대체적으로 알 수 있다. 조선거류민회 관할 경내의 한국인은 7천 명 내외이다. 그 중 농업노동자가 가장 많은 비중을 차지하는 외에 기타 여관업이나 기생관·시녀업자가 약 3백여 명이 된다. 무직업자도 백여 명이 넘는다.

위의 표는 요녕 조선거류민회에서 제공한 자료이다. 직업을 분류하는 시각도 우리나라와 다른 점이 있다. 한국인거류민회에서 언급한 시녀라는 것은 사실 기생의 별칭이다. 이것은 기생집의 기생과 별다를 것이 없다. 표 중에 기타 자유업자와 기타 직업자는 정당한 직업이 없다는 것으로 이해하면 된다. 상업과 위탁업·의약업·각종사회원 등은 그 중에 대량의 무직업자와 마약 밀매자와 기타 부정당한 업종에 종사하는 사람들이 포괄되어 있다. 이 표는 비록 요녕 한 지역의 한국인 직업 통계에 불과하지만 기타 다른 곳의 한국인의 직업 상황도 대체로 이와 비슷하다. 농업상황을 볼 때 우리가 가히 놀랄만한 현실이다. 우리나라 동북3성에서 경작하는 논의 면적은 2,831,870반에 해당하는데 이것은 우리나라 3,539,830무에 해당한다. 앞으로 논을 개척할 수 있는 것은 아직 3,416,022반이나 되는데, 이것은 우리나라의 427만 무에 해당하다. 현재 수확하는 쌀은 97만 섬인데 장래 더욱 발전한다면, 그 양은 배로 늘어날 것이다. 이와 같은 대량의 쌀은 당지 한국인이 식용으로 쓰는 외에 대부분은 일본으로 운송한다. 우리나라 백성들이 배를 곯아가며 기아에서 허덕이고 있는 상황에서 위와 같은 대면적을 외국인이 개척하고 약탈하게 한다는 것은 실책이 아닐 수 없다. 이보다 더 큰 시행착오가 어디 있겠는가!(계속)

한민족 동북지역 이민연구(속편 8)

한민족 이민이 동북지역에 미친 피해

위에서 이미 언급했듯이, 한국인들은 일본제국주의의 지휘하에서 적극적으로 우리 동북지역 경내로 이민하여 대량의 토지를 개척했다. 이 추세는 계속 상승선을 긋고 있다. 현재 이민 온 사람들이 많고 직업이 복잡하며 분포된 지역이 아주 넓다. 일본인은 이것을 충분히 이용하고 있으며, 또한 한국인을 지휘하여 중국 동북지역에 끼친 피해는 대단히 크다. 아래에 이러한 상황을 분석하여 설명한다.

① 수전 이익의 약탈

동북지역의 수전과 한전의 수확은 약 35대 10의 비례이다. 한국인은 수전농사에 아주 익숙하다. 때문에 동북지역의 강과 하류 연안의 각 지역은 일본 동양척식주식회사와 만주금융조합이 자금을 임대해 주어 친일 한국인들로 하여금 사방에서 논을 개간하게 했다. 이로써 동북지역의 벼농사 사업을 좌지우지하게 했다. 금년 6월에 조사한 바에 의하면, 요녕성 압록강 총 지류 유역연안에 위치한 휘남(輝南)·안도(安圖)·유하(柳河)·임강(臨江)·장하(壯河)·요원(遼源)·안동(安東)·강평(康平)·본계호(本溪湖)·사하구(沙河口)·통하(通河)·장백(長白)·흑산(黑山)·서풍(西豊)·동풍(東豊) 및 훈하(渾河) 양안의 영구(營口)·해성(海城)·조남(洮南)·신민(新民)·흥경(興京) 등지에서 수전농사에 종사하고 있는 한국인은 25만 명이 넘는다. 그리고 이들이 차지한 수전은 2백만 헥타르도 넘는다. 길림의 송화·도문·목단강과 요하·이통하 각 유역인 연길(延吉)·훈춘(渾春)·왕청(往青)·화룡(華龍)·영안(寧安)·돈화(敦化)·액목(額穆)·동녕(東寧)·밀산(密山)·동강(東江)·부금(富錦)·몽강(蒙江)·화전(樺甸)·호림(虎林)·길림(吉林)·장춘(長春)·이통(伊通)·덕혜(德惠)·장령(長嶺)·부여(扶余)·의란(依蘭) 등지에서 수전농사를 짓고 있는 한국인은 30만 명이 넘는다. 그리고 그들이 차지하고 있는 수전은 4백만 ha나 된다. 흑룡강의 눈강(嫩江), 흑하 상하유역인 흑눈강(黑嫩江)·양원(楊源)·호란(呼蘭)·수화(綏化)·해륜(海倫)·목란파안극동(木蘭巴彦克東)·열하(熱河)·도화(道化)·후룬베르(呼倫勃利르) 등 각지의 한국인은 모두 5, 6만 명이나 된다. 수전 면적은 15만ha가 된다. 종합하면 동북3성의 강하 유역의 평야지대는 거의 다 한국인들의 족적이 있는 것이다. 아주 좋은 수전의 이익은 다 한국인과 일본인이 약탈하여 갔다. 뿐만 아니라 일본인은 또 한국인을 앞세워 우리나라 동북 경내에서 토지를 임대하거나 개척하게 하고, 다른 한 면으로는 만

1931년

철회사에서 기본금을 대출하여 주는 것으로써 철로연안의 한국인이 수전을 개간하도록 부추겨 주었다. 일본의 통계에 따르면, 3년 내 만철연안에서 논으로 개간할 수 있는 토지는 30여만 ha에 이른다고 한다. 일본이 한국인들을 적극적으로 후원하여 수전을 개간하고 논농사를 짓게 하는 목적은, 한국인을 중국 동북경내로 이전시키기 위한 것만은 아니다. 사실 이 배후에는 아주 음험한 목적이 있는 바, 한국농민들의 손을 빌어 우리나라 토지를 수매하게 하고, 우리나라의 주권을 침범하려는 것이다. 이것은 우리나라 백성들의 생명과 건강에 직접적인 피해를 주는 일이다. 이밖에도 또 다년간에 걸쳐 한국농민과 우리농민간에 물 때문에 분쟁이 발생하여 적지 않은 피해를 주었다. 이를 테면 과거 무순현 한국인 농민이 도랑을 파는 일 때문에 만보산사건이 폭발된 것이 그 한 예이다. 이것은 단순히 그 중의 한 예에 불과할 뿐이다.(계속)(●●●● 7월 31일)

한민족 동북지역 이민연구(속편9)

② 일본경찰의 권한 무한대로 확장

한국인이 우리 동북지역에서 발자취를 남긴 곳이면 곧바로 일본경찰이 그 뒤를 이어서 따라 들어왔다. 일본인은 종종 한국인 중에 불량배들을 교사하여 우리나라에 피해를 주는 갖가지 비합법적 행위를 저지르게 하고 있다. 그러나 우리측에서는 이를 체포하지 못하고 있다. 금년 4월 중순 우리나라 동북변방군 길림 주둔군 부사령 관공서 방공(防共) 판사방의 통역관 오인화(吳仁華)가 일본적 한국인인 김정원(金正元)의 총에 맞아 죽었다. 사후 김정원은 일본영사관으로 도망쳐 들어갔다. 그러나 몇 번이나 교섭을 진행했지만 지금까지 아무런 결과가 없다. 또 미국기자 윌슨씨가 하얼빈에서 일본과 한국인들이 일본경찰의 종용과 보호하에 만주구역 내의 일본우편국에서 아편과 헤로인 및 기타 다른 마약을 부쳤으며, 전문인을 파견하여 중동철로 각 연선에서 판매하도록 한 사실을 조사했다. 안달(安達) 일대만 하더라도 일본인과 한국인이 차린 반 공개 마약판매소가 60여 곳이나 있다. 우리 당국에서 관련자를 체포하면 일본경찰이 나서서 이에 간섭하였고, 일본영사관에서는 항의를 해왔다. 때문에 마약판매를 금지할 수 없게 되어 마약이 도처에서 공개적으로 유통되고 있다. 한국인들의 이와 같은 비법행위와 정당하지 않은 영업은 다 일본경찰이 종용한 것이며, 일본법권의 보호를 받고 있다. 이러한 사례는 너무 많아 일일이 예를 들지 않겠다.

③ 한국교민의 국적 분쟁

　일전에 다나카의 상소문을 인용한 적이 있는데, 그 상소문에는 이런 구절이 있다.

　"……귀화한 조선인은 명의상에서는 지나의 귀화민이지만 얼마 지나지 않아 다시 우리 국민으로 될 것이다.…… 왜냐 하면 일시적인 편리를 위해 귀화하였기 때문이다. 지금까지 아직 귀화하지 않은 사람들은 일단 문제가 발생했을 때면 지나국적의 조선민이 소란을 일으켰다고 할 수 있는데, 이것은 이른바 양 머리를 걸어놓고 개고기를 파는 방안에 따른 것이다."

　이 단락은 일본이 이중국적을 가진 한국인을 이용하는 음모를 그대로 자인하는 내용이라고 할 수 있다. 지금 한국인이 우리나라 국경에 입국하기만 하면 자연스럽게 하나의 자연마을을 이루게 된다. 이런 한 마을에 귀화한 사람과 미귀화한 사람을 가르기란 아주 어렵다.

선량한 사람들은 경작에 몸을 바쳐 일을 하지만, 불량배들은 횡행하며 아무 일이나 닥치는 대로 일을 저지른다. 그들이 우리나라에 살고 우리 곡식을 먹으며, 또 중국국적을 가지고 토지를 임대하고 있는 것이다. 이보다 더 한심한 일도 있으니, 다수의 한국인들은 우리나라 국적에 입적한 다음 다시 또 일본국적을 회복하여 한 사람이 두 나라 국적을 가지고 있다는 것이다. 이러한 한국인은 때로는 중국인이고, 때로는 일본인이어서 변화와 변칙이 많다. 이 모든 것은 다 일본의 지시에 따라 변화 변동하는 것이다. 우리나라 동북지역의 한국교포와 중국인이 토지 분규가 발생했거나 민형사 소송이 발생하였을 때는, 한국인은 이중국적을 갖고 있기 때문에 일본의 보호를 받고 일본인의 이간책을 듣는다. 이렇게 하여 우리나라의 사법을 파괴하는 것이다. 이와 반대로 한국인이 한국에서 범법했을 때는 수배를 피하여 동북3성으로 피난을 온다. 일본군사들이 한국인을 체포할 때 종종 우리나라 국민들과 충돌이 발생하는데, 이 때문에 국민이 이외의 손실을 당할 때가 있다. 한국인은 이중국적을 소지하여 자신의 편리를 도모하지만 일본은 일본대로 이것을 이용하여 구실을 만들고 침략을 일삼는다. 이것은 음험하고 악독한 궤계이다. 동북지역에 피해를 주는 것 중에 이것이 가장 엄중한 사안이다.

④ 한국인이 우리 변경을 자주 교란시킨다

한국인이 우리나라 동북지역으로 이민하는 사람들은 다 가정이 극히 빈한하고 생활이 어려운 사람들이다. 이들은 그 어떤 힘들고 어려운 일이라도 참고 견디는 그런 인내성이 있다. 그러나 또한 화적떼로 나서서 일본경찰의 비호하에 우리나라 동북지방의 치안을 파괴하는 상황도 적지 않다. 이들이 소지하고 있는 총과 같은 무기는 다 일본인이 공급한 것이며, 피난 갈 때면 일본인이 나서서 그들을 보호한다. 때문에 우리나라 지방 당국에서는 그들을 체포하기가 아주 힘들게 되어 어떻게 대비해야 좋을지 모르고 있다. 한국인은 자기들 이름에 먹칠을 하는 셈이고 , 우리는 상반되게 피해를 보는 것이다. 그러나 일본은 옆에서 박수를 치면서 자기네 편이 성공했다고 좋아하는 것이다.

한 마디로 종합해서 말한다면, 한민족이 우리나라 동북변경으로 이민하여 동북지역에 피해를 주고 있다는 것을 알 수 있다. 앞으로 이것이 얼마나 큰 후환을 빚어낼 것인지는 알 수는 없지만, 우리나라에서 하루 속히 이에 대한 대책을 강구해야 할 것이다.(계속)(●●●● 8월 1일)

한민족 동북지역 이민연구(속편10) 빈(彬)

우리나라의 금후 대응책

일본이 한국인을 이민시키는 음모와 한국의 이민개척이 우리나라 국가계획과 민생에 주는 피해는 앞에서 이미 다 다루었다. 이제 이에 대해 어떤 조치를 취하여 이에 대응할 것인지 하는 문제가 남았다. 이 문제를 해결해야 우리 마음속의 우환을 제거할 수 있는 것이다. 이것은 또한 현재 국민들이 토론해야 할 중대한 문제이다. 필자는 시론을 조심스럽게 다룰 예정이지만, 본인의 의견을 숨기지는 않을 것이다. 이에 본인의 의견을 피력하고자 한다.

① 동북지역에 주둔하고 있는 일본경찰을 철수시킬 수 있도록 교섭해야 한다.

일본이 우리나라 동북지역에 주둔하고 있는 군경은 비밀을 엄수하고 조사를 거절하기 때문에 심도 있는 조사를 진행할 수 없어 그 정확한 숫자를 확인할 수 없다. 그러나 이른바 관동군사령부·주사단·독립수비대·여순 요새사령부·관동헌병대 등 명의로 통괄된 군대를 계산한다면, 그 숫자가 이미 적지 않음을 알 수 있다. 일본인들은 한국인이 가는 곳마다 그것을 구실로 삼고 그곳에 경찰을 파견한다. 이것은 사실 군인 증파의 다른 형식일 뿐이다.

종합하여 계산한다면 그 숫자는 상당히 놀라운 숫자가 될 것이다. 일본군이 주둔하고 있는 곳에는 포대를 건설하고 전망대를 건설하고 비행장을 신축하고, 무선과 유선전화 등의 설비를 가설한다. 일본군의 무장경비는 실로 튼튼하고 빈틈없어 우리는 이를 보기만 해도 소름이 끼칠 정도이다. 우리나라 경내에서 타인의 철 발굽이 장기적으로 주둔하고 있다는 것은 너무나도 위험한 일이다. 이것은 우리의 적이 바로 우리 침대 옆에서 자고 있는 것과 다름없으며, 그 위해성이 너무나 크고 중대한 것이라는 것은 더 말할 필요도 없을 것이다.

이밖에 우리나라의 국권을 침해하고 여러 차례나 우리나라 국민을 살해한 것은 독립국가로서는 더는 참을 수 없는 일이다. 이번 만보산 사건이 발생했을 때 일본군경은 한국화교들을 보호한다는 명목으로 당지에 장기간 주둔하고 있었고, 한국인들이 도랑을 파고 논을 개간하는 것을 보호하여 주었다. 또한 총을 주어 우리나라 농민들을 향해 총질까지 하게 했으며, 무력으로 동북개척정책을 실시하고 있다. 우리나라의 국권을 보호하고 우리나라 국민들의 생계와 생명을 보호하기 위해서, 우리정부는 마땅히 일본정부와 교섭을 진행하여 우리나라 동북지역에 주둔하고 있는 일본군경이 지정한 기일 내에 다 철수하도록 해야 할 것이다. 그래야 불량한 한국인들은 자기들의 보호자가 차단되어 없어지게 되고 앞으로의 수많은 분쟁을 사전에 해결할 수 있게 되는 것이다.

② 한국인 입국을 단속하고 경내에 있는 한국 교민의 국적을 정리해야 한다.
　우리나라 동북지역에 거주하고 있는 한국인 중 일본국적을 소지한 사람, 우리나라 국적을 소지하고 있는 사람과 무국적 사람 즉 중일 양국의 국적이 아닌 사람 등이 서로 혼합하여 거주하고 있어 관리가 아주 어렵게 되어 있다.
　일본인들은 이 혼란을 틈타 소란을 일으키게 하여 그 사이에서 간계를 실행하고 있다. 때문에 현재 한국교민의 입국을 단속하고 우리나라 경내의 한국인 국적을 정리하는 것이 우선 해결해야 할 급선무이다. 금년 내정회의에서 이에 대한 결의가 있었다.

　　a, 중국 경내에 거주하고 있는 한국인으로서 이미 18년이 된 사람 중 품행이 단정하고 상당한 직업이 있는 한국인에 한해서는 중국국적에 입적하도록 설득하여 귀화를 신청하도록 하며, 중국 법률을 잘 준수하게 하여 관리에 편리하도록 한다.
　　b, 한국인이 증가하는 것을 방지하기 위하여 각 성과 시 정부에서는 한국인의 입국을 엄격하게 단속해야 한다. 일본국적을 갖고 입국하는 자는 중일 통상조약에 따라 처리하는 외에, 위험한 자가 통상세관이 아닌 세관을 통하여 입국하는 것을 원천봉쇄하여 우리나라 회사 경영권을 속여 취득하는 것을 원천 봉쇄한다.
　　c, 한국인들이 거주하고 있는 곳이라면 시·현 정부에서 최근에 귀화 한국인 등기를 실행하고 등기하지 않는 사람들에게는 일본인으로 취급하여 중일조약에 따라 처리한다.
　　d, 귀화한국인의 공권과 사권을 상세하게 규정하여 법을 한결 더 완벽하게 한다. 그러나 결의는 결의대로 채택되었지만 아직 이를 실시하지 않고 있다. 이는 정말 애석한 일이 아닐 수 없다.

1931년

③ 국민이 사사로이 토지를 매매하는 일을 엄금한다.

　일본인은 원래 우리나라 동북지역에서 토지를 구입할 권리가 없다. 민국 4년 21조약에 토지임대권에 관한 조목이 있는데, 우리나라에서는 이는 아무런 이유가 없다고 인정하고 있으며 이 망국적인 조약을 절대 승인하지 않았다. 그러나 한국인들은 논농사에 특기가 있기 때문에 우리나라 동북 경내에서 수전으로 영농하여 그들도 비교적 높은 수익을 얻게 되었고, 우리나라 농민도 비교적 일찍 임대료를 받을 수 있었다. 그리고 그들 망국민들의 후대가 먹을 것이 없어 유랑 걸식할 때 임대를 허락하여 그들에게 혜택을 베풀었다. 토지 임대 방법은 아주 엄격한 규정이 있다. 이를테면 한국인이 논과 기타 토지를 임대할 때면 규정에 따라 당시 소속 정부의 비준을 받아야 하며, 계약기간을 5년에서 3년으로 줄였다. 후에 또 1년으로 축소시켰다. 그러나 일본인은 이런 규정을 파괴하여 갖은 수단을 다 써서 우리나라 농민들을 설득시켜 자기의 사영토지를 한국인들에게 임대하도록 한 다음 다시 한국인들의 손에서 그 땅을 넘겨받았다. 토지가 일단 일본인 수중에 들어가게 되면 갖가지 변수를 만들던가 아니면 구실을 만들어 그 토지를 판매한 것으로 변경시켰다. 그 결과 우리나라 농민은 그 토지를 다시 찾지 못하게 되어 있다.

　이와 같은 임대를 통하여 일본인들은 우리나라 동북경내에서 대량의 토지를 갖게 되었으며, 우리나라 농민들은 큰 손실을 받게 되었다. 그리고 우리나라 국권도 큰 박해를 받게 되었다. 이에 따라 분쟁이 날로 많아지게 되었으며 현안이 점점 누적되었다. 때문에 금후 우리나라 동북지역 당국에서는 마땅히 국민들이 사사로이 토지를 외국인에게 임대하는 것을 엄금해야 한다. 동시에 내정회의 결의안에 따라 "본국 인민이 사사로이 토지를 한국인에게 소작지를 주는 것을 방지하기 위하여, 몰래 판매하고 사사로이 토지를 빌려주는 것을 처벌하는 조례를 엄격하게 책정하여, 이를 철저하게 방비토록 해야 한다."

④ 내지 이민을 장려해야 한다.

동북3성의 인구는 동북 지방정부의 조사에 따르면, 요녕성의 토지 면적은 1,154,073 중국평방리이고, 인구는 16,366,157명이다. 길림성의 토지 면적은 1,318,650 중국평방리이고 인구는 7,339,944명이다. 흑룡강은 토지가 2,292,135중국평방리이고 인구는 가장 적은 바 3,655,590명에 불과하다.

이상의 통계에 의해 인구밀도를 계산한다면 요녕은 중국평방리당 14.1인이고, 길림은 중국평방리당 5.6인이며, 흑룡강은 중국평방리당 1.7인이다. 내지 18개 성의 인구밀도는 평균 중국평방리당 25명이다. 이러한 차이는 아주 현저하다고 할 수 있다. 동북지역에는 아직 미개척 토지가 아주 광활하다. 길림에서는 장춘·길림·장안·덕혜·쌍성·빈강·아성 등 현을 제외하고는 아직도 상당히 많은 미개척 토지가 있다. 흑룡강성에는 호해연선과 안달 부근의 각 현에서 대략 4할 내지 5할의 토지를 개척한 외에 기타 다른 현에서는 거의 7, 8할이 미개척지역이다. 이처럼 광활한 토지가 바야흐로 인근국가의 소유로 변해가고 있다. 만일 이 때에 적극적인 이민정책을 실시하지 않고 우리가 계속 그 토지를 비워둔다면 들어올 사람은 얼마나 기뻐할 것인가? 인근국가에서 이 토지를 호시탐탐 쳐다보고 있는 것이 얼마나 위험한 일인가? 때문에 적극적인 이민 정책을 실시하여 변경을 충실하게 하는 것은 우리나라의 부유한 자원을 개발하여 인근 국가에서 이를 점유할 욕심을 방지하는 좋은 방법이다. 또한 내지의 인구밀도를 희석시키는 좋은 방도로도 된다.

1931년

우리나라 내지인들은 이미 역사적으로 오래 전부터 동북지역으로 이민왔다. 그러나 실효성 있는 내실을 거두지는 못했다. 민국 13년 (1924)부터 16년(1917)까지 우리나라 내지에서 동북3성으로 이민한 인구 상황은 아래의 표를 통해 알 수 있다.

연도	대련상륙	영구상륙	안동으로	북로로	합계
민국13년(1924)	168,106	61,904	52,641	210,719	491,470
민국14년(1925)	197,392	96,674	40,740	197,922	531,770
민국15년(1926)	267,062	12,4743	48,287	168,260	608,352
민국16년(1927)	610,374	149,318	47,676	231,928	1,140,246

위의 표를 통해 알 수 있듯이 내지인이 동북경내로 이민 오는 숫자는 매년 증가되었다. 그러나 만철의 조사에 따르면 1923년부터 1929년 사이에 내지인의 입경자는 480여만 명이고 출경자는 212여만 명이라고 밝혔다. 즉 들어오고 나간 그 비례는 44%가 된다. 이 통계숫자에 대하여 우리가 주의를 기울여야 하는 것은, 한국인은 이와 달리 우리나라에서 안주하고 있다는 것이다. 한국인들은 일본의 완벽한 식민정책의 원조를 받고 있지만, 우리나라 정부에서는 우리나라 내지 국민들의 동북이민에 대하여 아직 상세하고 완벽한 계획이 없는 상태이다. 때문에 내지인은 동북지역으로 이주한 다음 생존환경이 변화되면서 생존하기 어렵게 되는 것이다. 이런 가운데 어떤 사람들은 다시 동북지역을 떠나 사방으로 유랑하게 되는 것이다. 그렇기 때문에 우리나라 당국에서는 이민 정책을 완벽하게 준비하는 일에 힘써야 한다. 한쪽으로는 동북지역으로 이주하여 토지를 개척하는 것을 장려하며, 다른 한쪽으로는 강제적으로 개척민을 이주시켜 그들의 생계를 보장하는 계획을 현실화하여, 그들이 되돌아가지 않도록

해야 하는 것이다.

⑤ 연변의 4개 현을 특별구역으로 개설해야 한다.

일본인들은 길림의 연변·훈춘·화룡·왕청 등지에 침략 계획을 점차 실행하고 있다. 이미 이 4개 현에 영사 7명을 두었고, 경찰서 7곳을 설치했으며 육군헌병과 수비대가 약 11만이나 주둔하고 있다. 경찰은 2천여 명이나 된다. 또한 사사로이 두만강 중한 변경의 국경표를 이동하여 연길을 간도라고 부르고 있다. 왕청은 북간도라 부르고, 훈춘은 동간도라 부르며, 화룡을 남간도라 부른다. 우리나라 연변 4개현을 그들은 모두 간도라 부른다. 이것은 그들이 연변 지역을 병합하려는 야심을 노골적으로 드러낸 것이다. 금년 3월의 통계에 따르면 우리나라 연변지역 4개 현의 조선인은 이미 50여만 명이 넘는다고 한다. 이 숫자는 당지 거주민들의 10분의 7, 8이 된다. 이처럼 사람이 많을 뿐만 아니라 사람들의 상황도 아주 복잡하다. 때문에 분쟁이 자주 발생한다. 당지 행정감독권은 비교적 미약하지만 역시 당지 관청에서 변경의 중임을 책임지고 있다. 그러니 여러 가지 사건을 제대로 처리한다는 것은 아주 어려운 일이 아닐 수 없다. 때문에 지금 우리나라 국토를 보위하는 시각에서, 우리나라 국민 생계를 보위하는 시점에서 연변 4개 현을 특별구역으로 변화하여, 우수한 군사 지도자를 파견하고 군인을 증대하여 그 지역을 보호해야 한다. 그래야 이웃나라에서 이 곳에 대한 욕심을 내지 못할 것이며 국토를 무형 중에 상실하는 일을 사전에 방지할 수 있는 것이다.

⑥ 한국인 관리국을 설립해야 한다.

작년 내정회의 결의안 중에 연변의 적당한 곳에 한국인 관리국을 설치하여 한국인들에 대한 동화정책을 실시하며 적극적으로 국어국문교육을 진행하며 역사지식을 전수하고 민족사상을 제창할 것을 결의했다. 이 주장은 아주 유효한 대책이며 실행하기도 편리하다.

필자의 소견도 바로 여기에 있다. 동북지역의 한국교포문제는 어제 오늘의 일이 아니다. 병을 오래두면 그것은 고질이 되어 고치기 힘들다. 현재 이로 인한 화가 명확하게 드러나고 있다. 이 때에 적시적소한 조치가 따라가지 못한다면 일본인들이 급진전해 올 것이며, 한국인의 망명은 더 극심해져 우환이 언제 어떻게 변할지 가늠하기 어렵게 된다. 다나카의 음모가 이미 사실로 변하고 있는 이때, 앞날의 전도를 생각하면 저절로 걱정이 앞선다. 우리정부는 이에 대하여 확고한 수단을 취하여 긴급 대책을 시행하고 화근을 뿌리 채 뽑는다면 아직 늦었다고는 말할 수 없다. 그러나 계속 앉아서 구경만 하고 있으면 그 뿌리는 점점 더 깊게 뻗어 내려가게 되고, 이 문제는 영원히 해결할 수 없게 된다.

그리고 한국은 망국이래 국민들이 도처에서 유리걸식하고 있다. 일부 유지인사들이 적극적으로 긴급 구국대책을 강구하는 외에 대다수 국민들의 출로는 우리나라에 의지하든가, 아니면 일본이나 러시아에 의지하는 수밖에 없다. 일본과 러시아에 의지할 때 그들의 교사를 받고, 우리나라의 변경을 교란하게 되는데, 이것 역시 우리에게는 불리한 것이다. 이들에 대하여 적당히 처리하고 엄격하게 관리한다면, 유랑민들을 우리나라 동북지역을 개척하는 노동력으로 쓸 수 있으므로, 이것은 우리나라에서 약소민족을 지원하는 본의에도 부합되는 일이다. 이 모든 것은 우리나라 · 우리민족 · 우리국민이 오늘 해결해야하는 한국교포문제이다. 그렇기 때문에 이에 대해서는 깊이 생각해야만 하는 것이다.(끝)(●●●● 8월 2일)

한국특파원 김호연 북평에 도착

  북평: 삼한의 유신사(維新社)가 특파한 감찰원 김호연이 북평에 도착했다. 그는 북평시 당위 진석천(陳石泉)을 면회하고, 만보산 참안은 일본인에게 이용당하여 폭동으로 변화된 것이며 이에 마음이 아픔을 금할 수 없다고 표하면서, 중한 혁명단체는 확실하게 단결하여 공동이익을 도모할 것이며, 한국인은 절대로 일본인의 주구가 되지 않을 것이라는 뜻을 표명했다.(●●●● 8월 13일)

만보산사건의 선결적인 문제는 한국인을 출국시키는 일

  남경: 만보산사건에 관한 일본의 회답 서문의 내용을 보면 일본경찰들은 이미 스스로 철수했으며, 조선농민문제에 대한 언급내용은 대체로 공허한 말이 많으며, 만보산과 조선의 두 문제는 다 인과가 있는 것이라고 견지하고 있다.
  외교부 아시아사에서 상기 사건에 대하여 연구 중에 있는데, 일본의 입장을 다시 반박할 것인가 하는 것은 왕처장의 결정을 기다리고 있다. 종육(鍾毓)도 31일 남경에 전보를 보내어 하얼빈에서 길림으로 건너가 일본영사 이시게(石射)를 만나 만보산사건에 대하여 재차 교섭하려 한다고 밝혔다. 종육이 일전에 일본영사와 면회할 때의 기록은 이미 외교부에 전달했으며 외교부는 한국인을 출국시키는 것을 선결적인 목표로 삼고 있다.(31일 통신)(●●●● 9월 1일)

한국 철뢰단 영수 하얼빈에서 일본경찰에 체포

  하얼빈: 한국철뢰단(鐵牢團)의 영수 이백호(李白虎)가 동지들과 연락하며 항일을 진행하던중 28일 하얼빈에서 일본경찰에 의해 체포되었다.(29일 통신)(●●●● 11월 2일)

장경혜 한국공산당 범인 석방 윤허

하얼빈: 하얼빈의 일본영사는 장경혜(張景惠)에게 제3감옥에 수감된 한국공산당 범인 22명을 석방할 것을 요구했다. 장은 이를 윤허했다.(29일 통신)(•••• 11월 2일)

한국인 반일 자금모집

북평: 반일 한국인들이 심양의 사변과 중국에 대하여 동정을 표시하면서 현금 백만 원을 모금하여 반일사업에 쓰도록 했다.(2일 통신)(•••• 11월 3일)

1932년

한국지사 일본천황 저격 미수

로이터 8일 발 도쿄 통신: 오늘 새벽 일본천황이 신년을 기념하는 검열을 마치고 황궁으로 돌아오던 중 궁전 근처의 사쿠라다문에서 한 한국인이 던진 폭탄에 의해 수행하던 군인들이 폭탄을 맞았다.

폭파소리가 요란하게 울리자 수행자들은 깜짝 놀랐으나, 다행히 한 사람도 부상당한 사람이 없었다. 단지 말 한 마리가 폭파소리에 놀라 우왕좌왕했으며 흉악범은 그 자리에서 체포되었다. 심문 결과 테러를 행한 자는 한국인이며, 이름은 유산(裕山)이라 부르고, 나이는 32살이라고 한다. 경찰서에 압송된 후 그의 몸을 수색했는데 호주머니에는 다른 폭탄 1매가 들어 있었다. 그가 폭탄을 던진 동기는 아직 밝혀지지 않고 있다. 추측하기로는 인도의 자주운동 영향을 받아 저지른 행동일 수 있다고 한다. 경무 당국에서는 최근 신문매체에서 인도의 무저항운동에 대한 소식을 많이 실었는데, 이 한국인은 아마도 이러한 시대적 영향하에서 일시적인 충동으로 인해 폭탄을 투척하는 행위를 단행했을 것이라고 밝혔다. 내각은 폭도가 황제의 어교에 폭탄을 투척하는 것과 관련하여 오늘 오후 모두 사표를 냈다. 일본천황은 수상 이누가이(犬養)에 명하여 정상적으로 현재의 임무를 잘 수행하라고 했으며, 사임문제는 차후에 다시 결정하기로 했다. 사람들은 천황이 많은 사람들의 자문을 받은 다음 이 사직서를 접수할 가능성도 있다고 보고 있다. 흉악범은 심문을 통해 이 폭탄은 상해임시고려정부에서 공급했다는 것을 인정했다. 동시에 일본화폐 3백 원을 받았다는 사실도 실토했다.

국민당 8일 발 도쿄 전보: 일본 내각에서 한국인이 천황의 차를 저격하려 한 사건 때문에 이누가이수상이 제일 먼저 사표를 냈다. 이누가이는 오늘 오후 5시경 황궁에 입궁하여 일본천황을 알현하고 직접 내각의 사표를 바쳤다. 정우회에서는 이 사건에 대하여 모든 책임을 져야 한다고 말했다. 그러나 이러한 사표제출은 사실 형식적인 행위에 불과하다고 보고 있다. 이런 형식을 취하지 않으면 일본국민이 자기네 황실에 대한 존경심을 충분히 나타낼 수 없기 때문이다.

일본황제를 살해하려 한 한국인은 국가주의자인데, 서울사람이며 이름은 이봉창이라고 한다. 오늘 오전 11시 일본천황이 군인들에 대한 열병식을 마치고 황궁으로 돌아갈 때, 수류탄이 일본황제 승용차 근처에서 폭발되었다. 그러나 일본황제의 승용차에 명중되지는 않았다. 그 수류탄은 세 번째 수행차 근처에서 폭발되어 승용차가 약간 피해를 입었을 뿐 다른 부상자는 없었다. 일본황제는 안전하게 황궁으로 돌아갔다. 수류탄을 투척한 한국인은 그 자리에서 체포되었다. 지금 그는 엄밀하게 감시받고 있는 중이다. 얼마 후에는 그에게 사형이 선고될 것으로 보인다. 일본군이 중국 동북지역을 침략한 후 인도 국민혁명운동이 발생되었다. 때문에 고려성내의 우국 운동은 이에 힘입어 새로 불타오르기 시작했다.

경찰당국은 사전에 엄밀히 경계를 해야 한다는 지령을 받은 바 있다. 당국은 이 사건이 발생한 다음 주모자가 있는가 하는 문제에 각별히 주의를 기울이고 있다.

전통사 8일 발 도쿄 통신: 일본천황은 오늘 오전 열병식을 끝내고 황궁으로 돌아가는 도중에 사쿠라다문 근처 사쿠라거리 경비구 숙사 앞 모퉁이에 이르렀을 때 별안간 한국인 이봉창이 뛰쳐나와 폭탄을 투척했다.

그는 이름을 기시타(木下省賦)라고 하였으며 나이는 32살이고 도쿄 니시키가(錦街)에 거주하고 있던 자라고 한다. 그는 황제의 수행군인들이 대문으로 들어가려 할 때 수류탄으로 일본황제의 승용차를 향해 던졌다. 그러나 차가 이미 멀리 간 뒤여서 두 번째 수행마차 근처에서 폭발되었으나 부상자는 없었다. 일본천황은 황급한 나머지 하마터면 차에서 떨어질 뻔 했다고 한다. 범인은 그 자리에서 체포되었다.(●●●● 1월 9일)

중국체류 한국교포가 중국국민에게 바치는 글

남경: 중국체류 한국교포 4,590,281명이 중국 국민에게 바치는 글을 발표하여 서로 손잡고 함께 국난을 이겨가자고 호소했다. 전문은 약 3천 자 정도 된다(10일 중앙사 통신).(●●●● 1월 11일)

조선감독부 한국인 동북지역 이민 대규모계획 작성

일련사 13일 발 서울 통신: 우가키(宇垣)조선총독은 한국인들을 만주로 이주시키는 계획에 관해 아래와 같은 내용을 피로했다.

한국인이 만주로 이민시키는 계획은 조선총독부에 위원회를 설립하여 조사한 결과이며, 이 계획은 이미 공문서로 작성되었으며, 농업과 목축을 발전시킨다는 계획도 작성되었다고 밝혔다. 얼마 뒤 이에 대한 정식 결정이 있을 것으로 보이는데, 이 계획은 대규모적인 것으로 실현 가능성이 아주 크다고 하였다.(●●●● 4월 14일)

길회로 한국인 비밀리에 폭탄 매장

하얼빈: 19일 길회로(吉會路)에 한국인이 폭탄을 매장했다는 정보를 듣고 조사한 결과 폭탄은 폭발되지 않았다.(20일 통신) (●●●● 4월 21일)

일본은 한국인을 이용하여 갑북을 식민화

일본군은 갑북(閘北)을 강점한 다음 지방주지회를 성립했으며, 이어서 고려인들을 갑북으로 이주시켜 상업에 종사시킨다는 명의로 이지역에서의 세력을 굳히고 있다. 아래에는 이와 관련한 최근의 상황을 간단하게 소개하고자 한다.

상업시찰단

대련 · 청도의 조선인들은 일본당국의 뜻에 따라 상업고찰단을 조직하여 상해의 갑북을 시찰하고 있다. 처음 청도의 한국인 20여 명이 갑북을 방문하여 시찰했다.

이들은 보산로 일대에 상가를 만들 계획이다. 후에 대련 조선상회의 김순우 · 장천근 · 이산옥 · 정옥주 · 박복순 · 윤백만 등 20여 명이 상해를 방문하여 갑북 일대를 시찰했다. 이들은 대련에서 상업에 종사하는 사람들이다. 이들은 일본의 뜻에 따라 갑북 일대에 상점을 개설할 계획인데, 모든 것은 일본의 뜻대로 그들이 시키는 대로 진행하고 있다.

고려기생관

갑북 방면에 일본군인들이 많이 주둔하고 있다. 최근 일본인이 청도에서 고려 기생관 3개 소조를 갑북으로 이전했다. 한국인 김대유·조성수·이광고·이화국 등이 패동행·관필이·최분이·김순이·조재이·박우순 등 20여 명 기생들을 인솔하여 상해로 와 갑북에다 기생관을 세웠다. 주점 등을 동시에 경영하여 일본군인들에게 오락장소를 제공하려는 뜻에서이다. 일부는 또 오송(吳淞)으로도 파견했다.(●●●● 4월 27일)

한국구국단 연길서 도강 조선국경 진공

화련사 25일 발 서울 통신: 오늘 오전 11시경 연길 지방의 한국 혁명군이 두만강을 건너 한국 경내로 진공하여 들어와 일본수비대 및 경찰과 3시간 동안 격전을 펼쳤다. 그러나 많은 적들의 반격에 당할 수 없자 퇴각했다. 현재 두만강 양안에서 쌍방은 대치 중에 있다. 일본측에서는 경찰대 50여 명을 후원병으로 파견하였다.(●●●● 6월 26일)

조선신한회원 조선독립운동 밀모

나가사키(長崎) 『일일신문』의 소식: 조선인 20여 명이 일전에 시모노세키(下關)시 외곽에 있는 아카다(赤田) 해안에 비밀리에 상륙하여 가지고 온 반일과 조선독립운동 등에 관련된 문서를 산포할 계획이었는데, 이것이 시모노세키 경찰서에 발각되어 상기의 한국인들 전부가 체포됐다.

불온 선동품을 수사해 낸 외에 조선민족독립중앙기관 신한회와 연락하고 있는 증거도 수사해 냈다. 즉 이들은 신한회 회원이라는 것이 밝혀졌다.(●●●● 6월 28일)

1932년

압록강 강교 폭발하려던 한국혁명당 판결

일련사 28일 발 서울 통신: 조선공산당원이 비밀리에 폭탄을 운반하여 압록강 다리를 폭파하고 조선국내 기관을 폭파하여 만주에 주둔하고 있는 일본군 후방을 교란하려던 대 음모 사건에 대한 제2차 공개심판이 진행됐다. 심판결과 그들에 대한 판결은 아래와 같다. 조재풍(趙載豊) 10년 유기 도형, 김명하(金明河) 유기 도형 8년, 하남(河南) 유기 도형 7년, 조룡규(曹龍奎) 유기도형 7년, 박춘섭(朴春燮) 유기도형 5년이다.(●●●● 6월 29일)

조선공산당의 활동

원동사 7일 발 서울 통신: 조선 경내의 공산운동이 날로 활발해지고 있다. 일본당국에서는 강원·함북·평북 등 3도를 제외하고 조선 10도 중 경북경찰서에서 1월 25일 수뇌를 포함한 공산당인 40여 명을 체포했다. 조선 각지의 경찰서에서는 지금까지 공산당 5백여 명을 체포했는데, 이것은 조선 좌파운동사에서 미증유의 사건이라고 할 수 있다.(●●●● 7월 8일)

대련 일본경찰서 한국결사대 검거

대련: 16일 오후 기사에 대한 금지가 해금되어 관동청 경찰을 통해 알아본 바에 의하면, 한국인 결사대는 상해에서 대련으로 건너와 5월 26일 국제조사단이 대련을 방문하는 기회를 틈타 암살활동을 전개하여 일본을 난처한 국면에 처하게 하려 했다는 것이 밝혀졌다. 경찰당국에서는 이를 대비하여 사전에 단단한 경비조치를 취했다. 조사단이 대련에 도착하기 2, 3일 전인 5월 24일 아침, 대련시 내수거리에 있는 조선인 선원의 집에서 결사대 유상근(柳相根, 22살)과 최흥식(崔

興植, 22살) 두 명을 체포하여 사전에 사건의 발생을 방지했다. 이전에는 각 신문에서 이 소식을 공개하지 못하게 했는데 오늘부터 이 소식을 공개하게 했다. 검거 당시인 1월 8일, 사쿠라다문의 불행한 사건과 상해 홍구공원의 폭발사건 등과 관련이 있는 권총 하나와 물통형의 폭탄 1매를 수색해 냈다. 이 폭탄은 상해폭발사건 때 쓴 폭탄과 같은 것이었다.(16일 전통사 통신)

도쿄 소식: 금년 5월 동안 국제조사단이 대련에 도착할 때 하마터면 큰 일날 뻔 했다. 이번 사건과 밀접한 관계가 있는 사람이 피로한 바에 의하면, 대련시 경찰서에서 사전에 이러한 사실을 발견하고, 거사 전에 결사대 대원 2명을 체포했지만 이 소식을 공개하지 않기로 내정했다는 것이다. 이를 오늘 공개한 것이다. 주모자 두 사람은 모두 한국인이었다. 조사단이 대련에 도착하기 이틀 전에 이들을 체포했는데 이들을 체포할 때 권총과 폭탄을 찾아냈다고 한다. 이들이 휴대한 폭탄은 상해폭발사건 때에 썼던 폭탄과 같은 것으로 한국결사대의 암살 동기는 일본을 난국에 빠지게 하기 위한 것이라는 것임이 밝혀졌다.(16일 로이터 통신)(•••• 7월 17일)

조선의 적색공포

오사카 『매일신문』 소식: 북만과 소련 러시아 경내의 형세가 악화되면서 적색 러시아에서 공산교육을 받은 조선인들이 밀산 일대에 집결하여 조선으로 귀국하였다. 이들은 조선 북부변경인 함경도 일대에서 농촌청년을 지도하여 적색선동을 진행하고 있다. 함경북도와 함경남도의 경찰서에서 전하는 소식에 의하면, 5월 12일 우가키(宇垣) 총독이 함경부도를 시찰할 때 폭동을 일으키려 했다는 것이다. 함경북도 도립 성 고등보통학교와 농학교 내에서 제국주의를 반대하는 전단이 연속적으로 발견됐다. 남웅기(南雄基) · 회령 · 온성 등 각 경찰서에서 수색한 결과 8월 5일까지 이미 230명을 체포했다고 한다. 또 함경북도 남포지방에서도 농촌청년 350명을 검거했다. 적색농업조합의 소식은 듣기만 해도 소름이 끼치는 일인데 이는 부모 형제 등으로 조직되어 있는 선량한 농민조합을 파괴하고 적색선전을 행하기 때문이다. 이에 성진(城津) · 왕천(旺川) · 어대진(漁大津) 등의 부모들이 이러한 사실을 비밀리에 경찰에 신고하였다. 자제들은 부모를 원망하여 살친회(殺親會)를 조직했다고 한다. 이와 같은 대역무도한 행위는 5월에 한 청년이 자기 모친을 살해한 사건에서 표면화 되었다. 조선 당국에서는 이와 같은 사건이 더 파급될 것을 미연에 방지하기 위하여 각지 경찰서에 명령을 내려 불법분자를 체포하도록 했다. 최근 의심이 가는 피검거자는 5백여 명이나 된다.(●●●● 8월 14일)

1933년

조선총독부 금년 봄 이민계획 발표

북평: 조선총독부에서는 금년 봄 제1차 조선이민 계획에 대하여 이미 결정했다. 1만 3천 세대를 연변과 길림동부로 파견하여 토지를 개간하기로 했다고 발표했다. 이민에 소요되는 경비는 척식성(拓殖省)에서 지원하기로 하고, 봄이 되어 땅이 녹기 시작할 때 이민을 시작할 것이라고 했다.(●●● 1월 25일)

일본, 한국공산당 대거 체포

로이터 4일 발 도쿄 통신: 조선에 공산당을 설립하려 한다는 죄목으로 한국공산당 20명을 체포했다.

전하는 소식에 의하면 이들은 상해 공산당과 서로 내통하고 있다고 한다.(●●●● 2월 5일)

남경에 체류하고 있는 한국인 급증

남경: 최근 남경에 체류하고 있는 한국인이 급증하여 수십 명이나 된다. 나이는 모두 20살 좌우이며 어떤 사람은

학교에 유학하려고 하고 어떤 사람은 누에치는 일을 하겠다고 하고 있다.(19일 통신)(●●●● 4월 20일)

한국인 전기 고사포 발명

화동사 통신: 일본 비행기가 횡행하면서 공중권을 장악하게 되자, 국내의 지명인사들은 방공문제에 대하여 주의를 기울이기 시작했다. 최근 여러 가지 무기를 발명했지만 그 위력은 고사포보다 약해 효과가 별로 없었다. 그러는 가운데 중국국적에 입적한 한국인 2명이 전기 고사포를 발명했다. 이 고사포의 사정거리는 20영리(英里)가 되어 약 10,000m 가량 된다. 비행기가 가장 높은 곳에서 비행하는 고도가 5,000m인 것에 비해 이 신식무기가 시험에서 성공한다면 비행기를 명중시키는 일은 그다지 어려운 일이 아니게 된다. 아래 그 상황을 상세하게 소개하고자 한다.

구조개략

이 무기를 발명한 사람은 한국인이다. 그 구조는 고사포와 흡사한데 고사포에 비해 두 가지 기구를 더 첨가하고 있다. 하나는 작은 거울이며 다른 하나는 전기박스이다. 포탄을 발사할 때 전기의 힘에 의해 포탄을 발사한다는 원리이다. 그리고 작은 거울은 조준기이다. 보통 고사포에도 작은 거울이 있어 숫자가 하나인데 반해 이 무기에는 작은 거울 두 개를 고착시켜, 비행기를 조준하는데 더 편리하게 된 것이다.

적들이 구입하려고 한다

일본정부에서도 두 한국인이 전기 고사포를 발명했다는 정보를 입수했다. 일본당국에서는 이에 큰 관심을 갖고 사람을 파견하여 그들을 매수하려 했다. 그들은 한국인과 만나 100만원을 주고 그 무기를 구입하려고 제의하자, 두 한국인은 결정을 내리지 못하고 망설이고 있는데, 이때 강북 유격사령 참모로 있던 하시평(何時平)이 이 사실을 알고는 즉시 한국인을 찾아가 당과 국가에 충성해야 한다고 설득했다고 한다. 그는 그때 문건을 작성하여 국민정부에 보고하여 시험적으로 제조해 볼 것을 요청했다. 정부에서는 즉시 군정부에 지시를 내려 이 사실을 확인하여 보도록 했다. 이달 1일 왕정위(汪精衛)가 상해에 도착하였을 때 하시평이 직접 제민의(諸民誼)의 집에서 왕정위를 만날 수 있었는데 왕씨는 이 전기 고사포의 제조에 대해 찬동함을 표명했다.

군부의 비준

하시평이 피로한 바에 의하면 한국인이 시험적으로 제조한 전기 고사포 시험 방안을 군정부에 올렸다고 한다. 현재 이 부서의 병자(兵字) 317호 비준 공문서를 받았는데, 원문은 올라온 보고의 내용에 대해서 상세하게 이해하고 이에 정식으로 비준하는 내용이라고 한다.

전기 고사포의 효능

하씨는 또 이 무기의 효능이 아주 대단하다고 말했다. 공중의 비행기가 어떤 높이의 고도에서 비행하든 간에 모두 파괴할 수 있다고 했다. 이 고사포 내에는 어뢰선을 가설하여 놓았기 때문에 잠수함도 격파할 수 있다고 했다. 이를 보통 대포에 설치하면 아주 먼 거리의 적들에게도 포격할 수 있다고 한다. 현재 군정부에 보고를 올려 정식으로 제조할 것을 요청했는데, 만일 정식 비준이 내려오면 시험제조를

시작할 것이라고 한다.(●●●● 4월 28일)

조선공산당 사건 피고 78명 유죄판결

전통사 27일 발 서울 통신: 소화(昭和) 6년(1931) 8일 치안유지법 위반죄로 체포된 조선공산당 김창수(金昌洙) 등 103명에 대한 예심이 오늘 종결되었다. 그 중 78명은 유죄로 결정되어 공개심판을 받게 된다. 그리고 25명은 기소하지 않기로 했다.(●●●● 4월 29일)

한국독립당 천진 일본 조계지에 폭탄 투척

천진: 3일 밤 일본 조계지에서 폭탄 터지는 소리가 두 번 울렸는데, 이것은 한국독립당이 폭탄을 투척해서 일어난 소리였다. 하나는 전등공장의 전기가마에 던진 것이고, 다른 하나는 일본 사령 나카무라(中村)에게 던진 것이다. 밤 11시 45분 일본영사관내에도 폭탄을 투척했는데 아무런 손상은 없었다고 한다. 이 일로 인해 일본 조계지에서는 특별 계엄을 실시했다.(4일 오전 1시 통신)

천진: 3일 밤 9시 15분경 갑자기 폭탄이 터지는 소리가 두 번 울려 천진시를 흔들어 놓았다. 하나는 해광사 일본군영 내에서 터진 것이고 다른 하나는 일본 전등공장 근처였다. 투척의 목적은 일본측을 교란하기 위한 것으로 보고 있다.(3일 통신) (●●●● 5월 4일)

한국독립운동 방식을 변경

나가사키(長崎) 통신: 지난 달 17일 조선 서울에서 소집한 조선 각 도 경찰부장회의에 참가한 나가사키(長崎)대표 다나카 특고과장은 회의를 마치고 돌아온 다음 아래와 같은 담화를 발표했다.

"조선의 특고경찰은 현재 여러 가지 곤란함을 감수하고 있다. 조선인들의 민족독립운동의 내용이 지극히 복잡하고 교착되어 있는 것을 제외하고도 공산주의운동이 날로 창궐하고 있다. 이들을 완전히 체포하는 일은 결코 쉬운 일이 아니다. 그들(조선인)의 독립운동방식이 최근에는 현저하게 변화하고 있다. 과거에 그들의 운동방식은 다른 힘에 의지하여 진행하는 주의였다. 즉 비밀리에 타국의 지원에 따라 운동에 종사했던 것이다. 그러나 최근에는 만주사변에서 자극을 받고 자력운동의 방식을 취하고 있다. 이 점에 대해서 마땅히 주의를 기울여야 할 것이다. 그들의 운동과 본현(長崎)과 관련이 있는 예는 아래 몇 가지를 들 수 있다.

(1) 상해방면의 독립운동과 (2) 밀입국 조선인이 그것이다. 밀입국 사건에 대하여 총독부에서는 시종 엄격하게 감시하는 방책을 취하고 있으며, 이에 대하여 앞으로 강경한 입장에서 철저히 원천봉쇄 한다는 입장을 표명했기 때문에, 앞으로는 이런 밀입국이 없을 것으로 예견된다. 이밖에 또 한 가지 언급해야 할 것은 조선경내 농촌의 자력갱생에 관한 문제이다. 이 문제에 관해서는 경찰들이 진력할 것이므로 내무방면과 협력하게 될 것이다."(세계사)(●●●● 5월 6일)

한국독립군 활동경과 보고

동북의용군후원회에서는 어제 한국독립군 대표 신숙(申肅)·연병호(延秉昊)가 서명한 편지를 받았다. 편지의 내용은 아래와 같다.

일본제국주의자들이 대륙정책을 실행하게 되자 가장 먼저 피해를 보게 된 것은 한국이다. 이제는 중국도 일본의 침략을 받고 있다. 현재 일본은 중한 두 나라 인민의 공동 원수이다. 중한 동지들은 서로 연락하고 합작하여 항일투쟁을 진행해야 할 것이다. 9·18사건(만주사변)이 터진 다음부터 동북3성의 한국독립군은 즉시 군사활동을 활발히 진행하는 것으로써 중국의 항일운동을 지원할 뜻을 결정했다. 내년 2월 길림성 정부가 영도하는 군대와 합작하기로 결정했다. 한국군의 역량은 제한되어 있어, 혁혁한 공적은 없지만 작년 1년 동안 작전에 참가하고 직접적 혹은 간접적으로 반일투쟁에 참가했던 것은 평가할만 한 일이다. 길림 자위군(自衛軍) 중로 제3군 고풍림 부대는 3개월 동안 만주국에 거짓 투항하기로 했으나 한국군은 거짓 투항을 반대했다. 고씨가 영도하는 군에서도 일부는 한국군의 주장에 동의했다. 그리하여 공동으로 한곳에 잠복하게 되었다. 한국군의 일부는 또 왕덕림 부대의 구국군과 연락하여 합작하게 되었다. 그러나 한국군은 무기가 없는 것이 문제이며, 이 때문에 대부대를 편성할 수 없는 것이 현실이다. 그렇기 때문에 한국군이 한 일은 그다지 많지 못한 것이다. 그러한 근황을 소개하면 아래와 같다.

(1) 책임자 총사령은 이청천(李靑天)이고 부총사령은 김창환(金昌煥)이다.
(2) 병력은 약 3천여 명이다.
(3) 활동지대는 오상 · 돈화 · 액목 · 영안 · 동녕 · 호림 · 밀산 · 중동로 일대이며 안도 각지이다.
(4) 우군합작은 길림 자위군 고풍림부대와 구국군이다.
(5) 활동방식은 유격전 전략이다.

한국 독립군은 비록 열정은 높지만 무기를 확보할 능력이 전혀 없다. 금후에 계속하여 항일투쟁을 진행하려면 반드시 무기문제를 해결해야만 한다. 그러나 동북3성에서는 이를 해결할 수 없다. 그렇기 때문에 한국독립군 본부에서는 대표를 파견하여 항일단체에 청원서를 올려 후원을 기대하고 있다.

앞에서 우리 한국독립군의 어려운 상황을 귀 회에 간단히 설명한 바 있다. 귀회는 부단히 동북의용군을 지원하여 주었으며, 한국독립군에 대해서도 동정을 표시해 주었다. 때문에 귀 회에서 한국인들의 항일운동을 지원한다는 정신으로 한국독립군의 무기를 해결해 줄 것을 요청하는 바이다. 이것은 중한 두 나라 모두에 유익한 일임이 분명하다. 이렇게 요청하는 것이 과분한 것은 아니라고 믿는다.

한국독립군대표 신숙(申肅)·연병호(延秉昊) 올림.

이 밖에 동북3성 한국독립군과 중국의용군이 연합하여 항일한 사적을 동봉했다. 원문이 길기 때문에 생략한다.(●●●● 7월 25일)

한국인 망국기념일 폭탄투척으로 분노 표시

서울: 오늘은 일본이 한국을 합병한 기념일이다. 이 망국기념일이면 일본에 대한 한국인들의 원한은 더욱 깊어진다. 한국인들은 언제나 이날이 오면 보복행동을 해왔다.

전하는 소식에 의하면, 오늘 일본인이 경축활동을 거행하는 어느 한 장소에서 한국인들이 쳐들어가 폭탄을 투척했다고 전하고 있다. 일본경찰이 즉시 출동하여 수색을 진행했지만 주동자를 체포하지는 못했다고 한다. 따라서 일본경찰은 이를 신문에 공개하지 못하게 하여 그 실상이 불명하다.(27일 일본 연합통신)(●●●● 8월 3일)

일본과 한국 이민 2백 명 동북지역으로 출발

서울: 조선총독부는 한국인과 일본인을 만주로 이민시키고 있는데, 한국인과 일본 향군(鄕軍) 40세대 199명이 오늘 서울을 떠나 일본경찰의 보호를 받으며 이민지인 심양으로 출발했다.(9일 화련사 통신)(●●●● 9월 10일)

일본인 광동에서 한국인 연행

홍콩: 일본인 몇 명이 12일 일본영사관의 차를 타고, 사면(沙面)에서 동산(東山) 복음촌(福音村) 죽원(竹園)으로 가서 상해호적을 가진 한국

인 박의일(朴義一)을 납치한 후 자동차에 싣고 일본영사관으로 압송해갔다. 정부 당국에서는 일본영사관에 항의서를 제출했다.(15일 통신)(●●●● 10월 16일)

한국공산당 사건 피고 22명 사형 판결

 서울: 1930년 5월 조선변경인 간도에서 폭동을 일으킨 간도 공산당 사건으로 체포된 공산당인에 대한 판결이 이미 확정되었다. 그 중 22명에 대해서는 사형판결을 내렸고, 20명에 대해서는 종신형을 내렸으며, 나머지 203명은 1년부터 15년 등 각각 다른 유기도형을 내렸다.(29일 로이터 통신)(●●●● 12월 22일)

1934년

의군 한국 변경 기습

서울: 조선 군방의 소식에 의하면 이달 22일 오후 11시경 요동의 의군(義軍) 3백 명이 압록강을 건너가 한국 경내 평안북도 한 고장에 있는 일본군대를 습격했다고 한다. 일본군은 완패하였는데 후원군이 도착했을 때는 의군이 이미 총과 탄알 등을 노획한 후 원래의 지역으로 퇴각한 다음이었다고 한다.(23일 화련사 통신)(●●●● 1월 24일)

한국인의 파괴 계획

10일 오사카 매일 신문 보도: 최근 블라디보스토크의 만주와 러시아 교접지대에 잠입한 적색 조선인 한 단체는 간도의 일본경찰당국으로부터 추궁을 받았다. 일본경찰은 그들을 위험분자로 인정했는데, 그들은 만주국의 건물을 파괴하고 일본과 만주국의 중요인물을 암살하는 것을 주요 목표로 삼은 사람들이다. 그들은 만주·러시아·중국·한국인들을 연계하여 비밀리에 활동을 벌이고 있다. 이 단체는 블라디보스토크 정탐국장 사이르딘의 수하에서 수년간 활동했던 단체로, 니크리스스 당부에 소속된 고려부의 한국인 최고려(崔高麗)를 수반으로 하는 단체이다. 그들은 2월 25일 사이르딘의 중요 지령을 받고 블라디보스토크의 홍군 해군 비밀공작부의 임원인 유임준(俞任俊)과 연락하여 소련과 만주 국경선을 넘어 간도 훈춘현 동부 북구에 잠입했다. 왕청현 나자구를 경유하여 중동철로 동부선 영고탑(寧古塔)에 들어선 그들은 현지의 공산당 영도자와 연락을 취한 다음 하얼빈에 도착했다. 그들이 영고탑을 경유할 때 최씨와 유씨가 중요 명령을 하달했는데, 그 내용은

(1) 경도선을 파괴할 것. (2) 만주국 각 종 건물을 파괴할 것. (3) 일본과 만주국 중요 인물을 암살할 것. (4) 군대와 경찰의 적화공작을 추진할 것, (5) 반일구국협정을 지원할 것. (6) 각종 노공회의 노동군중을 매수하여 적화를 선동할 것. (7) 반일 반청을 선동할 것. (8) 폭탄 등 기타 무기 운송을 계획할 것. (9) 일본계 러시아인과 공산당 분자를 조사할 것. (10) 일본과 만주국의 경찰현상을 조사하고 시설 등을 파괴할 것

등이다. 또한 상기의 두 사람은 중국옷을 입고 있었고, 폭탄 4매를 휴대하고 있었으며, 도화선 20자, 폭약 한 봉지와 권총 4자루를 휴대하고 있었다는 것을 알아냈다. 이와 같은 비밀공작대는 현재 열 몇 개나 된다. 이들은 만주·조선·중국·일본 등지에 잠입하여 활동을 전개하고 있다. 만주 방면에서는 왕기악(王畣岳)·마경(馬敬)이 그들의 선발대이다. 현재 일본과 만주국 경찰당국에서는 그들의 파괴 활동 계획이 증대하는 것에 대비하여 각지에 지령을 내려 엄격하게 방비하도록 지시했다.(●●●● 4월 17일)

남만일대 일본과 조선인 급증

장춘 통신: 9·18사변이 발생한 이래 동북지역으로 이주하는 일본

인들이 급증했다. 조선인들도 적지 않게 남만으로 이주하고 있다. 또한 대만 인구도 늘어나고 있는 상태이다. 조사한 바에 의하면 일본인들은 대체로 남만철로 연선 각 대도시에 집중되어 있는데, 그 중에서도 장춘에 거주하고 있는 일본인이 가장 많다. 최근 하얼빈주재 일본 총영사관 경찰서에서 조사한 바에 의하면, 하얼빈에 거주하고 있는 일본인이 9·18사변 전보다 3배나 증가되었다고 한다.

현재 하얼빈의 일본인은 10,500명이다. 지금 한 달에 평균 500명씩 증가되고 있다. 이것은 하얼빈 한 도시의 조사결과이다. 기타 다른 지방의 일본인은 더 많을 것으로 본다. 작년 11월 동안(금년에는 증가되는 숫자가 더 많아 아직 통계가 따라가지 못하고 있는 정도이다.) 일본영사관 경찰서와 만주국 경찰서에서 조사한 바에 의하면 남만철로연선의 도시(전 동북지역은 이에 포함되지 않았음)의 일본·조선·대만인들의 인구상황은 아래와 같다.

장춘

장춘경찰서의 조사결과

(1) 일본인, 남 11,965명, 직업이 있는 사람은 7,525명이다. 가족이 있는 자는 4,440명이다. 여자는 8,145명인데 직업이 있는 사람은 1,951명이고 가정이 있는 자는 6,194명이다. 모두 20,100명이다.
(2) 조선인 남 1,293명, 여 980명, 모두 2,273명이다.
(3) 대만인 남 14명, 여 2명 모두 16명이다. 총합계 22,399명이다. 이것은 작년 10월에 비하여 5,595명이 증가되었다. 증가된 세대수는 4,807세대이다.

장춘총영사관 경찰서에서 조사한 결과;

(1) 일본인 남 2,615명, 직업자 1,961명, 가족 653명, 여 1,665명, 직업자 416명, 가족 1,249명으로 모두 4,810명이다.

(2) 조선인 남 3,390명, 여 2,245명, 모두 5,625명이다.

(3) 대만인 없음. 총 합계 9,905명이다. 작년 10월에 비하여 4,281명이 증가되었고 세대는 1,534세대가 증가되었다.

범가툰

범가툰경찰서의 통계

(1) 일본인 남 373명, 직업자 232명, 가족 141명, 여 229명, 직업자 7명, 가족 299명, 모두 673명.

(2) 조선인 남 17명, 여 18명, 모두 35명.

(3) 대만인 없음.
총합계 770명. 작년 10월에 비하여 증가된 인수는 99명, 세대수는 140세대이다.

공주령

공주령경찰서의 통계

(1) 일본인 남 1,436명, 직업자 778명, 가족 658명, 여 1,241명, 직업자 131명, 가족 1110명 합계 2,677명.

(2) 조선인 남 169명, 여 118명 모두 347명.

(3) 대만인 없음.
총합계 3,024명이다. 작년 10월에 비하여 증가된 인수는 124명, 세대수는 728세대이다.

사평

사평 경찰서의 통계

(1) 일본인 남 2,651명, 직업자 1,615명, 가정 1,036명, 여 2,327명, 직업자 320명, 가족 2,007명. 모두 4,178명이다.

(2) 조선인 남 474명, 여 459명 모두 933명이다.

(3) 대만인 없음.

    총합계 5,911명이다. 작년 10월에 비하여 증가된 인수는 590명이고 세대수는 1,243세대이다.

농안

농안 일본영사관경찰서의 통계

(1) 일본인 남 22명, 모두 직업자, 가정은 없음. 여 1명 무직업, 가정 1명. 모두 23명이다.

(2) 조선인 남 189명, 여 171명 모두 360명이다.

(3) 대만인 없음.

    총합계 383명이며 작년 10월에 비하여 인수는 한 명이 감소되었으며 세대수는 25세대이다.

일본인과 조선인의 총통계수

(1) 일본인, 32,740명인데 남성은 19,062명이고 직업자는 12,134명이며 가정은 6,928명이다. 여성은 13,678명이고 직업자는 2,825명이고 가정은 6,928명이다.

(2) 조선인, 남성은 9,573명이고 여성은 5,522명이다.

(3) 대만인 16명 중 남성 14명, 여성은 2명이다.(동북사) (●●●● 4월 21일)

판교자 한국이민과 중국농민 충돌

    심양: 심양일보의 소식에 근거하여 보면, 20일 아침 새벽녘 판교자(板橋子) 관할구 내 노십록(老什彔)에 있는 한국 이민자 백여 명이 중국농민 500여 명과 충돌이 발생하여, 난투극을 벌인 끝에 한국인 4명이 부상을 입었고, 1명이 실종되었다. 일본경찰대대가 달려와 진압을 했는데 중국인 10명을 연행하여 갔다. 충돌원인은 물 때문인데 지금도 쌍방은 대치 중에 있다.(23일 화련사 통신)(●●●● 6월 24일)

일본과 한국무협인 몽골에 밀입국 유세

남경: 덕왕(德王)이 남경에 전보를 보내왔다. 일본은 차하르 동부에 대한 침략을 꿈꾸고 있는데, 최근 이의 실현을 위해 먼저 일본과 한국의 무협인 천여 명을 파견하여 상인으로 가장시킨 후 몽골에 밀입국하여 비밀리에 유세를 진행하고 있다. 그러나 우리 몽골 각 왕공은 중앙의 보호를 받고 있기 때문에 일본인들과 이 문제를 교섭하고 있다.(17일 통신)(●●●● 7월 18일)

일본당국 한국독립당 김구 수배

국문사 통신: 한국혁명당 김구는 신출귀몰하는 수단으로 각종 활동을 전개하고 있다. 재작년 홍구공원의 폭탄투척사건시 일본당국에서 조사한 결과, 그 사건은 김구가 획책한 것으로 드러났다. 그러나 사후에 사방에서 그를 수배하려 했지만 지금까지 2년이나 되었으나 모두 수포로 돌아갔다.

최근 전하는 말에 의하면 일본당국에서는 그에 대한 수배를 강화하고 있다고 한다. 최근 김구가 많은 사람들을 고려와 동북지역으로 파견하여 활동을 전개하고 있다는 소식을 접했기 때문이다. 본시 방면과 우리나라 내지 각 지방에서도 친일한국인 20여 명이 일본당국에 협조하여 정보를 캐고 있다는 소문이 전해지고 있다. 이들의 목적은 김구를 생포하려는 것이 아니라, 기회가 있게 되면 즉시 행동을 취하고, 부득이 한 경우에는 살해해도 무방하다고 한다.(●●●● 9월 25일)

공산당 일면파를 습격

하얼빈: 19일 이른 새벽 조상지가 인솔하는 공산당 대대 천여 명이 출동하여 중동로 동부방면의 한 곳인 일면파(一面坡) 남쪽 3km에 있

는 조선농민마을 대청천(大靑川) 일대를 갑자기 습격했다. 기습을 마친 부대는 마을에 방화를 하고 즉시 퇴각했다고 하는데, 아직 그 상세한 내막은 알 수가 없다. 그 마을의 농민들은 약 2백여 명이나 되는데, 어떤 자는 참살당하고, 어떤 자는 끌려가는 등 그 마을은 이미 폐허가 된 상황이다.(19일 연합 통신) (●●●● 10월 20일)

일본당국 동북지역에 조선인 통제기관 설립준비

천진: 심양 통신에 의하면 일본인은 동북지역에 조선인을 통제하는 기관을 설립하려고 한다고 한다. 장춘에는 이미 선독출순소(鮮督出巡所)를 설립했고 심양·길림·용정 각지에 사무관을 파견할 계획이다. 최근 조선인들이 급증하면서 앞으로 10년 동안 계속 증가할 것으로 계획하여 일본은 경비를 5천만으로 규정했다. 이로써 조선농민들의 북만 개척이민을 결론지을 계획인 듯하다. 조선인을 통제하고 관리하는 기관은 준비중에 있는데 조선총독이 중심되어 모든 것을 지도하고 책임지고 있다.(●●●● 11월 20일)

일본경찰 한국독립당 체포

화련사 통신: 4·29사건이 발생된 다음, 상해의 일본영사관 경찰들은 한국인 체포에 열을 올리고 있다. 안창호·이춘산 등이 체포되었고, 주요 인물은 다 피해 상해를 떠났다.

전해온 소식에 의하면 최근 한국독립당의 활동이 또 활발하게 진행되고 있다고 한다. 일본영사관 제2과에서는 특별히 한국인을 파견하여 정탐하게 했다. 그들은 사방에서 독립당이 언제 어디서 무슨 집회를 하는가를 정찰하고 있다. 6일 오후 4시 상해 서부 한 곳의 일본경찰은 공부국(工部局)의 경찰과 함께 한국인 남진호(南鎭浩)를 체포

했다. 심사결과 그의 동지들이 상해에 적지 않다는 것을 알
게 되었는데, 이에 따라 최근에 한국인을 대거 체포하기로
했다.(●●●● 12월 8일)

1935년

의군 한국 경내 습격 일본경비대 2명 사망

서울: 한국정부에서 전해 온 소식: 12일 밤 중국에 주둔하고 있는 한국 의군 200여 명이 요동 8도구를 통해 압록강을 건너 조선 평안북도 후창(厚昌)에 주둔하고 있는 일본경비대를 습격했다. 13일 새벽 일본군이 대부대를 인솔하여 후원했는데 의군은 당할 수 없자 총과 탄알 등을 노획하고 퇴각했다. 이번 전투에서 일본경비대 두 명이 전사했다.(14일 화련사 통신)(●●●● 2월 15일)

조선 동북지역 이민자 이용 성 당국 개간계획 착안

북평: 일본당국은 제1, 제2단계로 나누어 동북지역으로의 이민을 획책했다. 동시에 봉천성에 명하여 수전 개간 계획을 작성하도록 했다. 민정소에서는 토목과 과장 일본인 구스다(楠田)를 파견하여 요하·압록강 연안 각 현의 수자원을 조사케 했다. 훈하·요하·태자하 유역 부근 12km이내 백성들의 토지를 금년 2월에 모두 몰수하기로 결정했다. 최근 심양·요양·해성 등 각 현에서 토지를 파는 사람들

이 급증했다. 그러나 토지를 사는 사람은 몇이 안되고 있다. 봉천성 관공서에서는 토지매매는 민심을 교란시키는 것이라고 인증하고 토지매매를 금지시켰다.(15일 통신) (●●●● 2월 16일)

한국인 23명 부의 및 일본과 만주국 문무요인 암살시도

대련: 한국인 23명이 부의(溥儀) 및 일본과 만주국 문무관원을 암살하는 파괴력이 아주 큰 계획을 세웠다는 소문이 돌고 있다. 그들은 상해 한 비밀단체의 성원들인데 연락선을 타고 각 지점에서 만주로 잠입하기로 되어 있다고 한다. 장춘 당국에서는 이 통신을 접하고 먼저 각 요로에 통지를 발부하여 엄밀하게 방비하도록 지령을 내렸다. 조계지의 일본경찰도 이 소식을 접한 다음 최근 활발한 활동을 전개하고 있다. 그리고 대련과 일본간의 해로에서도 엄격하게 단속을 실시하여 의심스러운 선박이거나 기선에서 의심스러운 사람이 있으면 삼엄하게 검문하고 있다. 전하는 말에 의하면 부의는 오는 4월 2일 시종 83명을 인솔하고 일본을 정식으로 방문하기로 했다.(로이터 통신)(●●●● 3월 31일)

북영로 연선 일본인·한국인 조사

북평: 유관(楡關)에 있는 일본측에서는 북영로(北寧路) 연선의 일본인과 한국인 조사를 끝냈다. 일본군대와 헌병을 제외하고 진황도(秦皇島)의 일본인은 101명이고, 한국인은 10명이다. 해양진(海洋鎭)의 일본인은 10명이고 조선인은 7명이다. 유강(柳江)의 일본인은 1명이고 조선인은 7명이다. 석문채(石門寨)와 의원(義院) 두 곳의 일본인은 7명이고 조선인은 20명이다. 무녕(撫寧)의 일본인은 17명이고 조선인은 7명이다. 유수영(留守營)의 일본인은 4명이고 조선인은 9명이

다. 북대하(北戴河)의 일본인은 20명이고 조선인은 10명이다. 합계 북영로 연선의 일본인은 169명이고 조선인은 150명이다. 총 합계 319명이다. 이들은 상업에 종사하는 사람들이 많다.(21일 통신)(●●●● 4월 22일)

의군 한국 경내 일본경비대 습격 여러 명 살상

서울: 한국 총독부 경비국의 보고에 의하면, 어제 오전 11시경 요동 의군 2백여 명이 도강하여 강진을 습격했다. 국경의 일본 경비대와 몇 시간에 걸친 치열한 전투를 벌였는데, 경비대에서는 몇 사람이 살상되었고, 의군은 16명이 포로로 잡혔다고 한다.(22일 화련사 통신)(●●●● 4월 23일)

조선총독 일본육군상과 연합 소탕문제 협의

도쿄: 만주 동부삼림에 잠입한 토비무리들은 만주국에 주둔하고 있는 일본군의 토벌을 피해 조선방향으로 이전할 가능성이 아주 크다. 이것은 조선 경비에 있어서 상당히 중요한 문제이다. 조선총독 우가키 시로아리(宇垣代有)는 이와 같은 구체 상황에 대비하여 하야시 육군상과 함께 만주로 건너가 조선으로 밀입하는 경로를 시찰했다. 서울에서 회견할 때 이 문제에 관하여 서로 의견을 교환했다. 11일 육군상을 방문할 때 또 이 문제를 두고 서로 중요한 의견을 교류했다. 요약하여 소개하면 아래와 같다.

만주국 동부 국경방면의 비적무리들은 만주에 주둔하고 있는 일본군의 위력을 감당할 수 없어 도강하여 조선으로 피신할 계획이다. 조선군은 조선 국경에서 경비대와 경찰에 협조하여 토벌하기로 했다. 그러나 토비무리들은 조선방면의 추격을 받으면 다시 만주로 퇴각할 것이다. 그러다가 추격이 조금 완화되면 또 다시 조선으로 도강할 것이다. 이런 상황은 이미 여러 번 발생한 바 있다. 이것이 토벌하는데 어려움에 봉착하는 이유이다. 따라서 만주와 관동군 당국이 밀접하게 연락하여 변경을 건너가는 수속을 간편하게 하고 월계하여 토벌하는 일이 효과를 볼 수 있도록 대책을 보완하여야 한다. 하야시육군상은 이 문제에서 조선군 사령관의 의견과 같아 그의 견해에 찬성했다. 그리하여 곧바로 관동군 방면과 협의하여 적당한 대치방법을 강구하기로 했다. 전하는 말에 의하면 최근에 그 구체방안을 토론하기로 했다고 한다. (11일 일본 연합사 통신)(●●●● 7월 12일)

일본 한국농민 동북지역으로 이민 계획

서울: 조선총독부는 금후 10년 동안 조선농민 80만 명을 만주로 이민시킬 계획이다. 그 실행기관인 선만척식공사(자본금 3천만 원)를 내년 4월에 정식 성립할 계획이다. 이 공사를 성립한 다음 동아권업공사와 합병하여 전문적으로 이민사업을 처리하기로 했다. 조선총독부는 최근에 신공사가 개업하기 전에는 동아권업공사에서 우선 이민사업을 추진하도록 지시했다. 동아권업공사에서 처리할 이민계획은 영구(營口)지역에 1200세대 6천명, 수화(綏化)에 3백 세대 1500명, 삼원포(三源浦)에 200세대 1000명을 이민시킨다는 것이다. 이에 37만 원 보조금을 방출하여 상기의 각 지방에서 우선 토지를 구입하기로 했다고 한다. (16일 일련사 통신)(●●●● 9월 17일)

1936년

조선총독 만주농업구개발에 조선농민 대규모 이민계획

심양 통신: 동북지역은 토지가 비옥하여 천연적인 농업지역이다. 9·18사변 이후 일본인들은 계속해서 동북지역으로 이민을 오고 있다. 동시에 조선농민들도 계속 동북지역으로 이민시키고 있다. 이에 따라 일본은 만선척식회사를 설립하여 조선농민들을 동북지역으로 대량 이민시킬 계획이다. 작년 조선총독부를 중심으로 계획을 작성하여 새로 설립하게 되는 회사와 동아권업회사를 합병하여 동양척식회사로 명명하기로 했다. 이와 동시에 조선식산은행에서 2천만원을 출자하기로 했는데 이미 일본대장성의 허가를 받았다. 동아권업회사에서 휴업한 다음 새로운 공사와 합병하기로 했다. 동아권업회사의 재산은 현재 조사중에 있다.

동아권업회사는 일본 다이쇼(大正) 10년(1921) 12월 동양척식회사·만철·오쿠라구미(大倉組)를 대주주로 하고, 조선 귀족 박빙효(朴氷孝)의 만철투자지를 중심으로 하여, 동북지역 수전을 개척하며 동북지역의 조선농민을 보호하는 것이 주업인데 개발자본은 2천만원이다. 그 본사는 봉천에 설립하고 개업한 다음 오쿠라구미는 퇴출하기로 했다. 결과 동양척식회사와 만철이 대립되어 경영상에서 서로 충돌이 발생되었다. 그리하여 현재 동아권업회사에서는 새로운 방침을 채택했다.

(1) 사회의 이익을 위하여 토지를 경영한다. 예를 들면 봉천 부근의 통료농장(通遼農場) 등이다.
(2) 조선총독부의 개발 계획에 따라 만주사변 후 조선난민을 수용한 점을 감안하여 영구 · 안동 · 수화 · 철령 · 삼포원 등지를 경영한다.
(3) 일본관동군의 지령에 따라 일본이민이 토지를 경영한다. 그 지역은 가목사(佳木斯) · 보청현(寶淸縣) · 아스하(阿什河) · 밀산(密山) 등이다.

이상 세 방면에서 합병하여 축산과 정미 등을 경영한다. 지금 전해지는 소식에 의하면 이 회사의 전 재산은 경작지 면적이 129,862평이며 그 자금은 약 3백만원이 된다고 한다. 그리고 그 지역 내의 건물과 기타 자금이 약 5백만원이며 합쳐서 모두 8백만원이 된다고 한다. 여기에서 만철에서 차입한 5백만원을 제외한다 해도 역시 잉여금이 있게 된다. 이 회사 회사원의 다수는 합병한 다음 모두 만선척식회사로 전입하게 되어 있고, 일부는 일본인 이민회사의 희망에 따라 이 회사에 참여한다면 30% 정도로 예정하여 승급하기로 했다. 또한 만선척식회사와 합류하는데 따라 재산을 평가하기로 했다. 그러나 금년 내에 이 회사의 모든 사무, 이를테면 영구의 두 안전촌 1200세대 조선인 이민자 중 제1기로 이민할 600세대는 만선척식회사에 이전하여 금년에 완성한다.

전하는 소식에 의하면 이 회사는 합병한 다음 일본 국책상 중대한 사명을 띠게 될 것이라고 한다.(동북사)(●●●● 3월 21일)

조선혁명당군 또 일본경찰과 충돌

서울: 일본경찰대 10여 명이 오늘 오전 10시경 평안북도 벽단 부근에서 강을 따라 순찰하던 중 별안간 나타난 한국혁명군 60여 명의 습격을 받아 전투를 전개했는데, 대항전은 아주 격렬하여 몇시간이나 지속되었다고 한다. 부근의 일본군이 후원해 오자 혁명군은 즉시 퇴각했는데, 이번 전투에서 일본경찰 1명이 죽었고, 경장 한 사람이 부상을 입었다고 전해지고 있다.(26일 화련사 통신)(●●●● 3월 27일)

동북지역의 조선인 세력 점차 팽창

장춘 통신: 9·18사변 전 조선인민들이 살길을 찾아 동북지역으로 이민 온 사람들이 점점 증가하였는데, 종종 불법적인 행동을 하였다. 그러나 중국정권하에서 그다지 방자하지는 못했다. 하지만 사변이후 위만주(僞滿洲) 조직이 성립되면서 조선인들은 그 위조직(僞組織)의 한 성원으로 자처하고 있다. 그리하여 불법적인 사건이 많아진 것이다. 당지 민중들은 오히려 그들에 의하여 압박을 받고 있지만, 이에 대항하여 나서지를 못하고 있는 실정이다. 조선농민들은 일본의 지시에 따라 동북지역의 비옥한 토지 중 가장 좋은 농업구역으로 대거 이민하고 있다. 또한 자동적으로 동북지역에 이민 오는 조선인들도 적지 않다. 작년 조선 농민들이 동북지역에서의 경작 상황을 소개하면 아래와 같다.

성 별	수전 면적(정보)	벼 수확량 (섬)
길림성	16,851	564,863
빈강성	21,230	494,826
용강성	4,090	68,362
흑하성	234	5,780

1936년

삼강성	2,743	95,300
간도성	15,159	151,366
안동성	8,373	208,657
봉천성	29,340	794,453
금주성	45	8,787
열하성	20	400
6안각성	2,098	48,275
합계	100,955	2,202,537

(기타 경작면적 245,085정보)

이 밖에 4대 안전촌이 있는데 그 지구의 상황은 아래와 같다.

촌 지역	경작면적(정보)	수확 예산량(섬)
철령	650	12,165
영구	2,477	46,598
하동	1,653	45,000
화	701	16,479

동북지역의 조선인 분포상황 통계

성 별	인구	2년 전에 비해 증가 수
길림성	44,973	14,148
흑하성	826	384
삼강성	17,545	14,692
간도성	441,215	44,569
빈강성	62,139	43,251
안동성	91,593	91,593
봉천성	106,843	91,791
금주성	1,572	1,074

열하성	825	574	
신경특별시	5,444	4,384	
하얼빈특별시	7,860	6,982	(●●●● 4월 12일)

한국농민 또 2천명 동북지역으로 이민

장춘: 조선농민 남녀 2천 명이 일전에 또 동북지역으로 이민하기 위해 도착했다. 그 중 천명은 철령(鐵嶺)으로 가고, 나머지 천명은 영구(營口)의 전장대(田莊臺)로 갔다고 한다.(20일 화련사 통신) (●●●● 4월 21일)

한국독립당 김씨 체포

천진: 한국독립당 김씨가 진황도에서 여열단(女熱團)을 조직하여 구국운동에 필요한 자금을 모집하다가 한간이 일본경찰에 고발함으로써 체포되었다. 함께 이 사업을 진행하던 동료는 모두들 피신했다고 한다. 김씨는 천진으로 압송되었다.(9일 통신)(●●●● 5월 10일)

조선공산당 18명 사형

서울: 6월 16일 상소법원에서 조선공산당 18명의 사형을 비준하여, 오늘 그들이 수감된 감옥에서 사형에 처해졌다.(23일 로이터 통신)(●●●● 7월 24일)

조선혁명청년 귀국 대거 밀모

서울: 한국혁명청년 중 유천호(柳川浩) 등이 최근 길림에서 조선 독립당 분부를 설립하고 비밀리에 독립운동을 진행했다. 일전에 그는 같은 당인 10여 명과 함께 서울로 잠입하여 행동위원회를 설립하고 각지 청년들을 연락하여 의거를 기도했다. 그런데 이 소식이 누설되

어 어제 평안북도 초산과 금산 등지에서 체포되었다. 일본경찰당국은 유씨 등 6명을 치안법에 근거하여 법원으로 이송해 심의하기로 했다.(24일 화련사 통신)(●●●● 8월 25일)

천진 일본경찰서 한국독립당 수사

천진: 천진의 일본경찰은 재만주 한국동포에 고하는 글을 살포하여 혁명을 고취한 한국독립당 의열단을 발견하고, 경찰서 사법과 임원들이 연일 대대적인 수사를 진행하고 있다.(26일 통신)(●●●● 8월 27일)

군열차 기습당해 20여 명 죽고 60여 명 부상

도쿄: 오늘 규슈(九州) 제12사령부에서 발표한 바에 의하면 토요일 밤 중한의 비적 250여 명이 만주 동부 목구현(穆口縣) 서쪽 8km 떨어진 곳에서 군열차를 습격했다. 열차에 있던 일본군은 밤새도록 혈전을 벌여 토비 무리들을 물리쳤으나, 일본 군관의 전사자는 25명이나 되고, 65명이 부상을 입었다고 한다.(14일 로이터 통신)(●●●● 9월 15일)

1937년

중일 충돌 심각 조선 전시상태 선포

도쿄: 조선주둔 일본군 총사령 오구시(小井)는 오늘 조선민중에 고하는 글을 발표하고 중일 충돌이 일어날 가능성이 큼에 따라 조선은 군사지리상 중요하기 때문에 전국을 전시상태로 전환시켜야 한다고 했다.(21일 해통사 통신)(●●
●● 7월 22일)

조선·대만·류큐열도 동포들이여
하루 빨리 깨어나 독립해방을 쟁취하자

상해로 돌아온 일본유학생 학계에서 조직한 전사지식연구회에서는 어제 격문을 발표하여 조선·대만·류큐열도 동포들에게 함께 일어나 독립을 쟁취할 것을 호소했다. 그 글은 아주 통절했는데, 아래 그 글을 소개하고자 한다.

친애하는 조선·대만·류큐의 동포 여러분, 중화민족의 항일은 이미 전면적으로 전개되었다. 이것은 중화민족뿐만 아니라 인류의 정의와 동아의 평화를 위하여 혈전을 벌여야하는 신성한 항전이다. 일본제국주의는 전동아 약소민족을 모두 손아귀에 넣어 한 점의 피도 남기지 않게 노역에 쏟아넣으려 한다. 제군들은 햇살이라고는 보이지 않는 암흑에서 일본제국주의의 군화에 깔려 유린당하고 참살당하고 있다. 그러나 제군들은 민족해방운동을 쟁취하기 위하여 계속적인 불요불굴의 정신으로 투쟁을 견지하여 왔다. 이것은 전 세계의 감동과 칭송받을 일이다. 현재 제군들에게 가장 좋은 기회가 왔다.

일본제국주의의 대표 일본군부는 수십만 대군을 인솔하고 우리 화북과 상해를 침범하고 있다. 상해에서 전쟁을 발동한 일본제국주의는 우리나라 충열들과 국군의 유혈저항을 받아 심각한 타격을 받았다. 살상된 일본군 숫자만도 이미 3만을 넘었다. 그러나 일본 군벌들은 스스로 물러나지 않고 결국 대군을 거느리고 다시 대대적인 침범을 획책하고 있다. 제군들의 가장 좋은 기회는 바로 여기에 있는 것이다. 대거 침범하여 오는 적들 앞에서 우리는 책임지고 그들을 섬멸할 의무가 있는 것이다. 제군들이 각자 자국에서 경비가 소홀한 틈을 타 민족해방운동의 봉화를 높이 들고 각지에서 봉기를 일으켜 적들의 후방을 혼란하게 한다면, 적들은 양쪽을 다 대응하지 않으면 안되기 때문에 절망적으로 될 것이다. 제군들도 주지하듯이 독립과 해방을 쟁취하고 원수를 갚으려면 이 천재일우의 기회에 피 흘리며 적들과 필사의 전투를 전개해야 한다. 그래야만이 목적에 도달할 수 있는 것이다.

친애하는 제군 여러분, 조금도 주저하지 말고 즉시 일어나라. 자자손손 소와 말처럼 노예로 살기보다는 민족 자구를 위해 피흘리며 죽는 것이 더 통쾌할 것이다. 일어나라, 제군이여! 조선독립만세! 대만독립만세! 류큐독립만세!(●●●● 9월 17일)

중한 의군 이가역 습격

하얼빈: 중한 항일의용군 5백여 명이 27일 밤 연합하여 한국과 만주 변경 연길현 동쪽 30km에 있는 이가역(伊柯驛: 음역)을 습격하여 일본군과 5시간 동안 총격전을 벌인 다음 퇴각했다. 이때 일본군 30여 명이 사살되었다.(29일 쾌속사 통신) (●●●● 10월 30일)

적군 조선과 대만에서 군인 모집 상해로 파견

중앙사 통신: 적들이 상해를 침공하려 했지만 수차 실패하자 최근 조선과 대만 등지에서 군인 2천여 명을 모집하여 오늘 상해로 파견했다. 그 중 6,7백 명은 물에 익숙한 사람들이다. 전하는 통신에 의하면 이들은 적들의 결사대라고 한다.(●●●● 11월 7일)

연해주 한국인 핍박 강제 이주

모스크바: 러시아 시베리아 동부 연해주에 조선인들이 적지 않게 거주하고 있다. 소련정부는 최근 명령을 내려 이들을 내지로 강제 이주하도록 했다. 일본대사 시게미츠(重光葵)는 이 사실에 관하여 소련정부에 항의했다. 당지 정부에서는 일본대사의 항의를 거절했다. 이 곳의 조선인은 이미 러시아 공민이기 때문에 일본에서는 이를 간섭할 권리가 없다고 표명했다.(27일 하와스 통신)(●●●● 11월 29일)

1938년

한국적 포로 조선혁명 협조한다고 피로

정주 8일 통신: 아군 모부대에서는 일전에 평원을 탈취한 바 있다. 이 전투에서 적군의 중요 정보원과 후방 근무원 27명을 포로로 잡았다. 7일 포로들을 전방에서 정주(鄭州)를 경유하여 한구(漢口)로 압송했다.

전하는 소식에 의하면 그들은 모두 조선인이라는 것이다. 중국에 와서 전투에 참가한 것은 일제 군벌의 압박을 못이겨 온 것이지 자원해서 온 것이 아니라고 밝혔다. 또한 적군의 후방은 아주 약하다면서, 이것은 우리 유격대가 수시로 적군 후방에서 아주 활발하게 활동하고 있기 때문이라고 했다. 적군은 언제나 경각심을 갖고 아군의 습격을 방비하고 있다고 하였다.

조선의 일반 민중은 중국의 항전에 대해 높이 평가하고 있다고도 말했다. 현재 조선인민도 혁명을 발동하여 일본 군벌의 압박을 반대하여 나서고 있으니, 중한 동포들은 일치단결하여 분투해야 한다고 강조했다고 한다. (중앙사)(●●●● 4월 9일)

남경의 일본군 내란 발동, 조선군 전체 무기 해제

툰계 15일 통신: 남경에서 최근 내란이 일어나 모든 조선군으로부터 무기를 해제했다고 한다.(중앙사)(●●●● 8월 17일)

조선병 7천여 명 전쟁 혐오, 귀향 요구하다 충돌 발생

淮陰 29일 통신: 남경에 주둔하고 있는 일본군은 근 만여 명이나 된다. 매일 밤 보병과 기병, 그리고 탱크병들이 중화문과 통제문을 지나 성밖으로 이동하고 있다. 그러다가 얼마 전에 다시 시내로 돌아와 시위를 했다. 그 가운데 있던 조선병들이 전쟁을 혐오하게 되어 무기를 반납하고 귀향하겠다는 요구서를 제출했다고 한다. 그 결과 이들은 모두 구속되었는데, 이 과정에서 쌍방이 충돌하는 바람에 많은 사람이 부상을 입었다고 한다. 최근 항주에서 군대를 증파하여 왔으며, 기선 3, 4백 척을 증파했다. 진강(鎭江)과 항주(杭州) 일대에서 물의 흐름을 이용하여 남하할 가능성이 보이고 있어 우리 당국에서는 이에 대한 방비를 엄밀히 하고 있다.(중앙사)(●●●● 8월 30일)

1939년

고려인민동맹 중국항전 승리 축하

중국에 체류하고 있는 고려인사들이 조직한 동맹회에서, 중국민중에게 고하는 글을 발표하며 우리 정부가 18개월 동안 항전한 결과에 대하여 심심한 동정을 표했으며, 우리나라 항전의 영도자 장개석장군을 옹호한다고 표명했다. 동시에 전선에서 혈전을 벌이고 있는 장병들에게도 경의를 표명했다. 중국민중에 고하는 이 글의 대체적인 내용은 아래와 같다.

중국정부가 일본군에 대항하여 전투를 진행한지 어느새 18개월이 된다. 전중국민중은 장개석장군의 영도하에 … 중국 4억 5천만 인민은 꼭 해방의 그날을 맞이할 것이다. 그날은 역시 고려국 3천만 인민에게도 자유를 회복하는 날이 될 것이다. …… 중국과 고려는 다같은 역사를 가지고 있으며, 두 나라 국민은 역대로 일본의 압박을 받아 왔다. 이번에 중국에서 전면 항전을 개시한 것은 중국의 부흥만이 아니라 전세계 약소민족의 부흥에도 기여하고 또한 구원해 주게 될 것이다. 고려인민은 중국항전이 마지막에는 승리하도록 일치단결하여 옹호할 것이다.(●●●● 1월 10일)

조선지사 독립운동 영도자 여러 명 체포

고베: 『일본기사신문』에서 전하는 통신에 의하면 조선에서 종교단체 지도자 38명이 독립운동을 선동하였다는 죄명으로 체포되었다고 한다. 이달 5일 심야 경찰 백여 명이 기관총과 소총을 들고 눈보라가 치는 날씨에도 불구하고 금강산 부근 해발 1200m의 악산(岳山: 음역) 산봉에 잠적하고 있던 비밀 산굴을 습격했다. 이 사건이 발생되었을 때 당국에서는 신문과 통신사에서 이 소식을 공개하지 못하게 하여 어제야 비로소 이 소식을 전달받았다고 한다.(17일 쾌속사)(●●●● 1월 18일)

대만, 조선인민에 대한 일본의 압박

도쿄: 어제 중의원에서 예산안을 토론할 때, 민정당의원 나카지마(中島)가 중일전쟁에 대한 조선과 대만의 태도에 대해 질문했다. 이에 조선총독 대변인이 아래와 같이 회답했다.

조선인민은 중일전쟁과 원동의 상황이 중대한 의의를 가지고 있다는 사실을 충분히 이해하고 있으며, 이미 그들은 독립운동과 공산주의자들의 음모로부터 완전히 벗어나 있다. 작년 조선지원병 4백여 명이 조선군에 가입했고, 이제 또 6백여 명이 금년에 군인모집에 응해 입대하게 된다. 그리고 조선의 절약운동은 이미 효과를 보기 시작했으며, 조선인민은 은행에 일본 돈으로 2천만원을 예금하고 있다. 국방기금에 찬조한 것은 6백만원에 달하며 이 밖에도 비행기 64대를 지원했다. 이를 이어서 대만총독 대변인이 대답했다.

그는 먼저 대만인민들의 일본화에 대하여 설명을 했는데, 대만의 민중 중 원래 복건에서 건너간 사람들이 많은데 이들은 대만의 80%를 차지하고 광동에서 건너간 사람은 겨우 20%에 불과하다고 설명했다. 중일전쟁 초기 일부 대만인사들은 유언비어를 살포하여 중국이 일본을 격파할 것이라고 선동했다. 혹은 일본이 타국의 공격을 받게 될 것이라고 선전했다. 그러나 이제 이런 유언비어는 완전히 자취를 감추었다. 지금 대만 인민은 일본제국의 인민이 된 것을 자랑스럽게 느끼며 중일전쟁에 참가하는 것에 자긍심을 느낀다고 소개했다. 일부 대만인이 중국 전투에서 전사한 후 일본천황이 표창해 준 것은 일본인과 같은 대우를 해준 것이라고 인식하고 있다. 대만의 절약운동도 아주 순리롭게 진행되고 있는데 원래 규정한 5천만원 목표를 벌써 완성했으며, 대만인민이 공헌한 국방경비도 이미 7백만원이나 된다. 여기에는 만여 명의 외국인들의 공헌도 있다고 말했다.

대만인민은 가치가 3천만원에 달하는 황금을 일본정부에 판매했다고 첨부하여 소개했다. (7일 로이터 통신)(●●●● 2월 8일)

광주 일본군 중 한국적 병사의 반란

홍콩: 광주 일본군 내에는 조선과 대만적의 전사자가 많다. 이들은 일본군의 압박에 견디다 못해 일전에 반란을 일으키기도 했다. 8일 새벽 조선족 병사 6,000여 명이 대대적으로 폭동을 일으켜 많은 일본군관들을 사살했다.

일본군관 안도 도리요시(安藤利吉)가 이 소식을 접하고 즉시 대군을 데리고 가 폭동군을 포위했다. 쌍방은 장시간에 걸쳐 전투를 벌여, 쌍방의 사상자는 수없이 많았다. 후에 일본해군 육전대가 상륙하여 협공을 하면서 폭동을 진압할 수 있었다. 폭동군의 영도자 이영길(李永吉)과 김진영(金振齡) 등 800여 명을 체포하여 전부 총살시켰다. 기타 남은 사람은 원래의 소속으로 압송하여 처분하기로 했다. (12일 통신) (●●●● 2월 13일)

광주조선군 폭동

중앙사 계림 12일 통신: 광주 일본군내에는 조선과 대만적 군인이 적지 않다. 이들은 일본군의 압박에 못이겨 폭동을 일으켰다.

8일 조선족 병사 6,000여 명이 대거 폭동을 일으켜 일본군관들을 많이 사살했다. 일본군관 안도(安藤)가 이 소식을 접하고는 즉시 대군을 이끌고 폭동군을 포위했다. 쌍방은 하루종일 격렬한 전투를 벌였다.

전투중에 사상자가 무수히 발생했다. 후에 해군 육전대가 상륙하여 협공을 한 결과 폭동을 진압할 수 있었다. 폭동자 영수인 최장귀(崔長貴)·이영길·김진한 등 8백여 명을 즉시 총살시키고, 기타 다른 사람들은 원래의 소속으로 압송하여 처분하기로 했다.(●●●● 2월 14일)

한국적과 대만적 병사 학대 참지못해 불산서 반란

홍콩 통신: 조선적과 대만적을 가진 병사들이 광동에서 반란을 발동했다. 광동성 각 지의 일본군 중 절반 이상이 대만과 동북지역에서 모집한 병사들이다. 그 중에 조선적 병사 및 만주적 병사와 정규군 일본 병사들은 각각 절반을 차지했다.

과거 중국에서 전투를 벌일 때 조선적 병사와 대만적 병사는 전선 일선의 전투에 참가시키지 않았다. 이들이 전투시 소극적으로 대응하여 전투에 영향을 줄 것을 우려한 것이다. 혹은 이들이 총부리를 뒤로 돌려 반역하는 일도 걱정한 것이다. 그러나 광동 일대를 침략한 일본군은 국내에서 병력을 더 모집할 여지가 없고, 이에 반해 전선은 자꾸 연장되는 동시에 후방의 게릴라전이 활발함에 따라 전방 후방에 다 정병을 주둔시켜야 했다. 그리하여 부득불 조선적 병사와 대만적 병사를 모집할 수밖에 없었다. 광동일대의 일본군 중 조선적 병사와 대만적 병사들은 전방이나 후방을 막론하고 종종 반란을 일으켰다. 최근 불산(佛山) 방면에서도 한 차례 폭동이 일어났다. 불산은 광주와 아주 가깝게 있기 때문에 일본군은 아주 공포에 질려 있다. 이 사건의 경과는 대략 아래와 같다.

불산의 일본군은 해남도로 이동하고, 유수부대로 남은 것은 대부분 조선적 병사와 대만적 병사들이었다. 금년 광동 일대 각지에 식량 기근이 들어 일본군까지 그 영향을 받게 되었다. 하루에 밥대신 죽을 한 끼씩 먹어야만 했다. 그러자 일본군은 조선적 군인과 대만적 군인들에 대하여 대우를 더 낮추었다. 월급도 제때에 주지 않았다. 이 두 가지가 원인이 되어 불산 석만에 주둔하고 있던 조선적 병사와 대만적 병사 백여 명이 이달 초에 반란을 일으킨 것이다. 그들은 우선 연대장 아라키(荒木)에게 밀린 월급을 지불하여 줄 것을 요구했다. 그러나 그가 거절하자 그들은 연대장을 창으로 찔렀고, 이것이 원인이 되어 소란이 일어나게 됐던 것이다. 난석(瀾石) 방면에 주둔하고 있던 일본군이 소식을 듣고 광주 일본 헌병사령부에 급히 전보를 보내 지원을 요청하는 동시에 즉시 현장으로 달려가 반란자들을 체포했다. 일본군은 반란자들을 광주로 압송하여 간 다음 7일 오전 반란 주동자 10여 명을 중산공원 내에서 공개적으로 목을 잘라 처형했다. 기타 나머지 사람들은 잠시 헌병대에 구속시켜 두고 있는데 얼마 후 귀국시켜 처벌하기로 했다고 한다.(●●●● 3월 8일)

1940년

한국인 피격사건 조사 중

상해 타임즈 통신: 상해 일본문 『대륙신보』는 어제(1일) 아래와 같은 내용을 보도했다.

일본총영사 미우라 요시아키(三浦義秋)는 일본적 한국인 김청근(金淸根: 음역)이 지난 일요일 공공조계지에서 두 중국경찰의 총에 맞아죽은 사건을 상세하게 보고하라는 지시를 내렸다. 그는 보고를 받고 심의한 다음 어떻게 처리할 것인가를 결정하게 된다고 한다. 경무처에서는 일본당국의 요구에 응하여 이 사건을 조사하기 시작했다.(●●●● 2월 3일)

조선의용대 귀양서 사천으로 출발

귀양: 조선의용대 대장 이달(李達)과 대원 20여 명이 귀양(貴陽)을 떠나 사천(四川)으로 갔다.(10일 통신)(●●●● 4월 12일)

한국 청년 군 위로운동에 열성

서안: 한국청년전지공작대는 남북에서 작전중인 중국군대가 연이어 승리하자 일전에 섬서에서 군인 위로공연을

하여 벌어들인 4,102원 입장료를 모두 섬서 각계 부녀옷 모금위원회에 헌금하여 이 돈으로 군복을 만들어 전방에 지원토록 하였다.(18일 통신)(●●●● 6월 19일)

조선의용대 귀양에서 사천으로 출발

귀양: 조선의용대 제3대 대장 김세일(金世日) 등 일행 30여 명이 강소에서 귀양으로 이전하여 온 다음 다시 귀양을 떠나 사천으로 출발했다.(10일 통신)(●●●● 9월 10일)

조선 의용대 귀양에 도착

귀양: 조선의용대 제3대는 10일 전방에서 귀양에 도착했다. 이들은 이어 사천을 향해 떠나게 된다.(12일 통신)(●●●● 9월 13일)

조선기독교도 대량 검거

도쿄: 서울에서 전해 온 일본의 반 관측 통신에 의하면, 금요일 조선 전 경내에서는 반란 혐의가 있는 기독교 교도들을 대거 검거했다고 한다. 그들이 비밀리에 결합하여 반란활동에 종사하고 허위적인 선동을 진행했으며 일본천황을 멸시했다는 죄로 검거했다고 한다. 다른 외국인들과 연루시키지 않기 위해 관방측에서는 기독교 교의를 간섭할 의향은 없다는 성명을 발표했다. 동시에 한국인 기독교도들은 일본제국의 한 성원으로서 시대의 필요성에 따라 깨닫기를 바란다고 했다.(22일 로이터 통신)(●●●● 9월 23일)

1941년

동아시아 피압박민족 일치단결하여 중국 작전에 참가

최근에 출판된 밀러 씨의 평신지(評信紙)의 보도: 일본은 갑오전쟁 때 대만과 조선을 탈취한 이후 이미 수십 년간 통치해 왔다. 이러한 통치는 피압박 인민들에게 원한을 심어주게 되었다. 그때로부터 지금까지 중국은 분노하여 일어나 항일을 진행해 왔으며 이것은 많은 사람들에게 희망을 심어주었다. 대만인들도 중국인종이다. 대만의 토지는 이전부터 중국의 한 부분이었다. 조선은 반독립국가로 중국에 귀속되어 있었다. 동아시아 피압박 약소민족들이 동아시아를 영도할 수 있는 국가를 찾고 있는 이때, 도쿄로 가서 찾는 것이 아니라 중경에 와서 찾고 있다. 대량의 조선인들은 중국에서 중국을 도와 작전에 참가하고 있다. 대만의 유지인사들도 또한 함께 동참하고 있다.

장위원장의 협조

이들 간에 약간 다른 것이 있다면 조선인들의 지원은 광복을 되찾기 위한 것이며, 그 성격은 중국의 협약국이라 할 수 있다. 대만은 원래 중국의 영토이기 때문에 그 성격은 동북3성 군인들의 작전과 같다. 20년 이래 조선인들은 중국에 비밀정부를 건립하고 국외로 망명간 한국인들의 옹호를 받아왔다. 일본에 대한 테러활동에 대한 소식이 종종 들려왔다. 이와 같은 조선정부의 영도자들이 지금은 모두 중경에 와 있다. 3주일 전 장위원장은 그들을 조선군 1개 대로 편성하는 것을 특별히 허가했다. 이들은 이를 계기로 압박자에 대해 전쟁터에서 피를 흘리며 결사전을 벌일 것이다.

정식 무장으로 공동 승리의 쟁취

사실상 조선의 청년들은 일찍부터 중국군에 가입하여 협조해 왔다. 며칠 전 한 단체는 양국의 승리를 기념하는 경축대회를 가지기도 했다. 그들은 바로 조선의용대원으로 3백여 명이 넘는다. 이들의 임무는 전쟁에서 공작활동을 진행하는 외에, 일본군대 내의 조선인들을 설득하여 중국을 돕게 하는 것이다. 이전에는 조선인들이 무기를 갖지 못했는데, 이제는 정부의 허락받았기 때문에 정식으로 무장하게 된다. 그리고 조선의용대라고 명명되어졌다. 그러나 이들은 이씨의 강산을 회복하기 위한 것이 아니다. 이들의 종지는 민주의 새 나라를 건립하는 것이며, 중국의 승리와 더불어 목적을 실현할 수 있을 것이라고 굳게 믿고 있다.(●●●● 2월 3일)

일본 조선국경선에 군사집결

합중사 16일 발 워싱턴 통신: 중한 연합회의 대표 한씨는 어제 국무경 헐에게 서한을 보내, 일본의 고려에 있는 나진지역 근거지에 대하여 관심을 가져주기를 요청했다. 이곳은 미국이 소련으로 가는 관문인 블라디보스토크에서 150리 떨어진 지역인데 일본이 이곳에 5만 명의 군인과 비행기 350대, 그리고 잠수함 12척을 집결시켰다고 지적했다. 한씨는 나진은 이미 일본 제3대의 중요 군사근거지로 되었다고 밝혔다. 블라디보스토크는 소련 태평양에서 유일하게 겨울에도 얼지 않는 항구이다. 미국과 소련이 먼저 손을 써서 주동적인 위치를 차지하지 않는다면, 이 항구는 일본으로부터 위협을 받게 된다는 것이 한씨의 견해이다. 한씨는, 우리들이 이러한 견해를 발표하는 것은, 미국이 소련과 상의하여 미국군대가 블라디보스토크와 캄차카 반도-약빙도(若氷島)를 접수 관리하기를 건의하기 위해서라고 피력했다.(●●●● 9월 17일)

1945년

한국통일위원회, 맥아더에게 전보를 보내 축하와 합작 표시

중앙사 워싱턴 통신: 미국·하와이·멕시코·쿠바의 주요 한국조직인 한국통일위원회에서는 맥아더원수에게 전보를 보내 축하와 합작할 것을 표명했다. 전보는 또 맥아더가 통일위원회를 대신하여 한국에 전보보내 상기의 전보를 전달하여 줄 것도 요청했다. 이 전보는 진주만사건 이래 한국에 보내는 첫 전보가 되는데, 전보 접수자는 서울 신문 주간과 독립운동의 영도자 이광소(李廣素)이다. 전보 내용은 대략 아래와 같다.

우리가 우리나라 인민들이 맥아더원수와 충분히 합작하자고 촉구하는 것은, 동맹국에서 공동적으로 한국문제를 처리하고 있기 때문에, 우리나라 인민은 동심협력해야 하며 정치·경제 및 사회방면에서 중국·소련·영국 등과 우호관계를 회복하는 길이 급선무라고 생각되었기 때문이다. 이 전보는 한국위원회 주석 및 한국독립운동의 각 중견들이 연합하여 사인하였다.(●●●● 8월 26일)

일본군 조선 화려궁에서 투항서에 조인

서울 9일 통신: 조선남부 일본군 투항의식이 오늘 오후 조선총독부 화려궁(華麗宮)에서 거행되었다. 수만 명이나 되는 조선인민들이 길 옆에서 몇 시간이나 서서 기다렸다. 미국 군용차가 지나가자 하늘을 진동시키는 환호성이 터져 나왔다. 수만 명의 시민들이 이 의식을 거행하는 것을 직접 목격했다. 궁전 깃대에서 일본국기가 내려지자 조선인민들은 목청껏 만세를 불렀다. 이것으로 50년간의 일본통치는 막을 내렸다. 조선주둔 일본군의 투항식은 장엄하고 숙연한 기분에서 진행되었다. 이후 미군은 거리에서 시가행진을 했다. 서울 시민들은 거리 양쪽에 모여 서서 미군들을 환영했다. 서울시민들의 손에는 중국·미국·영국·소련·조선 국기를 들고 흔들고 또 흔들었다. 이 광경을 직접 목격한 한 미국군관은 서울 시민들의 환영하는 장면이 마치 수많은 학생들이 학교에서 방학한다는 소식을 듣고 좋아하는 그런 기분이었다고 묘사했다. 투항을 접수한 조선군 미군총사령 하지 2급 상장과 미해군을 대표한 진카이(金開) 해군상장이 이곳에 도착하자 먼저 수많은 탱크가 앞에서 인도하였고, 그 뒤를 따라 일본 군용차가 길을 열었다. 조선인민은 길 양쪽에서 궁궐까지 행렬을 지으며 이들을 환영했다. 투항의식은 일본 조선총독 아베 노부유키(阿部信行)의 궁전에서 진행됐다. 투항의식은 16분밖에 걸리지 않았다. 일본대표 일행 3명은 아베(阿部)가 인솔하여 적색 가죽 의자에 앉았고, 미국장군 14명이 맞은편에 앉았다. 하지상장과 진카이 해군상장이 궁궐로 걸어 들어오자 투항의식에 참가한 인사들과 일본대표들이 기립하여 바른 자세를 취했다. 아베(阿部) 총독이 먼저 사인하고 육해군대표들이 서명했다. 이때 무수한 마그네슘 섬광이 불빛을 번쩍이면서 당시의 광경을 카메라에 담았다.(●●●● 9월 11일)

1945년
445

맥아더총부에서 조선군정장관을 임명

중앙사 중경 12일 통신: 미국 신문처 조선 서울에서 11일 통신: 미군이 상륙한지 4일째 되는 오늘 조선은 대경축행사를 펼쳤다. 수많은 한국인들은 50년 동안 일본의 군화 아래 간신히 목숨을 유지하여 왔다. 그러니 자유를 찾게 된 사람들은 한없이 기쁘고 통쾌해 했다. 그러나 아직 일부 일본관리가 당지의 민정 사무를 관리하고 있기 때문에, 한국인은 할 수 없이 여전히 일본인과 접촉하지 않으면 안되게 되었다.

도쿄 맥아더총부에서는 하지 2급 상장을 미군 행정장관으로 임명했다. 이것은 일본 관리를 하루 빨리 대체시키고 한국정부의 안전을 보호하기 위한 조치이다. (●●●● 9월 13일)

김구, 한국의 현재 현상이 혼란하다고 기자에게 피로

합중사 서울 11일 발 통신: 한국임시정부 주석 김구는 오늘 기자들에게 연합국과 미군군정부는 언제 임시정부를 합법적인 정부라고 승인할지 아직 알 수 없다고 피로했다. 심지어는 임시정부가 승인을 받을 수 있는지 없는지 하는 것도 지금은 확정하기 어렵다고 말했다. 그는 자기의 정당은 비록 자유민주를 지향하지만, 정치적으로는 대체로 우파경향을 가진 사람이 많다고 하였다. 기자가 그에게 본인은 좌파인가 아니면 우파인가 하고 질문하자, 그는 "나도 정확히 말하기는 어렵다. 인민들 판단에 맡기도록 하자."라고 대답했다.

현재 한국의 현상은 여전히 혼란스럽다. 김구를 한 축으로 하는 정치역량이 있는 반면, 인민공화국을 축으로 하는 정치역량이 있기 때문이다. 군정부는 이 중간 위치에 처해 있다. 따라서 어느쪽 편을 들어야 할지 주저하지 않을 수 없는 고민이 있는 것이다.(●●●● 12월 13일)

한국주둔 미군사령 포고발표

연합사 서울 16일 통신: 주한미군 육군사령 하지중장은 오늘 포고를 발표하며 아래 사항을 공표했다.

어느 정당이나 당파가 공공연하게 또는 암암리에 한국에서 정권을 행사하려 한다면 곧 엄격하게 징벌할 것이다. 이것은 연합군정부가 오늘 한국의 유일한 정부라는 것을 성명하는 것이며, 조선인민공화국 및 그 산하 군대와 인민에 대해서는 큰 타격을 가한 것이다.(●●●● 12월 18일)

조선문제 의사일정의 납입

프랑스 신문처 워싱턴 22일 발 통신: 이곳 정계의 소식: 조선문제는 아마도 모스크바회의의 주요 의제가 될 것이다. 미국은 이 문제를 해결하는 방법을 얻기 위하여 심의하던 중, 이번 기회를 빌려 조선 국내의 미소분리관리제의 문제를 해결하고자 하고 있다. 미국의 계획은 두 가지 단계로 나누어 해결한다는 것으로, 첫째는 미소 점령 분계선을 취소하고 조선 국내의 사회와 통일을 완성시킨다는 것이고, 둘째는 신탁관리시기 동안 미국·영국·소련·중국 등 4국이 공동 참여한다는 것이다. 이곳 정계인사들은 이것은 다만 미국이 제출하려는 해결 방안의 하나이기 때문에 미국정부가 또 다른 제의를 할 수도 있다고도 분석하고 있다.(●●●● 12월 24일)

한국교포에 구제품 발급

중한문화협회 상해분회는 상해에 거주하고 있는 한국교포가 많은 것을 감안하여, 긴급히 한국교포 긴급구제위원회를 성립하여 국제와 우리나라 자선기관의 지원을 받아 한국교포를 구제하는 공작을 진행했다. 최근 며칠간 이 사업을 추진하는데 힘써 왔다. 이 위원회의 주임 왕죽일과 부주임 이약천·종가탁 등은 자선구제총서 상해분소에 가서 구제금을 신청했다. 유홍생 서장이 이에 응하여 구제금을 전달하기로 했다. 한국교포들을 집중시키는 일이 끝나면, 곧 자선구제분소에서 밀가루·의복·약품 등의 구제품을 지급할 것이라고 대답했다. 한국교포들이 시급히 귀국하려 하는 요구에 대응하여 선박 등 사항을 교섭하여 주기로 했다. 이미 상당한 결과가 있다.(●●●● 12월 25일)

미국과 소련, 한국문제 상의

합중사 워싱턴 25일 발 통신: 정보가 빠른 사람이 전해 온 오늘의 소식: 한국의 독립계획에 관하여 모스크바 외교부장관회의에서 협의가 있을 것이라고 한다. 소식통은 또 미국 국무경 베르나스가 모스크바로 갈 때 정부의견서를 가지고 갈 것인데, 소련이 제출한 신탁통치를 반대하고 즉시 한국의 독립을 실현시켜야 한다는 주장이 들어 있을 것이라고 했다.

현재까지는 세 강국이 다른 결론을 내렸다는 그런 증거는 나타나지 않고 있다. 미국의 입장은 카이로선언에 근거하여 한국에서 민중투표를 실행하는 것을 허락해야 한다는 것으로, 민중투표를 통해 자율적으로 정부를 선택하는 형식을 취하자는 것이다. 관찰가들은 소련은 이미 미소 점령구를 합병하고 한 부서에서 신탁을 책임지고 민중투표를 진행하기 전에 일정한 기간동안 남방의 비옥한 토지에서의 생산물과 북방의 공업물자와 상호간 무역을 하게 하는 것이 어떠냐고 주장했다. 그럼에도 불구하고 현재 북위 38도선이 한국을 두 부분으로 갈라놓고 있고, 또 소련은 이것을 경계선으로 하여 계속 분단 상태로 둘 것을 주장하고 있기 때문에 전민투표는 불가능할 것으로 본다.(●●●● 12월 28일)

영국 · 미국 · 소련 외교부장관
우리나라와 함께 일본과 한국을 관리하기로 결의

　본사 통신: 샌프란시스코 27일 방송 소식: 세 강국의 회의는 이미 끝났다. 미국 국무경 베르나스는 오늘 아침 모스크바를 떠나 귀국하게 된다. 29일이면 월가에 도착하게 될 것이다. 귀국 후 트루먼 대통령에게 회의 결과를 보고한 다음, 일주일 내에 다시 런던으로 날아가 1월 10일에 있게 되는 유엔 제1회 전체대회에 참가한다. 전하는 소식에 의하면 이번 회의는 아주 건설적이었다고 한다. 회의에서는 네 가지 중요한 결정을 합의했다고 한다.

(1) 미국 · 영국 · 소련 · 중국에서 연합으로 조직위원회를 설립하여 공동으로 일본을 관리한다.
(2) 조선은 한국정부가 안정되기 전에 미국 · 소련 · 영국 · 중국에서 위원회를 조직하여 5년 동안 공동신탁관리를 한다. 그 기간이 차면 독립하게 한다. 또한 미국이 한국남부를 관리하고 소련이 한국북부를 관리하기로 했다.
(3) 헝가리 · 불가리아 · 이탈리아 · 핀란드 · 루마니아는 평화조약을 체결한다(이 조약 문안은 이미 작성).
(4) 원자에너지 문제는 이미 협정을 성립, 1개월 간 대회를 진행하면서 결의한다.

　이밖에 터키와 이란문제도 토의했다.(●●●● 12월 28일)

한국 연합신탁 승인과 반대 두 의견으로 갈라져

　중앙사 샌프란시스코 27일 발 합중사 통신: 중한인민연맹을 대표하는 한말(韓沫)이 신문에 피로: 조선인민은 동맹국에서 조선에 대해 연합하여 신탁통치를 5년간 시행한다는 결정을 겨우 받아들였다. 그러나 조선인민은 카이로선언의 정신에 부합되는 결의를 희망하고 있고, 이것이 가장 바람직한 해결 방안인 것이다. 그래야만 하루라도 빨리 자유와 독립을 획득할 수 있기 때문이다. 그러므로 세계평화와 아시아의 정치안정을 감안해서 우리는 눈앞의 광명에 희망을 거는 것이 암흑 속에서 참고 견디는 것보다 나을 것이라는 시각에서 3국 외교부장관의 협의를 받아들이는 것이다. 따라서 열강들이 즉시 조선의 분단을 취소하고 임시위원회를 설립하여 조선인민이 민주정권 건립을 준비할 수 있게 해주기를 기대한다.(●●●● 12월 29일)

3국 외교부장관 조선신탁관리 전문 공포

제3조선

(1) 조선이 다시 독립국가를 건립하고 각종 민주원칙에 근거하여 발전할 수 있는 조건을 만들어 하루 속히 장기나 조선을 통치한 일본의 악과를 없앨 수 있도록 하기 위한 임시 조선민주정부를 설립한다. 이 정부는 각종 필요한 조치를 취해서 조선인민의 민족문화를 발전시키도록 한다.

(2) 임시 조선민주정부를 설립하는 것에 협조하고 적절한 방법을 채택하기 위하여, 조선 남부의 미군사령부와 조선 북부의 소련사령부는 연합위원회를 구성한다. 각 항별 건의를 할 때, 이 위원회는 조선 민주정당과 사회조직의 자문을 받아야 한다. 이 위원회에서 제정한 결의는 먼저 소련·중국·영국·미국 등 4국 정부에 올려 심의하도록 해야 하며, 이러한 기초하에서 연합위원회에 참가한 두 나라 정부에서 최후로 결정한다.

(3) 합위원회는 임시 조선민주정부와 조선 각 민주 정당과 협력하여 각종 방안을 제정한다. 이 형식을 통해 조선인민의 정치·경제·

사회의 발전을 도모하고 이에 협조하며 민주자치와 조선의 독립국가를 건립한다. 이 위원회는 임시 조선민주정권에 대한 자문을 실행한 다음 그 건의를 미국·영국·소련·중국 4국 정부에 보내 연합적으로 심의하고 4국에 의한 5년 동안의 신탁관리를 협정한다.

(4) 남북 조선의 각종 긴급한 문제를 감안하여 대응 방안을 결정하고, 조선 남부 미군사령부와 조선 북부 소련사령부의 행정 및 경제사무상의 장기적인 합작을 수립한다. 미소 두 사령부의 대표는 2주일마다 정례회의를 거행한다.(●●●● 12월 29일)

우리 정부대변인은 3강회의의 한국신탁관리 결정은 한국독립에 유리하다고 언급

합중사 중경 29일 발 통신: 중국 정부대변인은 오늘 오후 중국입장 발표: 중국은 모스크바 공보에 다룬 워싱턴에 고문위원회를 설립하고, 도쿄에 4강 위원회를 설립하여 전후 일본의 운명을 결정한다는 내용에 대하여 완전히 동의한다고 표명했다. 대변인은 중국 외교부에서 받아들인 각 항의 제의는 이미 구체적으로 일본을 관리하는 모스크바공보에 모두 개괄되어 있다고 말했다.

그는 이 사건을 다루는 가운데에서 동맹국 열강들이 밀접하게 합작하는 것이 진정으로 필요하다는 것을 절감했다면서, 모스크바공보는 동맹국간 협력과 합작의 시금석이라고 지적했다. 대변인은 또 중국은 시종일관 한국이 자유독립국가로 되기를 희망하여 왔다면서, 우리는 신탁시기를 확실히 하면 한국의 완전 독립을 도울 수 있다고 믿는다는 입장을 표명했다.(●●●● 12월 30일)

중경 중국인 3국 외교부장관회의 각 항 협의 환영

연합사 런던 28일 발 통신: 중경의 중국정부측에서는 3국 외교부 장관회의 각 항 협정을 환영한다고 표명했다. 그 중 중국과 관련된 부분에서 동3성에 대한 중국의 주권을 보장하여 줄 것을 희망했으며, 중국의 평화통일을 강화해 줄 것을 희망했다. 미소 양국군이 하루라도 빨리 철수하는 문제에 있어서, 중경의 중국인들은 소련이 철수를 뒤로 미룰 것이라고 예견하면서, 미군만은 일단 일본군이 모두 철수한다면 즉시 철수할 것이라고 보고 있다. 조선문제에 대한 중국당국의 입장은 아래와 같다.

중국은 시종 조선의 독립을 주장했다. 그러나 5년 동안 신탁기간 중에 조선을 미소 두 관리구역으로 나누는 것은 반대한다.(●●●● 12월 30일)

한국인 신탁통치 반대

합중사 워싱턴 28일 발 통신: 미국 조선위원회에서는 오늘 3강이 조선을 5년간 신탁관리한다는 계획을 제정한 것은 비열한 음모라면서, 이런 결정에서 자유를 기대할 수 없다고 지탄했다. 이 위원회 주석인 임대령은 이 계획은 이번 전쟁중 중국·미국·소련·영국 등 국가의 국민들이 생명을 희생하면서 쟁취한 목적과 위배된다고 지적하였다. 위 나라의 국민들은 자유를 위하여 생명을 바쳤는데, 신탁통지는 자유가 없고 감독과 통치밖에 없는 것이라고 지적했다.(●●●● 12월 30일)

한국 군중 분노 신탁통치 반대

연합사 서울 30일 발 통신: 모스크바회의에서 5년간 신탁관리한다는 결의의 소식이 이곳에 전해지자, 독립을 희망하던 한국인들은 소동을 일으켰다. 지금도 파업과 농성을 벌이고 있으며, 거리에는 수시로 충돌이 발생되고 있다. 이들은 미군을 향해 돌덩이를 던지고 있는데, 이 폭동이 일어나게 된 원인 중 하나는 신탁관리제도를 반대하는 데 있다. 좌우 양파가 서로 충돌이 생기고 있는 것을 보아서 이것은 내부 분쟁이라고도 할 수 있다. 미군당국에서는 어제 이미 계엄령을 발표했으며, 밤 8시가 넘으면 통행금지를 실행했다. 다시 또 소동이 발생하고 정세가 험악해지는 것을 방비하기 위한 조치이다. 조선 남부의 미군사령관 하지는 당지의 기자들에게 모스크바회의에서 조선에 대하여 신탁통치를 결정한 것은 즉시 실행하는 것이 아니라고 밝혔다. 감독이란 말은 한국인들이 가장 듣기 싫어하는 말인데, 하지의 이러한 발언은 사실 너무 늦은 것이다. 5년간 감독이란 말이 다 전파된 후에 이 말을 했기 때문이다.

어제 오전부터 파업과 파시는 이미 시작되었다. 군정부 관원 중에서 조용히 자리를 떠난 사람이 수백 명이나 된다. 경찰들도 파업을 했고, 각 은행도 다 문을 닫았다. 외국이 5년간 감독한다는데 불만이 있음을 표하고 있는 것이다. 이와 동시에 각종 전단이 거리 골목마다 붙여졌다. 감독이란 공산주의자들의 음모라고 지적라는 내용들이다. 우파 각 단체에서 주관하는 민중대회는 이미 결의를 통과시켰다. 즉 외국의 감독을 반대하고 한국임시정부를 즉시 승인할 것이며, 군정부의 모든 관원들도 파업에 참가할 것을 촉구했다. 무릇 이 결의를 반대하는 신문이 있으면 곧 정간시킬 것이고, 각 정당을 일률적으로 해산해야 한다는 내용도 있었다. 하지는 각 신문과 진정한 애국자들이라면 모스크바 결의에 대하여 의심하지 말아야 한다고 부탁했다.(●
●●● 12월 31일)

1946년

한국신탁통치에 대해 강경히 항의

본보 중경 31일 발 통신: 한국임시정부 중경대표단 단원은 오늘 성명을 발표하여 신탁통치를 반대한다는 입장을 표명했다. 그는 이미 유엔기구에 강경하게 항의를 제출했다면서 모스크바 3국 외교부장관회의에서 결정한 신탁통치를 강력하게 반대한다고 성명했다.(●●●● 1월 1일)

한국인 수만 명 신탁통치 반대시위행진 단행

연합사 서울 1일 발 통신: 한국인 2, 3만 명이 오늘 거리에서 시위행진을 하였다. 질서 정연하게 대오를 지어 행진을 하면서 모스크바회의에서 선포한 4개 국에 의한 신탁통치에 항의를 표하였고, 즉시 독립하게 해 줄 것을 요구했다.(●●●● 1월 2일)

한국인 신탁통치반대 어제 시위운동 진행

연합사 서울 4일 발 통신: 한국인 영도자는 독립운동을 옹호하고 감독하는 계획에는 반대한다는 선언을 발표했다.

그리고 수만 명의 민중들은 차디찬 겨울의 추위를 무릅쓰고 대회를 소집하여 시위를 벌였다. 그들은 좌파 인민공화국을 옹호한다는 구호를 불러댔고, 이 단체의 영도자는 임시정부의 영도자와 계속해서 비밀회의를 열고 있다고 한다. 민중대회의 연설자는 건국파를 비평했는데, 건국파들이 대중을 인도하여 주말 시위운동을 주관한 것은 대중을 오도한 행동이라는 것이다. 이번 시위는 인민당과 공산당 두 좌익 정당이 주최한 것이다. 현장에 나간 헌병의 말에 따르면 비록 날씨는 추웠지만 현장에 참가한 사람 수는 가히 10만이 넘을 것이라고 했다.(●●●● 1월 5일)

한국인 또 신탁통치 반대시위행진 거행

중앙사 서울 13일 발 통신: 새로 성립한 77인 위원회에 대한 동정을 표하는 조선인민 천여 명이 오늘 전단을 살포하며 모스크바회의에서 조선을 4개 국의 신탁통치에 맡긴 결정을 반대하는 시위행진을 단행했다. 이것은 두 주일 동안 신탁통치를 반대하며 진행한 세 번째 시위행진이다. 조선국민당 영도자와 77인 위원회의 채홍(蔡洪: 음역)은 이번 시위행진은 조선인민이 신탁방안을 반대하는 마지막 시위행진이라고 밝혔다. 한편 공산당영수는 각 방면의 반대에 부딪쳐야 했는데, 공산당의 주장은 소비에트화를 주장하는 것이기 때문에 부정당한 것이었다.(●●●● 1월 15일)

한국학생 신탁통치반대 시위행진 진행

연합사 서울 19일 발 통신: 우익 조선학생연맹회의 200여 명 학생이 어제 밤 신탁통치를 반대하며 시위행진을 했다. 학생들은 고백서를 휴대하고 소련영사관과 미국점령군의 사령부 앞을 지나갔다. 오늘 새벽 경찰이 출동하여 간섭함으로써 학생들과 충돌이 생겨 경찰이 100여 발을 사격하였으며, 학생 2명이 현장에서 숨을 거두었고, 많은 학생이 부상을 입었다. 경찰은 이번 출동에서 119명의 학생을 연행했다. 좌파 인민당 기관지인 『인민보』는 시위자의 습격을 받아 손실이 아주 컸다. 사후 미군사령 하지장군은 방송연설을 통해 시위운동을 정지해 줄 것을 요구했다. 미관찰가들은 신탁통치를 반대한다는 것은 구실에 지나지 않는다면서 이것은 좌파와 우파간의 충돌이라고 분석했다.(●●●● 1월 20일)

조선문제 3강회의 경과

연합사 런던 25일 발 통신: 오늘 모스크바 방송: 조선 미군 점령구내의 일부 신문은 소식을 전하면서 소련이 조선의 신탁통치를 추진하려 한다는 것을 암시하였다. 그러나 이 보도는 사실과 완전히 부합되지 않는 내용이다.

당국은 이미 타스사에 지시하여 이를 부인하도록 했으며, 동시에 진상을 밝히도록 했다. 미국은 모스크바 3국 외교부 장관회의에서 조선은 과도기 중국·영국·미국·소련 등 4국이 공동 관리할 것을 제의했다. 그런데 이 제의를 철회하고 소련이 제시한 제안에 동의했다. 소련은 조선에서 즉시 임시민주정부를 성립할 것을 주장했다. 이러한 기초 위에서 중국·영국·미국·소련이 공동으로 감독하자는 주장이다. 그러나 그 기한은 5년이라고 했다. 만일 미국의 제의대로 한다면 조선은 4국에 의해서 10년간을 감독받아야 한다.(●●●● 1월 26일)

조선 5년 신탁통치는 미국의 건의

합중사 워싱턴 25일 발 통신: 미국 국무경은 오늘 신문기자들에게 모스크바회의 때 미국이 먼저 조선문제를 제시했으며, 결의 중 5년간 신탁관리 한다는 계획은 미국의 건의에 기초한 것이라고 밝혔다. 미국 국무경은 소련방송에서 미국의 제의에 따른다면 조선에 대한 신탁관리가 10년으로 될 것이라는 소식에 대응하기 위해 그 내막을 공개한 것이다.(●●●● 1월 27일)

조선 정치무대에서 신비한 인물인 김이채는 게릴라전을 영도하여 15년간 항일에 종사

연합사 서울 26일 발 통신: 조선 정치무대에 또 한 명의 신비한 인물이 나타났다. 그의 신상과 경력에 대해서는 이런저런 설이 분분하다. 그러나 그의 전기 중에 기술한 것처럼 그는 조선공산당 영웅인 김이채(金貽蔡) 장군이다. 한국인 중 그의 이름을 아는 사람은 수천 명에 달한다.

전하는 말에 의하면 김씨는 중국 동북지역 일대에서 항일유격대를 영도하며 일본군에 대해 15년간을 저항하여 온 사람이다. 이 사람에 대한 모든 보도는 거의 신화적으로 기술되고 있다. 따라서 그에 대한 진위를 가리기는 어렵다. 그러나 그의 이름은 이미 수많은 한국인들의 마음속에 자리잡고 있다는 것만은 의심할 바가 없다. 한국어린이들이 군사놀이를 할 때도, 다 김장군의 역을 맡는 것을 가장 큰 영광으로 생각할 정도다. 일본인들은 한때 백만 원이라는 거금을 현상으로 걸고 그를 수배한 적이 있다. 이 사람은 1931년 이후 두 번이나 소련으로부터 훈장을 받았다. 최근에 아직 증명되지 못한 소식에 의하면, 그가 연안으로부터 조선북부 소련점령구의 수도에 도착했다고 한다. 유격대 수천 명이 그와 함께 건너왔다고 한다. 이곳의 사람들은 그가 얼마 후에 서울로 온다는 소문을 듣고 환영단체를 조직하고 있다. 그러나 우파 단체에서는 그의 귀국 소식에 공개적으로 조소를 보내고 있다. 김구 임시정부 대변인은 상기의 신비한 인물은 이미 이 세상 사람이 아니라면서 한국으로 귀국한 사람은 사칭한 사람이라고 성명을 발표했다. 지금 서울에 거주하고 있는 김이채는 아직 연령이 젊어서 33살로부터 37살에 불과하여 그에 대한 의심을 가지는 사람은 그가 1931년부터 항일을 영도할 그런 사람이 아니라고 주장했다.

조선 좌경신문의 한 사람은 오늘 소식을 발표하여 자기들은 서울에서 김씨와 4차례나 면회를 했다고 밝혔다. 그리고 김씨는 지금 북부에서 공산당 비서를 담임하면서 정치활동에 종사할 의향이 있다는 소식도 공개했다. 김씨는 인물이 출중하고 체구가 웅장하며 보통 35살의 한국인으로는 보기 드문 사람이라고 했다. 김씨가 인솔한 유격대가 한국에 도착했을 때, 이미 소련군에 의해 무장해제를 당했으나 그가 20만 군대를 모집하는 것은 허락했다는 것이다. 여기서 확신할 수 있는 것은, 조선 북부 좌익분자들은 김씨를 옹호한다는 것이다. 이 사실의 진위를 떠나 그가 군인이든 아니면 정치인이든 조선의 강력한 인물로 되는 것은 의심할 바 없다고 하겠다.(●●●● 1월 28일)

남한 정치 지도자회의 거행

조선 미군 점령구의 정치 지도자들이 14일 회의를 가졌다. 회의에서는 서로 합작할 의향을 표했으며, 하루라도 일찍 독립정부를 건립하자는 데 동의했다.(●●●● 2월 15일)

일본거류 한국인 새 조직 신탁통치 강렬히 반대

합중사 도쿄 15일 발 통신: 신조선건설연맹은 어제 "행동강령"을 통과하여 한국에 대한 국제의 신탁관리를 강렬하게 반대했다. 이 연맹은 일본의 거류 한국인 회원 10여만 명이 있는 새 조직이다.(●●●● 2월 17일)

한국 민주위원회 주석 이승만 사직

연합사 서울 18일 발 통신: 한국 남부 미군점령구내의 민주위원회 주석 이승만은 오늘 사직할 뜻을 선포했다. 이승만이 사직하는 이유는 몸이 허약하고 병이 많아 직책을 담당할 수 없다는 것이다. 이씨는 신문기자 간담회에서 외국이 한국을 신탁관리하는 것에 대하여 분노를 표명했다. 그는 평민으로 되어 독립적인 의견을 자유롭게 발표하게 될 수 있기를 바란다고 했다.(●●●● 3월 19일)

신탁통치 반대한 한국학생 체포

합중사 서울 3일 발 통신: 조선 한 좌익신문의 보도: 소련군 점령구의 수도 평양에서 3월 1일 3백여 명의 학생이 신탁통치를 반대하며 시위행진을 가졌는데, "언론자유와 기타 권리"를 요구하자 당국이 체포했다고 한다.(●●●● 4월 4일)

남한 정치단체 연합기구 성립

중앙사 서울 1일 합중사 통신: 조선 주둔 미군사령부에서 전해온 소식에 의하면 조선 미군 점령구 군정장관은, 지난 달 29일 편지를 보내와 미군 점령구내의 조선정치단체들이 일주간의 회담을 거쳐 우익연합정부를 건립하는데 합의했다고 밝혔다.(●●●● 7월 3일)

미국 조선정부 단독건립 계획

연합사 워싱턴 5일 발 통신: 미국 당국에서는 오늘 성명을 발표하여 소련은 미국이 연합하여 조선정부를 건립하자는 건의에 응하지 않았기 때문에, 미국이 단독으로 조선정부를 건립할 것이라는 입장을 밝혔다. 조선 남부 미군사령은 현재 기구를 설립중에 있다. 그는 한국인이 완전자유를 취득할 수 있도록 준비하여 줄 것을 희망했다. 이 기구에는 고문 입법원을 설립하고 조선 각 정당이 의원선거에 나설 수 있으며, 이 입법원에서 국가문제에 관련된 각종 의안을 처리하게 된다. 또한 이 입법원에서 국가법률을 제정하고 미군점령구내의 미군정부가 그 법률을 비준한 다음, 즉시 효과를 발생하도록 되어 있다. 그러나 미국은 여전히 소련과 합작할 것을 기대하고 있다.(●●●● 7월 7일)

미국 한국공산당의 정권장악 반대

합중사 워싱턴 30일 발 통신: 미국은 오늘밤 소련에 각서를 보냈다. 그 내용은 미국은 조선공산당이 정권을 장악하는 것을 반대한다는 것이다. 미국군대는 조선이 대의제 임시정부를 건립할 때까지 여전히 조선에 주둔하고 있을 것이라고 밝혔다.

연합사 워싱턴 30일 발 통신: 미군은 이미 소련과 협정을 체결하여 조선의 남북점령구를 통일한다는 희망을 포기하였다고 한다. 국무원에서는 각종 조치를 통해 남부 점령구의 민주와 자치만을 추진할 것이라는 성명을 발표했다.(●●●● 9월 1일)

명년 3월 한국 자치정부 성립

중앙사 남경 23일 발 통신: 한국 임시정부 주중 대표단이 미국방송 통신 접수: 서울 미군정부는 명년 3월에 한국 자치정부를 조직할 것이라고 결정했다고 한다. 현재 한국인사들은 정부를 조직하기 위한 준비를 시작했는데, 먼저 입법기구를 조직하고 헌장 등 사항을 작성하기로 했다고 한다. 입법기구의 건립은 관측에서 30명을 지정하고 민간에서 30명을 선거하여 공동으로 조직한다. 준비공작이 일단 완성되면 관방 측에서 또 30명을 지정하여 선거하도록 하고, 한국 자치정부가 성립된 다음 군정부를 즉시 취소하고 별도로 고문단을 조직하여 협조토록 한다는 계획이다. 소련측에서는 한국정부를 조직하는 일에 참가하지 않고 있지만, 미국은 여전히 소련과 합작하여 한국의 통일을 실현할 수 있게 하여 완전한 독립을 이룩하고자 노력하고 있다.(●●●● 9월 24일)

한국인 유엔에 남북으로 분획되는 것에 반대 호소

합중사 뉴욕 2일 발 통신: 조선 남부 민주협회에서는 오늘 유엔대회에 청원서를 제출하여 조선을 두 점령구역으로 분획하는 것은 "세계 평화에 대한 일종의 위협"이라는 입장을 발표했다. 이 각서는 미국과 소련 군함이 즉시 조선에서 철수할 것을 요구했다. 이 협회는 각 정당과 비정치 및 종교단체의 연합조직이라고 자칭하면서, 조선의 통일을 위해 노력하는 것이 이 연합조직의 뜻이라고 말했다. 이 협회서는 조선 남부의 미국 군정부를 취소하고 조선인 정부를 건립할 것을 요구했다. 따라서 "조선 북부의 소련군대와 당국이 즉시 철수하지 않는다면 우리 미군도 하지 장군의 탁월한 영도하에 소련군이 철수할 때까지 계속 주둔할 것을 주장한다"고 그 입장을 밝혔다. 호소문에는 또 "임시정부가 성립된다면 즉시 소련과 직접 회담하여 조선을 인위적으로 분획하는 것을 취소하며, 소련군이 철수하는 문제를 토론해야 한다"고 강조했다.(●●●● 11월 3일)

남한대표 장주석에게 편지를 보내와
유엔에서 정의를 수호하여 줄 것을 청원

중앙사 성공호 2일 발 합중 통신: 조선 남부 민주위원회 대표 은여사는 유엔에서 조선의 정세를 고려하여 줄 것을 요구한 다음, 오늘 또 중국 장(개석)주석에게 편지를 보내왔다. 그는 편지에서 유엔에 참가할 중국 수석대표 고유균에게 대회 상에서 조선의 정세를 고려해 줄 것을 제의하도록 장주석이 훈령을 내려줄 것을 청원했다. 동시에 은 여사는 유엔 사무총장 라이에게도 전보를 보냈다. 조선 북부의 정세가 악화되고 있는 현실에서 라이 주석이 신속한 행동을 취해 줄 것을 촉구했다. 은여사가 최근 라이에게 보낸 전보는 이승만이 보내온 전보에 근거하여 작성한 것이다. 이 전보는 조선의 위급한 정세를 언급했으며, 하루 속히 행동을 취해야 한다는 내용이 있었다. 이 전보는 오늘 송달되었는데, 전보에는 또 조선 북부의 조선인들은 강압적으로 소련군대에 참여하고 있다는 내용도 있다.(●●●● 11월 4일)

한국대표 기자간담회에서 중한 친목의 중요성 강조

중앙사 남경 7일 발 통신: 한국 주중대표단은 7일 오후 3시경 우리나라 신문계 인사를 초청, 민석린(閔錫麟)의 사회로 "한국에서 중국인을 배척한 사건"에 대하여 성명을 발표했다. 4일자 각 신문은 한국에서 발생한 중국인 배척사건을 게재했는데, 이것은 사실과 완전히 부합되지는 않는 내용이었다. 남한에서 미군이 군정부를 성립한 후, 제1차 한국교포들이 귀국 시 소수인들이 화교에 대하여 포악한 행동을 행한 것은 사실이다. 그렇게 한 것은 중국에서 받은 억울함을 풀려고 했던 데서 기인한 것이다. 그러나 이러한 행위는 많은 사람들의 반대를 받아 두 번째 귀국 시에는 여러 가지 조치를 통해 다시는 이런 일이 발생하지 않도록 엄격하게 단속했다. 동시에 정중한 성명을 발표하여 만일 이런 일이 다시 발생한다면 엄하게 처벌할 것이라고 강조했다. 그 후부터 중국에서 귀국하는 한국인들 중에 다시는 소란을 피우는 사람이 없다고 했다.

임시정부는 귀국한 다음 중한민족간 친목의 중요성을 강조하여 조소앙(趙素昻)·신익희(申翼熙) 및 국내 저명인사 안재홍(安在鴻) 등이 중한친선협회를 조직하여, 중한 친선사업에 종사했다. 이번 화교가 한국을 떠날 때 한국 국방경찰대에서 많이 우대하여 주었으며 여러 가지 편리를 제공해 주었다. 한국인 대표는 성실하게 연설했다. 이번 화교들이 귀국한 것은 모두 자원하여 귀국한 것이며, 이들은 다시 한국에 와서 정착할 수 있다고 했다. 그리고 중국에 체류하고 있는 한국인들에 대하여 많이 양해하고 협력하여 줄 것을 부탁했다. 배가 떠나기 전에 한국인들은 "중화민국 만세!" "장주석 만세!"를 불렀다. 이상 기술한 것은 명확한 사실이다.(●●●● 11월 8일)

이승만 미국방문 조선독립 호소

중앙사 호놀룰루 7일 발 합중사 통신: 조선독립운동 영도자 이승만이 오늘 이곳을 경유하여 뉴욕으로 가, 조선의 독립을 유엔에 호소하게 된다. 맥아더가 조선의 동맹군을 철수하는 데에 동의했다고 한다.

조선인 시위행진 진행 일본경찰과 충돌

연합사 도쿄 20일 발 통신: 이곳의 한국교포 2천여 명이 오늘 오후 2시경 일본수상 관저 앞에서 일본경찰 30여 명과 충돌하는 일이 발생했다. 경찰당국에서는 한국교포 중에 부상자가 있는지 알 수 없다고 했다. 그러나 한국교포 영도자는 약 5, 6명이 부상을 입었다고 했다. 한국의 영도자는 수상 관저에 들어가 한국교포들의 생활보장을 요구했다. 그 과정에서 한국인 10명이 이미 체포되었다. 일부 한국교포들은 여전히 수상 관저 좌측변에 남아 있다. 그리고 일부는 황궁 밖 광장에 집결해 있다. 한국교포들이 수상 관저로 가기 전에 여기서 먼저 집회를 소집했던 것이다. 이번 시위행동은 일본한국교포협회에서 발기한 것이다.

 전하는 말에 의하면 경찰은 먼저 공중에다 총을 두 발 쏘았다고 한다. 대표 10명이 수상관저에 들어가 일본관원과 회담을 진행했는데, 문밖에 있는 한국교포들이 조급한 나머지 안으로 들어가려 하자, 경찰들이 방망이를 휘둘러 대는 바람에 충돌이 발생된 것이다. 다른 한 한국교포들은 일본의회를 찾아가 "한국교포들의 생계"를 보장하여 줄 것을 청원했다. 한국교포의 영도자는 최근 일본정부에 신고서를 올려 한국교포들이 차별대우를 받는다면서 취업기회가 일본인들과 동일하지 않으며, 매일 일본경찰의 감시를 받는다는 내용을 진술했다.(●●●● 12월 21일)

1947년

한국인 신탁통치반대 내일 대시위 진행

　로이터 뉴욕 15일 발 통신: 유엔주재 한국대표 은루이는 오늘 한국인들이 오는 토요일 4강이 한국의 신탁관리를 책임지는 문제에 대해 반대하여 시위행진을 벌일 것이라고 발표했다. 이것은 무력적인 시위가 아니라 농공상 각계의 남녀들이 한국 각 도시에서 시위를 진행한다는 것이다. 미군사령 하지장군에게 공산당대표만이 미군과 소련군이 통제하는 회담에 참가해야 한다는 소련의 주장을 거절하는 뜻을 청원하기 위한 시위라고 했다. 이것은 집단적인 항의를 표하는 것이지 절대로 무력폭동이 아니라고 강조하여 말했다. 1년 전 한국인들은 이와 같은 성격의 시위가 있었다. 그런데 당시 군대를 동원하였고, 심지어는 탱크와 기관총 부대를 출동시켜 시위자들을 위협했다. 은씨는 또 미국위원에게 각서를 보내 한국 남북이 통일하기 전에 남부 한국인들의 민주자치권을 승인하여 달라는 청원서를 전했다. 그는 한국인들은 비록 공산주의를 동정하지는 않지만 북부 소련군이 관할하는 한국인들은 남부보다 더 많은 자유를

향유하고 있으며, 식량도 남부보다 더 풍부하다는 사실을 밝혔다.(●●
●● 1월 17일)

서울주재 우리나라 총영사 유어만 오늘 부임

중앙사 도쿄 3일 발 통신: 중국 신임 서울주재 총영사 유어만(劉馭万)은 조선에 대한 중국의 기본 입장은 조선의 독립을 지지하는 것이라는 성명을 발표했다. 유씨는 5일 항공편으로 서울에 도착하여 부임했다.(●●●● 2월 5일)

3월 1일 한국 남부 단독정부 성립

합중사 워싱턴 24일 발 통신: 한국 남부의 미군사령 하지중장은 한국 남부에서는 3월 1일 단독으로 정부를 성립한다고 선포했다. 그는 내일 국회예산위원회 회의에서 충분한 경비를 발급해 주도록 요구할 것이라고 밝혔으며, 이 경비로 조선을 정착시키는데 사용할 것이라 밝혔다.

전하는 말에 의하면 한국 북부에서는 사람들이 미소분계선을 넘어 월남하는 사건이 자주 발생하는데 거의 다 소련군에 의해 체포당한다고 한다.

연합사 박자진 25일 발 통신: 유엔대회에 참석한 조선 관찰원 엽로(葉露)는 오늘 미국 국무경 마샬에게 부탁하여 모스크바에서 열리는 4개국 외교부장관회의에서 평화적으로 조선을 해방할 문제를 제의하도록 했다고 피로했다. 조선 남부 미군사령 하지는 소련군이 조선의 소련점령구에서 조선인 군대를 모집하고 있다고 말했는데 이 말은 정확한 정보이다. 만일 미소 양국이 모스크바에서 회담으로 문제를 해결하지 못한다면 내전이 발생할 가능성도 있다고 한다. 엽로는 마샬에게 조선이 바라는 것은 평화라고 밝혔으며 이것을 소련군에도 강조했다.

조선은 소련에 대하여 아무런 군사기도가 없고, 소련이나 미국이나 혹은 다른 나라의 허수아비로도 되지 않을 것이라는 입장을 발표했다. 미군이 조선 내부를 점령하고 있는 상황에서 엽로는 마샬에게 군정부에서 확실한 방안을 책정하여 주어야 한다는 뜻의 각서를 전했다. 하지가 말한 것처럼 조선의 통일에 관한 회담이 이미 절망에 이르렀다면 3천만 한국인은 굶어죽게 될 것이다. 그러나 회담은 아직 절망할 정도는 아니라고 하고 있다.(●●●● 2월 26일)

이승만 한국남방 무장실행 주장

합중사 워싱턴 24일 발 통신: 최근 조선에서 이곳을 방문하고 있는 조선위원회 주석 이승만은 오늘 미국이 한국 남부에서 인민무장을 실행하여 군사훈련을 시켜줄 것을 요구했다. 이씨는 "소련이 한국 북부에서 방대한 조선군대를 훈련시키고 있는 현실에서 한국 남부인민들이 무장을 행하고 군사훈련을 행할 권리를 박탈해서는 안된다. 한국인이 자기의 정부를 조직하지 못하게 한다면 민주를 신봉하는 조선이 공산당에게 유린당할 수 있는 길을 면할 수 없다."는 입장을 표명했다.

연합사 모스크바 25일 통신: 조선 남부 민주연맹주석 이승만과 조선 미군사령 하지중장은 워싱턴에서 소련 홍군이 조선인을 모집하는 것에 대해 질책했다. 소련 노공기관보 『치루트보』는 오늘 논설을 발표했는데, 내용은 직접 두 사람의 말을 언급하지는 않았지만 이승만이 미국에서 무기를 구하려고 한다면서, 이는 조선 북부공산당에 대하여 '군사행동'을 실시하려는 것이라고 질책했다.(●●●● 2월 26일)

한국독립일기념 국내외 신탁반대 독립요구

로이터 서울 1일 통신: 오늘은 조선의 독립일인데, 조선 전국에 통행금지를 실시했다. 과거의 경험에 의하면 이날은 종종 폭동이 일어나고, 심지어는 혁명이 일어나는 날이었기 때문이다. 미국 정보원들은 이미 조선인들이 3월 1일을 전후하여 폭동을 일으킬 것을 계획하고 있다는 정보를 입수했기 때문에, 오늘 동란이 일어날 위험성이 있다고 보고 있는 것이다.

한국 남부 미군사령관은 이미 엄격하게 방비하라는 명령을 하달했다. 동시에 만일 누구라도 폭동이 일어나는 기회를 빌어 조선에 관심을 두고 있는 사람들의 호의를 중상모략한다면, 그들은 조선의 독립을 준비하는 기구와 합작할 의향이 없는 사람으로 볼 것이며, 이런식으로 나가게 되면 조선은 당분간 독립할 수 없을 것이라고 경고했다. 이와 동시에 조선 국내외에서 신탁을 반대하는 선동은 계속 이어지고 있다. 우파의 영도자들은 여전히 자기들이 1월 14일 통과한 세 가지 계획을 실행할 것을 요구하고 있다. 즉

① 모스크바선언에 밝힌 조선에 대해 신탁관리한다는 조목을 반대한다.
② 전국적인 조선독립운동을 조직한다.
③ 미국과 소련에 대표를 파견하여 조선의 독립을 요구한다.

우익집단은 동시에 맥아더장군에게 조선정세를 검토해 줄 것을 요구하는 운동을 벌이기로 했다. 일부 당에서는 이러한 요구에 전적으로 지지를 표명했다. 그러나 좌익과 우익은 다 같이 모스크바회의에 큰 희망을 두고 있는데, 단지 조선문제의 일부라도 해결할 것을 기대하고 있는 것이다.(●●●● 3월 2일)

한국독립기념 경축 좌우익 충돌 발생

연합사 서울 1일 발 통신: 미군 당국은 오늘, 어제 한국 남부에서 조선 독립을 경축하는 행사가 있었는데 8명이 사망했다고 선포했다. 그 중 4명은 서울에서 사망했는데, 군중은 약 10여만 명이나 되었으며, 좌우 양파로 나뉘어 각자 따로따로 경축활동을 벌였다. 그런데 도시중심으로 들어서면서 쌍방이 충돌하였다. 경찰들이 동원하여 무력으로 그들을 해산시켰는데, 경찰들은 이들을 해산시킬 때 총 150발을 발사했다. 죽은 사람들은 거의 다 경찰의 총에 맞아 사망한 것인데, 이들 외에도 2명이 중상을 입었고, 79명이 경상을 입었다.(●●●● 3월 3일)

한국임시정부 수일내 성립

합중사 4일 서울 발 통신: 믿을 만한 소식통이 피로한 바에 의하면 이승만을 대통령으로 하고 김구를 부통령으로 하는 조선의 임시정부가 48시간 내에 성립한다고 한다. 전쟁시기 중경으로 망명한 한국임시정부 주석은 이미 이승만의 민주당과 양해각서에 서명하고, 조선의 이 임시정부를 성립하기로 했다. 김구와 민주당은 내각 명단을 작성한 다음 공보를 발표하기로 했다.(●●●● 3월 5일)

한국임시정부 성립 미군사령 하지 반대 표시

합중사 워싱턴 4일 발 통신: 한국의 미군 점령군 사령관 하지중장은 오늘 한국에서 임시정부를 성립한다면(서울방면에서 전하는 통신에 근거하면) 이것은 조선에 해로운 일이 될 것이라면서 신문에서 보도한 것이 사실이 아니기를 바란다고 말했다. 하지는 아직 정식 보고를 받지 못했으며, 만일 신문에서 보도한 것이 사실이라면 이것은 '우익분자'들의 소행일 것이라고 말했다. 이승만이 한국을 떠날 때 이미 이런저런 유언비어들이 난무했는데 김구가 대통령자리를 엿보고 있다는 것이다. 하지는 임시정부를 성립하는 것이 무엇 때문에 조선에 해로운가 하는 원인을 밝히지는 않았지만, 임시정부를 성립한다면 꼭 좋지 않은 영향이 있을 것이라고 피력했다. 한 기자가 만일 소련이 조선의 통일에 동의하지 않는다고 할 때, 국제에서는 무엇 때문에 한국이 조직한 정부를 승인하지 않는가 하는 물음을 물었다. 이에 하지는 이러한 행위는 조선이 자유와 통일국가를 성립하는데 부합되지 않는 행위이며, 또한 조선인민의 분열을 가져오는 운명을 결정하게 될 것이라고 대답했다. 조선인민은 전쟁이 끝난 지 18개월 밖에 안되기 때문에, 아직 완전한 자유를 얻지 못하고 있다. 이것은 일본인들의 장기간 압박하에서 정치능력을 상실했고, 미국과 소련이 조선 통일문제에 대해 아직 협상을 못하고 있기 때문이라고 그 원인을 밝혔다. 하지는 미소가 여러 차례에 걸쳐 회담을 가졌지만, 소련에서는 미국작가가 미국정책을 반대하는 논문을 가지고 자신들의 주장을 내세우며, 미국정부는 미국인민의 민심을 대표하지 못하고 있다고 질책하였다는 것이다. 하지는 "조선에 대한 미국의 임무는 조선을 통일하게 하는 것이며, 자주적으로 정부를 조직하여 독립하게 하는 것이다. 한국인들이 감정과 이지방면에서 민주에 적응되도록 추진하는 것인데, 이미 이 방면에서 많은 진전을 가져왔다."고 피력했다. 동시에 공화당 위원 쉘부르는 미국은 소련을 압박하는 행동을 취하여 조선에서 철수하게 하고 정부를 한국인들에 되돌려 주어야 한다고 주장했다. 그는 소련은 무력·유혹·유배 등의 수단을 이용하여 조선을 공산화하고 있기 때문에 미소 점령구의 분계선은 세계에서 가장 위험한 문제가 발생할 수 있는 여지가 있는 곳 중의 하나라고 설파했다.(●●●● 3월 6일)

김구 인민들에게 정부법령에 복종할 것을 요청

로이터 서울 4일 발 통신: 1919년 상해에서 김구와 이승만이 영도하는 조선임시정부가 성립되었다. 오늘 김구는 선언을 발표하여 조선인민들이 임시정부의 법령에 복종할 것을 호소했다. 동시에 그 누구든 미군 당국과 합작하는 사람들은 엄격한 징벌을 받게 될 것이라고 성명했다. 이곳에서는, 이 선언이 새로운 동란을 발생시키는 신호가 될 것이라고 믿고 있다. 한국 임시정부는 1919년 항일혁명이 실패한 후 중국에 성립된 단체이다. 이승만이 초대 대통령으로 당선되었다. 그는 일본인들에게 20년이나 감금되었다가 관에 숨어 조선 경내를 탈출했던 인물이다.(●●●● 3월 6일)

이승만 미국서 독립 호소

합중사 워싱턴 4일 발 통신: 70살인 조선정치의 영도자 이승만이 오늘 성명을 발표하여, 조선인민이 자기를 대통령으로 추대하였다는 소식을 선포함과 동시에, "이것은 우리 인민들이 인류의 자유와 독립의 행복을 원한다는 것을 보여주고 있는 것이다."라고 설파했다. 이승만은 "이번 세계 여러 대민주국가가 해방을 위해 참전한 전쟁은 조선의 해방을 가져다주지 못하였다. 경제적 측면에서 말하면 조선은 이미 너무도 많은 피를 흘려 죽음의 변두리에 처해 있다. 우리는 파산 당했으며 또한 가장 혹독한 고난을 받아야 했다. 우리의 유일한 구제는 기다림이었고, 또 기다리고 기다려야 했다. 조선 인민은 유구한 역사를 가진 민족으로 인내심이 있지만, 절망은 이 인내심을 회멸시킬 수도 있는 것이다. 세계의 자유를 애호하고 민주와 자치를 신앙하는 사람들이라면 모두 다 이 사실을 이해할 것이다."라고 설파했다.(●●●● 3월 6일)

중국주재 한국대표 독립자유 호소

중앙사 남경 6일 발 통신: 중국 주재 한국임시정부 대표단은 독립을 호소하는 각서를 중국·미국·영국·프랑스·소련 등 6개국에 전달했다. 비망록은 한국이 국제사회에서 독립을 선포할 권리를 천명했으며, 4항의 건의를 제출했다.

① 한국인민 스스로가 조직한 임시정부를 승인하여 줄 것.
② 미군과 소련군은 즉시 철수할 것.
③ 신탁통치를 폐지할 것.
④ 4대 강국의 기술고문단을 조직하여 한국의 건설공작을 추진해 줄 것 등이다.(●●●● 3월 7일)

전국 일심단결하여 목표실현 추구

합중사 워싱턴 5일 발 통신: 이승만측과 접근한 조선인사가 오늘 서울의 조선미국신문사에서 소식 한편을 전해왔다. "조선 각 정당은 현재 독립을 계획하고 있다. 이들의 견해는 점차 접근되어 가는 상태이다. 전국 각지에서는 임시정부를 조직한다는 소식을 기다리고 있다." 이 소식은 김구의 인터뷰를 인용하여, 조선인은 모두 각자 정치상의 당파성을 떠나 조선국가의 최후의 해방을 위해 분투할 의향이 있다고 밝혔다. 김구는 또 여론이 일치단결 하여 "우리는 우파이든 좌파이든 혹은 공산당이든 민족주의자이든 각자의 입장이 어떠하든간에 모든 인민들은 오직 통일과 독립을 바랄 뿐 이를 위해 모든 것을 희생할 수 있기를 다짐했다."라고 사정을 설명했다.(●●●● 3월 7일)

한국의 국정 여전히 긴장 이승만 태도 아주 조심

합중사 뉴욕 9일 발 통신: 한국주재 미국신문처장은 얼마 전 워싱턴에서 회의에 참석하고 오늘 이곳에 도착하여 담화를 발표했다. 미국이 앞으로 몇 일간 혹은 몇 주일 내에 조선문제를 해결하지 못한다면, 아시아에서의 민주를 위한 미국의 분투가 실패로 돌아갈 것이며, 극동의 평화가 상실될 것이라는 견해를 발표했다. 하지장군은 기자들에게 미국은 한국이 독립적으로 정권을 성립하는 것을 허락할 수 없으며, 모스크바협정을 위반해서도 안된다는 주장을 밝혔다. 이튿날 소련 대사관 신문처 주임은 기자들에게 소련이 점령한 한국은 이미 독립정권을 조직할 것을 비준 받았다면서, 모든 관직은 다 한국인이 담임한다고 했다. 이달 4일 서울에서 전해 온 통신에 의하면 과거의 임시정부가 다시 성립되었다고 하면서 미국이 승인하든 승인하지 않던 관계치 않는다고 전했다. 그런데 미국은 임시정부의 성립을 절대 승인하지 않는다는 입장을 밝혔기 때문에, 조선에서는 48시간 내에 충돌이 발생할 가능성이 아주 크다는 것은 의심할 수 없게 됐다고 하였다. 이승만은 이에 대하여 숙고해야 할 것이다. 이승만은 당시의 긴장 정세가 앞으로 사변을 초래할 날이 있을 것임을 감안하여, 김구에게 전보를 보내 자기가 한국으로 귀환하기 전에는 그 어떤 행동도 취하지 말 것을 당부했다. 이승만은 지금 귀국준비를 하고 있다. 그는 얼마 뒤 귀국하여 한국인을 영도하게 되는데, 평화냐 전쟁이냐의 관건은 국무원과 육군부에서 관장하게 되었다.(●●●● 3월 10일)

미국은 한국에서의 미소간의 정세를 변화시킬 의향으로 한국임시정부설립을 준비

연합사 워싱턴 21일 발 통신: 소식에 정통한 인사가 피로한 바에 의하면, 멀지 않아 조선남부에서는 군정부를 취소하고 이를 대신하는 조선임시정부가 성립된다고 하였다.

현재 군사총독 관직을 고급 문관전문인이 계승한다는 것이다. 이것은 미국이 조선에 대한 정책을 완전히 변화시킨다는 바를 뜻한다. 다만 이를 언제 시행하는가 하는 것은 아직 미지수이다. 그러나 각 방면에 대한 지시를 감안할 때, 몇 달이 지나지 않아 이루어질 것이다. 마샬 국무경이 모스크바로 출발하기 전 피로한 바에 의하면, 이미 국무원에서 조선정세와 미국의 대한국정책을 계속 탐문하라는 지령을 내렸다고 한다. 이 목적은 미국과 소련이 조선문제에서 대치상태를 변화시키기 위한 것이다. 현재 지시한 변화가 실시되게 되면, 국무원에서는 되도록 빨리 마샬의 계획을 집행하여 새로운 정령을 결정하게 될 것이다. 그러나 관방측에서는 이 방면에 대한 조짐을 조금도 피력하지 않고 있다. 그러나 단 한 가지만은 단언할 수 있으니, 미군은 조선의 안전을 위하여 여전히 조선에 남아 있을 것이라는 사실이다. 만일 조정을 실행한다면 군사총독직을 폐지하게 될 것이다. 조선 남부의 변동범위에 관해서는 여러 설명이 있는데, 그 중 미국이 임시독립정부에 실제상의 주권을 부여해 줄 것이라는 점은 믿을 만하다고 하겠다. 국무원에서는 국회에 트루먼대통령이 희랍과 터어키 두 나라에 대한 원조 건을 통과시킨 다음, 조선의 군사와 경제면에 대해 토론해 줄 것을 요청했다. 이 새로운 계획에는 한국에 대해 2억달러의 경제지원금이 포함되어 있다. 이 새로운 계획이 일단 실시하게 되면 이승만은 철저히 승리자가 될 것이다.(●●●● 3월 22일)

한국 정국 새로운 변수 서재필박사 미국서 귀국

본사 북평 23일 발 통신: 이번에 마샬이 모스크바에서 남북조선에서 통일정부를 성립시키자는 문제를 소련측에 제의하기로 했다. 만일 교섭이 실패하게 된다면 미국은 잠시 통일정부를 성립하려는 계획을 포기하고 38선 이남에서 먼저 정부를 건립할 것을 허락하게 될 것이다. 그렇게 해서라도 남조선 인민의 요구를 만족시켜 줄 것이다. 조선 혁명의 원로 서재필박사가 이달 15일 미국에서 서울로 돌아왔다. 그는 남조선 민정 및 하지장군의 최고 고문 명의로 미국과 조선인 민간인의 교량역할을 하게 될 것이다. 그는 앞으로 남조선정부의 유력한 준비인이 될 것이다. 서재필은 민족주의 선봉자로 갑신정변에 참여했다가 실패하자 미국 함대 편으로 도미하여 미국국적에 입적한 사람이다. 그는 의학을 연구하여 박사학위를 받았다. 을미년 미국인 신분으로 한국에 돌아와 한국의 고문직을 맡고 서울에 거주했다. 그러나 1, 2년이 지나지 않아 한국에서 배척되어 다시 미국으로 건너갔다. 당시 서재필은 서울 종남산에 꿇어앉아 한국이 망하게 되는 것을 통곡했다. 40여년 후 서재필이 다시 귀국하여 신흥한국의 고문을 담당했다. 한국인민들은 그에게 커다란 희망을 걸고 있다.(●●●● 3월 24일)

한국 서재필 귀국 성대한 환영 준비

아동사 서울 1일 발 통신: 서재필박사가 조선으로 귀국한다는 소식을 미군정부에서 공개하자 임시입법회의 측에서는 김규식의장, 윤기섭 부의장 등 3명을 추대하여 환영준비를 하기로 하였고, 공항으로 영접을 나가기로 했다고 한다. 서재필은 1898년에 조선에서 '독립협회'를 조직했으며, 조선독립운동에 큰 기여를 한 사람이다. 지금 서재필은 미국국적을 취득했다. 미군정 당국에서 서재필이 귀환하는 것은 고문단의 업무를 협조하기 위한 것이라면서, 조선정치에는 관심이 없다고 표명했다.(●●●● 4월 2일)

이승만 어제 항공편으로 상해 도착, 귀국 후 정부조직 의향 피로

본사 통신: 한국혁명의 영도자 이승만박사는 비서 장기영과 함께 미국 서북항공공사의 비행기 편으로 중국을 방문했다. 그는 8일 아침

도쿄에 도착한 다음, 그날 밤 계속 서쪽으로 비행하여 어제(9일) 오후 4시 20분에 상해에 도착했다. 본 시의 한국교포들과 각계 인사들이 강만(江灣)공항으로 나가 이승만박사를 영접했다. 한국광복군 총사령 이청천(李靑天) 장군, 국민외교협회 비서장 왕죽일(汪竹一), 교육국장 고육수(顧毓秀), 시정부 교제과장 장피덕(張彼德), 외교부 상해판사처 고릉백(高陵白), 시당부 서기 사인검(謝仁劍), 시부녀회 왕가진(王家珍)·이락하(李洛霞) 및 중한문화협회·한국교민협회·조선학전관·한국교포 애국부녀회·한국교포 인성학교 등 20여 개 단체 대표 200여 명이 공항에서 열렬히 환영하는 가운데 이승만을 영접했다.

이승만은 72살의 고령이지만 정신이 맑고 건장했다. 비행기에서 내린 즉시 환영하는 사람들과 악수를 나누며 인사를 했다. 부녀회의 공운경·공재경 두 자매의 꽃다발 증정이 있은 후 이승만박사가 전체 교포들에게 인사의 말을 했다. "우리 교포들이 여기까지 나와 영접해준 데 대하여 감사한다. 본인은 미국에서 이미 미국정부와 우리 정부를 조직하는 문제에 대해 상의했고, 이미 성립승인을 받았다. 이제 귀국하면 즉시 정부조직을 준비할 것이다. 교포들은 국외에서 아주 어렵게 생활하고 있는데, 본인은 이에 대해 동정을 표시한다." 이어 또 인성학교 소학생들에게 훈사했다. 그리고 도성호텔 401호실로 가 휴식을 취했다.

이승만 인터뷰

이승만은 도성호텔에서 기자들의 취재를 받을 때, 아래와 같이 말했다.

정부를 조직하는 것은 이미 미국에서 미국정부당국과 상의한 결과이다. 동시에 하지장군의 동의도 얻었다. 도쿄를 경유할 때 맥아더원수와 두시간 가량 대담을 했다. 그는 한국임시정부를 설립하고 한국인이 한국을 관리하는 두 원칙에 완전 동의를 표명했다. 이제 귀국한 다음 즉시 정부조직 준비에 착수하게 될 것이다. 한국입법기구에서 선거법을 통과시킨 다음 전국민의 투표를 진행하여 민선 중앙정권을 성립할 것이다. 그날은 멀지 않을 것이다. 그러나 현재 정부를 조직하는 것은 조선 남부에만 한한 것이다. 조선 북부는 소련군이 통제하고 있다. 우리가 희망하고 조직하려는 정부는 남북 전부를 포함한 정부인데, 하지장군은 소련의 오해를 면하기 위하여 잠시 북부를 포함시키지 않기로 했다. 우리는 남부에서 정부를 성립한 다음 직접 소련과 소련군의 철수를 협의하고 남북 통일의 정부를 완성하려 한다.

이승만박사는 또 미국에 체류할 때 이미 트루먼대통령의 동의를 얻었는데, 한국정부를 세운 다음 미국정부에서는 한국에 6억 달러를 대여해 주어 사후의 경제건설에 협조하기로 했다고 피로했다. 이 방안은 희랍과 터키에 대한 미국의 대여금 문제가 국회에서 통과된 다음 다시 토론하기로 했다.

중국방문 임무

독자들은 이승만박사가 중국을 방문한 임무가 무엇인지 궁금해 할 것이다. 그는 이번에 중국을 방문한 것은 그 어떤 비밀스런 업무가 있는 것이 아니라, 양국의 상호 이해와 친선을 강화하기 위한 것이라고 피로했다. 한국인민은 장주석에 대하여 깊이 감사하고, 장 주석이 한국 임시정부를 협조하여 준데 대하여 진심으로 감사하고 있다고 했다. 중한 양국의 합작은 극동 평화에 아주 큰 힘이 되고 있고, 장주석이 공산당과 대치하고 있는 상황에 대해 깊이 동정한다면서, 이것은 우리 한국이 지금 처하고 있는 상황과 중국이 같다고 피력했다.

이승만박사는 또 현재 정부를 조직한 다음 실시하게 될 국책 중에서 우선 해결해야 할 것은 소련의 합작과 양해를 구하는 것이요, 그 다음으로는 한국화폐의 환어음을 개방하여 외교와 경제적 지위를 확립하려는 것이라고 피로했다.

이밖에 김구와의 관계에서 이승만박사는, 김구는 줄곧 자기와 합작하는 정신으로 매우 밀접하게 연계하고 있다고 설명했다. 한국인은 자기와 김구 두 사람이 공동으로 한국의 영도자로서 출발할 것임을 요구하고 있다고 피로했다..

오늘밤 장주석과 회견

이승만은 오늘밤 남경으로 가서 장주석을 회견한 다음, 이 달 13일 귀국하게 된다고 한다. 어제 오후 7시 반, 본시의 시정부 참의회 등 21개 단체가 국제호텔 18층에서 이승만을 위한 영접 파티를 거행했다. 이 파티에는 오시장 등 30여 명이 참석했다. 오늘 점심은 중한문화협회와 국민외교협회에서 공동으로 풍택루에서 이승만을 위해 초청연을 열었다. 오후 4시 중한 21개 단체도 역시 국제 호텔 14층에서 칵테일 향연을 베풀고 이승만을 초대했다.(●●●● 4월 10일)

한국은 마땅히 독립을 획득해야 한다
이승만박사의 중국방문을 환영한다(사설)

한국혁명의 영도자 이승만박사가 어제 미국을 떠나 상해에 도착했다. 그간 중한문화협회와 국민외교협회 등 당정교육 각계 단체에서는 이박사의 여행의 피로를 풀고 중한관계를 강화한다는 취지에서 성대하게 영접준비를 했다. 중국과 한국은 마치 수족과 같은 정이 있는데, 이번 이박사가 먼 길을 떠나 피로함에도 불구하고 중국을 찾아

준데 대해 우리는 충심으로 감사드리며, 이박사가 중국체류기간 중 건강하기를 기원한다고 했다.

한국은 또 조선이라고도 하는데, 아시아대륙 동남쪽에 돌출한 반도국이다. 지세는 남북이 길고 중국과 소련 및 일본 3국 사이에 처해 있다. 동쪽으로 일본해가 있고 서쪽으로는 황해와 이어져 있으며, 남으로는 조선해협을 넘어 일본의 규슈(九州)와 중국지방을 바라보고 있으며, 북쪽으로는 압록강과 두만강을 사이에 두고 중국 동북지역과 소련 연해주와 접하고 있다. 한국은 국제관계상에서 볼 때, 아시아대륙과 일본열도의 '육교'라 할 수 있으며, 정치·경제와 문화적으로는 중국과 관계가 가장 밀접한 나라이다. 나라를 세운 이래 한민족은 몽골인·만주인 및 일본인들에 의해 유린되기도 했다. 그러나 한민족은 그런 상황하에서 계속 노력분투하여 독립자유를 쟁취하는 투쟁을 견지해 왔다. 1894년부터 1895년 제1차 중일전쟁 때와 1904년부터 1905년 중러전쟁 시기, 반도는 비록 독립적이긴 했지만 실은 일본세력이 점차 침투하고 있었다. 한 시기 한국은 일본의 보호국이었으며, 1910년에는 정식으로 일본 국으로 합병되었다. 한민족은 일본의 통치에 반대하여 수많은 봉기를 단행했다. 그 중에서 유명한 것이 1919년 3월 1일 '만세 대 폭동'이다. 이를 또한 3·1혁명이라고도 한다. 이것은 아시아 약소민족의 대표적인 장렬한 혁명운동이었다. 이 운동 시기에 이승만박사는 이 운동을 영도하였으며, 혁명운동이 전개됨에 따라 이박사는 전 한국인의 옹호를 받으며 한국임시정부 초대 대통령으로 추대되었다. 그의 공헌은 아주 탁월했다. '3·1혁명'이 실패하자, 이박사는 해외로 망명하게 됐고, 그곳에서도 계속해서 독립운동을 영도했다. 그 후 20여 년을 하루같이 변함없이 독립투쟁을 해 왔으니 정말로 그 정신에 탄복하지 않을 수 없다. 동시에 그의 포부도 또한 경탄할만 하다. 이번 이박사가 중국을 방문하게 된 것은 중한 관계를 증진시킬 뿐만 아니라, 한국에 대한 광범한 중국인민의 인식을 제고하게 될 것이며, 이는 금후 한국의 환경변화에 유익하게 될 것이며, 한국이 자유독립운동에서 그에 상당하는 지위를 쟁취하는데 도움이 될 것이다.

한국은 마땅히 독립되어야 한다. 한국은 마땅히 자유로운 국가가 되어야 한다. 이것은 한국인들의 한결같은 목소리이다. 그리고 동시에 중국인민들의 호소이기도 하다. 따라서 이는 아시아회의 각 민족의 호소가 되었던 것이다. 한국은 인종면에서 단일민족이다. 민족의 생활은 지리환경과 분리될 수 없다. 민족정신은 견고하고 흔들림이 없었다. 현재와 미래의 아시아에서 희망과 전도가 가장 밝은 민족이 될 것이다. 따라서 한국은 마땅히 독립되어야 하고, 또 자유로워야 한다. 1943년 중국·영국·미국 등 3국의 영도자 회의가 카이로에서 열렸다. 그 회의에서는 중한 두 나라를 압박하고 있는 일본은 무조건 항복하여야 하며, 가능한 한 한국을 도와 독립과 자유를 실현할 수 있게 돕겠다고 명확하게 선포했다. 이 선언은 외국에 망명한 한국 영도자들에게, 특히 중경의 임시정부와 영국과 미국의 한국교포들에게 아주 큰 자극을 주었다. 그들은 혁명전도가 밝은 앞날을 보고 흥분을 금치 못했다. 이러한 전망이 보였기에 그들은 일본침략을 반대하는 투쟁을 더욱 힘 있게 협력하여 주었다. 그들은 이런 실질적인 행동으로 그들에 대한 연합국의 숭고한 우애에 보답하려 하였다. 그러나 애석하게도 1945년 일본이 투항한 다음 연합국은 승리했지만, 한국의 독립은 여전히 멀리 보이기만 했지 실현할 수가 없었다. 미국과 소련은 한국문제에 대해서 협의점에 이르지 못하였다. 한국의 환경은 이전과 같이 비참하게 되었으며 세상 사람들의 동정을 불러일으키게 되었다. 그렇기 때문에 한국은 마땅히 독립자유의 국가로 되어야 한다는 목소리가 아시아의 그 어디에서도 울려 나와야 하는 것이다.

오늘 한국의 환경은 바로 위에서 설명한 바와 같다. 일본이 무조건 투항하기 직전 소련은 대일본 선전포고를 했다. 홍군은 신속하게 중국 동북지역과 한국의 북부를 향해 진공했다. 얼마 후 일본이 투항하고 미군이 한국 서울을 점령했다. 그 해 9월 10일 미 점령군은 서울에서 군정부를 성립했다. 그때부터 한국은 무형 중에 두 부분으로 갈라지게 되었던 것이다. 미군과 소련군이 북위 38도를 분계선으로 하고 남북을 차지했기 때문이었다. 소련군이 점령한 지역은 함경북도·함경남도·평안북도·평안남도·황해도(남부 극소부분 지역을 제외한)·강원도를 포괄한 북반부이다. 면적은 48,407평방킬로미터이고 이 면적은 한반도의 56,9%를 차지한다. 인구는 약 8,314,000명이다. 전 한국인의 36.5%를 차지한다. 미군이 점령한 지역은 아래와 같다.

전라남도·전라북도·경상남도·경상북도·충청남도·충천북도·경기도·강원도의 남반부와 황해도의 남부 일부이다. 면적은 36,761평방킬로미터이며 이는 전 한반도의 43,1%를 차지한다. 인구는 14,485,000천 명으로 전 한국인구의 63,1%를 차지한다. 경제적 가치에 대해 말한다면 미군점령구가 더 크다고 할 수 있다. 그러나 전략적인 가치에 대해 말한다면 소련군 점령구가 더 중요하다고 할 수 있다. 미국과 소련은 한국문제에 대해 서로 교착상태에 있으며, 이것이 바로 한국의 불행을 초래한 것이다. 이것은 또한 극동평화 전도의 불행이기도 하다. 불행한 사실은 그 해 12월 모스크바에서 영국·미국·소련 등 3국 외상회의에서 이를 합법화시킨 것이 이를 심화시켰던 것이다. 3국은 한국문제에 관한 협의를 선언했다. 그 협의

1947년

는 중국 · 미국 · 영국 · 소련 등 4국이 공동으로 한국을 5년간 관리한다고 규정한 것이다. 이 신탁관리 기간 중에는 한국을 미국과 소련 두 관할구로 획분한다고 규정했다. 이 협의의 성립은 민족자주정신에 위배되며 한국의 통일을 분열시킨 것이며, 한국의 독립을 무기한 연장시킨 것이며, 미국과 소련의 관계를 더욱 갈라놓게 되었다. 뿐만 아니라 중국 동북지역에 대해서도 큰 위협이 된 것도 아주 명확하다. 카이로회의 선언정신이나 유엔헌장 정신에서 볼 때, 그리고 극동평화의 전도라는 시점에서 볼 때 한국의 독립은 필연적인 것이다. 그리고 한민족이 자유스러워야 한다는 것도 필연적이다. 이른바 공동관리라는 것, 이른바 공동신탁관리라는 것은 한국과 극동에 안정과 평화를 가져다주지 못하며, 오히려 한국과 극동의 분단과 위기를 더욱 심화시킬 뿐이다. 한국의 임시정부 주석 김구가 중경을 떠날 때 "한국은 절대 둘로 나누어져서는 안된다. 연합국은 자기의 사명을 완성한 다음 정권을 자유 한국에 넘겨주어야 하며, 남북한 국민은 마땅히 단결하여 조국의 강성을 도모해야 한다."라고 강조했다. 그 얼마나 의미심장한 말인가?

　우리 중국은 약소민족의 독립과 자유를 원조하는 것을 천직으로 알고 있다. 따라서 오늘날의 한국의 처지에 대해서도 심심한 동정을 표시하는 바이다. 중국의 여론은 한국에 대한 신탁관리를 반대하고 있다. 이와 동시에 한국 남북 인민들이 단결하여 한국이 하루 빨리 독립자유를 획득하기를 기대하고 희망하여 왔다. 범아시아회의 석상에서 우리는 한국대표 배극(裵克)이 동맹국에서 승낙한 것을 실현되도록 해야 하며, 한국은 하루 속히 독립해야 한다는 것을 호소하는 것을 보았다. 지금 재야에 있는 한국혁명 영도자 이승만박사가 또 중국을 방문하게 되었다. 우리는 이승만박사를 열렬하게 환영하는 동시에 공동으로 분투하여 그가 진정하게 한국국민 대중의 의지를 대표하여 하루 빨리 정부를 세우고 민족의 부강함을 회복시킬 것을 기대한다.(●●●● 4월 10일)

이승만 어제 밤 남경에서 장주석 회견 후 다시 상해 도착

본사 통신: 한국 혁명영도자 이승만박사는 3일 전 미국에서 상해에 도착한 다음 각계 단체의 열렬한 환영을 받았다. 이씨는 어제 밤 11시 20분에 특별열차를 타고 남경으로 가서 장주석과 회견했다. 그 후 역시 열차를 타고 상해로 온 다음 비행기로 서울로 귀국하기로 되어 있다. 이승만 수행인으로는 비서 장기영, 입법위원회 스트우드, 한국 대표단 단장 민석린 등 9명이다. 양로(兩路) 관리국장 진백장(陳伯壯)이 역에서 그를 맞이하여 전송하기로 했다.

이석증 환영사

어제 각계 대표인 서기구·왕죽일·풍유진·전검추·사인유·이복손 등 10여 명이 국제 호텔의 풍택루에서 이승만 환영 오찬을 준비했다. 오후 4시 본시의 시정부·시당부·참의회·중한문화협회·국민회교협회·시부녀회·상회·총공회·기자공회 등 21개 단체가 국제 호텔 14층에서 공동으로 각테일 연회를 준비해 이승만을 초대했다. 이석증이 주석을 맡아 환영사를 했다. 그는 환영사에서 이 박사가 혁명운동을 위하여 갖은 노력을 기울인데 대해 칭송하였으며, 이 박사가 항일전쟁시기 국외에서 전개했던 반침략사업을 소개했다.

이승만 답사

환영사가 끝난 다음 이박사의 답사가 있었다. 그는 우선 21개 단체의 열정적인 초대에 감사한다고 말했고, 이어서 그는 금후 한국민과 중국 인민간의 우의는 더욱 밀접해질 것이며, 여러분들이 한국을 방문할 때 한국인민도 당신들을 영접하는 기회가 있을 것이라고 했다. 그는 본인은 이번 미국에서 중국을 직접 방문하였기 때문에 매우 피곤하여 긴 말을 못하겠지만, 이제 귀국하면 즉시 정부를 조직하게 될 것이며, 한국의 외교와 경제 등의 지위를 발전시킬 것이며, 한국이 극동에서 튼튼한 국가로써 위상을 구축할 것이므로, 중한 두 나라가 서로 손잡고 합작한다면 극동의 평화전도는 낙관할 만 하다고 강조하여 말했다.

왕효뢰의 환영사

왕효뢰(王曉籟)가 환영사를 했다. 그는 이 박사에게 경의를 표한다고 한 다음 국가가 부강하고 인민이 건강하며 쾌락하려면 경제문제가 다른 무엇보다도 중요한 문제라고 지적하고 나서, 중한 양국은 전쟁시기 협력이 아주 잘 되었는데, 금후에도 정치적인 합작뿐만 아니라 상업분야에서도 상호무역을 추진하여 양국의 경제를 증강시켜야 할 것이라고 설파했다.

해옥서는 국민외교협의를 대표하여 이승만박사를 환영한다고 인사한 다음, 이승만박사를 환영하는 것은 아주 중대한 의의가 있다고 피력하였다. 따라서 중한 양국의 영도자 회견은 앞으로 두 나라간 영구한 우의의 기초를 닦아놓을 것이며, 중한 두 나라는 근대 백년 동안 다같이 외부세력의 압박을 받아왔고, 서로 협조하여 외세의 압박에 저항하여 왔으며, 마침내 승리를 이끌어냈다고 강조했다. 이제 양국은 함께 승리를 경축하게 되었고, 앞으로 양국의 정부와 인민은 더욱 견고한 합작을 추진해야 할 것이라고 말했다. 이승만박사가 이번에 귀국한 후 정부를 조직하게 되는데, 많은 신경이 쓰이게 될 것이라고도 했다. 한국정부가 정식으로 성립되기 전에 우리는 큰 동정과 함께 유력한 원조를 아끼지 않을 것이라고 밝혔다.

전검추(錢劍秋)여사는 시부녀회를 대표하여 이승만박사에게 인사말을 했다. 동시에 중한 양국 부녀들이 금후에 공동 합작할 것이라고 약속했다.

어제 오후 7시 한국교포교민협회에서는 해군청년회관을 빌려 이승만박사를 환영하는 파티를 열었다. 서병호(徐丙浩)가 주석을 담당했다.(●●●● 4월 11일)

항주에서 한국의 영도자 이승만이 장주석 부부 회견

본사 통신: 한국의 영도자 이승만은 오늘 아침 남경에서 상해에 도착, 오늘 혹은 내일 장주석을 방문하게 된다.

중앙사 남경 12일 발 통신: 이승만은 12일 밤 상해로 출발하는데, 떠나기 전에 왕외교부장이 직접 초대소로 찾아가 작별을 고했다. 감내광(甘內光)차장은 외교부를 대표하여 역까지 가서 이승만을 전송했다. 주가화(朱家驊)씨가 교육부에서 이승만에게 오찬을 대접했다.(●●●● 4월 13일)

이승만 장주석 회견, 한국인민을 대표하여 경의 표시

본사 통신: 한국의 혁명 영도자 이승만박사는 일전에 남경에서 장주석을 회견하기로 되어 있었는데, 장주석이 항주에서 상해로 오기로 되어 있어 어제 아침 남경에서 다시 상해로 돌아왔다. 어제 오후 4시 반, 한국주재 우리나라 대표 고문의 안내로 동평로를 방문하였다. 회담시간은 1시간이었으며 장주석의 부인·오시장 등이 동석했으며,

심창환 비서가 통역을 담당했다.

　회담시 이승만은 장주석에게 한국정부를 조직하게 되는 문제를 설명했으며, 미국체류시 미국정부와 행한 협상상황을 소개했다. 그리고 한국민을 대표하여 장주석에게 경의를 표시한다고 인사말을 한 다음 한국 임시정부에 대해 협조해 준 그 뜨거운 마음에 감사를 표했으며, 장주석이 카이로회의시 한국의 독립주장을 적극 옹호하여 준 것에 대하여 재삼 감사의 예를 표한다고 말했다.

　장주석은 이에 대해 한국의 독립과 자유를 동정한다는 입장을 표한 후, 중한 양국은 형제와 같이 지내는 인접국이기 때문에 상호협력해야만 한다고 강조했다. 동시에 중국은 최대의 노력을 경주하여 한국이 정부를 세우는 일에 협조할 것이라고 하면서 이 박사에게 몇 번이나 '마음 놓으시오'라고 말했다.

　장주석은 또 김구의 근황에 대해 문의하였고, 장 부인도 김구가 중경에 있을 때 장주석과 아주 밀접한 우정을 나누었다고 하면서 그에 대한 관심이 크다고 설명했다. 이승만은 김구를 대신하여 감사를 표했으며, 김구와 자기 두 사람은 아주 밀접하게 협력하고 있다면서, 한국민은 모두 우리 두 사람이 영도자로 나설 것을 기대한다고 설명했다.(●●●● 4월 14일)

맥아더 한국정부 성립을 찬성

　기자는 어제 밤 화모호텔에서 이승만박사를 다시 취재하여 장 주석과의 회담 상황을 알아보았다.

　기자는 우선 한국의 상황에 대하여 문의했다.

　문: 맥아더원수는 한국의 정부조직 문제에 대하여 어떤 입장을 취하고 있는가?

답: 맥아더원수는 저와 협력을 유지할 것이라고 표명했으며, 자기도 한국정부의 성립을 기대한다고 표명했다.
문: 하지장군은 정부성립 문제에 대해서 맥아더원수와 견해가 같은가?
답: 정부성립에 관한 하지장군의 견해도 이제는 맥아더원수와 일치하고 있다. 그는 이미 과거 한국정부 조직 내에 반드시 공산당이 참가해야 한다는 주장을 포기했으며, 공산당이 정부에 참가하는 것은 그들 자유에 맡기겠다는 입장을 밝혔다.

소련이 북한에서 군대를 모집하는 것이 명확
문: 하지장군은 미국에서 소련은 한국 북부에서 소년병 50만 명을 모집한다고 발표했는데 이박사도 같은 정보를 입수했는가?
답: 하지장군이 말한 그 숫자는 정확하며 또한 사실이다. 우리가 입수한 정보도 그와 같다.
문: 마샬이 모스크바에서 소련에 각서를 보내 미국과 소련이 합작하여 한국의 남북통일을 실현하자고 건의했는데, 이에 대하여 이 박사는 어떻게 보는가?
답: 이것은 미국의 일관적인 주장이다.
문: 이박사가 보건대 한국정부는 언제쯤 성립하게 될 것인가?
답: 3개월 내로 완성할 계획이다.
문: 한국 내의 공산당문제인데 현재의 상황은 어떠한가?
답: 한국 남부에는 이른바 공산당 문제라는 것이 존재하지 않는다. 모든 공산당분자들은 대부분 북부에서 남하한 사람들인데, 이들로 인하여 불안한 상황이 발생하기도 한다.
문: 한국의 경제상황은 어떠한가?
답: 아주 어렵다. 한국이 남북으로 갈라진 후, 남한은 비록 풍부한 식량이 있고 북부에는 공장과 연료 및 전력이 풍부하지만 현재 모든

경제기구가 혼미상태에 처해 있다.

이승만은 오늘 아침 상해를 떠나 항주관광을 떠나게 되는데, 16일 다시 상해로 돌아온 다음 귀국하게 된다.

또 전하는 말에 의하면 어제 장주석에게 비행기편으로 귀국할 수 있도록 도와달라는 말을 했다고 한다.(●●●● 4월 14일)

장주석 다과회를 마련 이승만박사를 초대

본사 통신: 장주석 부부는 어제 오후 5시에 다과회를 마련, 이승만과 한국광복군 총사령 이청천·박순·민석린·서병호·장수현·사도덕·상해주재 외교부 판사처의 진국렴 등 10여 명을 초대했다.(●●●● 4월 14일)

이승만 입법원장 손과 방문

중앙사 본시 통신: 입법원장 손과(孫科)는 어제 밤 7시 항주에서 상해에 도착, 즉시 콜롬비아로 사택에서 휴식을 취했다. 9시 경, 한국혁명의 영도자 이승만이 그의 자택을 방문, 손과가 한국독립운동을 동정하여 준 것에 대하여 감사한다고 표명했다. 손과와 이승만은 중한수교문제를 둘러싸고 의견을 교환했다. 그들은 약 반 시간 동안 대화를 나눈 다음 작별을 고하고 헤어졌다.(●●●● 4월 14일)

외교부 조선문제에 대한 우리나라 입장 성명으로 발표하기로

본보 남경 14일 발 통신: 믿을 만한 소식에 따르면, 외교부에서는 최근 며칠 사이에 조선에 대한 우리나라의 입장을 발표할 것이라고 한다. 미국 국무경 마샬이 모로토프에게 보낸 편지내용에서 조선문제를 언급하였다. 각서의 부본은 중국과 영국에 전달했다. 이 각서는 이미 우리나라 외교부에 도착해 있기 때문에 외교부에서는 정식 성명을 발표하기로 한 것이다.(●●●● 4월 15일)

이승만박사 우리나라 조야와 작별

본보 남경 14일 발 통신: 이승만은 서면담화를 통해 우리나라 조야 각계에 작별인사를 했다. 장주석이 한국의 독립을 보장하여 준다는 후의와 우리나라 각계의 열정적인 접대에 감사를 표명했으며, 전통적인 중한 양국의 친선을 공고히 하기에 주력할 것이며, 동아시아와 세계 평화에 힘쓸 것이라고 표명했다.

본보 항주 14일 발 통신: 이승만박사는 14일 점심 주시장과 함께 항주에 도착한 후, 오후에는 배를 타고 서호의 풍경을 감상했다.(●●●● 4월 15일)

조선국정 밝은 전망이 보인다(사설)

한국의 혁명영도자 이승만박사가 중국을 방문하는 시기에 맞춰 조선국정의 발전에 관한 각 방면의 보도들이 전해지고 있다. 중국인민은 3한의 인민들과는 손발과 같이 밀접한 관계를 갖고 있다. 때문에 우리는 한국국정에 대하여 깊은 관심을 갖고 있다. 우리가 마음을 놓을 수 있는 것은 곳곳에서 전해오는 보도를 통해 조선국정이 발전할 수 있다는 가능성을 가져볼 수 있다는 것이다. 일본이 투항한 이래 현재 조선의 발전하는 국정은 해명할 수 있는 여건이 구비되어 있다. 즉 어둠 속에서 이미 한 가닥 빛이 비치고 있는 것이다. 우리는 이 햇살의 출현을 환영한다.

최근 조선 국정에 관한 도보를 통해 아래 몇 가지 사실을 분명히 할 수가 있다.

첫째, 한국의 혁명영도자 이승만이 어제 장주석을 회견할 때 장 주석은 한국의 독립에 큰 동정을 표명했다고 보도하고 있다. 동시에 중한 양국은 형제적인 인접국으로 마땅히 서로 협력을 강화해야 하며 중국은 최대의 노력을 경주하여 한국독립정부에 협조할 것이라는 입장을 밝혔다.

둘째, 지금 모스크바에서 외교부 장관회의가 열리고 있다. 미국 국무경 마샬원수는 최근 소련 외교부장 모로토프에게 보낸 각서에서 조선문제에 대한 소련의 태도에 대해 질책성 있는 견해를 밝혔다. 소련은 1945년 모스크바 3국 외교부장회의에서 결정한 조선과 관련한 협의에 근거하여 미국과 소련 연합위원회를 다시 개최하여야 한다고 요구했고, 이를 통하여 조선에서 독립정부를 성립하는 문제를 협력해 줘야 한다고 강조했다. 동시에 금년 여름 적당한 시일을 택하여 연합위원회의 성취와 조선에 대한 정책을 검토하자고 건의했다. 마샬은 그의 각서 말미에 상기의 문제가 소련의 협조를 얻어낼 수 없을 때는 미군정부는 한국 남부에서 필요한 조치를 취해 모스크바 1945년 3강 외교부장회의에서 결의한 바를 실현할 수 있도록 추진할 것이라는 뜻을 밝혔다.

셋째, 미국수도 워싱턴에서 전해온 조식에 의하면, 미국대통령은 남한의 부흥을 위하여 미화 2억 달러를 남한 신정부에 대여하여 줄 것을 국회에서 검토하도록 상정하기로 했다고 한다. 이 지원금은 5억 내지 6억 달러까지 이르게 될 것이라는 설도 돌고 있다.

이상의 각 보도를 종합해 보면, 조선에 대한 미국의 정책이 이미 명확하게 수립되었음을 알 수 있다. 즉 소극적인 정책으로부터 방임하는 정책을 취하는 쪽으로 옮겨갔으며, 나아가서는 조선 정권의 성립을 적극적으로 협조해주는 정책을 취하였다는 것을 알 수 있다. 이 점에 대해서는 마샬이 모로토프에게 보낸 각서 중에서도 표현된 바 있으며, 미국정부가 조선에 대하여 경제적으로 지원하겠다는 입장에서도 표현되고 있다. 후자에 관해서는 이승만이 상해를 방문할 당시 이미 기자에게 정식으로 피로한 바 있다. 그런데 보도가 충분하지 못하여 워싱턴에서 전한 통신을 접수한 후에야 미국정부가 확실히 조선에 대하여 경제 원조를 단행할 것이라는 것을 확인할 수 있었다. 우리는 미국의 적극적인 입장을 고맙게 생각한다. 우리는 일찍이 조선의 정세가 오늘의 이 정도까지 이르게 된 것은 미국이 당초에 조선에 대한 견고한 정책이 없었던 것이 주요 원인이라는 견해를 발표한 바 있었다. 우리는 과거에 "누가 지금의 조선 국정을 나타나게 했는가? 이 책임은 소련과 미국에 있다. 소련이 자기의 점령구에서 자기들에게 유익한 세력을 키우려고 한다는 것은 이미 예견된 일이다.

그런데 미국은 자기 점령구에 대한 명확한 정책이 없기 때문에 조선의 정세가 점점 악화 일로를 달리게 되었는데, 이를 그대로 앉아 구경만 하고 있다. 미국은 이에 대하여 책임져야 할 것이다."라고 평한 바 있다. 우리는 또 "본래 작년 연초에 모스크바 협의에 따라 서울에서 진행한 미국과 소련의 조선국정에 관한 회의가 실패한 다음 미국은 조선에 대한 정책을 철저히 개선했어야 했다. 그러나 이 1년 동안 미국에서는 아무런 행동도 보여주지 않았다. 때문에 조선국정은 개선된 것이 아니라 날로 악화되어 갔다. 조선이 오늘의 이 정세로 전락한 것은 미국이 대부분 책임을 져야 한다."고 설파한 적이 있다. 우리는 조선에 대한 미국의 정책이 날로 명확하게 되기를 기대해 왔다. 조선에서의 미국의 성취는 단순하게 조선의 전도에 영향을 미치는 것이 아니라, 전 세계의 영구한 평화와 밀접한 관련이 있기 때문이다. 우리는 일찍부터 미국이 조선문제에서 더욱 견고하고 명확하게 나서주기를 기대해 왔다.

중국과 한국은 이와 입술과 같은 관계이다. 중국인민은 언제나 조선의 통일과 독립이 하루 빨리 실현되기를 희망하여 왔다. 중국정부는 조선의 독립과 통일에 대하여 인민들의 뜻에 따라 열정적으로 지지하여 왔다. 카이로회의 당시 대일 작전을 펴고 있던 4강은 조선에 대한 기본정책을 결정했다. 독립과 통일된 조선의 출현을 지지하고 지원해 주기로 한 카이로정신은 우리나라의 기본 정책이었다. 이번 이승만이 중국을 방문할 때 우리 주석은 조선에 대한 우리의 정책을 다시 한번 강조했다. 즉 한국의 독립에 대하여 지극히 동정하며 중한 양국은 형제와 같은 인접국이며, 따라서 마땅히 서로 협력해야 한다는 것을 다시 한 번 강조했다. 중국은 최대의 힘을 기울여 한국에서 정부가 성립할 수 있도록 협조할 것임을 밝혔다. 조선에 대한 중국 정부의 정책은 이처럼 선명하다.

현재 여러 가지 현상에서 볼 수 있듯이, 조선의 인위적인 장애는 일시적으로 해소될 수는 없지만, 최근에 조선의 임시정부가 성립된다는 것은 이미 현실로 나타나고 있다. 비록 그 정권의 실권이 조선 전국에서 이루어지는 것은 아니지만, 그러나 임시정부의 탄생은 그 어느 모로 보나 조선정세의 발전에 이점이 많을 것이다. 우리는 머지 않은 장래에 이 임시정부가 성립되기를 진심으로 희망한다.

조선 정부에 대한 우리의 희망이 진실하기 때문에 우리는 조선인민들이 성실하게 협력하여 자신들의 정권을 세우고, 자신의 정권을 공고히 하여 자기 민족의 독립자주를 확보하기를 희망한다. 최근 조선을 시찰하고 돌아온 사람들이 전하는 소식에 의하면 조선의 정치단체가 우후죽순처럼 늘어나고 있다고 한다. 무려 200개 이상이라는 말도 있다. 이것은 한편으로는 조선인민들의 각성된 정치적 각오를 설명하여 주는 동시에, 한편으로는 또 협력정신이 미약하기 때문에 이런 여러 단체가 출현한 것이라고 볼 수 있다. 단결해야 힘이 있으며 힘이 있어야 일을 성사할 수 있기 때문에, 우리는 3한 인민들이 선입견을 버리고 합작을 도모하기를 희망한다. 우리가 마음을 놓을 수 있는 것은 이승만박사가 장주석을 회견할 때 자기와 다른 한 혁명영도자인 김구와의 합작이 밀접하고, 한국인민은 자기와 김구를 영도자로 추대하려 한다는 뜻을 밝혔다는 점이다. 이 점은 이승만과 김구 간에 이미 합작하였음을 설명하는 것으로, 우리는 이와 같은 합작정신이 확실하게 자리 잡을 것을 바라면서, 삼한 인민이 하나의 고체로 응결되어 아시아에서 책임질 수 있는 사명감을 발휘할 수 있기를 기대한다.(●●●● 4월 15일)

이승만 상해로 귀환

본사 통신: 한국의 혁명영도자 이승만박사가 어제 항주를 출발하여 상해로 되돌아왔다. 이승만은 하루 속히 한국으로 귀국하여 정부조직을 추진하기 위해 오늘 출발하기로 했는데, 한국행 비행기가 아직 결정되지 못하여 잠시 상해에 계속 머무를 예정이다.(●●●● 4월 16일)

왕외교부장 마샬에게 한국에 대한 우리 정부의 입장 통보

중앙사 남경 16일 발 통신: 왕세걸 외교부장은 한국문제에 관하여 마샬 장군에게 각서를 보냈다. 각서의 내용은 아래와 같다.

마샬 장군각하

4월 8일 한국의 국정에 관하여 각하가 모로토프에게 보낸 편지를 이미 보았는데, 그 내용을 보고 감격을 금치 못했다. 본인은 한국문제에 관한 우리 정부의 입장을 통보하고자 한다. 조선의 전도는 중국과 중대한 이해관계가 있다. 때문에 중국은 이 문제에 대해 지극한 관심을 두고 있다. 중국인민과 정부는 일관적으로 한국 인민이 독립하는 것을 지지하여 왔다. 일본이 투항한 이후 지금까지 많은 시일이 흘렀다. 그러나 한국은 아직 한국인민의 정부를 건립하지 못하고 있다. 이것은 우리에게 있어서 상당히 유감스런 일이다. 우리는 한국정부의 성립은 이제 더 뒤로 미룰 일이 아니라고 본다. 한국을 점령하고 있는 국가에서 협의를 달성하지 못한다면, 한국인들이 하루 빨리 자유독립의 숙원을 실현할 수 있도록 하기 위하여 중국정부는 2년 전 12월 모스크바협정(한국문제에 관한)에 참가한 미국·영국·소련·중국 등 4국이 다시 전면적으로 협상에 응해야 한다고 본다.

본인은 이미 소련주재 중국대사에게 명하여 이 각서의 부본을 모로토프 선생과 베이윈 선생에게 전하도록 했음을 알리는 바이다.(●●●● 4월 17일)

미국의 극동정책

합중사 워싱턴 20일 발 통신: 마샬이 전달한 조선통일을 위한 회담을 다시 열자는 건의를 모로토프가 접수하던 접수하지 않던, 미국은 조선에 대하여 5억 달러 내지 8억 달러에 달하는 경제원조 계획을 집행할 것이라고 선언했다. 만일 조선의 통일이 완성된다면 원조대상은 전 조선에 대한 것이지 남부 조선에 한한 것만이 아니다. 미국의 경제후원은 한국 남부를 부흥시키려는 심리전적인 요소가 없지 않아 있지만, 조선이 통일된다면 이러한 심리적인 무기는 필요 없는 것이다. 그러나 원조 계획은 어찌 되었든 간에 실행되게 될 것이다. 조선이 통일을 이루던, 아니면 분열이 되던 원조를 받아야 하는 것은 급한 일이 아닐 수 없다. 마샬이 소련에 제의하여 조선문제를 재협상하자고 한 건의는 시의 적절한 제안이라고 할 수 있다. 모로토프가 이 건의를 받아들인다면, 미국은 자신들이 희망하는 바를 이룰 수 있는데, 그것은 바로 조선의 통일이다. 그러나 소련이 현재는 이 문제를 해결할 수 없다고 한다면 마샬은 국회에서 이 지원금 문제를 신속히 통과시켜 줄 것을 촉구할 것이다. 경제전을 통해 공산주의가 극동에서 확장하지 못하게 하기 위한 것이다. 인도네시아 공화국에 대한 미국의 정책도 최근 일주일 안에 결정지어야 하는 급하고 중요한 문제이다. 일부 국무원의 관원들은 인도네시아 공화국을 "한도적으로 승인"해야 한다고 제의하고 있다. 만일 이 문제에 대한 효과적인 결론이 있다면 그것은 미국의 동남아정책을 보여주는 단면이 될 것이다. 그리고 이어 독립하게 될 버마에 대해서도 미국은 일관된 정책을 견지하고 있다. 즉 반 파시스트 영도자를 동정한다는 것이다. 미국이 방콕의 공사관을 대사관으로 격을 올린 것도 태국을 중요시하고 있다는 것을 설명해 주는 것이다.

트루먼대통령은 주일태국대사를 접견할 때, 평화정부가 인민의 안전과 번영을 확보해 주기를 희망했다. 국무원과 일본의 평화조약 준비사업은 결정단계에 진입했다고 한다. 지금 전문가 위원회에서 상세하게 검토하는 과정이다. 관방에서 예견하기는 대일평화회의는 금년 가을이 아니면, 10월에 진행하게 될 것으로 보고 있다.(●●●● 4월 21일)

이승만 서울로 귀환

로이터 서울 21일 발 통신: 조선의 영도자 이승만은 오늘 상해를 출발하여 서울에 도착했다. 이승만은 중국 방문시 장 주석을 회견, 회담을 통해 중한 양국의 진일보한 협력을 보장받았으며, 중국이 조선의 미래에 대해 관심을 가질 것이라는 보장을 받은 바 있다.(●●●● 4월 23일)

이승만 독립정부설립 제의

연합사 서울 26일 발 통신: 조선민족당 영도자 이승만이 미국에서 서울로 돌아왔다 오늘 오후 상해의 각 신문에서는 이박사의 인터뷰를 실었는데, 트루먼 대통령이 조선에 6억 달러의 경제대여금을 보증해 줄 것이라고 대답했다는 사실을 부인했다고 했다. 그는 "트루먼대통령은 이것을 보증할 수 없다. 최근 나는 미국을 방문했고 또한 트루먼 대통령과 만났다. 내가 상해에 있을 때 신문계에 피로한 것은 미국정부가 지금 조선인민을 지원할 문제를 상의하고 있으며, 이 원조가 실현된다면 나는 이를 기꺼이 받아들일 것이라고 피로했을 뿐이다."라고 밝혔다.

이승만은 조선의 국정을 언급할 때, 나는 정부를 세울 수 있도록 하게 해 달라고 건의할 계획이다. 미국과 소련의 회담이 실패했을 때 이 정부에서 대표를 파견하여 소련과 직접 회담하기 위한 것이다. 이승만은 조선 남부의 임시의회에서 선거법이 통과되어 국회와 의원을 선출하고, 이 기구에서 헌법을 제정하고, 이것을 남조선과 혹은 북조선 정부의 기초로 할 것을 제의할 것이라고 밝혔다. 미국과 소련의 연합위원회의 조선통일문제 회담이 일단 결렬되면, 조선인민은 즉시 독립정부를 세우는 일을 추진할 것이며, 소련이 이를 거절한다면 조선정부는 유엔기구에 이를 신청할 예정이라고 설명했다.(●●●● 4월 28일)

김구 한국임시정부 준비는 부당하다고 레이치가 성명발표

신아사 서울 12일 발 통신: 남한군정장관 레이치 소장은 오늘 김구 등이 임시정부의 조직을 추진하고 있는 일에 대하여 중대 성명을 발표했다. 성명 내용은 대략 아래와 같다.

"김구 등은 일본이 투항하기 전에 중국에서 한국임시정부를 조직했다. 일본이 투항한 다음 그들은 상해를 거쳐 한국으로 귀국했다.

당시 그들은 임시정부의 명의로서가 아니라 개인 자격으로 귀국하기로 미국 측과 약속하였다. 동시에 임시정부를 취소할 것을 약속하는 것으로써 미국의 신임을 얻은 것이다. 남한 군정부는 김구가 남한으로 되돌아 왔을 때 남한에서는 군정부를 제외하고는 그 어떤 성질의 임시정부도 수립해서는 안된다고 명확하게 성명한 적이 있다. 그런데 지금 김구 등이 회의를 소집하여 임시정부를 조직하는 일을 상의한다고 하는 것은 합법적인 일이 아니다." 또 경찰부장은 이달 15일 경상남도 대전지방에서 한국인 대표대회를 소집하여 임시정부를 조직하는 문제에 대해 토의할 것이라는 정보를 입수했는데, 이것도 합법적인 일이 아니라고 보고 이를 금지시키기로 했다고 한다.(●●●● 5월 13일)

김구 임시입법의회 직무 사직

로이터 서울 20일 발 통신: 조선의 민정장관 홍안걸(洪安杰: 음역)은 오늘 미국과 소련의 혼합위원회가 소집되는 기간 동안 민중대회나 시위행진을 금지한다는 명령을 반포했다. 또 김구는 이미 임시입법의회 위원직을 사직했다는 소식이 돌고 있다. 그 원인은 아직 불명확하나 김구는 현재 몸이 불편하여 미국 병원에서 치료를 받는 중이다.(●●●● 5월 21일)

한국임시정부 조직방법 김구·이승만 등 의견일치

신아사 서울 22일 발 통신: 어제 서울에서 성대하게 막을 올린 미국소련혼합위원회는 오늘 정식회의를 시작했다. 회의장소는 서울의 덕수궁으로 정했다. 회의진행시 방청하는 일은 금지했다. 토론의 주요 내용은 여전히 우파가 임시정부에 참여할 수 있는가 하는 문제이다. 오늘은 김구·이승만·조완구·조소앙·김성주 등이 의회에 모여 토론을 벌였다. 전하는 소식에 의하면 이들의 견해는 일치했는데, 참가 여부에 대해서는 아직 발표하지 않고 있다. 이밖에 민주주의 및 민족 전선 하의 각 정당은 이미 허헌(許憲, 인민당 영도자의 한 사람)이 정식으로 위원회에 통지를 보내 정부에 참가할 것을 표명했다고 한다.

연합사 서울 22일 발 통신: 관방측의 소식에 따르면, 미국과 소련의 혼합위원회는 조선의 통일임시정부에 관한 문제를 토론했는데, 오늘 비밀회의에서 어느 정도 진전이 있었다고 한다.

미국 수석대표 바이란은 "우리는 각각의 의정 내용에 대하여 모두 토론했다."고 피로했다. 바이란은 의정의 내용에 대해서는 언급하지 않았으나, 내일 연합성명을 발표할 것이라고 했다.(●●●● 5월 23일)

김구·이승만 연명으로 성명 발표

합중사 서울 22일 발 통신: 이승만과 김구는 언론계에 연명으로 성명을 발표했다. 미국과 소련 혼합위원회에서 "조속히 이번에 선언한 목표에 도달하고 북위 38도 분계선을 취소하며, 독립적이고 민주적인 정부를 건립"할 수 있기를 희망한다고 했다. 이승만과 김구는 성명 중에 자신들이 혼합위원회의 토론에 참가하는가 하지 않는가 하는 여부는 각 개별 영도자와 단체에서 결정할 일이라고 밝혔다. 그리고 "우리는 맹목적으로 혼합위원회의 기본원칙에 의지하지는 않을 것이다. 두 가지 중요한 요점이 만족스럽게 해명되어야 만 하는데, 즉 신탁통치와 독립정부의 위치가 모순 된다는 점이 그것이다. 모스크바 결의에 언급한 신탁관리라는 개념을 반드시 취소되어야 하며, 그렇지 않으면 그에 대한 정의를 명확하게 해명하여 공포해야 한다. 이와 같은 분명한 해명이 있어야 독립정부를 건립하는 길이 열리게 된다."고 강조해서 말했다.(●●●● 5월 23일)

이승만 미국과의 비밀협정설 부인

합중사 서울 24일 발 통신: 조선의 우파 영도자인 이승만은 언론계에 담화를 발표하고 미국 국무원과 그 어떤 비밀협정도 없었다고 완강히 부인했다.

합중사 서울 25일 발 통신: 조선 우익의 영도자 이승만은 오늘 언론계 인사를 초대, 조선의 정치영도자들은 미소혼합위원회와 함께 임시정부건립을 적극 추진할 것이라는 의향을 밝혔다. 그는 "나는 위원회를 반대하지 않는다. 그리고 타인이 위원회와 상의하는 것도 반대하지 않는다. 그렇지만 나는 참여할 의향은 없다. 그것은 소위 신탁방식이라는 것이 어떤 것인지 알지 못하기 때문이다. 그리고 미국과 소련이 민주라는 정의에 대한 인식이 서로 충돌되고 있기 때문이다."라는 입장을 밝혔다.

이승만은 위원회가 회담을 재개한 것에 대하여 아무런 관심을 표명하지 않았다. 그는 "위원회에서는 조선으로 하여금 독립하게 한다고 했지만, 이는 실패하고 말았다. 조선인민은 이 문제를 반드시 위원회에 의뢰해야 한다는 이유가 없다."라고 말했다. 조선남부 미군사령 하지장군은 이승만의 이러한 언론을 평하면서, 이승만은 지금 국정을 제대로 이해하고 있는 것 같다고 말했다.(●●●● 5월 26일)

한국 좌익단체 곧 입장 표명, 김구와 이승만 여전히 두 가지 의견을 견지

신아사 서울 27일 발 통신: 미소혼합위원회가 회의를 진행하는 동안 각 정계 인사들의 교섭이 빈번하고 있다. 바이란소장은 오늘 원세훈(元世勳)씨를 관저로 불러 담화를 가졌다. 원세훈은 바이란과 회견하기 전에 먼저 김규식을 만났다. 이에 근거하여 항간에서는 좌익단체가 위원회에 대하여 새로운 접근이 있을 것이라고 논하고 있다. 또 하지 중장은 어제 오후 이승만을 접견했다.

외간에서는 하지는 이미 이승만과 김구가 제기한 두 가지 조건을 미국국무원에 제의할 것이라는 의향을 밝혔다고 한다. 이승만은 "우리는 미소혼합위원회를 반대하는 것은 아니다. 다만 우리는 두 가지 조건을 제시하는 것인데, 이에 대한 적당한 회답을 얻지 못한다면 혼합위원회에 참가하지 않을 것이다."라는 입장을 견지했다.(●●●● 5월 28일)

중국체류 한국인 신탁반대에 대해 이승만과 김구 지지 표명

중앙사 남경 28일 발 통신: 중국에 체류하고 있는 한국인들은 신탁관리를 취소하라는 긴급 성명을 발표했다. "우리는 이승만박사와 김구 선생이 영도하는 국내 49개 단체와 7백여만 명이 신탁관리의 성질과 권한을 명확히 밝혀야 한다고 하는 주장을 옹호한다. 동시에 아래의 몇 가지 건의를 제기하니, 미국과 소련당국에서 참고하기를 바란다.

① 신탁관리를 취소하라.
② 남북한에서는 현재의 무장을 해제하고, 임시정부가 성립된 다음 중국·미국·영국·소련 4국의 협조하에서 조선임시정부에 속하는 군대를 건립한다.
③ 임시정부 인원은 중국·미국·영국·소련이 감시하는 가운데 자유투표방식을 채택하여 국민들이 선거해야지 단체의 추천방식을 취해서는 안된다.
④ 4강이 연합하여 민주한국을 건립한다. 남경·상해·심양·북평·천진·한구·개봉·서주·광주·대만·해남도 등 각지의 교민회, 한국독립당 중국 총지부, 중국주재 한국대표단 공시."(●●●● 5월 29일)

남한 60여 단체 한국통일을 호소

신아사 서울 31일 발 통신: 남한 60여 정치문화단체는 어제 서울에서 회의를 소집하고, 중개적 성격의 단체를 조직하고 이 집단의 명의로 미소혼합위원회의 성공을 협조하려 하고 있다. 어제 회의에서는 김규식을 위원장으로, 이로(李魯)를 부위원장으로 추대했다. 회의에서는 미소혼합위원회에 보내는 각서를 작성, 회의를 적극적으로 진행하여 조선의 독립을 완성시켜 줄 것을 촉구했다.(●●●● 6월 1일)

김규식 사직 임성원 의장 담임

신아사 서울 3일 발 통신: 임시입법위원회는 오늘 제85차 회의를 소집, 부의장 최동오(崔東旿)가 사회를 보고 김규식의장의 사직문제를 토론했다. 김규식의장은 한국인은 25살부터 선거권이 있다는 법안을 규정한 것에 반대하여 사표를 냈기 때문이다. 김규식은 현대 국가에서는 이런 규정이 없다고 강조했다. 6월 2일 김규식은 또 다시 사표를 냈는데, 회의결과 김규식의 사직이 통과되고, 김붕예(金朋叡)를 임시의장으로 추천했지만, 김규식이 반대를 표명했다. 그리하여 결국 임성원(林成元)이 의장직을 맡게 되었다. 부의장인 최동오와과 윤기섭 두 사람도 사임했다.

미국 한국공산당에 대하여 관용정책, 이승만 불만 표시

본보 통신: 샌프란시스코 16일 방송: 한국의 영도자 이승만은 오늘 언론계에 담화를 발표하고, 한국은 오직 하나의 출로밖에 없으므로, 한국은 100% 민주정부를 건립해야 한다고 했다. 그렇지 않을 때는 나치스 공산당 정권이 건립되게 될 것이라고 강조했다. 일부 공산당이 참가한 "혼합" 정부는 절대 성공할 수 없다는 것이 이승만의 주장

이다. 그는 혼합위원회에서 할 수 있는 것은 한 가지가 있는데 그것은 '타협' 하는 일이라고 했다. 즉 이 타협이라는 뜻은 90%가 미국의 뜻이고, 소련의 의견은 10% 밖에 안된다고 해도 결국 한국 남부는 공산당에 의해 통제되게 될 것이라는 설명이다. 그는 한국을 분할 관리하는 것이 미국의 정책이라고 했다. 미국은 자기 국내에서는 공산당을 숙청하는 정책을 실시하면서도 한국에서는 공산당에 대하여 관용정책을 펴고 있는데, 이는 현명하지 못한 정책이라고 주장했다.

신아사 서울 16일 발 통신: 최근 남한의 각 정치단체의 활동은 아주 복잡하다. 좌·우파 합작위원회와 기타 10여 개 단체의 대표 김규식·여운형(呂運亨)·안재홍(安在鴻)·홍명희 등은 어제와 오늘 이틀 간 미소혼합위원회에 참가하는 문제를 토의했다. 민주주의 전선이라는 기치 아래 속해 있는 각 대표도 이 문제를 토의했다. 한국독립당 내부에는 이 문제에 관하여 두 파가 형성되었는데, 혁명파는 참가할 것을 주장하고 있는데, 위원장과 부위원장의 태도는 아직 불명확하다.(●●●● 6월 17일)

남한당 미국과 협상의사 표시

본사 통신: 샌프란시스코 20일 방송: "남한당"의 대표 백웅(柏雄: 음역)은 오늘 미국에 각서를 전해 미국과 협상할 것을 표명했다. 백웅은 1946년 맥아더원수의 명령으로 치안에 위협을 준다는 죄명으로 체포되었던 사람이다. 그때 백웅은 남한 공산당 비서장으로 있었다. 맥아더원수가 백웅을 체포한 후 공산당은 해산되었고, 인민당과 신민당에 입당한 사람도 있고, 새로 남한공당을 조직한 사람도 있다. 이번 "남한당"은 한국 각 당파 중에서 제일 먼저 미국의 자문에 답한 당파가 됐다. 회답할 수 있는 날짜는 아직 5일이 남았다.

신아사 서울 20일 발 통신: 한국독립당은 미·소 혼합위원회에 참가 여부에 의견이 불일치하여, 내부에 분열이 생겨, 정세가 심각하게 되었다. 한국독립당이 귀국한 이후, 한국민족당과 한국국민당과 합병하였는데, 한국민족당을 중심으로 하는 혁신파와 한국국민당을 중심으로 하는 민주파로 갈라졌다. 이들은 한국임시정부 요인들의 의견과 분쟁이 생겨 3자 정립의 정세를 형성하였다. 연합위원회에 적극 참가하자고 주장하는 정당은 현재 한국국민당이다.(●●●● 6월 21일)

한국독립당 분열, 혁신파 안재홍 등 제명

  신아사 서울 21일 발 통신: 한국독립당은 미소연합위원회에 참가하는 문제를 둘러싸고 장시간 토론한 결과, 전 망명정부 원로파와 혁신파, 그리고 민주파 간에 분열이 극심하게 되었다. 혁신파와 민주파 두 파는 연합위원회에 참가할 것을 주장하였는데, 이에 따라 독립당 임시정부 원로파측에서는 혁신파와 민주파 두 파의 책임자인 안재홍 등 35명을 제명시켰다.(●●●● 6월 22일)

한국 북부 정당서 요구 제출

  로이터 모스크바 21일 발 통신: 모스크바 방송: 조선북부 "인민전선" 각 정당은 회의를 소집하고, 현재 서울에서 열리고 있는 회의에서 조선임시정부 건립문제를 토론하는 미소공동위원회에 토지·공업·은행을 국유로 환수할 것을 요구했다.(●●●● 6월 22일)

서재필 이 주일 내에 한국에 귀국

  신아사 서울 21일 발 통신: 지금 미국에 체류하고 있는 한국 원로 혁명가 서재필박사는 얼마 전에 건강문제로 귀국을 잠시 중단했다가,

하지장군이 서재필박사에 대한 기대치가 높아지자 본 주일 내로 귀국하기로 결정했다고 한다. 전하는 통신에 의하면 서재필은 남한의 임시정부에서 행정직무를 담당하지 않고, 의정관을 담임하기로 했다고 한다.(●●●● 6월 22일)

미국 고위 당국 김구 언행에 불만

본사 통신: 런던 23일 방송: 전 한국임시정부 주석 김구는 신탁관리를 반대하는 독립당의 시위가 실패한 다음 미소혼합위원회와 회담을 진행하지 않겠다는 의향을 발표했다. 미국 고위 당국은 김구의 이러한 행동은 혼합위원회와 상담할 자격을 상실하는 것이라고 평가했다.(●●●● 6월 24일)

한국 어제 신탁관리 반대시위발생

연합사 서울 23일 발 통신: 조선 군중들은 어제 미소연합위원회 회의장소 앞에서 신탁관리를 반대하는 시위운동을 했다. 그러나 참가한 사람은 많지 않았고 시간도 길지 않았다.(●●●● 6월 24일)

남한회의 어제 끝나, 4백여 정당과 사회단체 협상에 참가

본사 통신: 런던 25일 방송; 조선미소연합위원회에서는 성명을 발표하고 이 소조위원회의 협조하에 7월 7일 서울과 평양 두 곳에서 조선 각지 정당과 사회단체들이 조선임시정부문제를 토론하게 된다고 밝혔다.

신아사 서울 25일 발 통신: 미소연합위원회와 남한 각 민주당 및 사회단체의 연석회의가 25일 임시 입법원 의사당에서 첫 회의가 소집되었다. 회의장 우측에는 미국대표석이고 좌측은 소련대표석이다. 12

시 30분 미소대표들이 입장했다. 그 후에 남한 4백여 정당과 사회대표들이 입장했다. 남한 주요정당 대표들로는 한국국민당 대표 안재홍, 근로인민노동당 대표 여운형, 신민당 대표 김붕예, 한국민주당 대표 장덕수(張德秀), 노동당 대표 박헌영(朴憲永), 및 여자민주동맹대표 유영주(柳英珠) 등이다. 각 정당과 사회단체에서 열석한 사람이 너무 많아 회의장소는 빽빽하게 가득찼다. 좌우 각 당파가 한자리에 앉은 것은 하지장군이 작년에 부민관에서 각 당파를 회견한 이래 오늘이 처음이다.

오후 1시 30분 주악이 끝나자 바이란소장과 스테커브 장군이 회의장에 입장하고 개회를 선포했다. 바이란소장이 먼저 연설을 했다.

동맹국이 조선에 협조하여 일본의 속박으로부터 벗어나 자유와 해방을 되찾았다. 자유를 사랑하는 조선국민들은 오늘부터 진정한 해방을 획득했다는 사실을 알아야 할 것이다. 모스크바 3국 외교부장회의에서는 조선의 민주정권을 건립할 것을 결정하고, 되도록 빨리 일본 통치시기에 남겨진 독소를 제거하며 한국임시정부를 건립할 것을 결의했다. 미소연합위원회가 이제 이 결의를 실천하고자 하는 것이다. 오늘 연석회의를 소집한 것은 결의의 첫 단계에 진입했다는 것을 설명하여 주는 것이므로 대표 여러분들은 한국 국민의 위탁을 받고 이 연석회의에 참석한 것이나 다름 없다. 충분히 각자의 의견을 발표하여 주길 바라며 각자의 의견이 서로 같지 않더라도 협의에 도달하는 것이 최대의 목표이므로, 서로 간에 상의하여 원만한 결과를 거둘 것을 기대하는 바이다.(●●●● 6월 26일)

남한 신탁관리 반대자 체포하기로

신아사 서울 27일 발 통신: 남한 민정장관 안재홍은 일전에 발생한 신탁관리 반대시위운동에 대하여 성명을 발표했다. 23일, 24일 이틀간 신탁관리를 반대하여 시위운동을 벌였는데, 이것은 법령을 위반한 수위에 달하는 행위이므로, 본인은 일체 법령 위반자에 대한 체포령을 내릴 것이다. 본인의 친우들이나 동지들은 절대로 감정적인 차원에서 나서지 말 것이며, 경찰부장은 본인의 체포 명령을 집행하는 것을 피하지 못할 것이라고 강조했다.

신아사 서울 27일 발 통신: 미소연합위원회의 미국대표는 29일 평양으로 가서 30일 거행하는 북한회의에 참가하게 된다. 소련대표단 41명은 여전히 서울에 남아 연합위원회의 남은 업무를 처리한다.(●●●● 6월 28일)

서재필 귀국, 김구·이승만과 회견

신아사 서울 2일 발 통신: 한국을 떠난 지 49년이나 되는 서재필 박사가 어제 서울에 도착했다. 그리고 오늘 오전 10시 이승만과 김구를 방문하였다. 내일 신문기자들을 초대하여 담화를 발표할 예정이다.(●●●● 7월 3일)

서울 서재필 귀국 성대하게 환영

신아사 서울 7일 발 통신: 이달 12일 서울운동장에서는 서재필박사의 귀국을 환영하는 성대한 시민집회가 열리게 된다. 환영회 명예회장은 이시영이며, 이 환영회에서는 이승만·김구·여운형·허헌 등 4명이 대회를 주관하도록 추천됐다.(●●●● 7월 8일)

미·소혼합위원회 한국참가사회단체 결정

신아사 서울 12일 발 통신: 바이란소장은 오늘 성명을 발표하고, 미소

혼합위원회에 참가하는 한국 단체를 공개했다. 정당으로는 39개 정당이 있으며, 사회단체로는 101개가 된다. 그리고 산업단체 54개, 기술단체 44개, 문화단체 65개, 농민단체 30개, 종교단체 34개, 농민합작사 14개이다. 북한단체로는 농민단체 18개, 문화단체 5개, 종교단체 3개, 사회단체 2개, 정당 2개이다. 남한단체 중에 회원이 가장 많은 부녀총회는 그 회원이 6백여만 명이나 된다. 회원이 가장 적은 단체는 조선애국회로 그 수는 22명에 불과하다.(●●●● 7월 13일)

서울 서재필 귀국 성대하게 환영

신아사 서울 12일 발 통신: 오늘 서울운동장에서는 서재필박사의 귀국을 환영하는 대회가 열렸다. 오후 2시 정각 각 정당 및 사회단체, 그리고 학생대표들이 모인 가운데 열렸다. 김규식박사가 환영사를 한 뒤를 이어 서재필박사가 답사를 했다. 오후 4시에는 덕수궁에서 환영 다과회를 가졌다.(●●●● 7월 13일)

조선 13도 인민 미국과 협력의향 표시

중앙사 워싱턴 17일 발 통신: 트루먼대통령은 오늘 조선 13도 (소련점령구의 도도 포함)대표들이 연명으로 사인한 서한을 접수했다. 서한은 조선은 선의와 진심으로 미국에 협력할 것을 보증한다는 의향을 밝혔다. 이 서한은 이곳 조선대표단이 발표한 것으로, 신탁관리계획에 반대를 표했으며, 이것은 독립원칙에 어긋나는 것이라고 지적했다. 동시에 공산당 반대운동을 지지한다고 밝혔다.

합중사 워싱턴 17일 발 통신: 조선위원회는 17일 이곳 신문에 미국대통령 트루먼과 중의원·참의원에 보내는 서울조선인민대회(비 정식 국민대회)의 편지를 공개 발표했다. 이 인민대회는 미국이 공산당의 반미운동과 추진하고 있는 중립정책에도 불구하고 조선인민이 재한 미국인을 반대한다는 것은 확실한 사실이 아니라면서, 이런 유언비어가 날조되어 떠도는 것에 대해 유감을 표명했다. 이 편지에는 "우리들은 신탁관리를 받아들이는 것을 거절한다. 이것을 미국을 반대하는 것으로 보지 말아야 한다. 우리가 신탁통치를 반대하는 것은 이것이 독립원칙에 어긋나는 점도 있지만, 또한 신탁통치의 제한을 받으면 공산당의 확대를 막지 못하기 때문이다."라는 내용이다. 이 편지는 또한 지금 보통선거를 진행하여 대표를 선출하고 있고, 전국적인 임시정부를 설립하고 있는 과정이라고 밝혔다. 본 인민대회는 한국경제에 대한 미국의 지원 초안에 대하여 감사하며, 이 원조는 정말로 필요한 것이라고 설명했다.(●●●● 7월 19일)

한국정당 영도자 피살

연합사 서울 19일 발 통신: 경찰국에서는 오늘 62살인 노공인민당(勞工人民黨) 영도자 유문홍(劉文洪: 음역)이 조선청년의 총격에 목숨을 잃었다고 밝혔다. 탄알은 자동차 뒤로 들어갔고 흉악범은 도망쳤다고 피로했다. 노공인민당은 조선반공정당의 하나이다. 조선이 상해에서 임시정부를 성립했을 때 유씨는 한때 외교부차장을 지낸 바 있다. 미국사령 하지가 기자들에게 피로한 바에 의하면, 유씨가 최근 당을 정돈할 것이라는 뜻을 밝혔는데, 이는 친공분자들을 축출한다는 뜻이라고 했다. 그는 이일로 인해 공갈협박편지를 여러 통 받았다고 한다.(●●●● 7월 20일)

한국북부 신탁반대 시위자 체포

본사 통신: 샌프란시스코 22일 방송: 조선 위원회 주석 정상교(丁上

校: 음역)는 오늘 6월 30일 소련점령구에 있는 한국인이, 평양 등지에서 신탁관리 반대시위를 진행하였는데, 소련측에서는 4백 명을 살해했으며, 2천여 명에 부상을 입혔으며, 만여 명을 체포했다고 전했다.(●●●● 7월 23일)

위더마이어 중국방문 중 중국주재 한국임시정부 대표단 단장 박순을 방문

남경 21일 발 통신: 본보기자 박덕: 금방 병상에서 일어난 박순(朴純) 선생은 고령의 병마에 시달려서인지 홀쭉하게 여위였다. 그러나 그의 얼굴에는 분투하려는 여력이 역력했다. 그의 어투는 한 혁명자로서의 굳은 의지가 충분하게 보였다. 50살 이상의 한국인이라면 어릴 때부터 망국에 대한 원한이 뿌리 내리고 있는데, 박순은 반평생을 유랑하면서 구국의 마음을 굳혀왔던 사람이다. 그의 말에는 사교적인 말이라고는 조금도 없다.

"소련 정책에 대한 우리 한국의 견해는 더 말할 필요가 없다. 미국의 정책에 대해서도 만족해 하지 않는다. 한국의 선량한 인민들은 열강들이 자기들의 모순 속에서 약자를 희생케 하는 현상을 일치단결하여 반대한다. 미국은 하루 속히 이 원동의 유화정책을 변화시켜야 한다."

한국 상황 테러와 재난 첩첩

"승리한 그 때부터 지금까지 어느덧 2년이나 된다. 그러나 우리 한국의 상황은 하루하루 악화되고 있다. 북방은 더 말할 것도 없다. 연안과 시베리아에서 건너 온 한국공산당은 소련이 유일하게 승인한 정당이다. 그들의 작품은 중국공산당과 일맥상통한다고 하겠다. 투쟁과 파괴, 그리고 무력의 무한대한 팽창은 끝없는 공포와 재난을 초래하고 있다. 문화교육이 정지되었고, 공상업이 파괴당했다. 일본에게 50여년간 밀리고 또 밀려 얼마 남지 않은 민생의 기본조차 모두 상실되었다. 이런 상황은 남방에도 영향받게 되어 난민이 가는 곳마다 몰려있고, 기강이 해이해졌으며, 사회를 불안에 빠지게 했다. 백 가지 업은 이미 모두 시들어지고 말았다.

남방은 당파가 공개적으로 활동하는 지역이다. 그러나 다년간 희생과 분투를 한 혁명단체와 개인은 마땅히 받아야 할 대우를 받지 못하고 있다. 미국군정부의 통치하에 고개를 쳐들고 다니는 것은 매판계급과 호텔의 주인들뿐이다. 그들은 영어 몇 마디 안다고 미군의 뜻에 따라 동포들을 억압하고 있어, 백성들은 과거와 별다름 없는 고난을 겪고 있다. 한국의 '해방'은 한 주인이 바꾸고 다른 주인이 들어선 것과 다름없는 상황이다."

남방 한국공산당 불공평한 민주

"남방에도 공산당이 활약하고 있는가?"

"예, 활약하고 있다. 기타 다른 당파들은 소련점령구에서 활동할 수 없으며 존재하지 못한다. 그러나 한국공산당은 남방에서 맘대로 행동한다. 이것이 바로 미국의 민주이다. 한국공산당이 남방에서 파괴를 진행하고 폭동을 조작해도 법률적인 형벌을 받는 사람은 하층 사람뿐이다. 영도자들은 각종의 보장과 편리를 제공받고 있다. 이것은 불공평한 민주라 하지 않을 수 없다. 남방의 인민들은 이에 대하여 분노를 금치 못하고 있다.

현재 연합정부는 희망이 없다. 그러나 희망이 없는 것이 얼마나 다행인지 모른다. 연합정부가 성립된다면 소련은 미국측에 군대를 철수할 것을 요구할 것이다. 그렇다면 북방의 30만 한국공산당의 무장부대가 한국을 어떤 국면으로 만들 것인가? 이에 대해서는 그 누군가가 생각을 하지 않아도 충분히 예상할 수 있는 일이다. 남방에서는 그 누구도 내전을 벌일 생각이 없다. 그러나 북방은 일찍부터 무력으로써 천하를 평정하려고 기도하고 있다. 때문에 미소간 평화가 철저하게 해결되지 않는 상황에서 연합정부 운운하는 것은 대문을 열고 도적을 맞이하는 것이나 다름없다. 우리 한국은 독립 후 극동의 평화에 대하여 공헌을 하고자 한다. 그런데 독립의 그날이 너무도 멀고 멀다. 평화를 바라기는 너무 희망이 없다. 한국이 만일 한국공산당의 무력에 의해 통일된다면 원동에는 평안한 날이 없을 것이다."

세력 균형을 잡는 것은 소국의 희생을 초래

그는 하지장군에 대해서는 아무런 비평도 하지 않았다. 그는 하지장군은 스티브가 추천한 사람이라고 말할 뿐이었다. 그는 서방 인들이 동방인들을 이해하는 것이 너무 적다는 것에 유감을 표명했다. 그 중에서도 미국인이 한국을 전혀 모른다고 지적했다. 그는 미소정책에 대하여 질책했다.

"미소간의 모순과 충돌은 그들 본신의 사상과 제도에 따라 조성된 것이다. 그러나 그들은 자기 자체에서 개선의 방도를 찾아 해결방법을 구하려고 하는 것이 아니라, 약소국의 살을 깎아 자신의 상처를 보충하려고 한다. 그렇게 해서 동유럽의 소국은 하나하나 희생되어 갔다.

중국의 정세도 한 마디로 말하기가 어려울 정도이다. 중국은 카이로회의 때 우리 한국의 독립을 보증해 주었다. 모스크바 3국 외교부장회의에서 4개 국이 5년간 신탁관리 한다는 처분을 내렸다. 이러한 결정을 내린 것은 아무런 역사적 근거가 없이 그저 자신들의 세력을 균형잡기 위한 것이었다. 이를 위해 한국을 희생시킨 것이다.

우리는 3천년의 유구한 독립국가로서의 역사를 가지고 있다. 우리는 자주의 능력과 자격이 충분하다. 과거 우리는 합방과 멸망에 저항하여 투쟁해왔다. 금후에도 우리는 공동관리를 받아들이지 않을 것이다. 우리는 전패국이 아니다. 우리는 해방을 되찾은 것이다. 대일전쟁을 하는 중에 우리도 피흘리며 싸웠다."

그는 미국의 극동정책은 너무 연약하다고 비평했다.

"우리는 워더마이어 장군이 한국에서 충분하게 현지조사를 하여 미국의 정책이 더욱 적극적으로 변화되기를 기대한다. 그 때라야 극동의 평화와 세계의 평화에 유익하게 될 것이다."

귀국 후 비망록 제출

박순선생은 중국주재 한국임시정부 대표단 단장이다. 그의 담화에는 한국인민들이 피흘리며 싸워온 기대를 남김없이 피력하고 있다. 그들은 모든 장애세력과 불합리한 조치를 공격했다. 워더마이어장군이 귀국할 때 그들은 광범한 내용을 포괄한 비망록을 제출하려고 준비하고 있다.

권위 있는 인사가 피로한 바에 의하면, 워더마이어장군의 임무는, 중국과 한국에 모두 중요하다. 한국에서 미군과 소련군이 서로 분계선을 사이에 두고 대치하고 있기 때문이다. 이 분계선은 바로 두 사상과 제도의 분계인 것이다. 나아가 양대 충돌이 일어날 수 있는 모순의 최전선이라고도 할 수 있다.

박순선생은 한국문제가 해결된다면 적어도 동북지역의 정세는 한국공산당의 제거와 더불어서 더욱 간단히 해결될 것이라고 하면서, 중국문제의 초점은 이미 동북지역으로 이전되었으며, 북위 38도선은 한국의 운명을 짊어지고 있을 뿐만 아니라, 중국의 평화와 세계의 평화와도 연관되어 있다고 설파했다.(●●●● 7월 23일)

하지중장, 여운형의 죽음에 애도 표시

신아사 서울 23일 발 통신: 하지중장은 오늘 여운형이 피살된 사건에 대하여 아래와 같은 담화를 발표했다.

"여운형이 피살된 것은 조선에 있어서 큰 손실이다. 조선인민은 자유독립을 갈망하고 있다. 그러나 어떤 정객들은 개인의 정치권력을 확장하기 위하여 암살의 수단까지도 쓰고 있는데, 이것은 정말 가슴 아픈 일이다. 나는 조선의 위기를 구하기 위하여 국제회의를 소집했다. 조선인민은 이 기회를 이용하여 노력에 노력을 가하여 회의의 성공을 이루어야 할 것이다. 폭력행위는 회의를 성공케 하는데 아무런 도움도 주지 못한다는 것을 알아야 한다. 폭력행동을 즉시 포기하고 민주법제에 복종하는 방면에서의 수확이 있기를 기대한다."(●●●● 7월 24일)

후버의 한국 질책에 대해 이승만 불만 표시

합중사 서울 24일 발 통신: 이승만은 오늘 성명을 발표하여 미국 전 대통령 후버가 최근 국회에서 조선인은 적어도 25년 내에는 자치적으로 정부를 이끌어갈 수 없을 것이라고 말한 것은, 조선인민들의 감정을 상하게 한 말이라고 지적했다. 현재 한미 합작이 절박하게 필요로 되고 있는 시점에서 이렇게 말하는 것은 매우 유감스런 일이 아닐 수 없다고 피력했다.(●●●● 7월 25일)

연합국 한국특파원 소련을 질책

합중사 뉴욕 24일 발 통신: 연합국주재 한국특파원 엽로약(葉露若) 여사는 24일 크루먼대통령, 마샬국무경과 국회의 각 영도자들에게 서한을 보내, 소련이 한국에서 연장하는 정책을 실시하는 것을 신랄하게 질책했다. 소련은 이미 규정한 조선의 독립을 제지하고 있다면서, 이 점에서 소련은 이미 승리했다고 지적했다. 그 성명은 "조선문제는 제2차대전중 체결한 모든 승인에 대한 시금석이다. 이 승인한 것을 지키지 않는다면 각국은 어떻게 국제협정을 존중하겠는가?"라고 지적했다.(●●●● 7월 25일)

한국정당의 폭동 가능성에 대해 미군당국 방비대책 준비

본사 통신: 샌프란시스코 25일 방송: 조선에 주재하는 미육군 당국 대변인은, 지금 조선의 좌익과 우익정당이 반미 대규모폭동을 준비하고 있다는 근거를 포착했다고 피로했다.

이 폭동은 8월 15일 해방일에 맞춰 폭발될 것이라고도 덧붙였다. 그는 미군당국은 이미 긴급조치를 취하여 엄격하게 방비하고 있다고 설명했다.

연합사 뉴욕 24일 발 통신: 연합국기구 조선대표 엽로약은 오늘 성명을 발표하여 조선문제에 대한 소련의 정책을 맹렬하게 비평했다. 그는 성명에서 조선은 독립을 위하여 자살성 전쟁을 취할 것이라고 경고했다. 이 성명은 트루먼 대통령, 마샬 국무경과 국회 각 주요 인사들에게 호소하는 방식을 취했다. 소련은 이유가 되지 않는 이유를 대면서 미소 두 점령구의 통일을 지연한다고 질책했다.(●●●● 7월 26일)

한국 좌파영도자 암살한 흉수 체포

로이터 서울 26일 발 통신: 19살인 한국적 청년 한제능(韓濟能: 음역)은 자기가 7월 18일 서울에서 반공좌익 영도자 여운형을 암살한 범인이 자신이라고 자인했다. 한제능은 최근 한국 북부 소련점령구에서 남하한 사람이다.(●●●● 7월 28일)

남한 민중대회 소집

신아사 서울 27일 발 통신: 남한민주주의 민족전선은 오늘 서울 남산공원에서 독립조선의 임시정부 성립을 추진하는 민중대회를 소집했다. 미소혼합위원회의 쌍방에서는 각기 대표를 파견하여 이 집회에 출석하여 축사를 올렸다. 미국측 수석대표 바이란 소장의 축사는 대략 아래와 같다.

"본인은 하지 중장을 대표하여 대회에 축하의 뜻을 표하는 바이다. 현재 서울 덕수궁에서 거행한 미소혼합위원회는 여러분들의 열성적인 지원을 받아 왔다. 이에 본인은 감사를 드린다. 혼합위원회는 3국 외교부장회의의 협정에 따를 것이며 여러분들의 기대에 어긋나지 않게 할 것이다. 이제 얼마 지나지 않아 조선임시정부가 수립될 것이다."

소련 수석대표의 축사는 아래와 같다.

"본인은 소련측의 전체대표를 대표하여 대회를 축하한다. 혼합위원회 이래 본인은 많은 선물을 받았는데, 이것은 혼합위원회가 원만하게 성공되기를 바란다는 마음들이었다. 조선임시정부는 머지 않아 곧 실현될 것이다.(●●●● 7월 28일)

남한공산당의 혁명의도, 서울시민 극도 불안

중앙사 뉴욕 29일 발 통신: 한중사 부사장 죤슨이 피로: 조선에는 어두운 문제가 있으니 그것은 다름 아닌 공산당인이 미군점령구에서 혁명을 선동하고 있다는 것이다. 이러한 분위기는 서울 시민을 불안에 떨게 하고 있다. 죤슨은 미국기자단 원동방문단을 따라 서울을 거쳐 귀국했다. 무서운 조선공산당인의 혁명이 폭발한다면 조선 미군점령군은 필연코 조선공산당과 작전하게 될 것이다. 이 충돌의 결과가 어떠할까 하는 것은 더 설명할 필요도 없을 것이다.

1947년

존슨은 유럽작전에서 전역한 미국병사들의 말을 인용하여, 그들이 동방에서 본 것은 서울이 정말 전쟁터와 같다는 것이다. 쌍방은 비록 38선을 분계선으로 군대를 파견하여 순찰하고 있지만, 북방의 공산당은 당교육을 받은 공산당 당원 천여 명을 미군점령구로 파견하여, 서울공산당과 손잡고 폭동을 선동하고 있다고 했다. 존슨은 분열되어 있는 세계의 두 사상체계는 조선에서 투쟁하고 있는데 그 첨예한 대립은 그 어느 나라도 비길 수 없다고 지적했다.(●●●● 7월 31일)

바이란소장 성명발표, 한국의 신탁반대운동에 대해 해석

신아사 서울 9일 발 통신: 조선 15개 단체는 임시정부대책위원회의 뒤를 이어 바이란소장에게 의견을 제출했다. 이것은 연합위원회에서 미소 쌍방대표의 격렬한 논쟁을 초래했다. 바이란소장은 오늘 이에 관한 특별성명을 발표하였다. 그는 성명에서 소련대표가 모스크바 선언을 지지하지 않는 단체는 협의회담에 참가하지 못한다고 주장했다고 밝혔다.

그러나 1946년 12월 24일 남북조선 조선주둔군 사령관의 왕래 서한에서 미국은 신탁반대 단체를 제외하는 문제를 이미 수정했다. 당시 소련도 이 원칙을 받아들였기에 협의가 새로 시작된 것이다. 그리고 마샬장군과 모로토프 두 외교부장의 협의에도 이 문제에 대하여 이의를 표시하지 않았다. 조선인민들은 하루 속히 독립을 실현하려 한다. 그들은 40여년간 일본의 통치를 받아왔기 때문에, 그들은 국가가 또 외국의 침략을 받을까 우려하고 있다. 이것은 아주 자연스러운 일이다. 소련측에서는 이를 완전히 말살하려고 하기 때문에 한국인들은 모스크바 결의를 반대하는 것이다. 사실상 소련측에서는 한국인들의 애국운동을 선동하고 있는데, 이 운동을 통해 한국인들이 애국사상을 표시할 때는 그들은 임시정부의 자격을 취소할 것이라고 주장했다. 모스크바의 결의는 조선을 4개 국에 맡겨 관리하게 했다. 그러나 한국인들은 이런 정치는 과거 일본이 조선에 대하여 신탁통치를 해 온 것과 같다고 생각하고 있다. 이것 역시 사람으로서의 정상적인 감정이다. 미국은 시종 조선인민의 입장에서 출발하여 조선인민이 갈망하는 독립정부건립이라는 임무를 완성하려고 노력해 왔다. 조선인민과 세계 각국에서는 미국이 대표하는 이 주장을 이해하여 주기를 바란다.(●●●● 8월 10일)

남한 한중문화협회 새 인선 결정 협회실무 개진

신아사 서울 10일 발 통신: 전쟁시기 중국에서 조직한 한국임시정부의 영도인물 김구 등이 한국으로 귀국한 다음에도, 한국과 중국은 친밀한 관계를 돈독히 하고 문화교류를 활성화하기 위하여 각 방면의 인사를 유입하여 한중문화협회를 발족시켰다. 이 협회는 협회실무를 개진시키기 위하여 장주석과 이승만을 고문으로 초빙하고, 손과를 명예총재로 추대하고, 김구를 총재로 선거했다.(●●●● 8월 11일)

한국인민 신탁관리 반대

본보 남경 12일 발 통신: 주중 한국임시정부 대표단 부단장 민석린은 12일 기자간담회에서 담화를 발표했다. 이 대표단에서는 워더마이어 장군에게 비망록을 제출했다. 그 내용은 주로 세 가지이다. 가장 중요한 것은 모스크바 회의에서 5년간 신탁관리한다는 결정에 항의하는 것이다. 이번 전쟁이 끝난 다음 그 어느 민족도 신탁관리라는 것을 받아야 하는 상황에 처한 민족은 없다. 오로지 4천년의 유구한 역사를 가진 한국만이 이 불평등한 대우를 받고 있다. 한국인은 이것을 천하의 치욕이라고 인식한다. 때문에 독립적인 정권을 세우기 위하여 끝까지 분투할 것이다. 그 다음 미소공동위원회의 사업은 검토를 통해서 적절한 평가를 내려야 한다고 지적했다. 한국은 해방된 지 이미 1년이나 된다. 그러나 공동위원회의 업적은 조금도 없다. 한국인들은 두 나라 기구에서 한국의 독립을 지연하는 것을 바라지 않는다. 지금 한국의 일반인들의 생활은 더욱 어려움에 봉착하여 사선에서 헤메고 있다고 지적다. 세 번째로 지적한 것은 북한은 소련군의 보호하의 적색무장세력이 너무 날뛰고 있음을 제시하면서 남한의 미군은 한국상황을 잘 모르고 있기 때문에 어떤 조치들은 부당한 것이 있다고 지적하였다. 특히 경제정책에서 변화가 있어야 한다고 주장했다. 그리고 대외무역봉쇄를 폐지해야한다고 강조했다. 민석린은 미국은 한국을 일본 다음으로 가혹하게 대할 이유가 없다면서 워더마이어장군과 사절단이 앞으로 한국을 방문하면 모든 불합리한 사실들을 발견하게 될 것이라고 지적했다. 워더마이어장군은 중국과 한국에 대하여 조사를 진행한 다음, 중국과 한국을 진흥시킬 수 있는 방책을 마련할 것이라고 말한 적이 있다. 그러나 지금 한국의 비참한 정세를 볼 때, 부흥할 수 있다는 사실은 아주 먼 미래의 일로 되어버렸다. 한국인은 먼저 자유와 독립을 취득해야 할 것이다.(●●●● 8월 13일)

소련이 남한에서 정부 조직을 피력

본사 통신: 런던 16일 방송: 타스사가 평양에서 전해 온 소식에 의하면, 미국은 이 시각 조선남부에서 독립정부를 조직했다고 한다. 이 정부는 극단적인 반동분자와 보통의 반역분자가 중심이 되어 조직했다고 지적했다.

전하는 말에 의하면 미국측은 이승만을 신정부 대통령으로 지정하고,

조소앙을 총리, 김구 등을 중요 각료로 임명했다고 한다.(●●●● 8월 17일)

백일하에 들어난 한국공산당의 야심

　중앙사 뉴욕 20일 발 통신: 『시카코 매일신문』의 기자 헬스가 서울에서 보내 온 소식에 의하면, 공산당이 대규모 혁명을 선동하는 정서가 동방의 이 땅에 충만되어 있다고 했다. 그는 무력으로 한국을 점령하려는 각 절차와 주요 계획의 부본이 이미 미국당국의 손에 들어와 있다고 피로했다. 소련군대는 이 기간에 초보적인 행동을 취하고 있는데, 그것은 일부 발칸반도 국가에서 취한 조치와 상동하다고 한다. 즉 북한군대를 훈련시키고 무장시키는 것이다. 대체로 예견하기를 그곳에서 훈련을 받고 있는 군대는 약 15만 명에 달하며 최근에는 50만 명으로 증가되었다고도 한다. 기간군대가 8만 명쯤 있다고 전해지고 있는데, 이들은 중국 동북지역 작전중에서 중국공산당의 훈련방식을 전수받고 있다고 한다.(●●●● 8월 22일)

반세헌: 서울회의 전망

1

　미소 양국의 주둔군이 조선을 점령한 상황은 유럽의 미국·영국·프랑스·소련 등 4개 국이 독일에 주둔하고 있는 것과 같은 방식이다. 독일의 각 점령구는 분계선이 분명하다. 최근 마샬의 유럽지원계획 일환으로 영국과 프랑스와 함께 유럽경제부흥회의를 열었다. 이로써 소련의 동유럽집단과 첨예하게 대립하는 형상으로 치닫게 되었다. 조선 북위 38도선을 분계선으로 하여 남북이 분단되었는데, 그 상황을 쉽게 이해할 수 있을 것이다. 필자는 여기서 조선인민을 대신해서 비평의 말을 해야겠다.

독일은 나치스의 원흉으로 제2차 세계대전을 일으킨 주범의 하나 이다. 그렇기 때문에 지금 여기저기 찢겨져 통치당하는 것은 당연한 일이라고 하겠다. 그러나 조선의 경우는 그 상황이 다르다. 조선은 일본제국주의의 통치를 40여년 동안이나 받아온 민족이다. 조선은 동맹국 4개 국이 해방과 독립을 보증한 국가이다. 그런데 지금 조선 인민은 최저한 개인생활문제도 해결하지 못하고 있다. 이 점에 대해서는 조선의 해방독립을 협조하겠다고 대답한 4개 국 모두가 심각하게 반성해야 할 일이다.

미소혼합위원회는 금년에 회의를 다시 연 이후 지금까지 어느새 2개월이 흘렀다. 서울에서 전해 온 통신에 의하면, 이들의 회담은 작년 5월 이후 또 대치상태에 처해 있다고 한다. 이처럼 좌초한 근원은 역시 작년과 같은 문제이다. 조선의 모든 정당단체에 대한 취사선택의 문제로, 이것은 단시일 내에 해결하지 못할 문제이다. 워더마이어 장군은 아직 조선에 도착하지 않았다. 워더마이어장군이 국무원에 조선문제를 보고한 다음 서울회의는 그 즉시 깨지던지 아니면 해결방안을 끌어내든지 결론이 날 것이다. 조선문제를 조선에서 해결하는 것이 아니라 워싱턴과 모스크바에서 어떻게 하는가에 달렸다.

2

현재 미소 쌍방의 의견이 대립되고 있는 시점에서 정당의 자문 자격문제는 사실 미소회의가 난국에 빠진 표면상의 이유일 뿐이다. 실제상 미소 양국의 '민주'에 대한 이해가 서로 완연히 다른 것이 실제적인 문제이다. 만일 두 가지 서로 같지 않은 견해가 천천히 접근해 간다면 조선정당문제 역시 천천히 해결될 수도 있을 것이다.

상기의 기본적인 문제를 제외하고도 아직도 적지 않은 문제가 있는데 역시 해결하기 어려운 것이다.

첫째, 조선의 내정문제인데 장래 조선 남북이 통일된다면 토지정책을 어떻게 조절하는가 하는 문제가 대두된다. 이 문제는 사전에 잘 연구되어야 할 문제이다. 일본이 투항한 다음 미군 점령구에서는 미국의 주최 하에 신조선공사를 성립하고, 일본인들의 토지를 회수했다. 이들 토지를 앞으로 어떻게 조선인민들에게 분배할 것인가 하는 문제는 마땅히 연구되어야 할 문제이다. 소련이 점령한 구역에서는 토지를 접수하고 처리하는 방법이 미군과 완전히 다르다. 소련은 조선북부에서 일본인들의 토지를 회수하였을 뿐만 아니라 조선인 지주의 토지도 몰수하여 이들의 토지를 이미 농민들에게 분배하여 주었다. 얼마 전 항간에서 떠돌던 소문인 조선북부의 수천 명이 38선을 몰래 건너 월남했다고 하는데, 그때 월남한 사람들이 바로 토지를 몰수당한 지주들이라는 것이다. 미국은 소련의 이러한 토지정책을 반대하고 있기 때문에, 쌍방의 토지정책은 완전히 다르다. 이 때문에 날이 갈수록 문제를 해결하기가 점점 어려워지고 있다.

둘째, 군사조직면에서 미국과 소련군은 각자 점령구에서 공개적이든 비공개적이든, 정규적이든 혹은 비정규적이든 군사훈련 계획을 진행하고 있다. 소련군이 조선북부에서 조선홍군을 훈련시킨다는 소식은 이미 전 세계에 알려진 일이다. 이밖에 이른바 공산주의 청년단의 훈련과 치안경찰의 훈련도 변질된 군사훈련이라고 말할 수 있다. 조선남부에서는 중국에 망명가서 동맹군과 함께 일본과 작전을 진행한 조선 광복군과 조선 의용군이 있다. 그러나 그들은 모두 무장한 채 귀국하는 것을 거절당하였다. 현재 미군점령군은 일본군의 조장(曹長)을 담임했던 조선인을 교관으로 하는 군관학교를 설립하는 것을 비준했다. 그리고 기타 각종 단체의 군사훈련과 경찰에 대한 정치 군사훈련도 아주 적극적으로 진행하고 있다. 지방치안을 유지하기 위하여 미군이 주둔하고 있지 않은 지방에서는 또 지방경찰대를 조직하였는데 이것도 사실은 군사훈련이며 군사조직이다.

셋째, 외교면에서 현재 조선북부의 인민위원회나 조선남부의 임시정부나 미소 양국과 관계되어 발생되는 것은 모두 정당의 외교관계라 할 수 없으며, 쌍방의 조선은 모두 국제적인 승인을 받지 않았다. 그러나 미소 양국은 모두가 각자 자기들이 지원하는 정권과 관계를 유지하고 있다. 그뿐만 아니라 각자 기대하고 있던 것을 취득했다. 따라서 장래 조선이 통일정부를 조직한다면, 두 지방정권의 권리와 의무를 회담할 때, 미소 양국은 이미 취득한 기득권을 포기할 수 있을 것인가? 전하는 소식에 의하면, 소련은 조선의 해로와 항공로 및 결빙하지 않는 항구를 사용하고 있다는데, 이 협정의 유효기간은 30년이라고 한다. 장래 조선이 통일정부를 수립한다면, 소련은 이 권익을 쉽사리 포기할 수 있을 것인가? 미국에서도 이와 동등한 권익을 요구하지는 않을 것인가? 이런 조약이 조선독립을 방해하는 문제로 되는 것은 아닐까?

3

서울회의의 전도는 아직 낙관적이라고는 할 수 없지만, 3천만 조선인민의 사활문제를 해결하여 준다는 입장에서 미소 양국은 그 어떤 수단을 써서라도 이 난국을 타개해야 할 것이다. 만일 미소 양국이 직접 회담하는 방법, 즉 작년 5월 이전과 현재 진행하고 있는 회담방식으로는 결론을 얻을 수 없다고 생각되면, 다른 방식으로 변화시켜야 할 것이다. 만일 미소 양국이 서로 난국 타개에 대한 성의가 있어 비교적 태도를 완화시키고 중립적이며 절충적인 의견을 생각한다면,

중국과 영국 등을 초청하여 조선문제를 해결하는 회담을 진행하는 방식도 취할 만한 것이라고 본다. 이것은 조선인민들이 간절하게 기대하는 것이라고 믿는다. 따라서 한 마디로 말한다면, 서울회의의 전도는 미소가 조선문제를 해결할 성의가 있는지 없는지 하는 여부에 달려 있다고 할 수 있다.(●●●● 8월 22일)

소련의 아시아통치 계획(미국기자의 보도)

중앙사 뉴욕 21일 발 통신: 시카코 신문사 소련 특파원 헐츠가 조선소식을 보도한 글에 의하면, 미소의 회담은 난국에 빠졌고, 미국이 압력에 못이겨 일본에서 철수하더라도 남한을 계속 점령할 것이라고 소개하고 있다. 그리고 워더마이어 사절단의 임무는 극동문제에서 정책적인 변화를 가져올 것이라고 보는 것이 일반적인 시각이라고 한다. 즉 소련에 대하여 좀 더 강경한 수단을 취한다는 것이다. 그러나 만일 미국이 조선에서 철수한다면 조선은 공산당에게 통제 당하게 될 것이다. 이와 동시에 소련도 조선에서 철수하게 될 것이며, 결국에는 북한의 공산당이 훈련한 15만 조선군이 조선 전체를 접수하게 될 것이라고 피력했다. 동시에 시카코 논단의 기자 신므스는 소련의 아시아통치에 관한 계획을 보도했다. 그 글에 따르면 소련의 계획은 아래와 같다.

(1) 북한은 이미 철저하게 공산화가 되었으며, 이를 영원히 점령한다.
(2) 북한을 동북지역에 합병시키고 동북아의 시베리아·쿠릴열도·치시마(千島) 및 외몽고를 대집단으로 묶는다. 환경이 유리하게 전개된다면 내 몽골과 신강(新疆)이 중국을 이탈할 때 신강과 내몽골도 이 대집단에 가입시킨다.
(3) 미국이 일단 남한을 지지하지 않을 때면 즉시 남한을 탈취한다.

(4) 일본도 소련집단에 합병시켜 중국을 포위한다.

소련점령군이 관리하고 있는 북한은 중국 동북지역의 중공과 밀접한 관계가 있기 때문에, 신무스는 동북지역의 식량을 이미 조선북부로 운송하여 주었다고 하며, 한국군이 중공에 가입하여 작전하는 사람이 수천 명이 넘는다고 했다. 또 동북지역이 국군의 압박을 받을 때면 북한으로 피난 갈 것이라고 첨부하기도 했다.(●●●● 8월 23일)

4강 회의 한국정체 토의, 우리정부 참석

본보 남경 30일 발 통신: 미국정부는 중국·영국·소련 정부를 초청하여 워싱턴에서 4강 회의를 진행하자고 건의했다. 이 회의에서 조선통일정부 성립에 대한 방법을 상의하자는 것이다. 이것은 원래 우리 정부의 주장이었다. 금년 4월 14일 우리나라 외교부 왕부장은 한국문제에 관하여 마샬에게 각서를 전달했다. 중국정부는 조선을 점령하고 있는 미국과 소련이 회의석상에서 협의를 달성하지 못하고 있는 이때, 재작년 12월 한국문제에 관한 모스크바협정에서 지정한 중국·영국·미국·소련 등 4국이 전면적인 협상을 진행하자고 제의한 것이다. 외교부는 이번 회의를 소집하는데 관한 미국정부의 요청을 정식으로 접수하였으며, 2, 3일 내로 미국에 정식회답을 보내어 회의에 참석할 것에 동의함을 표시하게 된다.(●●●● 8월 31일)

한국임시정부수립 미국 구체적 의견 제출

미국 신문처 워싱턴 29일 발 통신: 부국무경 로버트가 소련외교부장 모로토프에게 각서를 보내어 조선에 대한 미국의 건의서를 제출했다.

(1) 조선에 있어서 미소 양국의 점령구는 가능한 한 신속히 대선을 실시하여, 각 구역의 대의성을 갖는 임시의회를 구성한다. 선거는 보

통선거 원칙에 준하여 비밀리에 다당 투표방식을 취한다. 동시에 대선은 현재 각 지역의 조선의회에서 준수하는 법률에 따른다.
(2) 임시 구역의회의 의원수는 그 구역의 인구에 비례하여 선출한다. 그 후에 전의원이 전국 임시의회를 구성한다. 이 의회는 서울에서 회의를 소집하고, 통일된 조선의 임시정부를 건립한다.
(3) 통일조선의 임시정부는 모스크바협정에서 결정한 조선문제를 다룬 4강 대표와 회의를 거쳐야 하며, 조선의 독립에 필요한 견고한 경제와 정치 기초를 위해 어떤 협조와 지원이 필요한가 하는 문제를 확정하는 동시에, 상기의 협조와 원조의 조건이 무엇인가를 확정한다.
(4) 유엔은 상술한 각 단계마다 한국에 관찰원을 파견하여 각종 행동이 대표적이고, 헌법의 취지에 맞는 특징이 있다는 것을 전세계 인민과 한국인민들에게 알려 주어야 한다.
(5) 조선임시정부는 4강과 함께 한국에 주둔하고 있는 모든 점령군이 일률적으로 철수하는 시기를 확정해야 한다.
(6) 각 지역의 임시의회는 임시헌법을 만드는데 힘써야 한다.
(7) 통일된 조선정부가 건립되기 전에, 남북지역에 공적·사적으로 만들어진 각 기구나 단체들이 유엔이 설정한 기구나, 혹은 유엔 국제기구와 접촉하며 적당한 상황에서 조선대표들이 정식으로 국제회의에 참가할 수 있도록 지지해 주어야 한다.(●●●● 8월 31일)

우리나라 조선문제 토론에 참석

본보 남경 1일 발 통신: 유엔 제2차 대표대회 대표단 수석대표 왕세걸 외교부장은 5일 상해에 도착하여, 6일 상해에서 범 미주 항공공사의 대형여객기에 탑승하고 뉴욕으로가 회의에 참석하기로 했다. 외교조약사장(司長) 호경육(胡慶育)·정보사장 장원장(張沅長)·비서 곽장록

(郭長祿) 등이 수행하기로 했다. 왕세걸 외교부장은 유엔대회에 참석하는 외에도 한국문제와 일본문제에 관하여 각국 수뇌들과 접촉할 예정이다.

본보 남경 1일 발 통신: 외교부에서는 1일 아침 중국주재 미국대사관에 각서를 전달하여, 미국정부가 4국 워싱턴회의에 참석하여 조선문제에 대해 상의하자고 요청한데 대해 정식으로 동의한다고 표명했다.

중앙사 워싱턴 31일 발 합중사 통신: 이 곳의 외교관들은 앞으로 4개월이 극동사무에 관해 역사상 가장 중요한 시기가 될 것이라고 예견하고 있다. 그들은 이 시기 내에 내려지는 결정은 이 지구의 장래를 점칠 수 있는 계기가 될 것이고, 일본·조선·중국은 역사적인 동란중에서 세계의 주목을 끄는 국가가 될 것이라고 분석하고 있다. 인도네시아·베트남 및 인도도 마찬가지로 중시될 것이라고 보고 있다. 일본평화조약에 관한 동맹국의 회의가 9월에 거행될 것으로 보고 있다. 이것은 전승국인 동맹국이 일본의 미래에 대해 어떠한 조처를 취할 것인지에 대한 기초적업이 될 것이다. 이 토론은 또한 영국·미국·소련이 극동에 대하여 계속 협력할 수 있는지 없는지에 대한 가능성을 보여주게 될 것이다.

만일 소련이 영국·미국·중국 등 4강만이 일본평화조약에 참가해야 한다고 주장하게 되면, 극동위원회의 9개 국이 공개적으로는 결렬되지는 못하겠지만, 현재의 정세가 긴급하게 돌아가는 상황에서, 대일본 작전에 참가한 모든 국가들은 소련과의 협력을 포기할 수도 있을 것으로 전망되고 있다.

현재의 일반적인 관점과 정책을 볼 때, 미국은 금년 가을에 조선문제를 유엔에 제의할 것으로 예상된다. 이곳의 인사들은 미국이 포기하고 소련이 조선통일문제의 협의를 촉구한다면, 10월 8일 워싱턴에서 4강 회의를 소집하여 조선의 통일임시정부 문제를 토론하자 주장하고 있다. 그러나 이것은 유엔에 이 문제를 제의하는 한 가지 방법에 불과할 것이다. 미소 양국이 협의를 달성하지 못한다면 4강도 협의를 달성하지 못하게 될 것이기 때문이다. 관측 인사들은 미국이 4강 회의를 제의한 것은 외교방책 중의 한 수단으로서, 조선문제의 난국을 유엔에 제의하여 이를 해결하기 위한 방법을 탐색하는데 그 목적이 있다고 분석하고 있다. 중국문제에 있어서 중국은 금후 8주 동안에, 중국에 대한 미국의 경제원조에 대한 회답을 얻어내는 것이 초점이다. 워더마이어 시찰단은 9월 중순 다시 중국을 방문하여, 미국은 10월에 중국에 대한 정책을 수정할 것이 확실하다고 소식통들은 분석하고 있다. 인도네시아 문제에 관하여 이곳 외교계 인사들과 정부관원들은 안보리회의에서 이 문제를 해결할 수 있을 것인지 의심스럽게 관망하고 있다. 대다수의 미국 관원들은 인도네시아가 미국의 참여를 거절하는 것은 시행착오라고 지적하고 있다. 인도네시아의 선택은 미국의 동정적인 참여기회를 상실하게 되고, 오히려 미국이 서방국가의 지위를 공고히 하는 쪽으로 전개되게 될 것이라고 분석하고 있다.(●●●● 9월 2일)

워더마이어 특사 한국서 도쿄로 떠날 때
한국인들의 성의에 감사하는 성명 발표

　연합사 도쿄 3일 발 통신: 트루먼대통령의 특사 워더마이어의 조선에 대한 조사가 끝나고, 3일 오후 2시 15분 비행기편으로 도쿄에 도착했다. 그는 미국대사관에 머물었다가 하와이로 가서 중한 양국에 대해 조사한 결과를 정리하여 트루먼대통령에게 보고하게 되어 있다. 이로써 극동에 대한 미국의 정책을 하루 속히 결정하고자 할 것이다.

연합사 서울 3일 발 통신: 워더마이어특사는 이곳을 떠날 때 다음과 같은 성명을 발표하였다.

조선과 미국인사들이 우리 사절단을 열정적으로 접대하고 원조하여 준 데 대하여 나와 단원 전체는 감사를 표시한다. 우리 사절단은 중국에서 진행한 것과 같이 시간이 허락하는 대로 조선인사들과 많은 접촉을 가졌다. 그런데 조선정당은 무려 2백여 개나 되어, 하나하나 다 접촉하여 의견을 수렴할 수가 없었다. 다행이 편지나 의견서 등을 대량 접수하여 많은 가치 있는 보고를 얻어낼 수 있었다. 조선인들은 남녀 및 공상계와 교육계·정계를 막론하고 국내 정치경제와 사회상황에 대하여 각자의 의견을 제출하는 기회를 가지게 되었다. 본 사절단은 단체 혹은 개인의 명의로 서울만이 아닌 각지에서 설문조사를 진행했다.

서울시장과 국민대표들은 본 사절단의 시간이 제한되어 있다는 것을 잘 알고 있기 때문에 한 차례씩 간담회를 갖는데 동의했다. 이 간담회를 통하여 본 사절단과 조선인 및 외국인 대표들과 만날 수 있는 기회를 마련해주어 진실로 감사하게 생각한다. 우리가 수집한 의견은 서로의 견해가 완전히 다른 점이 많았다. 그러나 한 가지만은 일치하고 있으니, 그것은 평화와 부강과 통일된 조선을 수립하려는 갈망이다. 미국이 중한 양국에서 사실을 조사하는 임무는 이것으로 끝났다.

이제 이곳을 떠난 다음 도쿄로 가게 되고, 9월 5일 하와이로 가서 약 일주일간 체류하게 될 것이다. 우리는 그곳에서 조사한 자료를 정리하고 최후 보고서를 작성하여 귀국 후 대통령에게 보고하게 된다. 이번 우리의 임무는 중대하기 때문에 외부와 완전히 격리된 상황에서 조심스럽게 자료정리를 추진할 예정이다. 태평양 방면 육군사령

폴이 이미 우리를 보살펴 주기로 약속했다. 이곳을 떠나는 이 시각, 특히 조선 각계 인사들의 뜨거운 마음에 감사하며 국운이 창성하기를 기원하는 바이다.(●●●● 9월 4일)

한국임시정부 건립문제 미국이 유엔에 제출하여 토론키로

합중사 워싱턴 8일 발 통신: 8일자 신문지상에 보도된 바에 의하면, 미국관원들은 한국임시정부를 건립하려는 계획에 대해 소련측의 주장을 해결하지 못하여 이 문제를 이달에 개막하는 유엔 전체대회에 제출하려고 계획하고 있다.

전하는 바에 의하면, 소련은 8일 이곳에서 한국문제에 대한 4강 회의를 거행할 것을 정식으로 거절했다. 이에 미국측에서는 이 문제를 유엔으로 가지고 가기로 결정했다. 소련측에서는 회답 각서에, 약 2년간 한국임시정부 문제를 연구하여 왔지만 "동의하는 건의를 얻어낼 가능성이 전부 상실됐다"고 피력했다. 미국 관원들도 미소혼합위원회는 그 어떤 기본 문제에 대한 협의를 달성할 수 없으며, 이미 기대할 수 없는 난국에 처했다고 보고 있다. 때문에 미국은 출발점을 시정하여 태평양 4강 회의를 거행할 것을 건의했다. 미국은 소련이 짧은 시일 안에 4강 회의에 대하여 회답을 줄 것을 촉구했다. 미국은 유엔 전체대회를 소집하기 전에 소련의 회답을 받으려고 한다. 소련의 회답이 오면 그 즉시 유엔대회에서 행동을 취할 수 있기 때문이다.(●●●● 9월 9일)

미국 조선문제 정식으로 유엔에 제출

미국 신문처 18일 발 통신: 미국은 오늘 유엔사무총장에게 두 가지 문제를 제의하여 유엔 의정에 넣도록 요청했다. 첫째는 평화와 안전한

대회임시위원회를 성립하는 데 관한 건의이고, 둘째는 조선의 독립문제를 토론하자는 것이다.

합중사 워싱턴 18일 발 통신: 이곳의 한 권위 있는 인사의 말에 의하면, 조선문제를 해결하려는 미국측의 건의 내용은 아래와 같다고 한다.

미국은 유엔에 건의하여 위원회를 조직한 후 한국정세를 조사하고 조선 남북군 점령구에서 하루 속히 선거를 실시하게 하고 이를 감독할 것을 제의했다. 이밖에 이 선거결과를 유엔의 감독하에 결정하고 이것을 조선중앙의회의 조직방법과 기초로 삼자고 건의하였다. 미국은 또한 유엔과 조선임시정부는 소련과 미국군대가 조선에서 철수하는 기일을 결정할 수 있기를 바란다고도 건의했다. 미국의 계획하에서 조선임시의회와 유엔대표가 협상한 다음 조선헌법을 작성하기로 결정했다. 이 방면의 인사들은 미국은 이 계획이 끝까지 변화되지 않을 경우 조선임시정부와 유엔위원회에 건의하여 조선의 독립과 안정된 경제규모 및 방식을 결정하는 문제도 건의하게 된다고 한다.

동시에 전해오는 소식을 보면, 유엔에서 조선의 독립문제에 대한 진전이 없더라도 미국정부는 조선남부에 대해 충분한 경제원조를 행할 수 있도록 국회에 제의할 것이라고 한다.

연합사 서울 18일 발 통신: 미소혼합위원회 소련대표단은 오늘 성명을 발표하여 미국이 조선문제를 난항에 빠뜨렸다고 질책했다고 한다. 미국은 이것저것 트집이 많고 조선의 어떤 정당과 협상하여 임시정부를 조직하여야 하는가 하는 문제에서 소련의 건의를 거절하였다고 질책했다. 소련대표단은 원래의 관점을 견지하며 쌍방이 모스크바협의를 준수한다면 연합위원회는 조선문제를 해결할 수 있을 것이라고 밝혔다.(●●●● 9월 19일)

남한 정당활동 제한, 허락받아야 집회 가능

신아사 서울 20일 발 통신: 남한 임시정부 공보부는 오늘부터 각 정당과 각 사회단체에서 집회를 하거나 시위행진을 하려면, 사전에 당국의 비준을 받아야 한다고 공포했다. 비준을 받지 않은 집회와 시위행진은 치안을 교란하는 행위로 간주하고, 경찰당국의 간섭을 받게 될 것이라고 했다.(●●●● 9월 21일)

남한 대동청년단 어제 성립, 이승만·김구 정·부총재 선임

신아사 서울 21일 발 통신: 오늘 오후 2시 서울 운동장에서는 성대한 청년집회가 열렸다. 오래 전부터 준비하여 온 대동청년단은 이청천 장군의 영도하에 오늘 이곳에서 성립대회를 가졌다. 대동청년단은 중앙위원 108명으로 구성되었는데, 이장군이 초대단장으로 추대되었고, 이승만은 총재, 김구는 부총재로 각각 추대되었다. 오늘 성립대회에서는 선언을 발표했으며 대동청년단의 강령을 발표했다. 미군 주재군 사령 하지장군도 이 대회에 출석하여 축사를 했다.

전하는 말에 의하면 이 청년단은 대한 독립추진회·조선청년동맹·서북청년단·광복청년단과 광복동지회 등 20여 개 단체로 구성되었다고 한다.(●●●● 9월 22일)

우리나라 대표 미국건의 찬성 이유 천명, 한국의 독립주장은 보류

합중사 성공호 21일 발 통신: 중국대표 고유균(顧維鈞)은 오늘 유엔 지도위원회에서 중국이 미국의 건의에 동의함을 정식으로 발포했다. 즉 한국의 독립문제를 이번 유엔대회 의정의 일부로 규정할 것에 관한 미국의 건의를 동의한 것이다. 동시에 중국의 입장도 밝혔다.

"중국 대표단은 미국이 한국의 독립문제를 이번 유엔대회에서 토론할 것에 관한 건의에 동의한다. 그러나 우리는 중국의 입장에 관하여 설명할 수 있기를 희망한다. 카이로협정(소련은 그후 포츠담에서 이를 동의했음) 4대 강국이 한국의 독립을 보증한다는 결의사항에 근거하여, 4개 국은 협상을 통하여 한국의 임시정부를 설립케 하고, 자유 독립의 한국을 하루 속히 건립하도록 협조해야 한다. 4강의 협정이 변화되든가 혹은 실질적으로 상술한 두 협정의 결의를 변경시키게 될 때, 4개 국은 마땅히 두 협정에 규정한 의무의 제한을 받아야 할 것이다. 한국문제를 유엔 의정에 넣는 것은 4개 국의 협정 정신에 어긋나지 않는다. 한국의 장래는 중국에 대하여 큰 영향을 줄 것이므로, 우리는 각국이 가능한한 노력을 경주하여, 한국이 자유와 독립을 취득하여 유엔에서 일석을 차지할 수 있도록 협조해 주기를 진심으로 촉구하는 바이다. 중국대표단은 또한 이 성명은 중국이 미국의 건의에 동의하는 이유를 서술하는데 목적이 있을 뿐, 차후 이 문제에 관한 본질 문제 등은 적당한 시기에 우리의 주장을 다시 천명할 예정이다."(●●●● 9월 23일)

한국 정치적 독립추진상황 유엔이 감시

합중사 워싱턴 28일 통신: 미국 관원들은 한국문제를 해결하는 과정에서 약간의 발전이 있다고 인식하고 있다.

전하는 바에 의하면 미국은 다음 주에 발표할 성명에 대해 양해를 구하면서, 소련이 미소 양국 군대가 공동으로 한국에서 철수할 것을 건의한데 대하여 환영을 표했다. 동시에 미국은 유엔에서 조속히 한국의 통일정부하의 독립문제를 고려할 것을 요구했다. 만일 현재의 계획이 예상대로 철저하게 진행된다면 미국은 소련의 건의를 일축하며, 이것은 사실상 미국이 8월 28일에 주장한 7가지 조건 중의 하나로 당시 소련이 이 건의를 거절했다고 밝힌다는 것이다.

미국은 당시 4개 국이 한국문제에 대해 회의를 열 것을 건의했으며, 미국은 회의 목적에 대해서 성명을 발표하기도 했던 것이다. 미국은 미소 두 점령국에서 조속히 입법대표를 선출하여 연합국의 감독하에 한국이 헌법을 책정할 수 있도록 해 줄 것을 요구했다. 미국은 한국의 임시정부 및 관련 여러 국가와 협의하여 한국점령군의 철수 기일을 결정할 것을 기대했다. 이밖에 8월에는 또 유엔에서 이 방안의 모든 조치실현을 감독하여 미군점령구의 극단적인 반동분자와 점령구의 공산당이 폭동을 일으킬 음모를 방지할 수 있기를 기대했던 것이다. 이곳의 일반적인 견해는 소련이 갑자기 미국이 제기한 일부 건의를 묵인한 것은 아마도 한국의 독립에 대한 협의를 가속화하기 위한 것이라고 분석하고 있다. 그러나 한국이 미국으로부터 받게 되는 경제원조를 박탈하려는 것일 수도 있다는 분석이 있다. 미국은 미소간의 대립상황을 이용하여 국회를 압박하여 한국에 대한 장기적으로 원조해주는 것에 동의하게 하려고 하고 있다. 만일 소련이 갑자기 한국에서 철수하고 유엔이 한국에 대한 감독에 동의한다면, 의회에서는 한국에 대한 경제원조에 대해 흥미가 많이 감소될 것이라고 보고 있다. 미국대표단은 유엔에서 해결방법을 얻어내려 할 것이며, 동맹국은 한국에 대하여 원조할 책임이 있다는 것을 강조할 것이며, 한국의 건설의 중요성을 강조하여 미국이 최대한 합작할 의향을 주장할 것이다.

연합사 서울 28일 발 통신: 오늘 접수한 통신에 의하면 일전에 소련이 건의한 미소점령군이 내년 봄에 한국에서 철수하자는 주장의 원문은 아래와 같다.

1947년

"이번 철수는 조선인민에게 동맹군의 협조하에서 자주적으로 정부를 조직할 수 있는 기회를 부여하게 될 것이다." 이와 같은 내용을 미국 전문가가 번역한 후에 잘 못되어 "조선인민은 동맹국의 협조를 신뢰할 수 없어서 자주적으로 정부를 조직할 수 있는 기회로 삼고 있다"는 내용으로 바뀌어, 조선측에서는 이승만 등이 성명을 발표하기에 이르렀고, 자칫 조선의 내란이 일어날 수 있는 위험상황까지 몰아가고 있다. (●●●● 9월 29일)

이승만 소련군 즉시 철수요구, 미군은 남한에 주둔 요구

합중사 서울 30일 발 통신: 이승만은 30일 글을 발표하였다. 그는 소련이 성의를 보여주려면 "즉시 무조건 한국북부에서 철수해야 한다. 그리하여 우리는 우리 자신의 선택에 따라 정부를 조직할 수 있게 해야 한다."는 의견을 밝혔다. 그는 동시에 "미국은 남한에 소수 군대를 남겨주어 치안을 유지하는데 협조해 주고, 주권독립에 방해가 되지 않는 범위 내에서 군사력을 남겨두어야 한다. 그리고 우리가 국민의 의지에 따라 대선 후에 정부를 조직한 다음 미국정부에 철군을 촉구할 것이다."라는 주장을 했다. 이승만은 또 조선은 6주 간에 "국방군"을 조직할 수 있다고도 말했다. (●●●● 10월 1일)

조선 중간파 정당 민족자주연맹 조직

신아사 서울 1일 발 통신: 조선에는 정당이 아주 많아, 미소혼합위원회에서는 어떻게 선택할지를 몰라 어려움에 처해 있다. 최근 각 중간파 정당들이 합병운동을 전개하여 좌우합작위원회를 성립하자고 호소하고 있다. 오늘 좌우합작위원회는 준비회를 소집하였는데, 이 회의에 출석한 사람으로는 김규식(전 중국에 망명한 민주국민당 위원장,

귀국 후 탈당)·홍명희(상해에서 혁명활동에 종사, 학자)·이극로(李克魯, 상해 동제대학 졸업 후 독일유학, 베를린대학 박사, 조선어문학 전문가) 등 백여 명이다. 이 위원회의 이름은 잠정적으로 "민족자주연맹"이라 결정했다.(●●●● 10월 2일)

중한무역 회복문제(사설)

오랫동안 중지되었던 중한무역이 한국체류 화교의 요청을 받아들여 회복시키기로 고려하고 있다. 무역할 수 있는 길을 열면 그에 따른 원칙을 결정하여 행정원 대원 교무위원회를 통하여 한국거주 화교단체에 공문을 발송할 계획이다. 검찰원 일부 위원들은 변칙적인 중일 무역을 두절시키기 위하여, 9월 29일 정부에 중한무역을 주장하더라도 주관 부문에서는 사전에 상세하고 신중하게 계획을 수립해야 하며, 사후에는 엄격히 관리할 것을 건의했다. 우선 서로간의 필요성을 잘 파악하고, 또한 물자의 원산지와 최후 판매지를 명확히 파악하여 모든 폐단을 두절시켜야 한다고 촉구했다. 검찰위원들의 이러한 심리는 중한무역 회복이 중일무역 회복으로 변질될 것을 우려한 데서 기인한 것이다. 이것은 중일무역은 중일무역이고, 중한무역은 중한무역이라는 개념에서 나온 것이다. 우리는 중일무역의 개방에 대하여 완전히 동의한다는 것은 아니다. 그러나 중한무역의 회복은 우선 우리 교민들의 이익을 돌본다는 입장에서도 필요하다고 인식하고 있다.

중한은 원래 형제와 같이 우의적이고 친한 인접국이다. 양국은 국경이 상접하고 있고, 인민들의 생활습관도 적지 않게 비슷한 점이 많다. 때문에 경제적으로 상호협조해 온 역사는 아주 멀다. 전쟁 전 한국에 거주하는 우리나라 교민 상인들은 약 30만이나 되었고, 상점은 약 5천여 개나 되었다. 이에 따른 가족들을 다 계산에 넣는다면 백만이 넘었다. 그러다가 전쟁을 하는 동안 중한의 정상적인 경제내왕은 중단되었으며, 모든 한국시장은 일본이 독점했다. 그리하여 교민상인들의 무역은 중단되었고, 위기의 경지에 이르게 되었다. 전쟁 후 한국은 남북으로 갈라져 미국과 소련군이 점령하고 각기 다른 통치체제를 실행하고 있다. 한국남부의 한국인들도 중국의 제품을 절실하게 필요로 하고 있어 미군정부를 통해 통상요구를 여러 번 제의하여 왔다. 우리 정부에서는 처음 한국과 무역을 한다면 미화로 결재해야 하기에 과도적인 방법을 제기했지만, 미국이 이를 받아들이지 않았다. 후에 중일 물자무역법에 따라 중앙신탁국에서 주최하여, 작년 11월 21일부터 행정원에서 세관에 명령을 내려, 중한 무역상항을 맥아더 총사령부와 상의하게 하였다. 구체적인 방법을 상의하여 결정하기 전에는 남한으로 운송하는 모든 선박은 통관시키지 않도록 했다. 이처럼 적극적으로 중한무역을 제한한 결과, 중한무역은 소규모이며 또한 순익이 없다고 판단하고 손을 대지 않았다. 세관은 금지령에 따라 한국으로 가는 모든 선박을 일률로 단속했다. 그리하여 생계를 유지하기 어려운 한국 거주 중국교포들이 선박을 사서 해상의 모험을 무릅쓰고 구사일생으로 본국으로 돌아왔다. 그런데 모든 선박을 다 몰수당하게 되었으나 어디에고 호소할 곳이 없었다. 말하자면 정부가 엄격하게 단속하여 화교상인들에게 막대한 손실을 가져다 준 것이다. 한국 북방방면에는 소련군이 한국인과 우리 교포의 대외관계를 모두 단절하고 완전히 봉쇄하여 산동과 요녕·안동 등 공산당 점령구역에서만 한중 현물교역을 진행하고 있는 상황이다. 한국 북방은 중국의 해산물을 다시 중국남방에 팔아 프랑스돈을 벌어갔다. 이제 더 이를 지연시켜서는 안되고 조속히 해결하지 않는다면,

정부는 피해를 본 교포들에게 할 말이 없게 되며, 의식적인 것은 아니지만 우리 교포를 해적으로 전락시킬 수도 있을 것으로 본다. 이것은 너무나 큰 실책이며 중한 두 나라에 아무런 이익이 없는 것이고, 더욱이 우리교포들에게 너무나 불리하게 된다.

한국은 전쟁 전에 일본이 독점한 식민지이기 때문에 경제상에서도 일본의 힘에 기댈 수밖에 없었다. 전쟁 후 한국은 형식상으로는 아직 독립국이 아니며, 남북이 통일되어 있지 않지만, 한국민의 의지는 독립을 갈망하고 정신은 통일 된 것이나 다름없다. 경제상 한국은 일본의 제한에서 해방되어 미소의 상품시장으로 되었다. 한국인들은 중한 무역이 하루 빨리 회복되기를 기대하고 있고, 뿐만 아니라 한국 거주 중국화교들도 중한무역을 조속히 회복하여 자신들의 생계문제를 해결해 줄 것을 갈망하여 왔다. 그들은 사회에 호소하였을 뿐만 아니라 여러 차례 정부에 건의하여, 정부에서 이 문제에 대한 명확한 인식을 갖고 새롭게 고려하여 줄 것을 촉구하여 왔다. 금년 3월 국민당 3중 전회을 소집했을 때, 중앙위원 범여수(范子遂) 등이 중한무역을 회복할 것을 대회에 건의하여, 그 이해관계를 피력했으며, 결의를 정부에 이송하여 처리할 것을 요구했다. 중한무역협회 이사장 주신구(周愼九)는 작년 11월 12일과 금년 4월에 정부에 건의를 올려 대한국 무역금지령을 취소해 줄 것을 제기한 동시에, 한국이 정식정부를 성립하기 전에 중한 임시통상방법과 원칙을 제의했다. 행정원에서는 교포들의 요구에 따라 그 이해관계를 판단한 다음 최근 아래의 세 가지 원칙을 결정했다.

(1) 중한무역을 개방할 필요성이 있으며 외교부에서 단시일 내에 미국과 한국 쌍방의 태도와 정책을 살핀 다음 통상무역의 상세한 방법을 제정한다.

(2) 이미 압수한 한국 화교들의 무역은 잠시 수입을 금지한 것이므로 일률적으로 납세케 한 다음 통행을 허가한다.
(3) 중한무역이 정식으로 회복하기 전에 금후 한국체류 중국화교들이 물품수입을 신청할 때, 수입금지품 이외에는 모두 세관을 통하여 납세한 다음 통행을 허가한다.

상기의 세 가지 규정을 보면 정부는 중한무역을 국부적으로 회복한 것이지, 전면적으로 회복한 것은 아니라는 것을 알 수 있다. 작년 11월 교포들의 선박 출항을 금지한 것도 역시 부분적인 수정이지 금지령을 완전히 거둔 것은 아니다. 이 원칙에 따른 중한 무역은 제한적인 수입허가이며, 수출은 무조건 금지하고 있다. 이것은 무역정책의 의지가 아직 닫겨져 있다는 의미지만, 완전히 빗장을 걸어 맨 것은 아니다. 그러나 교포상인들의 요구와는 아직 거리가 있다. 이런 상황에서 다시 엄격하게 단속하고 통제한다면 중한무역은 빈말만 있는 것이지 실제 내용은 없는 것이다. 그렇다면 중한경제 관계를 새롭게 건립한다는 말은 아직 어림없는 일이다.

중일무역의 개방은 이론적으로나 사실적으로나 문제가 존재하고 있다. 중한무역의 회복은 이와 함께 혼합하여 논할 것이 아니다. 우리는 한국거주 중국화교 상인들의 요구에 찬성한다.

첫째 대한국 수출입금지령을 폐지하고 중한무역협회에서 증명하고 화교상인이 신청한 한국측에서 수출·수입하는 무역 건은 관세를 준수하고, 수속이 완벽하다면 일률적으로 통행을 허가해야 한다. 이렇게 해야 화교상인들의 살 길을 열어주게 되는 것이다.

둘째로 과거 중한무역기록에 근거하고 현행 수출입무역의 방법을 참작해서 대한 수출입 허가품종과 종류를 규정하는 것이 그들의 요구에 합당할 것이다. 해산물은 수입을 허가할 수 있는 것이며, 피복이나 고추 같은 것은 수출을 허가할 수 있는 것이다. 서로 교환한다면 상호 이익을 보게 될 것이다.

지금 한국인들은 중국의 무역개방을 기대하고 있다. 수십만 한국 체류 교포들의 처지가 아주 어렵게 되어 있다. 중한경제 관계를 강화하고 교민들을 구제하며 교민들의 이익을 지켜준다는 시각에서 중한 무역을 회복하는 일은 현재 아주 필요한 일이다.(●●●● 10월 4일)

조선문제에 대한 미국의 새로운 건의에 대해
중국과 영국 원칙상 찬성

합중사 뉴욕 12일 발 통신: 한 권위 있는 인사의 발언에 의하면, 중국과 영국은 "원칙"상 며칠 내에 유엔에 제의할 조선문제에 대한 미국의 제안을 찬성한다고 피력했다.

미국의 제안에 따르면 유엔에서 조선의 대선을 감독하고 미군과 소련군의 철수문제 등을 요구하게 된다. 중국은 유엔에서 조선에 대하여 일정기간 동안 신탁관리할 것을 제안에 넣을 것을 미국대표단에 제의했지만, 미국은 이 건의를 받아들이지 않았다. 미국의 건의는 아주 간결하다. 유엔에서 미국의 제안을 통과시켜 하나의 기구를 설립한 후, 유엔에서 과도시기 동안 한국에 대한 관리를 책임지는 방식을 취하자는 것이다. 미국은 중국에 통지를 보내 중국이 만일 신탁관리방식에 대해 건의하려면, 중국은 유엔이 이 문제를 토론할 때 제출하는 것이 합당하다는 견해를 표명했다.

전하는 소식에 따르면, 소련은 미국의 제안을 반대하는 입장을 취할 것이라고 한다. 소련은 미국의 건의가 모스크바협정을 파괴하는 것이라고 지적했다. 그런데 다수 국가대표들의 의견을 종합하여 본다면, 소련이 지난달 건의한 미소 공동철수와 한국인이 난제를 자치적으로 해결하기로 하자는 제안은 소련의 지위가 이미 약해졌다는 것을 표하고 있다는 견해이다. 서울 주재 중국총영사 유만사(劉萬駟)는 서울에서 뉴욕으로 날아가 이 문제에 대한 중국의 관심을 보여주었다. 그는 그곳에서 한국의 최근 상황을 고유균(顧維均)박사와 기타 대표에게 알렸다.(●●●● 10월 13일)

왕외교부장 한국독립해야 한다고 성명 발표

연합사 뉴욕 19일 발 통신: 중국 외교부장 왕세걸은 19일 한국문제에 관하여 성명을 발표했다. 왕세걸은 미소 양군이 한국에서 철수하는 문제는 유엔대회와 모스크바협정체약 4개 국이 협상하여 결정할 것을 주장했다. 그 전문은 아래와 같다.

"한국의 전도는 중국과 아주 중대한 관계가 있다. 중국인민과 정부는 줄곧 한국이 될수록 조속히 완전 독립해야 한다는 것을 주장하여 왔다. 카이로 때부터 포츠담회의, 그리고 모스크바 회의까지 중국의 이 주장은 변함이 없었다. 그런데 유감이라면 두 강국에서 한국을 점령한지 2년이나 되지만 한국의 임시정부는 아직도 성립되지 못하고 있는 점이다. 미소 양국위원회에서 지금까지 한 일이란 아무 것도 없다. 즉 한국 각 민주당과 각 사단대표들은 어떤 기초에서 협상해야 하는가 하는 문제도 해결하지 못하고 있다. 혼합위원회 회담은 이미 대치형태의 난국에 빠져 있다. 이 난국을 타파하지 않고서는 두 점령국 혹은 모스크바협정에 사인한 4개 국도 협의에 이를 수 없다. 그렇기 때문에 이제는 이 문제를 유엔에 제출하여 토론하는 방안밖에는 다른 방도가 없는 것이다. 소련정부는 이미 유엔에 건의서를 제출했다. 미소 양국의 군대가 동시에 한국영토에서 철수하자는 건의에 대하여 중국은 찬성한다. 미소 양국은 한국과 모스크바협정 기타 협정국에 대하여 중대한 책임이 있다. 양국의 군대가 철수한 다음 한국에 무정부상태, 혹은 내전이 발생되어서는 안된다. 유엔대회에서 만일 한국문제를 총괄적으로 해결하려 한다면, 중국은 군대철수를 동의하는 동시에 그 철수시일과 조건은 대회에서 결정하고, 혹은 대회에서 대표를 파견하여 모스크바협정 4개 국과 협상하여 결정할 것을 건의한다. 한국인민의 복지를 위하여 세계평화를 위하여 모스크바 협정국은 마땅히 서로 신임하고 유엔기구에 대하여 믿음을 가져야 할 것이다."(●●●● 10월 21일)

남한 중간파 정당 민주독립당 조직

신아사 서울 20일 발 통신: 남한 중간파 5대 정당은 어제 오후 3시에 안재홍·홍명희·김규식·이극로 등의 사회로 연석회의를 소집하고 신정당을 결성할 것을 결의하였다. 신정당의 명칭은 민주독립당이라 정했고, 홍명희를 총재로 선출했다.(●●●● 10월 21일)

남한 좌파활동 체포

신아사 서울 21일 발 통신: 이곳의 '민전파' 방면의 인사가 피로: 이곳의 『조선일보』는 21일자에 한국민주당이 '민전'과 남한 노동당을 해방하여 줄 것을 하지장군에게 요구했다는 내용의 기사를 실었다. 미소혼합위원회는 대치난국에 처해 있는 형세에서 좌파활동가들을 체포했기 때문에 이는 사실일 것이다. 또 다른 소식에 의하면 오늘 미군점령군은 남한 좌파분자가 관리하는 해방통신사를 봉쇄했다고 한다. 그 이유는 이 통신사 무선전화 설비가 법규에 맞지 않아 행정에 방해를 주고 있기 때문이라고 전하고 있다.(●●●● 10월 23일)

북한민주전선 미소정부에 각서를

중앙사 모스크바 23일 발 통신: 오늘 소련 각 신문은 북한 전국통일민주전선이 미국과 소련 두 정부에 각서를 보냈다는 소식을 실었다. 각서는 현재 남한에서 발생되고 있는 전대미문의 공포스런 활동을 제재하여 줄 것을 호소한 것이다. 이 각서는 하지중장이 반동파와 친일분자들의 정책을 지지하고 있다고 항의를 한 것이다. 이 각서는 아래 몇 가지 요구를 제시했다.
  (1) 민주인사를 체포하지 말 것.
  (2) 감옥에서 석방된 세 명의 민주영도자를 박해하지 말 것.
  (3) 각 민주조직을 보호할 것.
  (4) 몰수한 각 민주조직의 사옥과 재산을 반환할 것.
  (5) 민주신문의 간행을 허락할 것.
  (6) 암살·체포·모욕을 일삼는 테러분자와 반동분자를 엄격하게 징벌할 것.

각 신문은 상기 각서의 내용만 게재했을 뿐 평가하지는 않았다.(●●
●● 10월 25일)

고유균 유엔대회에서 연설, 조선을 신속히 독립시키자

로이터 성공호 28일 발 통신: 중국대표 고유균박사가 유엔대회 정치위원회에서 조선문제에 대해 발언했다. 그는 미국과 소련은 조선이 자체적으로 조선문제를 해결하도록 다시 한 번 노력하여 줄 것을 촉구했다. 고유균은 조선문제의 해결은 일본과 평화조약을 체결한 다음에 해결할 일이 아니다. 고씨는 중국은 원칙상 미국의 건의에 동의한다. 조선인민은 조속히 독립을 취득해야 하며, 점령국 군대가 조선을 철수하기 전에 없어서는 안될 몇 가지 조건을 만들어 주어야 한다고 성명했다.

① 임시조선민주정부를 건립토록 해야 한다.

② 법률과 질서를 수호하는 방법을 확정하여 점령국이 군대를 철수한 다음 조선이 진공상태에 처하여 내전이 발생할 수 있는 위험 요소를 제거해야 한다.

고유균은 중국정부는 유엔기구에서 규정한 그 어떤 조건이라도 동의할 준비가 되어 있으나, 우선 4강인 중국·영국·미국·소련의 의견을 청취해야 한다고 강조했다. 미국대표 댈러스의 건의는 아래와 같다.

① 조속하게 조선국민의회를 선거토록 해야 한다.

② 의회에서 조선의 국민정부를 조직토록 해야 한다.

③ 국민정부에서 질서 있는 방식으로 한국 남부와 한국 북부를 접수해야 한다.

④ 점령군 전부를 철수해야 한다.

⑤ 이상의 각 조치는 유엔의 감독하에서 시행한다.

댈러스는 2년간 미소회담의 경과상황을 검토하면서 아래 두 가지를 특별히 강조했다.

① 미국은 금년 8월 26일의 중국·영국·미국·소련 등 4강 회의를 소집할 것을 제의하여, 이 회의를 통해 대치난국을 타개하고자 했는데 소련이 이를 거절했다.

② 미국이 유엔기구에 이 사실을 선포했을 때, 소련은 별안간 내년 1월에 군대를 철수할 것이라고 성명을 발표했다.

댈러스는 소련의 철군건의는 적당한 해결책이 아니다. 현재 조선 남북은 형식이 완전히 다른 두 개의 정부가 있다. 하지만 소련은 군대를 철수할 때 남북의 다른 형식을 어떻게 통시킬 것인가 하는 문제를 설명하지 않았다.(●●●● 10월 30일)

조선문제의 진상

　로이터 성공호 29일 발 통신: 조선문제는 발칸반도 정세와 비슷하게 복잡하고 곤란한 정치상황에 처해 있다. 미국과 소련은 제1 라운드에서 서로 조선의 독립에 대하여 신념이 부족하다고 질책했지만, 쌍방은 다 현재의 대치난국에 처한 정치 상황에 대해서는 언급하지 않았다. 조선통일의 주요장애요소는 임시정부를 어떻게 건립하는가 하는 문제에서 협의에 달성하지 못하고 있는 것이다. 소련은 과거 신탁을 반대한 정당은 참여할 수 없다는 입장을 견지하고 있는데, 이것은 공산당을 제외하고는 모두 임시정부에 참가할 수 없다는 주장이다. 이와 반대로 미국은 어떤 정당이라도 다 참가해야 한다는 주장을 견지하고 있다.

　임시정부의 조직문제에 있어서 소련은 외부의 간섭없이 한국인 자체로 조직해야 한다고 주장하고 있다. 한국북부의 공산당은 한국남부의 비공산당조직보다 조직력이 튼튼하며, 실력이 강하다고 인식하기 때문에, 미국의 감독없이 선거를 진행한다면 한국공산당은 강대한 선동력에 힘입어 선거에서 성공하고 모든 직위를 차지할 수 있다고 판단하고 있다. 미국은 점령구 내의 정치적 약점에 대응하여 조선의 의회는 마땅히 인구비례에 따라 대표를 선거해야 하는 대표제 선거를 주장하고 있다. 이렇게 되면 한국인구의 3분의 2를 차지하는 한국남부에서 3분의 2나 되는 다수를 취득할 수 있다고 판단하고 있는 것이다.(●●●● 10월 30일)

유엔대회에서 조선문제에 대한 미국의 수정안 통과,
우리나라 대표 미국입장 지지

　연합사 성공호 30일 발 통신: 유엔대회 57개 국 정치위원회는 이틀간의 변론을 거쳐 오늘 41:0 표로 미국의 제안을 통과시켰다. 조선대표를 초청하여 조선통일문제를 토론하는데 참가하도록 했다.

조선대표의 인선은 유엔기구에서 임시위원회를 조직하여 추천하기로 결정했다. 이것은 소련의 원래 제안을 수정한 것으로 볼 수 있다. 표결에 부친 결과 소련과 슬라브 집단 6개 국에서 투표하지 않았으며, 7개 국이 기권했다. 소련대표 크로미코는 원래의 제안을 표결할 것을 견지했으나, 35표가 반대하고 6표가 찬성하였으며, 10표가 기권했다. 먼저 소련이 미국의 수정안을 단독제안으로 표결할 것을 건의했다. 그 결과 43표가 반대, 6표가 찬성하였으며, 4표가 기권했다. 우크라이나에서는 미국의 수정안을 받아들이지 않을 것을 건의했는데, 40대 6표로 부결했으며, 5표가 기권했다.

미국대표 댈러스는 조선의 정세는 이미 폭발성을 띠고 있기 때문에, 유엔기구에서는 조속히 조선의 독립을 지지하는 계획을 작성해야 한다고 경고했다. 그로미코는 소련의 주장이 실패하자 조선문제를 토론하는 것을 중지할 것을 제의했다. 이 건의도 결국 부결되었다. 중국대표단 고유균은 발언을 통해 미국의 수정안에 동의한다는 입장을 표명했다.(•••• 11월 1일)

우리나라, 한국에서 미·소군대 동시철수동의

본보 남경 1일 발 통신: 유엔대회에서 왕세걸 외교부 부장은 몇 가지 중요 문제를 제시하여 우리나라의 입장을 밝혔다.

1. 5강의 부결권 문제…
2. 상설위원회 문제…
3. 한국문제: 원래 9월 8일에 소집하기로 한 중국·미국·영국·소련 등 4개 국 토론회는 소련의 반대로 중지되었다. 때문에 미국이

1947년

대회에서 한국문제를 제의한 것이다. 우리나라는 미국과 소련, 혹은 모스크바협의에 참가한 중국·미국·영국·소련 등 4국이 협의에 이르지 못하였을 때, 이 문제를 유엔에 제출하여 토론할 수 있다고 했다. 중국은 미국과 소련이 동시에 군대를 철수하는 것에 동의한다. 그러나 군대를 철수하기 전에 전국의 질서유지를 책임지고 한국인민을 대표할 수 있는 한국인민의 정부를 성립하지 못한다면, 군대가 철수할 경우 한국은 무정부상태나 내란상태에 빠질 것이기 때문에, 군대철수시간과 철수전의 공작은 유엔에서 4국의 의견을 청취하여 결정하는 것이 합당하다고 주장하였다.(●●●● 11월 2일)

한국 경내 주둔군 철수조치 우리정부 발언권 있음 성명

합중사 성공호 4일 발 통신: 우리나라는 오늘 점령군이 조선에서 철수하는 조치와 방법은 모스크바협상국 4개 국과 상의하여 결정해야 한다는 성명을 발표했다.

우리나라에서 제출한 의안은 오늘 오후 미국의 개정안에 대한 수정안의 형식으로 유엔정치위원회에 제의한 것이다. 미국의 개정안 초안은 원래 간략하게 유엔에서 설립한 조선위원회의 협조하에 조선독립을 건설한다고 썼다. 우리나라 대표 고유균은 이에 대하여 수정안을 제출한 것이다. 수정안은 중국은 조선 점령군의 철수관련 조치나 방법에 발언권이 있다고 성명하였다. 조선문제는 중국과 아주 긴밀한 관계가 있는 문제인 만큼, 적어도 중국에 충분한 정보를 통지해야 한다고 강조했다. 철수조치와 방법은 조선의 인접국인 중국에 중요한 반향을 불러일으킬 것이라고 설명했다.

일주일 전 우리는 성명을 발표하여 중국인민은 조선인민이 진정으로 독립할 것을 주장했으며, 이에 관하여 십분 관심을 가지고 있다는 것을 성명했다. 장래에 조선 경내에서 발생하게 될 그 어떤 사건도 조선과 접경한 중국의 동북 각 성에 커다란 반향을 초래하게 될 것이라고 피력했다. 고유균은 또 미소 양군이 즉시 조선에서 철수하자는 소련의 건의가 실시될지 의심스럽다고 표명했다. 그는 "우리는 소련이 건의한 제안의 원칙을 높이 평가한다. 그러나 우리는 이 의안이 너무도 간단하다고 본다. 우리는 조선인민이 진정으로 자기의 정부를 새로 건립하고 독립적 지위를 유지할 수 있는 정황에서 점령군이 철수할 수 있다고 본다." 그는 이어 많은 예를 들어 가며 자신의 주장을 설명했다.

지금 중국에서 접수한 정보에 의하면 북한에는 무장군인이 15만 명이나 되고, 이 부대는 소련이 훈련시키고 장비한 부대이다. 이에 대해 남한에서는 아직 이와 같은 실질적인 부대가 없다. 만일 북한 부대가 남한인민의 동의를 얻어 조선국군에 편입하게 된다면 중국도 이를 반대하지는 않을 것이다. 그러나 남한 인민이 이를 반대한다면 엄청난 소요가 발생될 것이다. 이는 인접국인 중국에도 큰 반향을 가져 올 것이다. 미국대표 달래스는 이에 대하여 질문을 했다. 그는 유엔 조선위원회의 한 성원국인 중국대표단이 점령군이 철수하기 전에 4강이 한 자리에 앉아 상의한 수정안을 포기할 것을 고려하는가 하고 질문했다. 이에 고유균은 조선위원회의 직책과 권한은 아직 제정되지 않았다. 그러나 중국대표는 이 문제에 대하여 반드시 고려할 것이다.

이와 같이 중요한 문제의 궁극적인 회답은 본국 정부와 상의하여 정부의 입장을 밝혀야 한다고 회답했다. 고유균은 이런 이유에서 중국대표단은 상술한 상황을 수정하는 조건에서 미국의 의안에 동의하는 것이라고 강조했다. (●●●● 11월 6일)

1947년

조선독립의안 전문

연합사 성공호 5일 발 통신: 유엔대회정치위원회에서는 중국과 필리핀 및 인도에서 수정한 조선독립의안을 통과시켰다. 이 의안은 다음 주에 대회에 교부하여 표결하게 된다. 결의안 전문은 아래와 같다.

유엔대회는 조선인민의 독립에 대한 절박하고 정당한 요구를 승인하며, 조선민족의 독립은 마땅히 회복되어야 하며, 점령군은 마땅히 철수해야 한다고 인정한다. 대회는 이전에 결의한 사항에서 조선인민의 자유와 독립은 인민대표가 참가하지 않으면 공정한 해결을 이룰 수 없기 때문에 유엔임시위원회를 설립하여 조선의 민간대표를 참석시키기로 결정했다. 이에 대하여 아래와 같이 결정한다.

(1) 이 대표단은 중국·오스트레일리아·캐나다·프랑스·인도·필리핀·엘살바도르·시리아·우크라이나 등 9개 국으로 구성한다.

(2) 선거는 늦어도 1948년 3월 말 이전에 진행한다. 성인들의 정치참여를 기준으로 하고, 비밀투표방식을 통해 각 대표를 선출한다. 유엔대표단은 각 대표의 자문을 접수하여 조선의 자유와 독립 방법을 조속히 결정한다. 동시에 상기의 대표들로 의회를 구성하여 전국적인 조선정부를 수립한다. 한 선거구의 대표수는 유엔대표단의 감독하에 결정한다.

(3) 선거가 끝나면 즉시 의회를 소집하여 유엔대표단과 아래의 사항을 상의 결정한다.

갑: 국내 보안대를 편성하고 모든 군사와 반군사조직을 해산한다.

을: 남한과 북한의 군정당국이 행정권을 접수한다.

병: 가능한 범위 내에서 조속히 점령군의 철수를 시작하여 이를 90일 내에 실행한다.

(5) 유엔대표단은 상술한 방안을 실현하는데 편리를 제공하여 조선민족의 독립과 점령군의 철수를 달성한다. 이 대표단은 상기의 결과

를 유엔대회에 보고하며, 실시상황은 임시위원회와 상의한다(임시
위원회를 설립하는 문제 대한 여부는 아직 미정).
(6) 각 관계국에 호소하여 유엔대표단이 임무를 집행할 때 각종 원조
와 편리를 제공토록 한다.
(7) 유엔전체회원국에 호소하여 조선독립을 성사시키기 위한 과도기
에는 내정을 간섭하지 말고 유엔결의가 아닌 다른 그 어떤 행동을
통해 조선의 독립과 주권에 손상을 주지 않도록 해야 한다.(●●●●
11월 7일)

장정불 우리나라 입장 재천명, 조선은 조속히 독립해야

본보 통신: 뉴욕 14일 방송: 유엔전체대회 개회 때, 중국대표 장정불
이 발언하였는데, 그는 신속하게 행동하여 조선의 독립을 하루 속히
실현시킬 것을 촉구했다. 장씨는 정치위원회서 통과한 조선문제에
대한 건의를 즉시 받아들여 유엔에서 조선에 대표단을 파견하여 대선
을 감독하고, 가능하다면 명년 7월 1일 이전에 미국이 철수할 것을 제
의했다. 장씨는 우리나라는 조선문제에 대하여 각별한 관심을 가지고
있다고 강조하면서, 조선이 하루 속히 독립하지 않는다면 반드시 아
시아주의 발칸반도가 되고 말 것이라고 역설했다.(●●●● 11월 15일)

연합국 조선독립의안에 관한 9개 국 위원단 성립 통과

본사 통신: 뉴욕 15일 방송: 유엔 사무총장 라이와 밀접한 관계자가
피로한 바에 의하면, 부사무총장 중국대표 호세택(胡世澤)이 유엔에
서 한국에 파견할 9개 국 위원단 내의 유엔기구 직원들을 인솔하기로
했다고 한다.

로이터 뉴욕 푸르신 14일 발 통신: 유엔대회는 오늘 43 대 0표로 유엔
위원단을 설립하여 조선의 완전독립에 관한 의안을 감독하는 일을

통과시켰다. 북유럽의 3개 국과 아랍세계의 3개 국이 기권했으며, 소련집단 6개 국은 표결에 참가하는 것을 거절했다. 유엔대회에서는 34표 대 10표로 소련이 제안한 미소 양군이 명년 1월 이전에 한국에서 동시에 철수하자는 건의를 부결시켰다. 이 표결에 기권한 국가는 15개 국이나 된다. 투표 찬성자는 소련집단 6개 국가와 이집트밖에 없다.

유엔대회는 중국·인도·시리아·오스트레일리아·캐나다·프랑스·필리핀·엘살바도르 등 국으로 조직위원단을 구성하고, 우크라이나도 위원국으로 결정했다. 그러나 우크라이나 대표는 이를 거절한다는 성명을 발표했다. 유엔대회는 오늘 이 결의안을 통과시켜 조선독립의 절차를 정했다.

첫째, 명년 3월 31일 이전까지 선거를 거행한다.

둘째 선거 후 즉시 국민회의를 소집하여 국민정부를 조직한다.

셋째, 국민정부는 국군을 조직하며 국군 범위에 속하지 않는 모든 군부대는 해산한다.

넷째, 미소점령국과 협의하여 될수록 국민정부가 성립한지 90일 이내에 미소 양군이 한국에서 철수하도록 한다.

합중사 푸르신 14일 발 통신: 중국대표 장정불은 유엔대회에서 발언할 때, 중국의 유일한 목적은 조선의 통일과 독립을 추진하는 것이라는 입장을 밝혔다. 그는 이것은 '중국에 대한 이 곳의 모든 우려를 해소하기 위한 것이다.' 라고 그 원인을 설명했다.

중국은 조선영토의 안정을 보장하는 그 어떤 협정에도 동의할 것이라고 강조하면서, 그러나 이런 협정은 아직 제출하지 않고 있는데, 중국은 유엔헌장이 동일한 역할을 하고 있기 때문이라고 말했다.(●●

●● 11월 16일)

조선의 교착상태

미국 Collier's 주간 발행인 W.L.Chenery 작 　　본보 편역실 특집

"만일 우리가 조선에서 철수한 다음 소련이 다른 행동을 하지 못하도록 하는 방법이 있다면, 우리는 하루라도 빨리 한국에서 철수할 것이다."

　조선 경내의 38도선 분계선에 미군의 초소가 있다. 그곳은 모든 점령구 중에서 가장 적막한 곳일 수도 있다. 점령초기 소련 초소의 태도는 그래도 우호적이었다. 그들의 초소는 우리와 아주 가까운 거리에 있다. 때로는 쌍방의 보초병들이 서로 대화를 나눌 때도 없지 않아 있었다. 말하자면 손발이 맞았던 때였다. 그러나 이 모든 것은 이미 과거일이 되었다. 현재 쌍방의 초소는 이외의 사건이 발생하는 것을 회피하기 위해 모두 오른쪽으로 이전했으며, 철로도 이전했다. 이 또한 이외의 사건 발생을 피하기 위한 것이다. 철로 궤도 옆에는 경고 표어를 붙여놓아 행인들이 길을 잘못 들어서지 않게 하기 위한 것이다. 만일 조심하지 못해 미군점령구에서 소련점령구로 넘어가게 되면 사격을 받을 위험성도 있기 때문이다.

　과거 2년 동안 미국인들은 비정기적으로 조선 소련점령구로 넘어갈 있는 기회가 있었다. 금년 4월 경 미국 제7보병사의 병사 23명과 군관 6명이 소련측의 성원들과 함께 북위 38도선을 측량하는 사업을 진행했다. 그들은 소련인과 함께 얼마간 같이 일하고 생활하였다. 당시 그 성원들은 각각 자기가 보고 느낀 것을 기록하였다. 소련측에서는 이 당시의 집체활동에 관한 보고를 찬성하지 않았다. 이 때문에 이 보고서는 발표되지 않았다. 그런데 나는 뜻밖에 한 부를 얻을 수 있었는데, 그 내용은 대체로 아래와 같다.

장비

 소련병사는 휴대한 개인별 무기를 아주 조심스럽게 간수하고 있다. 그들 무기의 품질은 아주 좋았으나 이미 오래된 것이었다. 자동차는 여러 번 수리한 것이었고, 소련점령구에서 본 소련군의 차량들은 모두 미국산이었다. 이것은 소련군이 전쟁시기 임대협정에 의해 획득한 것이다. 이런 차량을 사용하는 사람은 물자뿐만 아니라 지식도 부족한 편이었다. 왜냐 하면 이들 장비의 상태를 제대로 보수하지 못하고 있기 때문이다. 측량대의 소련측 성원이 사용하는 지프차는 자주 고장이 났다.

복장

 소련병사들이 입은 군복은 그 양식이 다르고 양도 부족하였다. 뿐만 아니라 다 낡은 복장이었다. 그들의 군복은 거의 다 질이 좋은 원단으로 제작한 것이지만 이미 낡았고 헤졌다. 대다수 소련군인들은 양말이 없었다. 구두장화를 신기전에 천으로 발을 싼 다음 그 구두를 신었다. 구두장화도 많이 낡은 것이어서 더는 신지 못할 정도였다. 한 번은 소련측 성원이 38도선 남쪽의 미군기지에서 밤을 지내게 되었는데, 많은 소련군인들은 목욕하기를 거절했다. 겉옷 안에 바꿔 입을 속옷이 없었기 때문이다. 그들의 몸은 아주 정결하지 못했다.

생활상황

 측량대원 중에서 고급요원의 조건이 가장 좋았는데, 그렇다고 해야 나무침대가 아니면, 간단한 철제 침대를 사용했다. 그리고 그 위에 돗자리를 깐 것이다. 대다수 소련병사들은 널판지를 깔고 잔다. 요나 이불도 깨끗하지 못하였다. 목욕시설은 없고 시냇물이나 우물

물을 썼다. 소련병사들은 근처에 물이 있으면 그 물로 목욕하고 빨래도 하고 음료수로도 썼다. 여과하여 음료수로 쓰는 습관은 없었다.

식품

　　제7사의 장교들과 병사들은 소련병과 함께 먹을 때는 아주 잘 먹었다. 그들 소련병사들은 체구가 크고 건강하여 좋은 식품을 먹었는데, 그들의 식량은 현지에서 공급해 주는 것들이었다.

사기와 규율

　　대부분의 제7사단 병사들은 소련병사들의 사기가 제법 높았다고 보고 있다. 군대에 복역하는 사람들은 다 젊은 사람들이었고, 극소수만이 전쟁경험이 있는 사람들이다. 그들은 아주 쾌활하며, 화제는 미국병사처럼 자기의 고향이나 집 이야기가 많았다. 소련병사들은 하루 빨리 조선을 떠나 귀국하기를 바라고 있었다.
　　일반적으로 소련군의 군사훈련은 아주 엄격하고 우리보다도 더 힘들다고 생각하고 있다. 소련의 병사들은 나이는 비록 어리다고 하겠지만 그들은 다 일찍 군에 들어 온 사람들이다. 그들이 군대에 복역한 시간은 같은 나이의 미국병사보다 더 길었다.
　　소련은 조선북부에서 이미 15만 내지 20만에 달하는 조선군대를 조직했다. 미국점령구에서는 군대를 조직하지 않았다. 비록 하지장군이 소량의 경찰대를 훈련하기는 했지만, 그 숫자도 불과 2만 8천에 지나지 않는다. 때문에 소련은 수시로 자기네가 훈련한 조선군대를 남쪽으로 파견할 수 있다. 그리고 조선 전 경내에서 공산당정부를 건립할 수도 있다. 만일 이런 사실이 정말로 이루어진다면 하지장군은 충분한 군대가 없어 북의 침입을 방어하지 못할 것이다.

만일 소련이 조선인에게 명령하여 남으로 진공하라고 한다면, 미군은 조속히 퇴각하고 말 것이다. 아마도 상황은 여기서 끝나지 않을 것이다. 소련은 충분히 조선을 점령할 수 있다. 그러나 소련은 현재 일본을 점령할 수는 없다. 일본인들은 소련이 지금 일본의 토지·자원·인력에 대하여 관찰하고 있다고 생각하고 있다. 이것이 바로 일본인들이 미군이 계속 일본에서 장기간 주둔하기를 희망하는 이유이다.

우리는 조선에 계속 남아 위험할대로 위험한 공작을 한다 해도, 욕은 욕대로 먹을 것이다. 우리가 할 일은 공산주의가 세계 각지로 확산되는 것을 제지하는 일이다. 만일 우리가 조선에서 철수하여도, 소련의 새 야심을 실현하지 못하게 하는 방법이 있다면 하루라도 빨리 조선에서 철수할 것이다.

조선인들도 우리가 철수하는 것을 희망하지 않고 있다. 그러나 우리가 떠나도 된다고 생각할 때는 떠나기를 바라고 있다. 문제는 우리가 어떻게 일본·중국과 상의하여 이에 대한 대책을 세우는가 하는 것이다. 우리는 극동과 태평양지구에서 어떤 방어능력을 건립할 수 있는가? 이 문제는 우리의 장래와 우리가 조선에서 얼마동안 주둔하고 있는가 하는 문제에 결정적인 작용을 하게 될 것이다.(●●●● 11월 17일)

우환이 계속되는 조선문제(사설)

조선문제가 유엔에 상정되어 유엔 제2차 대회 일정에 포함된 후, 미국의 의견이 우세하게 되었다. 15일 대회에서는 유엔임시위원회를 설립하여 조선의 독립의안이 완성될 때까지 감독하는 내용을 통과시켰다. 이것은 미국의 건의안을 수정한 것인데, 이 위원회의 구성은 8개 나라로 되어 있다. 그 성원국으로는 우크라이나를 제외한 중국·인도·시리아·오스트레일리아·캐나다·프랑스·필리핀·베네수

엘라 등이다. 이와 동시에 조선을 독립시키는 절차를 규정했다.

첫째, 늦어도 1948년 3월 31일 이전에 선거를 거행한다.
둘째, 선거 후 조속히 국민회의를 소집하여 통일정부를 건립한다.
셋째, 정부 자체로 국군을 조직케 한다. 그리고 국군의 범위에 속하지 않는 모든 부대는 해산한다.
넷째, 미소점령국과 합의하여 될수록 정부성립 후 90일 내에 미소 주둔군의 철수를 완성한다.

이러한 결정에 근거하여 조선의 운명은 이제 어느 정도 결정되게 된 것이다. 서울의 미군측에서는 유엔대회의 결의가 통과된 다음 미소 혼합위원회와 모스크바협정은 이미 그 사명을 완수했다고 선포했다. 북한의 소련당국에서는 유엔회의 결의안이 비합법적이기 때문에 유엔검찰단이 조선에서 직권을 행사하는 것을 거절한다는 성명을 발표했다. 중립관찰자들은 소련이 원래의 입장을 고집하는 결과는, 한국 남부에서 하나의 국가를 성립하게 되면, 북한이 소련에 의지하여 생존하게 될 것이기 때문이라고 분석하고 있다. 앞으로의 추세를 보아 조선문제는 여전히 내외적으로 걱정이 잠복해 있다. 그렇기 때문에 명년 3월 이전의 상황에 대하여 그 화복을 점치기가 어려운 것이다.

조선문제는 전후에 발생한 쟁점의 하나이다. 역시 강국들이 각축하는 장소의 하나이다. 강국들이 무엇 때문에 조선을 두고 각축하는 것인가? 그것은 지리적 요소가 경제적 요소보다 더 크기 때문이다. 조선은 아시아 대륙에서 돌출하여 나간 아시아의 한 반도이다. 이것은 마치 해양으로 뻗은 거대한 팔뚝과 같아 한 때는 일본의 '육교' 역할을 했으며, 소련·중국과 국경이 접경해 있으므로, 그 또한 중소간에 놓여 있는 것이다. 이처럼 조선은 양호한 육해공의 기지를 세울 수 있는 지역인 것이다. 미군의 입장에서 볼 때, 조선을 통제할 수 있게 되면, 일본과 한국의 역할은 마치 "차바퀴와 차축의 관계"가 되는 것이다. 소련의 군사적 위치에서 보면, 조선을 통제할 수 있을 경우, 그것은 마치 만주와 한국의 역할이 "이와 입술의 관계"로 되는 것이다. 강국들의 확장정책은 바로 이러한 지역적 특성에 근원이 있다. 조선의 정치적 지위의 중요성은 이렇게 하여 결정된 것이다. 강국들은 절대로 조선을 그대로 두지 않을 것이다. 이때문에 조선의 비극이 발생하게 된 것이다. 전후에 조선이 문제가 된 것은 카이로회의·포츠담회의·얄타회의·모스크바 비밀외교 때에 이미 시작된 것이다. 카이로회의에서는 조선문제에 대해 보호할 수 있는 기회를 제공했다. 그런데 그런 독립과 자유는 "상당한 시기가 필요하다"는 제한적 요소가 있었다. 조선독립은 아직 "상당한 시기가 필요하다"고 지적됐기 때문에, 포츠담회의에서 38도선을 분계선으로 정하고, 미국과 소련이 서로 남북을 점령하게 되었다. 그 결과 1945년 2월 얄타회의에서 루스프는 러시아 제정시대 때 약탈한 모든 권리를 회복하려는 소련의 요구를 접수하였던 것이고, 그 바람에 조선의 안정과 생존을 위한 권익이 손상되게 됐던 것이다. 1945년 12월 모스크바협정은 조선을 5년간 신탁·관리한다고 결정했다. 이와 동시에 미소혼합위원회를 설치하여 조선을 감독하기에 이르렀다. 이 일련의 시행착오는 강국들의 쟁점을 조성케 하는 역할을 하게 했으며, 조선인민이 동경하던 독립과 자유가 불가사의한 비극으로 전환되고 말았던 것이다.

    조선인민은 원래 선량하고 부지런한 민족이다. 과거 일본 통치를 반대하여 남북을 가르지 않고, 당파를 구분하지 않고 일치단결하여 분투해 왔다. 그러나 일본이 투항한 후 조선에서는 신당이 분분히 건립되어, 미소 양군의 점령 하에 좌우 양대 세력으로 갈라지게 되었으며, 서로 간에 높은 담을 쌓고 첨예하게 대립하게 되었던 것이다. 더

구나 북한에서는 대량으로 군대를 훈련하였고, 언제나 적색 정권을 세울 수 있게 준비되어 남한을 위협하게 된 것이다. 그렇기 때문에 남한은 북에 대하여 경제봉쇄를 단행하여 물자가 유통되지 못하게 된 것이다. 그 결과 조선 내부는 점점 더 사상대립이 심각하게 되었고, 경제적으로 대립하게 되었다. 그러다보니 조선인민은 이를 헤치고 나갈 수가 없게 되었으며, 자신의 희망을 실현할 길이 없게 되어, 마침내 민족의 대 비극이 조성되었던 것이다. 이번 유엔대회에서 소련이 군대를 철수한 다음에 선거할 것을 건의했는데, 미군은 군대를 철수한 다음 적색 쿠데타가 발생하여 조선이 공산주의자들에 의해 유린될 것을 우려하게 되었다. 따라서 미국은 먼저 민선정부를 성립하고, 국군을 조직하여 불법적인 무장부대를 해산한 다음에야 주둔군을 철수해야 한다고 제의했던 것이다. 이에 대해 소련은 외국 군대가 주둔하고 있는 상태에서 선거를 실시한다는 것은 합리적이지 못하다고 주장했다. 미소의 논쟁과 상호간의 반박은 모두 나름대로의 이유가 있다. 그런데 서로 양보하지 않는 상황에서 미국의 건의가 승리한 것인데, 사실 소련이 조선에 대해서는 더 적극적이었다.

유엔방안의 성립은 미국이 정신적으로 승리하게 되었다. 미군 측에서는 미소혼합위원회와 모스크바협정은 이미 사명이 끝났다고 선포했다. 이것은 미국이 실제적이고 효과적인 행동을 취할 것이라는 것을 설명해주는 것이다. 또 1945년 12월 모스크바 외교부장회의의 결정을 취소한다는 것이다. 법적으로 볼 때 유엔대회의 방안은 1945년 12월 모스크바협의에서 결정한 5년간 신탁관리방안에 대치되는 것이다. 유엔임시위원회가 미소 혼합위원회를 대치하게 된 것이다. 그러나 조선독립을 전망할 때, 5년간의 신탁관리 결정을 취소한 것은 조선에 유리하다고 하겠다. 유엔위원회는 미소혼합위원회보다 조선인민의 의지를 쉽게 받아들일 수 있기 때문이다. 따라서 이 방안은 모스크바협정보다 합리적이다. 그리고 이는 유엔의 의지에 의해 나타나게 된 결론인 만큼 비밀외교방식보다는 합법적이라 할 수 있다. 그러나 유감스러운 면도 있으니, 본 방안의 성립은 미소가 서로 양해하는 기초 위에서 형성된 것이 아니라는 점이다. 그 중에서도 소수가 다수에 복종할 수 없다는 소련집단의 비협조적 입장은 연합위원회에 많은 애로점을 증가시켜 주게 될 것이다.

모스크바에서 전해온 소식을 보면, 북한의 행동은 조선의 새로운 위기로 되고 있다. 남북의 분열은 이제 면하기 어려운 상태이다. 명년 3월 전에 남북이 협조할 것인지, 단결하여 민족의 자결을 위해 분투할 것인지 하는 문제는 조선의 통일전망에 아주 중대한 관건으로 작용할 것이다.(●●●● 11월 20일)

1948년

유엔위원회 한국영도자 의견 청취

신아사 서울 26일 발 통신: 유엔 조선위원회 제2소조는 이미 사업을 시작했다고 한다. 오늘 이 소조에서는 공보물을 배포하면서 조선인사 9명의 정치적 의견을 들었다고 밝혔다. 동시에 오늘 오전에는 이승만과, 오후에는 김구와 회담을 가지게 될 것이라고 밝혔다. 이전에는 주요 인사들과는 회담을 하지 않았다.

프랑스신문사 서울 26일 발 통신: 조선의 유명한 극우파 영도자인 이승만은, 오늘 유엔에서 파견한 조사단이 북쪽에 대해 일치되는 행동을 보이지 못할 경우에는, 미군이 관리하는 지역 내에서 조선정부를 수립할 수 있도록 요청하겠다고 한다. 그 후에는 이 정부를 전국으로 확장시킬 것이라고 주장했다. 이승만은 조사단 제2 소조 회의에서 이러한 의견을 발표했다. 이 정부는 조선국민의 3분의 2를 대표하는 것이며, 3주일 동안 임시선거방식을 결정하고, 조직을 완성시켜 조사단과 국민대표 사이에 상의할 수 있는 기회를 조성할 것이라 하였다.(●●●● 1월 27일)

남한 단독선거 김구 반대 표시

중앙사 서울 27일 발 통신: 조선임시입법회의 부주석 김구는 오늘 아침 유엔조선대표단 제2소조위원과 담화를 나눌 때, 소련점령구에도 국민들이 있고, 또 강대한 우익세력의 통제하에서 남한에서 구속받지 않는 자유선거를 실행할 수 있는 가능성은 없다고 지적하였다. 그는 남한의 전도는 암담하다고 판단하였고, 우파세력이 남한에서 단독으로 선거를 거행할 준비를 하고 있는 것은 이들이 남한의 국민들을 많이 장악하고 있기 때문이라고 지적했다.

김구는 소위 온건 우파세력의 대표이다. 그의 의견은 극우파인 이승만이 어제 제2소위원회에 출석하여 진술한 의견과 다르다. 이승만은 남한에서 단독적으로 선거를 진행하여 단독 정부를 수립할 것을 주장했다. 동시에 유엔파견 한국대표단은 내일 아침 전체회의를 소집하여, 소련이 유엔에서 파견한 한국대표단과 합작을 거절한 문제에 대하여 대응책을 토론하게 된다. 유엔 한국대표단은 비록 서로의 의견이 분분하지만, 최종 의견은 유엔 주재위원회에서 결정하게 된다. 내일 대표단 전체회의에서는 주재위원회에 교부할 결정을 토론하게 된다.(●●●● 1월 28일)

한국인 선거의견 진술

로이터 성공호 27일 발 통신: 남한 민주위원회 대표 안로이(顔魯易)가 오늘 성명을 발표하여 유엔이 남한에서만 치루게 될 선거를 전국적인 투표로써 인정하여 줄 것을 촉구했다. 그들은 이번 선거에 참가하는 사람은 전 한국인의 3분의 2를 차지한다고 밝혔다. 조선공화국이 성립을 선포한 다음 즉시 유엔회원국으로 되어야 하며, 조선인민은 유엔의 지지하에 소련과 직접 교섭할 수 있어, 전국의 통일과 해방을 도모할 수 있다고 피력했다. 안씨는 조선의 통일이 절망적인 것은 아니라고 하면서, 조선자유구 내에서 신속하게 조선공화국을 건립하는 것이 성공의 관건이라고 지적했다. 그는 소련의 관할하에 있는 한국인도 본국 정부를 옹호할 것이며, 외국의 괴뢰정부를 지지하지 않을 것이라는 견해를 표명했다. 그는 조선공화국의 성립은 소련으로 하여금 한국 북부를 내놓아야 한다는 것을 깨닫게 될 것이며, 진정한 민주국가와 평화관계를 수립해야 한다는 것을 깨닫게 될 것이라고 설파했다.(●●●● 1월 29일)

이승만 담화발표, 한국 북한공산당 대응할 무기 획득 요망

중앙사 서울 29일 발 통신: 조선의 우익 영도자 이승만은 오늘 본보 기자를 단독으로 접견하면서, 아래와 같은 담화를 발표했다.

"만일 남한이 무기를 획득할 수 있다면 6주일 내에 50만 명의 군대를 모집할 수 있으며, 이 무력으로 북한공산당과 작전할 수 있다. 남한에는 현재 청년단 3개 대가 훈련중에 있으며, 이번에 훈련을 받는 사람은 중국에서 귀국한 한국군인과 합작하면 6주일 안에 50만의 대군을 조직할 수 있다. 우리가 현재 필요한 것은 오직 무기뿐이다. 미국무기로 남한군대가 무장할 수 있기를 바라마지 않는다."(●●●● 1월 30일)

한국 세 영도자 매농과 회견

중앙사 서울 11일 발 통신: 한국의 3대 영도자인 이승만·김구·김규식은 어제 공동으로 매농(梅農)과 호세택(胡世澤)박사를 회견하였다. 이것은 그들 사이에 화해가 이루었다는 것을 설명해 준다. 세 영도자의 합작이 가능성을 보여 주고있는 가운데, 그들은 대표단 대표와 세 시간이나 담화를 나누었다.

위의 3명은 매농과 호세택 두 사람에게 자기들의 목표는 같은데, 그것은 다름 아닌 한국의 독립이라고 재삼 강조했다.(●●●● 2월 13일)

남한 파업폭동 천여 명 체포

신아사 서울 12일 발 통신: 남한 당국은 어제 이번 파업사태에 대한 성명을 발표하였다.

"이번 남한의 파업사태는 배후에 이를 조종하는 조직이 있음이 분명하다. 그 구호는 '단독정부건립을 반대한다', '유엔위원회는 물러가라' 와 '남북통일정부를 조직하자' 는 등의 주장이다. 이번 사건중에 노동자와 학생 1490명이 체포되었다."(●●●● 2월 13일)

남한공산당 총파업 선동

프랑스 신문사 서울 13일 발 통신: 남한 공산당 중앙위원회는 오늘 총파업을 실행하기로 했다. 그들은 "최후의 승리를 취득할 때까지 파업할 것이다"라고 설명했다. 이번 파업의 종지는 유엔위원회의 행동과 조선을 분단하여 관리하려는 의도에 저항하기 위한 것이라고 했다.

첫 단계 파업문의 호소를 보면 2월 7일 조선 전체의 애국지사와 노동자들에게 파업을 단행할 것을 선동했다. 새로 작성한 선동문은 "외국 제국주의의 성전적(聖戰的) 평화론"을 반대하자고 강조하면서, 유엔위원회와 외국 점령군의 철수를 요구하였다. 그 끝에 "우리는 남한에서 단독으로 선거하는 것을 반대한다. 공허한 말만 하는 시기는 이미 지나갔다. 이젠 실행에 옮길 때이다."라는 구절이 있었다. 동시에 각 도에서도 소규모의 파업이 있었으며, 포사로(浦莎魯: 음역) 경내에서는 농민들과 경찰의 충돌이 있었으며, 농민 14명이 부상당했다.(●●●● 2월 14일)

남한 두 영도자 남북한 회의 건의

프랑스 서울 14일 발 통신: 이곳에 전하는 소식에 따르면, 남조선 미군점령구의 두 중요한 영도자가 15일 점령구 남북한 영도자회의에 소련점령구의 조선대표가 참가할 것을 요청하여, 조선의 통일문제를 건의하자고 제의했다고 한다.

믿을만한 소식에 의하면 독립당 주석 김구와 남부 조선임시의회 의장 김규식은 15일 서울주재 소련연락관에게 공문서를 전해 김여송(金亦松) 장군과 북조선인민위원회의 회원들을 초청하여 근일내로 회의를 소집할 것을 건의하였는데, 회의지점은 북조선인민위원회에서 결정하도록 했다고 한다.(●●●● 2월 15일)

한국독립 주장 관련 우리나라 외교부 성명발표

본보 남경 17일 통신: 우리나라 외교부는 서울주재 총영사 유사만이 평양의 소련측 방송을 듣고, 소련이 북한점령구에서 민주인민공화국을 수립하였다는 정보를 입수했다.

이곳의 한국임시정부 주중 대표단의 대변인 민석린은 북한의 이러한 행동은 자기네가 예측한 것보다는 늦게 출현된 것이라고 지적하면서, 이 공화국정부는 이전의 "인민위원회"의 변신이라고 밝혔다. 민석린은 한국민은 누구나 다 통일된 정부가 출현하기를 갈망하여 왔다. 그러나 이 갈망은 의견이 서로 완전히 다른 외세가 점령한 현실에서는 전혀 불가능한 일이다. 소련이 점령한 북한은 기근에 빠지게 되었고, 남한은 또 미국이 친일 우익들만을 기용하고 있다. 한국 인민은 자기 본신의 문제를 처리할 권리가 있으며, 그 어떤 외부세력이 계속 간섭하는 것을 바라지 않는다. 우리 외교부에서는 이에 대해서는 아무런 평가를 내리지 않았다. 18일 기자간담회에서 한국의 통

일적인 독립에 대하여 우리의 주장을 피력할 예정이다.(●●●● 2월 18일)

외교부 사장 담화발표,
협정위반하고 건립한 정부는 고려하지 않기로

중앙사 남경 18일 발 통신: 외교부 정보사 시소영(時昭瀛) 사장은 18일 행정원 신문국 기자간담회에서 기자들의 질문에 회답했다. 그는 확실한 북한의 정세는 아직 더 알아보아야 알 수 있다고 하였다. 중국정부는 유엔대회의 결의와 모스크바협정에서 규정한 절차를 위반하고, 한국에서 건립한 그 어떤 정부도 인정하지 않을 것이라는 정부의 입장을 밝혔다. 중국정부는 두 점령국의 어느 한측에 대해서도 이해하지 않을 것이고, 모스크바협정과 유엔대회의 권위를 무시하고, 한국에서 자체로 정부를 수립한 것은 유엔이 두 점령 국가를 조율하여 모스크바협정에서 규정한 것을 실현하지 못한 상황에서 비롯된 것이라고 평했다. 대회결의 사항 중에는 한국인민을 지원 협조하여 민족독립을 실현시켜야 하는 책임이 있다고 되어 있는데, 이 책임을 받아들이는 일은 매우 엄숙하고 장엄한 의의 있는 일이다. 이것은 2천만 조선인민의 행복과 관련된 일일 뿐만 아니라, 극동의 안전과도 관련이 되기 때문이다. 때문에 중국정부는 유엔 한국위원회에서는 곧 선거를 진행하게 될 그 어느 지구에서든 자유롭게 선거를 진행하여 진정으로 한국인민을 대표하는 정부를 건립할 수 있기를 강력히 주장한다고 했다.(●●●● 2월 19일)

주중 한국대표
남한서 신속히 정부를 건립할 것을 연합국에 촉구

본보 남경 24일 발 통신: 주중 한국대표단, 한국독립당 중국총지부와 남경 · 북평 · 천진 · 심양 · 서주 · 대만 등지의 한국 국민회는, 23일 유엔 사무총장 라이에게 각서를 보내 유엔에 청원서를 냈다.

"3월 1일 전에 남한에서 보통선거를 진행할 것임을 선포하여 독립정부를 건립할 수 있도록 결정을 내려주어야 한다. 그리고 자유선거를 통하여 하루 속히 남한의 경찰통치를 끝내게 해야 한다."

주중 한국대표단 대변인 민석린은 유엔 한국위원회에서는 실제로 현장에 가서 상황을 관찰하는 것이 명철한 결정을 하는데 도움이 될 것이라고 말했다.(●●●● 2월 25일)

장정불 소회의서 우리나라는 미소합작을 기대한다고 선포

로이터 성공호 24일 발 통신: 중국대표 장정불은 오늘 유엔 소회의에서, 유엔 한국위원회는 남북한의 분열행동을 억제할 능력이 없어서는 절대 안된다고 경고했고, 중국정부는 조선과 소련이 가장 우호적으로 관계가 발전하기를 바란다는 입장을 밝혔다.

미국대표는 미국 정부는 남한에서 선거를 진행하여 국민정부를 건립하는데 동의한다고 표명했다. 유엔 조선위원회는 남북한이 분열되게 되는 구체적인 행동을 막아야 하며, 그 어떤 행동을 심사할 때는 신중해야 한다고 강조했다. 유엔에서 규정한 내용이야말로 조선의 독립과 통일을 추진하는데 가장 도움이 된다고 설파했다. 중국정부는 조선의 국민들이 소련을 반대하는 정책을 취하는 것을 절대로 바라지 않는다. 이와는 반대로 중국은 조선이 소련에 대하여 가장 우호적인 관계로 발전하기를 희망한다고 밝혔다.

합중사 성공호 24일 발 통신: 조선문제에 관한 토론이 오후에도 계속되었다. 그러나 그 어떤 결의도 협의하지 못했다. 소회의는 휴회를 선포하고, 25일에 계속하기로 했다.(●●●● 2월 26일)

소회의 결의 통과, 남한선거 진행키로 결정

로이터 성공호 26일 발 통신: 유엔소회의에서는 31표 대 2표, 기권 11표로 미국이 제의한 남한에서만의 선거 진행에 관한 결의를 통과시켰다. 반대표를 던진 국가로는 오스트레일리아와 캐나다이다. 기권한 국가로는 과테말라 · 스웨덴 · 노르웨이 · 이집트 등이다.

미국은 이번 주초에 소련의 반대에도 불구하고 즉시 선거를 거행하여 조선 국민정부를 수립할 수 있도록 하는 제의를 유엔에 건의했다. 동시에 입법기구를 설립하여 북한인민대표들도 참가할 수 있도록 했다. 오스트레일리아 대표는 유엔에서 통과한 결의안은 조선 전국에서 선거할 수 있는 권한을 유엔 조선위원회에 부여하지 않았으며, 소회의에서는 이런 사항을 처리하지 말아야 한다는 입장을 밝혔다.

이튿날 오스트레일리아 대표는 발생할 수 있는 또 다른 한 가지 위협을 예고했다고 밝혔다. 즉 남북한은 대립되는 국면으로 나타날 가능성이 많으며, 각자 한국인민을 대표한다고 자처할 것이고, 남한에서 국민정부를 성립한다면 유엔에서는 이 정부가 위협을 받을 것이라는 점을 경시해서는 안된다고 했다. 오스트레일리아 대표단은 먼저 대표단 선거를 통하여 당선된 한국대표가 유엔위원회 및 유엔대회와 국민선거에 대한 의견을 교환하고, 이러한 기초하에서 선거를 거행할 것을 결정하는 것이 바람직하다는 주장을 폈다. 스웨덴의 대표는 노르웨이와 같다고 하면서 유엔특별회의를 소집 하든가 5강 자문회를 소집하는 방법이 바람직하다고 밝혔다. 조선문제의 답안은 여전히 타협과 회담을 통해 해결해야하는 데 유엔에서 이런 방식을 취하는 것은 기타 다른 방법을 취하는 것보다 구체적 결과를 가져올 기회가 더 많다고 설명했다. 이집트대표 푸치는 유엔 조선위원회가 남한에서 국민선거를 할 수 있는지의 여부와, 또 이러한 선거가 조선의 통일에 진정한 도움이 되는지 안되는지, 그 여부에 의심이 간다고 표명했다. 때문에 이집트에서는 미국의 건의를 지지하지 않는다고 설명했다.(●●●● 2월 28일)

김구와 이승만의 의견 불일치

신아사 서울 27일 발 통신: 유엔 조선위원회에서는 남한에서 단독으로 총선거를 진행하기로 결의했다. 남한 당국의 반응은 아래와 같다.

이승만은 담화를 발표하여, "우리는 전력투구하여 남한의 총선거를 실행할 것이니, 전국민들의 협력을 기대한다."고 피력했다. 이에 대해 김구는 "우리는 조국을 분열시키는 남한에서의 단독선거와 북한인민공화국을 반대한다. 우리는 남북은 꼭 통일되어야 한다는 것을 주장한다."라는 자기 입장을 밝혔다. 그리고 김규식은 "연합국 조선위원회의 결의는 반대해서는 안된다. 나는 금후의 모든 정치활동을 정리할 것이다."라는 성명을 발표했다. (●●●● 2월 28일)

김규식의장 사표 한국분열 반대

연합사 서울 24일 발 통신: 유엔소회의에서 소련의 반대에도 불구하고 남한에서 선거를 진행하기로 결의했다. 이 통신은 오늘 조선 자유파 영도자 김규식과 우파 영도자 지커(吉柯: 음역)의 저항을 초래했다.

김규식은 한국의회 의장직을 고사하는 사표를 내면서 성명을 발표했는데, 유엔의 결의는 한국을 두 개로 분열시키는 것이며, 나는 소련과 미국이 동시에 군대를 철수할 것을 주장하고, 남북 영도자가 회의를 소집하여 정부를 수립하는 것을 주장한다는 자신의 입장을 밝혔다.(●●●● 2월 29일)

서울 도쿄 3·1절을 성대히 기념

신아사 서울 1일 발 통신: 오늘은 한국의 3·1 운동을 기념하는 날이다. 서울체육관에는 오전 11시에 학생·청년·시민 등 10여만 명이 운집하여 성대한 기념식을 거행했다. 하지장군·군정장관 스미드소장·이승만과 각당 대표들이 이 기념식에 참석했다.

신아사 도쿄 1일 발 통신: 일본에 오랫동안 체류하면서 일본의 압박을 받아온 조선교민들이 오늘 집회를 소집하여 조선의 국경절을 경축하였다. 그리고 일본황궁 앞에서 거대한 시위를 벌였다. 그들은 비가 오는 데도 불구하고, 노래를 부르며 춤을 추었다. 시위대오는 도쿄의 각 주요 거리에서 진행되었다.(●●●● 3월 2일)

서울 학생시위 충돌 발생

로이터 서울 1일 발 통신: 오늘 이곳 학생들이 시위를 벌일 때 충돌이 일어났다고 한다. 그 결과 2명이 중상을 입었다고 한다. 서울의 미군은 명령내려 이러한 시위를 엄하게 단속하고 있다. 조선 서구의 학생회 중 공산당의 훈련을 받은 학생들이 시위하면서 전단을 살포하여, 유엔을 타도하자는 구호와 군정부를 타도하자는 구호를 불러댔다. 각파 인사들도 이 시위행진에 참가했다. 미군은 조선에서 물러가라는 구호를 부르는 사람이 있는가 하면, 북한 인민공화국을 뒤엎어야 한다는 사람도 있었고, 전 임시정부 총통 이승만을 지지하는 사람도 있었다. 이승만은 시위자들에게 유엔에 의해 행동하는 것만이 조선의 유일한 희망이라고 설득했다.(●●●● 3월 3일)

남한 각 당파 단독선거 반대

신아사 서울 28일 발 통신: 남한 각 정당은 5월 9일 남한에서 단독선거를 거행한다는 것과 관련하여, 김성수(金成洙)씨가 영도하는 한국민주당이 적극 참가한다는 것 외에, 기타 다른 정당, 그들 정당이 좌파이든 우파이든 혹은 중간파이든 간에 모두 반대를 표명했다. 단독선거를 반대하는 정당으로는 우파인 한국당·한국독립당, 중간파인 청우당·신진당·민주한독당·근분(勤奮)대중당·민중동맹·독립노농당 및 좌파인 근로인민당·인민공화당·남조선 노동당 등이 있다.

신아사 서울 28일 발 통신: 유엔조선임시위원회에서는 매농박사가 유엔소회의에서 발언한 요지를 발표했다. 이 요지의 발표에 따라 한국 각계 인사들의 의논이 분분하다. 한국여론회는 이달 21일과 22일 이틀간 서울에서 민간 설문조사를 진행했다. 그 설문조사는 아래의 문제들을 제기했다.

① 남한에서 단독으로 선거를 진행하는 것에 대한 찬성 여부.
② 남북한 각 정당 요인 회의의 협상방법에 대한 찬성여부

등이다. 각계의 회답에 대해 통계를 한 결과, 첫 번째 문제에 대해 찬성한다고 대답한 사람은 5%밖에 안되었으며, 두 번째 문제에 대해서 찬성한다는 사람은 71%나 됐다고 한다. 이 통계자료는 일반 한국인들이 남북통일을 아주 열망하고 있다는 것을 보여주고 있다.(●●●● 3월 29일)

한국남북 통일이냐 분단이냐 관건적인 시각(사설)

유엔 조선위원회의 서울 공작은 완전히 실패했다고 말할 수 있다. 위원회 주석인 매농과 사무총장 호세택은 이미 한국을 떠났다. 캐나다와 오스트레일리아 대표도 위원회에서 5·10선거를 감독하기를 거절했다. 유엔소회의에서 결의한 건의는 "현명한 것이 아니며, 유엔헌장에 위배되는 것"이라고 지적했다. 위원회가 이렇게 흔들리고 있

을 때 북한 소련점령구에서는 남한의 우파·좌파 및 중간파 등의 당 영도자들에게 초청장을 발송했다.

4월 14일 북한에서 전 한국정당회의를 거행하여, 한국정부를 건립하는 문제에 대해 상의한다는 제의서였다. 현재 남한의 각 정당은 이에 대해 각각 집회를 열며 민의를 조사하고 있다. 이승만과 김성수가 영도하는 민주당이 5·10선거에 참가하는 것을 동의한 외에 기타 다른 정당은 우파·좌파·중간파든 간에 모두 단독선거를 반대하고 있다. 남한 각 정당은 4월 14일 북한이 주최하는 정당회의에 참가할 것인지의 여부와 참가한다면 일치단결하여 협조할 수 있겠는가 없겠는가 하는 여부에 대해서는 아직 가늠하기 어려운 상태이다. 한국정세의 이 변화와 발전은 유엔 조선위원회의 공작이 실패했다는 것을 설명해주며, 미국이 단독으로 남한에서 선거를 진행한다는 정책은 실책이라는 것을 설명해 주고 있다.

유엔 조선위원회의 조직은 유엔의 결의에 의해 결성된 것이다. 유엔의 결의는 미국이 제의하였다. 위원회는 9개 국 대표를 중심으로 하는데 우크라이나는 참가를 거절했다. 기타 8개 국이 참가하는 동기는 중립적인 입장을 취해 미소의 협상을 추진하며 한국문제를 합리적으로 해결하기 위한 것이다. 이로써 조선인민을 질곡으로부터 해방시키려고 한 것이다. 그러나 위원회가 서울에 도착한 후 그들의 이상은 물거품이 되고 말았다. 남한의 미군통치정책에 실망한 것이다. 그리고 남한 일부 정당의 영도자에 대한 인상도 좋지않았다. 북한의 정당은 소련의 통제 하에서 남한과 합작할 의향은 전혀 없을 뿐만 아니라, 위원회와 협력하는 것조차 거절했다. 매농이 북한의 시찰을 통해 각 정당의 의향을 이해하고자 했으나, 북한은 평양방송을 통해 이를 거절했다. 매농은 이번 한국행이 아무런 성과가 없음을 자인하고, 2월 24일 유엔소회의를 소집하는 것을 계기로 성공호로 돌아가 명령을 기다렸다. 그는 이 회의에서 새로운 타개책이 있기를 기대했던 것이다. 그러나 미국태도는 상당히 견고하다. 미국은 남한에서의 단독선거를 단행할 것을 소회의에 건행했다. 남한에서 3분의 2의 국민대표를 선거하고, 3분의 1의 대표석은 보류해 두었다가, 북한에서 선출하도록 한다는 건의였다. 이 건의안은 26일 통과되었다. 그러나 소련과 소련집단국 5개 국의 지지를 받지 못했다. 여기서 주의할 것은 캐나다와 오스트레일리아가 반대했다는 점이다. 캐나다와 오스트레일리아에서는 단독선거를 추진하면 한국의 분열을 초래하여 미소의 충돌이 가속화 되는 것을 걱정하기 때문이라는 것이다. 또한 이승만의 인기에 대해서도 의심을 했던 것이다. 서울의 미군 사령관 하지는 소회의 결의가 통과된 후 5월 9일(후에 5월 10일로 개정)에 남한에서 선거를 실시한다고 선포했으며, 위원회에서 이 선거를 감독해 줄 것을 부탁했다. 유엔소회의의 결의가 통과되기 전에는 위원회 각국 성원의 의견이 통일되어 있었다. 그런데 결의가 통과된 후에는 서로 갈라지게 됐으며, 캐나다와 오스트레일리아 양국에서는 실망감을 표명했으며, 중국과 인도대표는 곧바로 서울을 떠났다. 그리하여 소위원회의 일은 무형중에 정지되고 말았다.

한국의 비극은 미국과 소련이 조성한 것이다.

한국은 소국이다. 불쌍한 3천만 인민은 지금도 38선을 분계선으로 하고 남북으로 갈라져 있다. 서로 왕래나 무역도 못하고 있다. 우리는 한국의 처지를 동정한다. 소위원회의 일이 실패한 것에 대해서는 중시하지 않는다. 남한 각 정당이 5.10선거에 참가하기를 한결같이 거절했다면 소련이 북한을 건립한다고 선포하지 않았을 것이고, 남북한 인민은 마땅히 이 기회를 이용하여 자동적으로 미국과 소련의 질곡에서 벗어나야 했다. 서로 간에 평화적으로 손에 손잡고 합작하여 통일을 추진하고, 희랍의 비극이 한국에서 발생하지 않도록 힘썼어야 했다. 우리는 이미 여러 번 강조하여 왔거니와, 한국문제는 마땅히 한국인들이 자체적으로 해결해야 한다고 생각한다. 이제 그 시기가 온 것이다. 남북 정치가들은 더이상 배회하지 말아야 하며, 스스로 자강할 수 있는 기회를 상실하지 말아야 한다. 최근 한국여론협회에서 한국인민들에 대한 설문조사한 결과, 남한에서 단독으로 선거하는 것을 찬성하는 사람은 겨우 5%밖에 되지 않았다. 남북한 각 정당 요인들이 통일을 위한 협상을 해야 한다는 의견은 75%가 찬성했다. 이것은 남한인민들이 남북통일을 열망하고 있다는 것을 보여주는 것이다. 북한은 소련군의 통제 하에서 민심의 진정한 의도를 알 수가 없다. 그러나 판단하지 않아도 분명한 것은 슬기롭고 창의력이 있는 한국인들은 자신들의 혈연관계에서 출발하여, 상호 공동의 생존의식을 공유하고 있다는 것이다. 한국인의 독립사상은 남북을 가릴 것 없이 모두 같다. 극히 소수의 불량한 경향만을 제외하고는 광범한 한국인의 양심과 지혜가 통일을 열렬히 지향하고 있다는 것이다.

 중한관계의 진일보한 관계 설정과 원동 미래의 평화정착을 위해서, 우리는 한국이 남북한 합작하여 통일하는 것을 찬성한다. 현재 한국에서는 평화단결을 할 수 있는 서광이 보이고 있다. 우리는 남북의 정치가들이 서울과 평양의 자유롭지 못한 분위기를 버리고 통일방법을 협상하여, 우호적인 인접국 인민들이 실망하지 않도록 하기를 기대한다. 중국의 역사철학 사상에서는 소국의 운명을 결정하는 유일한 첩경은 자강을 위해 부단히 분투노력하는 길만이 천지간에 생존할 수 있다고 지적하고 있다. "소국이 연합하여 진(秦)나라에 의지할 것인가? 아니면 초나라에 의지할 것인가?" 이것이 바로 소국이 결정해야 할 문제이다. 진나라도 좋고 초나라도 좋지만 일단 진나라나 초나라에 완전히 의지한다면 결국 또 진나라와 초나라에 합병당할 위험이 존재하기 때문이다. 진나라에 의거하지 않고 초나라의 위협을 받지 않으려면 스스로 강해지는 것이 가장 좋은 방법이다. 지금 한국의 토지는 22만 평방킬로미터이다. 이것은 일본 총면적의 3분의 1이 되며 우리 대만성의 6배가 된다. 한국의 인구는 3천만 명이며 일본인들보다 더 슬기롭고 대만보다도 자원이 더 풍부하다. 만일 한국이 자강하여 독립한다면 극동의 평화와 안전에 중요한 공헌을 하게 될 것이다. 우리는 소련과 미국 두 강국에 호소하여 한국의 평화와 독립은 미소의 충돌을 완화시킬 수 있다는 점을 각성하기를 기대한다. 미소가 극동의 전쟁을 면하려면 마땅히 조선에서 철수하여야 하며, 한국의 독립통일을 옆에서 구경하기만 하면 된다. 한국이 통일되어야 만이 극동의 평화가 이루어질 것이다. 절대로 한국이 화약창고로 변하게 해서는 안된다. 미소의 군사전문가들은 지연(地緣)정치의 이론에 근거하여, 조선반도를 서로 통제하려고 하는데, 이것은 전쟁을 막는 방법이 아니다. 이것은 자기를 불에 태우는 일이지, 다른 사람을 태워죽이는 일이 아니다. 강권정치는 이런 점을 주의해야 한다는 점을 바라마지 않는다.(●●●● 4월 7일)

김구·김규식 북한방문 회의사항 토의

연합사 서울 7일 발 통신: 조선 자유당 영도자 김규식과 우파 영도자 김구는 오늘 택시를 타고 북한 소련점령구로 건너가기로 했다. 이달 14일 소련과 조선정치가들이 평양에서 회의를 소집할 문제를 상의하기로 한 것이다.(●●●● 4월 10일)

김구 남북한 연석회의 참석 결정

신아사 서울 19일 발 통신: 서울학생연맹은 오늘 150명 대표를 김구의 자택에 파견하여 김구가 북한으로 건너가 정당회의에 참가하려는 것을 만류했다. 김구는 즉석에서 확고하게 자신의 입장을 표명했다. "내가 북한행을 결정하게 된 것은 남북한의 통일을 위한 것이요, 이 또한 나의 일관된 주장이다. 이번 북한으로 가게 된 것은 남북분열의 국면을 타파하기 위한 것이며, 목적을 이룰 수 있는지는 알 수 없지만, 이 임무를 완성하기 위한 노력은 계속 진행되어야 한다" 김구는 또 "김규식씨의 개인대표는 건의서를 소지하고 오늘 이미 평양에 도착했다"고 설명했다.

신아사 서울 19일 발 통신: 평양방송에 의하면 19일부터 평양에서 남북한 정당 및 정치단체 연석회의를 진행했다고 전하고 있다. 남한의 김구와 김규식 두 사람이 제때에 도착하지 못하면 우선 예비회의를 열게 될 것이라고 전했다.(●●●● 4월 20일)

김구 이미 평양도착 연석회의 참석, 김규식은 오늘내로 출발

신아사 서울 20일 발 통신: 평양방송에 의하면 김구 일행은 오늘 아침 평양에 도착하여 북한방면에서 소집한 전 한국정당연석회의에 참가했다고 한다.

연합사 서울 20일 발 통신: 조선 남부의 독립당 영도자 김구는 소련이 소집한 회의에 참석하여 통일문제를 토의하기 위해 어제밤 비밀리에 평양으로 출발하였다. 그가 출발하기 전에 많은 사람들이 북한방문을 취소할 것을 건의했지만 모두 수포로 되었다. 미국 당국은 그의 행동을 제지하지 않았다. 동시에 민주독립당 영도자 김규식은 북한 당국에서 이미 자기가 제기한 평양회의에 참석할 다섯 가지 조건을 받아들였다고 선포했다. 그 다섯 가지 조건은 아래와 같다.

① 무산계급의 독재를 포함한 모든 독재를 반대하고. 진정한 대의제 민주정부를 건립할 것.
② 독점 자본주의를 반대하고 민간경영의 권리를 승인할 것.
③ 전국에서 보통선거를 진행할 것을 요구하며, 통일정부를 조직할 것을 요구한다.
④ 그 어느 나라도 조선에 군사기지를 설치하지 못한다.
⑤ 미소 양국 정부는 구체적인 날짜를 정하여 철군조건을 해결하는 동시에, 이에 따른 문제를 해결한 다음 점령군은 즉시 철수해야 한다.(●●●● 4월 21일)

미국측 평양회의 결속 후 한국통일정부 설치 예측

연합사 서울 21일 발 통신: 평양방송은 오늘 조선 남부 자유당 영도자 김구가 이미 평양에 도착했다고 방송했다. 김구는 북부에서 발기한 전국통일회의에 참석차 북한으로 건너간 것이다. 한국 남부의 또 다른 영도자 김규식은 몸이 불편함에도 무릅쓰고 수하 21명을 인솔하여 평양으로 출발했는데, 얼마 지나지 않아 곧 도착할 것이라고 방송했다. 김구는 출발 전에 만일 평양회의가 실패한다면 북한 38선 미소 점령구에서 할복자살할 것이라 말했다고 이곳 신문에서는 보도하였다. 미군에서 예측한 바로는 평양회의가 끝나면 먼저 헌법을 통과시켜 조선의 통일정부를 건립한다는 것을 선포할 것이고, 김구가 초대 대통령으로 김규식이 부의장을 담임하는 식으로 선출될 것이며, 동시에 미소 양국이 동시에 군대를 철수할 것을 요구하게 될 것이다. 그런 다음 김구와 김규식 두 사람은 곧바로 남한으로 귀환하게 하여 5월 10일 보통선거를 무기한 연장하도록 요구할 것이다. 남한의 영도자는 이를 계기로 남북 정치가들이 회의 거행을 계속할 것을 호소할 것이라고 예측했다.(●●●● 4월 22일)

호세택 북평에서 한국의 남북통일문제에 대해 담화발표

본보 북평 23일 발 통신: 유엔부 사무총장 겸 조선위원회 사무총장 호세택은 오늘 조선문제를 평하며, 실질적으로 말해서 이것은 사실상 미소간의 문제이며 조선 내부도 상당히 복잡하다고 평하면서, 평양남북회의가 성공할 가능성은 아주 희박하다고 예상했다. 그리고 5월 10일 남한의 선거는 계획대로 진행될 것이라는 견해를 발표했다.

호세택은 남한의 이승만이 영도하는 독립추진회와 김성수가 영도하는 민주당은 실력이 있는 다수파로서 이번 남북회의에 참석하지 않았다. 그리고 평양회의는 남북이 합류하는데 약간의 조건이 있어, 상기의 두 정당이 이 조건을 받아들일 것인지 아닌지, 심지어는 김구와 김규식이 이에 동의할 것인지 아닌지의 여부는 아직도 불투명하다.

그러나 나는 농업이 발달한 남한과 공업이 발달한 북한이 상호보완하면서 통일을 이루기를 주장한다고 소개했다. 기자가 남한의 인민은 미국의 신탁관리를 받아들이고 있는 것인가 하고 질문하자 그는 한국인들의 애국심은 아주 강하여, 미소가 남북을 관리하는 것에 대하여 아주 큰 반감을 갖고 있다고 대답했다.

호세택은 이미 3년간이나 귀국하지 않았으며, 14년 동안 북평에 가지를 않았다. 이번 귀국은 부친 성묘차 돌아온 것이다. 이곳에서 며칠 체류한 다음 상해로 갈 것이다. 한국으로 가서 한국인의 대선을 관찰할 것인지, 아니면 유엔 본부로 돌아갈 것인지는 아직 미결이다.(●●●● 4월 24일)

남북한 연석회의문 발표, 남북통일 호소

신아사 서울 25일 발 통신: 평양방송: 남북조선 각 정당 및 사회단체 연석회의가 23일 전국동포들에게 고하는 글을 발표했다. 그 문장의 내용은 대체로 아래와 같다.

본 회의는 남북 조선의 통일중앙정부를 건립하고, 주둔군의 철수를 요구하기 위해 소집되었다. 전국 동포들은 본신의 이익을 취득하기 위하여 계속 분투해야 한다. 그 어떤 단독 선거에도 참가하지 말아야 한다. 그렇지 않을 때는 국민의 분열 국면을 조성하게 될 것이다. 본회는 전국 동포들의 단독선거 반대투쟁위원회를 조직하기로 결의했다. 전국 동포들은 일치단결하여 연합하여 단독선거에 절대 참가하지 말 것을 희망한다.

중앙사 모스크바 25일 발 통신: 남북한 대표가 평양에서 거행한 회의가 끝났다. 이 회의에서는 남한의 단독선거를 반대한다는 바를 통과시켰으며, 한국에 주둔하고 있는 미소 양국 부대를 신속히 철수할 것을 요구했다.(●●●● 4월 26일)

호세택 조선 전반 정세에 대해 분석

중앙사 본시 통신: 유엔 조선위원회 사무총장 호세택박사는 2일 기자들에게 담화를 발표했다.

"조선 남부에서 5월 10일 보통선거를 진행하기로 한 것은 계획대로 거행하게 될 것이다. 북한 당파회의의 영향을 받지 않을 것이다."

호세택은 최근 장래의 조선 정세의 변화에 대하여 아래와 같은 두 가지 문제가 중요하고, 이것이 결정적인 역할을 발휘할 것이라고 지적했다.

첫째 북한 당파회의에서 결정한 통일조건에 대해 조선의 모든 당파가 받아들일 것인지 아닌지의 여부,
둘째 미래 남한에서 선거를 실시할 때 투표하는 사람이 얼마나 되는지 하는 문제이다.

첫 번째 문제에 대해서 호세택은 아래와 같이 분석했다.

유엔은 조선이 하루 빨리 통일하여 독립되기를 기대한다. 그러나 공산당의 통제에 들어가는 것은 바라지 않는다. 그렇기 때문에 조선의 전 당파가 당파회의의 결정을 받아들이지 않는다면 유엔에서는 이를 지지하지 않을 것이다.

일전에 발표된 미국의 견해를 보면 현 상태에서 남북한은 확실히 통일할 수 없다는 주장이다. 따라서 남한에서 먼저 독립하고 다시 남한 민선정부가 통일운동을 한다면 좀더 쉽게 통일을 이룰 수 있다는 견해이다. 두 번째 문제에 관하여 호세택은, 남한에서 얼마나 많은 사람이 투표에 참가할 것이가 하는 문제는 사전에 예측하기 어렵다. 그러나 투표하는 사람이 너무 적다면 많은 비판이 나타날 것이고, 그렇게 되면 조선 정세의 발전에 불리한 영향을 끼칠 것이다. 호세택은 이달 15일 휴가가 끝나는 대로 유엔본부로 돌아갈 것이라고 알려지고 있다.(●●●● 5월 3일)

남한 선거기간 박두 막후경쟁 치열

연합국 서울 3일 발 통신: 서방의 민주주의와 공산주의는 오는 5월 10일 조선남부에서 진행하는 선거를 앞두고 막후에서 전쟁을 벌이고 있다. 양대 좌익 정당이 미래 정부를 통제하려고 하며, 그들은 미국적 정체 혹은 프랑스적 정체 중 한가지 정체를 선택하게 될 것이며, 공산당은 이미 선거에 참가하기를 거절했다고 한다. 북한은 입후보

자를 선출하지도 않았으며 신문과 집회를 통해 반대하고 있다. "미제국주의가 조선을 통제하려고 기도하고 있다"고 질책했다. 2월초부터 공산당은 선거분위기를 파괴하기 시작했으며 어느날 폭동이 일어날지 모른다.

신아사 서울 4일 발 통신: 북한에서 거행한 각 정당연석회의는 이미 폐막되었다. 김구와 김규식은 이미 오늘 38선을 건너 한국남부로 귀환했다. 김씨의 수행원 70여 명은 내일 북한에서 귀환할 예정이다.(●●●● 5월 5일)

김구·김규식 북한결의 옹호

연합사 서울 6일 발 통신: 김규식과 김구는 공동성명을 발표하고, 이 주일 초에 평양에서 통과된 계획을 옹호한다는 입장을 밝혔다. 미소 양국은 점령군을 철수하고, 전국에서 선거를 진행하여 제헌회의를 선출하여 정체를 결정하자는 내용이다.(●●●● 5월 7일)

조선의 위험한 정세를 주시하자(사설)

조선의 남북 각 정당은 얼마 전에 평양에서 연석회의를 갖고 남한의 단독선거를 반대했다. 동시에 미소 양국 군대가 조선에서 동시에 철수할 것을 요구했다. 북한 인민회의에서는 서울에서 조선민주공화국헌법을 통과시켰다. 이로서 줄곧 교착상태의 난국에 처한 조선문제가 서로 자기 카드를 내보이는 단계에 들어섰다. 미국주둔군 사령 하지중장은 미국은 이 헌법을 절대 승인하지 않을 것이라는 성명을 발표했다. 동시에 북한과 회담을 진행하지 않을 것이라고 했다. 그리고 평양회의에서 미군이 조선에서 철수해 줄 것을 요구했지만 이를 단연히 거절한다고 성명했다. 그 이유는 아래와 같다.

"만일 미군이 철수한다면 북한의 공산당 군대와 권력을 갈구하는 당의 무리와 괴뢰들이 남한을 통제하려고 할 것이다. 이렇게 되면 조선은 소련의 위성국의 하나로 변하게 될 것이다."

미국의 입장이 이처럼 명백하고 견고하기 때문에 미국의 양보를 구하는 것은 절대 불가능한 일이다. 때문에 남한의 5월 10일 선거는 예정대로 진행하게 될 것이며, 기타 다른 여지는 존재하지 않는다.

조선은 미소 양국의 군대가 남북에 주둔하고 있는 이유 때문에 북위 38도선이 봉쇄선으로 되었다. 이 봉쇄선은 북한과 남한의 국경이 된 것이나 다름없다. 남북조선의 대립과 충돌은 완화될 희망이 보이지 않고 날로 점점 악화되고 있다. 일반 백성도 이 일을 근심하지 않는 사람이 없다. 조선은 제3차 대전의 도화선으로 될 수도 있다. 그렇기 때문에 조선인민들의 조국통일과 독립해방을 갈망하는 일은 점점 더 어렵게 되고 있다. 미국은 소련과의 타협을 기대하고 있다. 그리하여 조선문제를 합리적으로 해결하고자 한다. 그러나 1, 2년 동안 조선문제는 교착상태에 처해 있으며, 그 난국은 시종 타개되지 못하고 있다. 이 때문에 미국은 부득불 남한에서 단독으로 선거를 진행할 것을 건의한 것이다. 이에 근거하여 유엔 조선위원회에서는 5월 10일 남한에서 투표를 진행하기로 결의했다. 이 방법은 미국의 시점에서 볼 때 할 수 없는 방법이라고 하겠지만, 조선인민의 입장에서 본다면 남한이 단독 선거를 거행한다면 그 결과는 필연코 분열된 남한 정부를 성립하게 되는 문제이다. 따라서 남북한의 통일문제는 실현할 수 없게 되는 것이다.

조선의 정당과 연합단체는 이승만의 민주당을 제외하고는 모두 다 남한의 단독 선거를 반대하지 않는 정당이나 단체가 없는 것이다. 조선 우익 정당 김구선생은 강경하게 자신의 입장을 발표했다.

"만일 평양회의가 실패한다면 나는 북한 38선 미소 양국 점령구에서 할복 자살할 것이다."

이것은 소련측 조선인민의 통일심리를 이용할 수 있는 계기를 마련하여 준 셈이다. 이를 이용하여 남한에서 단독선거를 추진하려는 미국의 계획을 저지할 수도 있을 것이다. 평양회의와 북한인민회의는 이에 대하여 대대적으로 선동하고 있다. 북한회의의 결의와 북한인민회의에서 헌법을 통과시킨 것은 표면적으로 본다면 미소투쟁의 단면에 불과하다. 조선인민 자신의 운명에 대해서는 아무런 이점이 없는 것이다.

조선의 정세가 이 경지에 이르게 된 것은 미국의 대한정책이 실패했기 때문인데, 이는 오늘날에 있어서 나쁜 결과를 빚어낸 근본 원인이다. 우리가 제3자의 입장에서 냉정하게 조선문제를 연구한다면 미국의 대한정책의 시행착오를 어렵지 않게 발견할 수 있다.

첫째, 조선인민은 일본제국주의의 압박 하에서 이미 각성되었다. 조선인민은 민족의 독립과 해방을 요구할 뿐만 아니라, 국가의 통일과 번영을 갈구하고 있다. 제2차 대전시기 조선의 애국지사들은 국내외에서 민족해방운동에 종사하여 왔다. 열강들이 카이로회의와 포츠담회의에서 조선에 대하여 "상당시기" 독립을 허락하지 않았다. 일본이 투항하자 조선인민은 해방과 독립의 날이 왔다고 경축했다. 그런데 모스크바 3국 외교부장회의 결과 조선의 독립 소망은 실현되지 않았을 뿐만 아니라, 오히려 미소 양군이 조선을 점령하는 결과로 나타났다. 이로써 북위 38도를 분계선으로 규정하여, 남북의 통일은 불가능하게 되었다. 이런 상황에 처한 조선인민이 어찌 실망하지 않겠는가? 상심하지 않겠는가? 미국은 조선인민의 소망이 무엇인지를 잘 모르고 있는 듯하다. 과거 조선의 독립을 허락한다는 약속을 지키지 않았으며, 조선인민이 독립과 통일을 얻도록 협조하겠다는 약속을 어긴 것이다. 미국은 오히려 조선에 대해 분열정책을 실시한 꼴이 되었으니 이것이 첫째 실책이다.

둘째, 조선의 남북분열은 경제적으로도 조선에 치명상을 입혔다. 남한은 조선의 농업구이고 북한은 조선의 공업구이다. 조선의 남북이 통일되어야 서로 배합하고 서로 교역할 수 있는 것이다. 그래야만 조선의 경제가 부흥할 수 있지 그렇지 못할 경우에는 조선인민의 생활은 해결할 수 없는 것이다. 따라서 조선인민이 통일을 갈망하는 것은 이와 같이 정치적인 요소 외에도 경제적인 측면이 고려됐던 것이다. 그런데 미국의 대 한국정책은 조선인민의 소망을 존중하지 않았을 뿐만 아니라, 조선의 경제조건도 고려하지 않았다. 그러니 어찌 조선인민의 지지를 받을 수 있겠는가? 소련이 북한에서 취한 행동은 아직 그 내용을 잘 파악할 수는 없지만, 소련은 조선인민의 통일과 단결을 격려했으며 될수록 조선인민의 경제생활을 개선하기 위하여 힘썼다는 것은 알 수 있다. 이러한 두 나라의 입장을 비교한다면 미국은 조선에서 실패할 수 있는 길 외에 다른 길을 걸을 수 없다는 것을 알 수 있다.

셋째, 미국이 일본의 부흥을 보조하고 있는 지금의 정책은 미국이 남한 통치에서 민심을 잃게 된 원인의 하나이다. 일본 경내의 한국교포들은 지금도 일본정부의 학대와 압박을 받고 있다. 조선인민은 이런 상황이 발생하게 된 것은 미국이 일본을 부추겨 주고 한국을 억제한 결과라고 인식하고 있다. 동시에 일본이 부흥하게 됨에 따라 조선이 다시 일본의 통치를 받게 되지는 않을까 두려워하고 있다. 남한 내에서 질서를 유지하는 경찰들은 절반 이상이 일본시대의 경찰들이

어서, 적대심이 여전히 존재하고 있다. 그렇기 때문에 조선인민의 반미·반일심리가 조성되게 되었으며, 남한 경내에서 부단히 폭동이 발생하게 되는 원인도 바로 여기에 있는 것이다.

　이상에서 서술한 바와 같이 미국당국은 마땅히 반성해야 한다. 지금이 바로 미국의 대한국정책을 변화할 때이다. 미국이 조선의 민심을 수습하는 일부터 착수하지 않고 기어코 원래의 정책을 집행하려 한다면, 5월 10일의 단독선거는 이외의 파동을 야기시켜 동방의 화약창고를 폭발할 수 있게 할 수도 있다. 우리는 미국의 조야에서 조선의 위험한 정세를 주시해 주기를 희망한다.(●●●● 5월 7일)

폭동·방화·암살 등의 분위기 속에서
남한 첫 보통선거 진행

　로이터 서울 9일 발 통신: 조선에서 4천년이래 첫 국민선거를 치룰 전야에, 북위 38도 이남에서는 폭동이 계속되고, 무장경찰 6만 명과 지원민단 100만 명이 각 도시와 마을에 주둔하여 입후보자를 보호하고 있고, 선거인과 선거사무소 관원과 투표소를 보호하고 있다. 하지만 폭동의 화염을 막지는 못하고 있다.

　소련이 통제하고 있는 평양방송은 하루 종일 남한 인민을 향해 방송을 실시했고, 각종 방법을 동원해 선거를 제지하도록 부추기고 있다. 당국에서 몰수한 러시아문과 한문으로 작성한 비밀문안은 북한에서 교사한 폭력과 테러계획이 상세하게 기록되어 있다. 월요일 투표를 시작하는 첫날 테러 분위기는 고조에 달할 것이다.

　남한 경찰당국에서 전해오는 보고에 의하면 암살·방화·철도 파괴·전보와 교통파괴에 관한 소식으로 가득 차 있다. 오늘 새벽 한 우익 입후보자가 암살되었다. 그는 입후보자 중 여섯 번째로 피살된 사람이다. 그리고 기차열차의 부품이 파괴되어 궤도 이탈사고가 발생했으며, 내지의 태의성(太憂城: 음역)에서는 좌우익분자들 사이에 총격전이 일어나 2명이 사망했다고 한다. 늦게 입수한 소식에 의하면 한 섬의 좌익분자가 폭동을 일으킬 때 경찰이 총을 쏘아 4명이 사망했다고 한다. 남한 전 경내에서 9일 밤에는 통행금지가 실시될 것이며, 미육군은 필요시 반시간 내에 출동할 수 있도록 대기 중에 있다. 보통선거에 참여하는 조선의 정당은 모두가 다 조선정부를 건립하는 일을 통일의 첫 단계로 인식하고 있으며, 이들이 반대하는 것은 공산당일 뿐이다.

이밖에 약간의 우익 소수당은 현재 선거를 거행할 수 없다고 인식하고 있다. 회의를 주관하는 담당자는 헌법을 제정하고 대통령과 내각 총리를 선거하며, 의회에 100석의 북한대표석을 유보해 두기로 했다고 한다. 선거의 결과는 수요일 밤이나 목요일 아침에 발표하기로 했다. 사람들이 가장 관심을 두는 것은 도대체 얼마나 많은 사람이 투표에 참가할 것인가 하는 문제이다. 공산당은 북한의 지령에 따라 투표를 거절했다. 남한의 투표 가능한 사람은 8백만 명 중 등기된 사람 7백만 명이다. 미국관찰자들의 예상에 의하면 실제 투표자는 등기한 선거민보다 상당히 적을 것으로 보고 있다. 이렇게 된다면 공산당의 승리나 다름없다는 것이다.

서울은 오늘밤부터 통행금지를 실시하여 밤의 거리에는 한 사람도 없다. 무장경찰과 지원하는 자위단들이 순찰하는 모습만 보인다. 9일부터 점령 당국의 관원은 명령에 따라 모든 한국인 집회에 참가하지 못하게 되어 있다. 또한 거리에 머물러 있어도 안된다. 미국은 이 시각이야말로 미국이 남한을 점령한 이래 가장 긴장되는 시기라고 지적했다. 서울 일대는 월요일 새벽부터 7천 명의 무장경찰과 1천 5백 명의 특별 수위대 및 9천 명의 자위단이 경계를 담당하고 있다. 남한 전 경내에서는 성인 4명당 1명이 자위단에 참가하고 있다. 그러나 미국 당국은 치안을 제대로 유지할 수 있겠는지 여부에 대해서는 충분히 파악하고 있는 것 같지 않다.

조선경찰은 며칠간 대량 무기가 북한에서 육·해로 두 길을 통해 비밀리에 남한으로 운송되었다면서 이곳의 테러분자들에게 무기를 공급했다고 피로했다. 이미 체포된 남한의 일부 노공당(공산당) 영도자들의 몸에서 밀령을 압수했는데, 그 밀령에는 산에서 휘두르는 횃불을 신호로 투표소 등지를 "모로토프 칵테일 탄"으로 습격하고, 공산당이 선거인으로 위장하여 투표소를 공격하라는 내용이 담겨 있었다. 유엔 투표감찰원은 엄밀한 경호를 받으며 이미 서울을 떠나 농촌으로 내려갔다. 금요일 오후 5시부터 9일 오후 3시까지 암살당한 사람은 이미 19명이나 되고, 부상당한 사람은 14명이며, 실종된 사람은 6명이고, 체포된 사람은 133명이나 된다. 기차나 기관차가 파괴된 것은 24개이며, 투표용지 6천 장을 소각하는 등의 사건이 무려 60건이나 된다.

프랑스 신문사 서울 8일 발 통신: 서울의 대학교와 중학교 학생 5천여 명이 목요일부터 동맹휴학을 단행하여 남한 미군점령구에서 선거를 거행하는 일을 반대하였다. 동시에 한국교포에 대한 일본의 대우에 항의했다. 금요일과 토요일에는 이미 기타 각 도 20여 개 학교에까지 파급되었다.(●●●● 5월 10일)

평양 재차 회의거행, 남한대표 출석요청

신아사 서울 10일 발 통신: 평양의 방송에 의하면, 조선인민위원회 위원장 김일성이 오늘 대남 인민에 알리는 방송연설을 했다. "북조선인민위원회는 조선인민의 조직이며, 남조선인민과 공동으로 조선문제를 해결할 것을 희망하고 있다. 조선인민은 남조선에서 대표 2명을 선출하여 파견하길 바라여, 이달 14일 평양에서 회의를 거행할 것을 요청한다. 동시에 미군은 이 사실을 방해하지 말기를 희망한다. 만일 남조선 인민이 미군 때문에 제때에 평양에 도착하지 못해 회의에 참석하지 못한다고 한다면 북조선인민위원회는 남조선에서 북조선과 합작하기를 희망하지 않는다는 것으로 간주하고, 북부에서는 남부에 대한 전력공급을 정지할 것이다."(●●●● 5월 11일)

보통선거 이승만이 제1회 의회를 장악할 것으로 예상

중앙사 서울 13일 발 통신: 조선은 최근 투표수를 통계한 바에 의하면 이승만박사의 당인들과 동정자 120명이 이미 의회의 의원으로 당선되어 조선 첫 의회는 이승만 파가 장악하게 될 것이라고 했다. 오늘 오후 입후보자 3백 명 중 192명이 의원으로 당선되었다.(●●●● 5월 15일)

남한 보통선거 이후의 조선 정국(사설)

10일 남한에서는 소란과 불안한 분위기 속에서 보통선거를 실시했다. 보고서는 지금 작성 중에 있지만 서울에서 전해 오는 소식에 의하면, 남한 8백만 선거인 중 투표에 참가한 사람은 85% 내지 90%에 달한다고 한다. 남한 각 곳에서 투표한 결과를 관찰하여 볼 때, 선거 결과는 비록 완전히 나오지 않았지만 실제상에서 이승만이 영도하는 한국독립추진협회와 그 당이 이미 의회의 다수 석을 획득했다는 것만은 의심할 바가 없다고 한다. 유엔 조선위원회 시리아 대표 머시는 서울 각 선거구를 시찰한 다음 담화를 발표했다.

"남한의 선거는 이미 성공적으로 실시되었다. 선거는 아주 순조롭게 진행되었으며, 전반적인 상황도 양호했다고 할 수 있다." 위원회는 상해에 와서 보고서를 작성하여 유엔소회의에 보고할 계획이다. 미국 한국주둔군 하지중장은 "남한의 선거는 전대미문의 민주적으로 성공리에 실시되었다"고 지적했다. 그는 남한은 멀지 않은 장래에 정부조직을 완성할 것이라고 밝혔다. 이승만 본인도 "나는 북한인민에게 소련을 포기하고, 우리의 품에 안길 것을 명령할 것이다"라고 낙관적인 견해를 보여 주었다. 그러나 다른 한편에서는, 남북한 정세의 발전이 여전히 밝지 못하다는 견해를 보이고 있다. 남한의 단독선거는 장차 낙관적인 상황을 가져다주지 못할 것이다. 오히려 남북한 분열의 요소만을 증가시켰다. 이것은 한국의 비극이고 조선인민의 비극이라고 할 수 있다고 평하고 있다.

한국의 비극의 출현은 한국 남북의 분열을 심화시켰으며, 이 불행한 분열은 조선이 제2의 희랍이 되게 할 것이다. 현재 남북한의 정세발전은 분열의 국면이 점점더 심화되고 있음을 설명해 주고 있을 뿐만 아니라, 제나라와 초나라 사이에 끼여 있는 한국인들이 자각하지 못하고, 저절로 분열의 그물에 걸려, 그들의 전도가 아주 비참하게 전개되고 있다는 점을 설명해준다.

미국은 최근 『근대사료』에서 한국의 비극을 논할 때, "현재 조선의 분열 국면은 조선인민의 과실이 아니다. 그 원인은 미소의 경쟁에 있다. 미소는 다 조선에서의 지위를 포기하려고 하지 않고 있기 때문에, 할거 국면을 초래한 것이다. 이 결과는 상상하기도 어렵거니와 비참한 결과를 초래할 것이라는 것은 의심의 여지가 없다. 조선이라는 국가가 파괴당할 뿐만 아니라, 그 정세의 발전은 세계평화에 영향을 가져다 줄 수 있다. 미소 양국은 이러한 정세의 중요성을 잘 알고 있다. 그러나 그들은 자기들의 이익을 손톱만치도 저버리려고 하지 않는다. 그 결과 비통에 처하게 된 것은 조선 인민뿐이다." 이것은 아주 정확한 견해라고 할 수 있다. 이것은 한국의 비극을 예시하는 것이며, 한국 역사상 볼 수 없던 내전을 조성하게 될 것을 예견하는 견해이다.

미소는 조선문제에 잠재되어 있는 위기를 뻔히 알고 있다. 그러나 그들은 이를 포기하려 하지 않고 있다. 4월 30일 평양방송은 북한은 이미 전국(미군점령구 포괄)의 헌법을 통과시켰다고 한다. 헌법은 서울을 "조선민주주의인민공화국"의 수도로 정했고, 현재는 잠시 평양을 수도로 한다고 규정했다. 북한 헌법의 통과와 14일 평양회의의 소집은 소련이 북한을 자주국가로 인정하였다는 것을 충분하게 설명하여 준다. 한국문제에 대한 소련의 입장은 미국이나 남한을 대상으로 하지 않는다는 것이다. 즉 금후 일체를 북한에서 처리할 것이라는 것이다. 미국사령관 하지는 "이 헌법은 북한인민위원회에서 비준한 것이다. 북한 인민위원회는 소련군이 점령한 지역의 공산당이 통제하는 임시정부이다."라고 수 차례 강조했다. 동시에 자기가 4월 27일 북한소련군 사령관 크로커브에게 보낸 편지 내용을 소개했다.

그의 편지에는 "나는 인민위원회를 북한정부라고 승인하지 않는다. 나는 인민위원회와 회담하는 것을 거절한다."라는 내용이다. 머시는 또 다른 한편으로는 한국의 민심을 말살하고 남한에서 단독선거를 추진했는데, 10일 투표시 무력을 동원하여 소동을 탄압했으며, 인민을 핍박하여 투표에 참가하도록 했고, 이번 남한 선거에 참가한 사람 중 주요인물은 이승만과 김성수라고 했다. 기타 다른 무당 무파와 우파인사들 중 대개는 이승만파를 추종하는 경향을 보여주었고, 이승만은 친미 인물이며 김성수는 친일하는 사람이라고 했다. 이밖에 다른 반대파들은 참가하지 않았는데, 심지어 김구와 김규식 조차도 대선에 참가하지 않았다. 그렇기 때문에 이번 남한의 선거는 미일이 공동 연출한 연극이라고 보아도 무방하다고 했다. 하지 본인은 "민주주의의 전에 없던 승리"라고 자처했지만 이를 지켜 본 다른 사람들은 누구나 다 미국의 위신이 땅에 떨어지게 됐다고 말하고 있다.

북한은 남한의 단독선거에 보복하기 위해 한국의 좌우파 및 중간파들을 망라하여 14일 평양에서 제2차 회의를 거행했다. 이번 회의에서는 정부조직에 관한 문제를 상의했다. 동시에 북한은 남한에 대한 전기송출을 중단한다고 위협할 정도로 남북관계를 단절코자 하고 있다. 남한 전력의 20% 이상을 북한에서 공급해 주었는데, 그동안 남한은 이에 대한 전기사용료를 내지 않고 있었다. 미군은 북한에서 전기공급을 중단한다는 성명을 듣고 부산과 인천에 군함 두 척을 배치하여 군함의 전력을 남한에 공급할 준비를 하고 있다. 북한의 이러한 조치는 남한에 대한 중대한 반격이며 중대한 의의를 가지는 것이다. 이는 또 미소간의 새로운 위기를 초래할 것이다. 많은 사람들은 남북한의 분열형세가 엄중하게 변하는 것과 미소의 대립이 첨예화되어가는 것을 우려하고 있으며, 이로써 냉전으로부터 열전으로 변하여 조선이 제2희랍으로 전락되는 것은 아닌가하고 우려하고 있다.

한국이 분열되어 남북한에서 두 정부가 출현하게 되는 것은 극동의 전도에서 볼 때 십분 위험한 것이다. 『현대사료』에서 조선문제를 논할 때, 미소에게 평화를 호소했다.

첫째, 미소는 즉시 한국의 독립을 허락하고, 중립기구를 통해 보통선거를 실시하라.
둘째, 미소는 조선인민이 자주능력이 있다는 것을 믿고, 조선인민에게 실권을 주어야 한다.
셋째, 미소는 모스크바협정에 따라 한국을 중국·미국·영국·소련이 공동으로 5년간 신탁통치를 하여 미소의 직접적인 충돌을 피하도록 해야 한다.

우리는 비록 이 세 가지 의견에 완전히 동의하는 것은 아니지만, 한국의 현 정세가 매우 위급하다는 것을 고려하여 미소가 평화적으로 한국문제를 해결할 수 있기를 기대하는 것이다. 분단이냐 통일이냐 하는 시각에서, 한국을 분열의 위기에서 구하지 않는다면, 조선인민은 앞으로 전쟁의 재앙을 받게 될 것이다.(●●●● 5월 19일)

김구 은퇴설, 항간에 유전

중앙사 서울 18일 발 통신: 조선독립당 영도자겸 전 중경한국임시정부 주석 김구는 서울 남쪽 4, 50km 떨어진 마곡사에서 2, 3년간 은거하기로 결정했다고 한다. 김구와 가까이 접근할 수 있는 사람이 피로한 바에 의하면, 김구는 이 시각 한국의 통일을 실현할 수 없게 되자 잠시 동안 은거할 생각이라고 하면서, 독립의 희망이 보일 때 다시 출마할 것이라고 밝혔다.(●●●● 5월 20일)

이승만 미군의 계속 주둔 요망

연합사 서울 20일 발 통신: 조선민주당 영도자 이승만은 오늘 담화를 발표하고, 미군은 남조선에 계속 주둔해야만 한다고 주장하며, 이것으로서 조선에서 새로 건립한 20만 대군을 방어해야 한다고 주장했다. 그는 그렇지 않을 때, 북한은 필연코 격렬한 행동을 취할 것이라고 강조했다.(●●●● 5월 21일)

김구 은퇴소식 확실

중앙사 서울 20일 발 통신: 한국독립운동 영도자 김구는 정치활동에

서 은퇴하여 마곡사에서 요양하려 한다는 소식이 사실임이 증명되었다.(●●●● 5월 22일)

조선국회 개막, 헌법제정 민주정부 조직

중앙사 서울 31일 발 통신: 5월 10일 유엔주최하에 소련이 반대하는 제1기 조선국회가 선출되었다. 이 국회는 31일 오후 2시에 개막식을 갖는다. 이로서 조선의 독립과 통일의 첫길을 열게 된다. 조선인구 3분의 2를 대표한 남한 177개 선거구에서 대표 200명을 선출했다. 이번 국회에서는 아래 세 가지 의안을 통과시킬 예정이다.

첫째, 한국정부와 대통령을 선출하는 헌법을 제정한다.
둘째, 미군점령구의 남한과 소련군점령구의 북한의 통일대책을 토론한다.
셋째, 인민들의 곤경을 해결하는 경제문제를 해결한다.

국회의원 정원수에서 100명의 자리를 남겨놓았는데, 이것은 공산당이 장악하고 있는 북한대표를 위해 남긴 자리이다. 그러나 그들은 이에 참가하지 않았다. 소련은 유엔 한국대표단이 북한에 진입하여 전국적인 선거를 치루는 것을 거절했다. 이번 국회의 임시주석은 한국독립추진당 영도자(74살) 이승만박사가 담당한다. 의원 중 85명은 무당파 인사이고, 54명은 한국 독립추진당이며, 30명은 한국민주당에 속하며, 그 주석은 친일파 김성수이다. 11명은 연합청년당인데, 이중 다수는 독립인사들이며, 한국민주당과 연계를 갖고 있는 사람들이다.

합중사 서울 31일 발 통신: 조선의회가 5월 10일 연합국의 주최하에 대선을 통해 탄생하였다. 31일 첫 회의를 갖게 된다. 고령인 74살에 반공정치영도자 이승만이 의장으로 당선되었다. 그는 즉시 "조선공화국이 재차 탄생되었다"고 높이 외쳤다. 이승만이 당선되는 시간은 겨우 90분 밖에 걸리지 않았다. 그는 연설을 하였는데, 의회는 곧바로 정부를 탄생시키게 될 것이다. 이 정부는 전 조선의 주권을 책임져야 하므로 지금 소련군이 점령하고 있는 북한도 당연히 포함된다고 설명했다. 이승만은 이어 자기의 시정 강요를 발표했다.

첫째 한국인이 군대를 조직하여 자위하기 전에는 미군이 계속 주둔하고 있어야 한다. 미군이 철수한 후에도 미군 기술인은 계속 남아 고문을 맡아주어야 한다. 특히 경제방면에 미국의 지원이 더 필요하다. 한국정부는 "소련과 직접 우호적인 회담을 통해 양국간의 공동문제를 공평하게 해결토록 한다."고 설명했으며, 한국공산당은 지금이라도 "반성한다면 귀화할 수 있는 기회가 있다. 만약 이 기회에 반성하고 귀화한다면 우리도 지난 과거사를 묻지 않을 것이다."라고 말했다. 그렇지 않을 때면 "법에 따라 엄격하게 제재할 것이며, 그 어떤 외부세력도 우리를 동요치 못하게 할 것이다."고 하는 강경한 입장도 함께 피력했다(이 말은 유엔 조선위원회를 상대로 한 말이다. 이 위원회는 미국과 한국에 정치범 3천 명을 석방하도록 강요했다). 이승만은 탐관오리를 근절시킬 것이고, 정부관료 중 투기자를 숙청할 것이며, 국방군조직을 가속화 할 것이며, 물자를 통제하고, 출판언론과 집회자유를 보장하는 법을 수립할 것이라고 약속했다. 그는 이어 "국제 정국의 관계로 미군은 계속해서 얼마동안은 남아 있어야 한다. 그러나 조선정부가 일단 정식으로 성립되면 미군의 철수를 요구할 것이며, 그때 미군은 즉시 철수해야 한다. 그리고 승리한 군대가 남아 있다고 해도 우리의 주권은 간섭하지 말아야 한다."고 피력했다. 남한의 미군 하지중장과 군사총독 딘소장은, 미국은 절대 의회를 강박하지 않을 것이며, 요구에 따라 각 방면에서 협조해 줄 것이라는 입장을 밝혔다. 권력의 이양은 천천히 진행될 것이며, 현재의 계획에 따라 미군은 잠시 철수하지 않기로 했다. 유엔위원회는 이 기간 동안 별로 중시되지 못했으며, 그 대표들은 상해에서 보고서를 작성하고 있다. 이에 대해 중국과 프랑스 두 나라에서 대표를 파견했지만, 한국인은 불만을 표명했다. 이 위원회의 위신은 또 다시 구겨졌다. 의회가 진행된 지 반시간 밖에 되지 않았는데 전단을 살포하고 깃발을 흔들며 의회를 반대하는 군중과 경찰이 충돌되었고, 경찰은 군중 21명을 연행했다.(●●●● 6월 1일)

하지, 한국의회에 세 가지 건의하자 이승만 분노 표시

연합사 서울 2일 발 통신: 남한 국민대회 의장 이승만은 오늘 미국사령관 하지가 회의에 간섭하지 않는다고 성명을 발표했는데, 어제 갑자기 대회에서 세 가지 사항을 건의하자 분노했다고 피로했다.

하지는 편지에서 조선당파간의 균형을 잡기 위한 건의라면서, 당파 쪽에서는 신정부가 앞으로 미국의 허수아비가 될 것이라고 예언했는데, 오늘 이 말이 불행하게도 들어맞았다고 지적했다. 대회에서는 소조를 설립하여 이 서한을 심사하고 있다. 동시에 하지장군은 신문을 통해 그 서한은 명령적인 성격이 없는 것이고, 다만 세 가지 사항을 건의했을 뿐이라고 설명했다. 그 건의 사항은

(1) 일정한 의원석을 보류하여 향후 합법적으로 당선된 북한대표를 받아들이는 것이 좋다.
(2) 연락 단을 조직하여 유엔기구와 접촉하여 조선독립정부의 설립을 추진하는 것이 좋다.
(3) 헌법을 너무 쉽게 통과시키지 않는 것이 좋다. 헌법을 너무 빨리 통과시킬 때, 한국인들이 요구하고 있는 정부가 탄생되지 않을 수

도 있기 때문이다.

프랑스 신문사 서울 2일 발 통신: 남한 국민의회는 오늘 두번째 날을 맞이했다. 이 회의에서는 10명의 헌법작성위원회를 인선하는 문제에 대해 열렬히 토론하였다. 이 위원회에서 남한 신헌법초안을 작성한다면, 앞으로 남한 신정부는 이 헌법에 따라 탄생하게 된다. 오늘 의회에서 몇몇 의원이 이런 방법에 대하여 강력하게 반대했다. 이 위원회 인선을 각 도단위로 선출한다는 것은, 과학적이지 못하다는 것이다. 때문에 마땅히 개인의 법률지식과 경험을 기준으로 삼아 선출해야 한다고 주장했다.(●●●● 6월 3일)

남한 각 정당 통일운동 추진

신아사 서울 4일 발 통신: 남한 각 정당과 사립단체에서는 북한 평양회의에 참석할 대표를 선출했다. 오늘 오후 2시 한국독립당 주최로 소집한 제2차 연석회의에서 대표를 선출한 것이다. 회의 후 김규식박사가 신문기자에게 오늘 제2차 회의에서 본인과 김구선생의 의견은 일치했으며, 계속 통일운동을 추진하기고 결정함과 동시에 6인으로 구성된 통일운동 대책위원회를 조직하여 통일작업을 추진하기로 했다고 피로했다.(●●●● 5월 6일)

한국 '대한민국'으로 개명 헌법초안 통과

중앙사 서울 5일 발 통신: 몇천 년이래 "조선", "고려" 혹은 "고구려"를 국호로 한 한국이 이제 "대한민국"으로 개명하게 된다. 남한 국회에서 토론하고 있는 한국헌법초안 제1장 제1조에 대한민국은 민주공화국이라고 규정한 초안은 이미 통과되었다. 한국국호는 이제 정식으로 대한민국으로 호칭하게 된다. 한국헌법 초안은 우리 헌법을 참고로 했는데 전문은 108조이고, 10장으로 나누어져 있다.

(1) 총강, (2)국민 권리의무, (3) 국회, (4) 정부(이 조목에 대통령, 국무원, 행정 각부 등 3절이 있음), (5) 법원, (6) 경제, (7) 재정, (8) 지방자치, (9) 헌법수정, (10) 부칙 등으로 되어 있다.

총강 제6조에 "대한민국은 침략전쟁을 부인하며, 그 국방군은 국토를 방위하는 것을 신성한 의무로 삼는다."라는 조목이 있다. (●●●● 7월 6일)

남북한 정당대표 평양에서 회의거행 남한 단독정부 반대 성명

연합사 서울 9일 발 통신: 평양방송은 어제 남북한 영도자 제2차 연석회의가 지난 달 29일 개막 후 이달 5일에 폐막했다는 소식을 방송했다. 이 회의에서는 남한의 5월 10일 보통선거는 완전히 실패한 것이며, 남한이 정부를 건립한다면 이를 절대 승인할 수 없다고 질책했다.(●●●● 7월 10일)

북한 보통선거 규정 유엔과 미국에 도전

신아사 서울 11일 발 통신: 평양 방송: 남북한 정당 연석회의 제5차 회의결과 북한에서 단독으로 "조선민주주의 인민공화국 헌법"을 실행할 것이며, 이 헌법에 따라 조선인민대의원을 선출한다는 것을 결의했다. 이곳에서 전하는 통신에 의하면 이달 15일에 선거를 진행한다고 한다.

중앙사 서울 10일 발 통신: 북한공산당 괴뢰 통치자는 유엔조선계획을 제지하는 행동을 취한 다음 8월 25일에 북한선거를 진행한다고 선포했다. 5월 1일에 비준한 소비에트식 헌법에 의해 선포한 북한 인민위원회의 선거는 비밀투표방식을 취하여 의회를 선출하고 이에 기초하여 다시 15명의 주석단을 선출한다. 이 주석단은 대회를 소집하고 폐회할 수 있는 권한이 있으며, 의회 휴회기간 동안 특권을 향유한다. 헌법은 원래 미군점령구 서울을 전국의 수도로 규정한다고 했는데, 괴뢰정부는 헌법이 전국에서 실현하기 전에는 헌법 행사범위는 북한으로만 규정했다고 성명했다. 평양방송의 성명은 최근 남한에서 선거를 진행한 유엔과 미국에 대한 도전을 표시한 것이다.(●●●● 7월 12일)

강권정치와 한국의 비극(사설)

한국의 비극은 이미 결정되었다. 조선의 분열은 이제 더는 면할 수 없게 되었다. 이것은 극동대국의 위기이며, 황해시대의 거대한 파도이다. 이 위기가 도래하기 전에 파도는 이미 하늘로 치솟았는데, 이는 조선남북 분열의 계기가 된 것이다.

최근 서울에서 입수한 소식에 의하면, 한국의회는 이달 12일 정식으로 헌법초안을 통과시켰다고 한다. 14일부터는 민주정부조직에 착수하게 된다. 유엔은 9월에 대회를 진행하게 된다. 이때 한국의 선거를 감독한 대표단의 보고가 있을 것이다.

북한도 11일에 헌법이 효과를 보게 되며 다음 달 25일에 보통선거를 진행하여 이른바 북한 인민정부를 성립하게 된다. 동시에 모스크바와 북한의 방송은 남한과 미국을 대거 질책하고 있으며, 서울 방송도 북한에 대하여 반격을 하고 있다. 이러한 형세는 한국이 남북으로 분단되는 것은 이미 막을 수 없게 되었다는 것을 설명해 주는 것이며, 미소 양국의 조선에서의 대치는 냉전으로부터 열전에 이르렀음을 설명하여 준다. 이 형세의 변화와 발전은 극동과 중국에 대하여 중대한 영향을 끼칠 것이며, 중국은 마땅히 이러한 상황의 전개에 대해 중시해야 할 것이다.

한국은 또한 조선이라고도 한다. 2차대전 후 논쟁이 가장 컸고 분규가 가장 많은 지역의 하나인 곳이기도 하다. 우리는 이미 여러 번 우리의 견해와 주장을 피력한 바 있다. 이와 같은 논쟁과 분규가 조성되게 된 것은 카이로 회의 · 포츠담 회의 · 모스크바 3국 외교부장회의 등 여러 차례에 걸친 비밀외교에서 커다란 착오를 가져왔기 때문이며, 이로서 한국의 비극은 이미 시작되고 있었던 것이다. 1943년 카이로회의 때 한국의 독립과 자유에 대해서는 중국의 건의에 따라 보증됐었다. 그러나 애석하게도 "합당한 시기에 가서 조선이 자유독립토록 한다"라는 규정이 있어 '독립'과 '자유'는 시공간적으로 제한을 받게 되었던 것이다. 즉 일정한 시간 내에는 독립과 자유를 주지 않겠다는 의미였던 것이다. 그러다보니 이들의 독립보증은 결국 절반으로 감소되고 말았다. 더욱이 가소로운 것은 포츠담회의에서 조선 남북을 북위 38도선을 분계선으로 삼는다고 규정하고, 미군과 소련군이 각기 한국 남부와 한국 북부를 점령한다고 결정했다는 사실이다. 혼합 점령방식을 취하지 않았기 때문에, 한국의 맹장을 남북으로 분열시킨 꼴이 되었던 것이다. 이것이 오늘 분열된 후과를 초래하게 된 것이다. 1945년 얄타회의에서 소련이 조선반도 일부 섬에 대하여 영토를 할양하게 해달라는 요구를 제의한 적이 있다. 당시 루즈벨트대통령은 소련의 압박을 이겨내지 못하고 이에 응답했다. 같은 해 12월 모스크바 외교부장회의에서는 미소 양국이 조선을 분단 점령하고, 군사령부대표가 혼합위원회를 조직하여 조선의 임시정부수립에 협조하며, 이 기초 위에서 다시 민주자치정부를 건립한다고 결의했던 것이다. 그러나 건국 후 완전히 독립하기 전 5년 동안 신탁관리를 한다고 규정했다. 조선인민들은 처음부터 신탁관리를 반대했다. 그리고 미소군의 분할통치도 반대했다. 이것은 조선인민의 민족독립정신을 잘 보여주는 것이다. 이어서 미국을 추종하거나 소련을 추종하는 정치적으로 좌·우파가 성립되었고, 미국이나 소련에 의뢰하지 않는 중간파가 나타나게 되었다. 미소 양군은 38선에 철조망을 쌓고 조선 정당은 이 철조망에 걸려 자신들의 분립된 보루를 구축하고, 서로 상대방을 질책하며 피차간에 대립하게 되었다.

지연정치라는 관점에서 볼 때, 지리적인 분리는 정치적 분리를 결정하게 된다. 이처럼 한국 남북의 분리는 강권정치에 의해 결정된 것이다. 서울의 미소혼합위원회는 1946년 3월에 성립되어 작년 11월 14일 유엔대회에서 7가지 방안을 제시할 때까지, 미소 양국간에 조화로운 분위기란 전혀 없었다. 오히려 남북간의 지리적 분열을 가속화했을 뿐이다. 유엔방안이 통과된 다음 미소는 합작을 거절했다. 유엔방안에 따라 조선위원회를 설립했다. 이 위원회가 한국에서 업무를 시작했을 때 북한의 냉대를 받았다. 북한은 위원회의 대표를 곤궁에 빠지게 했다. 위원회는 처음 남북의 조화를 도모하려 했지만, 후에는 완전히 남한을 지지했다. 그리하여 조선위원회는 남한의 5월 10일 선거를 협조하게 됐던 것이다.

현재 남한의 의회는 유엔과 미국의 지지하에서 이승만·김성수 등이 성립하고자 하는 정부이다. 이 정부는 보수적인 정부이며, 외교에서는 친미를 목표로 했다. 북한도 헌법을 일찍 통과시켰다. 북한은 김일성의 정치노선에 따라 그들이 보통선거를 통해 성립하게 될 정치는 공산당 정부이며, 내정과 외교에서 소련의 지시를 받게 된다고 했다. 이와 같은 양극 형세에서 중간파 김구와 김규식 등의 처지는 아주 비참하게 되었다. 그들은 한편으로는 분단된 조국의 비극에 비분강개하여 이러한 정세를 돌려보려고 노력했고, 다른 한편으로는 정치가로서의 광명정대한 마음이 부족하여 이리저리 눈치만을 보다가 북한쪽으로 기울어져 버렸던 것이다. 김구와 김규식이 좌측으로 돌아가게 된 것은 미국의 한국통치가 실패했음을 증명하여 주는 것이라고 분석했다.

최근 미국의 대한정책은 진퇴양난에 처하여 있다. 이 모든 것은 미국이 한국 및 극동에 대하여 소극적인 정책을 취했기 때문이다. 남한이란 조선반도 북위 38도선 이남의 지대를 말한다. 이 지대는 전 한국 인구의 3분의 2가 살고 있으며, 주로 식량 생산을 주업으로 하고 있다. 남한의 유일한 무장부대란 3만 명의 경찰대와 2만 2천명의 미군이다. 미군이 남한을 점령하고 있는 일년 비용은 근 2억 5천만 달러에 달한다. 즉 엄청난 대가를 치르면서 강산의 절반만을 보호하고 있는 것이다. 미국은 한국에서 철수할 계획이 확고하게 있었다. 미소관계가 호전되면 미국은 자연히 남한에서 철수하려 했다. 북한, 즉 조선반도 북위 38도선 이북 지대는 남한보다 면적이 조금 크다. 그러나 인구는 전 한국의 3분의 1을 차지할 뿐이다. 북한은 전 한국의 공업을 거의 다 장악하고 있으며, 남북에 필요한 전력을 생산하고 있다. 북한의 무장은 아주 강대하다. 북한에는 12만 5천명이 넘는 인민공산군이 있으며, 5만여 소련군이 지지하고 있다. 남북한의 역량을 비교해 볼 때, 일단 분쟁이 발생된다면 남한에 주둔하고 있는 미군은 불리한 위치에 처하게 될 것이다. 미국은 남한의 방위책임을 유엔위원회에 교부하여 미국군부로 대치하려고 하고 있다. 이것은 대일본 정책과 완전히 다른 것이다. 이것은 미국의 대한국 정책의 취약성을 보여주는 대목이다. 그 결과 미국의 정책은 갈수록 취약해지고, 한국의 일부 정당은 북한으로 치우치는 경향으로 바뀌지고 있는 것이다. 북한이 한 발자국 밀고 나서면, 남한은 두 발자국 뒤로 물러서는 꼴이다. 미국의 남한 통치정책의 실패는 이미 결정된 것이나 다름없다.

정세의 추세를 봐서는, 한국 남북의 분단은 이미 막을 수 없는 기정사실로 되었다. 두 정부의 출현은 희랍과 비슷한 내전이 조선에 박두하고 있다는 것을 알려주는 것이다. 이달 11일과 12일 이틀간 두 조선이 접전상태에 있음을 보여주었다. 이 형세의 발전과 변화는 중국과 원동평화와 갈라놓을 수 없는 중요한 요인이다. 우리는 미소 정치가들의 주의를 환기시켜 조선의 비극이 출현된 상황에 대해, 즉 조선의 분단에 대해 책임지도록 하려 한다. 희랍반도의 상황을 보더라도 방화자는 희랍인이 아니다. 희랍문제의 방화자는 다른 사람이 아니라 희랍의 역사문명과 물질문명을 소각하려는 강권자들에게 있다. 오늘의 조선정세도 희랍의 위기와 다름없다. 조선을 회멸시키고, 조선을 불태우는 것은 3천만 조선인민이 아니라 지연정치를 강조하는 강권자들의 전략에 있다!(●●●● 7월 17일)

남한국민의회 선거 진행 이승만 대통령에 당선

신아사 서울 20일 발 통신: 남한 국민회의는 오늘 아침 제33차 회의를 거행, 초대 대통령을 선거했다. 이 회의에 출석한 의원은 197명이고, 결석자는 한 사람밖에 안된다. 외국 귀빈석과 방청석은 초만원을 이루었다. 의장석에 앉은 이승만이 개회를 선포한 다음 유엔 조선위원회대표가 그동안의 사업상황을 보고했다. 11시에 투표를 시작, 이승만이 180표를 취득, 절대다수로 초대 대통령에 당선되었다.

이밖에 김구 13표 · 안재홍 2표 · 무효표 1표는 서재필 박사를 투표한 것이었다. 서재필은 미국 국적 소지자이기 때문에 무효표가 된 것이다. 오후에도 계속 회의를 진행하여, 부대통령을 선거했는데, 첫 선거 때에는 이시영이 113표, 김구가 65표, 조만식이 12표를 득표했다. 그러나 이시영의 득표수가 3분의 2를 초과하지 못하였기 때문에 제2차 투표를 진행했다. 제2차 투표에서 이시영이 133표를 얻어 부통령으로 당선되었다. 이승만은 초대 대통령으로 당선된 다음 기자들에게 "내각의 조직은 부통령과 상의하여 결정할 것이다. 먼저 국무총리를 결정하고 국무총리가 국무위원을 선임하는 방식을 취할 것이다."라고 밝혔다.(●●●● 7월 21일)

한국독립통일의 서광-이승만박사 초대대통령 당선 축하(사설)

한국의 신헌법과 정부조직법이 공포된 다음, 국민회의는 20일 대통령과 부대통령을 투표로 뽑았다. 민주당 영도자 이승만박사가 180표란 절대 다수 표를 득표하여 신흥한국의 초대대통령으로 당선되었다. 이시영도 133표로 부대통령에 당선되었다. 한국인 전도의 시각에서나 동아평화라는 백년대계의 시각에서 볼 때, 이승만박사가 이제 성립하게 될 한국의 독립적인 민주정부의 초대대통령으로 당선되었다는 소식은 우리를 기쁘게 한다.

한국은 또한 조선이라고도 한다. 지리상에서 아시아 대륙 동남부에 돌출한 커다란 반도이다. 조선반도는 일본·중국·소련 등 3국 사이에 위치하고 있으며, 동쪽으로는 일본해와 인접하고 있고, 서쪽으로는 우리나라의 황해, 남쪽으로는 조선해협과 일본의 규슈를 바라보고 있다. 북쪽으로는 압록강과 두만강을 사이 두고 우리나라 동북지역과 소련과 접경하고 있다. 때문에 한국은 지리 위치상 아시아 대륙과 일본열도의 교량이라고 할 수 있으며, 중일·중소 간의 교량이라고도 할 수 있다. 한국은 아시아의 동부지역 평화안전을 위한 기본점이다. 정치적이거나 경제적·문화적으로 중국과 관계가 가장 밀접하다. 그러나 과거 중국은 이 기본점을 보호하는 책임을 다하지 못했다. 이에 대해 한국은 동아지구에서 차지하는 중요성 때문에, 기타 다른 인접국으로부터 호시탐탐 넘겨보는 나라였다. 1894년 중일전쟁, 1905년 일러전쟁은 모두 다 일본과 러시아가 이 기본 점을 쟁탈하기 위한 투쟁이었다고 말할 수 있다. 한국지사들은 비록 계속적으로 투쟁을 전개하여 독립과 자유를 쟁취하기 위해 생명을 바쳐왔지만, 일본의 세력은 상기 두 전쟁을 통해 급속히 발전하여 일본 확장주의의 팽창과 더불어, 한국은 일본의 보호국으로 되었으며, 1910년에는 드디어 일본 판도에 합병되었다. 이때부터 한국, 즉 조선은 지리적인 이름으로만 남았을 뿐이었다.

그러나 1910년부터 1945년을 거치면서, 일본이 무릎을 꿇고 투항하기까지 한국인민은 35년 간 시종 일본의 통치를 반대하며 굴복하지 않았다. 한국 혁명지사들은 헤아릴 수 없을 만큼 많이 봉기했고, 독립과 자유를 쟁취하기 위하여 끝없이 투쟁을 전개했으며, 눈물겨운 비장한 이야기를 얼마나 많이 연출하였는지 모른다. 그 중에서도 가장 유명한 것은 1919년 3월 1일 "만세대폭동" 즉 "3·1운동"이 폭발했다는 점이다. 3·1운동은 가히 세계 약소민족의 가장 장렬한 혁명운동이라고 말할 수 있다. 한국인민을 영도하여 엄청난 투쟁을 견지하여 온 사람이 바로 이틀 전에 한국 초대대통령으로 당선된 이승만박사이다. 그가 두 손을 높이 들어 흔들면, 한국인민들은 그를 따라 나섰다. 그리고 이승만박사를 한국임시정부의 초대대통령으로 추대했다. 그러한 3.1운동이지만 사전에 비밀리 추진하던 일이 제대로 진행되지 못했고, 일본의 통치가 너무 삼엄하여 이 운동은 실패되고 말았다. 이승만박사는 부득불 외국으로 망명가는 수밖에는 없었다. 그러나 이승만박사가 영도하는 한국인민혁명은 30여년간 계속해서 진행되어 왔고, 현재도 한국의 자유와 독립을 위해 분투하고 있다.

이승만박사의 혁명정신은 사람들을 감동시켰다. 한국민들이 이승만박사를 전국의 혁명 영도사로 추대했을 뿐만 아니라, 세계 각국에서도 이박사를 한국 독립 · 통일 · 민주 · 강대의 상징으로 인식하고 있다.

이승만박사는 작년 4월에 미국에서 귀국하여 실질적으로 현장에서 한국의 신생운동에 투신했다. 귀국도중 그는 중국을 방문하였는데, 이때 중한 양국 인민은 그를 열렬히 환영했다. 이승만박사의 언변과 풍채, 그리고 분투하는 정신은 아직도 우리의 뇌리에 깊이 남아 있다. 그의 포부는 한국의 자유와 독립을 쟁취하는데 있는 것뿐만 아니라, 중한 양국간의 우호관계를 추진하는 데도 있다는 것이다. 그는 중국과 한국은 수족과 같은 형제관계이며, 이와 입술의 관계이며, 중한양국의 합작을 추진해야 만이 극동의 평화를 유지할 수 있으며, 그 어떤 성질의 침략전쟁도 막을 수 있다고 강조했다. 그의 원대한 소견은 바로 우리나라 조야의 견해와 일치한다. 우리나라는 한국인민이 자유와 독립을 쟁취하는 투쟁을 동정했으며, 중한 양국의 수교를 추진해 왔을 뿐만 아니라, 한국의 요구를 줄곧 지지하여 한국인민이 자신들의 숙원을 실현할 것을 기대하여 왔다. 이를 테면 1943년 중국 · 영국 · 미국 등 3국 거두들이 카이로회의를 열 때, 우리나라에서는 동맹국들이 일본을 핍박하여 무조건 투항하게 했을 뿐만 아니라, 한국을 도와 한국의 독립과 자유를 찾는 숙원을 실현하도록 해야 한다는 주장을 강력히 주장했던 것이다. 카이로선언의 발표는 국외로 망명한 한국혁명영도자들에게 하나의 등불을 켜준 것이나 다름없었다. 이 등불은 한국독립의 전도를 비쳐주어 흥분을 감추지 못하게 했으며, 더 힘껏 노력을 경주하도록 했다. 중경의 한국임시정부는 카이로선언 이후 더 큰 희망을 품고 구국신생의 운동을 적극 전개했던 것이다.

일본이 투항하고 동맹국이 승리한 다음 한국은 독립을 즉시 실현하지 못했을 뿐만 아니라, 국운은 강력한 권한을 가지고 있던 정부에 의해 짓눌리게 되었다. 1945년 12월 모스크바 3국 외교부장 회의에서 중국·미국·영국·소련 등 4국이 5년간 공동으로 한국을 신탁관리 하도록 결정했다. 때문에 한국의 독립은 그 후의 일로 되어 버리고 말았다. 이 기간에는 또 한국을 남북으로 분단하여 미소가 각기 남북을 점령하고 관리한다고 결정했다. 이것은 한국에 대한 공약을 제로화시킨 것이다. 이에 대하여 한국인민들이 대단히 실망했을 뿐만 아니라, 우리 중국의 처지에서도 카이로선언을 실행하지 못한 것에 대해 유감스럽기 한이 없는 것이다. 그 후에는 미소의 분기 때문에 한국의 분열은 더욱 심하게 되었고, 그러다가 결국 분계선을 사이에 두고 서로 통치하는 국면을 조성하게 되었다. 이것은 비단 한국인민의 불행일 뿐만 아니라, 또한 극동의 불행이다. 유엔은 이에 대해 더 장기적으로 변화되어 가지 않도록 하기 위하여 다른 방법을 강구했다. 이 방법으로 한국의 정세를 안정시키려고 했던 것이다. 그 구체적인 방법이란 한국 남부 미군점령구에서 먼저 보통선거를 실시하여 국민회의를 조직하고, 민주헌법을 제정하며 대통령과 부대통령을 선출한다는 것이다. 그 후 헌법규정에 따라 독립적이며, 민주적인 한국정부를 성립한다는 것이다. 이런 조치는 비록 현재 한국남부에 국한되어 있지만, 이 모든 것은 유엔대표들의 감독하에서 진행된 것이다. 때문에 가히 합법적이라고 할 수 있다. 또한 한국인민의 의지를 표현한 것이라고도 할 수 있다. 한국의 독립통일을 희망하는 인사들은 한국 신정부의 탄생, 더구나 이승만박사가 초대대통령으로 당선된 것을 진심으로 찬성하게 된다.

　　우리는 한국정부가 성립된 다음 한국남부를 통일의 기점으로 삼고, 이 기초하에서 전 한국국민에게 호소하여, 강권정치에 이용당하지 말며 일치단결하여 한국의 통일을 실현하여 다시금 영광의 빛을 발휘하기를 희망한다. 우리는 이 몇 마디 말로써 이승만박사에게 축하를 하는 바이다! 또한 한국인민에게도 축하를 하는 바이다!(●●●● 7월 22일)

북한 단독정부성립 김구 등 반대 표시

신아사 서울 21일 발 통신: 지난 4월에 평양을 방문하여 남북한 정당연석회의에 참석한 김규식은 19일 성명을 발표, 북한에서 단독으로 헌법을 공포하고 정부를 조직하는 것에 대한 반대의사를 표명했다.

신아사 서울 19일 통신: 평양 방송은 북한이 오는 8월 25일에 "인민정부"를 성립한다는 통신을 방송한 것과 관련하여 한국독립당은 반대한다는 입장을 표명했다. 그러나 당영도자 김구는 잠시 동안 공개적인 의견을 표명하지 않다가, 18일 침묵을 깨고 반대한다는 의견을 표명했다.

김구는 북한이 단독으로 정부를 성립하는 것은 4월 평양에서 거행한 남북 정당연석회의의 정신을 위배하는 것이라고 지적하면서 동의하지 않는다고 성명했다. 이 의견은 남한에서 대통령 선거 전야에 발표한 것이기 때문에 각 방면의 주의를 불러 일으켰다.(●●●● 7월 22일)

이범석장군 한국총리 당선

신아사 서울 2일 발 통신: 남한 신국민회의는 오늘 오전 회의에서 180표 찬성, 84표 반대로 이승만대통령이 추천한 이범석 장군을 한국 초대 내각총리로 선출했다. 기자는 즉시 이범석장군의 시정강령에 대하여 질문했다. 그는 아래와 같이 대답했다.

"신정부가 할 첫째 일은 한국 남북의 통일을 완성하는 것이다. 통일이 완성되기 전에는 한국인의 민생문제를 해결할 수가 없다."

회의가 끝난 다음 이범석장군은 오늘 내각총리선거가 순조롭게 통과된 것에 대하여 만족을 표시하면서, "내각 조직문제는 하루 이틀 사이에 완성할 것이다. 제1 내각은 초당파 내각이 될 것이다."라고 밝혔다.

전하는 소식에 의하면, 이범석장군은 내각총리와 국방부장을 겸임할 것이라고 한다. 이범석장군은 경기도 사람이다. 그는 49살이며 18살 때 조국광복운동에 참가했다. 그는 중국 운남 강무당 기병과를 졸업하였다. "3·1 운동" 후 중국 동북지역에서 군관학교를 설립하여 한국혁명군 인재를 양성했다. "9·18"사변이 발생한 다음 중국군대에 참가하여 반일 투쟁에 투신했다. 한국임시정부가 한국광복군을 설립할 때 제2 지대장겸 참모장 등을 역임했다. 귀국 후에는 미군의 동의를 거쳐, 조선민족청년단을 구성하고 단장을 맡으면서 청년들을 훈련시키는 일에 심혈을 바쳤던 인물이다.(●●●● 8월 3일)

우리나라 정부 한국정부 승인 유어만을 외교대표로 파견

본보 남경 12일 발 통신: 외교부 왕세걸부장은 12일 한국정부를 승인한다는 성명을 발표했다. 성명 내용은 아래와 같다.

"한국정부는 유엔의 협조 아래 인민들의 선거를 거쳐 성립되었다. 한국의 독립은 중국의 오랜 바람이다. 카이로회의 이후 한국인민의 구국운동을 협조해 왔던 것은, 주요 동맹국의 공동적인 약속이었다. 그러나 일본이 투항한 후 한국의 해방은 여전히 지연되고 있으나 유엔 한국위원회는 공평한 노력을 경주하여 왔으며 유엔대회의 결의에 따라 직책을 다하여 왔다. 그 결과 한국에 진정한 민주정부가 탄생되었다. 중국정부는 모든 관련 요소를 충분히 고려한 기초 위에서 중국은 신한국정부와 즉시 외교관계를 수립할 권리와 의무가 있다고 인식한다. 이에 본인은 유엔대회에서 상술한 한국임시위원회의 보고를 토론하기 전에 중한 두 민족간의 전통적 우호정신에 기초하여 한국정부에 대해 임시로 승인하는 바이다. 동시에 한국정부에서 파견한 유어만(劉馭万)박사를 한국주재 중국대사급 외교관으로 파견한다."

본보 남경 12일 발 통신: 12일 중국·미국·영국 등 3국이 한국정부를 승인하는 것이 사실로 되었다. 원래 15일 한국 신정부가 미군주둔군으로부터 행정권을 접수할 때, 승인 성명을 발표하기로 한 것을 앞당겨 발표한 것이다. 영국은 중국·미국과 같은 시기에 한국의 신정부를 승인하지는 않았지만, 영국이 한국의 신정부를 승인하는 날은 멀지 않다고 본다. 우리나라에서는 서울주재 총영사 유어만을 대사급 외교관으로 승격시킨 다음 이미 서울로 파견했다. 유씨는 유엔 한국위원회에서 많은 공헌을 기여했던 인물로, 그는 지금도 한국에 체류중인데 한국 정부가 성립된 다음 가장 먼저 파견한 외교사절이다. 전해오는 말에 의하면 미국에서 대사급 외교관으로 한국에 파견한 마카노도 얼마 후 서울에 도착할 것이라고 한다.

중앙사 본시 통신: 한국대통령 취임식에 초청을 받은 우리나라 국민외교협회겸 천주교문화협진회 반조영·왕호명 두 사람은 12일 서북항공공사의 항공편으로 서울로 출발했다. 반조영은 국민외교협회 이사장 오철성의 축하서한을 가지고 가게 되며, 이 서한을 직접 한국대통령 이승만에게 전하게 된다. 반조영은 장개석총통의 전보를 받고 출국하게 되는데, 이는 그가 중요 인물이라는 것을 잘 설명해주는 것이다.(●●●● 8월 13일)

한국공화국 정식 성립, 서울 오늘 성대한 의식 거행

미국 신문처 서울 14일 발 통신: 한국공화국 개국 의식이 내일 성대하게 펼쳐진다. 맥아더원수는 직접 서울을 방문하여 개국의식에 참가하게 된다. 의식에서는 이승만 한국 초대대통령의 연설이 있을 것이다.

중앙사 남경 14일 발 통신: 총통은 14일 명령을 반포하고, 유어만을 한국주재 중화민국 대사급 외교대표로 파견한다고 공포했다.

본보 심양 14일 발 통신: 심양의 한국교포들이 15일 한국정부 경축대회를 열기로 하고 한국국기를 하루동안 걸기로 했다고 한다.(●●●● 8월 15일)

동아의 신기상(사설)

대한공화국 개국의식이 어제 서울에서 성대하게 열렸다. 동맹군 총사령 맥아더원수와 한국주재 우리나라 대사 유어만이 이 의식에 참석했다. 미국정부는 동시에 성명을 발표하여 한국정부를 임시로 승인한다고 공포했다. 이와 더불어 마카노를 특별대표로 임명했다. 영국과 캐나다도 미국과 중국의 뒤를 이어 대한정부를 승인하게 될 것이라고 했다. 한국 신정부의 성립은 한국인의 구국 통일운동의 이정표가 될 뿐만 아니라 동아민족주의가 발전하는 새로운 단계에 들어섰음을 표명하는 일이다. 이것은 아주 중요한 의의를 띠고 있으며, 더욱이 한국 신정부가 어제를 개국기념일로 선정하여 8월 15일이 동아시아 역사에서 가장 위대하고 가장 기념할 만한 날이 되게 하였다. 3년 전 일본이 포츠담선언을 받아들여 무조건 투항을 결정했고, 전대미문의 비참했던 대전이 끝나게 되어 평화와 번영에 대한 인류의 희망의 불길이 다시 밝혀졌다. 그 중에서도 동남아 각 피압박 민족은 침략자의 실패에서 힘을 얻어 한결같이 일어나 자유를 추구하고, 해방을 요구하고 있다. 2년 후에 인도가 가장 먼저 해방을 취득했다. 인도와 파키스탄은 동아시아의 쌍둥이 국가이다. 어제가 바로 그들의 1

주년을 기념하는 날이다. 아시아의 동북지역 한쪽에서 대한민국 정부가 수립되었다. 복이 짝을 지어 굴러들어 온 것이니 아시아 인민은 이 행운을 경축해야 할 것이다.

지리적으로 관찰할 때, 한국은 중국과 일본·소련 등 3국 사이에 끼여 있는 나라이다. 일본열도와 아시아 대륙의 교량이라 할 수 있으며, 중소 양국의 교량이라 할 수 있다. 그런 점에서 한국은 동아시아의 평화안전을 위한 기점이라고 할 수 있다. 그러나 최근 50년간 한국은 일본의 침략과 박해를 받아왔으며, 나중에는 망국의 처지로 전락하게 되었다. 3년 전 8월 15일, 일본이 무조건 투항하여 한국은 일본제국주의의 마귀 같은 손아귀에서 풀려났다. 과거 대전기간 동안 대동맹국들은 카이로에서 선언을 발표했고, 후에 포츠담에서 선언을 발표하여, 한국의 자유독립을 보장해 준다는 공약을 했다. 그러나 승리 이후 한국은 구국통일의 소원을 이룩하지 못하였을 뿐만 아니라, 국운은 오히려 강권정치에 휘말려 상실되게 되었다. 1945년 12월 모스크바 3국 외교부장회의에서는 한국을 중국·영국·미국·소련 등 4강이 공동으로 5년간 신탁관리한다고 결정했다. 이 신탁과정이 끝난 다음에야 독립을 허락한다는 것이었다. 그렇기 때문에 한국은 남북 두 지역으로 갈라져 미소 양군이 점령하게 되었으며, 미소간의 이해관계의 충돌은 한국의 분열을 심각하게 했으며, 남북 분단의 국면을 조성시켰다.

이러한 한국의 분열은 한국인민의 비극만이 아니라 동아시아의 비극이다. 유엔은 이런 시점에서 한국 남부 미군점령구에서 먼저 단독으로 보통선거를 실시하여, 국민회의를 소집하도록 했으며, 민주헌법을 제정하여 대통령과 부대통령을 선출하게 했다. 그 후에 다시 헌법의 규정에 근거하여 독립적인 민주신정부를 수립하도록 한 것이다. 어제 바로 그 신정부가 성립되었던 것이다. 중한 양국은 전통적으로 수족과 같은 정을 갖고 있으며 관계가 아주 밀접하여 이와 입술과 같은 관계를 갖고 있다.

과거 중국은 한국의 독립운동을 동정하였을 뿐만 아니라, 계속적으로 지원을 아끼지 않았다. 카이로회의시 우리나라 장개석총통이 한국의 독립과 해방을 쟁취하기 위하여 조력한 것은 이미 세상이 다 아는 사실이다. 현재 대한민국이 신정부를 수립했을 때 또 가장 먼저 사실상 승인하여 한국의 신정부로 하여금 국제적인 지위를 획득하도록 협조한 것도 우리나라였다. 미국도 다른 나라보다 먼저 한국의 신정부를 승인하였다. 한국신정부의 지위가 공고하게 되면 한국 남부를 통일의 기점으로 삼을 수 있을 것이라는 생각에서이다. 한국이 점차 통일되어 지난날의 찬란한 빛을 다시 발하게 된다면, 그것은 동아시아가 발전할 수 있는 축하할만한 조짐인 것이다. 우리가 한국의 신정부를 열렬히 축하하는 이 시기에 또 신인도의 독립 1주년 기념일을 맞이하게 되었다.

중국과 인도는 아시아에서 가장 큰 두 나라이다. 두 나라는 역사가 유구할 뿐만 아니라 가장 오랜 문명을 창조한 나라이며, 인구가 많고 산물이 풍부하다. 중국과 인도는 몇천 년간 문화교류를 진행해 왔고, 이해관계로 이한 충돌이 없었다. 승리 이후 중국과 인도 두 나라 대표는 유엔의 그 어떤 회의에서도 견해가 일치했다. 그러나 중인 문화교류도 좋고 양국의 관계도 좋지만 아직 미흡한 점이 없지 않아 있다. 우리는 아직도 노력을 경주하여 동아시아 평화의 백년대계를 도모하여야 한다. 주중 인도대사 판미카도 이와 같은 생각을 가지고 있다. 그는 중국인민에게 보내는 글에서, 중국과의 친선관계를 중히 여겼을 뿐만 아니라 중인 양국은 서로 어깨를 나란히 하고 아시아의 평화를 보호해야 한다고 호소했다. 이 말은 결코 외교적인 상투적인 말이 아니라고 본다. 중인 두 나라가 협력 합작하여 8억의 인구가 함께 뭉친다면 이는 아시아 평화를 확실하게 보장하는 것이 되기 때문이다.

강조하고 싶은 것은, 전쟁 전의 아시아는 서방 열강들의 식민지였다는 사실이다. 그러나 지금 우리는 아시아의 민족주의가 날로 생기를 띠고 있다는 사실을 보고 있다. 신인도에서 1주년을 기념하는 의식이 거행되었으며, 한국의 신정부가 탄생되었다. 아시아의 전도는 이제 광명이 넘치고 있다. 아시아의 "맏이"인 우리 중화민국이 분발하여 강대해지고, 창의를 앞세워 아시아 독립 민주의 신생역량 국가들을 연합하여 아시아의 평화와 번영을 보호한다면 동아시아의 빛나는 미래는 반드시 실현될 것이라고 믿어 의심치 않는다.(●●●● 8월 16일)

40년간 분투결과 자유를 획득한 한국정부의 독립 선고

중앙사 서울 15일 발 통신: 오늘 대한민국정부가 수립되었다. 이승만 대통령이 연설을 발표했다. 그 연설의 주요 내용은 아래와 같다.

오늘 한국은 독립을 얻었다. 이것은 40여년간 한국의 바라던 꿈과 분투와 희생의 결과이다. 한국은 현재 각 유관국가와 우호관계를 유지하고 추진하기를 희망한다. 또한 과거 내왕이 없던 국가도 우호 관계를 수립할 수 있기를 희망한다. 중국정부는 이미 8월 12일에 한국정부를 임시 승인했으며, 이와 동시에 양국의 우호관계를 더욱 돈독히 할 것을 재차 천명했다. 몇백 년 이래 중한 양국은 친선을 강화하여 왔다. 소련은 우리의 인접국가이다. 우리는 이 대국과도 평화와 우호관계를 수립할 것을 희망한다. 우리는 우리사람들이 자유롭게 생활하는 것을 허락하여 줄 것을 소련에 바라는 동시에, 소련도 자유롭게 생활할 것을 바란다. 소련이 이런 의향이 있다면, 한국은 소련을 향해 우의의 두 팔을 벌려 줄 것이다. 이승만대통령은 일본도 마땅히 거국적으로 경축해 주어야 한다고 본다. 그러나 저 멀리 북쪽을 바라보면 우려의 여지가 없지 않아 있다. 한국인민은 우선 소련인민의 정의감에 감사하고, 다음으로 세계 각국에서 지구차원의 평화를 유지하려는 노력에 감사를 드린다. 그러나 그 어떤 대국이라 할지라도 인접국의 영토를 점령해서는 안된다. 한국은 이제 나라를 수립함에 있어서 6가지 원칙을 제시하였다.

(1) 민주정치를 절대적으로 신임한다. (2) 평민의 특수계층과 개인의 자유를 보호한다. (3) 자유를 존중하며 보장한다. 자유가 가지고 있는 고유의 가치를 파악한다. (4) 합작과 관용에서 출발하여 국가를 다스린다. (5) 빈곤한 인민의 생활 상황을 전적으로 개진할 것을 결의한다. (6) 외국의 경제원조가 필요함을 강조한다.

이승만은 현상에 불만을 표하는 한국인에게 그가 공산당이든 아니던 그 누구든 정부를 전복하려고 시도해서는 안 된다고 경고하면서, 한국인민은 자유와 권리를 향유하고 있지만 정부를 전복할 권리는 없다고 강조했다.(●●●● 8월 18일)

우리나라 대표 유어만의 축사

중앙사 서울 15일 발 통신: 유엔한국대표단 오스트레일리아대표 죤미션은 어제 한국정부가 3분의 2밖에 되지 않는 한국인민을 대표한다는 것을 이유로 유엔대표단과 한국정부간에 토의한 각 항 문제를 반대한다고 표한 다음, 오늘 서울을 떠나 도쿄로 갔다.

죤미숀을 제외한 다른 각 대표는 오늘 오전 한국 임시정부 성립 경축의식에 참석했다. 우리나라를 대표하여 오늘 성대한 의식에 참석한 한국주재 대사급 외교대표 유아만 외에 유엔한국대표단 신분으로

부대표 사도덕과 왕공행도 이 의식에 참석했다. 유어만은 이 의식에서 간단한 축사를 했다.(●●●● 8월 16일)

남경 한국교포 경축대회 진행

중앙사 남경 15일 발 통신: 15일은 한국정부가 수립하는 날이다. 남경에 체류하고 있던 한국교포들은 한국교포협회에서 경축대회를 가졌다. 회의에 출석한 사람은 30여 명이다. 교민회 회장 김공준(金恭俊)이 개회사를 한 다음, 민석린의 축사가 있었다. 명년 이 날에는 남북통일 경축회를 열 것을 약속했다.(●●●● 8월 16일)

북한의회 오늘 대통령 선거

프랑스신문사 본시 26일 발 통신: 북한 평양방송에 의하면 북한 소련 점령구의 국민최고의회의 200명 대표들의 선거가 25일에 이미 진행되었다. 남한 미군점령구 내의 430명 인민대표도 참가했다. 이번 선거는 25일 오전 8시에 시작하여 저녁 7시에 끝났다. 북한 인민 97%가 이번 선거에 참가한 것으로 추정된다. 27일 제1차 최고희의를 소집, "조선인민공화국"의 대통령을 선거하고, 신정부 12명의 내각 성원을 선거했다.

평양방송에 근거하면 신정부수립 후 소련과 중동·유럽 각 민주국이 북한을 전 한국의 유일한 합법정부로 승인하게 될 것이며, 김일성을 신정부의 초대 대통령으로 선거하게 될 것이라고 했다. 김일성은 선거공약을 연설할 때, 미국이 지지하는 이승만은 나라를 팔아먹은 괴뢰라고 질책했다. 김일성은 자기가 조선인민과 함께 항일활동을 진행할 때, 이승만은 미국의 호화주택에서 생활했다고 말했다.(●●●● 8월 27일)

한국대사 조병옥 먼저 중국 방문

중앙사 서울 29일 발 통신: 한국에서 미국으로 파견한 대표로서 중국·프랑스·필리핀 등의 나라를 방문하게 되는 조병옥(趙炳玉)은 8월 말 서울을 출발하여, 먼저 우리나라를 방문하게 된다. 필리핀과 영국이 한국의 신정부를 승인한 다음, 다시 마닐라와 런던을 방문하게 된다. 9월 유엔대회가 파리에서 진행하게 되는데, 조병옥은 한국 대표단을 대표하여 유엔대회에서 한국문제에 관해 설명하게 된다. 조병옥은 금년 54살이며 한국정부가 성립되기 전에는 남한 과도정부에서 경무부장을 역임했다. 그는 한국 민주당의 중요 인물이다. 그는 원래 경제학자로, 미국 콜롬비아대학에서 경제학 박사학위를 취득한 인물이다. 1946년 10월 경무부장을 담임하는 기간 좌익분자들은 그를 암살하려 했으나 실패하고 말았다.(●●●● 8월 30일)

한국대표단 파견 9일 중국 방문

본보 남경 4일 발 통신: 한국정부에서는 우리나라에서 한국 신정부가 성립 즉시 임시적으로나마 승인한 것에 감사를 표하기 위해, 대사급 특파대표인 조병옥박사와 부대사 정일형(鄭一亨)·경제고문 김우헌(金佑軒)·비서 김준구(金俊九) 등을 남경으로 파견하여 우리 총통에게 감사의 뜻을 표하게 된다. 우리 외교부는 이미 이에 동의한다는 회답을 보냈다고 4일 정무원에서 발표했다.

외교부소식에 의하면 조병옥박사 일행은 9일 서울을 출발하여, 일본을 경유한 후 11일에 상해에 도착하게 된다. 그리고 그날 밤 차를 타고 남경으로 상경한 다음, 14일 상해를 떠나 마닐라를 방문하게 된다.

본보 남경 4일 발 통신: 한국총리 이범석은 우리교육부 주부장에게 전보를 보내와 축하를 보내는 동시에 감사를 표시하며, 중한친선을

위해 지도와 협조를 기대한다고 표명했다.(●●●● 9월 5일)

김일성 북한 초대 내각수상으로 당선

신아사 서울 9일 통신: 평양방송에 의하면 북조선인민공화국 최고인민회의에서는 8일 회의 선거에서 김일성을 초대 내각수상으로 선출했다. 김두봉은 최고인민회의 상무위원회 위원장으로 당선되었다(상무위원회 위원장은 비록 북한의 최고 원수이지만 실질적인 정치 책임은 내각에서 장악하고 있다). 기타 상무위원 21명도 이미 선출되었다. 8일 회의에서는 북조선인민공화국 헌법을 정식으로 통과시켰으며, 북한인민위원회에서는 김일성을 대표로 파견하여 정권을 신정부로 이양하도록 했다.

중앙사 서울 8일 발 통신: 평양방송에 따르면 최고인민회의가 9월 2일부터 이미 세 차례나 진행되었다.

이번 회의에서는 "조선인민공화국'의 헌법을 토론 통과시키고, 정부를 조직했다. 개막식은 1일 오후에 거행되었으며 소련 육군 장군 몇몇이 이 대회에 열석했다. 방송은 또 조선을 협조하여 민주독립을 쟁취하게 한 시커브중장, 리비더소장과 기타 소련 장군들을 귀빈석에 열석시켰다고 전했다. 남한 노공단(국제에서는 공산당이라고 함)영도자 호헌(胡憲)이 회의주석으로 선출되었다. 방송은 미국과 이승만이 영도하는 남한정부에 대하여 맹렬히 공격했다. 방송은 또 이제 성립하게 될 "중앙정부"가 합법적인 정부라고 하면서, 이 정부는 미군점령구의 한국인들을 단결시켜, 전대 미문의 격렬한 투쟁을 발동케 함으로써 한국의 통일과 독립을 실현할 것이라고 밝혔다. 방송은 "신정부"는 외국 주둔군의 철수를 요구할 것이라고 강조했지만, 북한 주둔 소련군에 대해서는 언급하지 않았다.(●●●● 9월 10일)

한국대표 상해 도착, 어제 밤 장개석총통 회견 경의 표시

본보 통신: 한국 특사 조병옥 박사가 어제 오후 1시 45분에 도쿄에서 미국 항공편으로 상해 용화공항에 도착했다. 부대사 정일형·경제고문 김우헌·비서 김준구 등이 함께 동행했다.

어제 밤 7시 반 조병옥박사 등이 외교부 상해판사처 주임 진국렴이 개최한 환영회에 참석했다. 반공전·하요조·신철우·방치 및 곧 서울로 부임할 전 양곤 총영사 허소창 등이 함께 동석했다. 조병옥 등은 저녁 환영파티가 끝나는 대로 밤차를 타고 남경으로 상경, 장개석총통과 우리나라 정부 수장들을 회견하게 된다.

14일 다시 상해로 돌아온 다음 시장 오국정이 초대연을 베풀게 되며, 본시의 건설현장을 참관하게 된다. 15일 상해 각계에서 환영대회를 열어 한국의 귀빈들을 접대하게 된다. 조병옥박사 등은 16일 서북항공공사의 항공편으로 마닐라로 간다. 18일 워싱턴으로 가서 며칠 체류한 다음 다시 파리로 가서 유엔대회에 참석하게 된다. 조병옥박사가 상해에 도착한 후 국제호텔에서 기자들의 취재에 응했다.

조특사의 담화

이번 중국을 방문한 주요 목적은 이승만 대통령을 대표하여, 장개석총통에게 경의를 표하고, 장개석총통이 한국의 독립운동을 협조해 준 것에 감사하기 위해서 온 것이라고 말했다. 기자가 한국의 현상에 대하여 질문하자 조박사는 아주 낙관적인 대답을 했다.

한국은 현재 아주 안정되어 있다. 인민들은 정부에 대한 믿음으로 충만되어 있고, 정부가 수립되자 거국적으로 상하가 일체되어 노력하고 있다. 중국·필리핀과 미국 및 기타 우호국가의 협조하에 전 한국의 독립과 단결이 완성될 것이다. 북한 상황을 언급할 때 그는 견결한 어조로 북한의 900만 인민은 "외부세력이 지지하는 공산정권의 죄수"나 다름이 없다고 표현했다. 그렇기 때문에 남한의 2천만 국민은 더욱 일치단결하여 어둠에 처해진 북한 동포를 구원하는 데 노력해야 한다고 주장했다.

조병옥박사는 이번이 두 번째 중국방문이다. 그러나 갑자기 상해에 도착하였기 때문에 깊은 인상에 대해서는 담론하지 않고, 대일전쟁 승리 후 중국국내 형세의 변화에 대하여 한국국민들의 관심이 매우 높다고 말했다.

한국국민은 중국도 짧은 시일 내에 본국 내의 모든 문제를 해결하기를 기원한다고 말했다. 이것은 극동의 평화만이 아니라 한국문제의 해결에도 아주 큰 힘이 될 것이라고 했다. 중한 양국의 관계는 이미 몇천년의 역사를 갖고 있으며, 중한 양국의 관계는 입술과 이와 같은 관계로서 갈라질래야 갈라질 수 없다고 강조했다.

그는 끝으로 자기는 중국이 단시일 내에 모든 반동분자, 특히 적색분자들을 제거할 수 있기를 희망한다면서, 적색분자는 중한 양국의 공동의 적이라고 지적했다. 그는 중국에서 적색분자를 제거하는 사업은 반드시 성공할 것이라고 강조했다.(●●●● 9월 12일)

한국사절단 상해 출발

중앙사 본시 통신: 중국방문 한국 특사단 조병옥 박사·부단장 정일형 등 일행 4명이 어제 오후 3시 5분 서북항공공사 비행기편으로 상해를 출발하여, 마닐라 방문길에 올랐다.

시정부 장피덕과장과 외교부 상해판사처 진국렴주임 및 아시아동부협회·중한문화협회 대표 등이 공항에 나가 이들을 전송했다.(●●● ● 9월 18일)

소련 북한점령군 10월 중순부터 철수, 명년초 전부 철수

본사 통신: 런던 19일 방송: 모스크바 방송국 방송: 소련은 한국에 주둔하고 있는 군대를 철수하기로 결정했다고 전하고 있다. 소련외교부에서는 미국과 소련군대가 동시에 한국에서 철수하는 문제를 제의했으며, 후에 소련 최고 소비에트 주석단의 결정을 거친 다음 소련군이 한국 북부에서 철수하는 시기가 이미 성숙되었기에 이를 실행하게 된 것이며, 미국 정부도 미군이 한국 남부에서 철수하는데 동의하여 줄 것을 바란다는 성명을 발표했다. 방송은 소련 부장회의에서는 금년 10월 중순부터 시작하여 명년 1월 1일에 전부 철수하라는 지령을 이미 육군부에 내렸다고 전했다.(●●●● 9월 20일)

왕세걸 외교부장 한국 대표단 초대

중앙사 파리 26일 통신: 왕세걸 외교부장은 유엔대회에 출석하게 되는 한국대표단 성원을 초대했다. 프랑스 대통령은 엊저녁에 왕세걸 외교부장과 일부 성원들을 초대했다.(●●●● 9월 26일)

소련 북한 승인 쌍방 수교각서 교환

합중사 런던 13일 발 통신: 이곳의 소련 무선방송은 13일 모스크바 방송국의 방송을 중계방송: 스탈린 총리는 북한 인민민주공화국 총리 김일성에게 서한을 보내 북한과의 수교의향을 밝혔다.

합중사 모스크바 13일 발 통신: 소련 스탈린 대원수는 북한 부장회의 주석 김삼(金森)과 각서를 교환하는 방식으로 소련과 조선인민민주공화국 간의 수교관계를 수립했다. 소련 정부에서 지난 달 한국에서 점령군을 철수한다는 결정을 선포한 다음, 소련과 북한간 수교는 이미 다 예견되었던 일이다. 이제 동유럽에서도 북한을 승인하게 될 것이다.

프랑스 신문사 모스크바 13일 발 통신: 모스크바 방송 오늘 아침 방송: 스탈린대원수는 소련정부를 대표하여 8일 북한 총리 김일성에게 서한을 보내, 외교경제관계 및 양국간 대사급 교환에 관한 각서를 승인하였다고 방송했다. 스탈린은 회답에서 "우리는 언제나 조선인민이 독립정부를 건립하는 권리를 승인하여 왔으며, 조선인민이 정부를 조직하는 것을 환영하여 왔다. 동시에 부흥과 민주발전에 힘써 노력하여 줄 것도 희망한다."고 하였다. 모스크바 방송은 또 10월 12일 이 서한을 발송했다고 방송했다.

신아사 서울 13일 발 통신: 평양방송에서 방송한 조선중앙통신사 통신: 북한 각지에서는 연일 소련군의 철수를 전송하는 집회를 진행하고 있다고 전해지고 있다. 각지에서는 해방기념탑과 소련홍군기념탑 및 소련군기지 등을 건립했으며, 해주시·나남·함흥과 평양 등지의 시민들은 소련군 전송대회에서 "한소 친선" 등의 구호를 외쳤다고 한다.(●●●● 10월 14일)

남한 중국과 미국에 영사관 설립

신아사 서울 14일 발 통신: 남한 외교부장 장택상(張澤相)은 기자들에게 "외국 인사들의 한국방문에 편리를 제공해 주기 위하여, 금년 내에 중국·미국·필리핀·일본의 대도시에 영사관을 설립하여, 외국인 한국방문 수속을 처리할 것이다."라는 소식을 전했다.(●●●● 10월 15일)

남한을 통해 본 아시아의 위기(사설)

남한의 경찰 3천여 명이 별안간 반란을 일으켜, 짧은 시간에 여수와 순천 두 도시를 점령했다. 그들은 전한국인민들에게 수립된지 얼마 되지 않는 한국정부를 전복시키자고 호소했다. 당시 서울은 즉시 계엄령을 내렸고, 제5종대가 이 기회를 타고 활동하는 것을 엄격하게 방비했다. 국방부장 이범석(李範石)은 정규군 2개 여단을 전주로 파견하여 공산당이 영도한 잡색 반란군을 격파했다. 반란군은 구례 남쪽으로 철수하여 산속으로 잠적했다. 대세를 본다면 한국정부가 전반적인 정세를 통제하는 것은 별로 문제가 될것 같지 않다. 그러나 남한에서 이번 반란이 발생한 것은 북한소련군이 철수하기 시작한 때라 결코 간단한 일이 아니다. 남한 잡색 반란군은 산속으로 잠적한 다음 소리 없이 사라질 것인가 하는 문제는 한국정부에서 신경을 쓰지 않으면 안 되는 문제이다. 현재 형세가 아직 분명하지 않은 상황에서 이에 대하여 간단히 결론을 내릴 수가 없다.

　　로이터 통신에 의하면 "일부에서는 이번 남한의 반란이 북한 소련군의 철수와는 관련이 없다고 분석하고 있으며, 남한 공산당의 활동과 관련이 있다는 설도 믿으려 하지 않고 있다. 이번 잡색 반란군은 남한의 공산분자들이 아니며 사전에 계획을 짠 것도 없고 여수와 순천 두 도시를 점령한 다음 아무런 공지사항도 발표하지 않은 채 남으로 철수했다."는 것이다. 이런 말에 따르면 남한 여수경찰의 반란은 남한 공산당이 주동한 것이 아니라, 정치적 시위운동이라는 것이다. 그러나 우리가 제3자의 시각에서 볼 때, 남한에서 반란이 발생한 것은 결코 이처럼 간단한 일은 아닌 것 같다. 이 반란이 가지고 있는 뜻은 절대 무시할 일이 아니다.

　　미국에서는 미군이 이번 사건에 말려들어가지 않았기 때문에, 이번 반란에 대한 입장표명이 아주 신중하다. 그러나 국무원과 육군부에서는 이에 대하여 깊은 관심을 가지고 남한정세의 추세에 주의를 기울이고 있다. 남한 상황이 만일 악화된다면 미군 한국주둔군은 즉시 행동을 취할 것이라고 한다. 이 한 가지만을 보더라도 남한의 반란은 한국의 내전으로 확대될 수 있으며, 잘못 처리하면 아시아의 전면 전쟁까지도 초래할 가능성을 가지고 있는 것이다. 이렇게 말하는 것은 우리가 사람을 놀라게 하려고 하는 빈 말이 아니다. 그러나 우리는 최근 동북아에서 발생한 일련의 사실에 대하여 언급하지 않을 수 없다. 이것은 극동의 각국에서 아시아 위기에 대한 경각성을 환기시키기 위한 것이다.

첫째, 남한에서 정부가 수립된 지 얼마되지 않아 북한에서도 정부가 수립됐다. 뿐만 아니라 북한의 정부는 소련의 승인을 받았다. 소련에서는 스티코프를 대사로 파견했으며, 지금 전하는 말에 의하면 군사동맹을 체결한다고 한다. 이것에 의해 북한과 남한 간에 항쟁이 발생된다면 동맹국의 명의로 북한에 대한 군사지원을 책임진다는 것이다. 이밖에 도 소련은 외교적인 공세를 취하여 소련군이 북한에서 철수한다고 선포하였으며, 이를 이유로 미국이 남한에서 철수할 것을 압박하고 있다. 이렇게 되면 전 조선은 소련의 통제하에 들어가게 된다. 소련은 벌써부터 남한을 호시탐탐 노리고 있었다. 남한의 경찰이나 군대 중에 공산당 세포가 잠복해 있다. 이번 여수경찰들의 반란은 조선의 내정을 잘 알고 있는 사람들에게는 이미 예견되어 있던 일이라고 할 수 있다.

둘째, 현재 영미의 시선은 유럽에 집중되어 있다. 베를린 봉쇄사건을 빌어 유엔안보리를 이용하여 소련의 봉쇄행위는 세계평화를 위협한다고 견책하면서 소련에 카드를 던지려고 한다. 소련은 영미가 아시아를 경시하고 있는 이 기회를 빌려 동남아와 동북아 각 국에서 공세를 벌이고 있다. 중국 경내의 공산당과도 서로 호응하고 있다. 본보의 사설은 이미 동남아 각국의 공산당 세력이 활약하는 것에 대한

1948년

문제를 다루었다. 지금 조선에서 별안간 반란이 발생한 것을 볼 때, 그 의미는 완전히 상동하다. 즉 소련이 배후에서 아시아 전부를 통제하려고 하고 있다는 것이다. 이번 남한에서 반란이 발생한 것은 아시아에 경보를 울려준 것이나 다름없다. 그리고 미국과 영국은 공산세력이 서유럽으로 진격하고 있다는 것만 알고 있고, 아시아의 위기에 대하여 경시하고 있는 입장에 대한 호된 질책이라고도 할 수 있다. 독일의 반공영도자는 남한의 반란을 두고 이것은 독일에 대한 경고라고 말했다. 앞으로 독일도 오늘의 조선처럼 전락될 수도 있을 것이라고 언급한 것은 정말로 미래를 보는 혜안이라고 할 수 있으며, 이는 독특한 견해가 아닐 수 없다.

셋째, 동북아 공산국제는 이미 외몽고에서 그 조직을 성립했다. 이들의 유일한 목적은 조선·몽골과 우리나라 동북지역에 "친소적인 완충지대"를 조성하려는 것이다. 이 공작은 지금 적극적으로 추진중에 있다. 남한에서 반란이 발생한 것은 바로 동북아 공산당이 장춘과 금주에 대한 공격을 진행할 때였다는 점에서 서로 호응하여 일으킨 것이라 할 수 있다. 이것은 그들이 임무를 집행하는 한 조치인 것이다. 이를 단순히 조선 내부의 정당 간 투쟁이라고 인식하고 등한시해서는 안된다.

종합해서 말하면 공산당 세력은 이미 동남아 각국에 침입했으며, 이제 또 동북아에 대한 공세를 발동하고 있는 것이다. 여기에 설상가상으로 우리나라 공산당 세력이 확대되면서 아시아에 심각한 위기상황이 다가옴을 보여 주고있다. 아시아 각국은 자신의 생존을 위해서라도 하루 속히 자각하여 일치단결하고 자위와 갱신의 대계를 책정해야만 할 것이다. 아시아 각국은 미영이 아시아의 평화에 대하여 관심을 두지 않고 있기 때문에 자신의 이익을 위해서라도 원대한 의견을 가지고 대외정책을 다시 한 번 검토하여, "소 잃고 외양간 고치는 식의 계획"을 수립해 서는 안될 것이다.(●●●● 10월 23일)

김구, 반란에 참가하지 않았다고 성명 발표

중앙사 서울 24일 발 통신: 한국독립당 영도자 김구(한국정부의 인사들은 김구가 한국 반란의 막후 지도자라고 지명)는 오늘 성명을 발표하고, 지금 시중에 자기를 중상모략하려는 각종 유언비어들이 난무하고 있는데, 이는 정말 가소로운 일이라고 피력했다. 동시에 이 당에서는 최근 일부 파괴분자들이 각종 유언비어을 날조하고 있는데, 동족상잔을 바라지 않는 한국에서 사람을 미혹시키는 선동을 단행하고 있다고 질책했다.(●●●● 10월 25일)

정항범박사 주중한국대사로 임명

중앙사 서울 25일 발 통신: 한국 외교부 관원이 피로한 바에 의하면, 한국정부에서는 교육가이며 출판가인 정항범(鄭恒范) 박사를 주중한국대사로 임명했다고 한다. 이제 정식으로 임명되면 즉시 발표할 것이라고 한다. 정항범은 금년 46살이며, 한국 세계운동출석 대표단장을 역임했으며, 1943년 중경의 한국임시정부에 참가하였으며, 호강대학겸 항주 교회대학의 경제학교수로도 있었던 인물이다.(●●●● 10월 26일)

중국 유엔대회서 미군 장기간 남한 주둔 건의할 예정

합중사 파리 27일 발 통신: 한 권위 있는 인사가 27일 피로한 바에 따르면, 중국은 이미 초안을 작성하여 유엔에서 미국이 기한 없이 장기간 남한에 주둔해야 한다는 사안을 통과시킬 것을 제의한다고 한다. 미군은 계속하여 남한에 주둔하고 있어야 한다는 중국의 제안은 미국의 전면적인 지지를 받고 있다. 중국은 이승만 대통령의 대한민국 역량이 공산당의 위협에 저항할 수 있을 때까지 주둔하고 있어야 한다는 것을 제의하려는 것이다. 유엔대회에 출석한 미국대표단은 27일 단독으로 집회를 거행하고, 조선문제를 토의했다. 회의 후에 권위 있는 한 인사는 한국에 주둔하고 있는 미군의 운명은 이번 유엔대회에서 결정하게 된다고 피로했다. 최소한 미국은 본 유엔대회에서 지난 5월 10일 남한에서 진행한 선거를 비준할 것을 요구할 것이다. 그 권위 있는 인사는 이렇게 해야 각국에서 대선 후에 성립한 이승만 정부를 승인하게 될 것이라고 했다. 유엔대회정치위원회는 10일 내에 조선문제를 토론하게 된다. 미국은 이미 남한의 선거를 비준할 것을 유엔에 제의하였고, 이에 호응하여 중국에서는 수정안을 제출하여, 미군이 남한에서 계속 주둔할 것을 제의하게 된다.

중앙사 파리 25일 발 통신: 유엔대회에 출석한 한국대표단은 25일 대표단의 주요 성원들이 최근 무장반란문제를 화제로 중국대표단과 조선문제에 관한 의견을 교환했다고 성명을 발표했다. 한국대표단은 또한 예멘과 이라크 대표단과도 회담을 가져 한국독립에 대한 아랍국가의 지지를 받아냈다. 희랍은 지난주에 한국대표와 충분한 의견교환을 진행했으며 한국에 대한 동정을 표명했다. 지난주에 한국대표단은 또한 남아메리카 국가인 칠레·과테말라·브라질·쿠바 등 대표단과도 회견을 갖고 그들의 지지를 받아냈다. 한국대표단은 또 네덜란드·벨기에대표단과 회견을 통해 지지를 획득했다.(●●●● 10월 28일)

김구 남북한 재선을 유엔에 호소

합중사 서울 27일 발 통신: 한국 우파영도자 김구는 27일 합중사 기자를 단독 접견한 자리에서, 적지 않은 남한 영도자들은 북한공산당의 양해를 희망하며, 국가의 통일을 추진하려 하지만 미국이 이를 지지하지 않고 있다고 피로하면서, "미국정치는 한국에서 이미 실패"했다고 설파했다. 김구는 오늘 조선의 유일한 희망은 유엔에서 조선의 남북이 함께 참가하는 대선을 다시 주최하는 것이라고 주장했다. 그는 선거 후 미소 양군이 철수해야 하며, 외국에 의하여 갈라진 조선은 다시 통일국가로 회복되어야 한다고 역설했다. 그는 조국의 통일을 위해 상대방의 애국민주영도자와 협조할 수 있어야 만이 통일정부를 건립하는 역사적 임무를 완성할 수 있다고 주장했다. 김구는 "기타 우파와 합작하여" "이승만 타도"라는 음모를 진행하고 있다는 유언비어를 부인했다.(●●●● 10월 28일)

주중한국대사 상업조약체결차 중국 방문

합중사 서울 21일 발 통신: 신임 주중한국대사 정홍면(鄭鴻緬: 음역)은 얼마 후 중국에 부임, 제2차 세계대전 결속 후 중국에서 한국교포의 재산을 몰수한 것에 관한 문제를 해결하게 된다. 전 육군 총사령 송호(宋虎)가 한국대사관 군사수행원의 신분으로 정대사와 함께 중국으로 오게 된다. 송호는 과거 중국에서 40여 년간이나 체류했던 인물이다.(●●●● 11월 22일)

장정불 유엔정치위원회에서 한국문제 토론시
한국대표 참가 제의

연합사 파리 23일 발 통신: 중국대표 장정불은 오늘 유엔정치위원회 연합국대회에서 한국문제를 토론할 때 표결권이 없다는 조건으로 남한정부 대표단을 초청할 것을 제의했다. 소련집단이 이를 반대할 것이라는 것은 이미 예견되고 있다. 소련집단은 벌써 소련이 지지하는 북한정권이 토론에 참가하기를 희망하고 있다. 정치위원회에서는 지금 팔레스타인 문제를 토론중이며, 한국문제는 다음 주에 토론에 상정할 것이라고 미국의 인사가 피로했다.(●●●● 11월 25일)

주중 한국대사 이달 말에 중국 도착

중앙사 서울 26일 발 통신: 한국 외교부는 주중한국대사관 대표 정항범이 29일이나 30일 배편으로 중국에 부임하게 될 것이라고 선포했다. 정식 수행원 3명은 이미 어제 비행기편으로 중국에 도착하여 사전에 필요한 조치를 수행하고 있다고 했다. 정박사는 한국 세계운동회 대표단 단장을 역임했고, 1943년 중경에서 한국임시정부에도 참가했으며, 한때는 절강대학의 교수로도 있었다.(●●●● 11월 27일)

한국정부 미군의 한국 계속 주둔을 우리나라 대표가 유엔대회에 제의 요청

중앙사 서울 27일 발 통신: 중앙사 기자가 입수한 통신: 한국정부의 각종 현상을 관찰하여 보면 미군이 얼마 후에 남한에서 철수하게 된다. 이에 관련해서 한국정부에서는 우리나라 대표가 유엔에서 미군이 계속 한국에 주둔하고 있을 것을 제의해 달라는 것을 부탁한 것으로 나타났다. 한국총리 이범석은 26일 오후 우리나라 총영사 허소창(이 시각 잠시 우리나라 대사급 대표 유어만을 대리하고 있었다)을 만나 45분간 회담을 진행했다. 회담내용은 알 수 없지만, 전하는 말에 의하면 이범석총리는 상기의 계획을 허총영사에게 통보했으며, 중국은 한국의 뜻에 따라 행동할 것이라는 분석이다. 이범석은 우리나라 허총영사와 회담할 때, 미군이 철수하려 한다는 것을 통보했다. 그러나 그는 지금까지 자기는 미국이 한국에 절대 남아 있지 않겠다는 소식은 확인할 수 없었다고 부언했다. 이범석총리는 이 뜻을 이미 우리 정부에 통보하였으며, 허소창·사도덕 두 사람을 통해 이 뜻을 유엔대회에 참석한 우리나라 대표에게 전달해 줄 것을 부탁했다. 한국정부는 유엔에서 한국문제를 토론할 시각에(혹은 이보다 먼저) 한국 내각의 개편이 있을 수 있지만, 이승만대통령이 영도하는 한국정부는 현재의 정세 변화에 대응하여 조직을 더욱 견고히 하려고 전력투구하고 있다고 설명했다.

또 전하는 소식에 의하면 파리에서 돌아온 한 한국관원은 유엔의 일부 대표들이 현재 정부내각에 대해 좋지 않은 인상을 가지고 있다고 이승만에게 보고했으며 이승만에게 내각의 개편을 권했다고 한다. 관찰가들의 분석에 따르면 만일 내각을 개편한다면 각 방면에서 충격을 받을 세 부장(내무부장과 상무부장)은 사퇴하게 될 것이며, 이범석총리도 사퇴하게 될 것이라고 보고 있다.(●●●● 11월 28일)

연합국대회 한국문제 토론,
우리나라대표 한국대표의 의견청취 건의

합중사 파리 6일 발 통신: 미국과 영국이 공동 주장한 유엔대회 폐막일의 의정을 수정하여 이탈리아 식민지문제를 우선적으로 토론하자는 건의가 6일 실패되었다. 미국대표 댈러스는 극동정세의 변화가 가속화되고 있으며, 많은 애로점이 있다고 설명했다. 유엔정치위원회에서는 의전에 따라 조선문제를 토론하게 되었다. 최후 투표 전에 영국대표 맥니얼이 돌연 의정안을 수정할 것을 주장했고, 소련의 동유럽집단이 영국 진영에 합류했다. 정치위원회에서는 8대 32표로 조선문제를 토론하기 전에 식민지문제를 토론하자는 제의를 부정했다. 9개국이 기권했다. 이 문제는 명년 이맘 때 유엔이 뉴욕에서 특별회의를 소집할 때 다시 토론하기로 결정했다. 정치위원회는 이미 조선문제를 토론하기 시작했다. 그러나 이 문제가 폐막 전에 결말을 볼 수 있을지 하는 것이 문제로 되고 있다. 소련대표 마리크와 우크라이나 외교부장 만뉴스키는 동방집단에서 지연정책을 취할 것이라는 것을 암시했다. 그들은 북한정부 대표단이 출석할 것을 발동하였다. 그러나 만뉴스키는 북한대표단이 조선에서 이곳까지 도착하려면 며칠 시간이 걸린다고 했다. 중국은 남조선대표의 의견을 청취하자는 의견을 건의했다. 미국 댈러스가 이에 호응하고 나섰다. 그러자 만뉴스키는 조선문제 토론을 단절시키고자 기도하였다.

그는 조선문제를 토론하자면서도, 다른 한편으로는 조선의 "진정"한 대표의견을 청취하자는 식으로 이를 거절했다. 영국은 이 토론이 아무런 결과도 없을 것이라고 예견하고, 6일 오후에 다시 대회조직위에 촉구하여 원래 규정한 11일로 폐막을 연기할 것을 주장했다. 정치위원회에서는 그 어느쪽의 건의를 접수해야 할지 어리둥절해 있는 상황이다. 만뉴스키는 남한의 5월 10일 선거를 질책했다. 댈러스는 소련이 유엔을 배반하고 유엔 조선위원회를 거부했다고 지적했다.(●
●●● 12월 7일)

중국・미국・오스트레일리아 3국
대한민국을 승인할 것을 유엔에 요구

미국 신문사 파리 6일 발 통신: 오늘 오후 유엔정치위원회에서 조선문제를 심의할 때 중국・미국・오스트레일리아 등 3국 대표가 4가지 건의를 제의하게 될 것이라고 한다. 이 건의안에는 유엔특별조사위원회의 직권을 확대하자는 내용도 포함되어 있다. 둘째는 서울정부를 승인하고, 셋째는 특별위원회에 위임하여 서울정부의 민주화를 실행, 동시에 이 특별위원회에서 전 한국의 통일을 협조할 것 등이 망라되고 있다. 이밖에 이 건의안은 서울정부를 승인할 때 유엔대회에서 전체가 승인하는 것이 아니라, 각국에서 자신의 의향에 따라 승인하자고 규정했다. 이 건의안은 또한 유엔대회에서, 조선 남북 두 구역에서 더욱 활발한 무역 관계가 이루어지도록 격려해 주자는 안도 요구했다.(●●●● 12월 7일)

중국·미국·오스트레일리아 3국
유엔에 남한정부승인 추진건의

합중사 파리 6일 발 통신: 미국은 오늘 미소점령군은 조속한 기일 내 가능한 한 유엔특별위원회의 관찰 하에 한국에서 철수할 것을 건의했다. 이 건의는 토론하는 형식을 빌려 정치위원회에서 조선문제를 토론할 때 제시한 것이다(중국과 오스트레일리아가 호응). 이 의안은 유엔에서 미국이 지지하는 남한정부를 유일한 합법정부로 승인할 것을 요구했다. 이것은 소련이 발표한 북한 공산당 정부가 한국인민을 대표한다는 주장에 대한 반박이었다. 소련은 미국이 남한 미군점령구에서 건립한 정부는 "경찰국"이라고 질책했다. 정치위원회에서 조선문제를 토론하기 시작할 때 소련대표 마리크가 남한 경찰이 "남한의 민주영도자를 대거 박해"하고 있다고 질책하였다. 그는 "남한은 경찰국이다. 경찰은 미국점령군이 통제하고 있다. 동시에 위관급 이상 경관들 중 53% 이상이 일본인과 합작하던 관리들이다."라고 질책했다.

묄렌코프는 유엔이 감독하여 남한에서 비합법적인 선거를 진행했는데, 이것은 히틀러가 민의투표를 진행한 것과 다름이 없다고 질책했다. 정치위원회는 34표 대 6표로 북한 공산당정부 대표를 이 회의

열석자로 초청하려는 건의를 부결시켰다. 이와 반대로 39표 대 6표로 남한정부 대표단의 진술을 청취하자는 건의는 통과시켰다. 소련은 이미 북한에서 군대를 철수한다고 성명 했지만, 미군은 남한 정부에서 충분한 국방력을 건립할 때까지 주둔하고 있을 것이라고 성명 했다.

미국은 현재 미군을 철수한다면 소련이 훈련한 북한군대가 전 한국을 석권할 것이기 때문이라고 설명했다. 미국의 건의문 중에는 "조속하고 가능한"이란 내용이 있었는데, 이것은 신속하게 철군하지 않겠다는 뜻을 의미하는 말이다. 동시에 미국은 신조선위원회에 전 한국을 시찰할 권리를 부여해 줄 것을 건의했다. 소련은 전 한국위원회가 북한에 진입하는 것을 거절하는 가운데 유엔의 시찰없이 북한공산정부를 조성했다. 미국의 건의 중에 남한정부는 유엔의 시찰하에 선거를 진행하여 조성한 것이기 때문에, 마땅히 합법적인 정부로 승인해야 한다고 주장했다.(●●●● 12월 8일)

장정불, 한국통일의 완성을 유엔에 호소

본사 통신: 파리 8일 방송: 유엔대회정치위원회는 8일 오후 체코·백러시아·유고슬로비아 등 3국이 미국의 한국에 대한 행동에 대해 견책하는 발언을 들었다. 출석자는 겨우 12개 국 위원 밖에 없었다. 미국이 영도하는 다수의 국가는 조속히 표결을 진행하기 위해 공산집단의 견책에 아무런 회답도 하지 않았다.

프랑스 신문사 파리 7일 발 통신: 유엔정치위원회는 오늘 조선문제를 토론했다. 중국 대표 장정불은 발언에서 "조선을 두 개로 분단하여 3분의 1이 되는 인민이 북한에 속하고, 3분의 2가 되는 인민은 남한에 속하게 한 것은 조선역사에서도 전대미문의 일이다. 남북한 간에 철조망을 중간에 설치하여 쌍방 인민들이 서로 왕래하지도 못하게 했으니 이것은 전 인류역사에서도 가장 큰 비극이다."라고 설파했다. 중국대표단은 5월 10일 남한에서 진행한 민주선거를 인정하며, 선거를 통해 탄생한 의회는 '대의제 민주기구'임을 인정했다. 그는 "이승만 대통령의 정부는 확실히 대의제 정부이다. 그러나 이 대업은 이제 갓 시작했을 뿐 완전하게 완성하지는 못했다. 그렇기 때문에 유엔에서는 새로운 위원회를 파견하여 계속 지도해야 한다."고 강조했다.(●●●● 12월 9일)

중국·미국·오스트레일리아 제의안 다수국가 지지

중앙사 파리 7일 발 통신: 중국·미국·오스트레일리아 3국이 연합적으로 제의한 건의가 이미 10개 국의 지지를 받았다. 제안 제출 국 3국을 제외하고도 영국·프랑스·인도·버마·네덜란드·필리핀·브라질·도미니카 등이 찬성을 표명했다.(●●●● 12월 9일)

남한 온화파 사회당 조성

합중사 서울 11일 발 통신: 온건파의 영도자인 조숙안(趙淑安: 음역)은 11일 조선사회당을 성립했다고 선포했다.

이 당파는 남한의 우파정부 중의 중간분자와 단결할 것이라고 밝혔다. 조숙안은 김구와 친밀한 친구 사이이다. 김구가 중경에서 망명정부를 영도할 때 조씨는 외교부장을 역임했다. 후에 김구와 통일남북한의 의견이 충돌되어 이탈했다. 그는 합중사 기자에게 신당은 비록 사회라는 이름을 달았지만, 서방의 사회라는 두 글자와는 완전히 다른 뜻이라고 설명했다. 그는 사회당의 주장은 독재를 반대하고 교육을 개량하고 토지개혁을 진행하는 것이라고 설명했다.(●●●

● 12월 12일)

제3차 유엔대회 폐막, 중국·미국·오스트레일리아에서 제의한 한국문제 건의 통과

연합사 파리 12일 발 통신: 12일 동안 열린 유엔 파리대회가 마침내 오늘밤 막을 내렸다. 폐회 전에 48표 대 6표로 중국·미국·오스트레일리아 3개국이 공동으로 제의한 한국문제에 대한 제안이 통과되었다. 소련집단에서만 반대표를 찍었고 스웨덴은 기권했다. 대회는 원래 어제 폐막하려 했는데 소련대표 말렌코프가 지연 전략으로 한국문제의 표결에 방해하여 하루 연장되었던 것이다. 일요일 오후 회의시 말렌코프는 미국과 한국에 대해 질책하며, 대회에서 변론을 했지만 각 대표들은 그를 위해 변론할 의향이 없었다.

서방국가 대표들이 "침묵전략"을 취해 대회를 휴회하게 했다고 말하는 사람도 있다. 말렌코프는 최후에 소련이 제의한 조선위원회를 결말짓자는 건의를 표결할 것을 요구했다. 결과 46표 대 6표로 부결당했다. 대회에서 통과한 중국·미국·오스트레일리아의 건의 내용은 아래와 같다.

(1) 조선위원회의 공작을 승인한다.
(2) 유엔대표의 감독하에 진행한 한국정부를 합법정부로 승인한다.
(3) 미소 양국 점령군은 가능한 범위 내에서 조속히 한국에서 철수한다.
(4) 조선위원회에 명하여 1년간 더 사업하여 한국 남북의 통일을 추진한다.
(5) 조선위원회에 위임하여 점령군이 철수할 때 감독을 담임한다.

대회에서는 또 캐나다의 수정안을 통과시켜 조선위원회를 7개국 상임위원으로 정하고, 이로써 현재의 9개 국 임시위원회를 대치하기로 했다. 캐나다 대표는 현재 9개 국 위원회에 중국·프랑스·오스트레일리아·캐나다·인도·필리핀·엘살바도르·시리아·우크라이나 등이 망라되었는데, 우크라이나는 처음부터 출석하지도 않았기 때문에 실제상 8개 국이었다고 하면서, 이렇게 될 경우 표결을 진행할 때 곤란한 문제가 발생되는데, 그렇기 때문에 캐나다에서는 이 위원회에서 퇴출하여 7개국으로써 상임위원회를 조직하는 것이 좋을 것이라고 설명했다.

연합사 파리 12일 발 통신: 남한 대표단 단장 장택상은 오늘 유엔대회에서 남한을 승인한 것은 "역사적 결정"이라고 지적하면서, 대표단 동인과 전국 인민은 이 소식을 접수한 후 기쁨을 금치 못했으며, 유엔에서 "가장 짧은 시일 내"에 회원국으로 받아들여 주기를 바란다고 말했다. 그는 또 공산주의와 극권주의에 투항하지 않겠다는 우호국가들의 다짐이 보증돼야 한다고 강조했다. (●●●● 12월 14일)

1949년

중국과 미국 정식으로 한국 승인

중앙사 남경 3일 발 통신: 외교부 대변인은 3일, 우리나라 정부는 금년 1월 1일부터 정식으로 대한민국 정부를 승인한다고 선포하고, 우리나라 한국대표단을 주한대사관으로 변경한다는 성명을 발표했다.

중앙사 서울 4일 발 통신: 주한대리외교 대표 허소창은 오늘 오후 2시 반 이승만대통령에게 금년 1월 1일부터 우리나라 정부는 대한민국을 정식으로 승인한다는 결정을 통보했다. 동시에 주한대사관을 성립하여 이전의 외교대표 관공서를 대치한다는 것도 함께 통보했다. 이승만은 관저에서 허소창과 사도덕 두 사람을 회견, 우리나라의 결정에 대하여 두 대표에게 감사의 뜻을 표했다.

미국 신문처 워싱턴 1일 발 통신: 이승만 대통령은 오늘 중국이 대한민국정부를 승인한 것은 우애정신과 4천년 간 상호 협력해왔던 일관된 전통에 기인했기 때문이라고 지적하고, 두 나라는 장기적으로 신의를 준수할 것을 갈망한다면서, 이것은 극동평화에 대한 병풍이라고 갈파했다. 그리고 양국은 서로 상호 우혜의 원칙을 지켜가자고 표명했다고 보도했다. 한국 외교부장 고창일은 주중 한국외교대표를 통해 오장철 외교부장에게 감사의 전보를 보내왔다. 이 전보에서 한국인민을 대표하여 중국정부가 취한 행동에 심심한 감사의 예를 표했다.

미국 신문처 워싱턴 1일 발 통신: 백악관에서는 1일 미국이 조선공화국 정부를 승인한다고 선포했다. 주한 미국 특별대표단은 조선정부의 동의하에 얼마 뒤 대사관으로 승격하게 된다.

중앙사 서울 3일 발 통신: 이승만 대통령은 미국이 대한민국을 승인한 것은 조선인민의 자치능력을 인정하고 독립자주를 지켜낼 수 있는 민족인지 아닌지에 대한 의심을 말끔히 씻어낸 결과라고 설명하면서, 기쁨을 금할 수 없으며, 동시에 깊은 감사를 표한다는 담화를 발표했다.(●●●● 1월 5일)

연합국 안보리 북한의 입회신청 거절할 것을 고려

합중사 성공호 16일 발 통신: 유엔 안보리에서는 16일 8표 대 2표로 북한인민공화국의 입회신청을 회적위원회에 교부하는 것을 거절했다. 1표는 기권했다. 소련대표 말렌코프는 이러한 행동에 대하여 곧바로 비판했는데, "미·영 집단은 2천년간의 아시아 폭군제에서 해방된 세계에서 가장 오랜 민족에게 또 하나의 새로운 죄를 범했다."고 질책했다. 안보리 주석 중국대표 장정불은 북한의 신청에 진솔하게 반대를 표명했다.(●●●● 2월 8일)

한국 주일·주중대사 변동

신아사 도쿄 2일 발 통신: 남한에서 일본에 파견한 특사가 최근 특별 문제로 인해 미국으로 가게 되었는데, 그 빈자리는 주중대사 정항범이 담당하게 된다. 주중한국대사는 새로운 사람을 파견하기 전에 참사 이정방(李正邦)으로 대체하기로 했다.(●●●● 3월 3일)

중국과 미국, 한국의 아시아 경제회 가입 건의

미국 신문처 성공호 7일 발 통신: 미국과 중국은 유엔에 건의안을 제출, 유엔아시아 및 극동경제위원회에서 조선공화국을 을종 회원국으로 받아들일 것을 제의했다.

이 건의는 아시아 및 극동경제위원회의 규정을 수정하여, 일부 지리상의 제한을 취소할 것을 함께 건의했다. 경제사회이사회의 경제위원회에서는 24일 이 건의를 통과시킨 다음, 경제사회이사회에 올려 최후 결정하게 된다.(●●●● 3월 9일)

이승만 태평양동맹 체결 찬성

연합사 서울 22일 발 통신: 조선대통령 이승만은 오늘 필리핀총통 지리노가 발의한 것은 대서양동맹에 근거하여 아시아 각국 민족의 공동 의지를 대표하는 것이라면서, 조선인민은 이를 완전히 찬성한다는 성명을 발표했다.(●●●● 3월 24일)

북한 각 단체 평화대회 옹호

프랑스 신문사 모스크바 23일 발 통신: 오늘 평양방송국에서 방송한 소식을 타스사가 발표: 북한측에서는 세계평화대회운동을 옹호한다고 보도했다. 북한 각 단체는 민주부녀동맹·민주청년협회·기독교와 불교·공동교회 및 농회 등이다. 상기 단체에서는 평화운동을 옹호한다는 선언을 발표했다. 어제 평양에서는 민중대회를 소집했다.(●● ●● 3월 25일)

남한 외교부장 태평양 공약 체결

합중사 서울 16일 발 통신: 남한 외교부장 박헌영은 16일 인도 총리 네루의 "아시아 국가가 아직 안정된 시기에 이르지 않고 있는 이때, 태평양 안전공약을 체결한다는 것은 불가능하다"는 성명을 반박하였다. 박헌영은 "우리는 태평양 공약이 필요하다. 그것은 현재 아시아의 정세가 안정되지 못하기 때문이다. 아시아 정세가 안전하고 평화롭다면 태평양 공약이 오히려 필요하지 않다." "우리는 모든 아시아 국가의 현정부가 협상할 것을 호소한다. 협상한다 하여 즉시 의무를 확정짓는다는 것은 아니다. 그러나 태평양공약 문제는 지금 제출하여 처리하지 않으면 안된다." 현재 태평양은 하나의 중심이 아니다. 모든 남미국가도 다 태평양에 임하여 있고 멕시코·케나다·뉴질랜드·오스트레일리아와 일본 등도 모두 태평양 공약에 행동을 취할 때이다."라고 설명했다.(●●●● 5월 17일)

전 한국민주단체 연합전선 조직할 듯

신화사 북평 25일 발 통신: 타스사 평양 통신: 남조선과 북조선의 모든 민주당파와 단체는 전조선민주민족연합전선을 수립하자는 건의에 찬성했으며, 이 조직에 참가할 의향을 표명했다. 50만 회원을 갖고 있는 북조선 직공회연합회와 60만 회원을 갖고 있는 농민연합회에서도 이 건의를 환영한다는 성명을 발표했다.

이밖에 북조선 민주부련회·민주청년연합회와 신진보당에서도 같은 성명을 발표하여, 연합전선을 결성하는 일에 찬성한다는 입장을 표명했다.(●●●● 5월 26일)

중국언론, 신보申報에 그려진 한국근현대사

초판 1쇄 발행	2004년 6월 20일
초판 2쇄 발행	2010년 3월 29일
엮은이	석원화·심민화·패민강
옮긴이	김승일
펴낸이	주혜숙
편집	권미애·노민정
디자인	박미경·김미현
펴낸곳	역사공간
	서울시 마포구 서교동 463-31 플러스빌딩 5층
	전화: 02-725-8806~7
	팩스: 02-725-8801
	e-mail: jhs8807@hanmail.net
	블로그: blog.naver.com/jgonggan
등록	2003년 7월 22일 제6-510호
ISBN 978-89-90848-10-9 03900	

✻ 잘못된 책은 바꿔 드립니다.   가격 24,000원